中国の歴史3

ファーストエンペラーの遺産

秦漢帝国

鶴間和幸

講談社学術文庫

目次

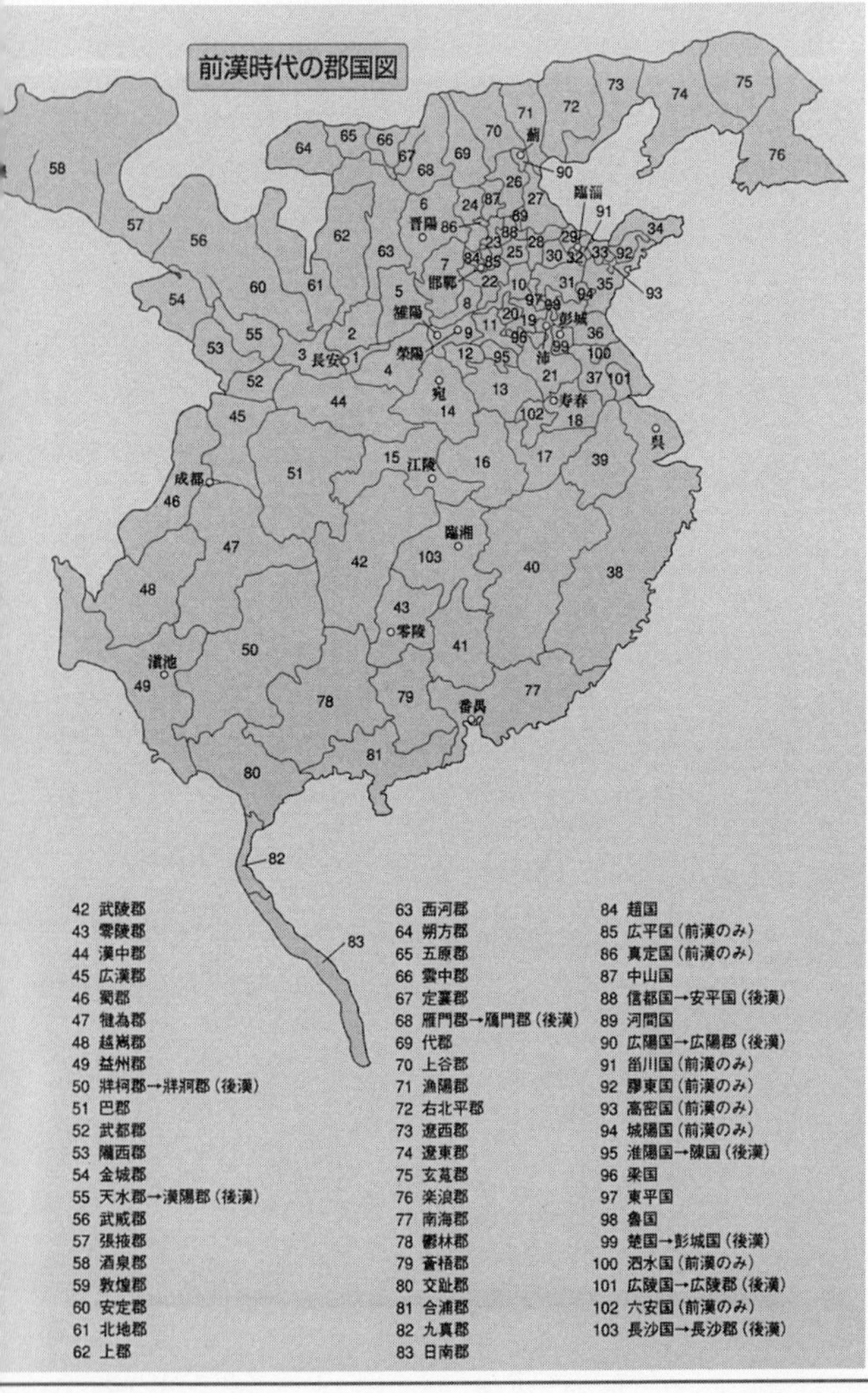

42 武陵郡
43 零陵郡
44 漢中郡
45 広漢郡
46 蜀郡
47 犍為郡
48 越巂郡
49 益州郡
50 牂柯郡→牂牁郡（後漢）
51 巴郡
52 武都郡
53 隴西郡
54 金城郡
55 天水郡→漢陽郡（後漢）
56 武威郡
57 張掖郡
58 酒泉郡
59 敦煌郡
60 安定郡
61 北地郡
62 上郡
63 西河郡
64 朔方郡
65 五原郡
66 雲中郡
67 定襄郡
68 雁門郡→鴈門郡（後漢）
69 代郡
70 上谷郡
71 漁陽郡
72 右北平郡
73 遼西郡
74 遼東郡
75 玄菟郡
76 楽浪郡
77 南海郡
78 鬱林郡
79 蒼梧郡
80 交趾郡
81 合浦郡
82 九真郡
83 日南郡
84 趙国
85 広平国（前漢のみ）
86 真定国（前漢のみ）
87 中山国
88 信都国→安平国（後漢）
89 河間国
90 広陽国→広陽郡（後漢）
91 菑川国（前漢のみ）
92 膠東国（前漢のみ）
93 高密国（前漢のみ）
94 城陽国（前漢のみ）
95 淮陽国→陳国（後漢）
96 梁国
97 東平国
98 魯国
99 楚国→彭城国（後漢）
100 泗水国（前漢のみ）
101 広陵国→広陵郡（後漢）
102 六安国（前漢のみ）
103 長沙国→長沙郡（後漢）

後漢時代の郡国図

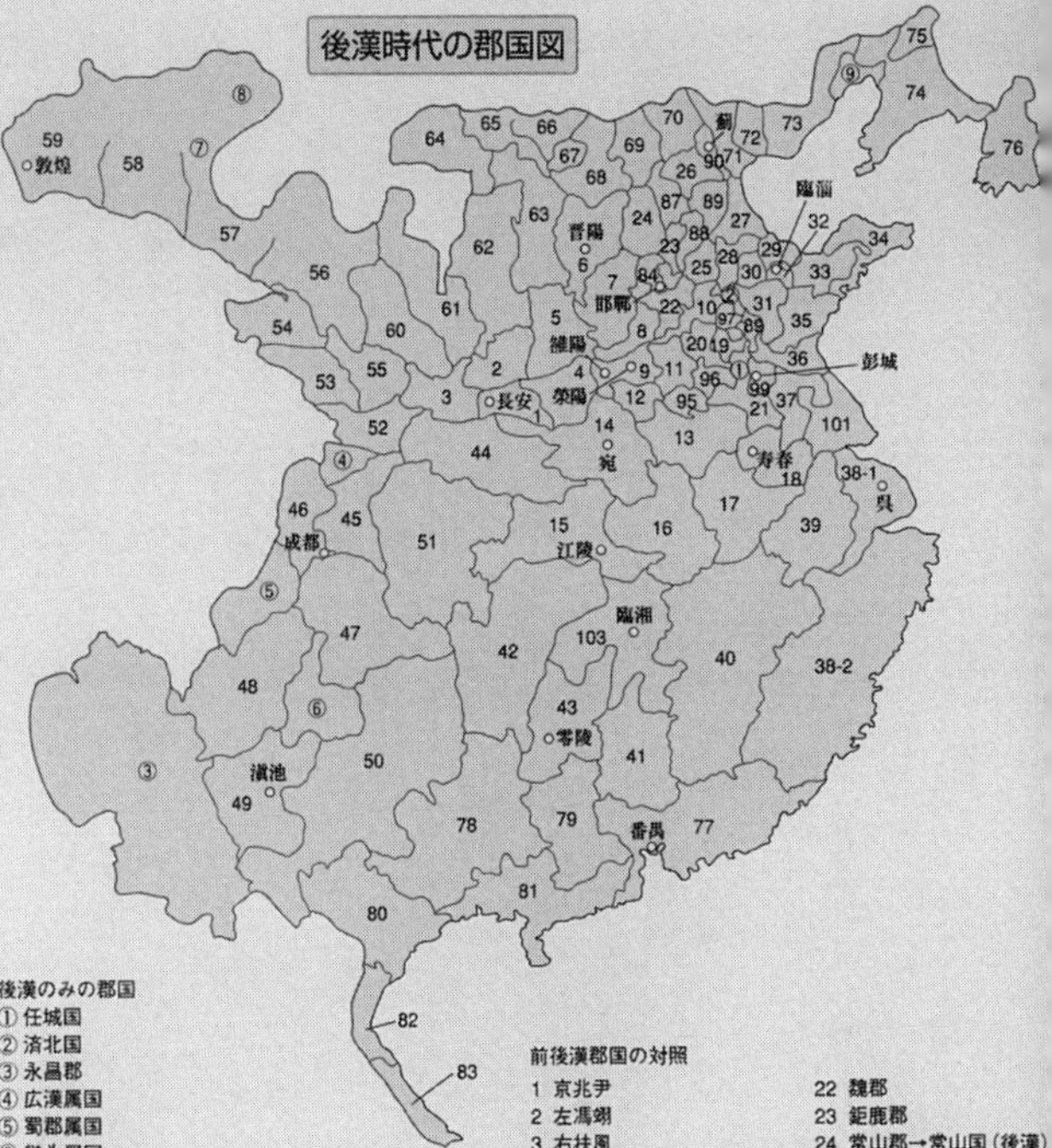

後漢のみの郡国

① 任城国
② 済北国
③ 永昌郡
④ 広漢属国
⑤ 蜀郡属国
⑥ 犍為属国
⑦ 張掖属国
⑧ 張掖居延属国
⑨ 遼東属国

＊前漢郡国図は『漢書』地理志に記載されている平帝元始2(紀元2)年の103郡国。
この郡国の下に1587の県があった。当時の人口は5959万4978人。面積は東西9302里(約3720キロ)、南北1万3368里(約5347キロ)、現在の中国の面積(960万平方キロメートル)の40パーセント程度。武帝の時代はこの領域の外の朝鮮半島に臨屯郡・真番郡、南海に珠厓郡・儋耳郡、西南夷に沈黎郡・文山郡などがあった。

＊後漢郡国図は『後漢書』郡国志による順帝時(126〜144)の105郡国。この郡国の下に1180の県があった。当時の人口は4915万220人。

＊郡国の境界は、譚其驤主編『中国歴史地図集』第二冊による。

前後漢郡国の対照

1 京兆尹
2 左馮翊
3 右扶風
4 弘農郡
5 河東郡
6 太原郡
7 上党郡
8 河内郡
9 河南郡→河南尹(後漢)
10 東郡
11 陳留郡
12 潁川郡
13 汝南郡
14 南陽郡
15 南郡
16 江夏郡
17 廬江郡
18 九江郡
19 山陽郡
20 済陰郡
21 沛郡→沛国(後漢)
22 魏郡
23 鉅鹿郡
24 常山郡→常山国(後漢)
25 清河郡→清河国(後漢)
26 涿郡
27 勃海郡
28 平原郡
29 千乗郡→楽安国(後漢)
30 済南郡→済南国(後漢)
31 泰山郡
32 斉郡→斉国(後漢)
33 北海郡→北海国(後漢)
34 東莱郡
35 琅邪郡→琅邪国(後漢)
36 東海郡
37 臨淮郡→下邳国(後漢)
38 会稽郡→38-1呉郡
・38-2 会稽郡(後漢)
39 丹揚郡→丹陽郡(後漢)
40 豫章郡
41 桂陽郡

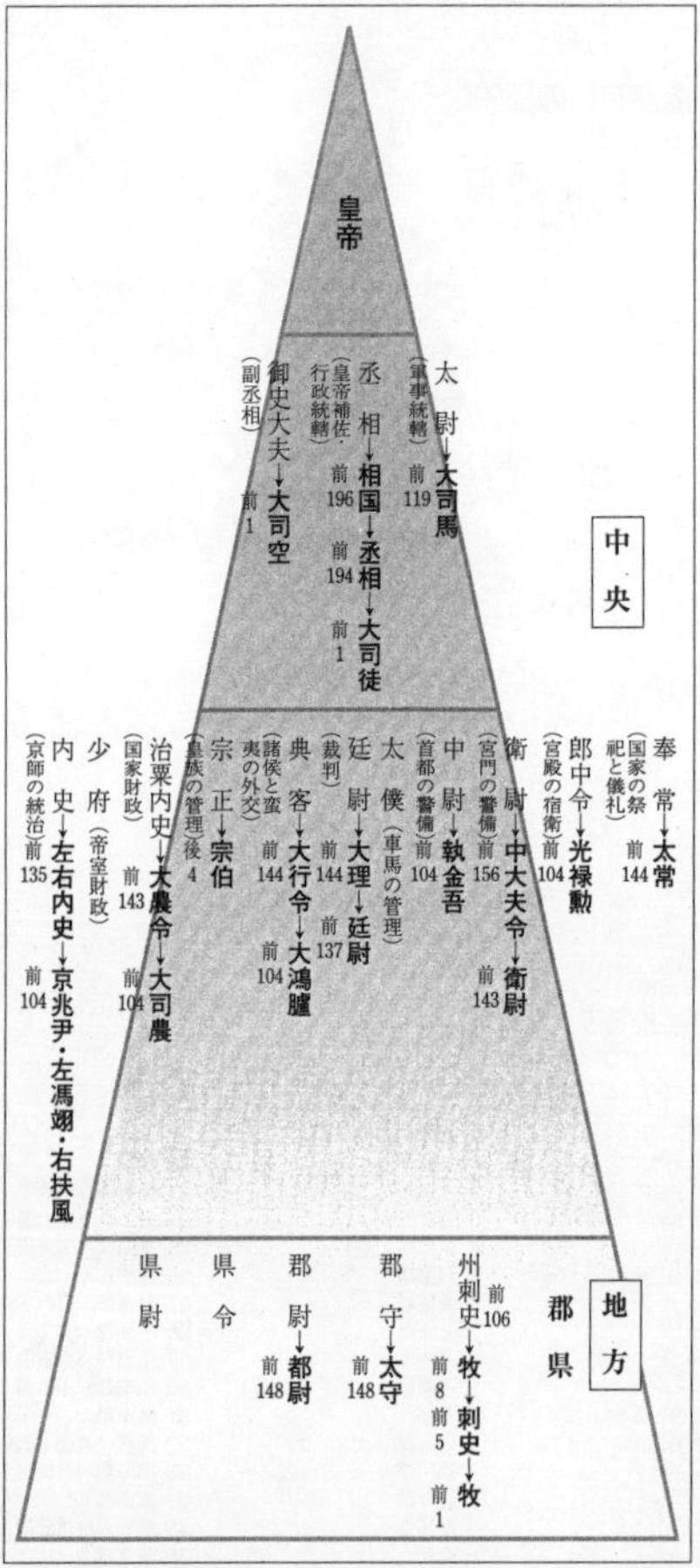

秦漢の官制（細字＝秦―前漢初期　太字＝前漢中後期、官職を改名した年代を付記）

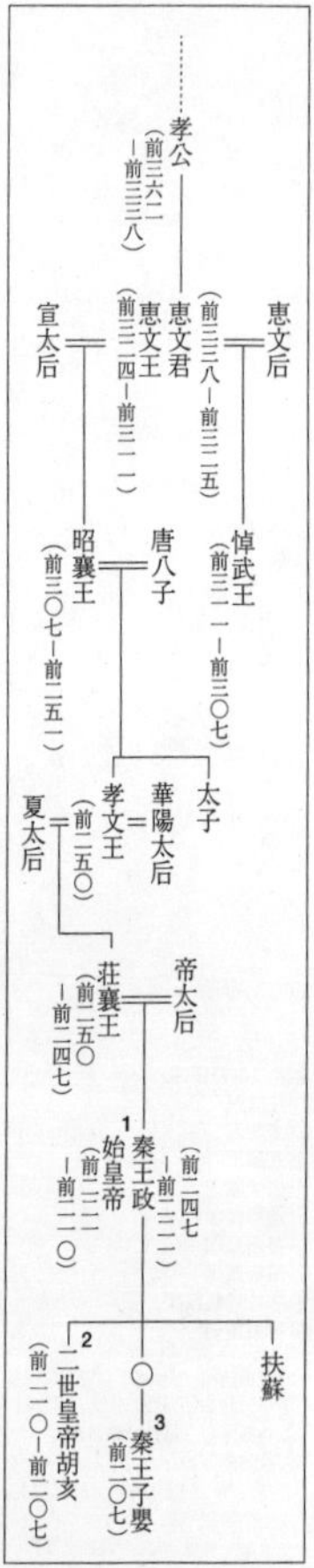

秦皇帝系図（カッコ内は在位年）

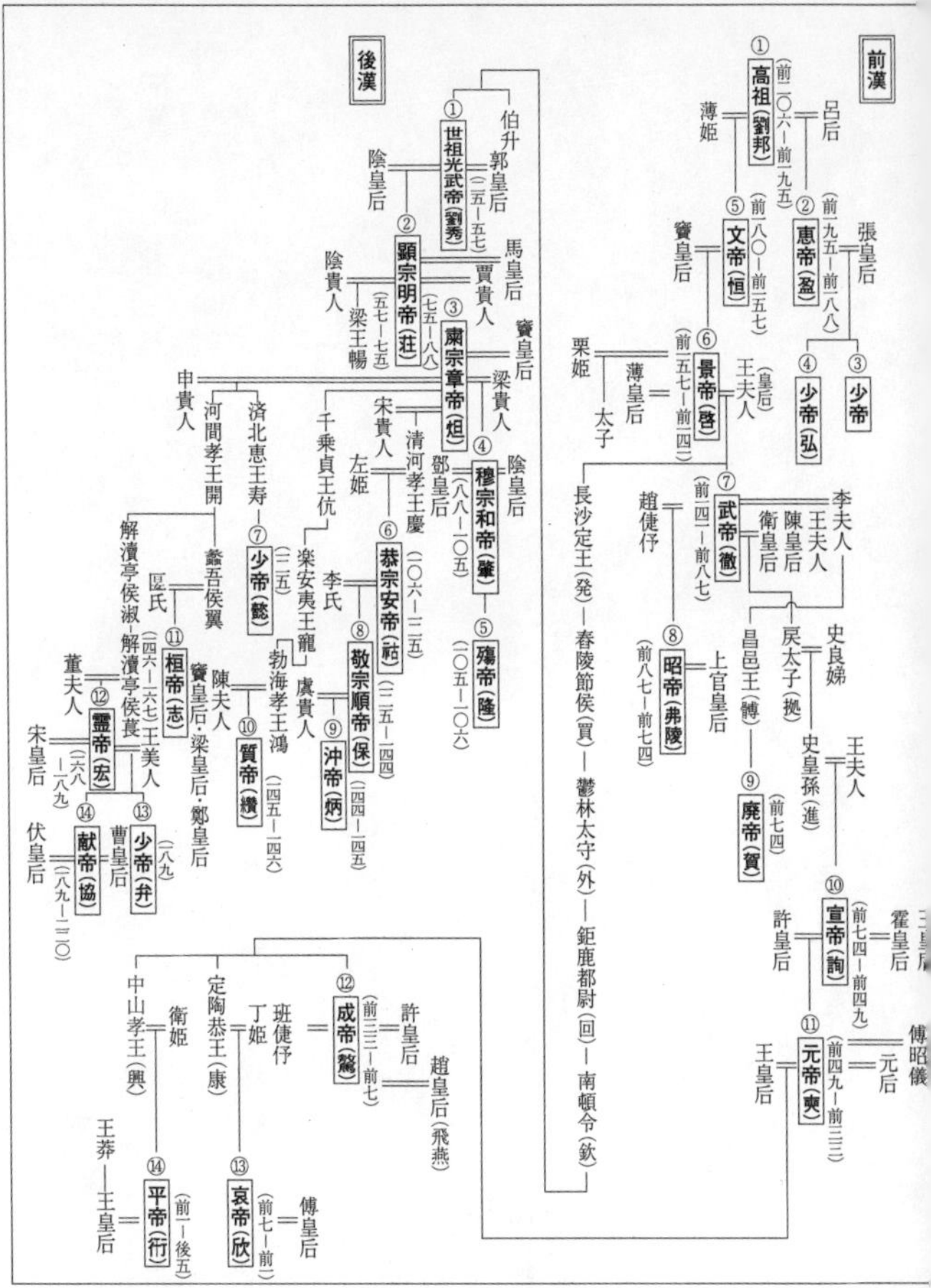

前・後漢皇帝系図（カッコ内は在位年）

地図・図版作成
さくら工芸社
ジェイ・マップ
図版提供
瀧本弘之

中国の歴史　3

ファーストエンペラーの遺産

秦漢帝国

はじめに　『史記』『漢書』を超えて

二一世紀のもっとも重大な発見＝里耶秦簡

里耶古城の発掘現場　2002年、湖南省龍山県にある里耶古城の古井戸から、3万6000にも及ぶ秦代の簡牘が見つかった。1974年の始皇帝兵馬俑の発見にも勝る「21世紀のもっとも重大な発見」と言われている（『文物天地』2003年5月）

二一世紀を迎え、このようなかたちで秦漢史《しんかんし》の書物の冒頭を飾れるとは思いもよらなかった。湖南《こなん》省湘西《しょうせい》の龍山《りゅうざん》県にある里耶《りや》古城の古井戸から、三万六〇〇〇にも及ぶ秦代《しんだい》の簡牘《かんとく》が発見されたのである。中国の新聞ははやくも、「秦の歴史を書き換える」とか「二一世紀のもっとも重大な発見」とか、最大の賛辞で報道している。二一世紀はともかく、まずは二〇〇二年の中国重大発見の一つに選ばれた。一九七四年の始皇帝兵馬俑《しこうていへいばよう》の発見、一九七五年の湖北《こほく》省雲夢《うんぼう》県睡虎地《すいこち》秦墓《しんぼ》からの一一五五枚の竹簡《ちくかん》文書の発見は大変衝撃的なものであったが、それから二七年経過し、二〇〇二年六月、さらなる大発見があったというわけである。

簡牘《かんとく》というのは木の札のことであり、そこ

に数十万の文字が書かれていた。兵馬俑《へいばよう》のもつ価値とは異なるが、睡虎地秦簡《すいこちしんかん》という竹簡史料と比べると、その三六倍の分量にあたる。優に書物一冊分に相当する大変な同時代文字史料の発見である。

この二十数年の中国古代史は、とくに秦による統一の歴史は、一九七五年発見の睡虎地秦簡という出土史料を無視して記述することができなくなっていた。基本史料である司馬遷《しばせん》の『史記《しき》』だけでは不十分になったのである。とするならば、これから秦漢史を記述するには、里耶《りや》秦簡の存在を無視するわけにはいかなくなる。発見から半年にしてはやくも、異例なことに『文物《ぶんぶつ》』二〇〇三年第一期に「湖南龍山里耶戦国—秦代古城一号井発掘簡報」と題する報告書が掲載された。もちろん一部にすぎないが、豊富なカラー図版によって簡牘を紹介している。本書も、文書の内容の公表を横目でにらみながら執筆していかなければならなくなった。中国古代史の面白さであり、一面難しさでもある。

ともかくも里耶秦簡の概要の紹介からまずは始めたい。龍山県は湖南省の西北の隅、世界自然遺産にも登録され、石英砂岩の奇岩が林立する風景で知られる張家界《ちょうかかい》や武陵原《ぶりょうげん》に近い。太古には海中に沈積《ちんせき》していた石灰岩が海上に隆起し、浸食された結果形成されたカルスト地形である。そこよりもさらに西、湘西《しょうせい》土家《トウチャ》族苗《ミャオ》族自治州に位置する。土家《トウチャ》族は現在人口八〇二万（二〇〇〇年）にすぎない少数民族、自称ワッカ（土着）を漢訳したのが土家である。苗《ミャオ》族は人口八九四万（二〇〇〇年）、古代には五渓蛮《ごけいばん》、武陵蛮《ぶりょうばん》と呼ばれた。この現在の少数民族の地から秦代の文書が出土したことの意義は大きい。

陶淵明の桃源郷が実在した可能性

まずはこの新発見の簡牘によって、四―五世紀の隠逸《いんいつ》詩人として知られた陶淵明《とうえんめい》（潜《せん》、三六五―四二七）が描いた桃源郷《とうげんきょう》の世界が、まったくのフィクションではなく、歴史的な背景のもとに作られたものであることが証明されるかもしれない。

「桃花源記《とうかげんき》」は、東晋《とうしん》の太元《たいげん》中（三七六―三九六）の故事を語っている。あるとき武陵の漁師が舟に乗って桃の花の咲き乱れる林に入り込んでしまった。舟を棄てて洞窟を抜けると、ある不思議な村に到達した。この住民たちは、「先世《せんせい》、秦時《しんじ》の乱を避け、妻子邑人《ゆうじん》を率《ひき》いて此《こ》の絶境《ぜっきょう》に来《きた》り、復《ふた》び焉《ここ》より出《い》でず、遂《つい》に外人《がいじん》と間隔《かんかく》せり」といった。つまり「かつて秦の末期の混乱のなか、この辺境の地に家族や村人とともに入り、そのまま外界と隔絶した生活を送ってきた」というのだ。かれらは漁師に今は何の世か尋ねた。かれらは「漢《かん》の有《あ》りしを知《し》らず、魏《ぎ》と晋《しん》は論《い》うまでも無《な》し」、秦から漢、魏から晋へと替わったことすらも知らなかったという。ここで温かく酒食でもてなされた漁師は、ふたたび訪れようとして道に印を付けながら戻った。しかしこの話を聞いた郡《ぐん》の太守《たいしゅ》が人を送ってさぐろうとしても、二度と行きつけなかった。

里耶古城１号井戸　中から「秦の歴史を書き換える」大量の簡牘が見つかった（『文物天地』2003年５月）

陶淵明は、最後に詩を付した。「嬴氏《えいし》天紀《てんき》を乱し、賢者《けんじゃ》其《そ》の世を避く、黄綺商山《こうきしょうざん》に之《ゆ》き、伊《こ》の人《ひと》も亦《また》ここに逝《ゆ》く、往《ゆ》きし迹《あと》は浸《ようや》く復《ま》た湮《うず》もれ、来《きた》れる径《みち》は遂《つい》に蕪廃《ぶはい》す」と。嬴《えい》

里耶秦簡　冒頭の三十三年は始皇33年、前214年。罪刑者が労働で贖罪していくことを記録した帳簿（『文物』2003年1期）

氏は始皇帝嬴政《えいせい》のことであり、かれが天の秩序を乱したので、賢者たちは世を避けた。秦末に夏《か》黄公《こうこう》や綺《き》里《り》季《き》らが商山《しょうざん》に行ったので、同じように、この地の人々も逃げてきたのだ。かれらのやってきた跡は埋もれ、道も荒廃してしまった。

この伝説は、陶淵明がフィクションとして描いたユートピアと考えられてきた。秦末の混乱など時間的にも空間的にも遥か遠い世界のことであったからだ。しかし秦の勢力がこのような辺境にまで及んでいたことが証明された。

桃花源《とうかげん》は実際には秦の時代のことではなく、秦に託して後世のことを語っているのだという見方が根強かった。南宋《なんそう》の洪邁《こうまい》は『容斎随筆《ようさいずいひつ》』という書物のなかで、「桃花源記」にいう秦は南朝の宋の劉裕《りゅうゆう》の時代を指しているのだとした。しかし今回の里耶《りや》秦簡の発見は、この理想郷伝説の背景にある史実を明らかにしてくれることになった。秦人がこの地に現実に入っていたという確かな証拠が出てきたのだ。

「桃花源記」の漁師は沅水《げんすい》を舟でさかのぼったものと考えられるが、里耶秦簡によれば、秦人も洞庭湖《どうていこ》から沅水をさかのぼり、途中から酉水《ゆうすい》をさかのぼって上流に遷陵《せんりょう》県という県を置いた。簡牘の中味はこの桃源郷の舞台よりもさらに奥地の遷陵県をめぐる行政文書であり、しかも始皇帝と同時代の文書であるだけに、始皇帝が統一事業を推進しているころ、この小さなポイントで何が起こっていたのかが明らかになった。

桃花源の村人が、はるか中原《ちゅうげん》から逃げてこなければならない必然性はない。この地に入った秦の支配が河川沿岸の小盆地の点にすぎないとすれば、そこから逃亡して山中の洞窟に籠《こも》ったものと考えるのがよい。かれらにとって秦が漢に替わろうとも、はるかな異空間での出来事にすぎない。

相次ぐ出土史料、『史記』『漢書』を超えて

世紀の大発見は、偶然のことが多い。始皇帝の兵馬俑坑を発見したのも、地元の農民が井戸を掘っていて偶然に奇妙な俑《よう》にぶつかったのがきっかけであった。里耶秦簡の簡牘が埋もれていた古井戸も、暴雨《ぼうう》による土砂崩れによって現れた。秦はなぜこのような絶境の地にまで入っていったのだろうか。新発見は、フィクションと思われていた「桃花源記」の真実を明らかにすると同時に、さらに新たに大きな疑問をわたくしたちに投げかけたのである。

司馬遷《しばせん》は、始皇帝の死後一世紀して、ファーストエンペラーの年代記を『史記』秦始皇本紀《しんしこうほんぎ》にまとめたが、この記録が秦都咸陽《かんよう》と漢都長安《ちょうあん》という中央に集積された史料から選択されたものであるとしたら、里耶秦簡の文書群の方は、始皇帝と同時代に無作為に集められた史料といえる。ファーストエンペラー始皇帝の時代のあらたな見直しが始まった。

二〇〇三年秋には、また大発見があった。湖南省長沙《ちょうさ》市の古井戸から、一万枚を超える武《ぶ》帝《てい》の時代前期の簡牘が発見されたのだ。一九九六年に一四万枚にのぼる三国呉《ご》の簡牘が出土した場所から一〇〇メートルと離れていない。長沙走馬《そうま》楼呉《ろうご》簡《かん》がまだ一部しか整理されていないなかで、走馬楼漢簡が大量に出土した。始皇帝の時代の里耶秦簡と同様、古井戸に廃棄された大量の武帝時代の文書の出現である。

こちらはまだ内容の整理と発表はされていない。武帝の時代も、『史記』『漢書《かんじょ》』を超えて、出土史料から研究できる時代に入りつつあることを示している。秦漢時代史研究は明らかに新しい段階に入ったといえる。

多様な民族、秦漢帝国への四〇〇年

さて一九九九年、北京《ペキン》市石景山老山《せっけいざんろうざん》地区で前漢《ぜんかん》時代の諸侯王墓の大規模な盗掘が発覚した。そのなかから女性の人骨が発見され、分析によれば三〇歳前後の女性で諸侯王の王妃である可能性が報告された。二〇〇一年その人骨をもとに肉付けして顔を復元したところ、新《しん》疆《きょう》ウイグル自治区のタジク族に似ていることがわかった。劉《りゅう》氏一族の諸侯王が西域《せいいき》の胡女《こじょ》を王妃として迎えていたことになる。タジク族はインド・ヨーロッパ語族である。この結果は「そんなはずはない」という動揺を引き起こした。北京市文物《ぶんぶつ》研究所が中心となって、頭骨をもとに3D（三次元）技術で頭部を復元した。結果は古代中原《ちゅうげん》地区の漢代住民の典型であるという（『中国文物報遺産週刊』、二〇〇三年第一六期、二月二八日）。タジク族説は否定されたことになる。

最近の生命科学の発達はめざましい。遺伝子情報から人類のグルーピングが行われている。ヒトのすべての細胞にはミトコンドリアがあり、そのなかには細胞の核のゲノムDNAの三〇億文字とは独立して増殖し、母親からしか受け継がれない約一万六〇〇〇文字の小さなDNAがある。近年人類学者が世界各地の民族のミトコンドリアDNAの塩基《えんき》配列を分析し、各民族の近似性を表にしている。現代の人類ホモサピエンスは今から二〇万年前にアフリカに誕生し、そこで多様化し、一〇万年前にその一派がユーラシア大陸に広がり、ヨーロッパ人やアジア人の祖先が生まれたという。

東京大学大学院理学系研究科の植田信太郎氏と中国社会科学院遺伝研究所の王麗《おうれい》氏らの日中共同研究グループは、山東《さんとう》省臨淄《りんし》の前漢時代の遺跡より出土した人骨五八件と、東周《とうしゅう》時代の人骨九二件をミトコンドリアDNA分析した。その結果、秦が最後に滅ぼした斉の人々の民族が、明らかになった。今から二五〇〇年前の春秋《しゅんじゅう》戦国《せんごく》時代中期の山東人、二〇〇〇年前の前漢末の山東人、そして現代の山東人の身体的特徴を比較したところ、意外な結果が出た。戦国時代中期の山東人はヨーロッパ集団と近い関係にあり、前漢末の山東人は中央アジアのウイグルやキルギスの集団に近いという。もちろん現代の山東人は東アジアの日本、韓国人と近い

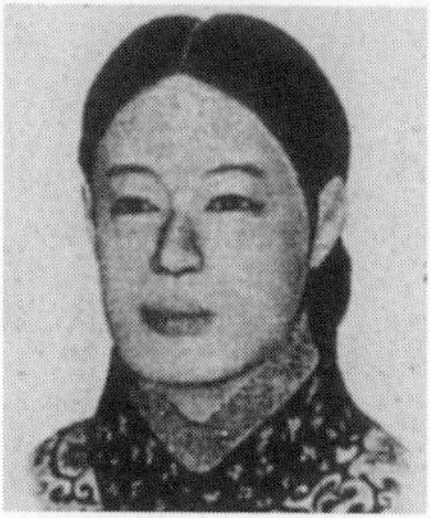

老山前漢墓復元女性像
前漢燕王の王妃である可能性があり、その民族をめぐって議論が起きた

（多賀谷昭「容貌からさぐる日本人の由来」『日本人はるかな旅　1』、NHK出版、二〇〇一年、『渡来系弥生人のルーツを大陸にさぐる　山東省との共同研究報告』、土井ヶ浜遺跡・人類学ミュージアム・山東省文物考古研究所、二〇〇〇年）。

わたくしたちは中国という世界とそこに長い歴史を刻んできた漢民族の歴史を、伝統という名のもとに固定的に考えがちであった。しかし悠久《ゆうきゅう》の中国史が、いろいろな民族によって作られ、変質してきたことを忘れてはならない。秦と漢という王朝を立ち上げた集団は、西と東のまったく別の出自《しゅつじ》であった。秦とは、始皇帝よりも六〇〇年も前に、非子《ひし》という人物が周のために馬を繁殖させた功績で与えられた土地であった。甘粛《かんしゅく》省東端の清水《せいすい》県・秦安《しんあん》県付近、黄河《こうが》の支流渭水《いすい》の上流、黄土《こうど》高原《こうげん》の地である。一方、漢も劉邦《りゅうほう》の封ぜられた小さな国に由来し、その都は陝西《せんせい》省南端、漢水《かんすい》上流の漢中《かんちゅう》県付近に置かれた。さらにもとは劉邦集団ともいい、劉邦の故郷、江蘇《こうそ》省西北端の沛《はい》県・豊《ほう》県の勢力から来ている。広い意味の黄河下流の東方の平原に位置する。

その小さな秦と漢が、他の国を統合して天下を治め、大きな秦、漢を作った。その大きな国に新たな名をつけることがなかった。わたくしたちはそれを帝国といい、秦帝国、漢帝国とか秦漢帝国とか呼んでいる。大きな秦や漢から始める前に、小さな秦や漢がいかにして他の地域の集団と衝突しながらも、秦人、漢人という集団を拡大していったのか。その四〇〇年あまりの歴史をここでふりかえっていきたい。

第一章　ファーストエンペラーの誕生

始皇帝暗殺未遂事件

始皇帝を見つめた地方官吏

始皇帝《しこうてい》は前二五九年正月、秦《しん》の王子として趙《ちょう》の邯鄲《かんたん》で生まれた。戦国時代（前四〇三―前二二一）を終焉《しゅうえん》させた男である。生涯五〇年のうち二五年は戦国秦の王として、後半生一二年は統一帝国の皇帝として君臨《くんりん》した。かれの経歴は、前二一〇年の死後、一世紀経過して司《し》馬遷《ばせん》が記した『史記《しき》』秦始皇本紀《しんしこうほんぎ》のなかにうかがえる。秦始皇本紀は秦の残した『秦記《しんき》』という史書の年代記をもとに、地方に伝わっていた故事や史跡に残る刻石《こくせき》の記録などを織り込んだものである。

現在わたくしたちは新しい視点から、この人物を見ることができるようになった。それはつぎの漢《かん》の時代を知らない、同時代に生きていた地方官吏たちの眼を通してである。かれらは秦という国の役人として地方で秦の政治を支え、また秦による中国の統一という、その後の二二〇〇年の中国の歴史を大きく変えた激動の時代を肌で感じていた。『史記』にも名前を残さず、地下に埋もれていった官吏たちであった。

雲夢《うんぼう》秦簡を残した雲夢睡虎地《うんぼうすいこち》一一号秦墓の被葬者は南郡《なんぐん》の管轄《かんかつ》下の県の官吏、姓はわから

雲夢睡虎地11号秦墓の被葬者　頭から足まで竹簡文書が分散し、足下には毛筆の筒もあった。編年記は頭部に置かれていた（『雲夢睡虎地秦墓』）

ず名は喜《き》という人物だ。前二六二年に生まれ、前二一七年、始皇三〇年に亡くなっている。始皇帝が前二四六年秦王として即位してから、前二二一年以降の統一の時代を地方官吏として生きていた。

　龍崗《りゅうこう》秦簡を残した雲夢龍崗六号秦墓の被葬者の方は名前はわからないが、たしかに県の官吏である。喜《き》は始皇帝よりも先に亡くなったが、龍崗六号秦墓の被葬者は始皇帝の死を見届けた。

　里耶《りや》秦簡の場合は、個人の墓葬に残されたものではない。井戸に投げ込まれて処分されたものだ。数多くの県の官吏が書き残した文書である。始皇帝の統一の時代に、かれらは地方で坦々と行政を進めていた。

『史記』列伝《れつでん》には、始皇帝《しこうてい》をめぐる名の知れた人物が描かれている。呂不韋《りょふい》、嫪毐《ろうあい》、韓非《かんぴ》、荊軻《けいか》、李斯《りし》、蒙恬《もうてん》、趙高《ちょうこう》、徐福《じょふく》、盧生《ろせい》たちは、史上に名前を残した人間である。たしかにかれら『史記』に描かれた人物群は、じつにドラマティックな生涯を送った。それに対して地方官吏たちの残した文字史料は、冷静であるが、民衆と直接対面していただけに、かえってその息づかいが聞こえてくる。始皇帝をめぐる中央の政治的なドラマも面白い。しかしそこにもう一つ地方官吏の視点を加えたときに、始皇帝とその時代が複眼的に見えてくる。司馬遷もできなかった歴史の記述である。

始皇帝暗殺未遂

始皇帝は二二〇〇年前の過去の王朝の人間であるが、絶えず中国の歴史のなかで生き続けてきた。最近では文化大革命のときにも、孔子《こうし》が批判され秦始皇が称《たた》えられた。毛沢東《もうたくとう》自身の詩にも、「君《きみ》に勧《すす》む秦《しん》の始皇《しこう》を罵《ののし》るなかれ、焚書《ふんしょ》のことは商量《しょうりょう》を俟《ま》たん。祖龍《そりゅう》死すると雖《いえど》も魂《こん》猶《なお》有《あ》り。孔丘《こうきゅう》名《な》は高《たか》きも実《じつ》は秕《ひ》糠《こう》（しいなとぬか。転じて役に立たぬもの）なり」とあり、始皇帝擁護論が活発であった。始皇帝が暴君か有能な君主かという議論は、秦が滅んだ後の、前漢の時代にすでに始まっていた。

始皇帝がたえず伝説化され、後世史実から離れて様々な話が生まれてくる理由は、何と言っても中国史上はじめての皇帝（少なくとも統一王朝だけで九八人）であり、はじめて統一帝国を樹立したからである。しかし同時にその統一帝国というのは、西方の秦国が東方の六国を征服した結果生まれ、わずか一五年にして東方の勢力によってもろくも崩壊してしまったことから、有能な君主か暴君かの正負両面の評価が下されることになった。伝説というものは、史実と一線を画すことが難しい。司馬遷自身、伝説か史実かという区別は自覚していなかった。

始皇帝は、天下を統一したあとに刻石《こくせき》という自らの顕彰碑《けんしょうひ》を各地に建てた。そのなかに統一までの戦争を回顧した文章が残っていた。「六国《りっこく》の王は民を虐殺《ぎゃくさつ》するなど道に反した行いをしているので、それをやめさせるために正義の軍隊を出した」と書かれていた。秦《しん》が東方の六国、すなわち韓《かん》・魏《ぎ》・趙《ちょう》という中原《ちゅうげん》の三国と、燕《えん》・斉《せい》・楚《そ》という周辺の三国にしかけた戦争は、秦からみれば正義の統一戦争であった。しかし敗北した六国にとっては、当然秦による六国の征服戦争であった。侵略された側の歴史書は始皇帝の焚書令《ふんしょれい》によって残っていないので、そのことを理解するために、一つの事件を取り上げたい。

始皇帝の治世は、一三歳から二五年間の秦王の時代と、最後の一二年間の皇帝の時代に分けられる。その秦王の時代に、敵対する北方の燕《えん》が企てた暗殺未遂事件が起こった。秦の側には簡単な記録しか残っていなかった。

「秦王政《せい》（始皇帝のこと）の二〇年（前二二七）に、燕の太子《たいし》丹《たん》は秦の軍隊が来るのを恐れて、荊軻《けいか》に秦王を刺殺させようとしたが、秦王がこれに気づき、荊軻《けいか》を殺し、王翦《おうせん》、辛勝《しんしょう》二人に燕《えん》を攻めさせた」

『史記』秦始皇本紀や、秦に滅ぼされた各国の世家《せいか》に残されていた記事である。記述としては、非常に冷静だ。しかしこの記事が言いたかったことは、暗殺未遂事件の真相よりは、暗殺未遂によって、秦王は燕を攻める口実を得たということであった。戦争にも正当な理由が求められた。戦国という国際社会のなかで、秦は暗殺者を迎え入れ、その結果、その策謀者を処罰しようとした。

刺客荊軻――風蕭々として易水寒し

一方で『史記』刺客列伝《しかくれつでん》には、暗殺を決行しようとした刺客荊軻の行動がじつにドラマティックに描かれている。燕の太子丹の命を受けた荊軻は、秦王への土産として秦の樊於期《はんおき》将

筑（上）　全長117センチ、幅11センチほどの大きさ。５本の弦を張り、柄の部分を左手で握って音階を調節し、右手に持った竹のバチで弦を叩くようにして演奏した（『湖南考古漫歩』）
筑の演奏（下）　左の人物が右手にバチを持ち、筑を演奏し、中央の人物は曲に合わせて踊っているのだろう（呉剣『図説中国音楽史　追尋逝去的音楽踪述』、東方出版社、1999年）

軍の首と、督亢《とっこう》という豊かな土地の地図をもち、秦舞陽《しんぶよう》を連れて出発した。燕の易水《えきすい》という川のほとりで見送られるときに、筑《ちく》という楽器に合わせて別離の悲しみを歌った詩はよく知られている。皆白い装束を着て見送った。易水のほとりまで来ると、道祖神《どうそじん》を祀《まつ》り、高漸離《こうぜんり》は筑を撃ち、荊軻はこれに合わせて歌った。見送りの者はすすり泣いた。荊軻はさらに歌った。

　風蕭蕭兮易水寒、壮士一去兮不復還。

漢文書き下しでは、

　風蕭々《かぜしょうしょう》として易水寒《えきすいさむ》し、壮士《そうし》一たび去《さ》って復《ま》た還《かえ》らず。

これを現在の漢語（中国語）で発音すれば、

フォン　シアオシアオ　シー　イーシュイ　ハン
チュアンシー　イーチュイ　シー　プーフーファン

現在の北京音で詠んでもリズムを感ずる。このなかに、書き下し文では読み切れない語句がある。四字句と三字句をつなぐ兮《シー》がそれだ。無意味なことばではなく、呼吸と音調を整え、余情を添える重要な働きがある。この歌を聞いた者は皆感動のあまり、髪を逆立て冠を衝《つ》いた。荊軻は車に乗り、うしろを振り向かなかった。旅立つ者がうしろを振り返ると、旅行中に不吉なことがおこるといわれた。

この荊軻の歌にさらに悲しい情緒を増幅させたのは、筑《ちく》という楽器の伴奏だ。筑は弦楽器であるが、弓で弾いたり、つま弾くのではなく、バチで撃ち鳴らす楽器であり、野外でも携帯できる小さな楽器である。湖南《こなん》省長沙王后墓《ちょうさおうこうぼ》から実物が出土し、宋《そう》代以降に失われた幻の楽器の形がようやくわかった。五本の弦《げん》が張ってあり、長さは一一七センチ、横幅は一一センチ、厚さは六センチにすぎない。ギターのように伸びた柄の部分を左手で握って音階を調節し、右手に竹のバチを持って叩いた。江蘇《こうそ》省連雲港《れんうんこう》市の侍其《じき》繇墓《ようぼ》から、筑を撃ち歌舞する図が出てきている。

中国には弦を弓で弾く楽器や爪でつま弾く楽器があるが、棒で叩く楽器もあった。これを打《だ》弦楽器《げんがっき》とか撃弦楽器《げきげんがっき》とかいうが、現在では西方から伝わった揚琴《ようきん》が残されている。古代にも筑がこのような楽器であった。指のバネを利かせて一瞬のうちに叩くので、当時はまだなかった弓で弾く楽器よりも乾いた音色で、もっと余韻を残して遠くまで響きわたったことであろう。兮《シー》の歌声の余韻は、筑という楽器の音色と一体化したときに、荊軻《けいか》の心情と美しく共鳴し、人々の琴線《きんせん》に触れることになる。

秦王暗殺未遂場面の画像石　逃げようとする秦王政に向かって匕首を投げる荊軻、跪（ひざまず）いて震える秦舞陽などが描き出されている（山東省武氏祠石室画像石『石索』）

史書と画像石——暗殺未遂場面の相違

一行は咸陽《かんよう》に到着し、秦王を襲うクライマックスに入っていく。後漢《ごかん》時代の画像石《がぞうせき》は、死者を祀《まつ》る廟《びょう》の壁面の石に刻まれたものである。荊軻が秦王を暗殺しようとする場面が時間を凝縮して一場面に描かれている。いま『史記』刺《し》客列伝《かくれつでん》の記述に従って画面を見てみよう。

秦王から咸陽宮に迎え入れられた荊軻は、樊於期《はんおき》の頭を入れた函《はこ》を持ち、秦舞陽《しんぶよう》は地図の箱を捧げて進んだ。いざ秦王の前に出ると秦舞陽は恐れ震《ふる》え出したので、群臣は怪しんだ。画像石画面右下に伏せる秦舞陽の姿はその瞬間だ。荊軻は振り返って笑い、「北方の蛮夷《ばんい》のいなかものゆえ、天子にお目にかかったことがないのです」とわびた。秦王が「地図を取らせよ」といったので、荊軻は王に渡した。秦王が最後まで開くと、隠してあった匕首《あいくち》が現れた。荊軻は左手で秦王の袖をつかみ、右手で匕首を持って刺そうとした。しかし身に届かないうちに、秦王は驚いて立ち上がったので、袖がちぎれた。画像石の中央右、ちぎれた袖が宙に浮いている。秦王は剣を抜こうとしても、とっさのことで剣が堅くて抜けない。荊軻は秦王を追い回し、秦王は柱を回って逃げた。柱の左右に、靴を残して逃げる秦王と髪を逆立てる荊軻が対称的に刻まれている。

群臣は急な事態に平静さを失った。秦の法律では、側近は殿上に上がる時には武器を携帯できなかった。このとき侍医の夏無且《かむしょ》が持っていた薬嚢《やくのう》を荊軻に投げつけ、ひるんだすきに、秦王は剣を背負ってようやく抜き、荊軻を討った。荊軻は匕首を投げたが、柱にあたった。画像石中央にその瞬間が描かれている。荊軻は結局左右のものに殺された。

この『史記』の伝える内容と、画像石の場面では三ヵ所食い違っていることに気づかれただろうか。第一には画像石の秦王は荊軻を傷つける剣をもたず、身につけていた玉環《ぎょっかん》をとっさに投げようとしていることだ。画像石左の秦王の右手を見れば明らかだ。第二は武器携帯を禁ぜられている側近が画像石では武器を携帯していることだ。画像石右端と左端の兵士を見ればよい。第三は急を救った重要人物、侍医の夏無且《かむしょ》が登場しないことである。

史料が異なれば史実も変わる

民間にはこの事件を伝えるいろいろな話があり、司馬遷《しばせん》の収録したものと、画像石のものとは別のものと解釈した方がよさそうだ。この画像石のほかにも荊軻の秦王暗殺未遂伝説を題材にしたものは各地に見られ、それぞれの地方に伝えられた伝説を反映している。歴史というものは、このように一つの史実から離れて、人々の心情のなかに広がっていく。歴史が過去の人間のドラマでもある所以《ゆえん》である。しかしドラマ性が強いからこそ、どこまでが史実であり、どこからが後世の人々の脚色であるのか見定める必要がある。その境界線を引くことは難しいが。

始皇帝の侍医である夏無且は、始皇帝を救った褒美《ほうび》をもらい、漢代まで生き残った。宮中での極秘事件の顚末《てんまつ》を、漢代の人々に語ったのだ。司馬遷は画像石に伝えられていくような民間で語られていた荊軻の故事と、始皇帝を救った夏無且の話を取り入れて刺客列伝にまとめた。歴史の素材には、いろいろな視点からの史料が錯綜《さくそう》している。原史料の書き手、語り手は誰であるのか、またその原史料を編集した立場は何処《いずこ》にあるのか。この場合、荊軻の死を悼《いた》んで、荊軻の側から秦王暗殺未遂事件を語り継いだのは、秦に滅ぼされていった六国の人々であった。秦は六国を滅ぼしていくきっかけにこの事件を利用し、記録していった。そして漢の司馬遷は、新史料もまぜながら、秦の統一戦争を描き、一方で荊軻を称える列伝をまとめた。

荊軻　秦王政（左）に襲いかかる荊軻を描いた画像石（『南陽漢代画像石』）

その冷静さが、『史記』全編に流れる。原史料に事件や人間を語らせる。同じ事件も史料が異なれば、別々の立場が示される。ときには矛盾があっても修正はしない。そこに気づいたときに、『史記』の文章がオリジナルでなく、また出典をいちいち挙げなくても、史料としては一級であることが確認される。

一地方官吏と始皇帝の出会い

暗殺未遂事件が起こったとき、前二二七年、秦の南郡下《なんぐんか》の地方官吏であった喜《き》は三六歳になった。すでに父を失い、この年の七月甲寅《こういん》の日には母親も亡くした。荊軻が秦の咸陽宮で事件を起こした月日は記録に残っていないが、この年の四月丁亥《ていがい》（二日）の日に、秦の南郡《なんぐん》守《しゅ》は郡下の県に向けて治安のお触れを出した。その『語書《ごしょ》』と記された竹簡文書一四枚も喜の墓に収められていた。南の大国楚《そ》の領域を占領していた秦は、郡を置きながらも、完全に統治下に収めたわけではなかった。『語書』の発布が、荊軻の事件の後のことであるとすれば、秦王さえ生命が脅かされるような緊迫した国際情勢のなかで、占領地で反乱が起きないよう、秦の統治の徹底化を伝達したものといえる。

このとき三歳若い三三歳の壮年の秦王を地方で支えていた喜は、どのようなことを考えていたのだろうか。残念ながら、個人的な心情を伝える文書は残されてはいなかった。喜が亡くなったとき、遺族は地方官吏としての職務に関する法律文書の竹簡を墓に収めた。同時に埋めた『編年記《へんねんき》』という五三枚の竹簡文書からは、緊迫した政治情勢への関わりが見える。『編年記』というのは被葬者の一種の履歴書だ。魏晋《ぎしん》時代以降には墓誌といい、石に刻みつけた経歴を墓のなかに収めたが、秦の時代はそのような習慣はまだなかった。わたくしたちが履歴書を書くように、個人の経歴を年号に従って竹簡に記した。その年号は、喜の属する秦の年号であり、秦という国家の事跡をあわせて記した。

「四五年、大壄《だいや》（野）王《おう》を攻《せ》む。一二月甲午《こうご》鶏鳴《けいめい》の時《とき》、喜《き》産《うま》る」。四五年というのは始皇帝の曾祖父昭王《しょうおう》の四五年、前二六二年のことだ。秦王政はこれより三年後、昭王四八年（前二五九）、趙《ちょう》の都邯鄲《かんたん》で生まれた。喜の出生は、秦が大《たい》（太）行《こう》と野王《やおう》の地を攻めた年であることを記したあとに、一二月甲午《こうご》、鶏鳴の時、すなわち今の午前二時と時刻まで記している。秦王政でさえ、「秦昭王《しょうおう》四八年正月《しょうがつ》を以《もっ》て邯鄲《かんたん》に生《う》まる」としか記録されていない。一官吏の方に出生時刻が残っていた。まもなく中国史上最初に皇帝になる人物と、一地方官吏の対比はおもしろい。

喜《き》は中央から地方に派遣された郡県の長官や次官クラスの長吏《ちょうり》ではなかった。地方で生まれ、その地元で採用された地方官吏であった。史とか掾史《えんし》とか呼ばれた。一七歳で成年男子として戸籍に登録され、一九歳ではじめて県の史となった。文字の読み書きができることが求められた。喜は県の令史《れいし》を歴任し、二八歳で鄢《えん》県の獄史《ごくし》となった。獄史はたんに文字が読み書きできるだけではだめだ。犯罪事件を処理しなければならず、法律や判例に通じ、調書や裁判文書をまとめる能力が求められた。

その喜は、二九歳、前二三四年に従軍した。地方官吏の生活にも戦争という緊迫した情勢が押し寄せた。前二三二年、平陽《へいよう》の戦いに加わった。統一戦争が終結し、その後、始皇帝が地方を巡行したときに、喜にとっては、はじめて始皇帝を見かける機会がめぐってきた。のちにふれる項羽《こうう》の場合は最後の巡行のときに、始皇帝を見かけた。そのときに発したことばが『史記』に記録されているが、喜の場合は、前二一九年のこととして、「今《いま》、安陸《あんりく》を過《す》ぐ」という竹簡上の文字が記録されている。地方官吏としては、始皇帝の巡行の一行の安全と交通路を確保しなければならない。一行を迎えた喜が「いま目の前を皇帝が通過した」と自ら記録した。

四四歳の喜はもう現役の地方官吏ではなかったかもしれない。秦王の時代を生きた喜が、始皇帝に会えた感激のことばにもとれる。「あの始皇帝にとってかわる」という項羽のことばと何と違いがあることか。喜が統一後の秦を語ったのは、この一句にすぎなかった。感情には出さない。しかし原文でわずか四文字のなかに、喜が秦のために勤め上げた安堵感が伝わってくる。

出土史料の冷めた内容とは別に、第二回の巡行の記事は、『史記』秦始皇本紀《しんしこうほんぎ》では豊富だ。『史記』が秦本紀《しんほんぎ》と秦始皇本紀を別に立てたのは、秦王政、始皇帝の時代とその前とを区別して記述したかったからである。喜の編年記はそのような構成にはない。はじまりは昭王元年（前三〇六）、五六年をへて孝文王《こうぶんおう》の一年、荘襄王《そうじょうおう》の三年、そして今《きん》元年（今上《きんじょう》元年）から三〇年まで続く。一世紀に近い九〇年間が一つの継続した年表に収められていた。その半世紀を超えた五六年の長い在位年数のある昭王の時代は、もっと注目されてもよい。秦王政も喜も生まれた時代、秦はまさに一つの帝国を目指そうとしていた。

戦国秦昭王の時代

天下に帝たる時代の幕開け

昭王《しょうおう》は昭襄王《しょうじょうおう》ともいう。昭王は周王朝第四代の王でもあるので、昭襄王といえば区別できる。ここでは出土史料にあるように昭王という。昭王は一九歳にして秦王となった。秦漢時代史を語るときには、戦国時代の昭王の治世五六年を無視するわけにはいかない。始皇帝でさえもその治世は三七年であるから、半世紀を超えたのはじつに長く、前漢武帝にも匹敵する。秦は昭王の時代に国境を越え、領域を東方に拡大し続けた。始皇帝よりも半世紀前に、帝国を築き、前二八八年、二ヵ月間だけ一時的に東の斉王《せいおう》（湣《びん》王）の東帝《とうてい》にたいして、西帝《せいてい》と称したことがある。

始皇帝よりも前に天下に帝《てい》と称したのも、あとから振り返れば時代の先取りであった。皇帝号が生まれる以前に、王号に代わる権威を帝に求めた。司馬遷の先祖にもあたる司馬錯《しばさく》は、すでに前三一六年恵文王《けいぶんおう》のときに滅ぼしていた蜀《しょく》の地（現在の四川《しせん》省成都《せいと》平原）を占領した。

長平の戦いの遺跡　中国古代の戦争は凄惨なものだった。山西省高平市永禄村で十数ヵ所の人骨坑を発見、20〜45歳の男性、百三十数人が埋まっていた（『文物』1996年6期）

大量の殺戮《さつりく》の戦争もこの昭王の時期に行われた。斬《ざん》首《しゅ》二万（楚）、斬首二四万（韓・魏）、斬首四万（魏）、斬首一五万（魏）、斬首五万（韓）と続き、前二六〇年、秦の白起《はくき》が趙《ちょう》の長平《ちょうへい》を攻めたときには四五万人も殺戮した。その戦争は凄絶なものであった。白起の列伝に、その模様が記述されている。

秦は一五歳以上の若者を総動員し、長平《ちょうへい》に集結させて趙の軍を囲んだ。四六日も囲まれた結果、食糧も尽き、お互いに人肉を食べあった。趙の将軍趙括《ちょうかつ》は射殺され、兵士は降参したが、白起は偽って穴埋めにしてしまった。子どもたち二四〇人だけは趙の国に帰された。秦の側も過半数の死者を出し、大打撃を受けた。

秦はその後も斬首四万（韓）と続き、前二五五年には周《しゅう》を滅ぼした。数字通りであればざっと一〇〇万近くの東方諸国の人間が犠牲になった。秦の兵士には、敵の首を取れば、爵位や宅地、耕地などの褒賞《ほうしょう》が与えられた。秦は東方の占領地に河東《かとう》郡、南《なん》郡、黔中《けんちゅう》郡、南陽《なんよう》郡を置いて統治した。六国を滅ぼしたわけではなく、秦と国境を接する楚、韓、魏などの諸国の領地を削り、支配しようとしたのである。郡というのはもともと占領地支配のために置かれた拠点である。

あの「鼎《かなえ》の軽重《けいちょう》を問《と》う」の故事で知られる周《しゅう》の天子の象徴、九鼎《きゅうてい》（九州から集めた銅で鋳造した鼎、あるいは九つの鼎ともいわれる）もこのとき秦の昭王の手に渡ったと伝えられる。天下から来賓も集まり、昭王の秦は、一時的にも天下に帝として臨むにたる地位を得た。司馬遷は『史記』巻七二穰侯《じょうこう》列伝の巻末の論賛《ろんさん》で、穰侯すなわち昭王の母宣太后《せんたいこう》の弟魏《ぎ》冄《ぜん》の功績を称えている。

秦が東方に領地を広げ、諸侯の力を弱め、天下に帝を称したところ、天下はみな西に向いて稽首《けいしゅ》したのは、穰侯《じょうこう》の功績だった。

「天下」という概念

この「天下に帝たる」の意味は、重要だ。国境のある領域は国であり、そこに君臨するのは王であった。昭王ももともと秦という領域の王として即位したはずだ。戦国時代、王国は並立していた。王国を越えた国際的な世界をこそ天下という概念で呼びはじめた。天下を一人の手で直接統治する考え方はまだなかったが、王国を越えて、天下の諸侯にたいする覇権を得ようという行動が出てきたのである。昭王が斉王と天下を二分しようとしたのはそのような行動であった。

しかし『史記』秦本紀の昭王の年代記は、淡々と戦勝の記事を羅列するだけであって、読み手は何のドラマも見いだせない。昭王自身の顔が見えないのだ。周囲に人物はいる。若き昭王をささえた母宣太后《せんたいこう》の存在もそうだ。『史記』では「自治」とか「専制」ということばで彼女の政治を表現している。始皇帝の母の太后《たいこう》を彷彿《ほうふつ》とさせるし、恵帝《けいてい》の呂太后《りょたいこう》の政権の手本になったような女性であった。

昭王の領土拡張は、一種の中国古代における帝国主義戦争ともいえる。しかし『史記』秦本紀以外には外征ばかりか、昭王の内政を記述した史料も散見する。司馬遷は外征ばかりを強調しようとした。昭王の時代を全体として描こうとしなかったのだ。占領地の蜀では蜀守《しょくしゅ》李冰《りひょう》に岷江《びんこう》の治水灌漑を行わせたり、阡陌制《せんぱくせい》という商鞅変法《しょうおうへんぽう》のときに始まった耕地を東西（阡《せん》）南北（陌《はく》）のあぜ道で区画する制度も引き継いでいる。北方の匈奴《きょうど》に対抗して隴西《ろうせい》から北地《ほくち》、上郡《じょうぐん》にかけて長城を築いたのも昭王だ。始皇帝の政治の原型が昭王の政治に認められる。

その昭王は芷陽《しよう》に埋葬された。芷陽とは始皇帝が埋葬された驪山《りざん》の西麓である。昭王が生存中、自らの墓地として選定した芷陽に太子と宣太后を埋葬した。東陵《とうりょう》と呼ばれる秦の王族の墓葬区は、一九八六年発掘調査された。亜字形《あじけい》という、墓室の四方に墓道のスロープのついた大墓が確認されている。そのなかの一つが昭王の陵墓《りょうぼ》であることは間違いない。始皇帝の父母もこの地に埋葬された。始皇帝も秦王に即位したときに、この伝統を引き継いで東陵の東に自らの墓地を選定した。

昭王のいわば帝国主義政策のつけは曾孫《そうそん》の始皇帝の死後にまわってくることになる。昭王の攻撃を受けた楚や趙の秦への恨みは、国をあげてのもので、代々受け継がれていった。司馬遷は昭王のときの周秦《しゅうしん》革命よりも、戦国という時代を終結させた始皇帝の統一事業を強調した。昭王から秦王政《せい》、始皇帝への時代を継続した時間のなかで見ていくことは、喜《き》の編年記にもうかがえる。編年記は昭王元年からはじまって始皇帝の三〇年で終わっている。

秦王政と呂不韋

前二五一年から前二四七年のわずか五年のうちに、秦の王室には不幸が続いた。昭王、孝文王、荘襄王（荘王）と、相ついで亡くなった。喜はまだ子どもであり、任官していなかったが、たとえ官吏になっていたとしても地方の官吏に中央で起きた異変の真相など知る由もない。編年記の記述は「五六年後《こう》（閏《うるう》）九月に昭《しょう》（王）死《し》す」、「孝文王《こうぶんおう》元年、立《た》ちて即《すなわ》ち死《し》す」、「荘王元年」、「荘王三年、荘王死す」、そして「今《きん》元年」という竹簡が横に並んだ。七五歳の昭王の死は不思議ではないにしても、孝文王は即位三日にして急死した。「立ちて即ち死す」という短い文章の意味は、事実はわからなくても、何かが起こったことは他国の人々にも、また秦の地方の人々にもすぐに理解できたのであろう。ただ孝文王も昭王が在位期間が長かっただけに年を重ねていた。五三歳で秦王に即位した。病死の可能性もないわけではない。ただし孝文王の墓地を昭王からわざわざ切り離していることを考えると、つぎの荘襄王を早く即位させるための策略があったようだ。

呂不韋《りょふい》という人物のことをここで語っておかなければならない。呂不韋は陽翟《ようてき》（河南《かなん》省禹《う》県）の大商人であった。どのような商品を扱っていたのかはわからないが、安い物を仕入れて高く売る、いわゆる行商人であった。ただ行商といっても個人規模のものではなく、大規模な地域間のネットワークをもっていたと思われる。韓の都でもあった陽翟《ようてき》と趙の都邯鄲《かんたん》の間を行き来していた。直線距離でも二五〇キロ、河南省中部から河北省南端まで黄河下流を南北に往来していたことになる。

価格の上下は、地域間の格差と時間の格差によって生ずる。戦国時代は、穀物でも塩でも鉄でも、また漆器でも絹でもなんでも商品として流通した。南北の気候差も利用できるし、人口密度の高い消費地もある。呂不韋は千金の財産を蓄えた。千金の家は王者の富には及ばないが、一都会の君に匹敵するといわれた。かれはその国境を越えた投機の対象を一人の人間に求めた。そして商人としての智慧を秦の政治に活用した。

伝荘襄王陵　西安市街の東、小高い丘の上にある円墳は荘襄王の陵と伝えるが、即位３日で急逝した、孝文王陵の可能性が高い

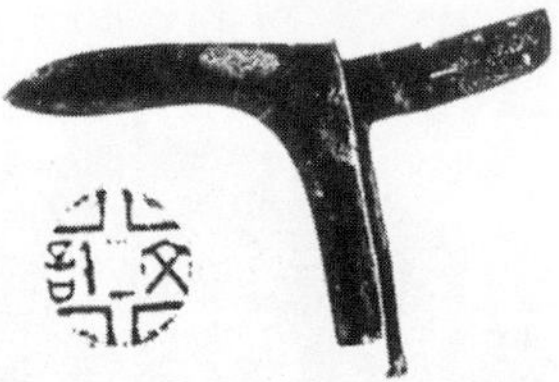
呂不韋が作らせたという戈と銅銭
戈には相邦（国）呂不韋の名があり、銅銭にも文信（侯）と見える

昭王の太子は亡くなっていたので、次子の安国君《あんこくくん》が太子となり、昭王の後継者と目されていた。その安国君のつぎとなると、難しい。後継者はかならずしも長幼の序が通ずるわけではない。そこに嫡男《ちゃくなん》かどうかがからみ、正夫人の地位も固定しているわけではない。寵愛《ちょうあい》を受けた者が正夫人となり、正夫人の子が太子となる。しかし正夫人は固定されない。安国君の正夫人華陽《かよう》夫人は寵愛されているが子に恵まれなかった。

邯鄲に質子《ちし》（人質）として滞在していた安国君の中男《ちゅうだん》（次男）の子楚《しそ》は、二十数人の中間にあって、その母親夏姫《かき》には寵愛がなかった。この子楚を見て、呂不韋は「此《こ》の奇貨《きか》居《お》くべし」といった。価値あるものだから大切にとっておこうという意味だ。商人としての体験から、即座に子楚の価格を計算できた。時間をおけば、商品価値が出てくる。ただそのためには千金の財産を投資しなければならなかった。昭王の寿命、安国君の即位時の年齢、華陽夫人の願い、子楚の不遇の立場、これらもろもろの状況や可能性を呂不韋は計算した。そして奇貨は結果として子楚だけではなかった。秦王政《しんおうせい》のちの始皇帝《しこうてい》を生みだしたのだ。

子楚は呂不韋と同居していた邯鄲《かんたん》の踊り子を見そめた。趙の豪家の女《むすめ》であり、すでに呂不韋の子を身ごもっていたが、子楚には秘密にされた。政が生まれると、子楚は彼女を夫人にした。昭王の軍隊が邯鄲を囲んだときに、政はわずか三歳、かろうじて父母とともに秦軍のもとに逃げ延びることができた。昭王が亡くなると安国君が即位し孝文王《こうぶんおう》となった。約束通り子楚を太子とした。すべては呂不韋の画策通りとなった。

孝文王が急死すると、子楚が王となった。荘襄王《そうじょうおう》である。呂不韋は相邦《しょうほう》（丞相《じょうしょう》）となり、文信侯《ぶんしんこう》に封ぜられ、雒陽《らくよう》一〇万戸の領地を得た。千金の商人が、実際に一都会の君となったのである。その後荘襄王も三年で亡くなった。政は一三歳にして秦王となった。官吏ですら一七歳を待ってはじめて任官できる。一国の王の政務に就くには若すぎた。母親が太后として支え、呂不韋が引き続いて相国となった。

嫪毒の乱

商人出身の呂不韋は、地域国家間のネットワーク作りの才能には長《た》けていた。他国から食客《しょっかく》三〇〇〇人を集めて厚遇した。『呂氏春秋《りょししゅんじゅう》』は、様々な思想を集約した書物だ。「八覧《はちらん》」、「六論《りくろん》」、「十二紀《じゅうにき》」をあわせて二十数万言からなるが、なかでも「十二紀」は重要である。「十二紀」とは一年一二ヵ月を四季に分けて、自然の循環に従って人間の行動すべき事柄を示したものである。緻密な策謀家のイメージとはかけ離れているが、呂不韋が昭王後の秦の政治に求めたのは、そのようなものであった。のちの『漢書《かんじょ》』芸文志《げいもんし》の分類では、「雑家《ざっか》」に属する。しかし決してごたまぜの思想ではなかった。

呂不韋が最後まで秦王政のブレーンでいたら、秦という帝国は別の姿になっていたかもしれない。

天下《てんか》は一人の天下に非《あら》ずして、天下の天下なり。（孟春紀《もうしゅんき》　貴公《きこう》）

一人の権力者皇帝が天下を治めるとは考えていなかった。天子たるものは民が赴く先を見極め、民が動こうとしなければ、それは暴君に都合のよいものだ。官吏はそれぞれ責任を全うして君主の期待に報いれば、君主は安泰だ。こういった理想の天子像、国家像が描かれている。戦国国家の枠組みを残したまま、秦を中心とした国家連合も可能性としてありえた。しかし呂不韋は失脚してしまった。嫪毐《ろうあい》の乱が起こったのだ。

　呂不韋伝は、秦王政が即位してからも、呂不韋と政の母の太后の密通が続いていたことを語っている。呂不韋は発覚を恐れて嫪毐《ろうあい》を太后のもとに送り込んだ。嫪毐《ろうあい》は実は強壮な男でありながら、眉《まゆ》や髭《ひげ》を剃《そ》って宦官《かんがん》と偽った。太后は密かに嫪毐の子を二人生み、嫪毐は太后の力をたてに権勢を得た。山陽の地に封ぜられ長信侯《ちょうしんこう》となった。しかし前二三八年、嫪毐と太后の関係を告発する者があり、事態は急変した。

　嫪毐は秦王の御璽《ぎょじ》と太后の璽《じ》を偽って兵士や騎兵、戎翟《じゅうてき》の首長、舎人《しゃじん》を集めて雍城《ようじょう》の蘄年《きねん》宮《きゅう》で反乱を計画した。秦王側はこれを察知し、相国《しょうこく》の昌平君《しょうへいくん》、昌文君《しょうぶんくん》に先制攻撃させた。咸陽での激戦では数百人の首が切られ、逃走した嫪毐もやがて捕らえられた。真相が調査され、背後で呂不韋が関わっていることが公にされた。嫪毐は一族とも死刑、太后は雍城に幽《ゆう》閉《へい》され、嫪毐の舎人は蜀《しょく》に流された。呂不韋は毒をあおいで死を選んだ。

　この内乱にも近い重大事件は、喜《き》の編年記には見えない。（秦王政）九年の竹簡は年号だけで空白だ。暗殺未遂事件同様、秦王側は真相を公表したくなかったのだろう。中央の政府がぐらつけば、占領地の治安も維持しがたい。

天下一統

李斯の野望

呂不韋の失脚と太后の幽閉によって秦王政の親政がはじまった。李斯《りし》が新たにブレーンとして登場した。李斯の目指す政治は、呂不韋とは違った。

李斯は楚の上蔡県《じょうさいけん》（河南省《かなんしょう》）の出身であり、年少にして喜《き》と同じ地元の地方官吏となった。喜は県の官吏であったが、李斯は県の上のランクの郡の小吏《しょうり》であった。郡と県の別はあっても、喜と李斯は同じ地位であった。一地方官吏で終わるか、一地方官吏から秦の丞相《じょうしょう》にまで上り詰められるかの違いはどこにあったのだろうか。

李斯が喜と違ったのは、自らの意志で荀卿《じゅんけい》（荀子。本名は荀況《じゅんきょう》、荀卿は尊称）から帝王の術を学び、早くから楚王を見限り、秦王政を通じて実践しようとしたことだ。荀卿は孟子《もうし》の性善説《せいぜんせつ》に対する性悪説《せいあくせつ》を主張した儒家《じゅか》の思想家として知られるが、人間は生まれながらに悪であるという単純な主張ではない。人間は生来利欲を好むものであるから、乱れた社会秩序を礼儀や法によって治めなければならないことを説いた。荀卿自身、戦国末のこの時期、趙《ちょう》の出身でありながら楚《そ》の春申君《しゅんしんくん》のもとで蘭陵令《らんりょうれい》（蘭陵県の長官）を務めたことがあった。荀卿は県を治める実践を通して帝王術の思想を得た。

地方の一官吏の李斯は秦に入り、まずは呂不韋の舎人《しゃじん》となった。舎人は官吏ではなく主人の家に仕えて雑事に奉仕する者である。呂不韋は李斯の才能を認め秦王の側近の郎官《ろうかん》として送り出した。舎人の舎は主人の家を指し、郎官とは宮中の廊下を守る近臣の官吏だ。李斯は秦王の身辺に仕え、帝王の術を説いた。歴代の秦王は、孝公《こうこう》から昭王をへて荘襄王にいたるまで六世にわたって諸侯を服属させてきた。いまこそその諸侯を滅ぼし、帝業を完成させ、天下一統を果たすチャンスであることを強調した。この場合の諸侯というのは周王《しゅうおう》に封ぜられた国の君主であるが、実際には王と称している戦国君主のことだ。

天下一統、呂不韋にはなかったことばである。昭王の帝業を継承し、完成させようとした。秦王は李斯の策謀を採用した。李斯は長史《ちょうし》という中央官僚制下の官吏となり、さらに客《かく》卿《けい》の号を得た。客、つまり外国人に与えられた名誉号であろう。秦王は天下一統を実現するために、金玉《きんぎょく》を持った密使を諸国へ送った。君臣を離反させるための工作だ。

法治の徹底と帝王術の構想

さらに李斯が中央官僚のトップに立つきっかけは、前二三七年、外国人排斥の逐客令《ちくかくれい》に反対し、その上書《じょうしょ》の文章を秦王に認められてからであった。秦は外国の人材を積極的に採用してきた。その感覚はわたくしたちの想像以上のものだ。嫪毐《ろうあい》の乱を収めたのも相国《しょうこく》の昌平《しょうへい》君《くん》、昌文君《しょうぶんくん》で、かれらは楚の公子（王子）であった。諸国の王室とは姻戚《いんせき》関係も結び友好関係を結びながら、同盟関係を破棄して干戈《かんか》を交える。それはわかるにしても、国家の中枢に他国の王室の人間まで採用するとはどのような意図から出たことなのか。王国を相《たす》けるのが相国であり、のちの丞相にあたる。

秦の恵文王《けいぶんおう》の相《しょう》になった張儀《ちょうぎ》などは、秦と東方諸国との連衡《れんこう》を唱えた縦横家《じゅうおうか》であった。諸国の外交策を説いた策謀家にまで最重要の官職を任せる。お雇い外国人の域を超えている。国際的な戦略のなかで国家を強化する。国が生き残るための人材を求めた結果であろう。しかしそういう時代にも、かならず保守派はいるものだ。隣国の韓から水利工事にやってきている鄭国《ていこく》がじつは間諜《かんちょう》であることが発覚したのだ。大土木工事に専念させることで、秦の軍事力をそぐ、それが韓のとった策と理解されたのである。こうした不始末が重なったため、王族や大臣たちは秦王に例外なき逐客《ちくかく》を求めた。楚出身の李斯もひっかかった。そこで身を守るために上書したのであった。

その巧みな論法も荀卿の門下で学んだのであろう。秦王もすぐに納得した。李斯は廷尉《ていい》となった。喜が治獄《ちごく》の官（獄史《ごくし》）となったのが前二三五年であるから、同じ頃、法制の最高官僚となった李斯と一地方法制官吏の喜とのある接点が認められる。地方の官吏は、犯罪が起これば法律に基づいて処罰する。もし法解釈に疑義が出てくれば、中央の廷尉まで上げて判断を仰ぐ。とくに喜がいたような秦の占領地において、法治を徹底化する。李斯は、師の荀卿も果たせなかったことを王の前で実践した。

戦国時代の最後のわずか一〇年間、李斯の構想通り、戦国諸国の均衡が崩れて天下を一つにしようとする動きがあった。前二三〇年に韓王安《かんおうあん》が捕らえられて韓が秦に滅ぼされてから、魏、楚、燕、趙もつぎつぎと秦に滅ぼされ、最後は最東方の斉《せい》も滅ぼされた。こうして前二二一年、秦は統一を成し遂げることになる。さきの前二二七年に起きた秦王政暗殺未遂事件は、秦王が暗殺される危険もあったが、統一への一連の流れを加速させた事件であった。廷尉李斯にとって、ようやく帝王の術の構想が秦において実現することになった。

喜《き》の編年記では、前二二三年までは諸国との戦争の記事をあげながら、（秦王政）二五年、二六年は年号のみでまったくの空白になっている。李斯が熱く語り実現させた天下一統を、四〇代に入った喜はどのように感じたのだろうか。空白は無言である。しかし無言も一つのメッセージである。二七年にはしっかりと一族の出産のこと、二八年には、さきにふれた始皇帝の巡行を記録している。

天下一統を実現した一年

『史記』六国年表《りっこくねんぴょう》にあるような始皇帝元年といういいかたは、あとからさかのぼってつけた年号だ。秦王政が即位した時点で始皇帝元年ということはありえない。編年記でいう「今元《きん》年」の方は、秦王政の時代を今《いま》官吏として生きているという臨場感がある。その息づかいが、出土した同時代史料には感じられる。読み手のわたくしたちにも緊張感が出てくる。

『史記』秦始皇本紀二六年の条によれば、この一年は六国最後の斉王《せいおう》を捕らえたことからはじまる。斉王建《けん》はその相（相国）の后勝《こうしょう》と兵を出して西の国境を守り、秦との往来を拒絶した。そこで秦は将軍の王賁《おうほん》に燕《えん》の南から斉を攻めさせて、斉王建を捕らえた。そしてそのあとに「秦《しん》、初《はじ》めて天下《てんか》を幷《あわ》す」という記事が続く。六国年表はこの一年のことを要領よくまとめている。「王賁《おうほん》、斉《せい》を撃《う》ち王《おう》の建《けん》を虜《とりこ》にす。初《はじ》めて天下《てんか》を幷《あわ》せ、立《た》ちて皇帝《こうてい》と為《な》る」と。編年記にもこのような記事があれば、何の疑念もおこらない。

この一年の事件は秦にとっても、また中国史全体の流れからしても重要でありながら、一年一二ヵ月のいったいいつ斉を滅ぼして天下一統を実現したのか、まったくわからない。当時の秦の暦は一〇月が一年のはじまりで、九月が年末である。春ではなく冬（一〇－一二月）に一年のはじまりを認めたのである。喜の編年記の二六年が空白であれば、ほかの証言者をさがしてみよう。新発見の里耶秦簡には二六年の紀年の簡牘《かんとく》があった。

　里耶秦簡三万六〇〇〇枚はまだすべてが読まれておらず、一部しか発表されていないが、始皇帝の時代の二五年から二世皇帝二年までの年代を記した簡牘が見つかっている。この意義ははかりしれない。つまり中央からではなく、周縁《しゅうえん》の地から天下一統という歴史的事件にどう反応していたのかがわかるからである。酉水《ゆうすい》上流の里耶古城にいた人々は、遠く秦都咸《かん》陽《よう》で起こったこと、秦が最後に山東の地で斉を滅ぼしたことをどのように受け止めたのだろうか。

始皇帝　17世紀の明代の『三才図会』に描かれた始皇帝

　二六年の紀年を記した木牘《もくとく》は四枚あった。三月甲午《こうご》（一三日）、五月庚子《こうし》（二〇日）、六月癸丑《きちゅう》（四日）、八月丙子《へいし》（二七日）の記事を見てみよう。書き手は洞庭《どうてい》郡遷陵《せんりょう》県の官吏であり、県の行政文書である。

　しかし大きな期待は裏切られた。そこにはやはり、天下一統という歴史的事件そのものは記されていなかったからだ。秦の官吏たちは、この一年、ただひたすら県の行政に専念していた。四つの文書から読みとれることをまずは見てみよう。

　三月甲午《こうご》（一三日）の文書は、遷陵県の司空《しくう》の官吏の導《どう》と尉《い》の乗□（一字解読できず）とがまとめた卒算簿《そつさんぼ》である。司空とは国家や地方官庁の徭役《ようえき》のための労働力を管理する役所である。卒《そつ》とは兵役や土木事業にかり出された徭役にしたがう者を指し、算《さん》とは一般庶民に課せられた人《じん》頭税《とうぜい》をいう。また秦の時代には罪を犯しても金銭で罪を贖《あがな》うことのできる罰金刑があったが、労働を提供して換算することもできたので、司空は罪刑者も管轄していた。さきの喜が残した司空律《しくうりつ》の竹簡文書によれば、罪刑者の一日の日当は八銭という規定がある。かりに八〇〇銭で罪が許されるとすれば、一〇〇日間労働すればよいことになる。秦は、罪刑者に都城、長城、陵墓などの建設工事に当たらせた。一般の農民を使うには、農繁期《のうはんき》を避けるなど限度がある。しかし罪刑者は自由に酷使できた。県レベルでは徭役労働力の登録簿が作成された。

翌二七年八月壬辰《じんしん》(一九日)の木牘は、隣の酉陽《ゆうよう》県の獄史《ごくし》の啓《けい》から名簿にある徭役者の提供の申し出があり、遷陵県の守丞《しゅじょう》(次官)は司空に対処するようにと伝えた内容である。徭役の内容が警備であれば、酉陽県になんらかの緊急事態が生じたことになる。

反乱事件と船舶横領事件

二六年五月庚子《こうし》(二〇日)の文書は、遷陵県の下の啓陵《けいりょう》郷《きょう》という村落に関するものである。当時の県の下の行政単位は郷里であった。郷が最末端の里を管轄した。県の役所も郷の一つに置かれ、その郷を都郷《ときょう》といった。いま啓陵郷の劾《がい》という人物らの家一七戸を都郷の管轄に移す問題が生じた。遷陵県の守丞(次官)である敦狐《とんこ》がその処理を都郷に命じた。おそらく一七戸は一つの集落を作って山間部にでも孤立していたのであろう。点を抑えていた秦にとってみれば、このような集落もしっかりと郷里制《きょうりせい》という行政村落に組み込む必要があった。

二六年六月癸丑《きちゅう》（四日）の事件はもっと緊迫したものだ。越人《えつじん》が城邑《じょうゆう》をあげて反乱を起こした。遷陵《せんりょう》県が判決を下す前の確認文書である。断簡《だんかん》であるので、詳しい内容は読みとれない。張家山漢簡《ちょうかざんかんかん》の賊律《ぞくりつ》という前漢初期の法律では、城邑《じょうゆう》や亭障《ていしょう》（砦）をあげて反乱を起こした場合、謀反として腰斬《ようざん》に罰せられた。腰を切断される極刑である。国家への反逆罪である。越人が越という長江《ちょうこう》南の山岳民族を指すようにも見えるが、この場合は反乱首謀者への判決文であるので個人名である。別人の越人という人名は三三年の文書にも見える。あの春秋時代の名医の扁鵲《へんじゃく》も、姓は秦、名は越人であった。遷陵県では、北方の戦局よりも、県内の治安安定こそが重要な問題であった。

二六年八月丙子《へいし》（二七日）、司空守《しくうしゅ》の樛《きゅう》の報告によれば、つぎのような事件が起こったというのだ。二月に南郡競陵《なんぐんきょうりょう》（竟陵《きょうりょう》）県の狼《ろう》という男が遷陵県の公船《こうせん》（官有船）を借りて、故荆《こけい》の地の瓦《かわら》（積瓦）を運搬した。ところがいまだに船が返却されていないという。遷陵県は酉水《ゆうすい》に面し、洞庭湖《どうていこ》までの水運は発達していた。洞庭湖から北、南郡の郡治《ぐんち》である江陵《こうりょう》県の東に竟陵《きょうりょう》県がある。楚（荘襄王子楚《そうじょうおうしそ》の名を避けて荆《けい》ともいう）はすでに秦に滅ぼされていたので、そのもとの楚の領地から瓦を運搬した。県所有の船を使って、物資を運搬していた。その役所間の貸し借りで問題が生じたのである。狼《ろう》は軍馬を管轄する県の司馬《しば》に所属していた。二六年二月に何の目的で瓦などを運搬したのかはわからないが、狼の職務からすれば軍事的な目的であったようだ。

いったい四枚の簡牘に見える二六年の三、五、六、八月の記事のどこに斉《せい》の滅亡という事件を入れたらよいのだろうか。この地は秦が楚の黔中《けんちゅう》郡を滅ぼしてから秦の占領地として新たに洞庭郡がおかれた。すでに前二二三年には楚は滅亡していたが、天下一統を慶賀する気配はまったくなく、占領以来の緊張した状況は依然として沅水流域に残っていた。

咸陽宮で行われた御前会議

そのような地方の緊張状態は、中央にもあった。中央では重要な会議が開かれていた。秦王を中心に丞相《じょうしょう》、御史《ぎょし》らが出席した。御史は御史大夫のことで、丞相の補佐役である。このときの中央の最高位の官僚についていえば、丞相は左右二人制で右丞相《うじょうしょう》隗状《かいじょう》と左丞相《さじょうしょう》王綰《おうわん》の二人、御史は馮劫《ふうきょう》、廷尉《ていい》は李斯であった。まず秦王の意志が伝えられた。六国の王を捕虜にしたのは、それぞれ正当な理由があった。韓《かん》王、趙《ちょう》王、魏《ぎ》王、楚《そ》王は盟約にそむき、燕《えん》王は暗殺を謀り、斉《せい》王は外国と断交した。だから罪ある六王にたいして兵を興したのだと。そのあとはあらたな皇帝という称号を採用していく会議となる。そのなかで臣下は、

今、陛下は義兵を興して残賊を誅殺《ちゅうさつ》し、天下を平定して海内《かいだい》を郡県とし、法令は一統されましたが、このようなことは上古《じょうこ》から未曾有《みぞう》のことです。

と秦王の功績を褒《ほ》め称えた。六国の王は罪深い暴君であるから、民衆を救済するために正義の戦争を行ったというのが、秦の側の論理であった。

その後議論は、王を復活すべきかという問題になっていく。丞相王綰《おうわん》らは、燕《えん》、斉《せい》、荆《けい》(楚)の地は遠方であるから、王を置かなければ治められないと主張した。群臣の多数は賛同した。秦は六国を滅ぼしても、旧六国の地を治めるのはまだ難しいという認識であった。しかし廷尉の李斯が反対した。

今海内は陛下の神霊によって一統され、みな郡県の地となりました。王族や功臣は国家の税で恩賞を与えていますので、制しやすいのです。

始皇帝は李斯に従った。二六年の咸陽宮《かんようきゅう》で行われたいわば御前会議は、戦勝国秦の勝利宣言ではなかった。六国を滅ぼしたものの、今後どうしたらよいのか、最初からプランがあったわけではない。揺れ動きながら、李斯の天下一統構想に引き込まれていった。しかしその李斯も現実を無視したわけではなかった。天下統治の難しさを知っていたからこそ、郡県制にこだわったのだ。地方では六国の王ではなく、民衆のレベルで反秦の動きがあった。李斯はそのことを知っていた。

古代の時間感覚

張家山漢簡《ちょうかざんかんかん》には始皇帝の時代の文書も含まれていた。張家山漢簡とは、一九八三年湖北省江陵《こうりょう》県前漢墓で発見された一〇〇〇枚以上の竹簡であり、前漢時代の法律のほかに、奏讞書《そうげつしょ》という判例集のなかには秦の時代の事例が含まれる。秦の史料としても有効だ。それによれば、二七年二月壬辰《じんしん》（一七日）、御史の文書が南郡の役所に届いた。御史は地方官庁の監察官であり、中央政府の意向によって「ある事件」を再審せよとの命令を伝えた。再審の処理には、翌二八年九月まで四六九日もかかった。それほど複雑な事件であった。

この文書は馬や船で運ばれ、要した距離は五一四六里、一日に八五里ずつ六〇日で四六里あまる計算だという。当時の一里は約四〇〇メートルだから、一日三四キロメートル運ばれ、総距離は二〇五八キロメートルになる。咸陽から南郡までの直線距離の四〇〇キロメートルほどを五回行き来したことになる。馬なら一日に八五里約三四キロメートルも移送できた。張家山漢簡の行書律《こうしょりつ》では昼夜便では一日二〇〇里（約八〇キロメートル）も移送できた。咸陽から南郡までは至急便では一週間、一般には一〇日から二〇日かかったのだろう。ちなみに漢代の詔書《しょうしょ》は長安《ちょうあん》から居延《きょえん》まで五〇日かかっている。

中央と地方の情報の格差は、もちろん距離によってことなるが、その古代の時間の感覚は知っておいた方がよい。地方官庁は年度末の九月に文書を中央に報告したのでは、一〇月の新年度に間に合わない。八月が一年の地方行政の決算時期になっているのも、こうした時間差を考慮したからであろう。

中央の意志は郵便の制度で地方へと伝えられた。秦の行書律では、文書の受け取り、発送の月日と朝夕の時間を記録しておかなければならなかった。命書《めいしょ》（詔書）や至急便はすぐに伝送し、遅延させれば罰せられた。里耶秦簡では文書の最後に郵人《ゆうじん》である受渡人と受取人二人の名前および時刻の記載があった。当時の時刻は、旦夕《たんせき》の別と、食時・日中など一二時制と、水下《すいか》四刻《こく》・水下八刻・水下《すいか》尽《じん》・水一一刻下など昼夜百刻制《こくせい》とがあった。百刻制では一時は八刻となり、毎刻は一四分二四秒となる。今でも中国では五点一刻というと五時一五分のことである。文書を運ぶ使者には食糧として穀物、醬《ひしお》と野菜スープ（菜羹《さいこう》）が支給されることが伝食律《でんしょくりつ》にある。伝馬《てんま》への飼料の支給は倉律《そうりつ》に規定がある。

『史記』の知らない天下一統時の実態

さて一年以上も再審の時間をかけた複雑な事件の中味にもどろう。事件そのものは二七年二月以前に起こった。南郡管轄の蒼梧《そうご》県の利郷《りきょう》で大規模な反乱が起こった。場所は湖南省長沙から南、湖南省の南端である。前漢武帝のときに置かれた蒼梧郡の地では遠すぎる。この蒼梧は湖南省最南端の九疑山《きゅうぎ》（現在は九嶷山）の地にあったと見るほうがよい。伝説によれば、舜《しゅん》（虞舜《ぐしゅん》。虞《ぐ》は国名、舜《しゅん》は諡号《しごう》）は南巡の途中、蒼梧の野で崩《ほう》じ九疑山に埋葬されたという。舜は五帝の四人目、堯《ぎょう》のときに政治を行い、堯の死後丹朱《たんしゅ》に帝位が譲られたが、人心はみな舜に帰したという。始皇帝は、舜を祀《まつ》ろうと九疑山を目指したが失敗する。舜は始皇帝にとって理想の帝王の一人であった。

馬《ま》王堆《おうたい》漢墓から出土した絹に描かれた二枚の地図には、九疑山周辺の様子が見える。九つの嶺を描いた九疑山の横には「帝舜《ていしゅん》」と記され、また近くには利里《りり》という集落が見える。反乱が起きた蒼梧の利郷はこのあたりであろうか。また最近、湖南省寧遠《ねいえん》県の九嶷山で、秦漢時代の舜帝陵が発見された。この陵はヤオ族の漢唐坪《かんとうへい》という村のコウリャン畑にあり、面積は三万二〇〇〇平方メートルにもおよぶという。

新黔首《しんけんしゅ》という、新たに服属したばかりの現地の人間に反乱者を捕らえさせようとしたが、かれらは武器を持ったまま山中に逃亡してしまった。そのなかの義《ぎ》という人物らは反乱勢力を捕らえようとしたが、敗北して戦死してしまった。現場の蒼梧県に近い攸《ゆう》県では反乱を抑えるために、名簿から三度も徴発《ちょうはつ》を行い、ようやく鎮定することができた。さきほどの二七年八月に遷陵県から隣の酉陽《ゆうよう》県に卒算簿《そつさんぼ》から兵士を送ったのも、同じような事態への対応であろう。三回分の名簿を一緒にしてしまったので、誰が逃亡者であって処罰すべき人間であるのか、わからなくなってしまったというのが真相である。

このとき一つの令《れい》が出された。令というのは律《りつ》とはちがう。法律化する前の命令であり、緊急事態への対応だ。「占領した荊《けい》は新しい土地であるので群盗が多い。もし徴兵した兵士が群盗と遭遇しても逃亡すれば、戦場で戦わない罪で罰せよ。律では戦場で戦わない場合は斬刑《ざんけい》である」と。かなり厳しい調子である。結局新黔首《しんけんしゅ》をかばったとして、攸《ゆう》の県令が髭《ひげ》を切り落とされ鬼薪《きしん》（薪を山から伐採させる刑）の労働刑、逃亡者は戦場で戦わなかった罪で斬刑との判決が出された。おそらく、このとき廷尉であった李斯は、この令の文章の作成に関わっていたはずだ。李斯は地方で起こっている事態を十分認識していた。それを知ったうえで、『史記』に見える李斯ら中央官僚の言動を見直さなければならない。

里耶秦簡にも同様の記述があった。二七年二月庚寅《こういん》（一五日）のこと、洞庭郡の守《しゅ》（長官）の礼《れい》が管轄下の県の官吏に緊急事態への対応を伝えた。県が徴発できる一般兵士と罪刑者を動員し、洞庭郡管理の武器を内史《ないし》、巴《は》郡、南郡《なんぐん》と蒼梧《そうご》にまで運べというものだ。畿内の内史まで巻き込み、蒼梧での反乱にも対処しなければならない事態の発生である。中央のここでは張家山漢簡と里耶秦簡の蒼梧の反乱の記述が奇妙なほど符合している。

　天下一統の実態が地方から見えてきた。中央と地方とのやりとりは、現地の側の史料に記録されていた。地方で作成された文書自体は、年度末に中央に送られたが、中央に集められたものは、秦の滅亡とともに失われてしまった。そうした公文書が残されていなかったなかで、司馬遷《しばせん》は秦の歴史をまとめたのである。地方では偶然公文書が残されていた。『史記』にはない天下一統時における中央と地方の緊張した状況が見えてきたのである。

第二章　皇帝制の成立

煌々たる上帝

古代の天の思想

巨大な陵墓の地下には、中国史上最初の皇帝が眠っている。王からはじめての皇帝になった始皇帝の陵である。皇帝という称号は今から二二〇〇年前、秦の時代にはじめて誕生した。ファーストエンペラー始皇帝から、二〇世紀初頭のラストエンペラー溥儀《ふぎ》まで、二一三〇年間に、五〇〇人に近い皇帝が登場する。そのなかにはわずか一歳未満で即位した後漢《ごかん》の皇帝（殤帝《しょうてい》）もいれば、九〇歳近くまで生き、六〇年間在位した清《しん》の皇帝（乾隆帝《けんりゅうてい》）もいる。中国ではなぜ皇帝がこれほど長く権威を保ってきたのであろうか。またなぜこれほど多くの皇帝が代わる代わる即位してきたのだろうか。

最後の王朝、清の皇帝と闘った孫文《そんぶん》は『三民主義』のなかで、中国古代の皇帝制にふれてつぎのように述べている。

劉邦《りゅうほう》と項羽《こうう》はなにを争ったのであるか。かれらは皇帝を争ったのだ。このあと、漢《かん》・唐《とう》以来、皇帝を争わなかった朝代《ちょうだい》（王朝）は一つもない。中国の歴史は、こうして治《ち》と乱とをつねに重ねてきた。乱のときはきまって皇帝を争った。外国では、宗教のためにたたかい、自由のためにたたかったことがあった。だが、中国では数千年来、たたかったのは、すべて皇帝という一つの問題だけであった。

革命家孫文がここで述べている皇帝になろうとした人間たちのドラマは、いったいどのようなものであったのだろうか。

秦王嬴政《しんおうえいせい》は、東方六国の諸王を倒して全国を統一したときに（前二二一）、新たに皇帝という称号を始めた。これは天を主宰する上帝《じょうてい》（天帝《てんてい》）の権威を借りた称号である。天の世界とは、ひとつの宇宙であった。中国古代の人々は、天は一つの地上にかぶさる球体と考えていた。地上から見上げたドームのようなものである。太陽も月も惑星も、この球体上を移動していった。天は天の北極を中心に反時計回りに回転し、この中心に天帝が存在すると考えた。北極に近いこぐま座のβ《ベータ》星を帝星といい、おおぐま座の北斗七星は、天帝が乗る車の長柄《ながえ》と車体の形に見立てた。ひしゃくの先、車体の最後尾のα《アルファ》星は天枢《てんすう》といい、これに乗って天帝は天極の周りを巡った。

　中国古代では、死者を収める墓室に、こうした地上から見上げた宇宙を表現した。その部屋の天井には天体を描

始皇帝陵　西側からの眺望。巨大な陵墓の地下にファーストエンペラー始皇帝が眠る

き、その中心に天極と北斗七星が見える。漢代の壁画には、天の赤道や、太陽が一年間移動する経路である黄道《こうどう》が描かれている。日本でも高松塚《たかまつづか》古墳壁画には中国の天の思想の影響を受けた天極が描かれている。キトラ古墳では、黄道と天の赤道が、交叉する円で描かれていた。

天の中心は人格化されていない。神《しん》(spirit)は、中国では死者の魂のことをいうので、天帝を神《かみ》(God)というと誤解をまねく。皇帝の称号が生まれた背景には、このような古代の天の思想があった。天帝から地上の統治者、皇帝が誕生したのである。

「皇帝」という称号

東方の六王を抑え天下を統一した年に、秦王は諸王の上に立つ皇帝という称号をはじめて使った。皇帝号が生まれるにいたる経過は、司馬遷《しばせん》の『史記《しき》』秦始皇本紀《しんしこうほんぎ》に詳しい。秦王と大臣(丞相《じょうしょう》の王綰《おうわん》、御史《ぎょし》大夫《たいふ》の馮劫《ふうきょう》、廷尉《ていい》の李斯《りし》)らとのやりとりの過程で皇帝号が採用された。そうすんなりと決定したわけではなかった。

まず秦王から丞相らに、従来の王号を帝号に変えることの是非を議論せよとの命令が下された。審議の結果、秦王の功績はいにしえの五帝の治世を超えるものであるから、それにふさわしい称号をさがすことになった。五帝とは黄帝《こうてい》、帝顓頊《せんぎょく》、帝嚳《ていこく》、帝堯《ぎょう》、帝舜《しゅん》の五人の帝を指す。この五帝は天ではなく地上の統治者であった。神話の時代のことであるが、かれらは死後天に昇り、帝なにがしと呼ばれたのである。秦の博士らは古典のなかから天皇《てんこう》、地《ち》皇《こう》、泰皇《たいこう》という称号を捜しだし、そのなかでも泰皇がもっとも貴いものであるとした。泰とは泰一《たいいつ》、天や地の神々よりも上の天帝を指す。大臣たちはこれを秦王に提案した。もしこの提案がそのまま通っていたとしたら、皇帝の代わりに泰皇の称号が後世まで残ったかもしれない。しかし秦王はこれを斥《しりぞ》けて、泰皇の皇の字と、上古の帝位の帝の字をあわせて皇帝とした。ここに見える皇とは、もともと王に通ずる文字だが、光り輝くという形容詞として用いられた。秦王はあくまでも帝の字にこだわり、これを修飾することばをさがしていた。煌々たる上帝の意味で皇帝が誕生した。天の中心に存在する天帝に対して、みずからは地上世界の中心に位置する権威を求めた。この皇帝の称号は、同時に採用された詔《しょう》（命令）、朕《ちん》（自称）とともに、以後の中国歴代の皇帝制に踏襲されていくことになった。

水徳――火徳の周に勝った秦

始皇二六年（前二二一）の秦始皇本紀の記事には、天下一統の具体的な事業が羅列されている。順番にあげてみよう。

秦はまず、五行の水徳《すいとく》を採用した。五行とは戦国時代の斉の鄒衍《すうえん》にはじまる思想で、五行相生説《そうしょうせつ》と五行相勝《そうしょう》（相剋《そうこく》）説《せつ》とがある。木火土金水《もっかどごんすい》、宇宙の変化を五つの要素の変化として説明する。水から木（植物）が生まれるように、木から火、火から土、土から金、金から水、水から木というように循環していくのが相生説。水が火に勝つように、土が水に、木が土に、金が木に、火が金に勝つのが相勝（相剋）説である。五行には方角・季節・色・数字が配される。木は東・春・青・八、火は南・夏・赤・七、土は中央・土用《どよう》（立春・立夏・立秋・立冬前の各一八日間の計七二日間）・黄・五、金は西・秋・白・九、水は北・冬・黒・

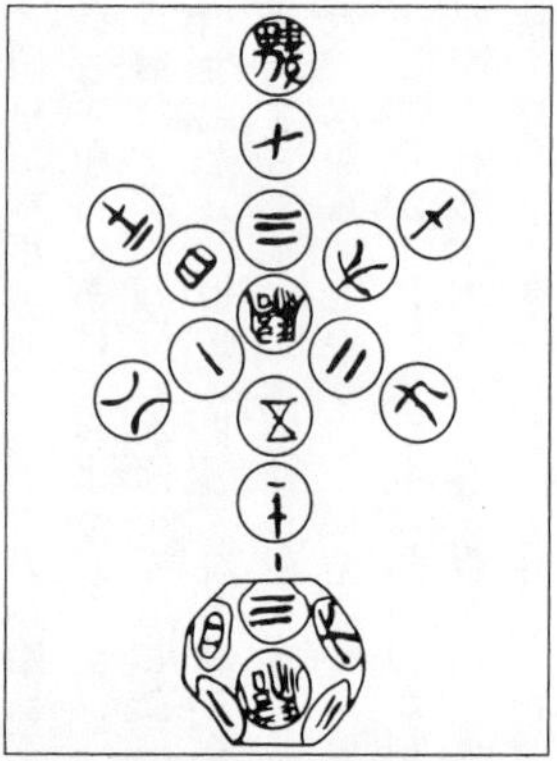

14面体のサイコロ（始皇帝陵出土）　当時の遊技の道具であり、1～12までの数と漢字2字（驕と膢）が記されている

六というように。秦《しん》は火徳《かとく》の周《しゅう》に勝ったということで水徳が採用されたのだ。それに基づいて冬・黒・六が制度改革のキーワードになった。

　数字と五行の関係はわかりにくいが、古代の中国でも水が万物のなかではじめて作られた物質と考えられた。現在のわたくしたちは、この地球が金属（金）とマントル（火）と海洋（水）と土壌（土）と植物（木）からなっていることを知っている。宇宙でもっとも豊富な元素は水素であり、地表の四分の三を占める水を作る。そこで一から四までの生数と六から九までの成数の最初の一と六が水徳《すいとく》の数字とされた。

　冬の始まりは一〇月であるから、一〇月を年初とし、衣服や旗の色は黒、数字は六を基数とし、割り符、法冠《ほうかん》（かんむり）は六寸（一三・八センチ〈一寸＝二・三センチ〉）の大きさにし、御輿《みこし》は六尺（一メートル三八センチ）、度量衡の一歩も六尺、車馬も六頭立てにした。黄河《こうが》は当時は河《か》あるいは河水《かすい》と呼んでいたが、水徳にならって徳水《とくすい》と改められた。水徳は陰に当たり、刑にもつながるので、法を厳しく行った。

　五行思想は秦のものではなく、東方の斉の地方で生まれた。自然の循環を重視するというのは『呂氏春秋《りょししゅんじゅう》』の月令の思想にも通ずる。刑罰も自然の循環のなかに位置づけられた。呂《りょ》不韋《ふい》から李斯へと秦のブレーンは交替したが、かならずしも極端に統治思想が変わったわけではない。天下一統の法家《ほうか》思想にも呂不韋の月令の思想が含まれていた。

サイコロを振ると一から一二までの数字が出てくる。始皇帝陵付近から出土した石のサイコロは一四面体、二面には「驕」と「媿」の文字が記されてある。数に合わせてコマを動かし、媿の文字が出れば罰として酒を飲み、驕が出れば相手に飲ませた。数字は官吏の遊びの世界でも重要だ。六の倍数が一二であった。

三六郡の謎と帝国への拡大

天下を三六郡に分け、郡には守《しゅ》（長官）、尉《い》（軍官）、監《かん》（監察官）を置き、民を黔首《けんしゅ》と改め、大いに宴会を開いた。共同の宴会は国家の慶事に許可され、国は酒と肴《さかな》を分け与えた。二五年（前二二二）五月のときは秦が斉以外の国々を滅ぼして戦局が一段落したことで許された。今回は、斉を滅ぼし、天下一統が実現したことによる。しかし、地方の文書にはあれだけ日時が細かく記録されていたにもかかわらず、秦始皇本紀の記事は月さえわからない。

このとき置かれていたという三六郡についても、具体的な郡名を三六あげることは難しい。

秦は戦国時代の恵文王《けいぶんおう》以来、領土の拡張とともに占領地には郡が置かれてきた。始皇帝の二六年（前二二一）に一気に三六郡が置かれたわけではない。戦国秦から帝国時代の秦まで全時代に置かれた郡を、秦本紀や『漢書』地理志などの文献から集めていくと、三六を超えてしまい、きっちり三六の郡がどの郡を指すかは二〇〇〇年来諸説が出されてきた。またそのようなかで、いまわたくしたちは里耶秦簡のなかに、まったく知られていなかった洞庭郡を見いだし、これまでの諸説はどれも否定せざるをえなくなった。出土史料の怖さと面白さをここでも味わうことになった。

いま三六郡のうちわけを試みにあげてみよう。秦の郡はその成立によって四類に分けることができる。第一類は戦国秦の固有の領土におかれた郡、内史《ないし》と呼ばれた。第二類は秦の国境を越えて戦国時代に占領地に置かれた郡、したがって当然秦の国境沿いにある。第三類は六国を滅ぼした結果、秦が受け継いだ六国の郡、第四類は統一後にあらたに領土を拡張して置かれた郡に分かれる。そのほかは、三六郡の数合わせで出された郡名で、存在は不明のものもある。

これらの郡を図示すれば（次ページの図）、秦国が秦帝国へと拡大していった過程が見えてくる。喜《き》が官吏として働いていたのは、秦の占領地である第二類の南郡の領域であった。第二類と第三類を足したのが秦統一時点での三六郡ということになるが、最大でも三四郡にしかならない。残りの二郡はほかからもってこなければならない。『漢書』地理志では、漢代の郡の由来を記述するなかで前身は秦郡であるといっており、その数はちょうど三六ある。しかしこのなかには統一後の第四類の四郡が入っているので、四郡を除くかわりに、どのような郡が三六郡に入るのかをめぐって、議論が進んできた。清以来現在にいたるまで三〇〇年、王鳴盛《おうめいせい》、銭大昕《せんたいきん》、全祖望《ぜんそぼう》、王国維《おうこくい》、銭穆《せんぼく》、労榦《ろうかん》、譚其驤《たんきじょう》と数多くの学者たちが秦三六郡の解明に取り組んできた。

しかし里耶秦簡の洞庭郡の発見は、肩すかしにあったような気がする。前提であった『漢

＊内史（畿内）と36郡（『漢書』地理志による）

1　河東
2　太原
3　上党
4　三川〔参川〕（漢の河南郡）
5　東
6　潁川
7　南陽
8　南
9　九江（(歴)は九江・衡山9-2に分ける）
10　泗水〔泗川・四川〕（漢の沛郡）
11　鉅鹿
12　斉（(歴)は済北12-1・臨淄12-2に分ける）
13　琅邪（(歴)は琅邪13・膠東13-2に分けるが、膠東は即墨か）
14　会稽
15　漢中
16　蜀
17　巴
18　隴西
19　北地
20　上
21　九原（漢の五原郡）
22　雲中
23　雁門
24　代
25　上谷
26　漁陽
27　右北平
28　遼西
29　遼東
30　南海
31　桂林（漢の鬱林郡）
32　象（漢の日南郡）
33　邯鄲（漢の趙国、(歴)は邯鄲33・恒山33-2に分ける）
34　碭（漢の梁国）
35　薛（漢の魯国）
36　長沙

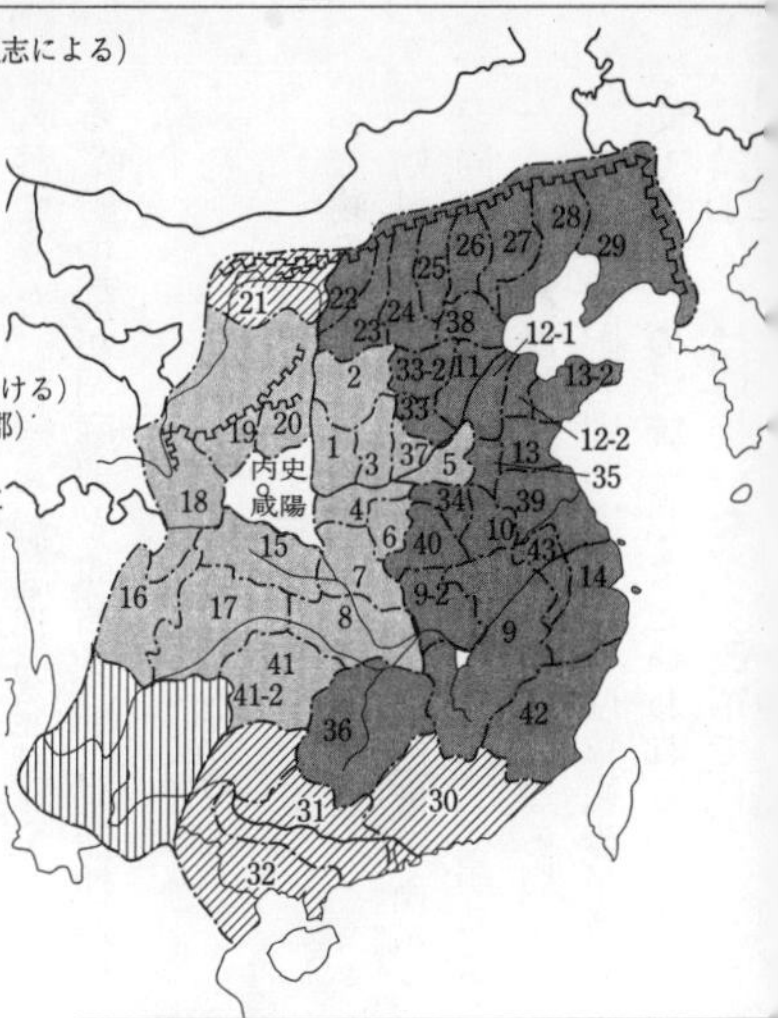

＊設置時期による分類

- 内史
- 戦国時代の秦（恵文王～秦王政）が占領地に設置した郡
- 統一時に東方六国を滅ぼして設置した郡
- 統一後に匈奴・百越との戦争時に設置した郡
- 郡を置かずに占領した地区
- (歴) 譚其驤編『中国歴史地図集』

＊そのほか『漢書』地理志に見えないが秦郡と考えられるもの

37　河内
38　広陽
39　東海
40　陳（楚）
41　黔中（里耶秦簡によれば洞庭郡41-2の位置と重なる）
42　閩中
43　鄣（漢の丹陽郡、(歴)は記入せず）
44　陶（(歴)は記入せず）
45　河間（(歴)は記入せず）

秦の36郡　天下を36郡に分け、各郡には守（長官）、尉（軍官）、監（監察官）を置いて治めた。36郡の具体的な名前を特定することは難しい書』地理志の記事への信頼が揺らいできたからだ。たとえば『漢書』地理志では「長沙国は秦郡」といっているが、秦のときに長沙郡は本当にあったのだろうかという疑念が出てくる。さきの蒼梧《そうご》の乱《らん》を収めたのは南郡下の県であった。長沙の地でありながら、長沙郡が出てこない。また秦は昭王のときの前二七七年、楚の巫《ふ》郡と黔中《けんちゅう》郡を攻めたという記録があるが、この二郡は楚の郡名であり、秦の郡ではない。占領後に郡名を変えることもあるので、黔中郡をそのまま占領後の秦の郡名にするわけにはいかない。『晋書《しんじょ》』以来の多くの学者は、三六の数合わせのために、『漢書』地理志で秦郡としていない黔中郡を三六郡のなかに入れてきた。いまや洞庭郡の発見によって、楚の郡であった黔中郡の場所がはじき出される。黔中郡が洞庭郡と改名された可能性が出てきたのだ。

度量衡・車軌・文字の統一

穀物の計量、武器製造の基準

始皇二六年（前二二一）の「法度《ほうど》・衡石《こうせき》・丈尺《じょうしゃく》を一にし、車は軌《き》を同じくし、書は文字を同じくす」（秦始皇本紀）という記事によって、秦は度量衡と車軌《しゃき》と文字の規格を統一したことがわかる。このことはいかなる概説書でも、始皇帝の統一事業でまずふれられる史実である。戦国七国の間では、度量衡の単位や、車馬の轍《わだち》の幅や、文字の形が異なっていて不便であったので統一したといわれるが、そう簡単な問題ではない。一言でいえば、一般の庶民の生活には直接つながる改革ではなかったからだ。度量衡、車軌、文字の使い手は庶民で

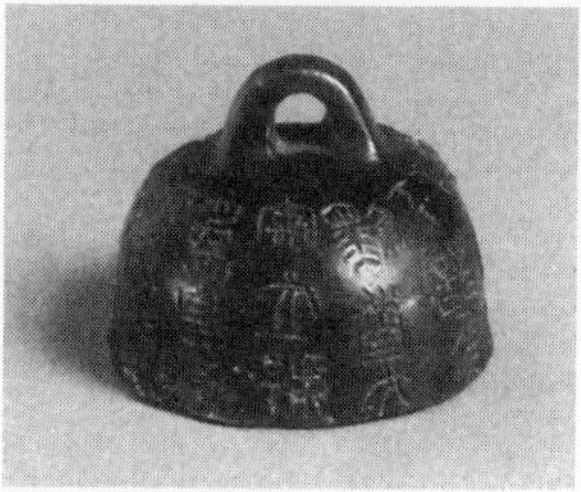

銅権　権はハカリの分銅。度量衡の統一とは秦の尺度を天下の統一規格としたことを意味する

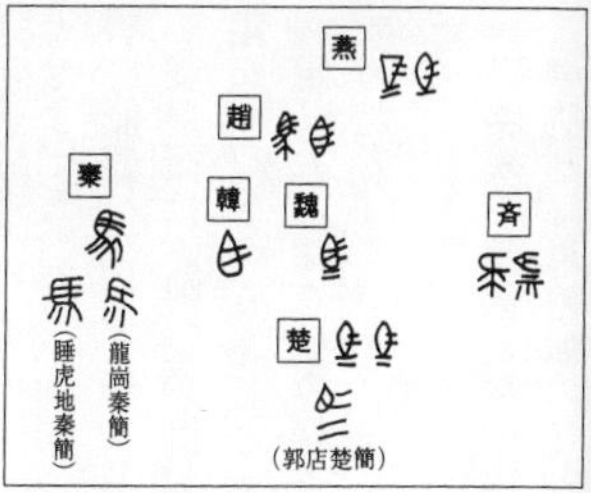

文字の統一　様々な「馬」の字。七国のものと睡虎地・龍崗出土の秦簡のもの、そして楚簡のなかの「馬」の字

はなかった。

　これらは七国の制度を平均して新たに規格を作ったのではなく、秦の旧来の制度を統一規格にしたことを意味している。尺寸《しゃくすん》という長さ、石斤両《せききんりょう》という重さ、斗升《としょう》という容積の尺度は秦のものが統一規格となり、小篆《しょうてん》や隷書《れいしょ》（秦隷《しんれい》）という文字が統一の文字となった。そして統一規格は二六年に一気に実施されたのではなく、占領地という秦にとっては外地において定着させていったのである。度量衡・車軌・文字を実際に用いたのは、庶民ではなく、規格どおりの製品を作らなければならなかった工人であり、規格通りに管理しなければならなかった官吏であった。したがって規格違反をすれば、処罰の対象は工人や官吏であった。穀物を納税する場合、不均一なマスでは不公平であるという心配はない。なぜならば、度量衡の規格は厳しく管理されていたからである。

　喜《き》が残した秦の法律文書は、秦律と総称している。秦律はその後、雲夢《うんぼう》県龍崗秦墓《りゅうこうしんぼ》からも出土しているので、睡虎地秦簡、龍崗秦簡を合わせると相当な量となる。そして張家山漢簡にも大量の漢律《かんりつ》が含まれており、それは限りなく秦律に近い時代のものであるので、張家山漢簡の漢律とも比較して見ていくと理解しやすい。

秦の工律には「同じ器物を作るとは、大小、長短、幅を等しくすることである」という初歩からはじまり、「県や工室（官営工場）ではオモリやマスを毎年一回は検査しなければならない」と度量衡の管理を規定する。内史《ないし》雑《ざつ》という京師所在の官庁に関する雑律《ざつりつ》でも、「穀物を貯蔵する官庁は、計量のためにオモリやマスを備えておき、使用するハカリは百姓《ひゃくせい》（人民）に貸し出してはならない」と管理は厳しい。物品管理を規定した效律《こうりつ》でも、「オモリが正確でない場合は、一六両以上ならば責任者には一甲《こう》の罰金を科し、一六両未満八両以上ならば一盾《じゅん》の罰金とせよ。マスが正しくない場合は、二升以上ならば一甲、二升未満一升以上ならば一盾とせよ」、「黄金を計量するオモリが正しくない場合、半銖《しゅ》以上ならば一盾の罰金とせよ」と、度量衡器の誤差には刑罰が科せられた。官吏が度量衡器を紛失した場合、公文書、証書、公印を紛失した場合と同等に処罰された。それほど重要であったのだ。

度量衡は、穀物の計量と武器の製造がもっとも厳格であるが、土木工事の測量、身長の測定（六尺という身長で大人と子どもを区別、子どもには法的能力がない）、傷害罪の傷口の測定（人の顔を嚙み切った場合、傷の大きさ一寸四方、深さ半寸が基準になる）など、多面にわたる。

道路網の整備と轍の幅の統一

車軌とは車の轍《わだち》のことであり、その車輪間の幅を統一したのである。一般的な理解は、鉄道の軌道のように幅が広狭《こうきょう》異なっていては不便だから統一したというものだ。ではなぜそのような必要があったのだろうか。

秦では都咸陽《かんよう》から放射状に馳道《ちどう》という国有道路が整備された。古代帝国では、ペルシア帝国の王の道や、ローマ帝国の街道と同様、秦でも中央集権的な支配を行っていくためには必要であった。秦の都咸陽と旧占領地の郡、旧六国の郡を結ぶ道路の整備が、秦の規格のもとに進められた。統一の翌年、前二二〇年のことである。馳道は東は燕《えん》、斉《せい》、南は呉《ご》、楚《そ》に延び、沿海にまで達し、幅は五〇歩《ぽ》（約六七・五メートル）、三丈（約七メートル）ごとに青松の街路樹を植え、外側を鉄の槌《つち》で突き固めてあると伝えられる。

陝西《せんせい》省北部の高原の丘陵上に版築《はんちく》で固めた直道が見え、匈奴との戦争に備え軍隊をすみやかに長城へ派遣するために、咸陽から一直線に延びた道路として機能していた。直道の調査はまだ一部にすぎず、馳道の存在が確認されていないだけに、今後の調査が待たれる。こうした舗装道路を車馬が通過した場合に、たとえ道路の表面を版築によって固めていたにしても、木製の車輪の轍が残る。

道路の実態はよくわからないが、龍崗秦簡の秦律には交通に関する内容が多く、そこから秦代の道路の様子を想像することができる。秦の道路網では、六頭立ての皇帝の車（乗《じょう》輿《よ》）、二頭立ての戦車、駅伝用の車馬が走った。道路には一級道路の馳道《ちどう》のほかに弩道《どどう》という軍用道路や、甬道《ようどう》という道路の両側に目隠しの塀を立てた皇帝専用道路があった。馳道は三車線にわかれ、中央は天子専用の通行帯であり、皇帝以外の車馬はその両側を走った。もし中央の天子道を通行した場合は、その者は流刑に処せられ、車馬を没収された。また馳道と他の道路が交叉している場所では、当然馳道の中央を横断しなければ通過できない。その場合は通行を許されたようだ。土を固めた道路は、雨期にはぬかるみ、通行が不能になる。

地方の官吏は毎年九月には管轄区域の道路の整備をしなければならなかった。まさに全国に広がる交通網は、秦帝国の生命線であり、中央から見れば道路が遮断されることは、支配の及ばないことにつながっていく。わずか一本の道が帝国の末端まで延びていった。戦国時代の秦が蜀を攻めたときに、秦嶺《しんれい》山脈越えの桟道《さんどう》には金牛道《きんぎゅうどう》が作られ、西南夷《せいなんい》には五尺道、わずか幅一メートル二〇センチ程度の道が山間部に作られた。

文字の学習、文書の作成

秦の文字の統一は、中央でいくら宣言しても全国には徹底しない。官吏が秦の文字を書き、秦の行政文書を書くことが重要であった。秦の人間が地方官庁の郡県に赴任する場合人員には限りがある。中央が任命したのは、郡の守《しゅ》（長官）、丞《じょう》（次官）、尉《い》（武官）などのいわゆる長吏に限る。実際の行政業務に携わるのは、地元採用の官吏であり、かれらが秦の出身者であるか否かは採用の条件ではない。できるだけ多くの他国の人々を秦の地方行政の末端に取り込んでいくことが、秦という帝国の存立の基盤となる。劉邦は秦の出身ではないが、秦の亭長（村の治安をつかさどる長）となっている。当然秦の文字を読み書きできたはずだ。劉邦に従った曹参《そうさん》は獄掾《ごくえん》、任敖《じんごう》は獄史、喜《き》と同じ職務であり、当然秦の文字で書かれた法律を理解し、秦の文字で文書を書くことができたはずだ。

五〇〇〇ほどの秦の文字を読み書きすることは、後世の科挙試験で四三万字の四《し》書五経《しょごきょう》を暗記しなければならないこととは格段に違う。竹簡や木牘《もくとく》に墨と筆で文字を書く、その字体は隷書である。集中して学べば、秦の地方官吏にはすぐなることができた。石や青銅器に刻まれた文字は大篆《だいてん》を少し簡略化した小篆《しょうてん》である。それらは特殊であり読めればよい。秦の文字はそもそも秦で生まれた文字ではなかった。大篆は周の太史が考案したという。旧六国の文字とは兄弟関係にあった。よく挙げられる七国の馬の字は、その形態の違いよりも近さを感ずる（六五ページ図）。隷書で比較すれば、より近いはずだ。でなければ戦国時代あれほどの外交文書と人物は往来できなかったはずである。秦王政が韓《かん》の韓非《かんぴ》の著した書を読んで、「本人と会うことができれば、死んでも恨まない」とまでいった。秦王は当然韓の文字を読めた。戦国時代は思いの外、他者との違いを受け入れ、交流ができた時代であった。

石硯　全体が亀の形をし、彩色がほどこされている。墨を磨り、竹簡や木牘に筆で字を書いた（『秦漢雄風』）

李斯や趙高《ちょうこう》や秦の太史《たいし》令《れい》胡母敬《こぼけい》は、それぞれ『蒼頡《そうけつ》篇《へん》』、『爰歴篇《えんれきへん》』、『博学篇《はくがくへん》』という辞書を作った。蒼頡《そうけつ》は文字を発明したという人物、爰歴《えんれき》は爰書《えんしょ》という裁判文書と暦《こよみ》からきている。現存しないが、『蒼頡篇』は漢代に引き継がれたものが竹簡、木簡に断片的にうかがえる。官吏をめざした者は、これで文字を暗誦して学習した。文字を四字句のことばにして覚えた。「秦幷天下、海内幷廁（秦が天下を幷《あわ》せ、海内《かいだい》幷《なら》び廁《したが》い）」と暗誦すれば思想教育にもなるし（漢代に伝わる『蒼頡篇』では秦を漢に改めてある）、「薄厚広狭」というのは反対語の組み合わせだ。「黶《えん》黯深黒《あんしんこく》」は、真っ黒いという意味の黶《えん》と黯《あん》という難解な字も一緒に覚えられるし、意味を説明した辞書の役割も果たしていた。

秦の領土の広さ

秦王から皇帝となった政は、統一の翌年の前二二〇年から死を迎える前二一〇年まで一〇年間に五回も全国を巡行した。平均二年に一回というのは尋常ではない。第二回の巡行では、琅邪台《ろうやだい》に離宮を建てて三ヵ月も滞在した。第四回の巡行でも碣石《けっせき》の離宮に滞在した。最長時間の第五回の巡行では七ヵ月もかけ、途中で亡くなっている。予定では一〇ヵ月近くも都咸陽を留守にしようとしたかもしれない。都咸陽を多少犠牲にしても、地方に出て権威を示した方が政治的効果があったにちがいない。左右複数の丞相を置き、都の政治的機能は留守の右丞相《うじょうしょう》に任せながら、始皇帝の政治は左丞相《さじょうしょう》を連れて巡行先で行った。

秦の故地は関中《かんちゅう》といい、四方を関所に囲まれた渭水《いすい》盆地である。自然の要塞に位置し、守りには適している。しかし旧六国の位置した黄河《こうが》と長江《ちょうこう》下流の大平原に出るには、函谷関《かんこくかん》や武関《ぶかん》の関所を越えて下らなければならない。関中が高原に囲まれた海抜三〇〇～八〇〇メートルの比較的小さな平原であれば、東方大平原は海抜一〇〇メートル以下の広大な土地である。そこを治めるには、関中に閉じこもっていては難しい。中央から命令を発し、長吏を郡県に派遣するだけではまだ心許ない。李斯の天下一統を実現するには、空間をめぐる巡行が必要であり、同時に東方大平原に聳《そび》える山岳に登り、その背後を取り囲む東方の海を望むことが求められた。

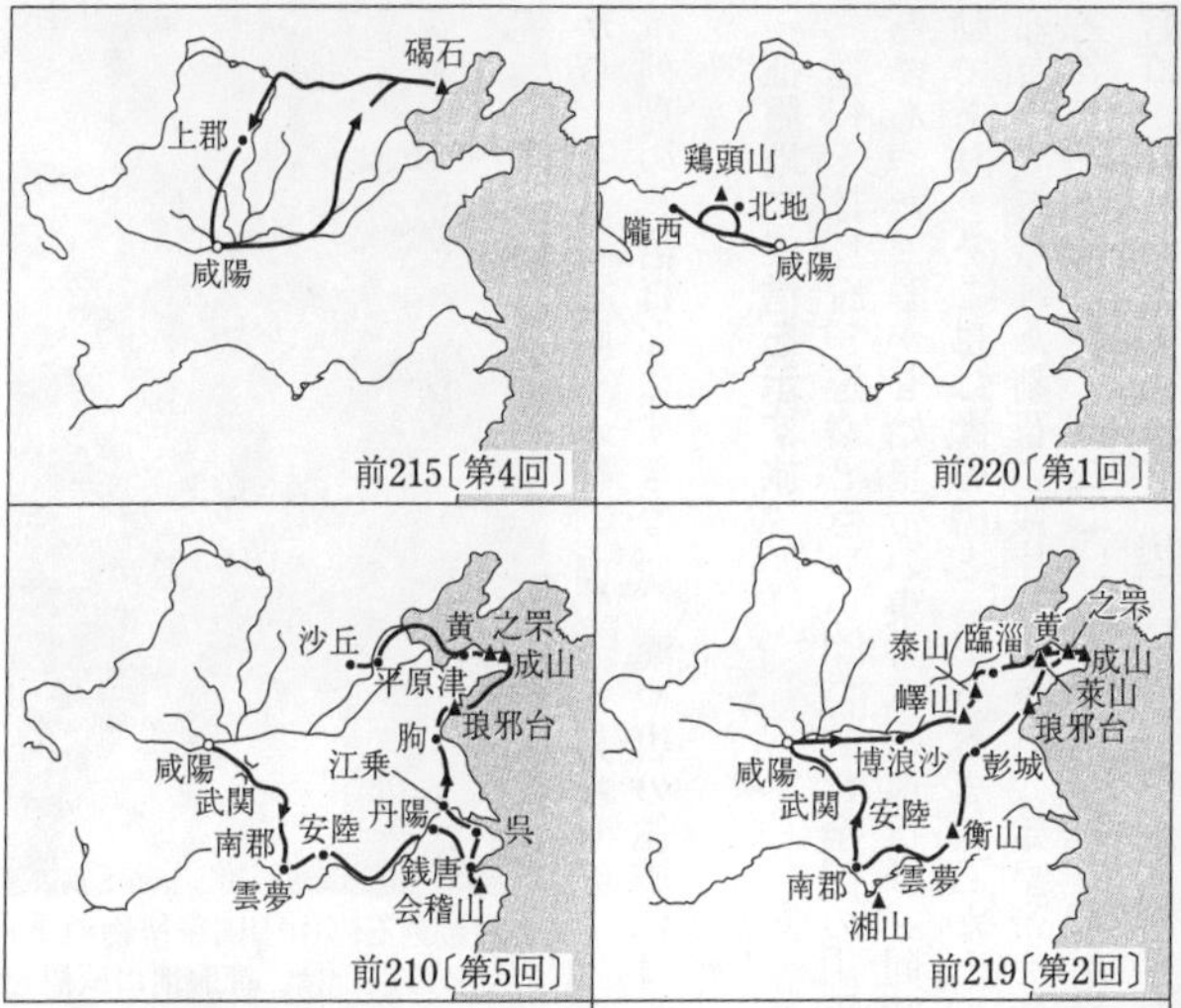

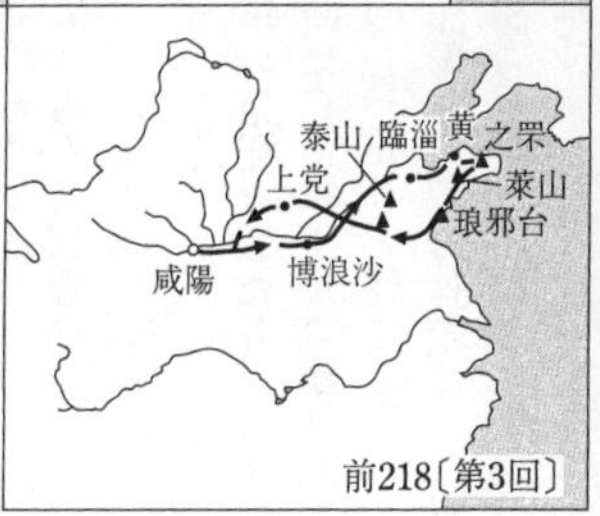

始皇帝巡行図　始皇帝は、統一の翌年の前220年から死ぬ前210年までの10年間に、５回も中国全土を巡行した。政治は巡行先から行った

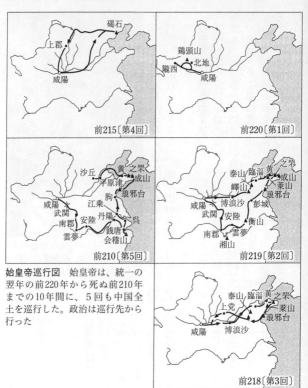

琅邪台刻石（中国国家博物館蔵）
始皇帝の巡行は、征服地に威信を示す行動であり、行く先に顕彰の刻石を立てた

しかし秦の天下は、九六〇万平方キロメートルの現在の中華人民共和国に比べれば、そう広くはない。二二〇〇年前の秦帝国は新疆《しんきょう》ウイグル、チベット、内モンゴル自治区北部と東北三省などを除く三四〇万平方キロ程度、現在の国土の四〇パーセント前後である。統一時には南海の三郡はなかったから、それらを除くと約二七〇万平方キロメートル、現在の三〇パーセント程度になる。日本列島の七倍ほどにすぎない。漢や唐の領域にはもちろん及ばない。

征服地に威信を示す旅

巡行とは巡狩《じゅんしゅ》、巡幸ともいい、目的は全国の山川の祭祀をしたり、文字通り狩りをする行為であった。しかし始皇帝の東方への巡行は、同時に皇帝みずからが征服地に威信を示す行動であり、そこには顕彰碑ともいうべき刻石《こくせき》が七つしっかりと建てられた。現在は泰山《たいざん》と琅《ろう》邪《や》台《だい》に立てられた刻石の残片しかない。始皇帝を顕彰した部分はなく、二世皇帝が追刻した文字だけが見える。そこにはかつての秦の立場が誇らしげに主張された面影はない。中央の官僚が作文したものは、『史記』のなかに記録されているだけだ。臣下は始皇帝の功績を、四字句の詩にして歌い上げた。

皇帝は神聖にして天下を平定して政治を怠りません。朝に目が覚め、夜に床に就くまで、人民の利益を考え、強化に専念しています。（泰山刻石《たいざんこくせき》）

というような、始皇帝を敬慕する美辞麗句が多いなかで、気になることばがある。前二一八年に立てた之罘《しふ》という刻石が、現在の山東半島の芝罘《チーフー》島に残っている。

六国は邪悪で、貪《むさぼ》りを尽くし、虐殺もやむことがありませんでした。皇帝は民衆に同情してついに討伐軍を派遣し、武徳を掲げました。

強暴な王を滅ぼし、黔首《けんしゅ》（人民）を救済し、天下を平定しました。

まさに統一に向けての戦争が六国の民を救済するものであったという大義名分を掲げた。いつの時代でも、戦争には正義がもちだされる。内には戦争に動員された秦の民衆に対して、外には戦争の相手であった旧六国の民衆に対して正義の戦争を主張した。秦の側の正義は、もちろん敵国には通用しない。正義の戦争の帰着するところが、天下一統であった。

今、皇帝は海内を一つに併せて郡県としたので、天下は平和になりました。（琅邪台刻石《ろうやだいこくせき》）

泰山封禅とは何か

滅ぼされた者たち

征服された六国の側の正義は、史料としてまったく残っていない。六国側の心情を読みとることはできる。

統一後にも始皇帝暗殺事件が再発したことは、『史記』に記録されている。荊軻の友人であり、筑の名手であった高漸離《こうぜんり》も天下統一後に始皇帝の暗殺を決行した。荊軻が殺されたあとに事件に加担した者は追われ、高漸離も名前を伏せて雇われの身になっていた。あるとき主人の家で客人が筑を撃つのを聴くと、ついあれこれ批評してしまった。主人がかれを呼びつけると、高漸離も観念して隠し持っていた箱のなかから筑と衣装を取り出し、筑を撃った。ひとりとして涙を流さない者はなかった。このことが始皇帝の耳に入り、あの刺客荊軻の友人である高漸離であることが発覚した。始皇帝はかれの腕前を惜しんで、失明させ、筑を撃たせた。高漸離はそれでも鉛を筑のなかに隠し入れ、始皇帝目がけて投げたが、当たらなかった。結局高漸離は殺され、始皇帝も他国の人間を寄せ付けなかった。

始皇二九年（前二一八）、第三回目の巡行中にも、始皇帝は博浪沙《はくろうさ》（河南《かなん》省鄭州《ていしゅう》の東北）で盗賊に襲われた。盗賊というのは秦の側のいいかたであり、このときの首謀者は秦に滅ぼされた韓の出身の張良《ちょうりょう》であった。張良の祖父と父は韓の丞相であった。年少のときに国は秦に滅ぼされた。弟も殺されたが、埋葬さえできなかった。かれは全財産を傾けて刺客を求めて復讐を誓った。力士を手に入れ、一二〇斤（三〇キロ）もの鉄槌を投げたが、始皇帝の副車に当たって失敗に終わった。張良は始皇帝の亡きあと、劉邦《りゅうほう》に従って秦という帝国と戦うことになる。

天を祭る――祭祀の継承

巡行の経路を見ると、執拗に山東を訪れている。山東とは現在の山東省とも重なるが、それよりも広く、華山《かざん》以東の意味だから、秦の根拠地関中よりも東、広くは東方六国の地を指す。何といっても海を知らない高原の国秦にとっては、東の渤海《ぼっかい》に臨んだときに異境の地の感覚になる。また黄河と長江の織りなす広大な平原地帯も、黄土《こうど》高原とは対照的な地形だ。その広大無辺の平地にそびえ立つ山東丘陵の嶺々には、天にもつながる厳粛な気持ちになる。

泰山　山東半島にある泰山は1545メートルほどの山にすぎないが、古来神聖視され、帝王たちが山頂に壇を築いて封禅の儀を行った

始皇帝は山東に入り、とくに旧斉国が祭ってきた山川をめぐった。斉は最後まで残った大国だ。斉を滅ぼしたものの、斉王が祭主として行ってきた祭祀まで放置するわけにはいかない。祭祀を放棄すれば、祟《たた》りが自らの身と国に降りかかる。一度は始皇帝みずから赴《おもむ》いて祭っておかなければならない。ただ斉の祭祀は一

ヵ所に集中していないので、巡るだけでも大変だ。八主とか八神とか呼ばれていた祭祀の場所は、八ヵ所に分散していた。

八神とは天・地・日・月・陰・陽・四季と軍神の八つである。この天と地にはさまれた世界に、太陽（日）と月がめぐり、陰気と陽気の交替によって四季が変化する。その循環が阻害されたときに、山東の地には黄河の水害や旱魃《かんばつ》などの災害が頻発し、諸国の戦乱が起こる。戦争もたんなる人事ではなく、自然の循環の不順によって起こると考えられていた。軍神を八神のなかに入れていたのは不思議なことではない。内陸の黄土高原から出てきた秦国の君主が紺碧《こんぺき》の海を目の当たりにしたときに、東方人の季節の循環を重んずる思想に傾倒した。山東半島の瑯邪台《ろうやだい》は三回も訪れ、宮殿を築いて三ヵ月も滞在した。瑯邪台の高台から北の海岸を眺めると、たしかに非常に美しい光景だ。

封禅《ほうぜん》の「封」とは土を盛り上げて壇を築き天を祭ること、「禅」はやはり壇を築いて地を祭ることをいう。始皇帝は天地を祭る封禅に意欲を示した。中国には数多くの山岳があるが、山東丘陵に聳《そび》える泰山は、わずか一五四五メートルながら、その威厳をもって聳える姿から、古来神聖視されていた。わずか一五〇〇メートル登るだけで、天と地を全方位に展望することができる。夜空を見上げれば、満天の星座の動きを全身で受け止められる。天然のプラネタリウムだ。その泰山の山頂に壇を築いて天を祭り、泰山の麓の小さな梁父山《りょうほざん》で地を祭ろうとした。

始皇帝は帝位に即いて三年目の始皇二八年（前二一九）、まずは嶧山《えき》に登り、石を立てて自らを顕彰する文章を刻んだ。嶧《えき》山は鄒嶧《すうえき》山ともいい、わずか五四五メートルにすぎないが、春秋時代の鄒国《すうこく》の北にある名山である。奇怪な岩石が繹《いとひ》くような姿から嶧《えき》山と名付けられた。巨大な花崗岩が地表を被《おお》っている姿は神秘的だ。岩の間隙《かんげき》をくぐり抜けてたどり着いた主峰からは、南を広く眺望できる。そこに春秋の鄒国の都市が作られていた。戦国末、始皇帝よりも一〇〇年前に易姓革命《えきせいかくめい》を説いた孟子《もうし》（孟軻《もうか》）はこの地で生まれた。

「天命は定まるものではない。徳ある者には降るが、なき者には去る。天は民の目を通してものを視、民の耳を通してものを聴く。だから民がもっとも貴く、社稷《しゃしょく》（国家）がこれに次ぎ、君主は軽いものだ。君主に大過があればこれを諫《いさ》め、これをくりかえしても聴かなければ位を易《か》える」。

かなり過激な思想であった。孟子は孔子からおよそ一〇〇年後、魯《ろ》の国から近いこの鄒《すう》の地で学問を説いていた。

封の祭り――帝国不滅の宣言

始皇帝はその嶧山に登った直後に、この地方の斉と魯の儒生たちに封禅と山川《さんせん》の祭祀のやり方を議論させた。秦にとって東方の祭祀の内容がよくわからない。しかし儒生たちの説明はまちまちであったので、始皇帝は採用することはなく、儒生に反発した。結局始皇帝は車道をはらい清めて泰山の南の道から頂上を目指し、石を立てて始皇帝の統一事業を顕彰した文章を刻み、泰山で封の祭りを行った。南から泰山山頂に登る道は、現在では紅門《こうもん》から中天門、最後は南天門まで六〇〇〇もの石段を一気に上り、玉皇頂《ぎょっこうちょう》に至る道となっている。その後北の山道から下り、梁父山《りょうほざん》で禅の祭りをした。下りの途中では暴風雨に遭い、大樹の下で雨宿りをした。五大夫の爵位を与えられた五大夫の松が現在も残っている。

泰山でおこなわれた儀礼には、秦の太祝《たいしゅく》の官が雍城《ようじょう》で上帝を祭った方法を取り入れた。つまり東方の地方で行われていた封禅の伝統的な方法はよくわからなくなっていたので、秦の領内で天を祭っていたやり方ですませたといえる。司馬遷は、秦はこの封禅の儀礼を極秘にしたので、記録されなかったのだという。犠牲や祭器の種類や数量などたしかにまったくわかっていなかった。

泰山刻石（岱廟蔵）拓本　小篆で刻まれたわずか10字だけの断片が残る

このときの封禅に関わる現存史料は、泰山刻石の断片のみである。わずか一〇字の小篆が泰山の麓の岱廟《たいびょう》に残されている。「(臣李《しんり》)斯《し》、臣(馮《ふう》)去疾《きょしつ》」「臣請《せい》」など、李斯や馮去疾《ふうきょしつ》の名前の文字が見える。始皇帝の顕彰文の末尾に、二世皇帝が父始皇帝の功績を後世まで残そうとして書き加えた詔書の断句にすぎない。失われた始皇帝顕彰の本文は、『史記』秦始皇本紀に記録されている。しかしこの文章では皇帝自身が天を祭ったことには一切言及されていない。石を立てて天を祭った祭文は、始皇帝の顕彰文とは別に玉牒《ぎょくちょう》に記され、地下のどこかに埋められているのだろうか。

その後、前漢武帝も、元封《げんぽう》元年（前一一〇）夏四月、泰山に登って頂上に石を立て、封禅の祭祀を行った。封という土盛りは一辺が一丈二尺、高さは九尺、その下には玉牒書を埋めた。その書の中味は極秘であったという。封禅のあとには海上をめぐって仙人を求め、始皇帝の行動にならった。後漢の光武帝《こうぶてい》も建武中元《けんぶちゅうげん》元年（後五六）正月丁卯《ていぼう》の日に東方の巡行を行い、二月には魯や泰山を訪れ、辛卯《しんぼう》の日に泰山に登って封をした。ファーストエンペラーの遺産はたしかに受け継がれていった。

始皇帝は泰山で天に向かって帝国の不滅を宣言した。そして個人としては東方の渤海に浮かぶ不老不死の仙人の世界の存在を信じ、みずからの肉体の不滅を願った。しかし現実には、帝国も肉体も不滅ではありえない。まずは帝国を揺るがすあらたな戦争が迫っていた。

対外戦争――新たな天下との遭遇

蛮夷との戦争

李斯が廷尉から丞相《じょうしょう》となったのは、始皇帝の三四年、前二一三年のことであった。かれは丞相としてみずからをかけてきた帝王の最期を看取ることになる。そして二世皇帝を立て、その二年（前二〇八）に、処刑された。帝国の最期を見ることはなかった。

この三四年、咸陽宮では御前会議があの二六年以来大々的に行われた。博士七〇人がまず皇帝の長寿を祝って乾杯した。僕射《ぼくや》の周青臣《しゅうせいしん》が皇帝の徳をほめたたえた。

秦の土地は千里四方に過ぎなかったのに、陛下のご神霊《しんれい》のおかげで海内を平定し、蛮夷《ばんい》を放逐することができました。日月《じつげつ》が照らすところ、服従しないものはありません。

碣石宮の発掘現場　前215年の第４回目の巡行で始皇帝は渤海湾に面した碣石宮に滞在した

諸侯の国を郡県にしたからこそ、人々は楽しみ、戦争の憂いもなくなったのです。

始皇帝はこのことばを聞き、単純に喜びほっとした。周青臣のことばを注意してみると、八年前の御前会議ではまったく出てこなかったことばが一つあった。「蛮夷を放逐する」という表現である。八年前の天下は、あくまでも六国の諸侯の地を一つにしたものであった。しかし、このときは外には蛮夷を払わなければ天下は治まらないと考えるようになった。あきらかに秦の敵は六国の諸侯から蛮夷に移っていた。中華と蛮夷の差違を意識するようになった。秦漢時代にはまだ中華ということばはなく、中夏《ちゅうか》といった方が正確だが、慣れている中華ということばで通すことにする。会議の出席者も始皇帝も、もちろん蛮夷のことは念頭にあった。その蛮夷との戦争の危機のなかで今回の会議が行われたからだ。

秦帝国一五年の歴史は、六年、六年、三年と三期に分けると理解しやすい。最初の六年は戦国六国との戦争を終え、一応括弧付きの「平和の時期」であり、始皇帝は四回の巡行を行った。つぎの六年が、「蛮夷との戦争の時期」だ。巡行はしばらく休止して臨戦態勢をとり、一段落してから五回目の巡行を行ったが、そこで始皇帝は死を迎える。最後の三年は、二世皇帝から子嬰《しえい》までの「帝国崩壊の時期」である。

その「蛮夷との戦争の時期」はすでに始まっていた。始皇三二年（前二一五）、第四回目の巡行は、はじめて最初から北に向かった。渤海湾に面した碣石宮《けっせききゅう》に滞在し、碣石門の岩礁《がんしょう》に顕彰文を刻んだ。碣石宮は現在の遼寧省《りょうねい》と河北省《かほく》の境界にある。碣石とは石を立てる意味、岩礁の多いこの辺りの海岸にちなんだ名前だ。現在、北戴河《ほくたいが》といえば避暑地としても知られる。山海関《さんかいかん》という明代の長城の東端でも知られる。また孟姜女《もうきょうじょ》の伝説の地でもあり、彼女の廟《びょう》や古墳とされる岩礁がある。もちろん孟姜女伝説は、北周《ほくしゅう》から唐以降の後世のものだ。孟姜女の新婚の夫は、始皇帝の長城建設の徭役《ようえき》に駆り出された。夫の安否を心配し、冬支度をもって長城にやってきた。しかしすでに夫は犠牲となっていた。泣き崩れると長城は崩れ、なかからたくさんの白骨が現れた。孟姜女が滴《したた》らせた血を吸い込んだ夫の遺骨を、故郷に持ち帰ったという貞女ぶりが称えられた。

対匈奴・百越——無謀な南北同時開戦

始皇帝は碣石宮《けっせききゅう》で方士《ほうし》たちに、東の海の果てに仙人と不老不死の薬を求めさせた。しかしその結果は、東海よりも北方に目を向けろというものであった。

燕《えん》人の盧生《ろせい》は、海から戻り、『録図書《ろくとしょ》』というものを差し出した。そこには「秦《しん》を亡《ほろぼ》す者は胡《こ》なり」という予言が記されていた。漢代の人々は、胡とはじつは二世皇帝胡亥《こがい》であるというが、それはその後の秦の歴史の顛末を知る者のうがった解釈にすぎない。当時の胡とは西域の民ではなく、北方の遊牧民を指した。匈奴《きょうど》のことだ。

始皇帝は、蒙恬将軍に三〇万の兵士を出させて匈奴を撃ち、河南（オルドス）の地を占領した。河南は黄河によって西、北、東が囲まれた土地で、河南郡、河南省の河南とまぎらわしいので、明代以降にモンゴルのオルドス部族が占拠してからはオルドスの地名で呼んでいる。オルドスは今でこそモウス沙漠やフッチ沙漠が広がっているが、当時は豊かな草原地帯であり、匈奴と秦との争奪地であった。秦は軍馬を放牧する牧場の地として占拠したかったのだ。三〇万もの兵士を動員した戦争が、七年ぶりに始まった。始皇帝が北辺から咸陽《かんよう》にもどった直後のことである。

しかも秦は翌三三年（前二一四）には、五〇万もの大量の兵士を南方にも送り、百越《ひゃくえつ》との戦争も始めた。南北同時開戦という無謀にも見える戦争だ。かつて六国と干戈《かんか》を交えた秦にとってみれば、複数の敵と戦うのは経験ずみのこととはいえ、南北にこれほどかけ離れたところで、三〇万、五〇万と別々に大軍を出すのはやはり無謀といえる。陸梁《りくりょう》と呼ばれた南方の地は、長江以南から南海（南シナ海）にいたる山間部である。湖南、江西、広東三省と広《こう》西《せい》チワン族《ぞく》自治区にまたがる波打つように連綿と続く山岳地帯である。河川沿いの山間部には交通路が開け、集落が点在する。

中国全土の地形図を見ると、茶色と緑色とがモザイクのように錯綜しているのがこの地域の特徴だ。緑色の平地の民と茶色の山地の民が交錯する。そこに北方の乾燥した高原出身の秦の人間が移住しても、高温多湿の気候や伝染病には耐えられない。戸籍から離脱した逃亡者、貧困のために入り婿として身売りされた人々、商人らがこの戦争に駆り出された。設置された桂林《けいりん》、象《しょう》、南海《なんかい》の三郡には、罪人が送られて守りを固めた。秦の相手は百越という、まさに多様な越人であって、国家間の戦争ではなかった。

多難な百越征服戦

『淮南子《えなんじ》』の記事によれば、尉《い》の屠睢《とすい》の指揮のもとに、五〇万もの軍隊が南方に送られた。尉とは郡尉《ぐんい》、県尉《けんい》など軍官である。五〇万という数は大変な数であり、それを統率したからには郡尉であっただろう。のちに南越《なんえつ》を建国した趙佗《ちょうた》も南海郡尉を任されたので尉佗《いた》と呼ばれたのと同じだ。蒙恬《もうてん》の対匈奴軍でも、兵力は三〇万にとどまった。統一前に秦王政が楚を総攻撃するときに李信《りしん》に二〇万の兵を与えて失敗し、王翦《おうせん》に六〇万の兵を与えて成功したことがあった。いままたそれに近い大軍を送り込んだのである。

百越といっても、秦に対抗する百越という単独の国家があったわけではない。越人の居住地を征服しようというものだ。軍隊は五つに分けられて駐軍した。鐔城《たんじょう》、九疑、番禺《ばんぐう》、南野《なんや》、余干《よかん》の五ヵ所を三年間占領し続けた。現在の広西チワン族自治区桂林《けいりん》、湖南省南部、広東省広州、江西省南昌《なんしょう》と広く分散した五つの点を拠点に、山岳地帯に居住する越人を支配しようとした。

点しか抑えられない秦の百越占領はこのように多難であった。さきの『淮南子《えなんじ》』の記事は続く。越人と戦って西嘔《せいおう》の君主の訳吁宋《やくうそう》を殺した。越人はみな草木の茂みに入り、禽獣《きんじゅう》のなかにおり、秦の虜《とりこ》となる者はなかった。俊傑《しゅんけつ》の士を将として夜秦人を攻めて大いに破り、尉の屠睢《とすい》をはじめ数十万人を殺した。

北方人が南下したときに、閉口したのが南方の高温多湿の気候であった。司馬遷も南方を

霊渠　湘水と灕水をつなぐために運河を造り、水門の開閉によって高低差を解消して、南海までの交通路を確保した

旅行した体験から、「江南は多湿であるから男子は若死にする」（『史記』貨殖列伝）とまで言っている。後漢の王充《おうじゅう》も、「太陽の強く照る南方の地は、人々は気が短く、口に毒がある」と言う（『論衡《ろんこう》』言毒篇）。口に毒があるというのは、北方人の南方人に対する偏見もあり、楚越の地方の人は唾を相手に飛ばすように話すので、相手の唇が腫れて傷になるという。毒物の多少は土地の乾湿と関係があり、江南では草沢の湿地に蝮《まむし》のような有毒の動物が生息しているので、こうしたことも北方人に恐れられた。

　睡虎地秦墓竹簡には、毒言《どくげん》と題した事件の口述書があり興味深い。ここでは南方特有の習俗に関わる事件について文書が書かれている。すなわちある里に住む甲らが、同じ里の丙から毒が移るとして会食を拒否する事件が起こった。丙の証言では、母方の祖母も以前毒言の罪で追放されたことがあり、以来丙の家で祭祀があっても甲らは来ない。里の祭祀でも、参加者は丙との会食を拒否したという。南方では高温多湿の気候のために毒言として病菌者を避け、伝染を防ぐ習俗があったようだ。

河南（オルドス）と南海三郡を領有

そうまでして行った戦争の目的は、どこにあったのだろうか。秦は南海へ軍隊と軍糧を送るために水運を利用した。長江中流の洞庭湖に注ぐ湘水《しょうすい》と、灕水《りすい》の上流とは、わずか数メートルまで接近して逆方向に流れる。両河川をつなぐことができれば、灕水を下り珠江《しゅこう》を通じて南海まで船で往来することができる。しかし数メートルの高低差があって簡単にはつながらない。秦はのちに霊渠《れいきょ》と呼ばれる全長三四キロメートルの運河を考案した。湘水の分水《ぶんすい》に水をため、水門の開閉によって高低差を解消した。こうして沿岸への交通路が確保された。

秦は犀角《さいかく》、象歯（象牙）、翡翠《ひすい》、珠璣《しゅき》（丸い玉と角張った玉、丸いのは真珠）、珊瑚《さんご》など南海からの物産を入手することができた。多大な犠牲を払った結果であった。翡翠は硬玉《こうぎょく》のことで、カワセミ科の鳥の色に似ているところからその異名をとって翡翠ともいう。硬度は六・五〜七度と緻密で硬い。塊《かたまり》で蛇紋岩《じゃもんがん》のなかに入っているが、風化して分離し川や海に流れる。白色のものが多いがクロムが含まれれば美しい緑になる。日本でも新潟県の糸魚川《いといがわ》など限られた地域に原石が見られる。ミャンマーの翡翠は唐代以降に採取されるようになった。

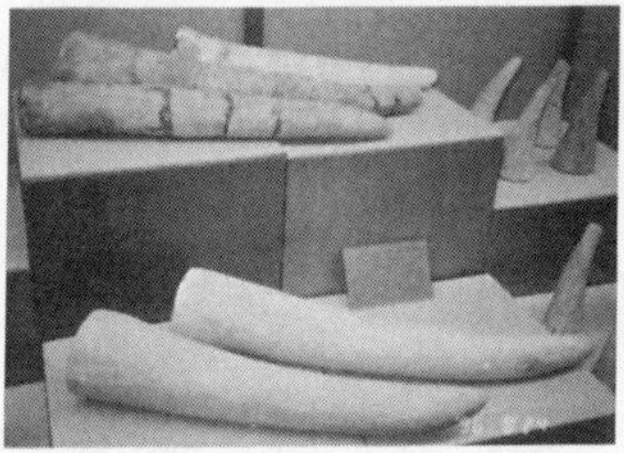
出土した象牙と犀角の模型　運河で沿岸への交通路を確保した秦に南海の物産が到来した

秦の南海征服は前漢武帝《ぶてい》の九郡設置としても継承され、唐の安南都護府《あんなんとごふ》の時代まで、中国の王朝は東南アジア世界に豊かな物産を求め続けた。その物産は南海の交易ネットワークの産物であった。中国南部の雲南《うんなん》、貴州《きしゅう》、広西、広東は東南アジア世界との接点であった。

匈奴と百越との南北の戦争では、かつての六国の民衆を救済するというような大義名分に代わって、「蛮夷を放逐する」という新たな大義を掲げた。秦は六国の地に続いて、河南（オルドス）と南海三郡の地を帝国の領域に組み込んだ。秦の天下はたしかに拡大した。

戦時体制の土木事業

二つの戦争の遂行のために、始皇三三年（前二一四）から三五年（前二一二）の間に首都圏と戦闘区域の辺地では戦時体制が組まれた。北方ではオルドスの地を囲むように長城の線を整備し、南方では砦の拠点を築いた。さきの霊渠《れいきよ》も戦時体制の準備の一環だ。咸陽から長城へは、できるだけ迅速に軍隊を送れるように山を削り谷を埋めて直道という軍事道路を建設した。北は九原《きゆうげん》から南は雲陽《うんよう》に至るルートである。咸陽城を渭水《いすい》の南に拡張して阿房宮《あぼうきゆう》を築いたのもこの時期だ。建造中のみずからの陵墓の近くには三万戸を移住させて麗邑《りゆう》という大都市を築いた。直道の出発点雲陽にも五万戸を移した。二六年の統一時よりもこの時期に大土木工事が集中している。

これらの長城、直道、阿房宮、麗邑、雲陽、霊渠の建設は、新たな天下に対応する戦時体制のための土木事業であった。したがって「秦は天下を統一して万里の長城を築いた」というのは正確ではない。「秦は天下を統一した後、対外戦争をはじめたときに、万里の長城を整備した」というべきである。考古学的な調査、発掘が一部で行われているので、その実態が明らかになってきている。

秦は戦国昭王のときに長城をすでに築いていた。いまでも寧夏回族自治区《ねいかかいぞくじちく》の固原《こげん》では、土を突き固めた版築《はんちく》の長城がよく残っている。始皇帝の長城は、黄河がもっとも北を西から東に平行して流れる陰山《いんざん》山脈に沿った部分に石積みのものが残されている。西は臨洮《りんとう》から東は遼東《りょうとう》まで一万里、約五〇〇〇キロメートルの長城が万里の長城といわれる。しかしこのときに五〇〇〇キロの長城をすべてゼロから作ったわけではない。戦国時代には各国が騎馬戦術に備えるために国境に長城を築いていた。秦は趙、燕の諸国が対匈奴戦略のために北辺に長城を築いていたものを再活用することにし、六国を統合するために内地の長城は棄て、「蛮夷を放逐する」戦略のために北辺の長城を修築したのである。とくに陰山山脈の部分だけを作れば、その東は趙、燕の長城につなげられた。

直道の遺跡も陝西《せんせい》省に部分的に残されている。直道の通過する地形は、南の黄土高原の山間地帯では稜線を選び、北はオルドス平原を真っ直ぐ走らせる。約九〇〇キロメートル、軍事道路の建設は、対匈奴戦争のために効果的であった。

阿房宮前殿付近の屋根瓦　3メートル四方の遺跡内に、筒瓦と板瓦が連なったまま出土した（『考古』2004年第4期）

巨大な首都と阿房宮

咸陽城は前三五〇年、戦国時代の孝公《こうこう》のときに建設されてからすでに一四〇年も経過していた。咸陽は「咸《み》な陽」、二つの陽の地をあわせた意味だ。川の北は陽、南は陰、山の北は陰、南は陽に当たるから、渭水の北と九嵕山《きゅうそうざん》の南で咸陽となる。渭水の北側には咸陽原という段丘があり、段丘上に宮殿を配置した。今でも版築の基壇部が小山のように点々としているし、段丘の断崖面には給排水管や瓦、井戸、陶器などの破片がいくらでも見える。これが統一時の二六年（前二二一）には、天下の富豪一二万戸も移住させた都市であったのかと往時を偲ぶことができる。秦という帝国を維持するために、地方の有力者を首都に移住させる。漢代に継承された政策だ。一戸の家族数を平均五人とすると人口六〇万という大きな都市となる。推定人口一五〇〇万から二〇〇〇万の秦帝国にふさわしい巨大都市の誕生ということになる。東方の斉国の首都臨淄《りんし》も三五万にすぎなかった。不思議なことに明確な城郭が見えない。咸陽城の南半分は、渭水が北上したために流されてしまった。

首都咸陽城を守るように、一五万の麗《り》邑《ゆう》や二五万の雲陽《うんよう》という衛星都市を築いた。麗邑は皇帝の陵墓を守る都市でもあった。このような帝国の首都建設プランは、前漢にも遺産として引き継がれていった。秦は二六年段階では、六国を滅ぼしたものの、すぐには帝国を建設するプランは実行できなかった。始皇帝みずから巡行を行った六年が過ぎ、戦争という新たな外圧がかかるなかで、ようやく帝国建設に取りかかった。

対外戦争がはじまるなか、渭水北側の咸陽城では狭くなったので、渭水南の上林苑《じょうりんえん》という動・植物園の敷地に朝宮《ちょうきゅう》を造営した。渭水北側は水の便がよくない。それを井戸でカバーしてきた。渭水南側は水が豊富だ。終南山《しゅうなんざん》からの豊富な水が渭水に流れる。戦国時代は軍事的な立地を優先して渭水を背に都を建設した。いま帝国にふさわしい首都を建設しようとしている。まず東西五〇〇歩（六九〇メートル）、南北五〇丈（一一五メートル）、堂上には一万人が座れる規模の前殿を建設し、堂下には五丈（一一・五メートル）の旗を立てることができた。未完成のまま阿房宮と呼ばれた。前殿とは正殿のことである。

現在でも東西一二七〇メートル、南北四二六メートル、高さ十数メートルの版築《はんちく》の土台が残っている。渭水北側の咸陽宮から渭水を渡り、阿房宮などの宮殿を天体になぞらえた。渭水を天の川に見立て、南に天極に当たる極廟《きょくびょう》を作り、北の営室（ペガサス座、天帝の宮殿）とは閣道《かくどう》（王良《おうりょう》という星座）で結ばれていると考えた。こうした新たな都市の風景は地下に再現されていくことになる。

龍文空心磚　咸陽城第２号宮殿の遺構から出土した龍の文様の入った煉瓦（『秦都咸陽考古報告』）

倡優図　咸陽城の遺址から出土した壁画残欠に役者らしき絵姿が描かれていた（『秦都咸陽考古報告』）

焚書坑儒と不死の仙薬

丞相李斯の施策

丞相李斯はこの戦争の難しさを知っていた。かつての六国との戦争は、長年外交と戦争を繰り返してきた国々との争いであり、それなりのルールがあった。

しかし今度は、遊牧騎馬民と山岳民という、生活形態を異にするまさに異境の人々との戦争だ。とくに越人との戦いは、国家ではなくとらえどころのない山岳民を相手にするものだ。難しいけれども、かれは旧六国の残存勢力の眼を外に向けさせるよい機会と考えた。「蛮夷を放逐《ほうちく》する」戦争は、天下一統をめざす李斯のシナリオでは第二段階であった。成否は天下を一つにして戦えるかにかかっていた。

さきの御前会議では博士の淳于越《じゅんうえつ》が、周青臣《しゅうせいしん》の態度は皇帝に阿諛《あゆ》するものだと批判した。李斯は郡県制を批判する淳于越を愚儒《ぐじゅ》ということばを使ってまで反論した。儒とはやさしいという意味もあれば、愚かという意味もある。このときはまだ孔子の学問を継承する学者に限定されたことばではなかった。愚かな学者が何をいうかという口調だ。くわえて淳于越は秦が最後に滅ぼした斉の人間である。楚に見切りをつけ秦の将来に託した李斯からすれば、いまさら封建制にこだわる斉人の態度は許せない。丞相李斯のもとには、地方の郡県がどのような事態になっていたのかという情報は逐一入っていた。

里耶秦簡には秦の三三年（前二一四）、三四年（前二一三）の紀年をもつ簡牘《かんとく》があった。

三三年四月丙午《へいご》（六日）、洞庭郡陽陵県《ようりょう》の一二名の男子が郡に徴発された。かれらはいずれも罪を犯した者であり、その罪刑を労働で贖《あがな》っていた。罪人の一日の労賃は八銭、食費を差し引くと六銭だから、返済すべき罪刑が一三四四銭残っていれば、二二四日労働しなければならなかった。秦はこのような罪刑者を牢獄に閉じこめることはせず、いろいろな労働に利用した。鍬《くわ》をもたせて土木工事にもまわしたし、武器をもたせて戦争にも駆り出した。このときも百越との戦争で警備に出されたのであろう。

翌年八月には、遷陵県《せんりょう》は弩《ど》の数一六九を確認し、四件を益陽県《えきよう》、三件を臨沅県《りんげん》に運び、残りは一六二件であると報告している。武器の不足している県に融通する。些細なことではあるが、そのようなことがしっかりと行われ、きっちりと記録されていたことは、辺地でも郡県制が機能していたことを物語っている。

諸生らの体制批判を弾圧

李斯は戦時に首都の秩序を乱す学者たちの言論を取り締まった。全国へ臨戦態勢を貫いていくことの意思表示であった。あまりにもよく知られた焚書坑儒《ふんしょこうじゅ》、すなわち前二一三年に特定の書物の焼却を命じた焚書令《ふんしょれい》を出し、翌前二一二年、諸生四百六十余人を坑殺《こうさつ》した。始皇帝の暴君ぶりを示す事件としてよく取り上げられる。のちの儒者が強調するように、法家《ほうか》の李斯が儒家を弾圧したという策ではなかった。李斯は秦の現体制が批判され、郡県制が崩れていくことを恐れた。

取り締まりの対象になった書物の第一は、史官のもとにあった秦以外の諸国の史書である。当時秦に滅ぼされた国々の記録がまだ残っていた。秦が統一戦争を正義の戦争と意義づければ、六国は秦の侵略戦争と記録していたはずだ。第二の対象は、博士が所蔵しているものは認めるが、それ以外の者が詩、書、諸子百家《しょしひゃっか》の書物を伝えていれば、所轄の郡に届け出させて焼却した。『詩経《しきょう》』『書経《しょきょう》』諸子百家は、秦を批判した書物ではないが、過去に理想の政治を見いだし、現実を風刺、批判する道具となる。李斯はそれが体制批判に利用されると考えた。当時は竹簡、木簡や帛書《はくしょ》（絹地に記した書物）の時代であったから、もし徹底して実行されていれば、全国ではぱちぱちと音をたてながら書物が燃える光景が見られたかもしれない。

法令違反者の処罰としては、詩、書について集団で議論する者がいれば、棄市《きし》（死刑に処し屍《しかばね》を市にさらす）、古《いにしえ》をほめて今をそしる者は一族を処刑し、官吏が違反を知っていて見逃した場合には同罪、禁書令が下っても三〇日のうちに焼却しなければ、入れ墨をしたうえで築城の労働刑とした。医学、卜筮《ぼくぜい》、農業関係の書物は禁書の対象から除外され、法令を学ぶ者は官吏に師事することが提案された。

坑儒《こうじゅ》の対象は諸生、すなわち学者であった。きっかけは、方士《ほうし》たちが仙薬を入手できずにかえって始皇帝を誹謗し、民を惑わす行動に出たことにあった。咸陽在住の諸生を取り調べたところ、四六〇人余りも連行されて咸陽で穴埋めとなった。当時諸生と呼ばれたのは、不老不死の仙薬を求めていた方士や、孔子を信奉した儒者たちであった。儒者が含まれていなかったわけではないが、むしろ始皇帝の方士への不信が坑儒の引き金になった。真相を考えると、坑儒よりも坑諸生といった方が正しい。これが坑儒として、穴埋めの対象が儒者に特定されたと見るようになったのは、後漢時代になってからである。

方士と始皇帝

始皇帝は東方へ巡行したときに、方士とたびたび出会ってきた。三二年（前二一五）に碣《けつ》石《せき》に行ったとき、燕人の盧生《ろせい》に羨門《せんもん》、高誓《こうせい》を求めさせた。羨門、高誓は仙人である。この時代、仙人は僊人と書いた。僊とは人が高く昇る意味である。韓終《かんしゅう》、侯公《こうこう》、石生《せきせい》らの方士は仙人や仙薬（不死の薬）を求めた。宋毋忌《そうぶき》、正伯僑《せいはくきょう》、充尚《じゅうしょう》、羨門子高《せんもんしこう》らは燕人で方僊道《ほうせんどう》をなす仙人であった。

『史記』封禅書によれば、仙人と仙薬は渤海《ぼっかい》中の三神山、すなわち蓬萊《ほうらい》・方丈《ほうじょう》・瀛洲《えいしゅう》にあると伝えられていた。「人を去ること遠からず、まさに至らんとせんことを患《おも》えば、船風《ふねかぜ》に引かれて去る」とか、「未だ至らずしてこれを望むこと雲の如し。到るに及び、三神山反《かえ》って水下に居り。これに臨めば風輒《すなわ》ち引きて去り、終《つい》に能《よ》く至ることなし」とかの言い伝えは、まさに蜃気楼《しんきろう》という現象であった。

蜃気楼とは蜃（おおはまぐり）が気を吐くと楼台《ろうだい》が海上に現れるという現象である。『史記』天官書《てんかんしょ》や『漢書』天文志《てんもんし》には「海旁《かいぼう》の蜃気《しんき》は楼台を象《かたど》る」とある。現代中国語では海市《かいし》《ハイシ》蜃楼《しんろう》《シエンロウ》という。蜃気楼は、科学的に説明すれば、空気の温度差が密度差を生むことによって起こる光の屈折現象である。日本でも富山湾や琵琶湖で見ることができる。何もない海面に起こるのではない。一〇キロから数十キロ先の実際の遠景が上に反転したり伸びたり縮んだり（春から初夏は上位蜃気楼）、下に反転したり（冬は下位蜃気楼）して重なって見える。

山東半島とくに現在の蓬萊閣《ほうらいかく》の北に廟島《びょうとう》群島があり、遼東半島と山東半島が対置したところでは、六月ころ冷たい海水面の上の空気に、温かい空気が微風に乗ってかぶさったとき、冷たい密度の高い空気の方に曲がる屈折が起こり、島の蜃気楼が見える。実際の島の上に逆転した島が乗るような形となる。北宋《ほくそう》の沈括《ちんかつ》も『夢渓筆談《むけいひつだん》』のなかで登州《とうしゅう》（蓬萊）の蜃気楼を海市《かいし》といっている。そのような地に仙人がいると考えられていた。

老化のメカニズムも現代医学では少しずつ解明されてきている。人が年をとると身体機能が衰えていくのは、必ず細胞分裂が停止して新陳代謝ができなくなるからだ。平均寿命は医学の進歩とともに延びていくが、人の個体としての最大寿命は一二〇歳ほどであり、これは昔も今も変わらない。遺伝子によって老化のメカニズムは継承されるので、古代も現代も同じである。最大寿命をいっぱいに生きた人が仙人とされたのであり、寿命が二〇〇歳、三〇〇歳ということは現実にはありえない。後漢の冷寿光《れいじゅこう》は百五、六十歳、甘始《かんし》、東郭延年《とうかくえんねん》、封《ほう》君達《くんたつ》らの方士はみな一〇〇から二〇〇歳まで生きたというが、事実ではない。現実を知った方士たちは、老化の進行を遅らせ、できるだけ最大寿命に近づく道を探った。

方士の盧生は、始皇帝に真人《しんじん》になる方法を説明した。真人になれば、水に入っても濡れず、火のなかに入っても熱くない。人間の力を超えた姿が真人であり、雲気《うんき》の力をしのいで天に昇り、悠久の天地とともに長らえていくことができる。始皇帝は天下を治めたばかりで、まだ心静かで無欲な恬淡《てんたん》の境地には達していない。そこで人に知られずに微行《びこう》して外出し、身体にとりついた悪鬼を除けば真人になれると助言した。居場所を臣下にさとられるようでは、精神（こころ）をそこなってしまう。真人になりたかった始皇帝は、朕《ちん》の自称をやめて、真人と称した。またお忍びで咸陽周辺の宮殿を回れるように、二七〇もの宮殿の間を復道《ふくどう》（上下に重ねた道路）や甬道《ようどう》（側面に遮断壁のある道路）で結んだ。

しかし始皇帝は方士らの行動に怒った。徐市《じょふつ》（徐福《じょふく》）らの方士には巨万の費用を与えながらも、仙薬をいまだ入手できていない。盧生らも優遇されながらも、蔭では自分を批判している。長子の扶蘇《ふそ》へも怒りをぶつけた。扶蘇は、遠方の地では人々がいまの政治に満足していないことを知っていた。そんなときに、厳しい措置をとれば天下の人々は不安になる。扶蘇は蒙恬《もうてん》とともに北辺の上郡に監禁された。

最後の巡行

始皇帝は、南北の対外戦争が小康状態になったころ、これまでにない最大規模の巡行に出発した。始皇三七年（前二一〇）のことである。前年から不吉なことが続いた。隕石《いんせき》が東郡に落ち、「始皇帝死して地分かる」という文字を刻みつけるものがあった。玉璧《ぎょくへき》を持った人物が、「今年祖龍《そりゅう》死す」とのことばと玉璧を残して立ち去った。玉璧は九年前、第二回の巡行の折に長江を渡ったときに沈めたものだったという。始皇帝は占いにたよった。「遊び徙《うつ》れば吉」と出たので、まずは黄河上流の楡中《ゆちゅう》という場所に三万戸を徙《うつ》した。そして翌年の年初の一〇月癸丑《きちゅう》の日に巡行に出発した。

一九九三年湖北省荊州《けいしゅう》市の周家台《しゅうかだい》秦墓で木牘《もくとく》のカレンダーが出土している。始皇三七年の一〇月は辛亥《しんがい》ではじまり大月（三〇日）ではなく小月（二九日）だから、癸丑《きちゅう》は三日のことだ。遊ぶということは、都から離れて巡行することと理解した。

第五回の巡行の期間は、最後はみずからの死で中断するが、一年近いものであった。戦争のために四年間も巡行をしなかったとはいえ、都をそれだけ空けるとはかなりの決断である。都咸陽にいては、天下の様子がわからない。左丞相李斯が同行し、右丞相馮去疾が都を守った。少子胡亥《しょうしこがい》は本人の希望でとくに同行を許された。始皇帝の夫人たちは名前も残されていないが、子どもは二十数人もいた。長子は幽閉された扶蘇《ふそ》で、末子が胡亥である。

過去四回の巡行の経路と異なり、まずは百越との戦争で揺れた長江中流に向かった。一一月雲夢《うんぼう》に到着した。舜廟《しゅんびょう》のある九疑山をここで祀《まつ》った。皇帝みずから現地に行くのは、危険であった。長江を船で下り、江南に出た。現在の浙江《せっこう》省の銭塘江《せんとうこう》に出た。会稽山《かいけいざん》に登り、禹王《うおう》を祀った。ここで南海を望んだといっても、実際の南海（南シナ海）はずっと南だ。戦争のときに湘水から灕水をへて南海にいたる水上交通路が開けたが、やはり皇帝がみずから赴くには不穏であった。結局始皇帝が巡行した南のラインは長江流域どまりであった。匈奴と百越との戦争では、明確な終戦や勝利の宣言はなかった。匈奴はモンゴル高原にもどり、百越は山岳に帰った。

法による天下の一律支配

始皇帝は会稽山にみずからを顕彰する文章を石に刻ませた。いわゆる会稽刻石《かいけいこくせき》は現存しないが、司馬遷の『史記』秦始皇本紀のなかにその文章が残されている。それによれば、もとの越のこの地では、在地の旧い習俗を改めるべきことが謳《うた》われた。そのなかで具体的な婚姻の習俗について言及している。「過失を隠して正義をふりかざし、子のある寡婦が再婚しても、亡き夫の死に背いた不貞の行為となる」とか、「家の内外の別を厳格にして淫乱な行為を禁止すれば、男女関係は慎み深いものとなる」、また「夫が他人の妻と不義を行った場合、その夫を殺しても無罪とすれば、男は義を守る」とか、「妻が逃げて他人に嫁した場合、新しい夫との子どもにも母親であることを認めさせなければ、淫乱な行動を慎む」などとある。北方とは異なる婚姻習俗を何とか規制しようとの意図が見える。

北方の秦では戦国時代の前三七五年にはすでに厳格な戸籍制度が作られ、民衆の家は兵力を出し、税を納める単位となった。商鞅《しょうおう》の変法では、「一家に二男以上いても分家しない者は賦税《ふぜい》を倍にする」、「父子兄弟の同居を禁止する」という法令を下し、単婚家族を奨励した。秦ももともと結婚後も二世帯同居の習俗をもっていたが、戦国時代の富国強兵政策のなかで単婚家族化が進められた。こうした秦が南方の社会の婚姻習俗に出会ったときに、法律で一律な支配を行おうとしたのも当然であろう。「既婚の女子が家を出て逃亡しても、年少で官庁に婚姻届を出していなければ逃亡罪にはならない」、「妻を離婚するときに届け出がなければ罰する」などの秦の法律を見ると、婚姻も国家が厳しく管理しようとしていたことがわかる。法律によって天下を一律に支配する、李斯の方針だ。

北の琅邪台《ろうやだい》では方士の徐市《じょふつ》と再会した。徐市は譴責《けんせき》を恐れ、「蓬萊の薬は得ることができますが、いつも大鮫に苦しめられて行き着けません。どうか弓の名人を同行させ、連発の弩《ど》で射止めてください」といった。始皇帝も人の形をした海神と戦う夢を見た。夢を占わせると、博士の答えは、水神の姿は見えないが大魚が目印だという。結局山東半島の之罘《しふ》（現在の芝罘島）で巨大な魚を発見し、射殺した。

一号銅車馬側面図　始皇帝陵の西側から発見されたもの（『秦始皇陵銅車馬発掘報告』）

始皇帝の最期

始皇帝は平原津《へいげんしん》で発病した。病名はわからないが、重態だった。不意の事態に、長子の扶蘇《ふそ》あてに「咸陽で葬儀を行い埋葬するように」との遺言を作成した。だれも太子にしていなかった不安を感じたからだ。胡亥《こがい》では幼すぎる。自分を諫《いさ》めた扶蘇こそ信頼できると考えた。竹簡の遺言書をくるんだ紐の結び目の粘土に皇帝の璽印《じいん》を押した。先帝の葬儀を主催することは、皇帝位を継承することを意味した。この重要な遺言は、中車府令《ちゅうしゃふれい》趙高の手にとどまり、扶蘇のもとには送られなかった。

七月丙寅《へいいん》、始皇帝は沙丘《さきゅう》の平台《へいだい》で崩御したと『史記』は伝える。出土したカレンダーによっても、七月には丙寅の日はないから、七月は沙丘に到着した月であって、八月丙寅（二一日）に死去したのであろう。九月に驪山《りざん》で埋葬したことにうまく時期的につながっていく。

李斯は緊急な事態を察知した。始皇帝がもとの趙王の離宮の地で急死したことが、天下に知られれば、何が起こるかわからない。始皇帝の公子たちの間では後継者争い、また天下では反乱が起こりうる。そこで皇帝の死は極秘にされ、喪の公表は避けられた。棺は轀輬車《おんりょうしゃ》に

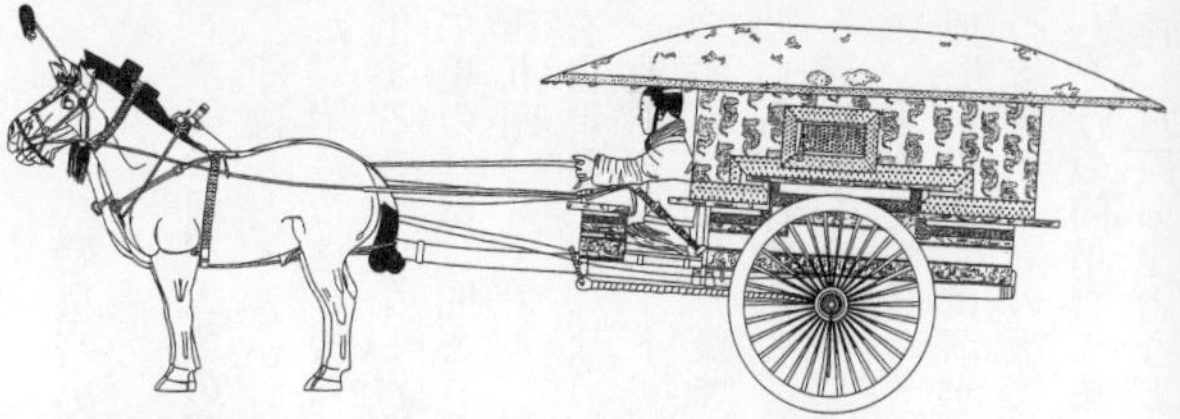

二号銅車馬側面図　安車（座って乗れる車）とか轀輬車（棺を載せる車）と呼ばれている

載せた。なかは外からは見えない。始皇帝陵から発見された銅車馬の一両は、安車《あんしゃ》とか轀輬車とか呼ばれている。側面の小窓は引き戸になっている。後方の開閉式の扉から出入りする。なかに宦官《かんがん》が同乗し、食事の上げ下げや政事も、もとのように行われた。事実を知っていたのは胡亥、趙高、李斯らと宦官の五、六人であった。趙高は始皇帝の封書を廃棄した。李斯も加担した。あらたに胡亥を太子にする遺詔と、扶蘇と蒙恬に死罪を賜う書が偽造された。暑さで轀輬車《おんりょうしゃ》のなかは遺骸の異臭が発生したが、一石《せき》（三〇キログラム）分の鮑魚《ほうぎょ》（塩漬けの魚）を入れて紛らわせた。地方を回っていれば、地方の産物を献上されることは不思議ではない。

始皇帝が生きていれば、最後は匈奴との前線をまわるはずであった。その通り、九原から直道《ちょくどう》（軍事道路）を走って咸陽に戻った。九月、胡亥は喪を発し、二世皇帝となった。始皇帝の死が天下に伝えられ、五〇年の齢《よわい》と三七年間の治世が終わった。

始皇帝の地下帝国

水銀の河、人魚の膏の燭台

即位したときから三七年間も驪山《りざん》北麓の地で工事が進んでいた陵墓は、最終局面を迎えた。始皇帝亡き後は二世皇帝が陵墓の最後の工事を担当した。そのことは帝位の継承を正当化することになる。遺体は喪を終えてから、まだ墳丘のない陵墓の地下に運ばれた。陵墓は二重の城壁に囲まれている。内城は東西五八〇メートル、南北一三五五メートル、外城は東西九四〇メートル、南北二一六五メートルで一周は六・二キロもある。あたかも生前の都市を再現したかのようだ。この墓域全体を陵園《りょうえん》という。

地下三〇メートルの墓室へはスロープを下って入っていった。地下一〇階ほどの深さに相当する。現代建築でもここまでは掘り下げない。棺を収め、墓室の上に土がかぶせられ、入り口も封印された。地上二五階ほどの墳丘も築かれた。

西安《せいあん》から東北へ二五キロ、高速道路を臨潼《りんどう》区まで走ると、この始皇帝陵がそびえ立っている。現存の墳丘は、東西三四五メートル、南北三五〇メートル、高さが七六メートルあり、頂上からは北に渭水、南は驪山《りざん》の山並みを望むことができる。南の斜面を降りていくと、この陵墓が二重の版築の城壁に囲まれていることに気づく。版築とは、黄土を上から強く叩いただけの簡単な工法だが、乾燥したこの地では焼き煉瓦の堅さに匹敵する。長城、直道、墳丘、宮殿の土台など、秦代の大土木建築は版築を利用していた。

『史記』によれば、始皇帝陵の地下の様子はつぎのように伝えられている。

三層の地下水の深さまで掘り下げ、銅を槨室《かくしつ》の木材に流し込み、宮中や官庁にあった珍奇な物を運んでここに満たした。器械仕掛けの弩と矢を作らせて、盗掘して近づく者があれば、発射するようにした。水銀で全国の多くの川や江（長江）、河（黄河）、大海を再現し、器械仕掛けで流れるようにし、天井には天文の図、下には地理を描いた。人魚の膏《あぶら》で燭台を作り、いつまでも消えないようにした。

前漢武帝のときの司馬遷は、始皇帝の死から一〇〇年ものちの人間である。機密とされた地下宮殿の様子がどこまで正確に伝えられたかわからない。地下宮殿はまだ発掘されていないので、外側からさぐるほかはない。二〇〇二年、始皇帝陵の墳丘内部をリモートセンシング（遥感《ヤオカン》）と地球物理学という最先端の技術によって探査する研究が、中国の国家プロジェクトとして認められた。「八六三計画」と命名されている。

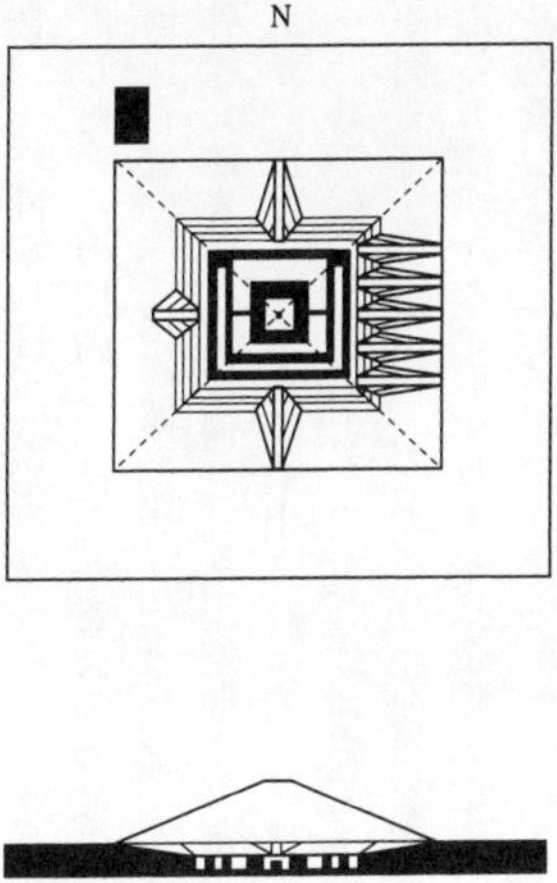

始皇帝陵の地下宮殿推測図（平面図・側面図）

明らかになる地下宮殿の内部構造

二〇〇三年九月に第一期の調査は終了

し、一一月二八日、秦始皇帝陵考古隊隊長の段《だん》清《せい》波《は》氏《トウアンチンポー》が一年におよぶ調査結果を北京で報告した。その技術は、地上からの弾性波（地下空間の確認）、パルスレーダー（地下埋蔵物の所在確認）、電磁波（電気伝導度の測定から金属物の確認）、電波（地下水の確認）、熱赤外線（地表面の温度測定、地下空間上は高温度）を当てて地下空間の構造を読み取る方法があり、また、地下から放出される岩石磁気（岩石中の磁場方向の乱れから人工的な地下空間を計測）、放射線ラドン（上昇する気体ラドンから地下空間の確認）、重力（重力差から地下空間の確認）、水銀、ガンマ線（岩盤の亀裂や地下水の所在確認）などを用いて情報を読み取る方法がある。いずれも始皇帝陵の地下宮殿を掘ることなく、まずは外側から内部の構造を探査しようというものである。

その結果、地下宮殿の空間は東西一七〇メートル、南北一四五メートルの大きさの長方形であることがわかった。墓室は、地下宮殿の中央三〇メートルの深さにあり、東西約八〇メートル、南北約五〇メートル、高さ一五メートルの空間である。ここに始皇帝が埋葬されているはずだ。この墓室は石灰岩で守られ、周囲は一六～二二メートルの厚い壁で覆われている。墓室内は浸水していないし、崩れていないようだ。

最大寿命を最大限生きたとしても必ず死が訪れる。そうであれば永遠の生命を実現する方法は、遺体を永久に保存することにあった。遺体を腐乱させない方法は、タンパク質などの有機物を分解する微生物を繁殖させない環境を作ることだ。現代ではマイナス二〇度ほどの冷凍保存やホルマリンなどの防腐剤を血管内や腹部に注入する方法が考えられるが、古代には地下深くに密封して埋葬する方法がとられた。始皇帝には最先端の遺体保存方法が施された。

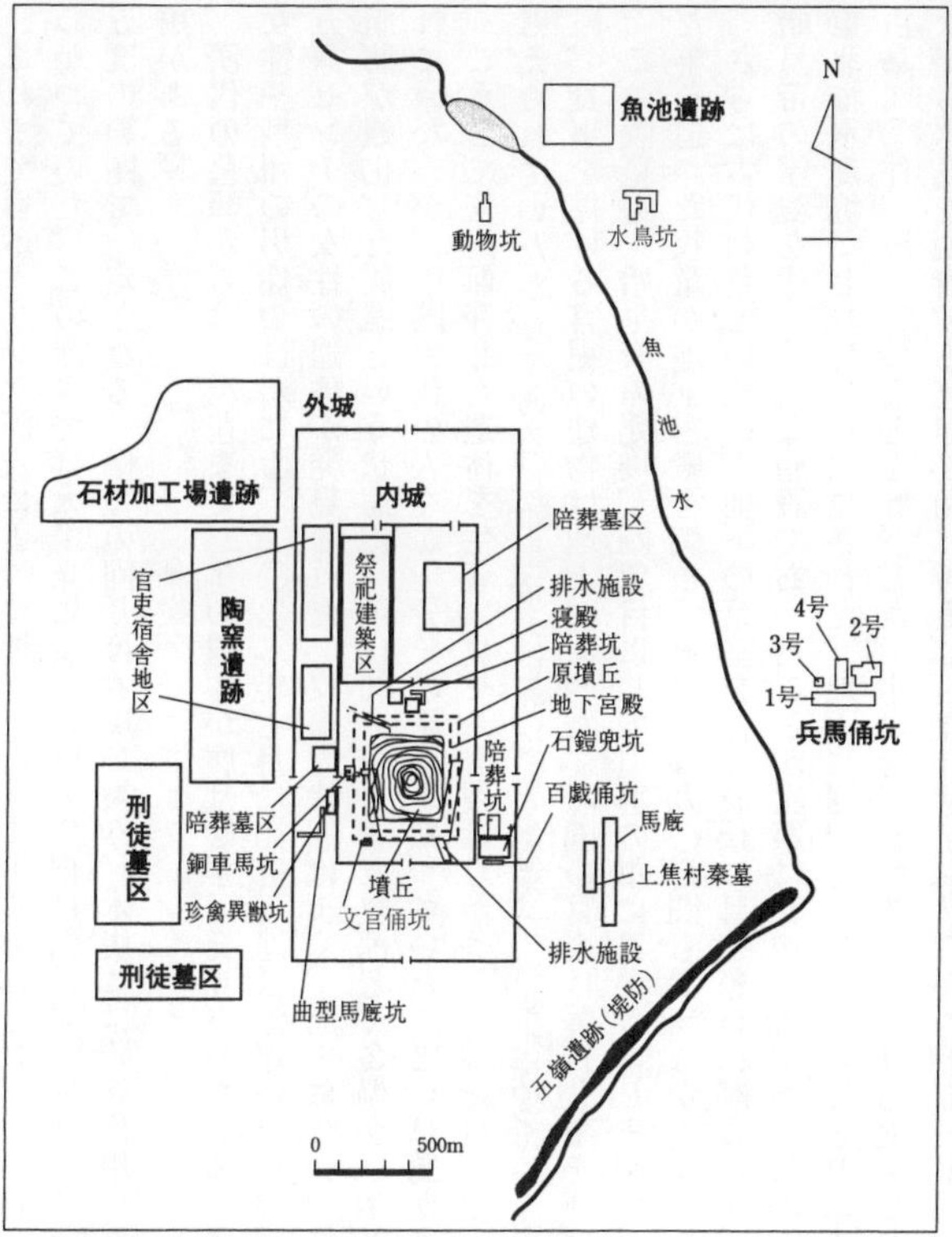
N
魚池遺跡
動物坑
水鳥坑
魚
池
水
石材加工場遺跡
外城
内城
祭祀建築区
陪葬墓区
排水施設
寝殿
陪葬坑
原墳丘
地下宮殿
石鎧兜坑
官吏宿舎地区
陶窯遺跡
陪葬坑
百戯俑坑
馬廐
上焦村秦墓
4号
2号
3号
1号
兵馬俑坑
刑徒墓区
陪葬墓区
銅車馬坑
珍禽異獣坑
墳丘
文官俑坑
排水施設
刑徒墓区
曲型馬廐坑
五嶺遺跡（堤防）
0
500m

始皇帝陵園平面図

これまでもボーリング調査によって地下三〇メートルの深さに槨室《かくしつ》が作られていることがわかっていた。この深さでは太陽光による温度の変化は受けず、地熱は一年中一〇度から一五度の範囲で一定となる。槨室の回りは木炭で被う。木炭には防腐作用、湿度を調整する作用がある。

漢代の墓葬からは、現在まで三体の遺体が腐乱せずに発見されている。長沙馬王堆《まおうたい》漢墓の女性や荊州《けいしゅう》の男性のほかにも、二〇〇二年七月に江蘇省連雲港市海州《かいしゅう》区の漢墓からも身長一五八センチの女性の遺体が発見された。皮膚の状態はよく、筋肉には弾力性が残っていた。脂肪が蠟化した屍蠟《しろう》という状態だ。現代社会でもまだ夏涼しく冬温かい地熱の効用は活用されていないが、中国古代の人々が十分その原理を知っていたことには驚かされる。

こうして密封保存した遺体を生者に見せる必要はなかった。魂だけが地上に昇ってくると考えられていたからである。始皇帝の亡骸《なきがら》に宿る霊魂が日常生活を送る寝殿や休息する便殿《べんでん》、食事を捧げる官吏の建物は地上にあった。陵園の官吏は毎日食事を捧げた。

この陵墓も、始皇帝の死後、四年目にして項羽《こうう》の軍に暴《あば》かれてしまった。その後迷い込んだ羊を追った牧童が地下宮殿を焼き、その火は九〇日間も消えなかったという。

さらに古代の墓といえば、地下の墓室を覆う墳丘に目を奪われがちだが、陵園全体が亡き始皇帝の霊魂を祀る壮大な施設であったことが次第にわかってきた。二〇〇〇年夏、外城の東北で水鳥坑（七号坑）が発見された。地下に河川を作り、そのほとりに青銅製の鶴六件、白鳥二〇件、雁二〇件などを配置した。水鳥を飼育する官吏の俑《よう》も発見された。楽器を奏《かな》でながら水鳥を飼育する光景が目に浮かぶ。地下世界に人工的な自然を持ち込んでいたことがわかった。地上の都市咸陽は廃墟となり、その周辺の自然は失われてしまったが、地下帝国に当時の自然環境が封じ込められていた。

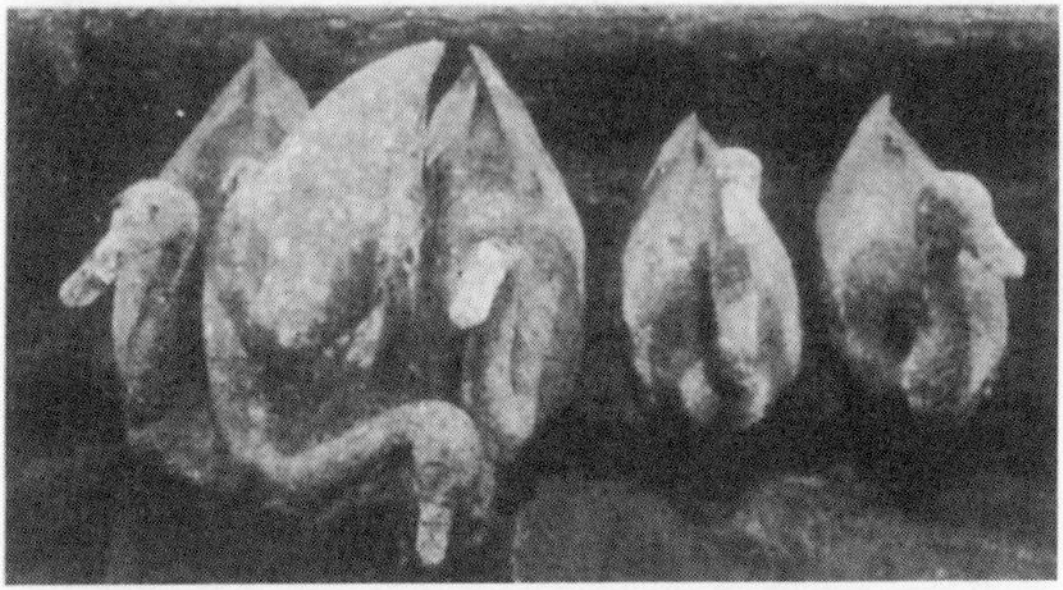

水鳥坑　始皇帝陵園内の水鳥坑の中に配されていたマガン（西北大学段清波氏提供）

兵馬俑　全部で8000体ともいわれる兵馬俑だが、一体一体が個性的で、額の皺や表情までリアルである（秦始皇兵馬俑博物館蔵）

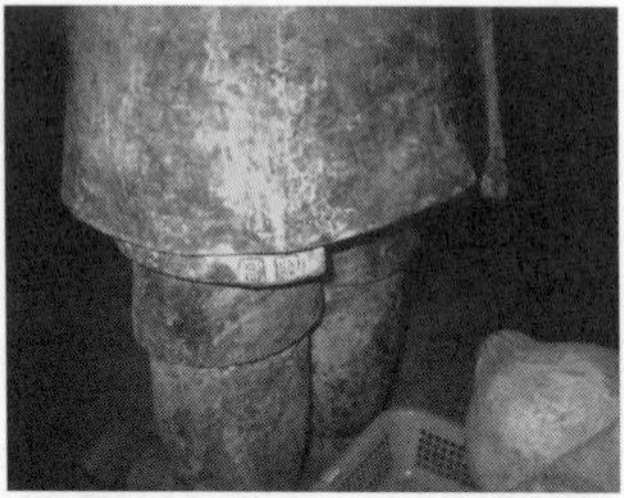
兵士俑の裾の工人名　これだけのみごとな人間表現ができる技量は、工人というより芸術家というほうがふさわしいかもしれない

天下の軍隊

一九七四年、ここから東に一・五キロメートルの場所で、始皇帝の死後のこの都市を守っていたかのような兵馬俑坑が発見され、推定八〇〇〇にものぼる兵士、軍馬の陶俑《とうよう》に圧倒された（一一〇ページの写真①、②、③も参照）。始皇帝が皇帝になったときから一二年間かけてこれらを作ったのかもしれない。しかし一方、始皇帝亡き後、二世皇帝が短期間に作ったものであるかもしれない。

兵馬俑は始皇帝の統一戦争時の戦陣を表しているのか、それとも始皇帝の死の時点の咸陽を防衛する軍隊を表しているのか。前者であれば六国統一時の天下の軍隊であり、後者であれば対外戦争をへた天下の軍隊ということになる。筆者の意見は後者である。これまで兵馬俑坑は一号坑、二号坑、三号坑と、何も埋めていない未完成の四号坑から成っている。一号坑は歩兵、戦車、騎馬兵混合の主力軍、二号坑は機動部隊、三号坑は指揮部を表し、四号坑は陳勝《ちんしょう》・呉広《ごこう》の農民反乱の混乱のなか完成しなかった。

兵士俑の顔は、一体一体モデルがあったかのように、実に個性的である。写実の方法からいっても数量からいっても、これほど中国古代の人間をリアルに描いたものはない。年齢は額《ひたい》の皺《しわ》からもうかがえるし、何かを語りかけるような表情が読みとれる。大変貴重な資料と

兵士俑の顔　兵士俑からは、豊富な髭をたくわえた西方系の出身者、西域人らしき者、また北方の遊牧民など、様々な民族がうかがえる

なる。

始皇帝の兵馬俑は、一号坑から三号坑まですべて合わせて八〇〇〇体といわれているが、すべてが発掘されているわけではない。発掘面積の兵馬俑の密度から計算して一号坑は約六〇〇〇体、二、三号坑を加えて八〇〇〇体という数字になる。実際にはどのくらいの兵士俑の顔を確認できるのだろうか。一号坑は東方最前列の三列だけでも軽装の戦闘服（戦袍《せんぽう》）の俑《よう》二〇四体が修復され、現場に並んでいる。さらに一一の過洞《かどう》（土の壁にはさまれた細長い坑《あな》）の発掘部分を含めれば、一〇八七体となる。さらに二、三号坑の兵士俑をあわせれば一三七九体になる。これだけの数があれば、秦人の顔の特徴を見いだすことができる。しかしどうも一律ではない。

袁《えん》仲一《ちゅういつ》《ユエンチョンイ》氏は身体的特徴から三つに分け、純朴そうで頰がふっくらとしているのは関中《かんちゅう》出身の秦の兵士、丸顔で下顎の尖っているのが巴蜀《はしょく》出身の兵士、頰骨が高く精悍な体形は隴東《ろうとう》（甘粛《かんしゅく》省東部）地方の兵士であると判断している。天下統一時の秦の軍隊であることからの意見である。この三地方は西周時代に秦が出てきた黄土高原

小刀と砥石　文官俑は腰に竹簡に記した文字を修正するときに使う小刀と砥石を下げている

と、秦が春秋戦国時期に拠点を置き天下を統一した関中平原、そして秦が戦国時代以降に植民地とした巴蜀（四川省）に当たる。しかし、秦が滅ぼした東方六国系や、さらに匈奴などの北方遊牧民系、そして秦よりもさらに西方の西域《せいいき》系の顔があることに注意したい。

兵士俑・文官俑が語る秦帝国の広がり

その兵士俑の顔は大きく分類して、二種類ある。西方顔と東方顔といっていいかもしれない。西方顔は、特定の髭《ひげ》や髷《まげ》の形との連関性がある。口髭と唇下の髭に加えてえら髭を生やした兵士は、鼻梁《びりょう》が大きく、頬骨《きょうこつ》や下顎骨《かがくこつ》の後ろのえらが張り出し、唇も厚く、髷も一段と高い。えら髭と顎髭が連続した場合にも、同じような顔の兵士が見える。大八の字髭も、張り出した頬の下のくぼみに収まり、特徴あるこの顔つきにぴったり合っている。えらは張っていないが、頬が張った顔も西方人だろうか。また頬が張って眼のつり上がった鎧《よろい》兵士俑や戦袍《せんぽう》武士俑にも見えるこの顔は、少数民族の顔であるという者がいるが、秦代に少数民族とはいったい何を指すのかは明確ではない。現在の中国では漢族を含めて五六の民族が認定されているが、民族という概念は難しい。むしろ西方人固有の顔であると見た方がよい。

二〇〇〇年、始皇帝陵園区の六号陪葬坑《ばいそうこう》から八体の文官俑が出土した。文官俑を見ると、袖に手を入れて前で組み、長冠《ちょうかん》をかぶり、腰には小刀と砥石《といし》を下げている。竹簡に毛筆で文字を書き入れ、修正する場合には竹簡の表面を小刀で削り、その小刀は砥石で研ぐ。そうした文書行政の文官の職務を象徴している。

文官のトップは丞相である。秦王政の時代から始皇帝の時代までの丞相には、呂不韋《りょふい》、昌平君《しょうへいくん》、昌文君《しょうぶんくん》、隗状《かいじょう》、王綰《おうわん》、李斯《りし》、馮去疾《ふうきょしつ》、趙高《ちょうこう》らがいた。呂不韋は東方の陽翟《ようてき》の商人、昌平君は楚の公子、馮去疾と趙高は趙の出身、李斯は楚の出身であり、秦の外の人間を官僚のトップに選んだところがおもしろい。文官俑は丞相の姿を彷彿とさせる高級官僚の俑である。かれらの顔つきは、あきらかに将軍俑とは異なっている。

こうした考古資料は、文献以上に秦という帝国の広がりを語ってくれる。秦が残した遺産は、わたくしたちの常識を超えたものがまだまだあるような気がする。

文官俑　秦始皇兵馬俑博物館蔵

【兵馬俑の時代】

①秦兵馬俑軍陣（秦始皇兵馬俑博物館蔵）

秦漢の時代は兵馬俑の時代といえる。兵士と馬をかたどった陶製の俑を主人の墓のそばに納めた。始皇帝の陵園の一施設として造営された兵馬俑坑は、実物大の兵馬俑を埋めた。兵馬俑坑は漢代に受け継がれるが、実物大のスケールは始皇帝一人にとどまる。一九七四年以来三つの坑の発掘が続けられ、八〇〇〇体もの兵馬俑が埋まっているといわれる。死後の始皇帝の霊魂を守るための地下軍団であるとともに、首都咸陽を守る秦の軍隊を模したものであろう。近年色彩のよく残った兵士俑が出土したが、陶器の上に生漆を塗り、顔料を塗っていったため、その保存は難しい。

②秦彩色兵士俑（秦始皇兵馬俑博物館蔵）

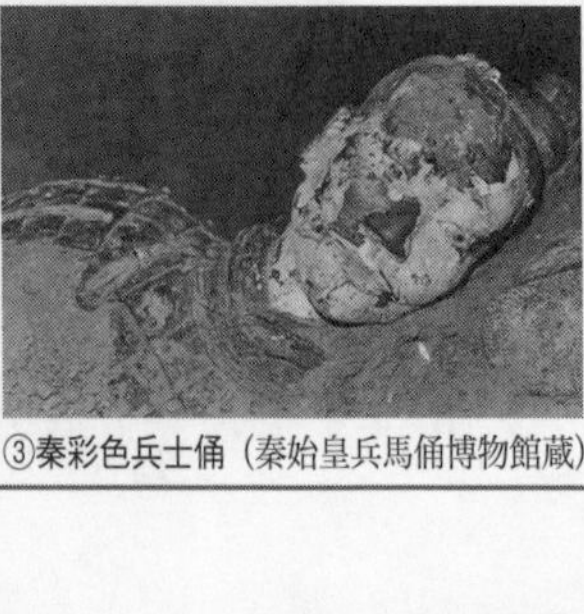
③秦彩色兵士俑（秦始皇兵馬俑博物館蔵）

④

⑤

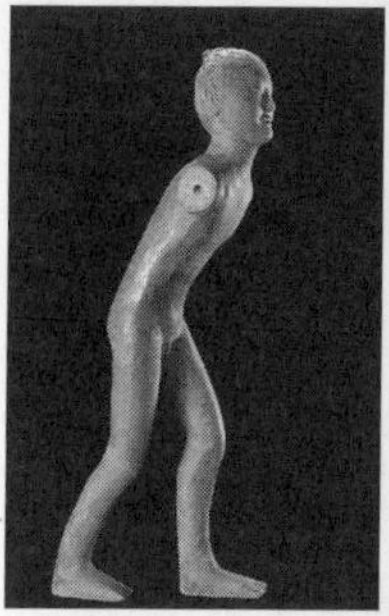

⑥

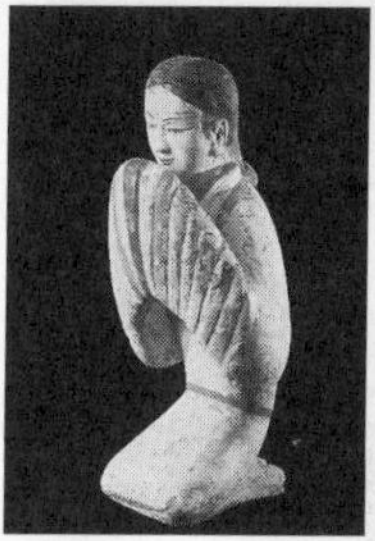

⑦

⑧

④⑤漢代彩色兵馬俑　始皇帝の兵馬俑坑の発見よりも前に、前漢の兵馬俑が発見されている。明らかに始皇帝の兵馬俑を知っていて作ったものだ。ミニチュアサイズである分、騎兵は乗馬している。始皇帝の兵馬俑に比べると、色彩がよく残っている。（陝西歴史博物館蔵）

⑥⑦⑧陽陵陪葬坑出土の陶俑　1990年前漢景帝の陽陵南で陪葬坑が発見され、裸体俑が出土した。その後も大量の兵士俑、動物俑、女官俑が発見されている。裸体俑というのは、木製の腕をつけ、衣服や鎧を着せ替え人形のように着せるマネキンのようなものだ。始皇帝の兵馬俑とは違って３分の１以下のミニチュアサイズになったが、小さいなりに手が込んできた。（漢陽陵考古陳列館蔵）

第三章　秦楚漢の三国志

陳勝・呉広の乱

秦楚漢の交替の歴史

『史記』では各王朝の年代記が本紀としてまとめられている。夏《か》本紀、殷《いん》本紀、周《しゅう》本紀、秦《しん》本紀のあとは秦始皇《しんしこう》本紀、項羽《こうう》本紀、高祖《こうそ》本紀と続く。ここには王朝ではなく、始皇帝（前二五九―前二一〇）と項羽（前二三二―前二〇二）と高祖劉邦（前二四七―前一九五）の三人を前面に出した本紀がならんでいる。司馬遷《しばせん》は三人の個性ある帝王を通して秦楚漢《しんそかん》の交替の時代を描いた。とくに項羽も秦と漢の間に楚という国を復興した王として認めている。始皇帝が生まれてから劉邦が亡くなるまでの六五年間のうち、三人がともに生きていた三二年間は、戦国末から秦による統一への時代であった。

その一人始皇帝の死後は、二世皇帝の三年間（前二〇九―前二〇七）と項羽と劉邦の楚漢戦争五年間（前二〇六―前二〇二）の歴史が繰り広げられた。始皇帝以後の中国の行方を左右する重要な時代であった。項羽と劉邦という英雄たちの戦いも興味深いが、西楚覇王《せいそはおう》項羽が目指した新しい国家プランにも眼を向けたい。一人の皇帝を立てながら、一八の諸侯王国が横並びになり、その下に郡県制《ぐんけんせい》をしく。始皇帝の郡県制は、皇帝が直轄する。

天下に帝《てい》として君臨したのが始皇帝であれば、天下に覇《は》としてリーダーシップをとったのが項羽であった。帝と覇の違いが興味深い。項羽の死とともに、そのプランは失われてしまったが、劉邦の国家の漢は、そもそも項羽の楚の体制から出てきたものであり、最終的には秦の帝国の継承に方向修正していったものの、郡国制《ぐんこくせい》という形で項羽の国家体制もしっかりと継承していった。項羽の国家像をともすると見失ってしまうが、敗者項羽の側からこの時代をまず見ていくことも必要だ。

西楚覇王項羽　天下に覇者としてリーダーシップをとった項羽（徐州市戯馬台）

漢の劉邦　項羽の楚から出ながら秦帝国の継承を目指した（沛県泗水亭）

動乱の時代の史料『楚漢春秋』

始皇帝なきあとの秦末から楚漢時代の基本史料は、『史記』秦始皇本紀、項羽本紀、高祖本紀の三つである。ただし一つの時代がそれぞれの立場で書かれているので、時代を前後しながら歴史をたどることになる。秦始皇本紀からは二世皇帝の時代を読みとる。項羽本紀では項羽の立場から、秦の滅亡と楚漢の抗争が語られる。高祖本紀では、逆に劉邦の立場から秦の滅亡、楚漢の抗争、漢王朝の成立の歴史を読むことになる。そしてほかにも、項羽、劉邦にしたがった功臣たちの世家《せいか》や列伝《れつでん》が肉付けする。

もちろん司馬遷自身がこの動乱の時代を書き記したのではない。本紀、列伝を編纂するにあたって依拠したのは陸賈《りくか》の『楚漢春秋《そかんしゅんじゅう》』であった。この書物は現在では逸文《いつぶん》となっていてわずかの断片の文章しか残っていない。たとえば、楚漢の戦いのとき、項羽が人質にしていた劉邦の父太公《たいこう》を煮殺そうと脅す場面がある。項羽本紀ではつぎのように伝える。項羽は高俎《こうそ》（祭りの肉を載せる高い台）を作り太公をその上に置き、漢王に告げてこういった。

「いますぐに降伏しなければ、わしは太公を煮てしまうぞ」。

漢王はこたえた。

「わしは項羽とともに北面して懐王《かいおう》の命を受けたときに、『兄弟となることを約束する』とちかったはずだ。わしの翁《おやじ》はおまえの翁だ。おまえの翁を煮てしまおうとするならば、わしにも一杯の羹《あつもの》を分けてほしいものだ」。

項羽の残酷さと、父親の危機にもいっこうに動じない劉邦の性格を物語るよく知られた場面だ。この文章が項羽本紀のオリジナルではないことは、『楚漢春秋』の逸文と比較すればわかる。北宋時代の類書（百科全書）『太平御覧《たいへいぎょらん》』に引用された『楚漢春秋』の一文ではこうなる。

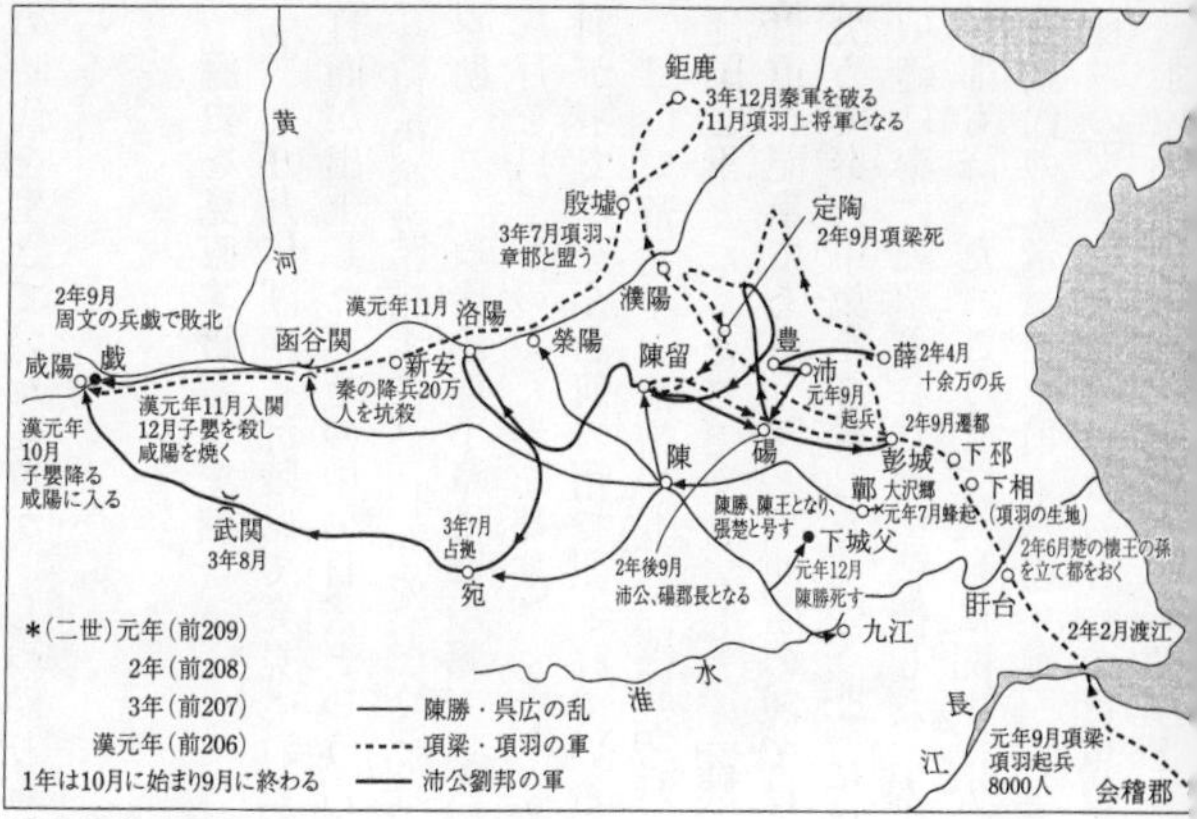

楚漢抗争略地図

項王《こうおう》は高閣《こうかく》（たかどの）を作って太公をその上に置き、漢王に告げてこういった。

「いますぐに降伏しなければ、わしは太公を煮てしまうぞ」。

漢王はこたえた。

「わしは項王と兄弟となる約束をした。わしの翁《おやじ》はおまえの翁だ。もしおまえの翁を煮てしまうのであれば、わしにも一杯の羹《あつもの》を分けてほしいものだ」。

細かく見れば、太公を載せたのは、高俎であったのか高閣であったのか、劉邦は項羽と呼んでいたのか項王と呼んでいたのか、などの違いはあるものの、酷似《こくじ》していることに気づくであろう。いまでいえば『史記』の無断引用ということになるが、『史記』はそもそも様々な原典史料をもとに編纂されたことを思えば、ふつうのことだ。それよりも、動乱の時代を生きていた陸賈《りくか》が、しっかりとその時代を記録していたことにこそ注目すべきであろう。

歴史を見直す貴重な史料

一九九九年湖南省沅陵県《げんりょう》で発見された前漢初期の沅陵侯呉陽《ごよう》（長沙王呉臣《ごしん》の子）の墓から竹簡が出土した。その中の日書《にっしょ》という占いの書には「陳勝反攻秦（陳勝《ちんしょう》反して秦を攻む）」、「陳以丙午誅軍吏（陳《ちん》、丙午《へいご》を以て軍吏《ぐんり》を誅《ちゅう》す）」とか「楚将軍項籍助趙（楚の将軍項籍《こうせき》、趙を助く）」「攻秦鉅鹿下章邯降項籍、以八月西略秦（秦を鉅鹿《きょろく》下に攻め、章邯《しょうかん》、項籍に降《くだ》る。八月を以て西のかた秦を略す）」といった内容が見られる。『史記』とは異なり、ここでは項羽が字《あざな》ではなく名前の籍で記されている。

二世皇帝元年（前二〇九）、陳勝が兵を挙げた。陳勝は将軍と称して陳の地に入り、楚を建国し王となったことを宣言した。「陳、丙午《へいご》を以て軍吏を誅す」というのは、そのときの貴重な記事である。陳とは陳勝の陳ではなくて陳王の陳である。陳王は丙午という良き日を決めて秦の軍吏を誅殺《ちゅうさつ》した。『史記』には見られない。その後、二世皇帝三年（前二〇七）、項籍は秦に攻撃された趙を救援した。秦に包囲されていた鉅鹿《きょろく》を救援し、その後、秦の将軍章邯《しょうかん》も降った。こうして八月に関中《かんちゅう》に入った。この沅陵侯呉陽の墓から出土した竹簡は前漢第五代の文帝《ぶんてい》（在位前一八〇―前一五七）以前の文書であり、『史記』よりも古い。『楚漢春秋』の文章により近いものとして貴重なものだ。

張家山漢簡の出土史料も、秦楚漢という王朝交替期の社会や国家をありのままに明らかにしてくれた。王朝が交替するとは何であったのか、考えさせてくれる。楚漢抗争の混乱期には、双方の勢力が傘下に多くの民衆を集めようとした。それは戸籍にいかに多くの民衆を登録していくか、という行政の問題でもあった。楚と漢の戸籍からはずれることを亡命といい、戸籍に登録することを占書《せんしょ》といった。占とは自己申告する意味だ。楚から漢に多くの人々が降り戸籍に登録されたなかで、漢は勝利した。貴重な史料によって、楚漢抗争時代の歴史の見直しが可能になった。

六ヵ月の農民反乱

始皇帝の亡きあと、秦に反旗を翻《ひるがえ》したのは、旧六国の東方の勢力であり、各地で趙王、燕王、斉王、魏王、陳王、楚王と称する勢力が立ち上がった。かつて秦王政の軍隊に滅ぼされた戦国諸国の復活を目指した。なかでも秦の権力に真っ向から対決の姿勢を示したのは、楚の人々であった。もともと楚の領域は広く、淮水《わいすい》と長江《ちょうこう》中下流域を含んでいた。陳勝がここでまず自立して陳王となり、楚国をさらに拡大する意味で「張楚《ちょうそ》」という国号を掲げた。

陳勝は生前に秦を滅ぼすまでには至らなかったが、亡秦《ぼうしん》（秦を滅亡させること）の勢力を立ち上がらせるきっかけを作ったことで大きな役割を果たした。のちに漢の高祖は陳勝のためにわざわざ三〇家の墓守を置いているほどだ。陳勝が亡秦に立ち上がったからこそ、項羽の楚があり、劉邦の漢があった。秦と漢の間には二つの楚があった。まずは陳勝の楚についても少し詳しく見てみよう。

始皇帝が酈山陵《りざんりょう》に埋葬された翌年、帝国秦を揺るがす動きが起こった。後世中国史上最初の農民反乱といわれるようになった陳勝《ちんしょう》・呉広《ごこう》の乱である。現代の中国では反乱というよりも、農民戦争といういいかたで積極的な評価がされてきた。たんなる反乱に終わらず、一つの張楚《ちょうそ》という国を樹立した。

陳勝は二世皇帝元年（前二〇九）七月に兵を挙げ、一二月には戦死した。わずか六ヵ月弱の短命政権にすぎなかった。しかしながら、そのなかから生まれた勢力が帝国秦を滅ぼしたのでその影響ははかりしれない。司馬遷は『史記』巻四八に、孔子世家《こうしせいか》のあとに陳渉世家《ちんしょうせいか》を入れた。六ヵ月でも楚王になったことを評価した。

陳勝、字《あざな》は渉《しょう》、河南の陽城出身、呉広も淮陽《わいよう》の陽夏《ようか》出身であった。陳勝は若いときから日雇い人として田畑で働いていた。雇い主にこうもらしたことがある。

いつか富貴になってもお互いのことは忘れまい。

雇い主からはどうして富貴になれるのかと馬鹿にされた。陳勝は、

燕雀《えんじやく》安《いずく》んぞ鴻鵠《こうこく》の志を知らんや。

と答えた。ツバメやスズメのような小さなものに、鳳凰《ほうおう》の心などわかるかという意味である。

ふつうの民衆による国造り

七月、現在の北京に近い漁陽《ぎょよう》へ国境の守りに駆り出された九〇〇人が大沢郷《だいたくきょう》（現在の安徽《あんき》省宿《しゅく》県）に集まった。淮水《わいすい》の北、平原地帯である。陳勝と呉広は農民を引率していく役目にあった。しかし大雨が降り、道路が遮断され、期日までに漁陽に到着することが不可能となった。期日に遅れれば斬刑《ざんけい》である。二人は、

今逃亡しても死、大きな計略を実行しても死、同じ死であれば国を建てて死んだ方がましだ。

と考えた。陳勝は末子である二世皇帝が秦の帝位についていることを批判した。長子の扶蘇《ふそ》こそ帝位の後継者であるのに、扶蘇は皇帝をいさめたかどで辺境に送られ、罪もないのに二世皇帝に殺されたらしい。民にはその死が知らされていなかった。実際には扶蘇は父始皇帝の偽りの命を受けて剣を賜って自殺させられ、このとき蒙恬《もうてん》将軍も死を賜り毒薬を飲んで自殺している。また楚の将軍項燕《こうえん》も楚の人々から愛されていたのに、死んだのか、それとも逃亡したのかわからない。かれらはこの扶蘇と項燕の二人の名を借りて立ち上がった。

陳勝の「王侯将相《おうこうしょうしょう》、いずくんぞ種《しゅ》あらんや（王侯将相寧有種乎）」ということばは、王、諸侯、将軍、丞相の地位も生まれによってではなく、力で奪い取ることができるという決意を表し、農民たちを勇気づけた。陳勝は将軍に、呉広は都尉《とい》（郡の武官）となった。陳に入るころには、車六〇〇～七〇〇乗、騎兵一〇〇〇あまり、歩兵数万人にまでふくれあがっ

た。陳勝は楚の国の復興を宣言して王となった。陳王と称した。ふつうの民衆があらたな国を建てることに死をかけた。たんなる暴動にとどまらず、反乱集団が一つの組織を目指した。

時代が陳勝や呉広を生みだした。秦という巨大な帝国の末端、郷里のなかでしか生きてこなかった人々が、郷里を超えて小さな国を立ち上げようとしている。陳勝の行動は、農民出身の王の誕生では劉邦のさきがけにもなった。楚の復興という点では項羽のさきがけでもあった。陳勝の一軍である周章《しゅうしょう》（周文《しゅうぶん》）ら数十万の兵は項羽と劉邦よりも早くに秦の関中に入り、始皇帝陵の前で秦軍と戦った。秦も陵墓完成直前に工事を中断し、刑徒に武器をもたせて応戦した。関中とは現在の西安の東西に広がる渭水《いすい》盆地をいい、東は函谷関《かんこくかん》、西は散関《さんかん》あるいは隴関《ろうかん》、北は蕭関《しょうかん》、南は武関《ぶかん》に囲まれた地であった。

新しい時代を感じさせる一方、矛盾した行動も見える。秦とは無縁の項燕《こうえん》はよいとして、扶蘇は苦しめられてきた秦の国の王族だ。始皇帝の秦を倒そうとする反乱に、始皇帝の長子を立てるとは、二世皇帝に反発する心情が、扶蘇に同情したのかもしれない。

二世皇帝胡亥

陳勝・呉広の乱が起こるまで、二世皇帝胡亥《こがい》は始皇帝の後継者として動いた。それを支えたのはもはや丞相李斯ではなく、郎中令《ろうちゅうれい》の趙高《ちょうこう》に代わっていた。行政の最高府ではなく、皇帝の私的な宮殿を警備する役人が政治を左右した。それだけ秦の宮廷は危機感を感じていた。二世皇帝と趙高は、先帝の死による帝国の動揺を抑えるために尽力した。秦を滅ぼしたのは二世皇帝と趙高であったと見られているので、『史記』では二人の扱いは冷たい。

　二世皇帝といえば馬鹿《うましか》の故事がまず浮かぶほどだ。献上された鹿を馬と見間違うほどの暗愚な皇帝と見るのは誤解である。無知やおろかな意味の「ばか」を馬鹿という字で当てられたので、どうしても馬鹿の故事と重なってしまう。二世皇帝は丞相となった趙高が鹿を献上して馬といったことに果敢に応えている。

　丞相よ、なぜ鹿を馬といって間違えるのか。

二世皇帝と趙高　二世皇帝胡亥に向かい、鹿を指さして馬と言っている趙高（右）。西安の秦阿房宮遺址にある阿房宮遊楽園に描かれた壁画

　趙高の権勢を恐れた臣下たちこそ、皇帝と丞相の間にあって動揺し、馬といいくるめられたのである。そうした趙高は秦の最後に重要な役割を果たしながら、列伝にも立てられていない。李斯の伝に付されているにすぎない。

　二世皇帝は始皇帝の時代を総括しようとした。即位したときの年齢は二一歳とも、一説には一二歳ともいわれる。即位のときの詔《しょう》に、自分は年若くして即位したばかりで云々といっているので、一二歳と考えた方が話のつじつまがよく合う。少年胡亥にとってみれば、なおさら始皇帝の時代を称えること

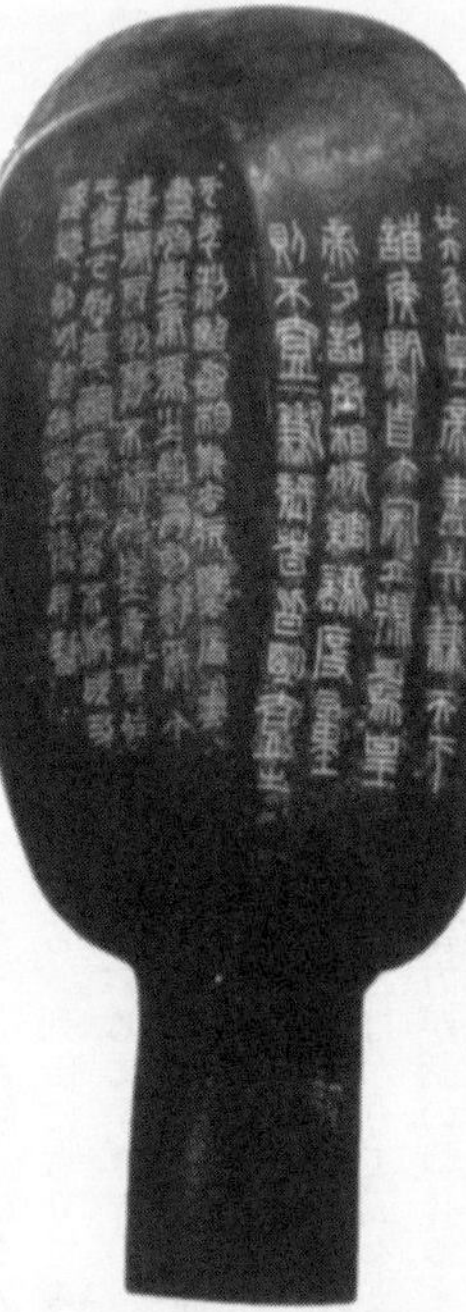

二つの詔書を刻んだ秦代の銅量
右側は始皇26年の統一時の詔書、左側は二世元年の詔書（『秦漢雄風』）

で、みずからの権威も固められるはずだった。

二世皇帝は始皇帝にならって巡行を決行した。治安が悪いときには皇帝みずからが地方に出て、顔をさらすことなく権威を見せつける。始皇帝がたびたび行ってきたやり方だ。二世皇帝は始皇帝の七つの刻石の場所を訪れて、追刻《ついこく》した。刻石の顕彰文には、「皇帝は民衆を哀れみ、ついに討伐の軍隊を出して武徳を奮《ふる》い高めました」と刻んでも、将来この皇帝が誰であるかわからなくなってしまうことを心配したからだ。

始皇帝も二世皇帝も生前は皇帝といった。いま世代が代わり、先代の皇帝が残したものを、始皇帝と言い換えておかなければならない。といっても、皇帝の文字を始皇帝に書き換えるのではなく、二世皇帝が即位したときの詔を書き添えればよい。

二世皇帝はいった。金石に刻された文字の内容は始皇帝のことであり、いま皇帝を引き継いでも刻字に始皇帝と書き換えておかなければ、将来長い時間が経過したときに、後継者のこととされてしまい、始皇帝の成功と盛徳にかなうことはなくなってしまう。

これを受けた丞相李斯ら行政府は、二世皇帝の詔書を刻石に添え書きすればよいと提案した。このことが実行された。二世皇帝は李斯を連れて碣石《けっせき》、南は会稽《かいけい》までまわった。現存の泰山刻石、琅邪台刻石の残石は、二世皇帝の追刻の部分である。秦の度量衡器《どりょうこうき》にもこの詔書が刻されている。

そんな二世皇帝の行動は、かえって地方の反発を招いていった。四月、二世皇帝は咸陽にもどった。始皇帝の遺体を地下に埋めたあと、地上に高く築いた墳丘工事も終わった。緊急に投入した労働力を今度は中断していた阿房宮《あぼうきゅう》の建設にまわした。五万人を動員して咸陽を守らせた。そうしたなかで、七月に陳勝・呉広の乱が起こったのである。

反乱の広がりと評価

陳勝が陳王となったのをきっかけに、旧六国の燕、趙、斉、楚、韓、魏はここにすべて王を立てて復活した。趙王武臣《ぶしん》、燕王韓広《かんこう》、斉王田儋《でんたん》、魏王咎《きゅう》などが立った。しかし一二月に陳勝は下城父の地で御者《ぎょしゃ》の荘賈《そうか》に殺されてしまう。六ヵ月とは、あまりにも短い王位であった。秦の将軍章邯《しょうかん》が反撃に出て秦はしばらく優勢であった。

六ヵ月の国家も、それなりの国家をめざした。張楚《ちょうそ》という国家の都は陳であり、華麗な宮殿があったと伝えられる。あの若いときの雇い主が陳勝の宮殿を訪れたときに、「夥《おびただ》しい頤《かな》」と楚の方言で感嘆したという。陳勝は楚王ではなく陳王と称した。まだ楚全体の統治者ではなかったからだ。将軍の周文《しゅうぶん》、呂臣《りょしん》らを各地に派遣し、軍事的拡大をはかるとともに楚国の領域の復興を目指していった。上柱国《じょうちゅうこく》、中正《ちゅうせい》、司過《しか》といった官職名は楚のものである。中正と司過は陳王を支えて王令《おうれい》にそむく者を厳しく処罰した。陳勝の楚は自立する他国の王を認め、連合した。のちの項羽の国家をかいま見るようだ。楚の復興は、楚の天下ではなく、六国の連合のなかの楚であった。

この陳勝・呉広の乱をまず評価したのは、司馬遷ではなく、前漢文帝期の官僚賈誼《かぎ》（前二〇〇—前一六八）であった。賈誼は二〇歳で博士となり、文帝の若手のブレーンとして太中《たいちゅう》大夫《たいふ》に抜擢された。かれがまとめた『過秦論《かしんろん》』という書は、文字通り秦の過失を論じた内容だ。秦がわずか二代、十数年の短命で終わった理由をあきらかにして、前漢政権の政策の指針にしようとした。前漢朝が樹立されて二十数年、そろそろ秦の制度を継承することをやめ、統一王朝にふさわしい皇帝制度を樹立しようという空気があった。

賈誼《かぎ》はいう。一夫《ぶ》（陳勝）の難《なん》のために天子七廟《びょう》の国（秦）がくずれ、天子が人の手にかかって死に、天下の笑いものになったのはなぜだろうか。仁義を施さず、攻めと守りの勢いが異なっていたことに気づかなかったからである。陳勝は貧しい身分から出、木を切っては武器に換え、竿《かん》をかかげては旗とした。そんなかれらに呼応して山東の豪傑たちが立ち上がった。山東とは、いまの山東省ではない。華山あるいは淆山《こうざん》以東の広い地域を指す。

秦帝国の滅亡

楚の名将の血を引く項梁

陳勝に代わったのは、楚の将軍の家に生まれた項羽《こうう》と、東方の農民の出身であった劉邦《りゅうほう》であった。まだ始皇帝が生きていた時代、かれらが始皇帝と出会う場面がある。時間を少しだけ始皇帝の時代にもどそう。

始皇三七年（前二一〇）、始皇帝が最後の巡行で江南を訪れたときのこと、始皇帝五〇歳、項羽二三歳であった。項羽と叔父の項梁《こうりょう》は始皇帝一行を見かけた。見かけたといっても皇帝の顔を見たわけではない。このとき項羽は「彼に取って代わるべきなり」とことばを発した。項梁はあわてて項羽の口をふさいだ。「みだりなことをいうものではない、一族みな殺しにあうぞ」。始皇帝はこのあと北上し、沙丘《さきゅう》で病死した。二世皇帝の時代、項羽らは秦に滅ぼされた楚を復興しようと反乱を起こした。

一方劉邦は現在の江蘇省の地方で亭長《ていちょう》という村の治安を守る役人をしていた。罪人を労働力として咸陽へ送る仕事をしていたときに始皇帝を見て、「ああ、大丈夫《だいじょうぶ》は当《まさ》に此《か》くの如《ごと》くなるべし（ああ男子たるものあのようになりたいものだ）」といった。自らの力で権力を奪おうとした項羽は、あくまでも始皇帝の帝国を滅ぼそうとした。劉邦は始皇帝のような帝国を求めた。二人の違いがこれらのことばのなかによく表れている。

項梁の父は、秦の将軍王翦《おうせん》に殺された楚の名将軍項燕《こうえん》であった。項燕の死の翌年、秦の王翦と蒙武《もうぶ》は楚王負《ふ》を捕虜にして楚を滅ぼした。将軍項燕の死によって楚国は実質瓦解したといってもよい。それだけ項燕は楚にとって重要な人物であった。その血を引く項梁は、臨淮《りんわい》の下相《かしょう》の出身であったが、殺人事件を犯し、仇《あだ》を避けて呉中《ごちゅう》に移った。現在の江蘇省蘇州《そしゅう》、太湖《たいこ》のほとりである。項梁の才覚はこの呉の地でもすぐ発揮された。国家からの徭役《ようえき》の命令や葬儀があれば、項梁が在地の人材のとりまとめを行った。

項梁は甥の項羽のかげに隠れてしまいがちであるが、謎めいた人物だ。かつて櫟陽《やくよう》で逮捕されたことがあった。櫟陽といえばもとの秦の領域の重要な都市であり、関中にある。項梁はなぜ故郷の下相《かしょう》からはるばる現在の陝西《せんせい》省櫟陽にまで行ったのか。逮捕されたとき、故郷に近い蘄《き》県の獄掾《ごくえん》であった曹咎《そうきゅう》に頼んで櫟陽の獄掾の司馬欣《しばきん》に書簡を書かせて助かった。当時の獄掾はたんに牢獄の管理をする役人ではなく、県の裁判にも関与する重要な職務をもち、みずから法律を理解し、裁判文書を書くことができるほどの知識人であった。獄吏《ごくり》間のネットワークがあったのだろうか。そしてまた人格者ゆえに、項梁は江南の新たな土地でもすぐにリーダー格になった。兵法を賓客や子弟たちに伝えた。

項羽の台頭

陳勝らが立ち上がった情報はすぐに項梁の耳に入った。陳勝の動きを見るなかで二ヵ月後、項梁は項羽二四歳のときに会稽守《かいけいしゅ》（太守）の殷通《いんとう》の首を取って江南で兵をあげた。すぐに八〇〇〇人の精兵が集まった。項梁が会稽守、項羽が裨将《ひしょう》（副将）となった。長江を北上すれば、項梁の名は楚の名族として知れ渡っている。その兵力は瞬く間に六、七万に膨れ上がった。故郷の下相近くまで進んだ。このときはまだ陳王（陳勝）の軍に従っていたが、陳王の死が伝わると、楚の懐王《かいおう》の孫、心《しん》という人物を民間から捜しもとめて楚王に立てた。自分の家はあくまでも楚王に代々仕えた将軍である自覚があった。

懐王（在位前三二九―前二九九）とは名を熊槐といい、秦の昭王に幽閉されていた間に病死し（前二九六年）、異境の地で最期を遂げた。この悲劇はそもそも、人質として秦に滞在していた楚の太子が秦の大夫と私闘をして相手を殺し、逃亡帰国したことに端を発している。秦の昭王が憤り、懐王を欺いた。異境で懐王を殺された楚の人々の怨みは、のちにまた国を滅ぼされる秦国への反感として増幅していった。その懐王の孫を楚王に立てることは、反秦勢力を結集して心を一にするには最適であった。

項梁の軍は章邯《しょうかん》率いる秦軍に直接ぶつかっていった。章邯の軍は陳王の一軍を函谷関《かんこくかん》の外に追ってからは、しばらく攻勢に出ていった。章邯は、戦国秦の白起《はくき》、統一秦の蒙恬とならびたつ秦帝国最後の名将軍である。項梁も定陶《ていとう》で戦死した。

前二〇七年、秦の将軍章邯の攻撃に倒れた項梁に代わって、甥の項籍、字《あざな》は羽が主導権を握った。項籍の名は字の羽の方が知られている。名は生まれたときに親や親族によってつけられるが、字は成年の冠礼の式のときに来賓者がつけるものだ。だからこそ字は成長したその人物にあった呼び名であり、対等な関係では字で呼び合って親近感が生まれた。劉邦が字の劉季《りゅうき》よりも本名で呼ばれているのと対照的である。

項羽軍は鉅鹿《きょろく》で秦の章邯、王離《おうり》の軍と戦い、趙王を救った。これ以降章邯の秦軍は劣勢になっていく。章邯は項羽と、洹水《えんすい》ほとりの殷墟《いんきょ》で会盟した。商《しょう》の盤庚《ばんこう》以降の都の殷墟という史跡が選ばれた。章邯は項羽の顔を見ると涙を流した。あれだけ秦のために果敢に戦ってきた章邯は、趙高政権の行く末に不安を懐《いだ》き、項羽に降って雍王《ようおう》となった。項羽の楚軍は、秦の兵士二十数万人を攻撃して新安城《しんあんじょう》の南に埋めた。敵の将軍を王にしてその兵士を穴埋めにすることの行為は、のちに劉邦に非難される。

劉邦という人物

一方劉邦は、沛《はい》の豊邑《ほうゆう》の中陽里《ちゅうようり》の出身、両親の名前すら残っていない身分の出身であった。漢代の行政区画でいえば沛郡豊県《はいぐんほうけん》、秦代では泗水《しすい》郡沛《はい》県の豊邑《ほうゆう》である。劉邦の父は太公《たいこう》、これはのちにつけた尊称であって名前ではない。母は劉媼《りゅうおう》、劉ばあさんといった意味で、本来の姓も名も残っていない。劉邦の劉という姓は、父親の姓であるから、母親は別の姓であったはずだ。中国では父母、夫婦が同姓であることは避けられた。劉邦は秦の地方行政の末端の治安を担っていた亭長《ていちょう》となった。泗水亭《しすいてい》は泗水という川のほとりにあった。『史記』高祖本紀《こうそほんぎ》には、劉邦の素性がつぎのように記されている。

高祖は酒と色を好み、いつも王ばあさんと武ばあさんの二軒の酒屋へ出かけ、つけで酒を飲んでいた。酔ってはその場に臥《ふ》せる。ばあさんたちは、高祖の上にいつも龍が現れるのを見て不思議に思った。高祖が飲みに行けば、いつも店の酒が普段の数倍も売れて繁盛した。ばあさんたちは、年末にはつけの書き付けの札を折って、借金を帳消しにした。

そのかれが始皇帝の陵墓建設のための役徒《えきと》を酈山《りざん》陵まで送ろうとしたときに、逃亡者が多かったので、途中で酒を飲み、かれらを釈放してしまった。そのときに一匹の大蛇が、残された高祖ら十数人の道を遮断した。高祖はこの大蛇を切り捨てた。このとき一行に遅れた男が高祖に追いつき、奇妙な話を伝えた。

一人の老婆が夜、道で泣いていた。なぜ泣いているのか尋ねると、我が子が殺されたから泣いているのだと答えた。なぜ殺されたのかと聞くと、我が子は白帝《はくてい》の子、蛇に化身し、道に横たわっていたのだが、今赤帝《せきてい》の子が斬ってしまったので、泣いているのだ、と答えた。不誠実な話だとして責めてむちうとうとすると、老婆はたちまち見えなくなった。

もちろんこの故事は、のちに皇帝になった高祖劉邦を正当化するために作られたものだ。ここには一つの五行思想にもとづいた皇帝観が見える。五行思想とは、さきに見たように、木火土金水《もっかどごんすい》という五つの要素の循環から宇宙や王朝の変化を説明するものだ。その循環には二つの見方があり、木火土金水と循環していくのが五行相生説、水が火に勝つように循環していくのが五行相勝説であった。漢代の人々は、自分の王朝を火徳《かとく》あるいは土徳《どとく》と考えた。秦を否定し周《しゅう》の木徳を受け継ぐ火徳か、水徳の秦が火徳の周に勝ち、土徳の漢が秦に勝つというものである。この故事は、南方（赤）の楚から出てきた劉邦が、西方（白）の秦をうち破ることを象徴的に表現したものである。王朝が代われば皇帝も代わる。その変化の正当性を理論化したものが五行思想であった。

神話化された劉邦と、最後まで人間でありつづけた項羽、その違いは漢王朝の始祖として皇帝となった劉邦と、皇帝になることを拒否した項羽の差であった。

沛公劉邦の反乱

陳勝らの蜂起がこうして劉邦を動かした。劉邦の故郷沛《はい》県は、現在の江蘇省徐州《じょしゅう》市の北四〇キロメートル、秦の泗《し》水《すい》郡の管轄の県であった。泗水郡はもともと戦国時代の楚の領域にあり、楚の都寿春《じゅしゅん》にも近い。劉邦もわずか十数年前の秦による統一までは、戦国の楚の人間であった。始皇帝の時代のわずか一二年間、秦の役人として末端の政治を支えた。楚の人間がどのような気持ちで秦の支配を受けいれたのだろうか。始皇帝の死とともに、蕭何《しょうか》、曹参《そうさん》ら沛県出身で県の下級官吏になっていた人々がまず動いた。蕭何は沛県の官吏たちをまとめる主吏掾《しゅりえん》の職にあったし、曹参や任敖《じんごう》は沛県の裁判を審理する獄掾《ごくえん》であった。また夏侯嬰《かこうえい》は県の客人を送迎する御者から県の官吏に昇格した。かれらはさきの睡虎地《すいこち》秦簡《しんかん》を残した喜《き》と同じ地位にあった人々である。行政文書をまとめ、法制裁判文書にも通じていた文吏《ぶんり》と呼ばれた知識人であった。

地方社会に根付きながら秦の統一政権の末端行政を支えていた人々が、いま秦に抵抗しようとしている。中央の情報をもち、地方の情勢をも熟知している。郡守、県令といった長吏は、中央から任命されて地方に赴任し、二、三年後には転出する官吏であって地方の社会に根をおろすことはない。泗水守《しすいしゅ》の壮《そう》、泗水監《しすいかん》（郡の監督官）の平《へい》という人物は、二世皇帝のときの秦の長吏として名前だけが残っている。官吏は皇帝への臣属を示すために公文書では姓は省かれる。

沛《はい》県の下級文吏たちが長吏の沛令《はいれい》（沛県の県令）を殺し、逃亡したばかりの劉邦を迎え入れた。劉邦が長吏に代わって沛令となった。中央が任命するはずの県令を民衆が選んだ。劉邦はこのあと漢王になるまで沛公《はいこう》と呼ばれることになる。県令を某公というのは楚の制度であったから、楚国の一員として秦国へ逆襲したといえる。沛公劉邦はもはや秦の皇帝の長吏ではなかった。黄帝《こうてい》と軍神蚩尤《しゆう》を祀り、赤い旗を掲げた。いうまでもなく秦への反乱のシンボルであった。

劉邦集団の人々

沛公劉邦の集団には下級官吏以外にも、いろいろな職業の人々が集まった。沛県の樊噲《はんかい》は食肉用の犬を売ることを生業にしていたし、同郷の周勃《しゅうぼつ》は養蚕の敷物を織る仕事をしていた。灌嬰《かんえい》は睢陽《すいよう》で絹を販売していた。少年といってよい文字通りの若者たちだが、家からはじき出されて都市の無頼の徒となった連中も加わった。沛県という全国に一〇〇〇とある県の一つの反乱集団に加わった人々が、秦にかわる一大帝国の中枢を占めていった。農民出身の皇帝という劉邦一人のドラマだけを強調すると、歴史を一面しか見ないことになってしまう。劉邦を取り巻くふつうの人々の連帯感が、他の地域の人々をも巻き込みながら新たな権力を築いていった。

かれらの多くは客とか中涓《ちゅうけん》、舎人《しゃじん》、卒《そつ》といった身分で劉邦集団を構成していった。劉邦集団の論功行賞の記録が「高祖功臣侯者年表《こうそこうしんこうしゃねんぴょう》」として『史記』に残されているので、高祖の功臣一三七名の反乱当時の身分がわかる。蕭何《しょうか》、王陵《おうりょう》、任敖《じんごう》、冷耳《れいじ》、酈食其《れきいき》らは客として沛公に従った。主人沛公に対しては自立的な立場にあった。中涓（涓は払い清める意味）、舎人（舎は主人の家）、卒（兵士ではなく雑役夫）といった人々は主人の家の雑役を行う者であり、主人に対しては家内奴隷的な隷属関係がある。

曹参《そうさん》、周勃《しゅうぼつ》、灌嬰《かんえい》、王吸《おうきゅう》、召欧《しょうおう》、孫赤《そんせき》、陳倉《ちんそう》、毛沢《もうたく》は中涓、樊噲《はんかい》、奚涓《けいけん》、傅寛《ふかん》、薛欧《せつおう》、朱軫《しゅしん》、周定《しゅうてい》、単寧《ぜんねい》、丙倩《へいせい》、唐厲《とうれい》、審食其《しんいき》、周緤《しゅうせつ》、陳遬《ちんそく》は舎人であった。卒はより下の身分であり、たとえば彭祖《ほうそ》は卒として沛県の城門を開いて反乱軍を迎え入れた。単父聖《ぜんぽせい》、周聚《しゅうしゅう》、朱濞《しゅび》らも卒であった。以上の客から卒までの人々は沛県（漢代には郡治となる）や隣の豊邑《ほうゆう》（漢代に豊県に格上げされた劉邦の出生地）の出身者であり、沛公という新たな県のリーダーに従った。

趙高の専権と二世皇帝の死

秦軍の劣勢が伝えられるなか、秦の宮廷でも情勢は急転した。二世皇帝二年（前二〇八）に李斯が処刑された後、丞相になった趙高は、権力をほしいままにした。秦の政治を支え続けてきた李斯が最期をとげる。その後、秦軍を率いていた章邯《しょうかん》、王離《おうり》将軍が敗れると、もう軍事的に頼るべき者がいない。八月、趙高は乱を起こした。秦にとっては内外に乱が起こったことになる。丞相趙高が二世皇帝に鹿を献上し、馬と言いくるめた故事はこのときのものだ。宮廷では趙高を恐れて、黙する者、馬とへつらう者が多く、鹿といった者はひそかに処罰された。沛公の軍数万人はいよいよ武関から関中に迫った。函谷関は関中の正面の守りであるのに対して、武関は南の守りである。始皇帝も巡行のときに、長江との往来でここを通過した。

二世皇帝は夢を見た。四頭だての車馬の外側二頭は副《そ》え馬で驂馬《さんば》という。その左外側の驂馬が白虎に噛み殺された夢だ。博士に夢占いをさせると、涇水《けいすい》の祟《たた》りだという。涇水は咸陽宮のすぐ北を流れる川で、かつて鄭国渠《ていこくきょ》を作るなど秦の生命線でもあった。二世皇帝は望夷《ぼうい》宮《きゅう》で物忌《ものい》みし、四頭の白馬を涇水に沈めた。この望夷宮が二世皇帝の最期の場所となる。趙高は婿《むこ》の咸陽令閻楽《かんようれいえんらく》に、山東の群賊が襲撃してきたと偽って望夷宮に入り、二世皇帝に迫った。秦帝国の二代皇帝も自殺するしかなかった。青史《せいし》には「趙高、二世を殺す」と記録された。

ファーストエンペラーのあとにラストエンペラーが続く。秦はわずか二代だけの帝国で終わった。三代目に胡亥《こがい》の兄の子の子嬰《しえい》が立ったものの、もはや皇帝ではなく、王にまで後退したのである。このときの趙高は意外と冷めていた。秦という国は、始皇帝のときに天下に君として帝と称したが、六国が復権したいま、秦地は小さくなったので、空名だけで帝を名乗るわけにはいかない。王にもどせばいいではないか。帝国にはこだわらない、そんな考えだ。すでに項羽は秦将章邯《しょうかん》を雍王《ようおう》という関中の西部の王としていたが、趙高は沛公劉邦と約束して関中を二分し、みずから王になりたいとの意志もあった。二世皇帝の遺体の前でかれの璽印《じいん》を一瞬は身に帯び、皇帝にもなろうとしたが、だれも従おうとしなかった。

二世皇帝胡亥の墓（1908年足立喜六撮影）
始皇帝を称えることで自らの権威も高めようとしたが、できなかった

趙高に断罪された李斯も、獄中からの書簡のなかでみずからの罪状を述べ、帝国をつきなして回顧している。その言によれば、秦王政のときには秦の土地もわずか千里四方、軍事力も数十万の歩兵にすぎなかったのに、諸侯をだましだまして六国を工作した結果、六王を捕虜にして秦王を天子にすることができた。その後は、領土はせまいわけではなかったが、北は胡貉《こかく》（貉はむじな、匈奴のこと）、南は百越にまで広がり、秦の強さを見せつけた。度量衡や文字を天下に広め、秦の名声を立てた。これらのことは、いま思えば罪深いことだった、というのである。獄中での居直りの言とはいえ、秦帝国の強さと弱さを言い当てている。

趙高も秦王子嬰の宦官韓談《かんがんかんだん》に刺殺された。その子嬰も即位してわずか三ヵ月、妻子とともに首に紐をたらして服従の意思を示して沛公に降った。

楚漢戦争

項羽と劉邦の対峙

秦という国家がくずれていくなか、沛公劉邦は上将軍《じょうしょうぐん》項羽と鴻門《こうもん》で出会うことになる。まだ漢王と西楚覇王《せいそはおう》としての王同士の出会いではなかった。項羽は函谷関を突破して敵地関中に入るが、すでにいち早く関中入りしていた沛公劉邦の軍一〇万は灞水《はすい》のほとりに駐屯していた。項羽はその対陣として四〇万の兵を鴻門に置いた。古来名高い鴻門《こうもん》の会《かい》の舞台である。鴻門はあの始皇帝陵の兵馬俑坑のちょうど真北の丘陵上に位置し、北に渭水《いすい》を望む。断崖が文字通り大きな（鴻）門のように立っている。ここに咸陽を防衛する秦軍を前にして、項羽と劉邦とが対峙する図式ができあがった。

項羽は沛公の左司馬《さしば》曹無傷《そうむしょう》から、沛公が関中の王になろうとしているとの情報を得た。諸侯との約束からすれば、最初に入関した者は関中の王となれる。関中とは秦のもとの領地であるから、秦に代わって統治することを意味する。沛公は父老《ふろう》や豪傑《ごうけつ》との約束で、法三章《ほうさんしょう》だけを残して秦の煩雑な法を廃止すると断言した。父老とは里という村落の長老であり、豪傑とは有力者のことだ。劉邦は「父老たちは長いこと秦の苛酷な法に苦しんできたなあ」と労《ねぎら》いのことばをかけている。沛県で立ち上がったときにも父老に、「天下は長いこと秦に苦しんできたなあ」と同じことばをかけている。父老の同意を得れば、そのまわりの子弟たちがついてくる。法三章とは、殺人は死罪、傷害と窃盗は罪せられるという最小限のものだ。

もちろん国家を立ち上げたときには法三章では統治できるわけはない。しかしいまはまだ、沛公集団にできるだけ多くの賛同者を獲得している乱の時代だ。わかりやすければわかりやすいほど、人々は集まってくる。

項羽からすれば、自分が趙《ちょう》を救援しているすきにそうして関中に入った沛公を許せないし、それを黙認した懐王《かいおう》も許せない。その怒りから函谷関を正面突破して、いま戯水《ぎすい》のほとりに陣をかまえたのだ。驪山《りざん》から流れる小さな河川だが、水は豊富であり、四〇万の兵士を休ませるには都合がよい。

鴻門の会

項羽の叔父の項伯《こうはく》は張良《ちょうりょう》と親しく、項羽の状況を沛公側に伝えた。沛公劉邦は項羽の怒りを鎮めるために早朝に百余騎で項羽の陣営に乗り込んだ。

臣《しん》（わたくし）は将軍と力をあわせて秦を攻め、将軍は河北で戦い、臣は河南で戦っていました。ところが思いもよらず先に入関して秦を破り、ここで将軍とお会いしたのです。

沛公は臣とへりくだり、項羽を将軍と立てて敬意を示した。項羽は意をくみとり即座に宴会の準備をした。項羽は鴻門では主人であるから、東向きの席に叔父の項伯と座り、范増《はんぞう》は南向きに座った。そこを訪れた沛公劉邦は客人として項羽の右隣に北向きに座り、張良は西向きに座った。項羽は兵馬俑と同じに東に向き、劉邦は兵馬俑坑を背にした位置になる。范増は項羽の従弟の項荘《こうそう》に剣舞をすすめ、すきを見て沛公を刺すように密かに命じた。それをさとった項伯も剣をもって舞い、沛公をかばった。

鴻門《こうもん》の宴《えん》ともいうこの場面は漢墓の画像石《がぞうせき》と壁画に見える。南陽漢画館《なんようかんがかん》にある画像石（次ページ参照）では、右端に項羽が座り、劉邦が対面している。中央では項荘が剣をとって舞いながら劉邦の背に狙いを定め、その左には張良と項伯とが控え、左端では范増がこの全体の光景を眺めている。一九五七年に洛陽市焼溝村で発掘された前漢後期の墓にも、彩色で鮮やかに描かれていた。右隅では鉤《かぎ》にかけた肉を串に刺して炉で炙《あぶ》っている。背景には山の嶺が見え、野外での宴会であることがわかる。その左側では項羽と劉邦が並んで酒杯を交わし

鴻門の会の画像石（南陽漢画館蔵）　右端に座する項羽に対面する劉邦。剣をとって舞いながら劉邦の背に狙いを定める項荘（中央）。その左に張良と項伯が控え、左端に全体の光景を目撃している范増がいる（『南陽両漢画像石』）

ている。そのほか項伯、張良、范増らしき人物が見え、左端では項荘が剣舞する。中央に方相氏《ほうそうし》らしきものが見えるので、鬼やらいの場面だとの見方もある。

この場を救ったのは樊噲《はんかい》であった。剣を帯び、盾《たて》をかかげて軍門から押し入った。髪を逆立て目を怒らせて項羽を凝視した。項羽は樊噲に一斗（日本の約一升）の酒と豚肩の生肉を賜った。樊噲は立ったまま酒を飲み干し、盾をひっくり返して地面に置き、その上で生肉を切り刻んで口にした。項羽は豪快な樊噲に感心し、さらに酒をすすめた。樊噲は、主人沛公の行動を弁明した。咸陽に入りながらも宮殿の財宝には手をつけず、灞水《はすい》のほとりでひたすら大王（項羽）の到着を待っていたことを伝えた。主人の危機を救う舎人の行動とはこのようなものであったのか。沛公は厠《かわや》に出るといって席を立ち、樊噲も呼び出して脱出した。沛公は陣営に戻るころあいを計って、張良に退席した謝辞を述べさせ、持参した白璧《はくへき》と玉斗《ぎょくと》の土産を項羽と范増《はんぞう》に献じさせた。策略を実行できなかった范増は悔しさのあまり玉斗を剣で叩き割った。

秦都咸陽炎上

項羽は数日後、秦都咸陽に入った。すでに沛公に降っていた子嬰《しえい》を殺し、宮殿を焼き、その火は三ヵ月間消えることがなかったと『史記』は伝える。のちに北魏《ほくぎ》時代に書かれた地理書『水経注《すいけいちゅう》』では、項羽が秦始皇帝陵を盗掘し、三〇万人が三〇日かけても副葬品を運搬できなかったとまで話を誇張した。近年、兵馬俑二号坑からこの時代の盗掘坑が発見されている。兵馬俑坑の天井部の棚木にも焼けて炭化した痕跡が見られる。

関中の地の利から、ここに都を置いて覇者となるべきことを項羽に向かって説く者がいたが、咸陽が灰燼《かいじん》に帰する有り様を見て断念した。「富貴《ふうき》にして故郷に帰らざれば、繡《にしき》を着て夜行くが如し」とは、項羽のこのときのことばだ。「故郷へ錦を飾る」ということばの意味は、奥深い。項羽が秦帝国の旧都よりも自分の故郷を選んだことを意味し、そのことはのちの項羽の新国家戦略を象徴している。

いち早く関中入りした沛公が秦の財物や婦女に手を付けず、宮室に封印して項羽の入関を待ったのに対し、項羽は秦の宝物と婦女を略奪して東方の地に戻った。好対照な行動であった。秦楚漢の交替をそれぞれの勢力が基盤を置いた地域から見れば、関中↓関東↓関中の交替である。関中（渭水盆地）の中央、咸陽に都を置き天下統一を遂げた秦に対して、楚の勢力は関東（函谷関の東）の東方に基盤を置いた帝国の樹立をめざした。項羽が咸陽の宮室を焼いたときに、「関中は山河に四方を隔てられて土地も肥沃であるから、都を置いて天下の覇者となるべきである」と進言する者がいたが、心は遠く東方に向いていた。

西楚覇王項羽

一八王の連合国家体制

前二〇五年一月、秦が滅んだいま、いよいよ項羽主導の新国家体制が立ち上がった。皇帝を頂点とした秦帝国とはまったく違う。まず楚の懐王《かいおう》の名を継いだ孫の懐王を義帝《ぎてい》に格上げし、都を東方の彭城《ほうじょう》に置いた。項羽自身は皇帝にならず、まずは自分の意志で王になった。西楚の地の九つの郡を領地とし、西楚覇王《せいそはおう》と名乗った。覇王というのは諸王の上に立つ覇者のことである。項羽は函谷関に入った諸将一八人を各地に王として封建した。すでに秦末の混乱時に、東方の各地では旧六国の流れを汲む諸勢力が再興していたが、かれらの領地をさらに細分して旧王族や諸将を王に立てた。

旧楚の領域では、衡山《こうざん》（呉芮《ごぜい》）、臨江《りんこう》（共敖《きょうごう》）、九江《きゅうこう》（英布《えいふ》〈黥布《げいふ》〉）の三国に分かった。もとの戦国趙の領域では、常山《じょうざん》（張耳《ちょうじ》）と代《だい》（趙王歇《けつ》）の二国、斉では臨淄《りんし》（田都《でんと》）、済北《さいほく》（田安《でんあん》）、膠東《こうとう》（田市《でんし》）の三国、燕《えん》では燕（臧荼《ぞうと》）と遼東《りょうとう》（韓広《かんこう》）の二国、魏では西魏《せいぎ》（魏王豹《ひょう》）、殷《いん》（司馬卬《しばこう》）の二国、韓では韓（韓王成《せい》）、河南（瑕丘申陽《しんよう》）の二国がそれぞれ立てられた。以上の一四国に加え、さらに秦の降将《こうしょう》となった章邯《しょうかん》、司馬欣《しばきん》、董翳《とうえい》の三人にも恩を示し、雍《よう》、塞《さい》、翟《てき》の王とした。一七国に続く最後は、沛公劉邦の漢であり、巴蜀《はしょく》と漢中の地の王となった。漢は漢中の漢であり、もとは漢水という河川の漢であった。劉邦はこれ以降、沛公から漢王と呼ばれていく。

戦争も終わり、一八諸侯はそれぞれ国都に向かった。形だけの国ではなく、実際に国を治めなければならなかった。項羽も西楚の都彭城に入った。現在の江蘇省徐州市である。項羽の故郷の下相県《かしょう》から一〇〇キロメートルと離れていない。さきの通りに故郷に錦を飾った。劉邦の沛県とも五〇キロしか離れていない。戦乱も落ちついたことから、項羽は利用してきた義帝（懐王）を長沙の南、郴《ちん》県という九疑山にも近い辺地へと追放し、抹殺した。

西楚覇王率いる一八王国体制も、全体をまとめる役目になるはずであった帝の権威をすぐに欠き、さらに斉、趙、漢での新たな反発の動きから崩れはじめていった。漢王劉邦は、都の南鄭《なんてい》（陝西省漢中市）に入っていた。項羽がつけた三万の兵士と、みずからの意志で漢王に従った数万人が同行した。咸陽からは二〇〇キロメートル、秦嶺《しんれい》山脈を越えさえすれば近いが、そこには三七六七メートルの太白山《たいはくさん》など連峰が屏風のように立ちはだかった。秦嶺を越えた後に、山の斜面の岩をくり抜いて架けてあった桟道《さんどう》を焼却したのは、表向きは敵の襲来を防ぎ、項羽に東に向かう意志のないことを示すためであった。これは張良の策であった。しかし実際には戦乱を終え、東方の故郷に帰りたかった兵士たちの気持ちをまとめる意図があった。

漢中上流のこの地は、同じ陝西《せんせい》省にありながら、秦嶺北部の寒冷乾燥の気候とまったく違う。温暖湿潤な水田地帯である。漢代の墓からは、陶製の水田明器《めいき》がよく出土している。しかしこのときはまだ未開発の地であった。数万人の人々が決意して国造りをすれば、南には巴蜀《はしょく》を控えているし、漢という豊かな国が生まれていたかもしれない。

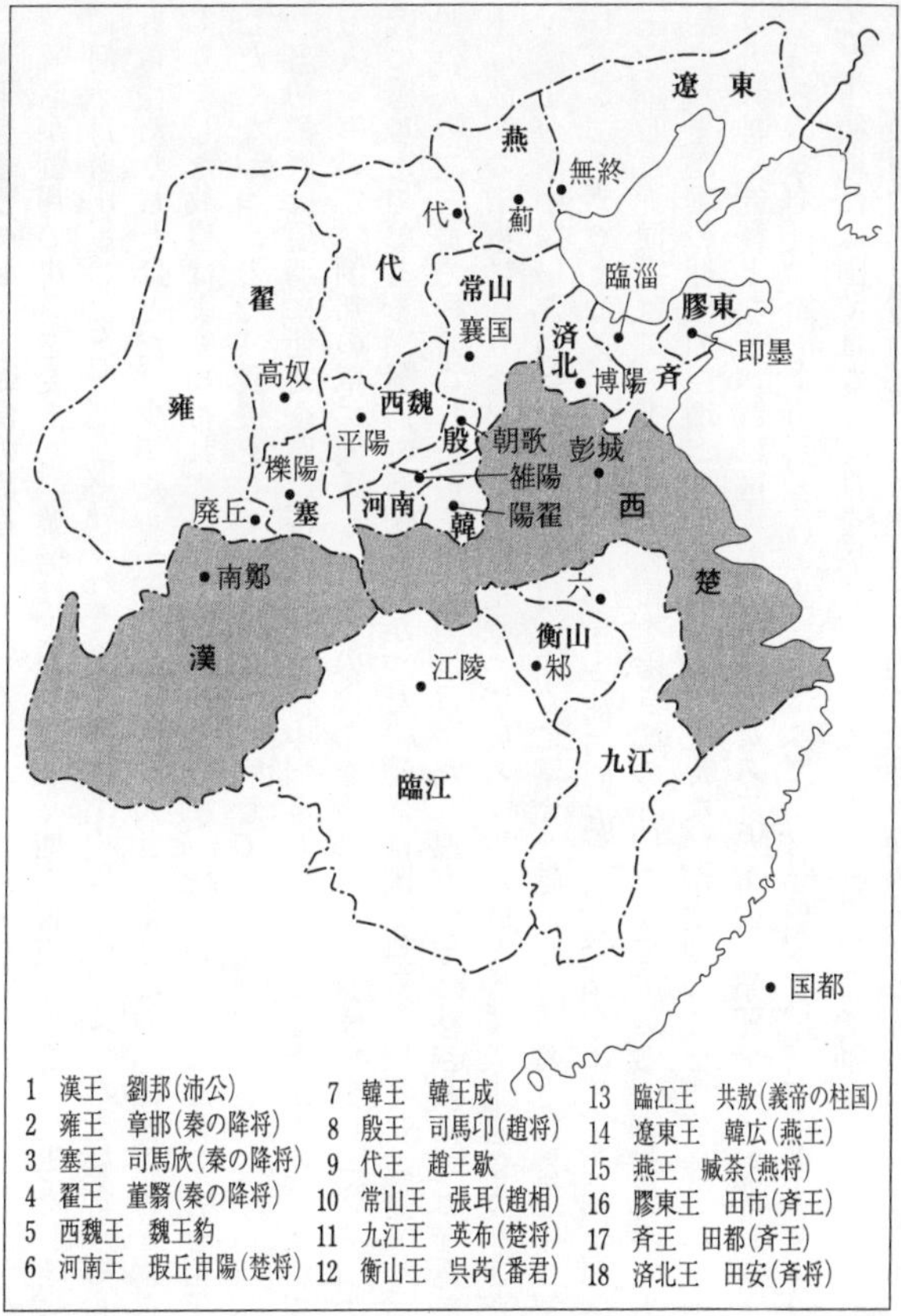

項羽の率いる18王国体制

天下を争うべし――韓信の説得

韓信《かんしん》が劉邦の決意を変えた。韓信は、家が貧しく地方官吏にも商人にもなれず、亭長の家に何ヵ月も居候《いそうろう》して厄介者扱いされたり、綿を水辺でさらしていた老婆からも食を恵んでもらったりしたほどだ。少年たちからも、図体が大きいくせに内心は臆病者と罵《ののし》られ、股くぐりをした故事はよく知られている。かれはのちに、少年のようなならず者を相手に罪を犯したくなかったので、我慢をしていたのだと弁解している。

当初韓信は項羽に仕えたが、待遇が悪く、中涓《ちゅうけん》として劉邦にしたがった。上将軍として数万人を率いた。劉邦の車に同乗し、劉邦の衣服を着せられ、食まで分け与えられた。その恩義に感じたのである。蕭何《しょうか》の信頼も厚かった。韓信は国士無双《こくしむそう》(天下に並び立つ者がないほどの人物)とまで称えられた。その韓信は言った。遠方の地に移されたのは左遷であり、兵士は故郷の山東に帰りたがって浮き足立っている。東に向かって天下を争うべきだと。

漢王が漢中にいたのはわずか四ヵ月、すぐに秦嶺を越えた。三分された関中は三秦と呼ばれ、ここをすぐに抑えた。翌年、漢二年(前二〇五)、函谷関を出て、西魏、河南、韓、殷王を降した。漢王はこのとき秦の社稷《しゃしょく》を除き漢の社稷を立てている。秦が滅んだものの、郡治にはまだ秦の社稷の祭壇が残っていた。目立たないが重要なことだ。社とは土地神、稷《しょく》とは五穀神、社稷とならべれば国家の代名詞になるほど重要な祭祀であった。

漢という国は、漢中・巴蜀という一地方に建てられたが、いま漢を拡大しようとしている。占領地には国ではなく、郡を置いていった。たとえば殷王を捕虜にしたときに、王国に代わって河内《かだい》郡を置いた。こうすれば河内郡の地は漢の社稷に入ったことになる。いつしか漢王は秦の統治方法を取り始めていた。漢王は義帝の死を耳にして、片肌脱いで弔意を表して哭《こく》した。天下をともに立ててきた義帝が、項羽に殺された。戦争の新たな目的が掲げられた。

中原に鹿を逐う

漢王の軍は斉、趙とともに項羽の西楚の都、彭城に迫った。漢王と項王の二王の間で激戦が行われた。本格的に楚漢の戦いが始まり、項羽の目指した連合体制は崩壊した。楚漢の戦いというが、実際には楚人同士の戦争といえる。共通の敵であった秦という国はもうない。中原《ちゅうげん》に鹿を逐《お》っていたさなか、その帝位を象徴する鹿をまるごと虜《とりこ》にして天下を統一したのは始皇帝であった。いまその秦が崩壊してたが弛《ゆる》むなか、また中原の人間が鹿を逐い始めた。

このときは項羽軍が優勢であった。漢軍五六万のうち十数万人が殺された。沛県にいた漢王の父母妻子は人質となったが、漢王はかろうじて逃れることができた。滎陽《けいよう》で立て直しをはかり、漢軍は楚軍を破った。

翌漢三年（前二〇四）、漢王は和を求め、滎陽《けいよう》以西を漢の領地にしようとしたが、項羽は聞き入れなかった。これまで項羽を支えてきた范増は強硬に攻めるように求めた。漢王側の陳平《ちんぺい》の離間策もあって范増は項羽のもとを去り、途上病死した。七〇を過ぎた老臣は、懐王を立てて楚国を復興することを項梁《こうりょう》に進言した人物である。鴻門の会では沛公を刺殺する機会を項羽に求めた。いままた漢王を殺す好機を項羽に勧めたが、受け入れられなかった。范増と対照的に陳平は、項羽を見限って漢王に降ったばかりであるのに厚遇された。かれは項羽の性格や楚の事情をよく知っていたので、四万斤の黄金を資金として託され、楚軍を攪乱《かくらん》した。そして漢軍の劣勢を救ったのは、斉を抑えて斉王となった韓信であった。韓信が漢に付けば漢が勝ち、楚に付けば楚が勝つとまでいわれた。

休戦協定の成立

漢四年（前二〇三）、三年間の楚漢の抗争にもようやく休戦の約束が結ばれた。滎陽《けいよう》の鴻《こう》溝《こう》を境に天下を二分し、西を漢、東を楚とする協定が成立した。漢王の父母妻子も釈放され、軍中では万歳の声が沸き起こった。いわゆる楚漢二城は、一九七二年に調査されている。『文物』一九七三年第一期に、張馭寰《ちょうぎょかん》《チャンユイホアン》「漢王城、楚王城初歩調査」という文章が掲載された。張氏は冒頭で、毛沢東の「中国革命戦争の戦略問題」の文章を引用している。毛沢東は、楚漢の戦いで四〇万の項羽軍に一〇万の劉邦軍が勝利したことからその戦略を学ぼうとした。「双方の軍事力に差があるときには、弱者はまず一歩後退してから相手をたたけば勝利する」という戦略だ。劉邦は項羽に広武、滎陽、成皐《せいこう》の地を先制攻撃させてから、時機を待った。項羽軍が汜水を渡りかけたとき、一斉に攻撃した。

文革中に出されたこの調査記は、わずか二頁、学術的な調査とはいえない。ただこのときの楚漢二王城の図は、よく引用されている。北には黄河が流れ、二王城の城壁の北側部分を流してしまっている。広武《こうぶ》山《さん》の中央には深い溝が走り東西に分断している様子がよくわかる。漢王城の方がやや大きく、東西一二〇〇メートルの城壁、楚王城は一〇〇〇メートル。ただし現地ではなんらの出土史料もなく、この城が二王城であるという伝説に基づくだけだ。

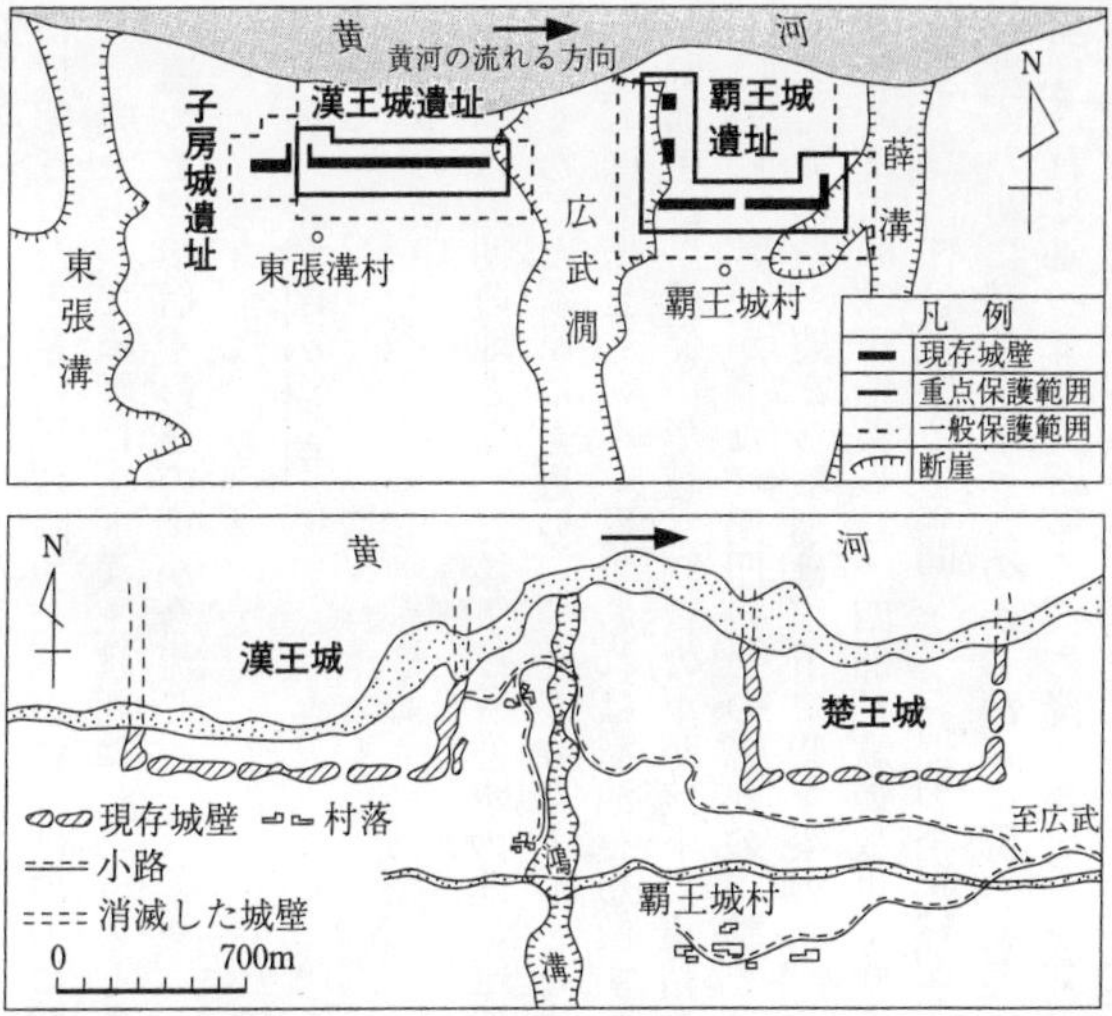

楚漢二王城の城址図　下が1972年の調査によるもの。上が現在の調査に基づくもの

この広武山を挟んで漢王と項羽とが語り合った。項羽は一騎打ちも辞さない。雌雄を決し、いたずらに天下の民衆を苦しめるのをやめようではないかという。漢王は武力よりも知力で戦おうと落ちついている。漢王は項羽の罪状を一〇も挙げて項羽を怒らせた。項羽が約束に背いて劉邦を蜀漢《しょくかん》の王にしたこと、咸陽《かんよう》の宮殿を焼き始皇帝陵を盗掘したこと、降伏した秦の子嬰《しえい》を殺したこと、秦の子弟を二〇万も穴埋めにしたこと、義帝を殺したことなどである。項羽が仕掛けた弩《ど》が漢王の身体に命中したが、致命傷でなかった。

　項羽の性格を知る者は漢王側に多い。もともと項羽と行動を共にしていたからだ。韓信《かんしん》も、英布

（黥布《げいふ》）もそうだし、叔孫通《しゅくそんとう》は二世皇帝の博士であったが、秦を去り項梁《こうりょう》に従い、彭城を漢に攻撃されたときに漢に降った。かれらは項羽に関して劉邦にいつでも伝えられた。

休戦とあって項羽は東、漢王は西に帰ろうとしたものの、漢王が張良と陳平の計略で項羽を追った。韓信、彭越《ほうえつ》の軍が合流した。

楚国の崩壊

垓下の戦い

項羽の最期の地となった垓下《がいか》は、淮水《わいすい》の北の平原にあった。安徽省《あんき》固鎮《こちん》県の東、あの項燕《こうえん》が亡くなった蘄《き》県にも近い。陳勝が立ち上がった大沢郷《だいたくきょう》も近い。垓下《がいか》の垓の字の意味は、堤とも、国の境ともいう。堤であれば溜池を想像する。

劉邦のほか韓信、彭越、劉賈《りゅうか》の軍が垓下に集結した。韓信軍の三〇万にたいして項羽軍は一〇万にすぎなかった。鴻門の会のときの軍勢とは逆転した。周殷《しゅういん》も項羽に背いてこのとき劉邦に従った。迎える項羽は垓下に砦を築いた。このとき項羽が夜に聞いたのは何重にも取り巻く漢軍の歌声であった。四面楚歌の故事で知られるように、漢軍はみな楚歌を唱った。「漢軍の四面皆楚歌するを聞く」と項羽本紀は記している。このことの意味は、漢軍が項羽を欺くために楚歌を唱ったのか、漢軍に降った楚人が唱ったのか、解釈がわかれている。項羽はこれによって楚人が多く漢に降ったことを知ったという。

楚漢の時代にもいろいろな歴史ドラマが繰り広げられ、後世取り上げられている。なかでも覇王別姫は別名を十面埋伏《じゅうめんまいふく》といい、清代に書かれた京劇の演目で知られる。「虞《ぐ》や虞《ぐ》や若《なんじ》を奈何《いかん》せん」という詩で知られる項羽と虞姫《ぐき》との最後の別れを描いた京劇は、女形の名優梅《メイ》蘭芳《ランファン》の代表作ともなっている。一九九三年には陳凱歌《チェンカイコー》の監督で、覇王別姫を演じる二人の役者の愛憎を描いたストーリーが『さらば、わが愛　覇王別姫《はおうべつき》』のタイトルで映画化された。

皇帝になった勝利者劉邦よりも、敗者項羽の最期のドラマに人々は引きつけられた。判官びいきとは、弱者に対する同情からなる。その意味では項羽は弱者ではなかった。むしろ劉邦に対しては強者であった。四面楚歌の最後が強調されるが、両者の対決の期間、項羽の方が優勢であり続けた。項羽は劉邦軍を滎陽で四面から攻撃したことがある。劉邦は紀信《きしん》の身代わり工作でひそかに脱出しなければならなかった。その後も成皐《せいこう》でも劉邦が囲まれ、かろうじて脱出できた。強き項羽であったからこそ、形勢が逆転してからの展開と、最後の境地に同情が集まるのであろう。

虞美人の詩

楚歌とは何であったのだろうか。『史記』には楚歌が何であるか記さない。後漢の応劭《おうしょう》は楚歌とは鶏鳴歌《けいめいか》だという。鶏鳴とは鶏の鳴き声の意味ではなく、夜明けを意味し、夜明けを唱った歌のことであろう。項羽は夜中に起きて帳のなかで酒を飲んだ。項羽に従っていたのは虞美人《ぐびじん》と駿馬《しゅんめ》の騅《すい》。項羽は憂い嘆いて詩を詠んだ。

力《ちから》、山《やま》を抜《ぬ》き、気《き》、世《よ》を蓋《おお》う、時利《ときり》あらず、騅逝《すいゆ》かず。騅《すい》の逝《ゆ》かざる奈何《いかに》すべき。虞《ぐ》や虞《ぐ》や若《なんじ》を奈何《いかん》せん。

項羽の全盛期には山を抜き（越え）、意気は一世を被《おお》うほどの勢いがあったが、事態は思うようにならなくなった。愛馬の騅《すい》も前に進まなくなった。虞美人よそなたをどうしたらよいのか。数回唱って虞美人もこれに和した。『史記』項羽本紀にはその虞美人の詩は記述されていないが、唐の張守節《ちょうしゅせつ》の『史記正義』には『楚漢春秋』の逸文を載せている。それにしたがえば、虞美人が歌っていうには、

漢兵已《すで》に地を略し、四方は楚歌の声。大王意気尽く、賤妾《せんしょう》何ぞ聊《やす》んじて生きん。

『史記』と『楚漢春秋』のなかに見える二つの歌は、項羽の歌に虞美人の返歌としてとらえられている。項羽は虞美人に若《なんじ》と呼びかけ、虞美人は項羽に大王と呼びかけ、賤妾と自称した。四面楚歌の緊張した状況のなかで、はたして項羽と虞美人はこのように歌を作ることができたのだろうか。いや緊張した状況だったからこそできたのだと思う。高祖も故郷の沛に戻ったときに、酒を飲み、筑を撃ちながら自作の歌を歌い、合唱させて舞った。自己の心情を表現する手段であった。

入り乱れ交錯する楚軍漢軍

西楚覇王項羽は西楚の領域をもち、彭城に都を置き、漢王劉邦の漢は巴蜀《はしょく》と漢中を領域と

して南鄭《なんてい》に都を置いた。西楚というのは、淮水《わいすい》より北の現在の、安徽《あんき》省北部、河南、湖北省の地を指し、その東の江蘇省は東楚、その南の安徽省南部、広西、湖南省を南楚《なんそ》といったから、楚全体は淮水から長江中下流域までの広大な地域を指した。項羽も呉《ご》にうつる前は下相の生まれであり、沛郡生まれの劉邦とともに西楚の人間であった。楚出身の二人が秦という共通の敵がなくなった後に、戦ったことになる。

劉邦は漢の地にとどまることなく、秦嶺山脈を越えて関中に入り、すぐに楚の地に戻った。実際には楚の地で劉邦と項羽が争ったのであり、漢の地には実質がない。劉邦は漢地に建国せざるをえなかったまでであって、漢水流域や巴蜀の出身者が漢軍の主流であったわけではない。項羽軍と同じ東方の出身者であった。劉邦は丈の短い楚の服や楚の長冠を好んだ。

漢と楚は土地の差ではない。劉邦軍の支配下に入れば漢人に、項羽軍の支配下に入れば楚人となった。状況によって漢から楚、楚から漢と自由に入れ替わる。本来の漢地とか楚地とかとは関係なく、漢軍、楚軍は交錯し、入り乱れながら動き回っていた。

張家山漢簡の奏讞書《そうげつしょ》には、楚漢の戦いの五年と、その後の漢の時代にわたる事件の判例が記されている。楚漢抗争時は漢という国も楚の下に位置づけられているので、あくまでも楚の時代である。その項羽の楚の時代に婢《ひ》であった女性が、逃亡して漢に降ったが、戸籍には登録されていない。もとの所有者が婢を捜し出して戸籍に再登録し、婢を一万六〇〇〇銭で売った。婢の年齢は四四歳、この売買が成立するかという事件である。婢は楚から漢に替わっているので、婢ではなくなっていると主張している。奏讞書《そうげつしょ》とは、判例に合わない難事件の審議を中央の廷尉にうかがいを立てた文書である。官吏の判断は、婢の顔面に入れ墨をし、購入した新たな主人のもとへ引き渡すものであったが、婢を庶人として解放すべきという意見もあった。

劉邦に従った人々は、戦争で手柄を立てれば爵位を得た。夏侯嬰《かこうえい》は秦との戦争の手柄で、七大夫、五大夫、執帛《しっぱく》、執珪《しっけい》とつづけて爵位をもらい、最後には漢王から列侯をもらった。灌嬰《かんえい》も七大夫、執帛、執珪から列侯になった。七大夫、執帛、執珪などの爵位は、漢王が皇帝に即位してからの漢帝国の二〇等爵にはない。沛公劉邦のときに傘下に加わった者に与えたのは楚の爵位であった。劉邦が皇帝に即位してからは、一転して秦の爵位の制度をもとに漢帝国の二〇等爵を定めた。項羽の楚に勝利したことで、楚から脱却しようとした。

したがって楚漢抗争のときには、漢軍が楚歌で項羽を騙したのではなかった。漢軍自身楚の出身者で占められていた。漢軍が楚軍を攻めても、故郷を攻めるようなものであった。漢軍はごく自然にみずからの楚歌を唱ったのであろう。

漢代の『方言』（前漢末揚雄《ようゆう》の著した『輶軒《ゆうけん》使者絶代語釈別国方言』のこと。輶軒〈天子の使者の車〉に乗って全国のことばを収集したという）という書物には、失われた陳楚宋魏《ちんそそうぎ》など東方語の方言が散見する。楚では案《あん》（つくえ）を榻《しや》、かぎのことを秦では鑰《やく》、中原《ちゅうげん》や楚では鍵《けん》といっていた。現代中国語では秦の系統の鑰匙《やくし》yaoshi、日本では楚語の鍵という字が伝わっているのはおもしろい。

失われた東方語には、囲棊《いき》（囲碁）を奕《えき》、鶏を鸊鷉《へきし》（陳楚宋魏）、蝙蝠《こうもり》を服翼《ふくよく》・飛鼠《ひそ》、盾《たて》を瞂《ばつ》・干《かん》、蟬《せみ》を蜩《ちょう》（楚）・螗蜩《とうちょう》（宋衛）・蜋蜩《ろうちょう》（陳鄭）といったことばがある。また「多い」

ということばは、「夥《おびただ》しい」ともいった。

船は関東では舟《しゅう》や航《こう》といったが、楚では南船《なんせん》の地だけあってことばは豊富だ。大小に応じて舸《か》、艖《さ》、艇《てい》という別称があり、さらに長くて浅いのを艜《たい》、短いが深いのを艀《ふ》、小さくて深いのを梜《きょう》と区別していた。地域に根付いていた豊かなことばが、北馬《ほくば》の地にいた遊牧民秦によって船の語に統一されていった。

もちろん一部には東方の語も生き残っていた。長老のことを父老《ふろう》（南楚）、箭《せん》を矢《し》（江淮）という。蚊《ぶん》は楚語であって、秦や晋では蜹《ぜい》といった。

中国古代の船　南船の地楚では船を指すことばは豊富だったが、北馬の地の遊牧民秦によって次第に「船」の語に統一された（中国国家博物館蔵）

項羽の最期

項羽は壮士八〇〇人と夜半のうちに包囲をくぐり抜けて馬に乗って逃げた。未明、漢軍は五〇〇〇の騎兵を出して追いかけた。追いつめられていった項羽軍は、淮水を渡るころは百余人、東城《とうじょう》にいたるころには二八騎にすぎなくなった。天が自分を亡ぼそうとしている。けっして作戦が悪かったわけではない。八年も戦い続け、戦闘は七十数回にも及んだ。敗れることなく天下の覇者となった。最後に決死の戦いを挑もうではないか。項羽は部下に呼びかけた。

烏江《うこう》という長江の渡し場に着いた。烏江の亭長が船

中国古代の船（広州博物館蔵）

を岸辺に着け、急いで渡るようにいった。江東の地は千里四方、数十万人でも王として君臨できる。それでもいいではないか。亭長のことばに、項羽は、かつて江東の子弟八〇〇〇人と長江を渡ったときのことを思い起こした。いま一人も連れて帰れないのに、王となっても面目が立たない。項羽はみずからの馬を亭長に預けた。馬を降りて剣を持ち、漢軍に挑んだ。傷だらけになりながらよく戦い、ついに力尽きて自害すると、五人の兵士が褒賞を求めて遺体を奪い合った。項羽はかつて魯公《ろこう》になったこともあり、ゆかりの魯にある穀城《こくじょう》に埋葬された。

　司馬遷の項羽観は、人物としてはマイナス評価であった。秦の子嬰を殺した、劉邦を関中の王にしなかった、懐《かい》王《おう》のちの義帝《ぎてい》を放逐して殺した、これらは信義にもとる行為で非難されても当然であった。しかし大きな歴史の流れから見れば、項羽が秦の子嬰を殺したからこそ秦の王朝が終わった。劉邦は項羽から軽んじられ、辺地の漢王に封じられたからこそ、発憤して項羽を殺して漢王朝を樹立した。秦漢に介在する項羽の楚の意義は大きい。司馬遷はそう考えた。項羽は列伝ではなく項羽本紀として、秦始皇本紀と高祖本紀の間に収められた。

　しかし司馬遷が本紀に入れたのは、項羽の独自な国家体制を認めたからである。このことを忘れてはならない。秦に代わり、わずか四年（漢元年正月―四年天下二分―五年垓下《がいか》）でも、項羽は西楚覇王として一八諸侯を封じた体制を樹立した。

『漢書』は漢代の一王朝史であることからも、項羽の記述は本紀から列伝に下げられた。しかも巻三一には陳勝と項籍《こうせき》（籍《せき》は名、羽《う》は字《あざな》）とが同じ巻の伝に押し込められてしまった。秦の反乱者として、陳勝と項羽が同列に並べられた。いずれも秦に対して楚の復興を実現した人物として共通であったとはいえるが。

項羽はみずから皇帝にはならなかった。なれなかったのか、ならなかったのかといえば、ならなかったのであろう。戦国楚の懐王の孫に懐王の名を継がせて義帝に立てながら、みずからは王にとどまり、一八人の王を分立させた。いわゆる封建制のうえに皇帝を立てるという独自な体制をとったのである。秦の郡県制が目の前で瓦解していくのを見れば、当然の施策かもしれない。

項羽の評価

現代の歴史家の項羽への論評は、劉邦に比べて多くない。張伝璽《ちょうでんじ》の「項羽評論」は一九五四年に発表されたもので古いが、一つの方向を代表している（『秦漢問題研究《チャンチユワンシ》』、北京大学出版社、一九八五年）。すなわち項羽の反秦闘争での役割は認めるものの、旧貴族の立場にあって天下を分封したのは、時代の流れに反動的であるというものだ。はたしてそうであろうか。

秦の三代目の子嬰を殺し、都咸陽を焼き、始皇帝陵を暴いて秦を滅ぼしたのは項羽であった。一方の劉邦は西楚覇王項羽のもとで漢王となり、最後に項羽を破って皇帝になった。そして始皇帝の統一帝国の体制を受け継いでいった。ファーストエンペラーの遺産は、項羽を介して劉邦に受け継がれていった。

考えてみれば、秦も楚も漢ももとは小さな国であった。その一地方の王が大きな天下を治めて帝として君臨した。わたくしたちはこの中国的な天下を帝国と呼んでいる。秦王政は皇帝、すなわち始皇帝となり、項羽は楚の懐王の孫を義帝として立ててみずからは西楚覇王となり、漢王劉邦は諸王の上になって皇帝になった。皇帝劉邦も諸王を前にして、すべての領土を秦のように直接郡県制で統治するのは困難であった。

項羽が一八王を封建してその上に義帝をおいたように、漢も秦の郡県制を引き継ぎながら、一方でこうした楚の政治も取り入れて郡国制をとった。中央の力が直接及ぶ地域はわずか一五郡にすぎなかった。戦国時代の名残が強く、全国を統治するにはいろいろな政治技術が必要であった。その意味では劉邦は、項羽と戦いながらも、項羽の楚の体制から生まれ、それを受け入れていったといえる。

第四章　劉氏王朝の誕生

劉邦の漢帝国

「二年律令」の出現

一九八三年、劉邦と同時代の証言者の記録が思わぬ所から出現した。湖北省荊州《けいしゅう》市の西南城外一・五キロメートルで、張家山二四七号漢墓と命名された小さな竪穴木槨墓《たてあなもっかくぼ》のなかから一二三六枚の竹簡が出土した。被葬者の名前は分からないが、規模と副葬品からすれば、この被葬者は一地方官吏であり、その遺体の近くに、法律、暦譜《れきふ》、数学、兵法、医学の竹簡文書が竹製の箱のなかに入れられていた。このなかの暦譜というカレンダーは、一七年間の毎月朔日《さくじつ》（一日）の干支《かんし》を記したものだ。朔日の干支がわかれば、毎日の干支がわかる。年初は一〇月から始まるので、「六年十月辛卯《しんぼう》、十一月丁亥《ていがい》、十二月丁巳《ていし》、正月丙戌《へいじゅつ》、二月丙辰《へいしん》、三月丙戌《へいじゅつ》、四月乙卯《いつぼう》、五月乙酉《いつゆう》、六月甲寅《こういん》、七月甲申《こうしん》、八月癸丑《きちゅう》、九月癸未《きび》小」というように、漢六年の干支が並んでいる。五年から一二年までは高祖《こうそ》、続く元年から七年までは恵帝《けいてい》、そして最後の元年、二年は少帝《しょうてい》か呂太后《りょたいこう》の年号ということになる。

この被葬者は紀元前一八六年ころに死去したことになる。漢五年（前二〇二）は劉邦が皇帝に即位した年であるから、劉邦が漢の皇帝になった八年間、恵帝の七年間、呂太后の二年間の計一七年を共に生きていたことになる。高祖五年の箇所には「新降為漢」（新たに降りて漢と為る）とあるから、この人物はこの漢王劉邦が皇帝に即位したときに漢の官吏になり、恵帝元年に「病免」、つまり病気で官吏を辞任している。最後の八年は退任したまま、過ごした。かれが残した法律文書は「二年律令」と題するものであった。この名もなき地方官吏の証言から振り返っていこう。

漢皇帝の即位

劉邦は秦昭王五一年（前二五六）に生まれ、漢一二年（前一九五）、六二歳でなくなった。秦の二世皇帝元年（前二〇九）に沛公として兵を起こし、漢元年（前二〇六）に漢王となり、漢五年（前二〇二）皇帝となった。沛公として三年、漢王として四年、皇帝の期間は八年間であった。死後、その功績が最高という意味で高祖とか高帝《こうてい》、高皇帝《こうこうてい》とか呼ばれた。その本紀は、『史記』では高祖本紀、『漢書』では高帝紀という。始皇帝がファーストエンペラーであれば、劉邦には最高の皇帝という意味の高皇帝が諡号《しごう》（おくりな）として捧げられた。高祖以前には、皇帝と称したのは始皇帝、二世皇帝の二人しかいなかったので、始皇帝だけを意識して高皇帝と称したのであろう。高祖というときの高も同じ意味であるので、これは廟号《びょうごう》ではなく、太祖《たいそ》が廟号であった。

　高祖は皇帝になってからもじつによく動いた。みずから匈奴と戦っては包囲され、諸王の反乱を治めるために淮南王《わいなんおう》と戦ったときに傷ついてしまう。かれは何をめざそうとしていたのか。漢の年号の一二年間のうち、前半の四年は漢王、続く八年は皇帝、国でいえば前者は漢国、後者は漢帝国といって区別しなければならない。しかしながら、漢帝国の時期に入っても、すべての人間が帝国の民になったわけではない。帝国ということばは、秦帝国同様、わたくしたちが使う歴史概念である。漢という国は生き続け、他の諸侯王国とは並存していた。いうなれば皇帝の時代に入っても、漢王の国は生きていた。

前二〇二年正月、漢王とともに楚漢戦争を戦った諸侯や将軍たちが、項羽を穀城《こくじょう》に埋葬したあと、定陶《ていとう》に集結した。山東省の西端、山東丘陵の西の平原である。項羽という敵がいなくなり、同時に西楚覇王というリーダーもいなくなった。漢王劉邦が戦争に加わった人々を治めていくには、漢王の地位をあげなければならない。漢王と功臣たちの間でつぎのようなやりとりがあった。

「漢幷天下」瓦当　西安の漢長安城の遺跡から出土した瓦当。楚漢戦争に勝利し天下統一を果たした（漢天下を幷す）ことが記されている（『華夏之路』）

漢王はいった。

「帝という資格は、賢者こそがもつものであり、そら言をいうような人間がもつものではありません。だから私は帝位につくようなことはしません」。

群臣はいった。

「大王は庶民から身を起こし、悪逆どもを殺し、天下を平定し、功労のある者には土地を与えて諸侯に封じました。大王が帝号を唱えなければ、諸侯たちはみな自分の地位が不安になります。私たちは死をもって帝号を守っていきますから」。

漢王は三度辞退し、やむをえず「諸君が国家のために役立つというのであれば」といった。そこで劉邦は日を改めて汜水《はんすい》の北岸で皇帝に即位した。当時はまだ都すらなかったから、即位した場所は戦場であった。いかにも劉邦らしい皇帝即位であった。

中央権力強化のための粛清

始皇帝のほかにも、項羽が擁立した楚王は義帝といい、また秦末に独立した南越《なんえつ》でも文《ぶん》帝《てい》、武《ぶ》帝《てい》などの帝号を使用した。広州で発掘された南越王の陵墓から、文帝の璽《じ》印《いん》が出土している。地方の統治者までもが帝号を称していく時代に入っていたのだ。漢王劉邦は、秦にそむいて立ち上がったが、最後は秦にならって皇帝号を使った。以後中華帝国の皇帝という称号は、二〇世紀まで続くことになる。

劉邦は、後世、明《みん》の太祖《たいそ》朱元璋《しゅげんしょう》（在位一三六八—九八）とともに、一介の庶民から皇帝になった人物として知られることになる。明の朱元璋は、貧農の家の四男として生まれ、飢饉と疫病が起こるなか父母を失い、乞食僧として流浪していた。その朱元璋は一五〇〇年も前の劉邦を手本にしたと伝えられている。

このことは、中国の皇帝制を考えるときに重要なことを示唆してくれる。孫文《そんぶん》のことばにあったように、乱の時代には、身分に関係なく強いリーダーシップをもったものが皇帝になりえた。中国という社会に生まれる権力の特徴でもあった。

　こうして劉邦が皇帝に即位したことで、前漢政権が誕生した。このときに中央の政権の基盤を固めるためにまずとられた政策は、地方の諸王の勢力を抑えることであった。皇帝即位後の前二〇二年から前一九五年までの短い間に、楚漢の戦いのときに劉邦側につき前漢政権樹立に功績のあった淮陰侯韓信、韓王信、梁王彭越、淮南王英布（黥布）らをつぎつぎと粛《しゅく》清《せい》していった。高祖劉邦は英布追撃の戦闘でみずから流れ矢にあたり、この傷がもとで前一九五年死を迎えることになる。この粛清は劉邦晩年の重大な政治的事件であった。

皇帝を支えた官僚と諸王

劉邦集団のいわば仲間から漢帝国を支える高級官僚が採用された。王陵《おうりょう》は沛《はい》県の豪傑、みずから数千人を率いて勢力を誇っていたが、最後には漢王に従い、漢帝国の右丞相となった。審食其《しんいき》も沛県の出身、呂后が項羽の人質になったときから舎人《しゃじん》として呂后の世話をしていた。そのかれが左丞相となってからも、呂后に仕えた。

文官俑（陽陵南区陪葬坑出土）　高級官吏が漢王朝を支えた（『中国十年百大考古新発見』）

　蕭何《しょうか》は劉邦が沛公として咸陽に入ったときに、秦の丞相や御史《ぎょし》の図書を発見して隠した。そのことで項羽が咸陽に火を放っても、多くの貴重な書が、無事残されたのである。劉邦が漢王となってからは、蕭何が保存した秦の図書によって、全国の地形や人口分布、防衛上の強弱、人民の苦悩を理解したという。蕭何は、劉邦が漢王のときにすでに丞相となり、漢王が項羽と戦っているときにも、すでに行政官として関中を守り、後方支援の役割を果たしていた。漢王の軍が劣勢になれば、関中に戻って立て直しをはかることができたし、関中と巴蜀の地は前線への軍糧の補給基地となった。

こうした漢王劉邦が天下をとるためには、巴蜀、漢中の領地から出発し、他の東方諸王の勢力地を抑え、従来の臣下のなかにはいなかった有能な諸王の協力をうる必要があった。辺地にあっての利点は、秦の故地関中がすぐ目の前にあったことと、辺地ゆえに旧六国の勢力から距離をおけたことであった。劉邦の行動はまず塞《さい》、翟《てき》、雍《よう》を滅ぼして関中を掌握し、黄河を渡ってからは河南、殷、西魏、常山、代、九江、臨江の諸国をつぎつぎに滅ぼして、直轄の郡を置いていった。しかしすべてを直轄支配へと移行させたのではなく、味方についた諸王を今度は劉邦みずからがあらたに封建していった。

常山王《じょうざんおう》の張耳《ちょうじ》は項羽から離れて関中に入り、劉邦から歇《けつ》に代わって趙王に封ぜられ、韓国でも項羽側の王を下ろして韓王信が立てられた。項羽から離れて漢軍側についた韓信は、蕭何に推挙されて大将となり、さらに斉王から転封《てんふう》して楚王となった（前二〇二年）。楚から反秦の狼煙《のろし》をあげた劉邦が、その楚地をどうおさめていくかが重要であったが、楚の風俗を知る韓信に託した。

一〇〇万の軍を動かし連戦連勝を誇った韓信を味方につけたことは、天下統一をめざす劉邦にとって心強いかぎりであった。黥《げい》（入《い》れ墨《ずみ》）の刑に処せられ酈山《りざん》陵造営の数十万人の刑徒のなかにいた英布も項羽の軍に加わっていたが、淮南王に封じられた（前二〇三年）。山東の鉅野《きょや》の沢《たく》で漁業をしていた彭越《ほうえつ》は劉邦から将軍に任ぜられ、垓下《がいか》の戦いでは項羽軍を破るのに功績があったので梁王《りょうおう》に封ぜられた（前二〇二年）。そのほか衡山王《こうざんおう》だった呉芮《ごぜい》は、臨江の一部を分割して長沙王に転封《てんぷう》された（前二〇二年）。

劉邦が皇帝に即位したときに諸王の上に立ち皇帝に即位すべきことを進言したのは楚王韓信、韓王信、淮南王英布、梁王彭越、衡山王呉芮、趙王張敖《ちょうごう》、燕王臧荼《ぞうと》らの異姓諸侯王であった。呉芮、英布、臧荼は、かつて項羽の一八王から劉邦側についた王であり、韓信は楚軍から離れ漢軍側に従った功臣であった。いずれも楚漢の戦いのなかで劉邦に従った者たちであった。

前漢朝が成立したときには、皇帝といえども諸王に推戴《すいたい》される形をとらざるをえなかった。諸侯王のなかから、名実ともに皇帝権力が抜きんでてくる過程が、前漢時代の政治史の趨勢といえよう。高祖劉邦は、皇帝権力を名実ともに君臨させるために、諸侯王の粛清《しゅくせい》を敢行しなければならなかった。

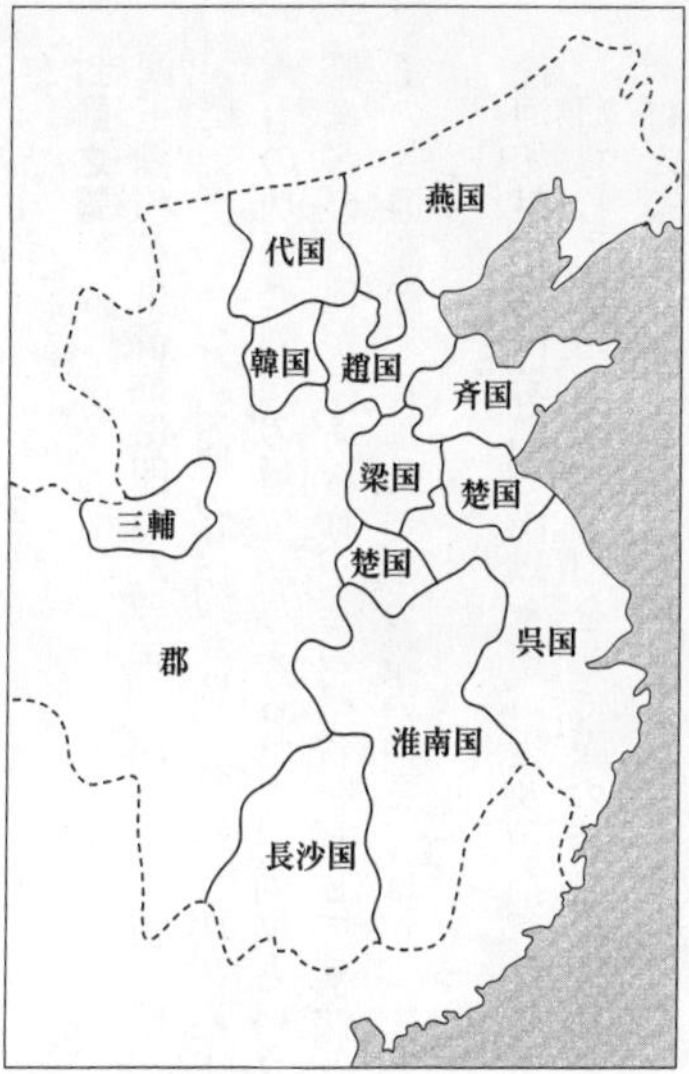

漢高祖期の郡国

封爵之誓

漢王劉邦が皇帝位に即いた翌年、漢六年（前二〇一）冬一二月、劉邦と功臣たちとの間に「封爵之誓《ほうしやくのせい》」という一種の契約が結ばれた。漢が天下をあわせたことの功績によって、一三七人もの功臣に列侯の爵位が与えられた。列侯という爵は漢代の二〇等爵の最上位であり、一県ほどの封地が与えられ、その県名を冠して某侯と呼ぶ。

その封爵を与えられたときの誓いのことばが、『史記』高祖功臣侯者年表に見える。

使河如帯、泰山若厲、国以永寧、爰及苗裔

河《か》をして帯《おび》の如《ごと》く、泰山《たいざん》をして厲《といし》の若《ごと》くならしむるも、国は以て永寧《えいねい》に、爰《ここ》に苗裔《びょうえい》に及ばん。

『漢書《かんじょ》』では河が黄河、永寧が永存となっているが、意味は変わらない。この文章を鉄券《てっけん》に丹書《たんしょ》し、二分して半分は功臣に与え、半分は漢の宗廟《そうびょう》に保存した。『楚漢春秋《そかんしゅんじゅう》』はすでに逸書《いつしょ》となっているが、『太平御覧《たいへいぎょらん》』巻五九八にはつぎの文が引用されている。

使黄河如帯、泰山如礪、漢有宗廟、爾無絶世

黄河《こうが》をして帯《おび》の如く、泰山《たいざん》をして礪《といし》の如くならしむるも、漢宗廟《かんそうびょう》を有《たも》ち、爾《なんじょ》世を絶《た》やす

無《な》かれ。

『史記』や『漢書』の記述と異なるのは、後半の八字である。ここでは、国に対して漢の宗廟が表に出ている。

国とは功臣たちが封ぜられた列侯の国であり、漢もまた高祖劉邦の国であった。漢王劉邦が「黄河が帯のように細くなり、泰山が砥石《といし》のように平らになろうとも、（私の）漢が宗廟をたもつかぎり、汝らの国の世代を絶やさせることはしない」と強く誓えば、功臣たちもこれに呼応して「黄河が帯のように細くなり、泰山が砥石のように平らになろうとも、（自分たちは与えられた）国を子孫に至るまで永遠に伝えよう」と誓った。割り符を二つに割《さ》いて、一人一人と誓いを交わし、高祖劉邦の一半の割り符を黄金の内箱と石の外函に入れて漢の宗廟に収蔵した。漢の宗廟とは帝室劉氏の先祖を祭るために位牌を置くみたまやであり、高祖劉邦のときには父の太上皇の廟があったが、劉邦自身の廟は陵墓長陵《ちょうりょう》のわきに建てられたので、劉邦の側の誓文《せいぶん》は、劉邦の死後に廟に納められたのであろう。

諸侯王の反乱

皇帝に即位した劉邦は、諸王の勢力を抑えるために異姓の王を劉氏一族の王に代える方策をとった。諸侯王は、劉邦の反乱集団自体を支えてきた功臣たちとは異なり、最後に漢王についた将軍たちであった。とりわけ強い信頼関係をもって結びついていたわけではない。劉邦は一気に中央集権を徹底させることをせずに、かれら異姓諸侯王の首を切ることにした。

「劉氏に非《あら》ずんば王たるをえず」の方針で、異姓諸侯王は廃されたり誅《ちゅう》されたりして、いわゆる粛清され、辺地の王となった長沙王呉氏以外は、ことごとく絶滅させられた。諸侯王粛清の名目的な理由には、皇帝暗殺、武装反乱、国外逃亡などが王朝政府への謀反として挙げられ、それらの多くは事実に反して誣告《ぶこく》されたケースであり、高祖劉邦側が策動した形跡がうかがえる。

はやくも皇帝即位の年の一〇月、燕王臧荼《えんおうぞうと》の謀反が起こった。高祖はみずから軍を率い、臧荼を捕らえて太尉の盧綰《ろわん》を燕王にすげかえた。このときはまだ劉氏一族を王とはしなかった。前二〇〇年、韓王信《しん》も匈奴と太原《たいげん》で謀反を起こした罪で国を除かれた。趙王張耳《ちょうじ》の子の張敖《ちょうごう》は、賓客の貫高《かんこう》らが趙を訪れた高祖を宿泊先で暗殺しようと謀った嫌疑で捕らえられ、長安で取り調べられた。かれが呂后の娘婿ということもあって無実で赦免されたが、趙国は高祖の子の如意《じょい》に奪われ、同姓の諸侯王に代わった（前一九九年）。

劉邦がもっとも恐れていたのは韓信と彭越であった。まず斉王から楚王に転封した韓信は、軍隊を勝手に発動した罪で淮陰侯《わいいんこう》におとされた（前二〇一年）。楚の領地は東西二つに分割され、将軍劉賈《りゅうか》と劉邦の弟交《こう》の国となった。韓信が離れたあとの斉国も、このとき劉邦の子の肥《ひ》に与えられた。韓信はその後呂后と太子を襲撃しようと図ったことが密告され、長《ちょう》楽宮《らくきゅう》内の一室で斬られて一族ともに誅された（前一九六年）。

梁王彭越も、封地から長安へたびたび来朝し忠誠を誓っていたが、罪を逃れ長安に逃亡した梁の太僕《たいぼく》に謀反の計画があると密告され蜀に流された。が、そこでも謀反を起こしたとして、一族もろとも殺された（前一九七年）。梁国も高祖の子の恢《かい》の封国となった。このとき彭越の屍《しかばね》は塩辛《しおから》にされ、諸侯王に配られたという。同じ年、淮南王英布も謀反を誣告《ぶこく》されたので、漢朝の使者が調査に訪れたのを機に挙兵して漢軍と激戦となった。前一九七年誅され、高祖の子の劉長《りゅうちょう》にすげかえられた。

前二〇二年正月、皇帝即位を進言した諸侯王は、長沙王を除いてことごとく粛清された。その例外となった長沙王呉芮《ごぜい》も同年には死去し、王位が子の臣に継承されている。辺境ということもあって、高祖劉邦が敵視する存在ではなかった。

漢王朝の首都圏整備と法体系

再開発の関中を拠点に

劉氏でなく王になった者を粛清した結果、高祖の子弟同族の国が燕《えん》、代《だい》、斉《せい》、趙《ちょう》、梁《りょう》、楚《そ》、呉《ご》、淮南《わいなん》の八つを占め、異姓の国は長沙一国を残すだけとなった。しかし同族の王に代えたとはいえ、その領地の広さは変わっていない。諸侯王の地で大きな国は五つや六つの郡にも相当し、そのなかの県城の数は数十、皇帝に匹敵するほどの宮殿、官僚を配置する王もいたという。中央直轄の郡は、中央畿内の内史《ないし》（関中）と三河《さんが》、東郡《とうぐん》、潁川《えいせん》、南陽《なんよう》など東方の諸侯王との中間地域、それに江陵から蜀の西南辺境と雲中《うんちゅう》、隴西《ろうせい》などの北辺をいれても一五郡程度であった。前漢朝成立時の旧東方六国の地には、あらたな東方の諸侯王が割拠し、いまそれが劉氏一族の王に代わったとはいえ、やがて骨肉の争いの時代を迎えることになる。

秦帝国は、東方六国を滅ぼして一挙に中央集権支配を図ろうとしたが、前漢の場合はそもそも旧東方六国の復興の渦中から反秦の旗印が掲げられたのであり、東方諸王の連合の上に成りたちえた政権であった。しかし、諸王連合のままに終わった項羽とは決定的に異なる点があった。漢王劉邦は辺境漢中（漢水上流の地）、蜀を拠点に、わずかな地とはいえ、東方諸侯をとりまく態勢をとっていったのであった。諸侯王の粛清も、その一環のなかでとらえなければならない。

さて異姓諸侯王の粛清の背後で、もう一つの政策が着々と実行に移されていたことを忘れてはならない。皇帝即位の地は東方諸侯の地のまっただ中、氾水《はんすい》の北（山東曹県の済陰県界）であり、また天下の都は東方諸侯を封建した周王の旧都洛邑《らくゆう》にならった雒陽《らくよう》であった。しかし劉邦は斉人劉敬《りゅうけい》と張良の進言で、東方の異姓諸侯王を廃する一方で、みずからの拠点を東方から隔たった秦中《しんちゅう》（関中）におくことに決定し、首都圏整備の事業を進めていった。この地はかつて倒秦をめざした諸将が押し寄せ、秦都咸陽は焼かれ、驪山陵《りざんりょう》も盗掘にあったと伝えられており、廃虚と化した地であった。ここを東方諸侯に対抗する地盤として復興させようとしたのである。

趙王張敖《ちょうごう》の丞相貫高《かんこう》の陰謀が発覚した前一九八年に、楚の昭《しょう》、屈《くつ》、景《けい》、懐《かい》の諸氏や斉の田《でん》氏を関中に移した。東方六国の旧勢力の地盤をそぎ、かれらの力で関中の再開発を図ろうとした。翌前一九七年の一〇月歳首には淮南王英布、梁王彭越、燕王盧綰《ろわん》、長沙王呉芮《ごぜい》といった異姓諸侯と、楚王劉交《そおうりゅうこう》（劉邦の弟）、斉王劉肥《せいおうりゅうひ》（劉邦の子）の同姓諸侯、そして将軍から王となった荆《けい》（楚）王劉賈《おうりゅうか》らが長安の長楽宮に来朝した。

しかし翌前一九六年には、淮南王英布、梁王彭越、淮陰侯韓信らが粛清され、前一九五年には燕王盧綰も匈奴《きょうど》に逃亡してしまい、高祖の子建《けん》の国となった。荊王劉賈も英布に殺されて国は除かれ、翌年には呉国と改称し、高祖劉邦の兄の子である濞《び》の国となった。これより前に、韓信が粛清されたときに田肯《でんこう》が高祖に述べた祝辞のなかに、「関中の地勢が便利であるので、東方諸侯に兵を出すのは高い建物から瓶《かめ》の水をこぼすような勢いがある」といっている。長安を地盤にしてはじめて東方への強圧的態度がとれたのであろう。

雒陽か長安か

高祖はとりあえず雒陽《らくよう》に都を置いた。このときは洛陽を雒陽と書いた。雒陽の南宮で酒宴を開いた。高祖は、まだ項羽のことが気にかかる。自分が天下を取れたのはなぜか、項羽が天下を失ったのはなぜか、率直に包み隠さずに意見を述べさせた。高起《こうき》と王陵《おうりょう》は、直截《ちょくせつ》に、陛下は傲慢で人を侮《あなど》るが、項羽は人に思いやりがあると述べた。このようなことを皇帝にいえること自体、劉邦集団内の人間関係がまだ生きていることを意味している。しかし思いやりだけでは天下を取れない。陛下は土地を占領したら、功臣たちと利を分かち合う。項羽は実力ある者に嫉妬し、戦功者に利も与えない。これで天下を失ってしまったと言った。高祖はこれに応えて、項羽は一人の范増《はんぞう》すら用いることができなかったが、自分には三人の傑出した人材がいたことを強調した。策謀の張良《ちょうりょう》、行政の蕭何《しょうか》、戦術の韓信《かんしん》の三人である。

雒陽はわずか数ヵ月間、仮の都で終わった。大臣たちはみな山東出身であったので、雒陽に本格的に都を置く方針が固まっていたが、婁敬《ろうけい》だけは関中に都を置くことを主張した。高祖は周の故都洛邑《らくゆう》にこだわっていた。婁敬の意見はこうだ。戦争の犠牲がまだ痛々しいこの時期は、洛邑を建設した周《しゅう》の成王《せいおう》・康王《こうおう》の時代とは違う。もし今後山東に乱があったときに、守れるのは秦の故地だ。山と河に囲まれた四塞《しそく》の地こそ、緊急時に一〇〇万の民を集められる。豊かな関中の土地は天府《てんぷ》といわれてきた。

天下をふたたび統一したこの時期に、将来の東方の反乱に備えることを優先した婁敬《ろうけい》の意見は、高祖の信頼の厚い張良が賛成しなければ無視されたであろう。張良は次のように考えた。雒陽も、北は黄河、南は伊水と洛水、東は成皋《せいこう》、西は殽山《こうざん》と黽池《べんち》に囲まれているが、せいぜい数百里で狭すぎるし、地味もよくない。これでは四方を攻められたときに守れない。それに比べて関中は、東に殽山《こうざん》と函谷関、西に隴山《ろうざん》と蜀の山系にはさまれ、沃野千里の広さだ。東方の諸侯の地が安定していれば、黄河と渭水《いすい》の水利で食糧を供給できるし、逆に東方の地に変があれば、助けることができる。南は巴蜀の豊かさ、北には胡地《こち》の牧場の利もある。まさに金城千里、天府の国である。それが、張良の意見だ。天下の中心の立地よりも金城（鉄のような堅固な城）と天府（天然の倉庫）という軍事と経済の両面を優先した。

高祖はすぐに関中遷都を決めた。天下を手中に収めたけれども、東方の反乱を恐れたからだ。秦の統一時と同じではないか。秦都咸陽は焼け野原になっていた。

漢長安城の遺蹟

前漢時代の首都長安城は陝西省《せんせい》西安《せいあん》《シーアン》市の西北、渭水の南に位置する。土を層状に突き固めていく版築《はんちく》の工法で造られた城壁の一部が現在でもはっきりと残っており、その規模は周囲

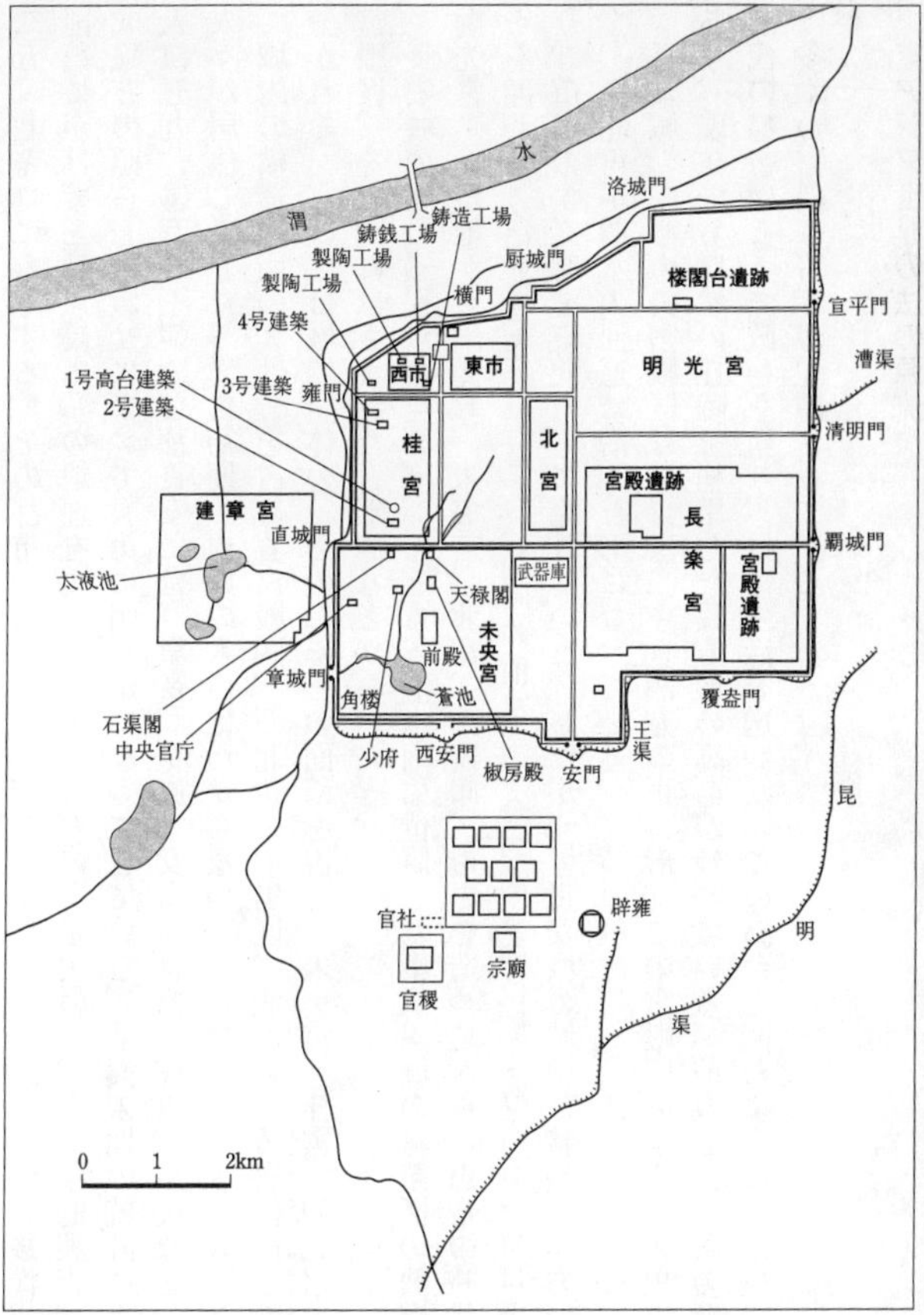

渭
水
洛城門
鋳造工場
鋳銭工場
製陶工場
製陶工場
厨城門
楼閣台遺跡
横門
宣平門
4号建築
西市
東市
明光宮
漕渠
1号高台建築
3号建築
雍門
2号建築
桂宮
北宮
清明門
宮殿遺跡
建章宮
長楽宮
直城門
覇城門
太液池
武器庫
天禄閣
宮殿遺跡
未央宮
前殿
章城門
角楼
蒼池
覆盎門
石渠閣
中央官庁
王渠
少府
西安門
椒房殿
安門
昆
明
渠
官社
辟雍
宗廟
官稷
0
1
2km

漢長安城

二五・七キロにも達する。その都市の構造は『史記』『漢書』や『三輔黄図《さんぽこうず》』（後漢末から三国魏にかけて三輔〈畿内〉の地理をまとめた書）などの文献史料と、考古学的調査、発掘の成果との照らし合わせによって次第に明らかになってきている。前漢末期の統計によれば、人口五九〇〇万の王朝の首都長安には、皇帝、皇族、女官、官僚、商人、市民など二五万の人々が居住していた。漢代初期・中期の人口はわからない。

城内の構造は南の大部分を占める宮殿区、西北角の市場区、北部の一般居住区と街路とに分かれる。宮殿区は城内全体の三分の二ほどの面積を占め、未央宮《びおうきゅう》・桂宮《けいきゅう》・明光宮《めいこうきゅう》・北宮《ほっきゅう》の宮殿区、その間にはさまれた武器庫などがあった。

長安城の建設過程から見れば、もともと渭水南に位置した秦咸陽城の宮殿区の興楽宮《こうらくきゅう》（漢明光宮）の跡地から出発し、未央宮、北宮、武器庫、市場を造ってから、恵帝の時代にそれらを囲むように城壁を建造した。当時の渭水は、今の渭水の位置よりも五キロほど南にあり、市場のすぐ北を東北方向に流れていた。したがって長安城の城壁は整った正方形ではなく、西北角が渭水の河道に沿った形になっている。

長安城の中心未央宮殿区は、ほぼ二キロ四方の正方形、この宮殿区の中心に未央宮前殿があり、現在でも自然の丘陵を利用した長方形の高台が残っている。前殿とは正殿の意味で、漢代の皇帝はここで政務を執り、日常生活を送った。この高台を囲むように、未央宮殿区には多くの宮殿や官庁が配置されている。

沛公劉邦が咸陽周辺の諸県の父老《ふろう》・豪傑と約束した法三章は、あくまでも両者の間で交わした一時的な約束であった。もちろんこの三章は三条しかないという意味ではなく、賊律、盗律などの三篇のことである。漢王として漢の統治、そして皇帝として漢帝国の統治を行っていくときには、当然三章を越えた法律が必要であった。蕭何《しょうか》は秦の丞相、御史府《ぎょしふ》に収められていた律令を保存していたから、秦律のなかからあらたな国家に必要な法律がどのようなものであるのか考えていた。秦律は戦国時代の李悝《りかい》の法経《ほうけい》六篇、すなわち盗法《とうほう》・賊法《ぞくほう》・囚《しゅう》

漢長安城の版築工法　12の城門のうち東南に位置する覇城門

漢長安城覇城門　幅８メートルの道が３本通るほどの間隔（右側）がある

漢長安城未央宮前殿の基壇の跡　南北400メートル、東西200メートルの基壇は、北から南にゆるやかな斜面。右の高い場所に、清涼・宣室・温室三殿の正室があった

法《ほう》・捕法《ほほう》・雑法《ざっぽう》・具法《ぐほう》に由来するといわれている。秦は法を律といういいかたに改めて、秦律六篇にした。蕭何はこれに戸《こ》・興《こう》・廐《きゅう》律の三篇を加えて九章律とした。秦漢の時代は基本法を律といい、律のなかには刑法も行政法も混ざっていた。

　東アジア世界では国境を越えて律令という法律の体系を共有した。ローマ法やゲルマン法がヨーロッパ社会に大きな影響を与え続けたのと同様に、中国法の代名詞である律令も、東アジア世界の国家や社会を支える法律として一定期間機能した。漢字や儒教と比べて目立たないものの、古代東アジアの国々にとっては、国づくりに関わる重要なものであった。新羅《しらぎ》、百済《くだら》、高句麗《こうくり》、日本、ベトナムと、中国の律令を国家の基本法として受け入れた国々は、東アジア世界に限られる。なぜならば、外国の法文を輸入して自分の国に適用するためには、法律の文章である中国語を翻訳することなく理解できなければならないからである。漢字文化圏の東アジア世界であってはじめて律令を共有できた。

　国家という巨大な組織を運営していくときに、官僚は法に基づいて行政を行い、社会は法によって秩序を維持する。古代の日本も中国の律令を受け入れ、律令制国家と呼ばれた。その日本が受け入れたのは同時代の中国の唐の律令であり、それは中国では現実に機能していたものであった。しかし中国の律令の淵源をたどっていけば、秦漢の律令にまで行き着く。

始皇帝の厳罰主義、漢劉邦の簡約主義

秦漢の時代の律令は、唐の時代の律令とは異なっていた。刑法の律《りつ》と行政法の令《れい》というように分かれていなかった。たとえば唐の戸婚律《こんりつ》では「諸《およ》そ姓を同じくして婚《こん》を為《な》す者は、各徒《おのおのと》二年」というように、同姓の婚姻は犯罪として労働刑二年の実刑となった。姓の少ない中国では、姓という血縁集団を守るためにこのような律が設けられた。唐の戸令《これい》は「諸《およ》そ男子一五、女子一三以上ならば並《とも》に婚嫁《こんか》を聴《ゆる》せ」というような、行政法である。

秦漢時代にも律令ということばはあったが、秦律、漢律といったほうが正しい。刑法も行政法も律《りつ》が規準であり、令《れい》とは皇帝の命令をいう。この秦漢時代の律は、唐代にはすでに死文となっていた。法律というものは、王朝が交替すれば、基本的なものは受け継がれるが、新しいものに衣替えをしていく。秦律は漢律に受け継がれ、漢律は魏晋《ぎしん》の律に受け継がれていった。そのことを『漢書』刑法志や『晋書』刑法志（唐代編纂）はつぎのように説明している。

正史ではじめて刑法志を設けた『漢書』では、まずは始皇帝の厳罰主義と高祖劉邦の簡約主義とを対比させた。始皇帝がもっぱら刑罰にたよって政治を行った点を強調した。昼は裁判を行い、夜は行政文書を決裁する。自ら課した文書の量は一日一石《せき》（約三〇キロ）に限ったという。しかしながらその結果は悪人が横行し、赤い服の囚人が道路をふさぐほどあふれ、かれらを収容する牢獄が市場《いちば》のように立ち並んだ。一方高祖は秦の領地に入り、法三

章、すなわち「人を殺す者は死、人を傷つく、及び盗めば罪に抵《あた》る」という最低限の法を残し、煩瑣《はんさ》な秦の法律を削減することを約束した。秦の政治に苦しんだ民衆は、劉邦の簡約主義を歓迎して喜んだ。

しかし法三章が法律の基本であるにしても、賊律（人を傷つけたり殺したりした者を罰する）と盗律では不十分である。現実には相国の蕭何は秦の法を整理して、そのよいところを受け継いで律九章を作った。人のものを盗めば罰し（盗律）、人や国を害すれば罰した（賊《ぞく》律）。囚律《しゅうりつ》では罪人を収容管理し、捕律《ほりつ》で犯罪者を逮捕した。盗賊以外は雑律《ざつりつ》で規定し、具律《りつ》では刑罰の体系をまとめた。蕭何は秦のこの六篇を受け継ぎながらも、戸《こ》・興《こう》・廐《きゅう》律の三章を加えて九章律とした。秦の法律は煩瑣といいながらも、秦律は六篇にまとまっていたといい、漢も煩瑣な秦律を法三章で簡約するといいながら、継承した秦律六篇に三篇を加えて九章律にしたという。

幻の秦律・漢律が明らかになった日

唐よりも四〇〇〜八〇〇年前の秦や漢の律は、長いこと幻であった。まったくの逸文でしか見ることができなかったからである。しかし現在では世界帝国の隋唐律令《ずいとうりつれい》に匹敵する秦漢の律体系が、出土史料からにわかにわかってきたのである。今から二〇〇〇年前の中国古代帝国は、たしかに律によって存立していた。

一九七五年発見の睡虎地秦簡と一九八三年発見の張家山漢簡は、幻の秦漢律の具体的な内容を明らかにしてくれた。睡虎地秦簡一一五五枚のなかで、秦律一八種と名付けられたものは、田《でん》律（六条）廏苑《きゅうえん》律（三）倉《そう》律（二六）金布《きんぷ》律（一五）関市《かんし》（一）工《こう》律（五）工人程《こうじんてい》（三）均工《きんこう》（二）徭《よう》律（一）司空《しくう》（一三）軍爵《ぐんしゃく》律（二）置吏《ちり》律（三）效律（八）伝食《でんしょく》律（三）行書《こうしょ》（二）内史雑《ないしざつ》（一一）尉雑《いざつ》（二）属邦《ぞくほう》（一）など全一〇七条と、単独の效律（三〇）やそのほか秦律雑抄として整理された律の数は一一種二七条となる。すなわち除吏律・游士《ゆうし》律・除弟子《じょていし》律・中労《ちゅうろう》律・蔵《ぞう》律・公車司馬猟《こうしゃしばりょう》律・牛羊課《ぎゅうようか》律・傅《ふ》律・敦表《とんひょう》律・捕盗《ほとう》律・戍《じゅ》律の全二七条である。従来秦律などほとんどわからなかったから、二九種の律、二七一条が一挙に出現したことの驚きははかりしれない。そのほか法律答問として整理された問答集が一八七例、封診式《ほうしんしき》と題された案例が二五例もある。

張家山漢簡は二四七号墓出土の竹簡で総数一二三六枚、「二年律令」と題したものが五二六枚、末尾の竹簡には「律令二十□種」とある。ともに出土した暦譜《れきふ》（カレンダー）に高祖五年から呂后二年までの年代が見えるので、二年律令は呂后の二年の律令ということになる。実際の律の数は賊律にはじまり史《し》律までの二七、令は津関令《しんかんれい》の一だけである。条文の数は、賊律（四一条）盗律（一八）具律（二四）告《こく》律（五）捕律（九）亡《ぼう》律（一三）収《しゅう》律（五）襍《ざつ》律（一四）銭《せん》律（九）置吏《ちり》律（一〇）均輸《きんゆ》律（二）伝食《でんしょく》律（四）田《でん》律（一三）市《し》律（三）行書《こうしょ》律（八）復《ふく》律（一）賜《し》律（一八）戸《こ》律（二二）效《こう》律（五）傅《ふ》律（八）置後《ちご》律（一八）爵《しゃく》律（三）興《こう》律（九）徭《よう》律（六）金布《きんぷ》律（一二）秩《ちつ》律（一三）史《し》律（七）の三〇〇条に及ぶ。津関令《しんかんれい》（二〇）を含めれば三二〇条となる。そのほかに奏讞書《そうげつしょ》という裁判記録二二七枚があり、二十数例の事件簿となっている。

このいわゆる漢律は、いままでは『説文解字《せつもんかいじ》』『史記』『漢書』『周礼《しゅらい》』鄭玄注《じょうげんちゅう》などに引用された逸文《いつぶん》とわずかばかりの出土史料でしかわからなかった。南宋の王応麟《おうおうりん》が『漢制攷《かんせいこう》』のなかで漢律二十数条を集めて以来、多くの人が収集してきた。薛允升《せついんしょう》『漢律輯存《かんりつしゅうそん》』、杜貴墀《ときち》『漢律輯証《かんりつしゅうしょう》』（一八九九年）、張鵬一《ちょうほういつ》『漢律類纂《かんりつるいさん》』（一九〇七年）、浅井虎夫《あさいとらお》『支那《しな》ニ於《お》ケル法《ほう》典編纂《てんへんさん》ノ沿革《えんかく》』（京都法学界研究叢書第七冊、一九一一年）、沈家本《しんかほん》『漢律摭遺《かんりつせきい》』（一九一一年）、程樹徳《ていじゅとく》『漢律考《かんりつこう》』（一九一九年）などがその成果である。

こうした二つの出土史料によって、わたくしたちは秦漢律の存在の重さを感じることになった。秦漢史の研究にも、大きな衝撃が与えられた。睡虎地秦律にしても張家山漢律にしても、秦や漢の地方官吏の墓に偶然残されたものであるから、秦漢の律令体系全体を示すものではない。この分量でも、おそらく膨大な法律体系のごく一部分であろう。しかしながら一部分であっても、これだけの史料が出てきたことは、驚きである。

出土史料のなかの漢律の逸文は、きわめてわずかであった。居延や敦煌で出土した漢簡などに十数条が残されているだけだ。たとえば敦煌漢簡には、「畜産《ちくさん》相《あ》い賊殺《ぞくさつ》すれば参分《さんぶん》して償和《しょうわ》せよ」という漢律の条文が抜き書きされている。この意味は、「人の家畜を一方的に殺してしまった場合、その家畜の価格の三分の一を賠償せよ」ということである。賊とは一方的に危害を加えることである。全額ではなくなぜ三分の一かというと、殺された家畜にもまだ市場価値があり、毛皮、肉、骨などが売れるからだ。木簡ではそのあとに「少仲《しょうちゅう》に銭三〇〇〇を出させ、死馬の骨肉は循《じゅん》に付《ふ》して平《へい》を請《こ》う」という文章が続く。つまり家畜を殺した少仲は価格の三分の一の三〇〇〇銭を払い、死馬の骨と肉は持ち主の循《じゅん》に返して示談としたというのである。

対匈奴外交と高祖の死

冒頓単于の権力簒奪

北方遊牧民匈奴の冒頓単于《ぼくとつぜんう》が動き出した。冒頓単于は秦と戦った頭曼単于《とうまんぜんう》の太子であり、父頭曼を殺して自立した単于である。最強の遊牧騎馬帝国を作り、まだ成立したばかりの漢帝国の北辺を脅かした。たしかにモンゴル高原の匈奴の動きは、中国の動きと連動していた。中国に内乱が起これば南下し、中国の王朝が北方に出れば草原に引いた。頭曼も冒頓も匈奴のことばの漢字音表記である。頭曼《チュメン》は「万人の長」の意味である。

匈奴は秦との戦争ののち一時北方に退いていたが、楚漢戦争のときには中国が混乱していたので、黄河南のオルドスを回復した。頭曼単于は少子《しょうし》（末子）を後継者に立てるために冒《ぼく》頓《とつ》が疎《うと》ましくなり、冒頓を月氏《げっし》に人質に出して月氏を襲った。月氏は冒頓を殺そうとしたが、冒頓は果敢にも善馬を盗んで逃げ延びた。かえって勇敢さが認められ、頭曼単于から一万の騎馬を率いる将を命じられた。その冒頓が父頭曼単于を殺した故事が伝わっている。冒頓は自分が鏑矢《かぶらや》で射たものを続けて射させ、拒否した者を斬ると命令した。まずは自分の善馬、次に愛妻を的にし、拒否した者を斬った。臣下が意のままに動くことを確認してから、父の頭曼と狩猟に出かけた。冒頓が頭曼を射ると、臣下は一斉に射殺した。こうしてみずからの地位を確かめて自立したという。

冒頓は東は東胡《とうこ》を滅ぼし、西は月氏を攻撃し、南は楼煩王《ろうはんおう》と白羊王《はくようおう》の土地を併合し、蒙恬《もうてん》に奪われた土地を回復した。漢帝国との国境は、河南（オルドス）まで南下した。このときの冒頓の弓兵部隊は三〇万を超えていた。

こうした強力な遊牧帝国の単于となった冒頓は、代王になった韓王信を馬邑《ばゆう》に囲んだ。信はこのとき北辺で対匈奴防衛のために太原《たいげん》以北の王になっていた。信は冒頓に和解を求め、漢帝国側は信の行動を疑った。信は逆に匈奴と共同して漢を攻撃する約束をし、漢に反乱を起こした。信は匈奴に降った。このときの匈奴にすれば北辺の一国を攻撃することなどわけはない。

韓王信は、戦国韓の王室の傍系の人間であり、司徒《しと》の職についていたときに沛公の軍に従った。韓国の位置は中原でも重要だ。項羽も漢王もそれぞれの王を立てて奪い合った。漢王は信を韓王に立てた。韓の人間を韓王にするのがもっともよいと考えたのである。そのかれが代王として、匈奴に対する北辺の障壁になった。

謎の人物、劉敬の提言

前二〇一年、つづいては匈奴は太原郡の晋陽《しんよう》まで南下したので、高祖（高帝）みずから出撃した。雪も降り、凍傷になる者もでるなど寒さがこたえる時期であった。漢は歩兵三二万を派遣した。高祖が先発隊で平城《へいじょう》（山西省大同市《だいどうし》）に着くと、冒頓《ぼくとつ》の精兵騎兵部隊四〇万が平城郊外の白登山《はくとうざん》で七日間も包囲した。双方の軍隊の数を考えれば、一触即発の事態であり、始皇帝の時代以来の大戦争になってもおかしくはなかった。

即位したばかりの漢の皇帝が匈奴に包囲された。項羽を包囲した劉邦が、今度は匈奴に包

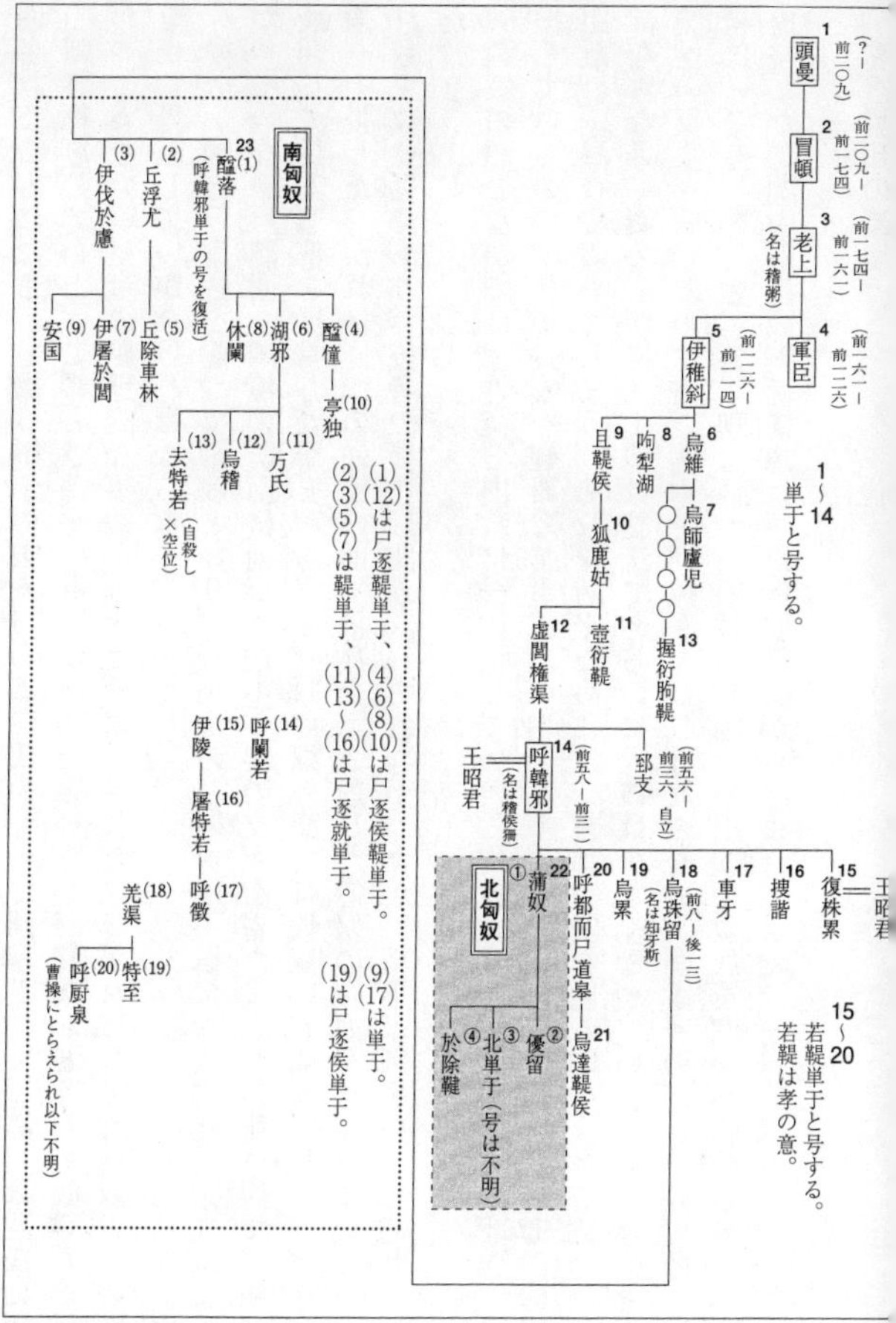
1 頭曼 （？―前二〇九）
2 冒頓 （前二〇九―前一七四）
3 老上 （名は稽粥） （前一七四―前一六一）
4 軍臣 （前一六一―前一二六）
5 伊稚斜 （前一二六―前一一四）
6 烏維
7 烏師廬児
8 呴犁湖
9 且鞮侯
10 狐鹿姑
11 壺衍鞮
12 虚閭権渠
13 握衍朐鞮
1～14 単于と号する。
14 呼韓邪 （名は稽侯珊） （前五八―前三一）
王昭君
郅支 （前五六―前三六、自立）
15 復株累
王昭君
16 捜諧
17 車牙
18 烏珠留 （名は知牙斯） （前八―後一三）
19 烏累
20 呼都而尸道皋
21 烏達鞮侯
22 蒲奴 ①
② 優留
③ 北単于（号は不明）
④ 於除鞬
北匈奴
15～20 若鞮単于と号する。若鞮は孝の意。
南匈奴
23 醢落 (1) （呼韓邪単于の号を復活）
(2) 丘浮尤
(3) 伊伐於慮
(4) 醢僮
(5) 丘除車林
(6) 湖邪
(7) 伊屠於閭
(8) 休蘭
(9) 安国
(10) 亭独
(11) 万氏
(12) 烏稽
(13) 去特若 （自殺し×空位）
(14) 呼蘭若
(15) 伊陵
(16) 屠特若
(17) 呼徴
(18) 羌渠
(19) 特至
(20) 呼厨泉 （曹操にとらえられ以下不明）
(1)(12)は尸逐鞮単于、(4)(6)(8)(10)は尸逐侯鞮単于。
(2)(3)(5)(7)は鞮単于、(11)(13)～(16)は尸逐就単于。
(9)(17)は単于。
(19)は尸逐侯単于。

匈奴単于系図（在位年）

囲されたことになる。危機は単于の夫人である閼氏《えんし》の仲介で回避された。高祖は閼氏《えんし》に手厚く贈り物をしていた。このとき陳平の計略があったというが、閼氏がどうして動いたかは伝わっていない。皇帝の屈辱的な事件、顚末《てんまつ》は極秘にされた。いずれにしても匈奴と漢の関係を少し見直していかなければならない。

婁敬《ろうけい》、劉という姓を賜って劉敬《りゅうけい》という。斉出身のこの男は不思議な人物だ。素性はよくわかっていない。隴西《ろうせい》へ国境の防備に向かう途中、羊の皮衣を着たまま洛《らく》（雒）陽《よう》で高祖に直談判して長安遷都を提言したかとおもうと、対匈奴外交では匈奴の戦略を見抜き、戦争反対論を主張した。かれは、漢の使節の前で精兵を隠し通した匈奴の戦力を見抜いていた。いずれも少数意見であり、後者の提言は聞き入れられなかったが、結果は劉敬の予想通りになった。

劉敬の頭のなかでは、外交と内政は一体化していた。匈奴はすでに河南（オルドス）を回復しているので、新都長安を建設しても、南の白羊王《はくようおう》や楼煩王《ろうはんおう》がいざ攻撃すれば七〇〇里の距離、一昼夜で着いてしまう。それを防ぐためには、首都長安を囲む関中全体を固めなければならない。秦の崩壊後、土地は肥沃であるのに人口は少なくなっている。北の匈奴と東の諸侯の反攻を防ぐためにも、関中を回復しなければならない。まず斉の田氏《でんし》や楚の昭《しょう》・屈《くつ》・景氏《けいし》、そして燕、趙、韓、魏といった旧戦国の国々の王族や貴族を関中へ移住させるべきと提言した。関中首都圏整備構想は、対匈奴外交から生まれてきた。

漢一二年（前一九五）四月、高祖は長楽宮で亡くなった。六二歳であった。前年七月、淮《わい》南王黥布《なんおうげいふ》をみずから攻撃したときに流れ矢に当たって負傷した。一一月に長安に戻ったものの、四ヵ月も外遊している間、傷口は悪化する一方であった。諸侯王の反乱があいつぎ、漢王朝も一代で終わることが危惧された。劉邦政権は諸侯王、列侯との信頼関係に支えられていたので、劉邦が亡くなれば、一気に崩れることも大いにありえた。同じ編戸《へんこ》の民（戸籍に付された庶民）でありながら、劉邦だけが皇帝となり、他の者は臣下となった。劉邦の子が後を嗣《つ》いでも、その関係が維持されるか保証はなかった。四日間、高祖の死は伏せられた。始皇帝の死のときのことが想起される。

四川の酒宴画像磚　二人ずつ席（しきもの）の上に正座し、膳を使い、手前の酒尊から汲み出して酒を飲む

高祖を最後まで支えていたのは、樊噲《はんかい》、周勃《しゅうぼつ》、酈《れき》商《しょう》、陳平《ちんぺい》、灌嬰《かんえい》、蕭何《しょうか》、曹参《そうさん》、張良《ちょうりょう》、王陵《おうりょう》であった。かれらの多くは沛県の出身者であり、沛公の時代からともに戦ってきた。かれらは、高祖と同様に官僚になっても剣を取り、漢王朝を守り続けた。酈《れき》商《しょう》は丞相として、曹参は斉国の相国として高祖とともに黥布軍を伐った。周勃や樊噲は漢の相国として燕王盧綰《ろわん》を伐った。

故郷の力も高祖を最後まで勇気づけた。高祖は黥布を伐ったあとに、故郷の沛県を訪ねた。沛宮という宮殿で友人や父老子弟たちが集められて酒宴が開かれた。沛県の子ども達一二〇人にも歌を教えた。宴がたけなわになると高祖は筑を撃ちながら歌を唱った。

大風《たいふう》起こり雲は飛揚《ひよう》す。威《い》は海内《かいだい》に加え故郷に帰る。安《いずく》んぞ猛士を得て四方を守らんや。

高祖は子ども達に唱和させ、みずから舞った。頬には涙が伝った。高祖の心情は、漢王朝を立てたものの、それを守っていく困難さを痛感したものであった。六〇を超えた年齢を考えても、故郷の人々の前では、つい弱音が出てしまった。一〇日間以上も宴会は続いた。沛県に加えて高祖の出生地豊邑《ほうゆう》にも税を免除する恩典が与えられた。

高祖の亡骸は故郷から遠く長陵《ちょうりょう》に埋葬された。長陵というのは高祖の陵墓につけられた名称である。漢代の皇帝陵は、即位の翌年から造営が始まる。高祖の場合は、漢王に即位した時点ではまだ長安に都をおいていない。漢七年（前二〇〇）に長安に遷都してから、陵墓地の選定と工事が始まったのであろう。死まではわずか六年しかなかった。場所は秦の咸陽宮のすぐ北、咸陽原《かんようげん》に決まった。渭水をはさんだ長安の長楽宮の真北に当たる。秦に代わって漢を立てた高祖にふさわしい位置だ。長安の未央宮前殿は高い盛り土の上に築かれたので、そこからも見渡せる。

高祖は沛県の人々を前にし、「自分は関中に都を置いたが、万歳ののちには自分の魂魄《こんぱく》が沛県を懐かしがるであろう」と述べている。気持ちとしては故郷に埋葬されたい。故郷を遠く離れた秦の都咸陽の地に魂魄を収めることには不安があったことだろう。

現在長陵と考えられる墳丘は、咸陽市窯点郷三義《ようてんきょうさんぎ》村付近に二つある。近くからは「長陵西神」などの瓦当《がとう》が出土している。二つの墳丘の大きさはほぼ同じだ。東のものは、東西一五〇メートル、南北一三〇メートル、高さ三〇・七メートル、西のものは、東西一五三メートル、南北一三五メートル、高さ三二・八メートル。やや横長の長方形で、頂上が平らになっている。一八世紀、清《しん》の陝西巡撫畢沅《せんせいじゅんぶひつげん》の立てた石碑では、高祖の長陵が東、呂后陵が西となっている。しかしすでに四世紀の『関中記』という書物では、「高祖陵は西にあり、呂后陵は東にあり」といっているので、これにしたがう方が妥当だ。墳墓は別だが、同じ墓域のなかに夫婦が合葬されるという新しい方式がとられた。

長陵と呂后陵　右手（西方）長陵は漢の高祖劉邦の陵墓。同じ墓域の中に皇后呂后陵（左手、東方）もあり、夫婦が並んで葬られていた

長陵の東側には陪葬墓《ばいそうぼ》の墳丘も並んでいる。文献によれば、蕭何、曹参、王陵、周勃らも、高祖の死後に故郷を遠く離れて長陵の近くに埋葬された。高祖との関係を死後にも続けていく。始皇帝と呂不韋、李斯、蒙恬との関係には見られない。また皇帝と皇后の陵墓がほぼ同じ大きさで並んでいるのも、始皇帝陵には見られない。そもそも始皇帝の皇后は存在すら不明である。皇帝の制度を始皇帝から受け継ぎながら、その違いも顕著である。陵墓の制度にも反映している。

皇后陵は一般に皇帝陵よりは小さい。呂后の陵が皇帝陵とほぼ等しいのは、皇帝と皇后の陵墓と考えたのでは理解できない。皇帝と、皇帝亡き後に政権を握った太后の陵が並んでいると見た方が正しい。呂太后は高祖亡き後、子の恵帝を安陵《あんりょう》に埋葬してから、自らの陵墓を高祖長陵の隣に建造した。あきらかに高祖の意志ではなく、高祖亡き後、呂太后が政権を握ったときに、呂太后の意志で高祖の長陵に並べたのである。いうなれば太后権力が自己主張するためのものであった。

呂太后政権

恵帝と呂太后の一五年

呂后《りょこう》はどのように政権を握ったのだろうか。中国史上唯一の女帝は唐の則天武后《そくてんぶこう》である。則天武后の場合は高宗《こうそう》の皇后でありながら、みずから皇帝となった。そのためには、李氏《り》から武《ぶ》氏への易姓革命《えきせいかくめい》が必要であった。呂后の場合は、皇后（皇帝の妻）から皇太后（皇帝の母）になり、幼い皇帝に代わって臨朝称制《りんちょうしょうせい》（朝堂《ちょうどう》に臨み皇帝のように制《せい》を称《しょう》する）し、政権を握った。女帝ではなく女主《じょしゅ》と呼ばれた。皇帝にならずに政権を執る、それは劉氏の王国に対して呂氏の王国を並立させることで行われた。そのためには高祖劉邦が生前、白馬《はくば》の盟《めい》で誓った約束「劉氏でない王は排除する」に背《そむ》いていかなければならなかった。

高祖の亡きあとの恵帝《けいてい》と呂太后の一五年間は、『史記』呂太后本紀《りょたいこうほんぎ》に記されている。呂后本紀ではなく、呂太后本紀である。『漢書』では恵帝紀と高后紀《こうこうき》に分けた。女性の皇太后の政権が本紀に組み入れられていることは、男性皇帝の恵帝と文帝の間にはさまれて正統に位置づけられていることを示している。幼い二人の少帝は本紀には立てられず、少帝に代わった呂太后が帝王として並んでいる。いいかえれば、呂太后の政権を認めなければ、漢王朝はつながらない。

呂雉と劉邦

呂雉《りょち》、後の呂后、呂太后の父親は呂公、山陽郡単父《ぜんぽ》の出身であった。仇の報復を避けて知人の沛県の令《れい》のところに身をよせ、沛県に移り住んでいた。ここで呂公はまだ亭長であったころの劉邦と出会った。外来者の呂公のもとには来客が多かったので、県の役人の蕭何《どうか》が来客者の進物をとりまとめ、席次を決めていた。一〇〇〇銭に満たない少額の場合は、堂下に座れということになった。当時上位の者に面会する場合は、謁《えつ》という木の札の名刺に、姓名と進物の内容を書き記し、あらかじめ取次ぎの者に渡さなければならない。劉邦は一銭も持たずに「賀銭万（一万銭献上）」と記した。呂公が驚いて門で迎えたところ、劉邦の人相が大人《たいじん》の相をしていることにさらに驚いた。呂公は人相見ができた。上座に座り、宴席もたけなわになったときに、呂公は自分の娘を劉邦の掃除人としてでも置いてくれと頼んだ。母親の呂媼《りょおう》は反対した。貴人の妻にしようと可愛がっていた娘を、親しい沛県の令にも与えなかったのに、なぜ劉邦のような男に与えようとするのかという。

『史記』高祖本紀にはこのような呂雉と劉邦の出会いの故事が載せられている。前漢初代の皇帝と皇后が、まだみずからの将来を知らずにいたころの話である。読んでいて面白いが、事実であるかはわからない。少なくとも、呂雉の父も母も名前がわからず、呂公、呂媼といっている。劉邦の父母が太公《たいこう》、劉媼《りゅうおう》としか伝わっていないのと同じだ。媼《おう》というのは老母の尊称であり、呂媼は呂公の奥さんという意味であるから、母親の姓も名もわからない。呂公も呂雉、つまり呂太后の父だからそう呼ばれているのであって、素性も単父《ぜんぽ》県出身としかわからない。

そうした呂雉の夫劉邦が皇帝となると、妻の呂雉も皇后になった。不思議なことに、中国史上最初の皇帝始皇帝の皇后も、二世皇帝の皇后も、名前も存在もまったく記録にない。したがってこの呂雉が中国史上最初に名前の残された皇后となっている。

戚夫人への残虐な復讐

高祖の死後、呂后との間に生まれた劉盈《りゅうえい》が、二代目の皇帝としてまずは即位した。わずか一七歳の恵帝である。高祖には八人の男子がいた。年齢からすれば恵帝は二番目で、弟には戚《せき》夫人の子の如意、薄《はく》夫人の子の恒《こう》（のちの文帝）がいた。とくに戚夫人は高祖の寵愛を受けていたので、その子の如意も可愛がられた。呂太后は如意を毒殺し、戚夫人の手足を切断し、眼をえぐり、耳を焼き、口がきけなくなるような薬を飲ませ、豚を飼っているような便所に捨てた。人彘《じんてい》（人豚《ひとぶた》）と呼ばせたという。呂太后の非情さ、残虐さを物語る周知の話である。

恵帝の七年間の政治は、外交は動かず、内政もまだ諸侯王の反発もなかった。恵帝に代わって呂太后がリードしたが、目立った動きは、長安城に城壁を築いたことぐらいだ。高祖のときには城壁がなかったので、長安「城」とは言えなかった。宮殿を取り巻く壁はあって

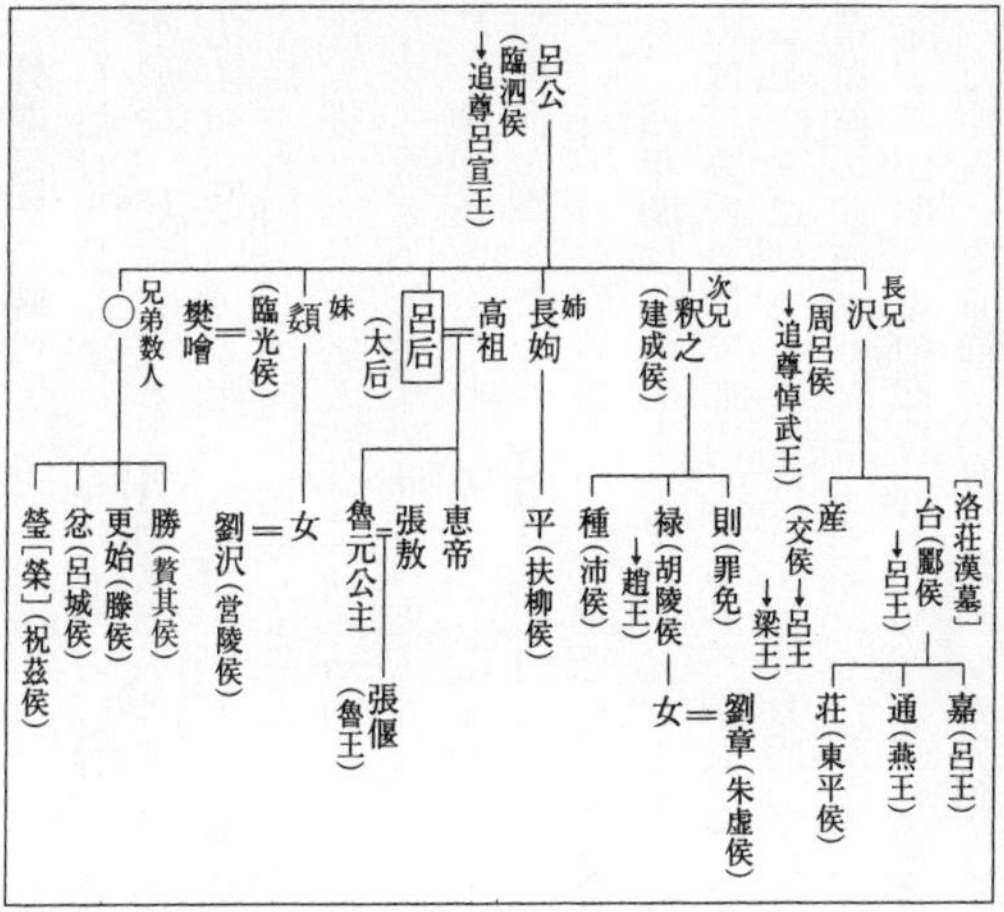

呂氏一族系図

も、全体を囲む都市の体裁にはほど遠かった。まだ関中を守ればよいという状態であったし、長安全体のプランも出来上がっていなかったのだろう。恵帝のときに、ようやく市場を設け、倉庫も建てた。春の雨の少ない時期を選んで、一四万人以上の農民を近辺から徴発し、版築の城壁で囲んだ。版築とは板塀の間に土を入れ、上から叩いていくだけの工法だが、微粒の黄土《こうど》では焼き煉瓦にしなくても、水をはじき飛ばす効果がある。毎年一ヵ月ずつ工事を続け、六年近くかかった。城壁を囲んで初めて都市としての威容が備わった。二二〇〇年近く経過した現在でも、長安城の城壁の版築の層がきっちり残っている。一辺は六キロメートル前後、周囲は二三キロメートルもある。正方形でもない不整形であるのは、後から囲い込んだためだ。渭水も当時はいまよりも南を流れていたので、城壁の西北部は斜めに走っている。

外戚呂氏の時代

呂后は自分にとっては孫となる、魯元公主《ろげんこうしゅ》の娘を恵帝の皇后とした。恵帝からすれば姉妹の娘で、姪《めい》にあたる。外甥女《がいせいじょ》といっても、中国ではめずらしい近親婚だ。しかしその間に子どもは生まれなかった。恵帝と後宮《こうきゅう》の女性との間にはたくさんの子がいた。呂太后は皇帝と皇后を身内として囲い込もうとしたが、太子が生まれないので焦った。呂太后は恵帝の死後、後宮の子を二人続けて幼年で即位させ、背後で太后が臨朝《りんちょう》称制《しょうせい》し、呂氏一族を諸侯王にするなど外戚呂氏の時代へと入った。即位させた子は、他人の子を後宮に入れ、恵帝の実子を装ったともいわれる。こうして恵帝の七年間の後に、呂太后の八年間が続いた。

少帝が青年になったときに、自分は皇后の子ではなく、また実母が殺されていたことに気づいた。呂太后は事実の発覚を恐れて少帝を病気と偽って退位させ、幽閉して殺してしまった。四年間はこの名もなき（名は恭《きょう》とも伝えられる）皇帝が即位していた。これに代わったのは、劉氏一族で恒山王《こうざんおう》であった劉義《りゅうぎ》であり、名前は弘《こう》に改めた。

『史記』には「元年と称さずは、太后の天下の事を制するを以てなり」と明言している。武帝以前の前漢初期にはまだ元号というものがなかった。先帝が亡くなり、新帝が即位したら、年が明けるのを待って元年、二年と数え始める。恵帝が亡くなったのは年末の九月であったから、翌月の一〇月の年初から元年と数え始めた。このときには先の少帝の元年であったのだろう。しかしその四年、少帝が退位させられ、五月に劉義が皇帝になった。本来であれば一〇月を待って元年というべきところを、そのまま年号を続けた。呂太后の臨朝称制を継続することを宣言したのだ。前漢時代の皇帝の系図では、この二人は第三代、第四代皇帝となる。張家山漢簡の竹簡に「二年律令」と記された「二年」の意味するところは微妙だ。少帝二年ともいえるし、呂太后二年ともいえるからだ。いずれにしても前一八六年のことである。

呂氏を王にすることには右丞相王陵が強く反対した。白馬《はくば》の盟《めい》に背くことはできない。それでも陳平と周勃は呂太后を支持した。王陵から、地下の高祖に合わす面目がないではないかと非難されながらも居直った。しかし王の誕生までの道は慎重であった。まずはいまは亡き呂后の兄弟の呂沢《りよたく》を悼武王《とうぶおう》、父を呂宣王《りよせんおう》と追尊《ついそん》した。形だけの称号だ。張家山漢簡の二年律令の具律《ぐりつ》には、この呂宣王の内外子孫の犯罪を減刑すべき条文が見える。呂氏一族に配慮したものだ。つぎに呂種《りよしゆ》を沛侯《はいこう》、呂平《りよへい》を扶柳侯《ふりゆうこう》とするなど列侯に、恵帝の後宮の子たちを淮《わい》陽王《ようおう》、恒山王《こうざんおう》などの王にした。そして最後にいよいよ甥《おい》の呂台《りよい》を呂王《りよおう》にした。慎重ともいえるが、みずからの呂姓を国名にまでしたのは大胆ともいえる。その後、梁王呂産《りよさん》、趙王呂《りよ》禄《ろく》、燕王呂通《りよつう》も誕生した。

一九九九年、山東省済南《さいなん》市東の章丘《しようきゆう》市で一基の大型漢墓が発掘された。洛荘《らくそう》漢墓と呼ばれたこの墓葬は、呂台《りよい》のものと考えられている。呂王呂台は数ヵ月で亡くなり、子の呂嘉《りよか》に継承されたが、呂王の誕生は呂太后にとって政治的な意味が大きかった。三三もの大型の陪葬坑をもち、三両の大型の車、一二頭の陪葬馬が出土するなど、壮大な墓が作られていた。

「皇后之璽」の真偽

文化大革命中、この呂太后、呂后が一時評価された。一九六八年には「皇后之璽《こうごうのじ》」という玉印が発見されている。韓家《かんか》湾《わん》公社《こうしゃ》狼家《ろうか》溝《こう》大隊の社員孔祥発《こうしょうはつ》の一四歳の息子が、下校の途中に水路の土のなかから白く光るものを発見して家に持ち帰った。父親の孔祥発はこれが文物であるのを知り、西安に持って行き、陝西《せんせい》省博物館に渡したという（秦波《しんは》「西漢皇后玉璽と甘露二年銅炉の発現」『文物』一九七三年第五期）。現在の陝西歴史博物館に所蔵されている玉璽《ぎょくじ》である。二・八センチ四方、高さは二センチ、三三グラム、印面には「皇后之璽」と彫られている。印の上面の綬《じゅ》を通す鈕《ちゅう》は虎の形に彫られ、側面には雲の紋様がある。秦波氏は、発見場所は長陵陵邑《りょうゆう》の位置にあたるので、呂后陵の脇に建てられた便殿《べんでん》に具えられていた玉印が、赤眉《せきび》の乱《らん》の際、便殿が焼かれたときに土中にまぎれ、それが呂后陵が盗掘されたあと水路のなかに入り込んで発見されたと推測した。

李雲鶴《りうんかく》《リーユンハー》（一九一四―九一）はのちに江青《こうせい》と改名し、毛沢東《もうたくとう》の四人目の妻となった。文化大革命が始まり、一九七四年批林批孔《ひりんひこう》運動が活発化すると急激に政治的な地位を上げてきた。毛沢東は「江青は自ら主席になろうとしている」と党幹部に警告を発している。一九七六年九月毛沢東が亡くなると、一〇月六日四人組の一人として逮捕され、一九八一年死刑判決が下った。中国人にとって江青と古代の呂太后はどうしても重なって見えてしまう。江青自身もこの玉印に関心を寄せた。

皇后玉璽の発見から三五年以上が経過した。玉璽の発見された韓家湾公社狼家溝には現在は公社や大隊はなく、韓家《かんか》湾郷《わんきょう》狼家溝《ろうかこう》という。長陵の西一・五キロメートルの位置である。この位置は西には恵帝の安陵もあり、土のなかから出てきた皇后の玉璽が即呂后のものと断定するにはいくつかの問題点がある。呂太后の皇后時代は、劉邦が皇帝に即位してから死を迎えるまでの八年にすぎない。子の恵帝と孫の少帝の治世の一五年は皇太后の時代である。呂太后を太后として埋葬したのであれば「太后之璽」が陵廟《りょうびょう》に納められたはずである。なぜ「皇后之璽」であったのかはまったく説明されていない。

太后が政治の実権を握った事例は、すでに戦国秦の時代にあり、始皇帝の曾祖父昭襄王《しょうじょうおう》が年少で即位したときに、楚の出身であった母の羋《び》氏《し》宣太后《せんたいこう》が摂政の任にあたった。秦王政が二二歳のときに嫪毐《ろうあい》の乱が起こったが、このとき嫪毐《ろうあい》は王の御璽と太后の璽を偽って兵士を出そうとした。秦王政は王位には即いていたものの、冠をかぶって剣を帯びるまでは、母の太后（帝太后《ていたいこう》）が政治に関与していた。王の御璽と太后の璽の二つの璽印が機能していた。

呂太后もかならずや太后の璽を所持していたはずである。

皇后之璽（陝西歴史博物館蔵）1968年、呂后陵に近い水路の土中から発見された。が、即呂后のものと断定するにはいくつかの問題点がある（『秦漢雄風』）

この始皇帝の母は帝太后と呼ばれ、荘襄王とともに芷《し》陽《よう》に埋葬された。高祖と呂太后の合葬の前例は、始皇帝や二世皇帝をこえてここにあった。太后摂政の始めとなった宣太后は、夫恵文王とでなく子の昭襄王とともに芷陽に埋葬された。恵帝の張皇后は安陵に陪葬されたが、墳丘は築かれなかったという。現在安陵の西側に寄りそうように一つの小さな墳丘があるのは、後世の造営のようだ。発見された位置からすれば、張皇后の玉璽である可能性もある。

呂太后評価のゆれ

呂太后の評価は、文帝即位のとき以降変わり、王莽《おうもう》期をへて後漢になって悪評が高くなっていった。呂太后の死から二〇〇年、赤眉《せきび》の乱《らん》のときに、反乱軍が呂后陵を暴き、呂后の屍《しかばね》を辱《はずかし》めた。しかし、反乱軍といえども、むやみやたらに皇帝陵を盗掘したわけではなかった。『後漢書』劉玄・劉盆子《りゅうぼんし》列伝によれば「諸陵《しょりょう》を発掘し、其《そ》の宝貨《ほうか》を取り、遂《つい》に呂后の屍《しかばね》を汚辱《おじょく》す。凡《およ》そ賊の発《あば》く所、玉匣《ぎょっこう》の殮《おさ》むる有る者は皆生けるが如《ごと》く、故《ゆえ》に赤眉多く婬《いん》穢《わい》を行うを得」と見える。皇帝陵などの陵墓には玉衣《ぎょくい》を着用した遺体が腐乱せずに生きているがごとき状態で埋葬されていた。これはけっして誇張ではなく、地下深く密封した槨室《かくしつ》のなかは外気にふれず一定の湿度、気温が保たれていれば木材にも遺体にも腐敗菌が育たない。二〇〇〇年以上残ることはまれであっても、一〇〇〇年、二〇〇〇年は保存しえたのであろう。

赤眉の軍は、たまたま呂后の屍を発見したわけではない。明らかに呂后陵が盗掘の目標になっていた。なぜならば、赤眉の集団が信仰していた城陽景王祠《じょうようけいおうし》にとって呂太后は仇敵であったからである。城陽景王とは高祖の孫の劉章《りゅうしょう》、呂太后一族の専権ぶりを宴席で堂々と批判した人物であった。

その後も漢王朝を復興した光武《こうぶ》帝劉《ていりゅう》秀《しゅう》は、高祖廟から呂太后の位牌をはずして、薄太后《はくたいこう》を高皇后《こうこうごう》として祀《まつ》らせた。薄太后は文帝の母の薄夫人であり、慈愛に満ちた人物として再評価されたのである。また光武帝は前漢一一陵を祀ったが、一一陵には二人の少帝は含まれていなかった。

長沙国と南越国

長沙呉氏王国

長沙《ちょうさ》国は五代四六年間（前二〇二―前一五七）、呉氏が支えた。高祖の一〇王国のうち唯一の異姓諸侯国であった。呉氏王国といってもよい。文王呉芮《ごぜい》から成王臣《せいおうしん》、哀王回《あいおうかい》、恭王《きょうおう》右《ゆう》、靖王著《せいおうちょ》と五代続き、文帝のときに劉氏王国に代わった。もともと呉芮は、秦のときの番《ばん》陽令《ようれい》で、番君《ばんくん》とも呼ばれて民望《みんぼう》があった。越人を率いて立ち上がり、項羽のもとで衡山王《こうざんおう》となった。項羽の死後、漢王のもとで長沙王になった。呉芮の漢王朝への忠誠が異姓諸侯国の特例となったという。その呉芮の墓が三世紀三国時代の初めに盗掘され、なかから生けるが如き容貌の遺体が発見されたという伝説はあるが、現在はどの墓であるのかはわからない。長沙王の墓は現在まだ発掘されていないが、王后の墓は発掘されている。

一九九九年には長沙王子（第二代呉臣《ごしん》の子）の沅陵《げんりょう》侯呉陽《ごよう》の墓も発掘され、虎渓山《こけいざん》一号漢墓と呼ばれている。場所は秦の里耶《りや》古城につながる沅水《げんすい》沿岸である。武陵郡は漢王朝直轄だが、その郡内の沅陵侯国は呉陽の領地だ。印章に「呉陽」の姓名が、封泥《ふうでい》には「沅陵」の文字が見えた。呉陽は、故郷ではなく列侯として封ぜられた領地に埋葬された。

竹簡一三三六枚ほども出土し、そのなかに侯国の行政文書があった。列侯の領地は県レベ

呉陽墓の墓室　第２代長沙王呉臣の子の沅陵侯呉陽の墓。多量の竹簡も同時に出土した（『中国十年百大考古新発見』）

1 文王呉芮（前202）
2 成王臣（前202－前194）
3 哀王回（前194－前187）
4 恭王右（前187－前178）
5 靖王著（前178－前157）

（　）内は在位期間

長沙呉氏王国系図　劉氏以外の異姓諸侯が粛清されるなか、存続の許される唯一の特例となった

ルでも国と呼ばれた。国内の郷《きょう》（村落）の戸数、耕地の面積と課税額、官吏の数、都長安との距離も三二一九里と記してあった。なかの一つの集落は一三四戸、五二一人であった。列侯の収入は算《さん》という人頭税と、田租《でんそ》という耕地からあがる税にあった。すべて列侯の収入になるのではなく、中央政府の漢王朝に納めた。「美食方《びしょくほう》」という料理のレシピまであった。各種動物の屠畜方法からはじまり、蒸し料理、調味料の使い方など細かく記載してあった。

長沙馬王堆漢墓の衝撃

しかしなによりも一九七二年に発掘された長沙馬王《まおう》堆《たい》一号漢墓の発見は衝撃的であった。漢代初期の五〇歳ほどの女性の遺体が腐乱せずに屍蝋《しろう》の状態で発見されたからだ。皮下組織は弾力性を残していた。五、六メートルの墳丘の下には、さらに地下一六メートルも掘り下げたところに槨室《かくしつ》が作られていた。槨室の周囲は木炭と白粘土の層できっちりくるまれていたので腐

食しなかった。内部は一定の湿度と温度に保たれ遺体の保存にとって好条件となっていた。盗掘坑もさいわいに墓室までは達していなかった。さらに遺体をうすぎぬ二〇枚で巻き、四重の棺に収めた。朱を含んだ液体に浸っていたことも防腐に役だったようだ。一定の湿度、温度のもとで二一〇〇年以上も保存されてきたのである。身長一五四・五センチメートル、血液型はA型、遺体の解剖の結果、胃のなかから瓜の種が出てきたので、夏に死亡したこともわかった。

四重の棺は、槨室に収められていた。槨室は四方に四つの小部屋が設けられ、一四〇〇件を超える副葬品がぎっしりと詰まっていた。遺体の頭部側の部屋には、侍女や歌舞の木俑《もくよう》と、真新しい光沢を放つ漆器の数々が置かれていた。あたかも死者の霊魂を慰めるかのように。案《あん》という御膳の上には漆器の食器に耳杯《じはい》や箸《はし》なども並ぶ。そのほかの部屋には、木俑群と竹行李や麻袋に詰めた食品、衣類、薬草などがあった。竹簡三一二枚は遺策《けんさく》（策は簡のこと）という副葬品のリストであった。

なかでも当時の人々が非衣《ひい》（形は衣のようで衣ではない葬儀の幡《ばん》の意味）と呼んでいたT字形の一枚の帛画《はくが》（絹地に描いた絵画。二五五ページ写真参照）は、漢代いや中国古代の絵画のなかでも最高傑作といっても過言ではない。長さ二メートル五センチのT字形のなかに、被葬者の女性の生前の地上の世界を中心に、彼女を待ち受ける地下世界と天上世界とが対比して描

秦封泥　左丞相印・右丞相印。田の字の枠の中に文字があり、前漢初期に引きつがれた。丞相は諸侯王国にも置かれた

長沙馬王堆１号漢墓から出土した長沙国丞相夫人の遺体
2100年以上昔に埋葬された50歳くらいの女性の遺体が、腐乱せず、皮下組織に弾力性を残したままの状態で発見された（『長沙馬王堆一号漢墓古屍研究』）

かれている。死を迎えると魂魄《こんぱく》は分離し、魂《こん》は天の世界に昇り魄《はく》は地下の世界の遺体に宿る。力士が支える地下は、料理や酒をふんだんに備えている。天上世界の入り口では二人の役人が待ちかまえる。天の中央には人面蛇身の女神、左右には月と太陽、そのほか東方扶桑の木には大きな太陽の下に小さな八つの太陽が宿る。

さながら古代の図書館・美術館

あたかもタイムカプセルのように、いまから二一〇〇年以上前の漢という時代がここに封じ込められていた。三号墓もふくめてそこから得られる情報は、三〇年以上たった今でも研究しつくせないほどの量といえる。歴史、考古、文学、哲学、神話学、音楽から医学、農学、天文学まで、総合科学としての馬王堆学という学問が成立しうる。

この女性は出土した綬《じゅ》つきの印章によれば辛追《しんつい》という姓名だ。一つの墳丘に家族三人で埋葬されていたが、遺体が残されていたのは未盗掘の一号墓の女性だけであった。二号墓はすでに唐代に盗掘された痕跡があった。「利蒼《りそう》」と刻された玉印、「長沙丞相」「軑侯《たいこう》之印」の二つの銅印が出土したので、遺体はなくともその人物が判明した。『漢書』巻一六「高恵高后文功臣表《こうけいこうこうぶんこうしんひょう》」によれば、利蒼《りそう》（『漢書』は黎朱蒼と誤って伝えている）は恵帝二年（前一九三）、軑侯国の七〇〇戸の列侯に封ぜられ、呂后二年（前一八六）に亡くなっている。高祖と呂后は二つの方錐台の墳丘を別にしてならべられていたが、利蒼と夫人の墓は、直径二〇～二五メートルの二つの円墳が横に連続して並んでいる。西に利蒼《りそう》（二号墓）、東に辛追《しんつい》（一号墓）、その南には寄り添うように子どもの三号墓があった。

三号墓出土の木牘《もくとく》によれば、子どもは文帝前一二年（前一六八）に亡くなっている。遺跡の重なり具合から、辛追は一家のなかでは最後に亡くなったことになる。じつはこの三号墓の人物こそが、さらに重要な資料を提供してくれた。文献では利蒼の子利豨《りき》は、軑侯を世襲し、文帝前一五年（前一六五）に亡くなっている。死亡年が木牘と異なっているが、のちに利豨《りき》の印も出土したので、利豨《りき》その人と見る方がよい。それほど重要な資料が埋葬されていたからだ。三〇種にものぼる膨大な帛書《はくしょ》と一二枚の帛画が出土した。さながら古代の図書館と美術館が一気に誕生したことになる。

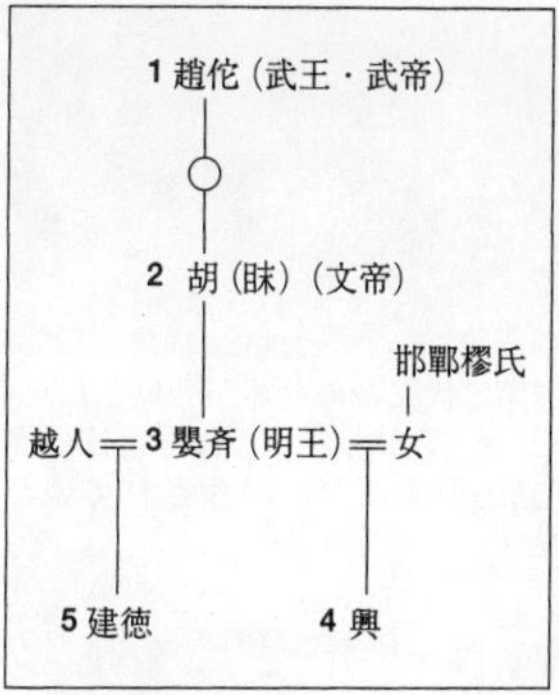

南越王国系図

現在の広西チワン族自治区に栄えた南越国

秦帝国に反抗したのは中原《ちゅうげん》だけではなかった。秦が百越《ひゃくえつ》の地においた三郡の一つ南海郡の龍川令《りゅうせんれい》であった趙佗《ちょうた》は、秦の官吏であったが、もともとは秦に滅ぼされた趙の出身であった。中原で陳勝・呉広、項羽と劉邦らが立ち上がり、秦が滅亡したことが伝わってくると、趙佗は嶺南《れいなん》の地で南越国《なんえつこく》を立て、自

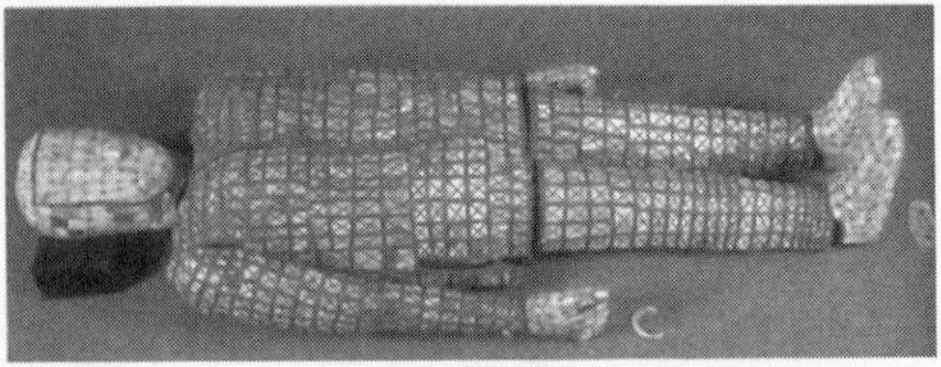

絲縷玉衣　1983年、南越第２代文帝の墓葬が発見された。絲縷（赤い絹糸でつづった）玉衣を着せられた遺体は腐乱していたが、玉器・剣・璽印などが副葬されていた（『西漢南越王墓文物特展』）

立して武王と称した。武王は諡《し》号《ごう》ではない。まさに勇武な王として君臨した生前の号であった。その領土は南海、桂林、象《しょう》の三郡に及んだ。現在の広東省、広西チワン族自治区の地にあたる。王は中原の人間であったが、明らかに越人の国家であった。以後、漢の武帝に滅ぼされるまで、南越国は五代九三年（前二〇三―前一一一）続くことになる。

高祖は陸賈《りくか》を派遣し、南越王趙佗を承認した。長沙国との国境を安定させるためであった。その後、呂太后は鉄器を南越に輸出することを禁じた。武王趙佗は長沙国が南越を攻撃するための策略だと判断し、漢との外交関係を破棄した。武王はさらに南越の武帝と号した。漢よりも早くに武帝が登場したことになる。中国からすれば、漢の皇帝（少帝）の威信を無にされたも同然だ。武帝は長沙国の辺境の町を攻撃した。呂太后は将軍周竈《しゅうそう》の軍を派遣したが、暑さと湿気と疫病で苦戦し、撤退せざるをえなかった。夫高祖が匈奴に囲まれたように、呂太后も南越に敗北した。

秦漢と越の文化の並存

南越武帝の治世は六〇年を超え、漢武帝の治世に入って四年目に亡くなった。四年間だけ二人の武帝がいたことになる。ただし、同時代にはそのような認識はなかった。南越武帝は、漢の文帝、景帝のときには対外的には帝号をやめていたし、前漢武帝も謚号《しごう》であるから、生前には武帝と称していない。南越国の都は番禺《ばんぐう》、現在の広東省広州市にあった。南越国の威容は、一九八三年、第二代南越文帝趙眛《ちょうばつ》の墓葬が発見されたことで明らかになった。市内越州公園西にある象崗《しょうこう》という丘の中腹に、横穴の石墓室を築いた。構造は前漢諸侯王墓によく見られる。その文化は中原と嶺南《れいなん》、いいかえれば秦漢と越の文化の並存であった。

文帝の遺体は腐乱していたが、絲縷玉衣《しるぎょくい》にくるまれ、六本の剣をさし、玉器も大量にちりばめてあった。玉衣を着せるのは、漢代の皇帝や諸侯王の葬衣の制度である。一九もの璽印も発見された。「文帝行璽《ぶんていこうじ》」と刻された金印は、龍の形の鈕《ちゅう》がつき、漢代の皇帝の璽印を模倣したのかもしれない。編鐘《へんしょう》や石磬《せっけい》などの楽器も中原のものであった。

文帝行璽　南越文帝の墓から発見された璽印のうちこの「文帝行璽」は金印で龍を象った鈕がついていた（『西漢南越王墓文物特展』）

一九九五年には、南越国の番禺城内で石水池、九七年には一五〇メートルもの曲水溝《きょくすいこう》が発見された。南越の官庁遺跡に隣接し、秦の造船工場遺跡の場所でもある。秦の番禺城の地に南越の番禺城が重なる。ここにもファーストエンペラーの遺産から国作りをした南越の存在が明らかになった。中国の文化を受け入れながら、越人の文化を誇り、また南海交易の拠点ともなっていた。

文帝の時代

代国王から漢帝国皇帝へ

呂太后は病死した。呂太后の死とともに、趙王呂禄《りょろく》と梁王呂産《りょさん》は少帝を未央宮《びおうきゅう》に守りながら、それぞれ北軍と南軍を抑えた。北軍とは、長安城内北部にあって城内の警備を担当する中尉に属する軍であり、南軍とは長安城内西南にある未央宮殿区の周囲の門を警護する衛尉に属する軍である。中尉、衛尉の軍を二人の王が率いていたのだ。呂禄の方は上将軍の印綬を帯びていた。軍事の最高統率者であった太尉の周勃は、北軍に入った。兵士に告げた。「呂氏につく者は右肩を脱ぎ、劉氏につく者は左肩を脱げ」と。左祖《さたん》（左の肩を現すこと）とは味方の意思表示である。このときはみな左肩を脱いだ。呂禄はすでに印綬を置いて去っていた。太尉を補佐した朱虚侯劉章《しゅきょこうりゅうしょう》は、未央宮殿内に逃げていた呂産を見つけて郎中府の厠で殺した。その他の呂氏一族もつぎつぎと殺された。

前一八〇年、こうした混乱のなか、大臣たちが皇帝に選んだのは代王劉恒《りゅうこう》であった。代国は北辺、匈奴に接する。河北《かほく》省、山西省、内モンゴル自治区が交叉する地区である。このとき二四歳、高祖の子であり、すでに成年に達していることが選ばれた最大の理由であった。代王の母の薄姫《はくき》の一族には呂后のような外戚としての勢力はなかったことも一つの理由だ。すなわち恵帝と呂太后の轍《てつ》は踏まないというのが大臣たちの判断であった。高祖とともに立ち上げた漢王朝、高祖亡きあとも高祖の功臣たちはまだ生きている。高祖にかわってかれらが漢王朝を立て直そうとした。

劉恒《りゅうこう》は皇太子から皇帝即位という道を取らなかった。母子ともに代国にあった。なるべくしてなった皇帝ではない。丞相の陳平、太尉の周勃らが渭水に架かる渭橋《いきょう》で代王を迎えた。長安城の北には渭水が流れているので、ここに架橋されていた。代王は長安城内の代国の邸宅に場所を移すよう伝えた。城内には、場所はわからないが、各諸侯王の邸宅が建ち並んでいた。皇帝に朝見するときに宿泊する施設だ。漢の大臣たちがここで代王に天子の璽印《じいん》をささげた。丞相、太尉以外にも大臣が勢揃いしている。大将軍陳武《ちんぶ》、御史大夫《ぎょしたいふ》（丞相の補佐）張蒼《ちょうそう》、宗正《そうせい》（天子の親族管理）劉郢《りゅうえい》、典客《てんかく》（外交使節の接待）劉揭《りゅうけい》と朱虚侯劉章《しゅきょこうりゅうしょう》、東牟侯《とうぼうこう》劉興居《りゅうこうきょ》らが天子の位につくように申し出た。太僕《たいぼく》（天子の車馬管理）夏侯嬰《かこうえい》は劉興居とともに天子用の車馬で出迎え、夕方には未央宮に入った。

文帝即位劇の舞台

代国から同行してきた代国の中尉宋進《そうしん》は衛将軍に任ぜられて南北軍を抑え、代の郎中令の張武《ちょうぶ》は漢の郎中令に就任した。代国は形の上では漢にならぶ国である。その王が漢という国を受け継ぎ皇帝となった。劉邦は諸侯に請われて漢王から皇帝という道をたどったが、劉恒は漢の大臣に請われて代王から皇帝になった。高祖劉邦の時代と文帝の時代は明らかに違っていた。

未央宮は近年の発掘でその全容がわかってきた（一六九ページの図参照）。この文帝の即位劇も、その舞台を知っておくとわかりやすい。長安城のなかでも漢王朝の中枢部が東西二二五〇メートル、南北二一五〇メートル、ほぼ二キロ四方の未央宮殿区だ。この正方形の対角線のほぼ中央に未央宮の前殿《ぜんでん》（正殿）があり、主要官庁がその西側に散在している。中央官庁（三号遺址）、少府（四号遺址）などの遺跡が発掘されている。

その官庁の主要官僚がここから渭橋まで代王を出迎え、戻ってきたのだ。代王は夕刻、未央宮前殿に座り、はじめての詔書を下した。呂氏一族が劉氏の宗廟を危機におとしめるような事件も収まった。自分が即位したので、天下の者には恩赦を与え、民には爵《しゃく》を一級、女子には一〇〇戸ごとに牛と酒を与え、五日間の宴会を許した。漢だけでなく広く天下の民衆に向けて、皇帝の即位の祝賀をさせた。

後世の評価高い文帝の仁政

漢王朝の国家としての制度は整ってきた。こうして二三年間の文帝の治世が始まった。文帝の時代、元年から一六年まで年号が刻み込まれていったが、一六年目、三八歳のときに「人主延寿《じんしゆえんじゆ》」と刻まれた玉杯を献上されて、翌年から改元することにした。そしてまた元年から数え直して七年で終わる。前半は前何年、後半は後何年というように呼んでいる。居延漢簡に「孝文皇帝《こうぶんこうてい》三年」とか「前三年十二月」と記してあるのは、後世にさかのぼって年代を表記したものである。長沙馬王堆三号墓から出土した木牘の文字「十二年二月乙巳朔戊申」は同時代のものであるので、ただ「十二年」と記すだけである。列侯は漢王朝の年号に従っていた。

皇帝劉恒の諡号《しごう》は文帝であり、仁政の皇帝として後世の評価が高い。呂太后の時代の評価が落ちれば、その分また評価が高くなる。つぎの景帝とともに、文景の世といわれて平穏な時代であったといわれる。両代あわせれば四〇年近い。しかし劉邦には及ばないまでも、文帝は実際には激動の時代にまさに行動する王であり皇帝であった。外戚呂氏一族の専権の時代の直後に即位し、匈奴と南越との緊張関係が続いていたからこそ、内政を重視した。王朝を支える農業政策を打ち出し、軍備を縮小し、法制度の改革にも乗り出した。

文帝は誹謗妖言《ひぼうようげん》の法律を除いた。誹謗とは人をそしること、妖言とは人を惑わすようなあやしいことばを発すること。現在の名誉毀損《きそん》罪は、個人の名誉を毀損した場合の犯罪であるが、この時代の法律で守られたのは国家、為政者であった。始皇帝のときに、方士がかげで皇帝を誹謗したと怒り、諸生の妖言が黔首《けんしゅ》を惑わしたとして、四百六十数人が穴埋めにされたときのことが思い起こされる。

秦代の陽陵銅虎符　虎の形をした青銅を縦に二つに割り右を皇帝が、左を郡が持ち、両方が一致すれば軍を動かすことができた（『華夏之路』）

文帝は中央と地方の軍事をすみやかにかつ正当に動員できるように、銅虎符《どうこふ》や竹使符《ちくしふ》を作った。銅虎符とは虎の形をした青銅を二つに縦割りし、一半を皇帝が、一半を郡が持ち、双方が一致したときにのみ地方の軍を動かせた。竹使符は竹の形をした割り符で、やはり双方が一致したときにのみ郡の人間を徴発《ちょうはつ》できた。

漢の金餅　金を丸く偏平な餅のように固めたものを金餅（きんぺい）という。1999年西安市北郊で出土した219枚の金餅は227.6～254.4グラムでだいたい１斤（『三秦瑰宝』）

痛ましい肉刑の廃止

文帝は肉刑《にくけい》を廃止した。身体刑には髭《ひげ》を剃ったり、髪を切ったり、むち打ったりするものもあったが、そのなかでも肉刑とは、身体に損傷を与えて回復が不可能なものをいう。文帝前一三年（前一六七）のことである。一つの事件がきっかけとなった。名医として知られた斉国の太倉長《たいそうちょう》の淳于意《じゅんうい》は、診断を受けられない者から怨まれることが多く、皇帝に直訴されることがあった。裁判の結果、肉刑の判決を受けて、長安に収監されていくことになった。長安城に長安獄があったことは「長安獄丞《ちょうあんごくじょう》」の封泥《ふうでい》でわかる。淳于意は、長安に旅立つに際して、娘ばかり五人ではいざというときに何の役にも立たないと叱りとばした。幼い娘の緹縈《ていえい》が泣きながら父親に寄り添って長安に同行し、上書《じょうしょ》して、みずからが父親の刑罰を贖《あがな》いたいと訴えた。そのときの少女のことばが文帝の心を動かした。

「妾《わたくし》の父は官吏となり、その清廉《せいれん》公平さは斉国中で称賛されてきましたのに、いま法によって処刑されようとしています。心痛ましいことには、死刑になったものは生き返ることはありませんし、刑（身体に傷となる刑罰）を受けたものも、もとの身体に戻ることはありません。改悛《かいしゅん》してやり直そうとしても、そのすべがありません。どうか妾を官婢《かんぴ》にして父親の刑罰を贖い、立ち直りの道を与えてください」。

文帝は三つの肉刑を廃止する詔書を下した。三つの肉刑とは黥《げい》（入れ墨）、劓《ぎ》（はなぎり）、剕《ひ》（あしぎり）刑であり、腐刑《ふけい》（性器に損傷を与える宮刑）は残された。具律によれば、黥、劓《ぎ》刑は金一斤（一寸立方の大きさ、約二五〇グラム、一万銭）、剕、腐刑はより重く金一斤四両（一斤は一六両）で贖うことができた。淳于意《じゅんうい》がどの肉刑を宣告されたかはわからないが、少女は婢の価格に相当すると考えたのである。

具体的に当時はどのような肉刑を科せられていたのだろうか。肉刑は労働刑と一緒になって機能した。城旦舂《じょうたんしょう》は男子は築城、女子は精米の労働刑のことをいい、鬼薪白粲《きしんはくさん》は宗廟にささげるために山に入って薪を集めたり精米したりする労働、隷臣妾《れいしんしょう》は奴婢《ぬひ》労働、司寇《しこう》は国境警備のことである。

肉刑によって身体を損傷し、受刑者であることを社会的に認知させた。当時の罪人は、牢獄に隔離せず、一般庶民に混じって労働させた。したがって受刑者であることの身分表示が求められたのである。顔に入れ墨を施したり、足や鼻を切断したりした。たとえば漢の賊律によれば、人を一方的に傷つけたら黥《げい》して城旦舂《じょうたんしょう》とした。また奴婢が庶人以上を殴ったら頬に黥して主人に返された。

具律によれば、罪が黥刑にあたる者が、すでに入れ墨を施してあれば、鼻切りの刑とし、すでに鼻切りの刑を受けていれば左趾を斬り、左趾を斬っていれば右趾を斬り、右趾を斬っていれば腐刑とした。

文帝のときにこうした黥《げい》、劓《ぎ》、剕《ひ》刑を廃止し、頭髪を剃ったり、足かせをつけたり、むち打ちしたりする刑罰に改められたのである。身体を損傷しなくても、頭髪が剃られていたり、足かせがついていれば、受刑者であることがすぐわかる。頭髪もむち打ちの外傷も時間がたてば回復が可能である。景帝の陽陵にある刑徒の墓地では、足かせや手かせをつけた遺骨が多く発見されている。

男女に爵位と酒宴を

文帝が即位したときに、天下の民衆に一律に爵位を一級ずつ与えた。軍爵ではなくこのような民爵賜与はすでに始皇帝のときに始まっていた。統一の翌年に統一を祝賀して賜与したものだ。始皇帝は統一の前年には、斉の一国を残して五国を滅ぼした段階で、天下に宴会を行わせている。文帝のこのときの賜爵は、その二つを合わせたものだ。男子には爵を与え、女子には一〇〇戸ごとに牛と酒を与え、五日間の宴会を許可している。爵と酒とを結びつけた。前漢五四回の賜爵のうち二三回は、こうした酒宴を伴ったものであった。

爵とはもともと青銅器の酒器のことをいう。鳥の嘴《くちばし》のような細長い注ぎ口と鳥の尾の形に、三本の足と取っ手がつくものだ。醸造酒を温める酒器は、君主が臣下に身分を与えるときに作られた。公侯伯子男《こうこうはくしだん》の周代の五等の身分も爵とよぶようになった。その爵が戦国時代から一般庶民にも与えられるようになった。戦争に駆り出された庶民が、敵兵の首一つとれば爵一つが褒賞《ほうしょう》となった。首級《しゅきゅう》というのは首の数のことであり、爵を数える場合にも一級という。爵があれば土地や宅地が与えられたので、民衆は競って爵を求めた。

漢代の爵位は二〇等爵制といい、第一級の公士《こうし》から、上造《じょうぞう》、簪褭《しんじょう》、不更《ふこう》、大夫《たいふ》、官大夫《かんたいふ》、公大夫《こうたいふ》、第八級の公乗《こうじょう》をへて、五大夫《ごたいふ》、左庶長《さしょちょう》、右庶長《うしょちょう》、左更《さこう》、中更《ちゅうこう》、右更《うこう》、少上造《しょうじょうぞう》、大《だい》上造《じょうぞう》、駟車庶長《ししゃしょちょう》、大庶長《だいしょちょう》、関内侯《かんだいこう》、そして第二〇級の徹侯《てっこう》で終わる。徹侯の徹は、武帝以降は劉徹《りゅうてつ》の名前を避けて列侯《れっこう》となる。これらの爵の名称を見ただけでも、起源は軍事にあることがわかる。公士は一般兵士、上造は戦車に乗る（上に造《いた》る）こと、簪褭は戦馬の組飾りからきている。不更は戦車の右、大夫《たいふ》は左に乗る身分であり、官大夫は車馬をつかさどり、公《こう》大夫《たいふ》は戦車に従う歩兵を統率する身分であった。公乗とは公家《こうか》の車に乗る意味であった。

始皇帝のとき以来、男子には、国家的な慶事に際して一律に爵が与えられた。ばらまくわけではない。一代の皇帝にせいぜい一、二回のことである。景帝の八回、武帝の五回、宣帝の一三回、元帝《げんてい》の八回、成帝《せいてい》の六回などは多いほうだ。前後漢四二〇年間で九〇回行われた。軍爵など個人の功績によって与えられる賜爵も一方では行われていった。同時に編戸《へんこ》の民として国家に納税し徭役《ようえき》を勤めていれば、一律に与えられる民爵が行われたのである。

こうした民爵は、一級ずつ加算されていく。二度賜爵の機会に出会えば、第二級の上造になり、四回では不更となる。民爵は個人の努力ではなく、どの皇帝の治世に何年生きたかによって上位に昇っていく。おそらくは五六歳まで賜爵され、爵位は終身保有することができた。子どもに世襲することも可能だ。女子には賜爵されなかったが、除外されたのではなく、夫の爵位に従ったままである。

明らかになった爵制の実態と効用

たとえば、恵帝即位のころに生まれ、文帝と景帝の治世四〇年を生きた男子は、七回の賜爵の機会があったので、第七級の公大夫まで昇れる。賜爵は一五～一七歳あたりが下限の年齢だから、四〇年後には五五歳の年齢に達していることになる。さらにこの者が家の後継ぎであれば、結婚前に一回の賜爵の機会があったので、加算すると第八級の公乗になる。一般の庶民の爵位は、この公乗どまりであった。公乗までをまた民爵といい、それ以上の官爵と区別できる。官吏は相応の爵位をもっていた。

漢代二〇等爵制の前身が秦代二〇等爵にあったといわれるが、実際に二〇等であったかは不明だ。二年律令の戸律《こりつ》には、公士から徹侯までの二〇級が見えるから、前漢初頭にはすでに二〇等爵がそろっていた。睡虎地秦簡や張家山漢簡は、文帝以前の、秦から前漢初頭の爵制の実態を明らかにしてくれた。睡虎地秦簡には軍爵律があり、二年律令には爵律があった。「(人の爵を)自分の爵と偽って罪を減免したり、(人の爵と偽って)人を減免させたりした者はみな入れ墨を施して城旦舂《じょうたんしょう》(男は築城、女は精米の労働)の刑とせよ」。

爵は罪を軽減するのに効果があった。律の原則を定めた具律によれば、上造以上の爵位をもっていれば、本人でも妻でも減刑された。さすがに妻が夫を殺傷した場合には、夫の爵位で妻の罪を減刑する特典はなかった。刑の軽減だけでは積極的な特典とはいえない。

傅律《ふりつ》では、爵位のランクが上であれば、徭役の免除年齢が引き下げられたり、高齢者に与える杖の年齢も引き下げられた。老年を優遇する効果もあったわけだ。老年層は軍功とは無縁だ。健康に編戸の民として生きていけば、爵位が加算された。爵位が下の者が上の者を殴つたときには罰金四両という賊律の条文がある。こうした法律によって爵がもたらす秩序が守られていた。軍爵と民爵双方から爵位の制度を考えると、年齢の長幼の序がそのまま爵位の上下に反映したわけではなかった。功労者には爵が日常的に与えられた。たとえば死罪に相当する罪人を捕らえた者には爵が与えられた。こうした功労者への賜爵によって年齢の序列をとび越えることもできた。

西嶋定生《にしじまさだお》の漢代二〇等爵制から分析した中国古代帝国の形成と構造の研究は、周代の五等爵とは異なって、秦漢の爵制的な秩序が庶民をも包み込み、専制君主たる皇帝と庶民との間に個別人身支《こべつじんしんし》配《はい》が成立したことを論じたものである。前後漢四二〇年間に国家の大事に皇帝によって賜与された約九〇回に及ぶ民爵事例を整理し、さらに民爵賜与の事例としての居延漢簡の断簡《だんかん》一四枚の出土史料を丹念に整理分析したうえで、魏《ぎ》郡鄴《ぎょう》県出身の十数人が前漢末の二〇年間（前八二―前六二）のうちに八回の賜爵の機会を得た結果、庶民に与えられる民爵上限の第八級の公乗にまで達した具体事例があることを突き止めた。

この事例から爵位の等級が一般に加算累積し合計額に対応して与えられるものであり、その等級によって里《り》における酒食の席次が決められることを明らかにした。西嶋の研究手法は、正史の文献史料の記述と偶然辺地に残された出土史料の記録との一筋の細い糸のような

張家山漢簡の爵律　睡虎地秦簡や張家山漢簡によって、秦代から前漢初頭期の爵制の実態をうかがうことができる

つながりを見いだすことによって、中央の政策が地方で具体的に施行されていた実態を確認し、そこからさらに個別人身支配の全構造の理念を、共同体を介在させて体系化した作業であった。

文帝から景帝へ

中国古代のお酒あれこれ

二〇〇〇年、西安郊外で西安市文物保護考古所が、前漢墓から醸造酒を発見した。青銅器に入った約二六キログラムの酒は、薄い黄色を帯び、アルコール分は〇・一パーセントしか残っていなかったという。いや一定の温度が保たれたとはいえ、地下の墓室のなかでよく保存されていたといったほうがよい。中国古代の酒の発見は、酒酵母《こうぼ》菌《きん》では河北省藁城《こうじょう》県代西《だいせい》村《そん》の商《しょう》（殷）代遺跡のものがもっとも古い。液体としては戦国中山王墓《ちゅうざんおうぼ》の二つの青銅器に翡《ひ》翠《すい》色のものが残されていた。本来尊《そん》などの酒を貯蔵する青銅器には酒を入れて埋葬していたはずだが、そのまま蒸発せずに残される例はきわめてまれだ。

現在の中国には白酒《パイチュウ》という蒸留酒と、黄酒《ホアンチュウ》（老酒《ラオチュウ》）という醸造酒がある。白酒は元《げん》代に始まったといわれ、中国古来の酒ではない。浙江・江蘇・山東・山西などの地方で造られる黄酒は、北方ではモチキビやモチアワ、南方ではモチゴメを材料に醸造したものである。古代では、中国全体がこうした穀物から造る醸造酒の文化圏であった。しかし黄酒《ホアンチュウ》は長年貯蔵する古酒であり、中国古代の醸造酒とも違っていた。現在でも粟《あわ》や稲米《とうまい》で造った酒は陝西・山西省の地方では米酒《ミーチウ》、四川省などでは醪糟《ラオツアオ》（濁り酒）と呼び、黄酒とは区別している。製法は簡単で日数もかけずに造ることができ、温めて飲む。これらの米酒《ミーチウ》は後代に出現する黄酒《ホアンチユウ》と白酒《パイチユウ》の陰に隠れてしまったが、中国古代の酒の特徴を残している。

六世紀の『斉民要術《せいみんようじゅつ》』では各種の麹《こうじ》や三一種の酒の造り方を詳しく説明している。酒の醸造専用に用いられた麹はすべて小麦から造った餅麹《もちこうじ》（穀物を団子状に固めてクモノスカビをつけたもの）で、散麹《ばらこうじ》（バラバラの穀物の表面に黄色いコウジカビをつけたもの）は醤《ひしお》・酢などを造るのに用いられた。アルコール発酵力の強い餅麹を使った酒は度数も高かった。漢代は麹と蘖《げつ》（かんだち・ばらこうじ）を区別せずにともに醸造用の麹として用いていた。蒸した穀物に麹を振りかけ、水を加えて糖化させ、さらに自然の酵母の働きでアルコール発酵させた。発酵の時間によって度数も弱いものから強いものまであった。醴《れい》は一夜で作った甘酒、酤《こ》は一夜でかもした酒、酎《ちゅう》は三度重ねてかもした重厚な酒、醪《ろう》はもろみを濾《こ》していない濁り酒をいう。また稲米の酒を上尊《じょうそん》、稷《きび》の酒を中尊《ちゅうそん》、粟の酒を下尊《げそん》といった。一石（一〇斗・約一九リットル・日本の一〇升強）からが大酒飲みの部類に入った。

四川の酒屋風景の画像磚　街の酒屋と客。古代中国はモチキビ・モチアワなどから造る醸造酒の文化圏だった（『巴蜀漢代画像集』）

酒宴と肉食のルール

当時の酒は、生き続けた酵素のために酸味が増し変質しやすい。稲、粟などの収穫後、旧暦の八月ごろ、涼しくなってから新酒が出回った。さきの文帝の即位時の宴会は閏《うるう》九月であった。国家の宗廟に捧げる酒の場合は、酸っぱくなってしまっただけで太常《たいじょう》という大臣の責任とされたこともあった。

漢代の民衆には飲酒には制限があり、「諸《およ》そ三人以上故無《ゆえな》く群飲《ぐんいん》する者は罰金四両」という厳格な法律によって、三人以上の宴会での飲酒は禁止されていた。居延漢簡にも時代は武帝以降に下るが、「禁沽酒群飲者（酒を沽《う》り群飲する者を禁ず）」と書かれた木簡が出土している。群飲が許されるのは国家的な慶事の場合であり、そのときには日数まで指定された。五日間もハレの宴会が許可された。前に紹介したような、女子に一〇〇戸ごとに牛と酒を与え五日間も宴会を行ったとは、どのようなことであったのだろうか。一〇〇戸とは里という村落のことであり、牛肉を調理し、与えられた酒で宴会が行われた。妻は夫の爵位に従う法律があったから、男女ともに爵位の序列に従って宴席があった。

漢代の人々はいろいろな肉をよく食べた。牛、豚、羊、鶏のほか鹿、犬、狗《こう》（子犬）、鴨、雁、兎、雉、鶴などである。漢代の料理は基本的には蒸す、焼く、煮る、干すという調理であり、今日の中華料理の中心にある鉄鍋と油で炒めたり揚げたりするものは、宋《そう》代以降鉄鍋と強い火力のコークスが普及してからだ。

漢墓には竈《かまど》の明器《めいき》がよく入れられる。画像石にも調理の場面がよく描かれる。肉は保存のために鉤《かぎ》にかけてつるしておく。釜の上に蒸し器を載せた様子が見える。肉の料理には羹《あつもの》というスープ、肉だけの羹もあれば、野菜入りのものもある。牛の頭だけを煮込んだ羹もあった。脯《ほ》は乾し肉、炙《しゃ》は焼き肉、炮《ほう》は丸焼き、膾《かい》は生肉であった。調味料には塩、醤《ひしお》（豆、肉、魚を原料に塩、麴《こうじ》、香辛料を加えたもの）、酢、ショウガ、山椒、豉《し》（豆にカビを生やしたもの）などがあった。五日間のハレの宴会でも、牛肉を使った料理に牛羹《ぎゅうこう》（肉スープ）、牛逢羹《ぎゅうほうこう》（野菜入りスープ）、牛炙《ぎゅうしゃ》（焼き肉）、牛膾《ぎゅうかい》（なます）、牛腊《ぎゅうせき》（乾し肉）など各種料理が出されたかもしれない。

墳を築かず　山川を損なわず

前一五七年、文帝は未央宮で亡くなった。文帝は生前から、みずからの陵墓には墳《ふん》を築かず、覇陵《はりょう》の山川を損なってはいけないと遺言していた。覇陵とは、かつて劉邦が項羽に先だって関中に入ったときに陣営を置いた覇上《はじょう》（灞水《はすい》のほとり）の地の丘陵である。灞水と滻水《さんすい》にはさまれた丘陵は白鹿原《はくろくげん》という。長安城の真西に灞橋《はきょう》が架かり、重要な交通の要所である。二〇〇〇年には漢代の灞橋建築遺構が発掘されている。灞水の対岸は驪《り》山《ざん》であり、始皇帝陵も近い。文帝は高祖劉邦の中子《ちゅうし》でありながら、咸陽原《かんようげん》に陵墓は築かなかった。呂后と呂氏一族の政権が崩壊したあとに、外から入って皇帝になったこともあり、長陵、呂后陵、安陵（恵

四川の厨房画像石　肉は保存のため鉤でつるす。釜の上に蒸し器が載っている

覇陵　文帝は豪奢な墳墓を築くことは人々の生活を脅かすと考えた。自然の丘陵の斜面を利用し、横穴式の墓葬にした

帝陵）と距離をとった。陵墓地の選定には、政治的判断もあった。

白鹿原を歩いても、覇陵をさがすのは難しい。漢代皇帝陵は長陵、安陵と造られたが、地上に墳丘を築けば、都長安城からでも確認できる。白鹿原には二つの大きな墳丘が見えるが、文帝のものではなかった。文帝の母、薄太后は、文帝の死後二年して埋葬され、呂后が長陵にならんで陵墓を造ったことに対抗して、大きな墳丘を築いた。

文帝の竇皇后《とうこうごう》も、覇陵の南に墳丘を残した。竇皇后は景帝の母であり、景帝の死後六年して覇陵に合葬されたのである。合葬といっても覇陵の東南二キロほどの場所に東西一三七メートル、南北一四三メートル、高さ一九・五メートルの大きな墳丘を残している。薄太后や竇皇后の陵墓造営は文帝の死後であって、文帝の意志ではなかった。

文帝は厚葬《こうそう》（豪奢に埋葬すること）が庶民の生活をくずしてしまうと考えていた。天下の万物には生もあれば死もある。死は天地の道理であり、自然でもある。したがって山川を損なわないように、陵墓を建設しなければならない。穴を縦に深く掘り下げれば、地下水脈を切り山川の理に抵触してしまう。覇陵は自然の丘陵の斜面を利用し、崖墓《がいぼ》という横穴式の墓葬を造った。咸陽原に聳《そび》える漢皇帝陵が盗掘されていくなかで、覇陵は過去に盗掘されたという伝説はない。覇陵の新しい方式は、地方の諸侯王墓に取り入れられていった。

呉楚七国の乱

始皇帝の死から七〇年、前一四一年に前漢第六代皇帝景帝が陽陵に埋葬された。陽陵を陵園《りょうえん》という墓葬地としてではなく、陵邑《りょうゆう》という都市として見れば、前一五七年に即位したときからその歴史は始まっていた。前漢代の一一の皇帝陵のなかでは、現在もっともその全貌が明らかになってきたのが陽陵である。皇帝陵を中心とした陵園と陵邑といった複合古代都市の様相が見えてきた。一九九九年、武帝の茂陵《もりょう》博物館に続いて、現地に漢陽陵考古陳列館が開設された。景帝の治世一六年の歴史は、陵園都市に反映されている。

文帝の中子である劉啓《りゅうけい》は、母の竇《とう》皇后が寵愛を受けたので、すんなりと太子となり、帝位に即いた。しかしその後すぐに、王朝を揺るがすような政治的な大事件が三ヵ月間続いた。景帝前三年（前一五四）、七つの劉氏王国が反乱を起こしたのである。一種の内戦といってもよい。いわゆる呉楚七国《ごそしちこく》の乱《らん》として知られる。呉《ご》王濞《び》、楚《そ》王戊《ぼう》、趙《ちょう》王遂《すい》、膠西《こうせい》王卬《こう》、済南《さいなん》王辟光《へきこう》、菑川《しせん》王賢《けん》、膠東《こうとう》王雄渠《ゆうきょ》の七王は、呉王が高祖の兄の子であることを除けば、景帝とともに高祖の孫、従兄弟の世代にあたる。膠西、済南、菑川、膠東の四王は斉悼恵王劉肥《せいとうけいおうりゅうひ》の子であるので、呉、楚、趙、斉四国の東方諸国の反乱といったほうがわかりやすい。

呉は五三城（県）、楚は四十数城、斉ももともと七十数城、これだけでも一六三城以上、全国の一〇パーセント以上の領域を占めていた。秦から漢に替わったとはいえ、秦と東方六

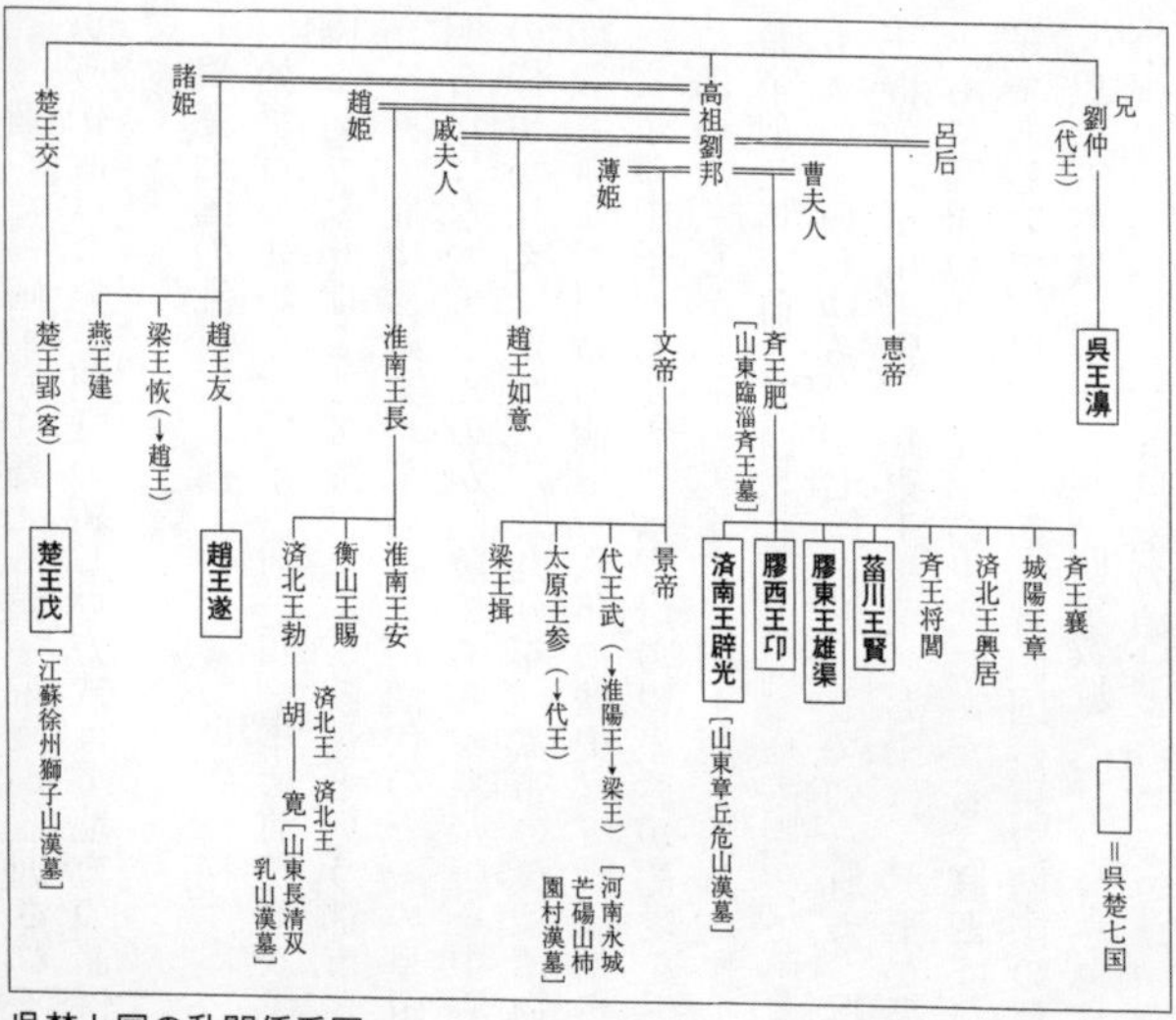

呉楚七国の乱関係系図

国の対立の構造は生き続けていた。反乱軍は漢と東方諸侯王国に介在する梁《りょう》を攻撃し、数万人を殺した。

呉楚の乱の主導者呉王劉濞《りゅうび》が東帝と自称したのは、かつて戦国時代の秦が西帝、斉が東帝と称した記憶が甦ってきたものだろう。同じ劉氏でありながら、漢帝と呉王とを対置させた。漢から見れば、東南方向は鬼門となった。呉王は皇帝に対して朝《ちょう》見《けん》して藩臣《はんしん》の礼を行わなければならないが、現実の経済力は漢の中央政府にけっして劣るものではない。会《かい》稽《けい》郡、豫章《よしょう》郡など三郡の領土には、江南の豊かな資源があった。とくに海塩《かいえん》と銅山の資源が呉の繁栄を支えていた。北方からの亡命者が流れて集まり、人的な資源にもことかかなかった。銅は貨幣鋳造の材料であり、呉で作られた不法な貨幣が流通することになった。

　呉の太子が漢の皇太子（景帝）と酒を飲みながら六博《りくはく》のゲームをしていたときに喧嘩になって、博局《はくきょく》（六博盤）を投げられて死亡した事件があった。太子の遺体を送りつけられた呉王が、同じ劉氏でありながら長安で亡くなった太子をなぜ長安で埋葬できないのかと、送り返した。このようなささいな摩擦も、景帝と呉王が衝突する伏線になっている。呉王は病気と称して朝見の礼を怠った。

六博俑　漢代の六博というゲームに興ずるふたり（『河南博物館精品與陳列』大象出版社）

梁孝王武の奮戦

　呉王はすでに六二歳、劉氏王国の王のなかでは長老格、年齢を押してみずから軍を率いた。少子の年齢一四歳から自分の年齢六二歳までの男子を国内から徴発し、二十数万人を集めた。さらに呉王は諸侯に書簡を送った。六王だけでなく、淮南《わいなん》王、衡山《こうざん》王、廬江《ろこう》王と呉氏長沙国の王子（すでに文帝のときに国は除かれていた）一〇名に宛てた。目的は漢王朝の打倒ではない。諸侯王国の領地を削り、漢の社稷《しゃしょく》を危うくしている賊臣鼂錯《ちょうそ》の排除にあった。精兵五〇万をもつ呉は、南越三十数万の兵力も頼みにできるのだと強調した。長安包囲網は、南は漢中・蜀、正面は臨晋関《りんしんかん》、北は胡王《こおう》とも結託して蕭関《しょうかん》か

章丘危山漢墓兵馬俑坑全景　呉楚七国の王の一人、済南王辟光の墓と考えられている（『華夏之路』）

ら突破する計画だった。

呉楚軍にまず応戦したのは梁孝王武《りょうこうおうぶ》であり、軍を西に進ませず、呉王の計略を実現させなかった。武は景帝の同母弟として信頼され、母親の竇《とう》皇后からも可愛がられた。梁国も泰山から西、四十数城からなる土地も豊かな大国であり、弩《ど》・弓・矛《ほこ》など数十万の兵器をもち、その財力も百巨万（一億）銭にも達したという。孝王は天子の旗を掲げることが許され、狩猟の際には天子なみに千乗の車と一万の騎兵を率いたという。

その梁国の王墓、王后墓群と寝殿遺跡が、河南省永城《えいじょう》県で発見されている。横穴式の崖墓《がいぼ》で、墓道から甬道《ようどう》をへて墓室に下っていくと、回廊に囲まれた主室の小部屋がある。保安山《ほあんざん》一号墓の被葬者は梁孝王と推定されている。柿園《しえん》漢墓は、孝王の王妃と推定されている。その騎兵俑《よう》や女官俑は裸体俑であり、兄の景帝を埋葬した陽陵の陪葬坑のものと酷似している（一一一ページの写真の⑥⑦⑧などを参照）。孝王が入朝したときには同じ車に乗って仲良く上林苑《じょうりんえん》で狩猟したというように、兄景帝との密接な関係がうかがえる。

周勃・亜夫父子の兵馬俑

中央から派遣された大将軍竇嬰《とうえい》や太尉周亜夫《しゅうあふ》の軍も、呉楚軍を抑えた。呉軍が歩兵主体であるのに対して、漢軍は騎兵主体であった。機動性では騎兵が有利に働いた。

周亜夫の父周勃《しゅうぼつ》は高祖に中涓《ちゅうけん》として従い、庶民から太尉、丞相にまで上り詰めた人間であった。高祖亡き後、呂氏一族を排除し、文帝の即位のお膳立てをして丞相として支えた。その子の周亜夫が文帝、景帝に仕え、このとき漢王朝の危機を救った。高祖が臨終のときに、臣下のなかでは周勃こそ太尉として劉氏王朝を支えさせるべきといい、文帝も臨終のときに周亜夫こそ将軍として信頼できるといった。その漢王朝を支えた二人の墓が、長陵の近くにあると『水経注《すいけいちゅう》』が伝えているが、実際にかれらの墓と推測されるものが発見された。

楊家湾漢墓兵馬俑（咸陽博物館蔵）　始皇帝の兵馬俑に先立って、漢の兵馬俑が発見された。始皇帝兵馬俑とのいちばんの違いはミニチュアサイズであること

周亜夫は最後には景帝と折り合いが悪くなった。周亜夫の子は、父を埋葬するときのために、尚方《しょうほう》という皇帝御物の国営工場で製造した甲《こう》（よろい）と盾《たて》を五〇〇組、買い入れた。武具を墓に入れるのが、将軍にふさわしいことと考えたのだろう。一方で武器の購入から、謀反を疑われた。周亜夫は購入したのは葬器であると弁解した。漢代の明器《めいき》は、一般にミニチュアである。武器の場合は確かに誤解されかねない。さらに廷尉の官吏は、「地上ではないにしても、地下で反乱を起こそうとしているのか」

としつこく追及した。始皇帝陵園内で発見された大量の石鎧《せきがい》や、兵馬俑坑の実用武器のことが思い起こされる。

これより先、一九六五年には、楊家湾《ようかわん》漢墓四号墓の南で一一の兵馬俑が出土している。始皇帝の兵馬俑の発見よりも九年前に、すでに漢の兵馬俑が発見されていた。高祖の陪葬墓といっても、実際には文景期に埋葬された。楊家湾漢墓の兵馬俑坑は、絳侯《こうこう》周勃と条侯《じょうこう》周亜夫という列侯クラスのものである。騎兵俑五八〇、歩兵俑一八〇〇ほか戦車や舞楽俑などが見られる。合計三〇〇〇に近い。始皇帝兵馬俑との違いはミニチュアサイズであることと、騎兵俑が乗馬スタイルであることだ。秦兵馬俑の騎兵俑は実物サイズであるだけに、馬を引く騎兵として切り離している。楊家湾騎兵俑は、馬の胴体にすでに騎兵の下半身を描き、上半身はあとから差し込んでいる。

陽陵陪葬坑の兵馬俑は楊家湾陪葬のものとも違っていた。兵士や騎兵俑の姿が裸体になり、腕がなくなり、馬をまたぐ姿も騎兵の下半身と馬の胴体を切り離した（一一一ページ写真⑥）。これらの違いは、ただ一つ絹の服を俑に着用させることからきている。秦の兵士俑は粘土に鎧や戦闘服を描き出し、色彩を施した。楊家湾も同じ作り方だ。陽陵の陪葬坑になって一体一体に絹を着せた。長沙馬王堆一号漢墓の場合、実際の絹の服も数多く出土したが、絹の衣服を着せた木俑も多く発見されている。

第五章　武帝の時代Ⅰ　司馬遷の生きた時代

武帝と司馬遷

武帝の母・王夫人と栗姫

劉徹《りゅうてつ》は景帝の中子《ちゅうし》として景帝元年（前一五六）に生まれた。一説によれば、司馬遷《しばせん》は、一〇年あまりして景帝中五年（前一四五）、司馬談《しばたん》の子として龍門《りゅうもん》に生まれた。のちの皇帝と太史令《たいしれい》、二人は生まれながらにして将来が決まっていたわけではなかった。

父景帝が死を迎え陽陵に埋葬されるとともに、一六歳の太子劉徹は皇帝となった。太子劉徹もこの陵墓での埋葬の儀に立ち会ったはずだ。漢王劉邦は乱の時代に力で皇帝となったが、二代目以降は太子になることが皇帝の位を継承できる条件であった。そのためにはまず母親が皇帝の寵愛《ちょうあい》を受けて、皇后に立てられることが必要であった。いったん皇后になっても廃されると、その子は太子にはなれない。劉徹も最初から太子であったわけではなかった。

景帝の薄《はく》皇后には子が生まれなかった。皇后は文帝の母薄太后《はくたいこう》の一族の娘である。そのために栗姫《りっき》の子劉栄《りゅうえい》がまず皇太子となった。栗姫は東方斉の栗氏《りっし》の出である。景帝の姉、長公《ちょうこう》主嫖《しゅひょう》は、自分の娘をこの皇太子の妃にしようとした。従兄弟《いとこ》同士という近親婚になるが、長公主（皇帝の姉妹）は、すでに外に出ているので、母方の従兄弟婚で問題はなかった。しかし拒否されたことから、栗姫は長公主から疎《うと》まれることになった。皇太子劉栄は廃され、代わって王《おう》夫人が皇后となり、子の膠東王《こうとうおう》劉徹が皇太子となった。膠東国は呉楚七国の乱の一王国、現在の山東省青島《チンタオ》付近、東海に面する。ここから遥か長安に呼ばれた。逆に劉栄は長江中流、江陵《こうりょう》に移され、臨江王《りんこうおう》となった。

王皇后の陵墓の墳丘は陽陵の東北に位置し、陽陵より少し小さいが、他の陪葬墓に比べると一段と大きい。墳丘は一辺一五四メートル、そのまわりには皇帝陵と同じように正方形の版築の土壁（一辺三四七・五〜三五〇メートル）がめぐり、四つの門が備わっている。

呂后陵よりも大きく、皇后陵としては最大である。あの武帝の母親の陵墓という目で見れば、納得できる。一方皇后になれなかった栗姫の墓は、陽陵の頂上からも東北に望める六〇メートル四方程度の小さな墳丘であると伝えられる。わが子劉栄が皇太子を廃されて、無念のまま憤死した栗姫の心情が伝わってくるようだ。武帝に負けた子の臨江王《りんこうおう》劉栄は、最後はささいな罪に問われ自殺をさせられた。長安南の藍田《らんでん》の地に孤独に埋葬された墓は、地元の民衆からも同情されたが、いまはその場所を知るよしもない。

一四人の皇子の中から選ばれた武帝

王夫人が宮中に入ることができたのは、母臧児《ぞうじ》の力によるところが大きい。漢代の女性はたくましい。臧児は王仲《おうちゅう》との間に一男二女を生み、夫の死後田氏《でんし》と再婚して二男を生んだ。田蚡《でんふん》、勝《しょう》兄弟であり、蚡は武帝のときに丞相になった。臧児と王仲の長女は金王孫《きんおうそん》の妻となったが、将来次女が富貴になるとの占いによって、離婚させて太子（景帝）の宮殿に送った。三女一男を生み、その一男が劉徹であった。臧児も長女も離婚、再婚にはこだわりがなく、長女は太子の夫人になり、皇后になったのである。陽陵の南区陪葬坑は、王皇后陵の真南に位置する。女官俑《じょかんよう》や女性騎馬俑の姿から、皇后の周辺の様子が想像できよう。

　皇帝制のなかでは、もはや六代前の曾祖父劉邦のように、劉徹自身が皇帝になろうと努力したわけではない。多くの夫人のなかから皇后が一人選ばれ、その子が太子となって皇位を継承していく。あるいは多くの王子のなかから太子が選ばれ、その母親が皇后となった。五人の夫人の一四人の皇子のなかから選ばれたのが武帝であった。一三人が王にとどまり、一人が王から皇帝になった。『史記』巻五九では五人の夫人を五宗《ごそう》といい、五宗世家《ごそうせいか》のなかに一三人の王の伝がある。

女性騎馬俑（陽陵陪葬坑出土　漢陽陵考古陳列館蔵）　馬は複製

　同じ皇帝の子であり劉氏でありながら、同じ母の兄弟は宗親《そうしん》という一族意識があるが、母が異なる兄弟は帝位を争う敵であった。劉氏の同姓諸侯王も、父系よりも母系で見ることが必要だ。王氏の武帝が栗氏の劉栄に勝ったのだ。さかのぼって見れば、あの秦王政《せい》の場合も、父親の荘襄王《そうじょうおう》は、二十数人の兄弟のなかで王位につく可能性は実に低かったわけだから、呂不韋《りょふい》の画策がなければ始皇帝《しこうてい》は誕生していなかったはずだ。

乱の時代ばかりか、治の時代にも、一人の皇帝の誕生には、ある種の競争の原理が働いていたともいえる。呉楚七国の諸王の場合も、劉氏の中身をよく見れば、呉王濞《び》と楚王戊《ぼう》が高祖の兄弟の家系であったのは別にしても、趙王遂《すい》は呂后に殺された趙王友《ゆう》（父は劉邦、母はわからない）の子であり、膠西《こうせい》王卬《こう》、済南《さいなん》王辟光《へきこう》、菑川《しせん》王賢《けん》、膠東《こうとう》王雄渠《ゆうきょ》の四王の父斉王劉《りゅう》肥《ひ》の母は、劉邦が皇帝になる前の外婦（妾《しょう》）の曹氏《そうし》であった。呂后の子の恵帝なきあとは、薄氏の子の文帝（父は劉邦）や竇《とう》氏の子の景帝、梁孝王武《ぶ》（ともに父は文帝）らが漢の劉氏を支えていった。父系劉氏同士の信頼感は薄かった。

中山靖王劉勝の玉衣

玉衣に包まれて埋葬されていた中山靖王《ちゅうざんせいおう》劉勝《りゅうしょう》（在位前一五四―前一一三）は、母の賈《か》夫人が皇后に立てられていれば、景帝を嗣ぐ皇帝になっていたかもしれない。武帝とは異母兄弟の一三王の一人である。同母の兄の趙王彭祖《ほうそ》が藩国の政治に専念したのに対して、劉勝は毎日酒と音楽に興じ、色を好み、宮中には一二〇人以上の子がいたという。そんな中山王劉勝と竇綰《とうわん》夫妻の墓が一九六八年、文革の最中に発見された。河北《かほく》省満城《まんじょう》県にあるので満城漢墓という。

一九七一年、文革により閉鎖されていた北京の故宮博物院《こきゅうはくぶついん》において、文革中の出土文物二〇〇〇点あまりが公開展示され、なかでも満城漢墓出土の金縷《きんる》玉衣《ぎょくい》が注目をあびた。金の糸で二四九八枚（夫人の竇綰《とうわん》は二一六〇枚）の玉片をつづり合わせた玉衣に遺体がくるまれていたが、遺体は朽ちて無い。体内の魄《はく》が外に逃げないように、目・鼻・口・耳・生殖器・肛門の九竅《きょう》（身体の九つの穴）を玉でまず塞《ふさ》いだ。その上に体形に合わせて玉衣を作って着せた。金の糸も純度九六パーセント、直径も〇・五ミリ以下で、一一〇〇グラム使用していた。頭部、上衣、下衣、手袋、靴と各部を組み合わせた。とにかく玉で全身を覆うために、玉片は小さく組み合わせた。手袋だけでも右は一一二、左は一一三枚と細かい。絹よりも玉の力を信じた。

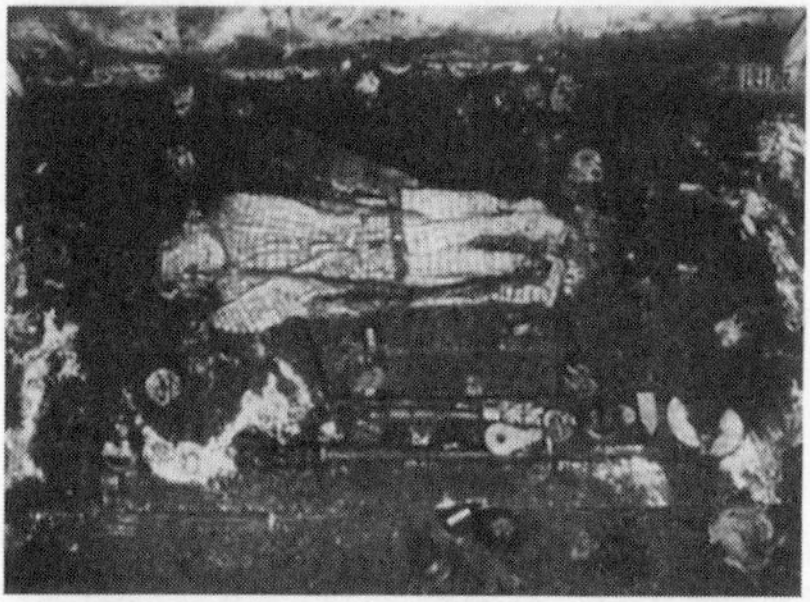
金縷玉衣　満城漢墓１号墓から出土した金縷玉衣とその他の副葬品の出土状況。周囲には玉を並べてある。玉衣の中の遺体は朽ちていた（『満城漢墓発掘報告』）

中山靖王が代王、長沙王、済川《さいせん》王らと長安に入朝したときに、宴席で音楽を聴いて突然涙を流した。武帝が尋ねると、中央からやってきた官吏の監視が厳しいという。諸侯王国といっても、すでに上級官吏は中央から送られていた。その武帝もこうした玉衣にくるまれていたはずだ。武帝は蛟《こう》龍《りゅう》を描いた金縷玉衣にくるまれていたと伝えられる。『後漢書』の礼儀《れいぎ》志《し》によれば、皇帝の金縷玉衣から、諸侯王、列侯、公主などの銀縷《ぎんる》玉衣、長公主の銅縷《どうる》玉衣とランクがあった。その後各地の漢代の諸侯王、列侯の玉衣が、断片も含めてつぎつぎと発見されている。

長安の工房で作られた東園秘器《とうえんひき》（葬儀用品）の

一つが玉衣で、漢代には玉匣《ぎょっこう》と呼ばれ、葬儀の際に贈られた。遺体をくまなく覆うことによって、腐乱はある程度防ぐことができた。呂后の陵墓が赤眉《せきび》の乱《らん》の際に盗掘されたとき、玉匣にくるまれていた遺体は生けるがごとくであったということは先に述べた。埋葬されてから二〇〇年の時間が経過していた。

三国魏《ぎ》の曹丕《そうひ》は二二一年にこの玉衣の使用を禁止した。玉衣の時代はこのとき終わった。

武帝在位の年号

武帝の時代にはじめて年号が用いられた。これまでもふれたように、武帝以前は君主が即位してから年を数え始めるだけで年号はなかったが、武帝のときになってはじめて、しかも一代のうちに複数の年号を用いるようになった。建元《けんげん》・元光《げんこう》・元朔《げんさく》・元狩《げんしゅ》・元鼎《げんてい》・元封《げんぽう》・太《たい》初《しょ》・天漢《てんかん》・太始《たいし》・征和《せいわ》・後元《こうげん》と一一の年号が続くとめまぐるしい。建元から元封までは六年ごとに改元を繰り返し（三六年間）、太初から征和までは四年ごとに改元し（一六年間）、最後の後元は二年で終わっている。年号を足した計五四年間は、武帝の在位年数より一年少ないことになる。

宝鼎《ほうてい》が出土した年を元鼎《げんてい》とし、元鼎以前の年号である建元、元光、元朔、元狩は後からさかのぼって設定したものであるといわれているが、一方建元《けんげん》の年号の入った青銅器が出土しているので、建元から年号があったという意見もある（陳直『史記新証』天津人民出版社、一九七九年）。改元のきっかけは、泰山に封禅しては元封と変え、暦を改めたといえば太初と変え、旱魃時に雨乞いを天にすれば天漢とし、夷狄《いてき》を征討して天下が平和になったといえ

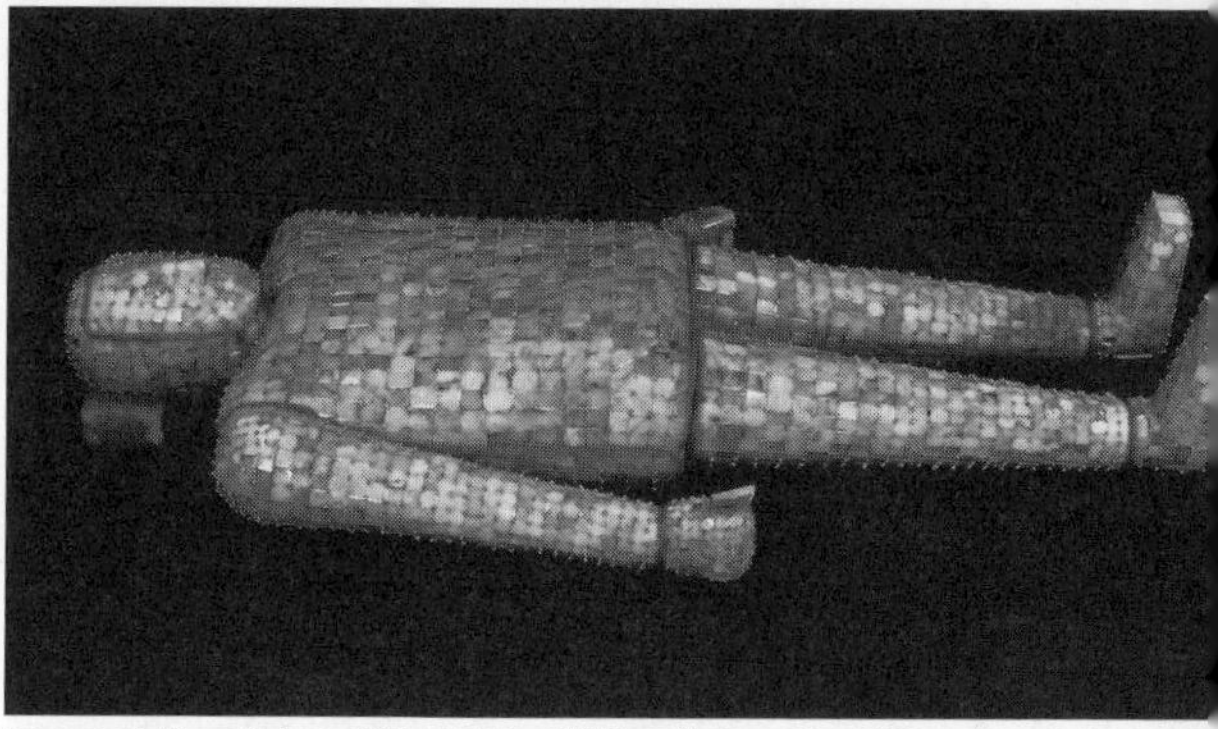

玉衣の時代　玉衣は秦漢の王侯の遺体に着せるが、脱着できる衣服ではない。漢代には、玉札（玉ふだ）を縷（いと）でつづり、全身を覆ったものを玉匣（玉のはこ）といっている。遺体に永遠に宿る魄というたましいが外に逃げないようにした。始皇帝も劉邦も呂后も武帝も光武帝もみな玉衣に覆われていたはずだ。漢代の諸侯王や列侯、南越王の玉衣が発見されている。秦漢の時代とともに玉衣の時代は終わった。写真は徐州獅子山楚王陵の金縷玉衣。江蘇省徐州には、劉邦の弟の劉交の国、楚の都彭城があった。そこには歴代の楚王の陵墓がある。現在まで北洞山（第２代夷王劉郢客）、獅子山（第３代楚王劉戊）、亀山（第６代襄王劉注）、火山漢墓（後漢彭城王劉和）などが発掘されている。それぞれ文帝・景帝・武帝・後漢献帝の時代に相当する。獅子山では1984年に大規模な兵馬俑群が発見され、徐州漢兵馬俑博物館が建てられた。その後91年に王陵が発掘された。この金縷玉衣の主と推定されている劉戊は、呉楚七国の乱に加わって漢王朝に反旗を翻し、最後は自殺させられた。4000枚以上のホータン産の半透明の美しい白玉を金の糸でつづり合わせている（徐州市博物館蔵）

ば征和とした。

こうした年号はわずらわしいものの、史料を扱う者にとってみれば、年号によって西暦にすぐ換算できる。「今何年《きん》」という表記では、代替わりすればだれの治世であるかもわからなくなってしまう。出土史料のなかで「元康《げんこう》四年五月丁亥朔丁未《ていがいさくていび》」と書かれていれば、すぐに前漢宣帝《せんてい》の年号で紀元前六二年であることがわかる。ところが「十年七月辛卯朔甲寅《しんぼうさくこういん》」と記されている年代が高祖一〇年（前一九七）であることがわかるには、七月一日（朔）が辛卯にあたる年を暦からさがして判別しなければならない。武帝に始まった古代の一世複数元号制は、一四世紀の明《みん》代になってようやく一世一元制に変わった。

司馬遷の父司馬談

司馬談《しばたん》（呉音の「だん」ではなく、漢音で読む）は武帝の前半の治世、元封元年（前一一〇）まで太史令《たいしれい》として仕えた。ほぼ三〇年の長さは、子の司馬遷の太史令任官の九年の比ではない。『史記』は司馬談・遷父子二人の編纂書であり、司馬談の役割はもっと評価されてもよい。太史とは漢王朝の宗廟と礼儀をつかさどる太常《たいじょう》の下にいる史官であり、令《れい》はその長官である。秩《ちつ》は六〇〇石《せき》、地方の県の長官クラスである。

張家山漢簡には史律《しりつ》という法律の条文が含まれていた。史（記録）と卜《ぼく》（占い）と祝《しゅく》（祝詞）の官吏になる資格条件が見える。太常の下には太史と太卜と太祝が並んでいるから、記録をとることと、占うことと、祈ることとは関係が深い。史は五〇〇〇字（後漢の尉律《いりつ》では九〇〇〇字となっているが、前漢初期は五〇〇〇字でよかった）と八種の字体（後漢の『説《せつ》文解字《もんかいじ》』では秦の八体として大篆《だいてん》・小篆《しょうてん》・刻符《こくふ》・虫書《ちゅうしょ》・摹印《ぼいん》・署書《しょしょ》・殳書《しゅしょ》・隷書《れいしょ》をあげるが、先秦の文字も入っていたかもしれない）の読み書き、卜は三〇〇〇字の隷書と三〇〇〇字の占卜《せんぼく》の書体を読み書きでき、かつ九分の七以上の占いの的中率、祝は七〇〇〇言以上の文例を使いこなせる能力が試された。太史、太卜、太祝はそれぞれの官職名であり責任者であった。とくに長官を太史令というように呼ぶ。

太常は中央最高官庁の九卿《きゅうけい》の一つである。宗廟とは劉氏漢王朝の歴代皇帝の霊魂を祀る建物であり、なかには位牌を収めた。すでにこのとき高祖、恵帝、文帝、景帝と四代の皇帝の遺体は、長陵、安陵、覇陵、陽陵の地下に埋葬されていた。同時に魂を祀る廟は長安城内に置かれてきたが、景帝の廟から陵墓の近くに置かれた。その廟は徳陽宮《とくようきゅう》と呼ばれ、墳丘の南よりやや東によった、四〇〇メートルしか離れていない所にあった。現在でも羅経石《らけいせき》（羅経とはコンパスのこと。方角を示す十字が刻まれている）という石が残されている。

陵園内の寝殿では一日四回の食事が捧げられ、廟では一年二五回も祭祀《さいし》が行われた。宗廟祭祀では音楽あり、祝詞あり、犠牲の動物を捧げ、占いもともなった。太常管轄下の太楽、太祝、太宰、太卜らの職務だ。奏《かな》でること、祝詞をあげること、犠牲を捧げること、卜《うらな》うことは宗廟では欠かせない。太史の職務も、かれらと並んで宗廟祭祀の記録にあった。太医も一見関係がないようであるが、中国古代の医学は巫《ふ》と一体化していた。かれらは皇帝の臨終に際しては死亡を宣告しなければならない。その後、陵墓に埋葬される。陵邑《りょうゆう》も太常の管轄下にあった。博士も太常の下に置かれた。宗廟の礼儀には、博士の学問が求められた。司馬談もこうした仕事柄、遷《せん》を連れて茂陵邑《もりょうゆう》に移り住んだ。

司馬喜の封泥（『漢長安城未央宮』）

司馬談の憤死

司馬談は武帝が元封元年（前一一〇）、始皇帝以来いよいよ泰山で封禅の祭祀を行おうとしたときに、洛陽《らくよう》に留められて泰山に赴くことができなかった。本来の太史の職務は、長安周辺の宗廟の祭祀ですんだ。しかし今は都を遠く離れて、泰山で天地を祀ろうというのだ。漢朝になってから前例はないが、そのような国家的大行事に加わりたい。しかしわずか六〇〇石の太史の責任者には、どうすることもできなかった。太史公自序には「司馬談は発憤《はっぷん》して亡くなった」と記されている。無念さが伝わってくる。司馬談は遷を呼び寄せ、その手を取って涙を流して泣いた。

自分の祖先が代々周《しゅう》の史官であったことを誇った。しかしその後、史官から離れたことが残念であったらしい。戦国時代にはむしろ武人を出した。司馬錯《しばさく》は秦の恵王のときに将軍として蜀を滅ぼした。司馬靳《しばきん》は秦の将軍白起《はくき》と長平《ちょうへい》の戦いで趙軍四〇万を穴埋めにした。官吏も出した。司馬昌《しばしょう》は始皇帝のときの製鉄を管理する官であった。司馬無沢《しばむたく》は漢の市長、といっても長安にあった市場の管理者である。談の父の司馬喜《しばき》は五大夫の爵位にあった。官職はわからないが、未央宮殿区内の中央官庁遺跡から「司馬喜章」（司馬喜の印章）の文字の封《ふう》泥《でい》が出土している。同一人物であれば、官吏として長安にいたことになる。司馬談は、そうした行政官よりも祭祀官である太史を子にも継いでほしいと願った。

行政官の職務は一年のサイクルで終わる。しかし祭祀はそうはいかない。漢の歴代皇帝を宗廟で守るだけでは足りない。五帝に始まり夏、殷、周、秦と歴代の王朝の祭祀を守っていくことが、現漢王朝の正統性を主張するためには必要だ。武帝の泰山封禅は、一〇〇〇年の皇統を受け継ぐものであった。太史には一〇〇〇年、一〇〇年という時間の感覚があった。

司馬談は周の王道と礼楽が廃《すた》れ、孔子が『春秋《しゅんじゅう》』の最後、魯《ろ》の哀公《あいこう》一四年（前四八一）に「麟《りん》を獲《と》えた」と記録してから四〇〇年（実際は三七一年）、諸侯同士が争い、史官の記録は整理されないできたことを嘆いた。麒麟《きりん》が捕獲されたのは不祥《ふしょう》を意味した。いまは海内（天下）が一統された時代、記録が失われないうちに、お前も太史となって自分の願いをかなえてくれと伝えた。司馬遷は首をたれ、涙を流して父業を受け継ぐことを誓った。

司馬遷の生没年

その司馬遷は龍門《りゅうもん》に生まれた。陝西《せんせい》省韓城《かんじょう》市の南、東に黄河を見下ろす梁山《りょうざん》の北端に司馬遷を祀る建物がある。この地に司馬遷祠《し》が造られたのは、西晋の永嘉《えいか》四年（三一〇）、郡の太守が石室と碑を建て、柏《このてがしわ》の木を植えたのに始まる。西晋の懐帝《かいてい》司馬熾《しばし》は同姓の司馬遷を祀ろうとした。北宋の宣和《せんわ》七年（一一二五）には墓の垣根が修繕され、寝宮《しんきゅう》、献殿《けんでん》と山門《さんもん》が建てられた。その後、元明清《げんみんしん》と修改築を重ねたものが現在の祠《し》である。その司馬遷祠の寝宮の後ろに司馬遷の墓がある。実際に埋葬されているものではなく、後世造られたものであり、西晋のときに修繕された。現存のものは円形の墳丘で、高さ二・一五メートル、周囲は一三・一九メートル、壁面は八卦《はっか》と花紋の煉瓦で覆われている。

墳丘の上には、五つに枝分かれした柏の大樹がそびえ立っていた。この地では下流では、一二キロもある黄河の河幅がわずか五〇メートルにも狭まっている。大魚も急流のため流れをさかのぼるのが難しく、ここを乗り切れば龍に化すという伝説の場所だ。冬には凍結した氷上を歩けるほど容易に黄河を渡れるので交通の要所となってきた。東は山西省、西は陝西省の境にある。夏《か》の禹王《うおう》が黄河の河道を整えた伝説もあり、禹門《うもん》とも呼ばれる。司馬遷は長安に出る一〇歳ごろまで、この地で過ごした。

　司馬遷の正確な生没年はわからない。『史記』のなかであれだけ多くの人物の伝記を記しながら、最後の巻一三〇の自伝「太史公自序」にもみずからの生没年は記していない。もちろん自分で死のことを語ることはできないにしても、いつ生まれたのかも書いていない。手がかりは二つ、「父（司馬談）が亡くなってから三年目に遷（自分）は太史令となった」、そして「太史令になって五年目に太初《たいしょ》元年となった」というくだりだ。司馬談が亡くなったのが前一一〇年であるから、三年目の元封《げんぽう》三年（前一〇八）に太史令となり、また五年目の年が太初元年（前一〇四）であった。

　これだけでは年齢は分からないが、唐代《とうだい》の『史記』の注釈者は、興味深い関係史料を見ることができた。一つは司馬貞《しばてい》が『史記索隠《しきさくいん》』のなかで『博物志《はくぶつし》』（晋《しん》の張華《ちょうか》撰）を引用している。「太史令茂陵《もりよう》顕武里《けんぶり》大夫《たいふ》司馬遷、年二十八、三年六月乙卯《いつぼう》、除六百石《せき》」という司馬遷が太史令に任官した辞令の文章である。現本『博物志』にもない貴重なものだ。これによれば太初三年から二八年さかのぼった前一三五年が生年ということになる。

　もう一つはやはり司馬貞より少し遅い唐代の張守節が『史記正義』のなかで太初元年に注を加え、「遷の年は四二歳」としている。これによれば、前一四五年が生年となる。両者には一〇年のずれがある。後者の説では、太史令になったのは三八歳ということになる。また前一四五年説にたてば、司馬遷は武帝の一一歳下、前一三五年説にたてば二一歳下になる。

遷二〇歳、見聞を広める旅

この二人が最初に出会ったのは、というよりも司馬遷が武帝を眼前に意識し出したのは、司馬遷の父司馬談が太史令となって長安に移り住んでからということになる。武帝が即位したのは、景帝後三年（前一四一）、一六歳、司馬遷は前一四五年出生説では五歳のときのこ

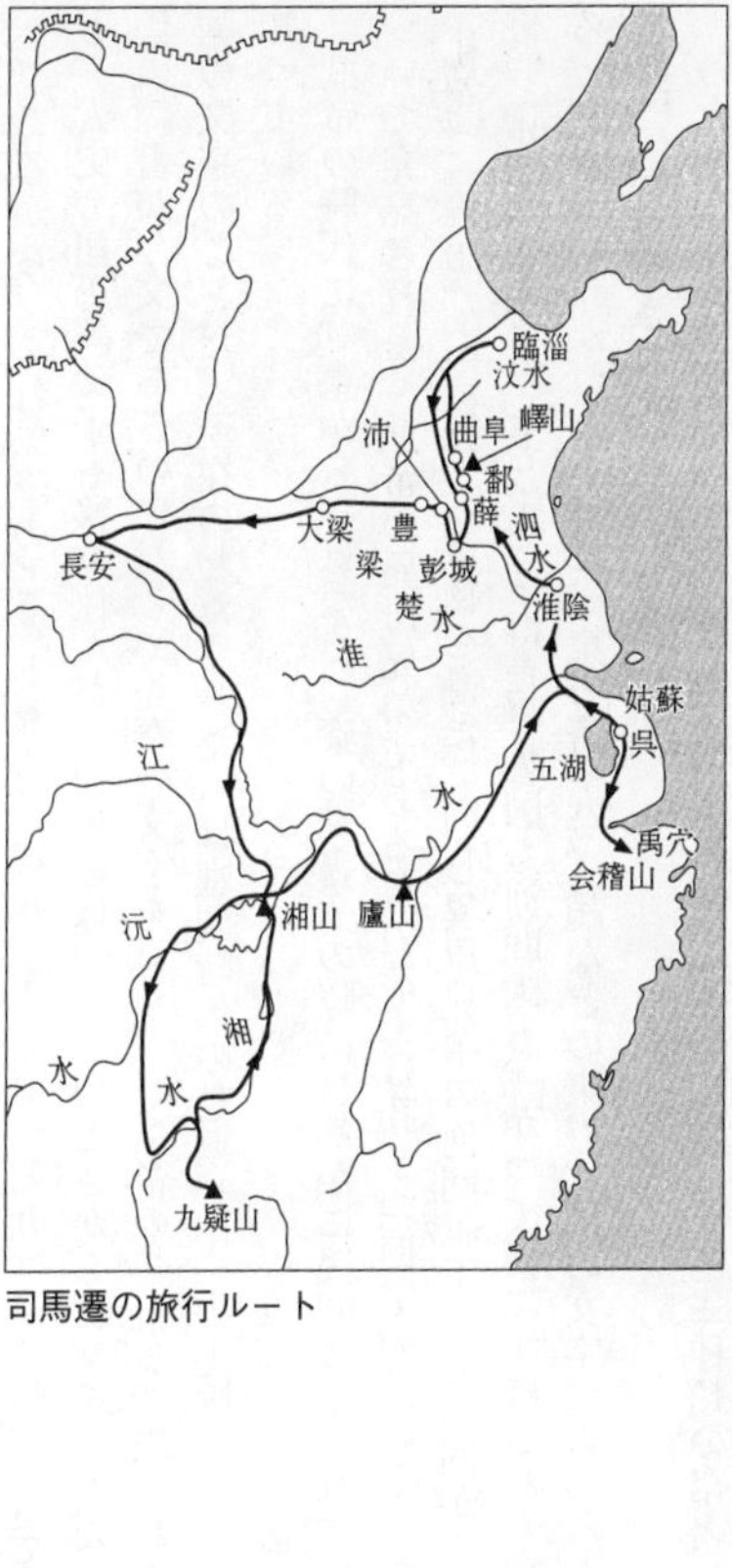

司馬遷の旅行ルート

とであるから、これ以降のこととなる。建元二年（前一三九）、茂陵の陵邑が設置されると、太史令司馬談父子も移り住んだ。司馬遷は一〇歳のときから古文を学んだ。古文とは漢代の隷書が今文《きんぶん》であるのに対して先秦《せんしん》の文字をいう。始皇帝の焚書令《ふんしょれい》で失われた戦国東方六国の文字のことだ。現在のわたくしたちは戦国時代の楚墓や中山王陵《ちゅうざんおうりょう》から出土した文字を知っている。

武帝の時代に、墓からではなく、秦の焚書令の際にひそかに民間に隠されていた書物が相ついで発見された。武帝の異母兄弟である魯《ろ》の恭王《きょうおう》は孔子の旧宅の壁のなかから『尚書《しょうしょ》』『礼記《らいき》』『論語《ろんご》』『孝経《こうきょう》』の書物を得た。同じ異母兄弟の河間献王徳《かかんけんおうとく》も民間から『周官《しゅうかん》』『尚書』『礼記』『孟子《もうし》』『老子《ろうし》』を得た。魯国も河間《かかん》国も、かつて秦に滅ぼされた東方の地である。焚書令が布かれたときに、東方斉や燕、趙などの東方六国の文字で書かれた『尚書』や『詩経』が没収された。

一九七三年長沙馬王堆三号漢墓から出土した『老子』は、甲乙二種類の帛書のテキストであった。甲の方がより早く高祖から呂后期に、乙は文帝期にそれぞれ筆写されたものと見られている。いずれも漢代の隷書であるので、今文といえる。一方一九九三年に郭店楚墓から発見された竹簡の『老子』には甲乙丙の三種があり、戦国時代の楚の文字で書かれていた。これがいわゆる古文である。漢代の人にとっても、こうした古文を読むには一定の学習が必要であった。

司馬遷は、いきなり太史になることはできない。まずは史（史官）になっていなければならなかった。さきの史律によれば、史になるには隷書を含む八書体を読めなければならない。八書とは秦の各種文字ではあるが、そのなかには先秦の大篆も入っていたので、史の試験では古文の文献を読む能力も試された。司馬遷が一〇歳から古文を学習したのは、父の職を継いで史になるためであった。史律によれば、史や卜の役人の子は一七歳で文字を学習しはじめ学童《がくどう》（学生）と呼ばれた。三年間学んだ後の八月に、太史、太卜、太祝の前で試験を受けることができた。地方の郡の史になる場合には、学童は太守のもとで試験を受けた。

司馬遷は、まだ武帝の側近になる前の二〇歳のときに全国を旅行した。このときに官職に就いているという記述がないので、太史令になる前の自由な旅行だとか、感傷の旅だとかいわれてきた。しかし史律によれば少なくとも史にはなっていたはずだ。しかしまだ太史になるとは決まっていなかったので、史としての見聞を広めたといえる。またすでに太史令となっていた父親の意志も強く働いていたようだ。すでに『尚書』や『春秋』を学んでいたので、その夏、殷、周、春秋の歴史の舞台を見たかった。

司馬遷は長安を出発し、まず長江に行き、湘水を遡《さかのぼ》って舜廟を九疑山に訪ねた。長江を下り、会稽山《かいけいざん》では禹王の陵を探り当てた。斉《せい》の旧都臨淄《りんし》や魯の曲阜《きょくふ》を訪れ、孔子の遺風にふれた。梁《りょう》、楚の地をへて長安に戻った。司馬遷のこのルートは、始皇帝の第二回と第五回の巡行の経路とも重なっていたので、始皇帝の時代を思い起こすことにもなった。

司馬遷は都に戻り、史から郎中《ろうちゅう》になった。郎中とは、文字通り天子宮中の廊《ろう》に侍して警護する職名に由来する。武帝の側近として働いた。前漢時代の高級官僚はまずはこの郎から始まった。郎中司馬遷は、このときから武帝という皇帝をしっかりと見つめていくことになる。

司馬遷 李陵の禍に遭う

元光三年(前一三二)、黄河決壊す

河水《かすい》(黄河)は全長九四〇〇里もあるのに対して、江水《こうすい》(長江)は二六六〇里にすぎない。漢代の人々は河水が中国でもっとも長い河川と認識していた。現在のような長江の源流は知られていなかったからだ。現在では黄河は全長五四六四キロメートル、長江の方は六三〇〇キロメートルで中国一の河川となっている。

秦漢代には黄河は河《か》、あるいは河水《かすい》と呼ばれていた。唐代あたりから黄河という名称が出始め、宋代以降に定着していった。ここではのちの黄河といういいかたで河水のことを述べていくことにする。その黄河が文帝のときに一度酸棗《さんそう》で決壊し、金堤《きんてい》を破壊したことがあったが、すぐに塞《ふさ》がれたので被害は大したことはなかった。当時の黄河は現在の河道とは異なっていた。漢代によく決壊した場所には、現在黄河は流れていない。現在の黄河の河道には、済水《せいすい》という別の河川が流れていた。河江淮済《かこうわいせい》は河水、江水、淮水(三二四〇里)、済水(一八四〇里)の四大河川、四瀆《しとく》ともいった。その最長が黄河であった。

漢代の黄河は、正確には前六〇二年から後一一年までの黄河は、今よりも北よりに流れ、河口は天津《てんしん》近くまで及んでいた。黄土高原を流れるうちに大量の土砂を含んだ黄河は気まぐれだ。上流で降雨が続けば急激に増水し、下流の大平原で天井川《てんじょうがわ》となった堤防は堪えられなくなる。標高一〇〇メートル以下の東方の大平原では、いったん決壊すれば河道は定まらな

い。

　そんな黄河が武帝のときに大洪水を起こした。元光《げんこう》三年（前一三二）五月、濮陽《ぼくよう》の瓠子《こし》という場所で堤防が決壊した。瓠《こ》とはひさごのことで、河道が湾曲した場所に名づけられた地名である。増水すれば、ここの堤防に激流が圧力をかける。水は鉅野《きょや》沢《たく》という湖に注いだ。

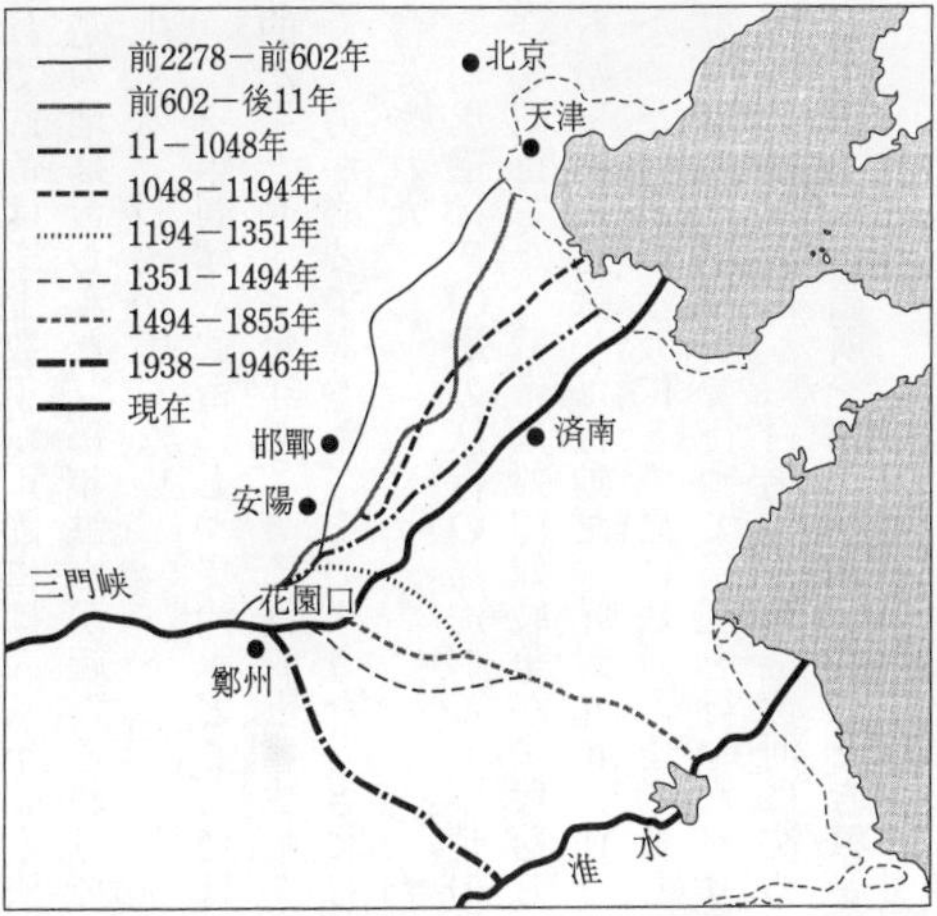

黄河下流の流路の変遷

その水は湖水をも溢《あふ》れさせてさらに淮水、泗《し》水《すい》にまで流れ込んだ。四瀆の三つの河川がつながったことになる。被災地区は一六の郡にまで広がった。武帝はあわてて汲黯《きゅうあん》と鄭当時《ていとうじ》を派遣して一〇万人を動員して決壊場所を修復しようとしたが、手遅れであった。

　武帝は、異父兄弟の丞相田蚡《でんふん》の発言にもとまどった。武安侯《ぶあんこう》田蚡の列侯としての封邑《ほうゆう》は、黄河決壊場所よりも下流の北岸にあり、決壊して南に流れているかぎり水害の被害はない。田蚡は、江水や河水の決壊は天事であるから、人の力で無理に塞ぐと天に逆らうことになると変な理屈をつけた。そんなことばにも影響されて武帝は二十数年、正確には二三年間も決壊箇所を放置した。その間、黄河下流南岸の梁《りょう》楚《そ》の地は苦しんだ。毎年洪水が起こるわけではないが、この地では旱魃と洪水が繰り返し発生する。穀物が実らない。

二三年間は、武帝にとって治水どころではなかったともいえる。張騫《ちょうけん》の西域遠征の軍事目的が果たせず、毎年のごとく衛青《えいせい》と霍去病《かくきょへい》の軍が匈奴に派兵されたからだ。治水にも戦争にも人力が必要であった。そのようなときには、被災地は犠牲となる。すべてに対匈奴戦争が優先された。

司馬遷は二〇歳の旅行の帰途、この梁楚《りょうそ》の被災地を訪れている。二度目には郎中として武帝と同行した。武帝は対匈奴戦争が一段落した元鼎《げんてい》四年（前一一三）から巡行に出た。これも始皇帝を意識した行動だ。元封元年（前一一〇）泰山で封禅を行った。その翌年は旱魃となった。武帝は汲仁《きゅうじん》と郭昌《かくしょう》に数万人を動員して瓠子《こし》の決壊場所を修復させた。武帝自身、山東半島の万里沙《ばんりさ》まで行って祭祀を行った帰り道、この現場をはじめて目の当たりにした。武帝は二日間滞在し、白馬と玉璧《ぎょくへき》を黄河に沈め、同行していた臣下には、将軍以下薪《しん》を背負わせて決壊した箇所を塞がせた。このとき武帝は詩を二篇作った。

黄河の河神に救いを求める武帝の詩二篇

司馬遷は前年にすでに父司馬談を失っていた。父の無念さを感じ取っていた司馬遷は、この瓠子の詩を記録するとともに、のちに『史記』の八書の一つ『河渠書《かきょしょ》』をまとめた。司馬遷みずからも薪を背負った。薪は本来はたきぎにする樹枝だが、このときは決壊箇所に土と一緒に埋め込む。あるいは編んで石や土を詰めて土嚢《どのう》とする。二三年間も黄河の決壊を放置した武帝への批判は、『河渠書』の論賛《ろんさん》に「余《よ》従《したが》いて薪《しん》を負《お》い宣房《せんぼう》に塞《ふさ》ぎ、瓠子《こし》の詩《し》を悲《かな》しみて河渠書《かきょしょ》を作《つく》る」というみずからのことばのなかに込められている。武帝の作った詩を「悲《かな》しんだ」という悲の一字に司馬遷の強い意志が表れている。史官たるもの、事実を記述しながらも、文字一字に事件の評価をこめる。『春秋』から学んだ筆法だ。

「瓠子の詩」は、わざわざ二篇作った。さきに項羽が垓下《がいか》で詠い、劉邦も故郷で詠った。皇帝が胸中をこれほど公然と披瀝《ひれき》することはまれだ。聴衆は巡行に同行した臣下たちであった。一篇目は二三年前のすさまじい洪水のありさまを詠み、封禅のために外に出てはじめて事態を知ったことを弁解し、河伯《かはく》（黄河の河神）に救いを求めている。

瓠子決兮将奈何、皓皓　旰旰兮閭殫為河。
瓠子《こし》決《けっ》すれば、将《まさ》に奈何《いかん》せん、皓皓旰旰《こうこうかんかん》、閭《りょ》は殫《ことごと》く河《か》と為《な》らん。
瓠子が決壊してどうしたらいいのだろうか、溢れた水は一面に広がって白く照り輝き、
集落は河のなかに沈んでしまう。

という調子で始まる。黄河の洪水のすごさは、想像を絶する。一九三〇年代に河南省長垣県《ちょうえんけん》（濮陽《ぼくよう》県西南七〇キロメートル）で黄河が決壊したときの写真を見ると、古代の洪水の様子も目に浮かぶ。堤防が決壊して黄河東岸の手前に向かって溢れている。

1933年の黄河洪水　古代の洪水を想像させる河南省長垣県の決壊箇所（『黄河』、河南人民出版社）

殫《ことごと》く河《か》と為《な》れば、地《ち》は寧《やす》らかなるを得《え》ず、功《こう》の已《や》む時無《ときな》く、吾《わ》が山《やま》は平《たい》らげらる。

吾《わ》が山《やま》は平《たい》らげられて鉅野《きょや》溢《あふ》れ、魚《うお》は沸鬱《ふつうつ》として冬《ふゆ》の日《ひ》に柏《せま》る。

すべてが河となれば、大地は休まることがなく、修復工事もやむことなく、わが山も土を削られて平坦になってしまった。鉅野沢《きょやたく》も溢れ、魚だけは沸き踊り、五月から始まった洪水は長らく続き冬を迎えようとしている。

延道《えんどう》は弛《ゆる》まり常流《じょうりゅう》を離《はな》れ、蛟龍《こうりょう》騁《は》せて方《まさ》に遠遊《えんゆう》す。旧川《きゅうせん》に帰《かえ》らば神《しん》にして沛《さか》んなり、封禅《ほうぜん》せずんば安《いずく》んぞ外《そと》を知《し》らん。

溢れ出た水は本来の河道から解き放たれたように流れ、その姿は蛟龍《こうりょう》（みずち＝水の霊、洪水を起こす龍のこと）が身をくねらせながら遠ざかっていくようだ。どうかもとの川筋に戻ってほしい。封禅の儀がなければ、このような外の様子を知ることができなかった。

我《わ》が為《ため》に河伯《かはく》に謂《い》わん、何《なん》ぞ仁《じん》ならずして、泛濫《はんらん》止《や》まず、吾《わ》が人《ひと》を愁《うれ》えしめんと。

齧桑《げっそう》は浮《う》かび淮《わい》、泗《し》は満《み》ち、久《ひさ》しく反《かえ》らず、水《みず》は維《こ》れ緩《ゆる》やかなり。

河神《かしん》はどうして容赦なく氾濫をとどめずに吾らを悲しませているのか。齧桑《げっそう》の街は水に浮かび、淮水、泗水も溢れ、もう長いこともとに戻らずに緩やかに流れている。

二篇目は短い。薪が十分でないのは、地元の衛人《えいじん》が樹木を焼いてしまったことに責任があるとし、竹林から竹を切って蛇籠《じゃかご》にして土嚢《どのう》を作って塞ぎ、みずからの行動は正しかったのだと自己弁護している。

宣房塞《せんぼうふさ》がりて、万福来《ばんぷくきた》らん。

堤防の上には宣房宮《せんぼうきゅう》を築き、安寧を求めた最後の一句である。司馬遷は詩を一字一句余さず挙げることで、武帝の心情を伝えた。顔もわからない古代の帝王の心を、わたくしたちも読み取ることができる。

二〇〇四年三月、筆者もこの宣房宮のあった高台に立ってみた。河南省濮陽県西に、前漢時代に流れていた黄河の古河道《こかどう》がある。延々と広がる黄河が残した黄色い大地に、一つだけ残された土の小さな丘があった。宮殿の基礎にしたものだ。これが宣房宮の跡だと、現地の人は説明した。近くの発掘現場からは、木材が出てきた。地下の土は黄土高原で見慣れてきた黄色い粉のような土であった。黄河の川底の跡だ。

ふりかかった李陵の禍

司馬遷は父の死後三年にして、太史令になることができた。史になるのは世襲であっても、太史令になるのは世襲化されてはいなかった。郎中としての働きが評価されたのであろう。しかしながら太史令として順調に思えた司馬遷も、天漢《てんかん》三年（前九八）、李陵《りりょう》の禍《か》に遭遇して牢獄に捕らえられることになった。

　太史公《たいしこう》、李陵《りりょう》の禍《か》に遭《あ》いて、縲紲《るいせつ》に幽《ゆう》せらる。

　太史公と三人称で語っているが、自分にふりかかった禍《わざわい》を史官ならではの筆法で述べたのだ。縲紲《るいせつ》とは罪人を縛る黒い縄のことを指す。李陵の事件に巻き込まれて宮刑を受けたのは、父が泰山での封禅に参加することが許されなかったのを苦にして憤死したのにも匹敵する災難といえる。

　李陵は、隴西《ろうせい》郡成紀《せいき》県（六盤山《りくばんざん》の西、天水《てんすい》の北）の出身、秦の時代に燕《えん》太子丹《たん》を捕らえた李信《りしん》将軍の子孫であり、李氏一族は秦漢と王朝が変わっても武将として仕え続けた。祖父の李広《りこう》は文、景、武帝と三代にわたって北辺を守った名将軍として知られる。匈奴からはその戦略を恐れられ、兵士はよくかれに従った。李広は景帝の時代、わずか一〇〇騎ばかりで匈奴の数千騎の大軍に出遭ったことがあった。匈奴の方は李広の小隊がおとりの騎兵だと警戒した。李広の騎兵たちが急いで逃げようとしたときに、李広は英断を下した。逃げれば、本隊へ戻るうちに全滅してしまう。ここに踏みとどまっ

李広騎射図壁画磚（敦煌市博物館蔵）　敦煌市の西晋墓の壁画に描かれていた（『中国文物精華』1997年）

て、敵にはおとりと思わせておけばよいと考えた。李広は匈奴の陣営に向かい、馬から降りて鞍をはずして覚悟を決め、果敢に攻める意志のあることを示した。匈奴の軍の方がかえって伏兵のあることを恐れて撤退した。

　司馬遷は李広の列伝に一つのことわざを献上した。李氏の李《すもも》の字にかけて、「桃李《とうり》言《い》わざれども、下《した》には自《おの》ずから蹊《けい》（こみち）を成《な》す」、つまり桃や李はものを語らないが、人々はその花の美しさを見に集まるので下には自然と小道ができるという意味である。孫の李陵にも、こうした李広の姿が重なっていた。

　李陵の祖父李広の姿は、一九九〇年に発見された甘粛《かんしゅく》省敦煌《とんこう》市の西晋墓《せいしんぼ》の墓室壁面の磚《せん》（煉瓦）に彩色で画かれていた。前漢の名将軍李広が騎乗して後ろ向きに弓を張っている姿を画いている。李広は六〇歳を過ぎるまで、匈奴と七十数回も戦い、戦果を挙げた。背が高く猿のように肘《ひじ》が長かったので騎射《きしゃ》に長《た》けていたという。

李陵匈奴に降る

　李陵は武帝からも信任が厚く、騎射に長け、若いときから騎兵を監督する役職についた。八〇〇人ほどの騎兵を率いて、匈奴の領地に二千余里も入り込み、沙漠に囲まれた地形を偵察して居延《きょえん》の砦から無事戻った。居延とは対匈奴戦線の最前線基地となる場所で、祁連山《きれんざん》から沙漠に北流したエチナ河が居延沢《きょえんたく》という湖に注ぐ。エチナ河は現在のモンゴル語の地名で、当時の漢語では弱水《じゃくすい》という。三〇〇〇キロもの長大な河川が沙漠に潤いを与える。漢代の弱水は、もとは長さ二一〇〇里の羌谷水《きょうこくすい》といった。水源のある祁連山は羌人《きょうじん》の領域であることからついた名称である。匈奴と戦うにはここが最適な場所と判断された。武帝のときに伏《ふく》波《は》将軍路《ろ》博徳《はくとく》は遮虜障《しゃりょしょう》という名のついた砦を居延城に築いた。張掖《ちょうえき》郡の北には居延県、酒泉《しゅせん》郡の北には休屠《きゅうと》県と、あわせて一八万もの兵士を駐屯させていった。

李陵は騎都尉《きとい》の職に就き、今度は長江流域の、騎射には慣れていない丹陽《たんよう》郡や淮水北の楚国の人々五〇〇〇人を、酒泉や張掖郡に駐屯させて訓練した。天漢《てんかん》二年（前九九）、弐師《じし》将軍李広利《りこうり》は三万の騎兵を率いて匈奴の右賢王《うけんおう》を祁連山に攻撃した。匈奴は単于《ぜんう》がモンゴル高原の中央に拠点を置き、東方と西方を左右と呼び、三分して統治していた。とくに西方を重視して単于の太子を右賢王とした。

李陵の役割は、この李広利の本隊を匈奴八万の騎兵から守るものであった。無謀にもわずか五〇〇〇の歩兵を率いて居延から北に千余里の草原に踏み込んだのだ。匈奴軍を分断するためだ。匈奴兵を一万人以上殺傷しながら、武器も尽き、過半数の兵士が倒れた。八日間も退却しながら戦ったが、居延まであと百余里のところで道を断たれ、食糧も尽き援軍も間に合わずに、匈奴に降った。このとき李陵は「陛下に顔向けができない」といったという。帰還できた兵士は四百余人、李陵の方は匈奴で優遇され、匈奴の女を娶《めと》った。漢ではこのことを知って、残された李陵の母や妻子を死刑にした。名門李氏の名声は地に落ちた。

宮刑という屈辱

こうした李陵を弁護したのが太史令司馬遷であった。司馬遷の心情は、友人の益州刺史《えきしゅうしし》任《じん》安《あん》に宛てた書簡のなかに述べられている。史官の司馬遷も個人的な書簡には率直な気持ちを吐露した。この長文の文章は『史記』にはなく、『漢書』司馬遷伝に収められている。『文《もん》選《ぜん》』では「任少卿《じんしょうけい》に報《むく》いる書《しょ》一首《しゅ》」として収めてある。司馬遷の死後に世に出たものであり、漢代の書簡の実例としても貴重だ。任安には字《あざな》で「少卿足下」と呼びかけ、「僕」と自称する。書面のなかでは武帝を「上《しょう》」と呼んでいる。

そもそも僕は李陵とともに門下に居りましたが、もとより親しい間柄ではありません。生き方も違いますので、杯を酌《く》み交わして親しく歓談したこともございません。

司馬遷は、そんな李陵を利害を超えて弁護して罪せられた。

明君《めいくん》も、僕が弐師将軍（李広利）をおとしめ、李陵のために弁舌をふるったと思われ、裁判にかけられました。

司馬遷は、皇帝を誣《ぶ》した（欺いた）罪で、腐刑《ふけい》（宮刑）となった。ただ実刑ではなく贖刑《しょくけい》であった。刑に相当する黄金を納めれば肉刑からは逃れられる。漢の具律（総則）では腐刑の贖罪は金一斤四両（一万二五〇〇銭）であった。しかし後述するように司馬遷の二ヵ月分の収入に相当するが、それでも工面するのは難しかった。

上を偽ったことで吏に罪刑をゆだねられました。家が貧しいので、自らの罪を贖《あがな》うだけの財力もありませんでした。また救ってくれる交友関係もありませんし、身近な近親者は一言も弁護してくれませんでした。李陵は生きて投降して家名もおとしめましたが、僕は蚕室《さんしつ》に押し入れられ天下の人々にたびたび笑い物になりました。悲しいかな、悲しいかな。

蚕室とは蚕《かいこ》を飼うために光を遮断し薄暗くしたいわゆる蚕部屋である。宮刑が執行される部屋のたとえである。司馬遷は光も風も通らぬ密室で、性器を切断される屈辱を味わった。この事件によって黄帝《こうてい》から武帝にいたる記録の編纂は中断した。司馬遷は四八歳にして宮刑を受け、その代替として中書令《ちゅうしょれい》という宮中の文書や詔勅などを扱う職を得た。太史令のときよりもさらに武帝の生活空間にまで入り込んで仕えることができるようになった。結局太史令の書が最後は中書令の書として完成されることになる。

神仙世界を求めた古代帝王

秦始皇帝を意識した武帝

武帝は始皇帝とおなじように神仙に傾倒した。武帝が東方の膠東王《こうとうおう》であったことからも、もともと東方との結びつきはあった。

武帝はひたすら天を祀り、神仙を求めた。天の中心である天帝は泰一《たいいつ》と呼ばれた。天を見上げれば、天は北極星を中心に回転する。その中心に天極星があり、そこに泰一があった。

泰一がすべての秩序の源泉である。その泰一を祀るには、できるだけ天に近いところに登る必要があった。泰山はその一つである。泰一を支えるのが天の五帝であった。白帝・青帝・赤帝・黄帝・黒帝と五色がつけられ、秦以来秦の旧都雍城《ようじょう》で祀られてきた。五年に一度は泰山で祀り、三年に一度は雍で五帝を祀ろうとした。都長安の近郊でも泰一を祀った。

　循環する天の時間は永遠だ。天と地から生命を得たと考えられた人間が、寿命をできるだけ延ばし、天の時間に近づきたいと望むのも当然の想いである。死を迎えれば、天に昇り永遠の生命を得られることを信じるとともに、現実の生をできるだけ長らえたい。方士《ほうし》たちは地上の彼方にそのような人間がいると信じた。かれらは僊人《せんにん》といわれた。僊人とは天に昇る人であり、仙人とも書いた。方士たちは東海に浮かぶ三神山である蓬萊《ほうらい》・方丈《ほうじょう》・瀛洲《えいしゅう》に安期《あんき》生《せい》・羨門《せんもん》ら仙人が住んでいると信じた。

　武帝のまわりには始皇帝のときと同じように、いろいろな方士が取り巻いた。李少君《りしょうくん》は食事療法にこだわり、竈《かまど》を祀ることを勧めた。丹沙《たんさ》から作り出した黄金の食器も長生《ちょうせい》に効果があると吹聴《ふいちょう》した。茂陵《もりょう》付近からは漆器の耳杯《じはい》に金箔を貼ったものも出土している。少翁は武帝の王夫人の霊魂を呼び戻そうとした。欒大《らんだい》は仙人を求めて東海に出た。申公《しんこう》も泰山に登って封禅すれば、仙人として天に昇ることができると伝えた。丁公《ていこう》は、始皇帝が泰山に登っても風雨にさえぎられて封禅ができなかったといった。

　武帝は始皇帝を意識しながらも、黄帝伝説を信じ、黄帝を手本とした。黄帝は泰山で封禅を行い、首山《しゅざん》の銅で鼎《かなえ》を鋳造し、明廷《めいてい》で神霊と会い、百余歳で龍に乗って昇天したと伝えられる。反乱を起こした蚩尤《しゆう》を諸侯とともに討った。武帝はそうした黄帝に近づきたいと願った。黄帝が万能の力量をもっていると信じていたからだ。『黄帝内経《こうていないけい》』（医学）、『黄帝五家暦《こうていごかれき》』（暦）、『黄帝雑子気《こうていざつしき》』（天文）、『黄帝雑子歩《こうていざつしほ》』（神仙）などは黄帝の権威を書名に戴いた漢代の書物である。『黄帝四経《こうていしけい》』は道家の書といわれてきたが、今には伝わらなかった。馬王堆三号漢墓出土の帛書のなかに、『老子』とならんで『経《けい》法《ほう》』『十六経《じゅうろつけい》』『称《しょう》』『道原《どうげん》』と題された四書があり、幻の『黄帝四経』ではないかと見られている。黄帝は一二の音律を作ったとも伝えられている。やはり馬王堆一号漢墓から出土した律管《りつかん》は楽器の音程を調整するものである。九寸の長さの竹管を、五音階（宮《きゅう》・商《しょう》・角《かく》・徴《ち》・羽《う》）の基本の宮《きゅう》、一二絶対音階の基礎音の黄鐘《こうしょう》を定める基準の楽器とした。

神仙の島を現出させた離宮

武帝は黄帝の陵のある橋山《きょうざん》を祀った。西安の北方の陝西《せんせい》省黄陵《こうりょう》県にある高さ九四四メートルの橋山は現在でも鬱蒼《うっそう》とした森林として残っており、コノテガシワ（柏）の数は八万二〇〇〇株を超える。黄帝は中華民族の祖先として現在まで信奉されてきた。一九五八年に建てられた「黄帝陵」の石碑は歴史家郭沫《かくまつ》若《じゃく》の題字である。その前には漢武仙台《かんぶせんだい》という高台がある。後世の黄帝信仰も、さかのぼればとりわけ武帝が信奉したことが大きな意味をもった。

一方甘泉宮《かんせんきゅう》も黄帝ゆかりの明廷《めいてい》の地に造られた武帝の離宮であった。現在の陝西省淳化《じゅんか》県北鉄王郷《ほくてつおうきょう》に涼武帝村《りょうぶていそん》という村がある。文字どおり武帝が避暑に訪れた土地を意味する。ここには一八〇〇メートルほどの甘泉山があり、始皇帝のときに軍事道路の直道がここを起点に造られた。武帝はここでも始皇帝ゆかりの地を引き継いだ。夏季の避暑地をかねた離宮であり、ここで泰一の像を画いて天を祀った。甘泉宮に益延寿観《えきえんじゅかん》を建て、黄帝の長寿にあやかろうとした。「益延寿宮」の文字瓦当《がとう》も出土している。月のなかの玉兎《ぎょくと》と蟾蜍《せんじょ》（ひきがえる）をかたどった瓦当も、この離宮特有のものであろう。一時は長安ではなくこの離宮で政務をこなした。郡国の会計報告の使節はここに呼ばれ、諸侯王もここに集められた。

長安城の西壁外には建章宮を築き、太液池《たいえきち》のなかには蓬萊・方丈・瀛洲《えいしゅう》の神仙の島を浮かべた。はるか東海の未知の世界を長安に現出させたのである。神明台《しんめいだい》には承露盤《しょうろばん》を置いた。朝露には植物のもつ滋養分が含まれており、中国古代の人々は蓮の葉などにつく朝露を長寿の薬として愛飲した。

南越王墓からは玉杯のなかに結露させる承露盤が出土している。羽人《うじん》（仙人）が蓮の花の露を受ける姿の燭台とあわせれば、その本来の形を想像できる。現在の太液池苗園の敷地内

黄帝陵にある漢武仙台　黄帝は中華民族の祖先として信奉されている

南越国御苑遺跡　水底に石を敷きつめた曲水溝が見つかった（『1998中国重要考古発現』、文物出版社）

羽人蓮花燈　蓮の花の露を受けている（『欧洲所蔵中国青銅器遺珠』、文物出版社）

秦皇漢武　よく似た二人の古代帝王

を歩くと、小さなため池に八メートルほどの高さの漸《ぜん》台《だい》という高台が残っている。前殿の遺跡も東西二〇〇メートル、南北三二〇メートルと大きい。宮殿内の庭園の全貌はわからないが、一九九五年、九七年に発見された南越国の御苑遺跡から、当時の庭園の様子がうかがえる。貯水池と、河川をかたどった曲水溝が一五〇メートルほど残っていた。幅は一・四メートル、縁には紅砂岩《こうさがん》を積み重ね、水底にも石を敷き詰めてあった。ここを水が流れるような設備が考案されていた。貯水池から暗渠《あんきょ》を使ってうまく引水し、曲水が溢れたり涸れたりすることがないように、溝の出水口は入水口より大きくした。一部の溝底には凹凸をつけ、水勢に変化を与えた。

黄河のように大きく曲がりくねった場所には、湖沼あるいは中州が一つある。そこには数百匹のスッポンの遺骸があった。橋を架け、遊歩道を設け、曲水の周りを散策できるようになっている部分もある。始皇帝陵の地下宮殿にも、水銀を機械仕掛けで流して百川江河と大海を再現したと伝えられる。散策しながら河川の永遠なる循環に身を置き、長寿を願ったのであろう。そのような庭園を造った南越も、武帝の軍隊によって滅ぼされることになる。

姜女石　碣石の海岸にある、孟姜女の墓であるとの言い伝えのある岩(遼寧省考古研究所提供)

碣石宮　海に向かって南に開いた海岸に造営された離宮の跡(『中国十年百大考古新発見』)

武帝は実際の海岸にも離宮を造った。一九八二年以降、渤《ぼっ》海《かい》に面して遼寧《りょうねい》、河北《かほく》二省にまたがった区域で秦漢離宮群が発見された。五〇キロメートルにわたり、一七の遺跡が発掘されている。直径五二センチもある秦代の夔紋大瓦当《きもんだいがとう》とともに、直径二〇センチの小さな漢代の「千秋万歳」瓦当が出土している。明代の長城のある山海関や、現在でも避暑地で知られる北戴河《ほくたいが》、始皇帝の名を残した秦皇島《しんこうとう》市がある。北京から真東に二〇〇キロメートル行けば渤海沿岸に出る。海といっても遼東半島、山東半島とその間の廟島《びょうとう》列島によって囲まれた内海のようになっている。黄河もこの渤海に絶えず流れ込む。『荘子《そうじ》』天地篇に、諄芒《じゅんぼう》が苑風《えんぷう》と東海の浜で出逢った寓話が載っている。苑風は大海で何をするのか尋ねた。諄芒は、大海は水を注いでも満つることなく、汲んでも尽きることがない、そのようなところに遊びたいのだと答えた。武帝もそのような無限の海のなかに、時間を超えた仙人がいると信じたのである。

歴史的には碣石《けっせき》という地名で知られる場所がある。碣石というのはそびえ立った岩礁を意味する。ここも黄河が注ぐ地に近い。現在の黄河より漢代の黄河は北に注ぎ、さらに春秋以前は天津《てんしん》近くまで北上していた。碣石は南向きであり、その先は渤海の中心に至る。孟姜《もうきょう》女《じょ》の墓であるとの伝説があった。始皇帝や武帝のときには門のようにそびえていたが、現在では西側の岩礁が大きく崩れている。岩礁の対岸、石碑《せきひ》地遺跡で、高層の離宮建築の遺構が発掘された。階段、排水施設のほかに浴場やトイレもあった。湿気のある潮風を防ぐために、部屋の床には木炭が敷き詰められていた。

前二一五年、第四回の巡行で始皇帝はここを訪れた。その後一〇〇年が過ぎ、前一一〇年に武帝も始皇帝の跡を追った。秦の離宮は一〇〇年はもたなかったので、増改築された。後世には秦皇漢武《しんこうかんぶ》といういいかたがよくされる。秦の始皇帝と漢の武帝をならべて共通性を強調したいいかただ。二人の古代の帝王はとにかく行動が似ていた。武帝も始皇帝と同様に、この離宮から海を眺めて神仙世界を求めた。都のミニチュアの庭園で三神山を眺めるのとはスケールが違った。

武帝の時代の暦と裁判

太陽の運行にしたがう生活リズム

武帝の治世の前半は、始皇帝の時代の時間のなかで生きていた。顓頊暦《せんぎょくれき》という暦である。この暦では一〇月の冬の到来とともに一年が始まる。アワやイネは春に種をまき、秋に収穫して一年が終わる。年という文字はもともと稔る意味であるから、秋に一年が終わることには違和感はなかった。オオムギやコムギの場合は秋にまき、冬をへて春に収穫する。冬の寒さはエネルギーを内に蓄積する重要な時期となる。春コムギは冬コムギの味には及ばない。

秦が滅んでも、秦の暦は一〇〇年も生き続けたが、ようやくその転機が到来した。元封七年の一一月一日は十干十二支でいえば甲子《かっし》、ちょうどその日が冬至に巡り合った。冬至というのは、夏至とともに観測が容易である。今の陽暦では一二月二二日頃、正午のときの太陽の高度が一年中でもっとも低くなる。垂直の棒を立てれば、影がもっとも長くなり、陽気が陰気に勝ち始める境にあたる。

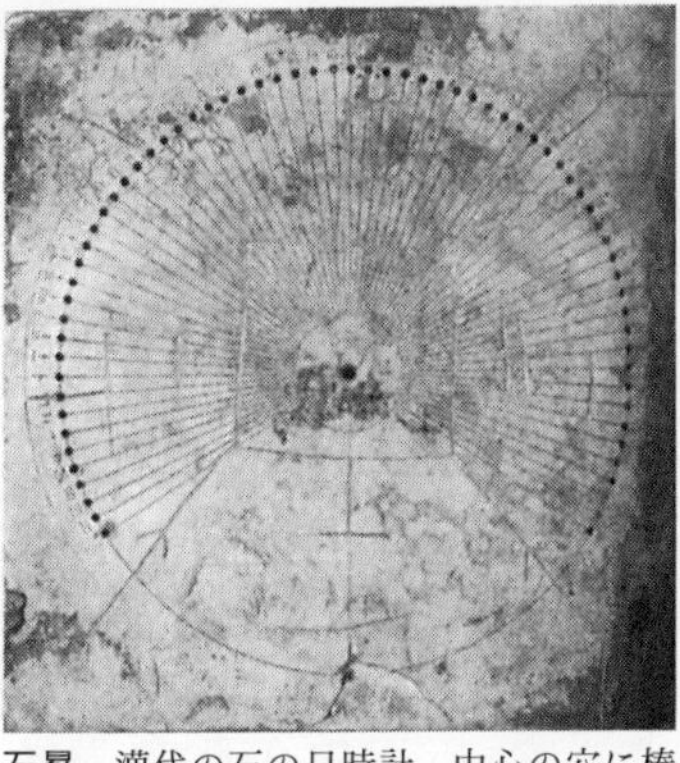
石晷　漢代の石の日時計。中心の穴に棒を差しこみ、その影が周囲の69の目盛りのどこに落ちているかで時刻を計る（『華夏之路』）

中国国家博物館には内モンゴルのフフホトで発見された漢代の石晷《せきき》という石の日時計がある。晷《き》とはひかげのことである。フフホトは北緯四一度、東経一一二度、漢代の北辺、長城の位置だから、北緯三四度、東経一〇九度の長安（西安）の日時計とは当然目盛りを変えなければならないはずだ。しかし当時は標準時間などないから、各地でそれぞれ太陽の運行にあわせて時間を計っていた。同じ目盛りでかまわない。この石晷《せきき》は中央に棒を差し込み、均等に六九の目盛りが刻んである。

漢代の一日は百刻制であり、一刻はいまの一五分弱（一四分二四秒）の長さであった。現在の中国語でも一刻は一五分のこと

銅漏壺（茂陵博物館蔵）
日時計の使えない夜間に用いる水時計

だ。昼の長さである六九刻が日時計に刻んであった。同時に一日一二時法も秦のときから始まっている。夜半《やはん》（午前零時）から二時間ごとに、鶏鳴《けいめい》（二時）、平旦《へいたん》（四時）、日出《にっしゅつ》（六時）、食時《しょくじ》（八時）、隅中《ぐうちゅう》（東中《とうちゅう》ともいう、一〇時）、日中《にっちゅう》（一二時）、日昳《にってつ》（一四時）、餔時《ほじ》（下餔《かほ》ともいう、一六時）、日入《にちにゅう》（一八時）、黄昏《こうこん》（昏時《こんじ》ともいう、二〇時）、人定《じんてい》（二二時）となっている。これに一〇〇刻を組み合わせる。平旦（暁）から昼時間の一刻が始まり、黄昏（たそがれ）の六九刻で終わる。日時計の目盛りがなくなる夜時間は、黄昏六九刻に続けて夜漏《やろう》一刻から鶏鳴の夜漏三一刻まで数える。

夜漏《やろう》というのは、夜間は日時計に代わって水時計（漏刻《ろうこく》）が使われるからである。高さ三〇センチ、直径一〇センチほどの小さな漢代の漏壺《ろうこ》が茂陵近くで出土している。細い栓から水を流し、浮きが沈むことで時刻を上部で表示する。しかし庶民の生活時間には、このような一〇〇刻制は必要ない。太陽の運行にしたがって生活のリズムが備わっている。官吏こそが文書や物資の受領記録に時刻を記す必要があった。他の役所に伝送する場合は遅延してはならず、出入時刻を記録しなければならない。とくに太史令などの官吏は、天体を観測する際にはより時刻は正確でなければならない。

太陽と月の二つのサイクル

さて周王朝が一一月一日を新しい年の始まりとしたのも、一一月の冬至を一年の出発点と考えたからだ。陰暦では一一月のなかに冬至を入れた。それがぎりぎりの一日にかかるのはめずらしい。しかも一日は十干十二支の冒頭の甲子にあたる。陽気が陰気をしのぎ始めるのにふさわしい日だ。

中国古代の人々は、太陽と月の運行によって暦を定めた。しかし太陽と月の運行には差がある。一年三六五日の太陽の運行に従っていれば、季節の変化に遅れることはない。しかし二九・五三日で満ち欠けを繰り返す月に従えば、二九日の小月と三〇日の大月を交互に設定しなければならない。小月を六ヵ月、大月を六ヵ月にしても、一二ヵ月で三五四日にしかな

馬王堆の帛画（湖南省博物館蔵）　長沙馬王堆1号漢墓の棺を覆っていた絹のきれ。太陽と月、動物など、全面に種々の絵が画かれていた

らず、一一日も差が出てくる。三年間で一ヵ月分に相当する。そこで厳密にいえば一九年間で七回の閏月《うるうづき》を置いた。

わたくしたちのように太陽の運行に一元化すれば、月の満ち欠けは生活と結びつくことはなくなる。しかし中国古代の人々は太陽と月の二つのサイクルをうまく取り入れていた。

長沙馬王堆の帛画を思い起こしてみよう。天上世界には銀白色の三日月が西（左）に、赤い太陽が東（右）に画かれている。月と太陽は対等である。東西に太陽と月を対置して画くと二通りしかない。西に沈む太陽に反射して東に出た満月を画くか、東に出た朝の太陽と、西日に照る三日月を画くかだ。後者の場合は朝の太陽と夕暮れの三日月という時間差があって、象徴的な絵柄である。朝の太陽には八つの太陽が待ちかまえている。西の三日月には西日が重なって輝いているはずだから、合計一〇の太陽ということになる。一巡して旬《じゅん》（一〇日）となる。

太陽の光に照った三日月以外の部分に、兎と蟾蜍《せんじょ》（ひきがえる）が見える。月の表面の黒い部分は、海と呼ばれる黒い玄武岩の低地である。古来その形は変わることなく、中国古代の人々は海の丸い点を兎の耳に見立てた。ひきがえるは体長も大きく、表面に帯状の模様と円形の隆起があり、クレーターをそのように見立てたのであろう。実際の月の表面の濃淡の配置と帛画の月の絵の構図とはおもしろいように一致する。

実際には太陽の周りを地球が回っているのだが、逆に地球を止めて太陽を回転させた一年間の軌道を黄道《こうどう》といい、地球の赤道を天球に投影したものを天の赤道という。前漢晩期の西安交通大学壁画墓には、墓室の天井の北に満月、南に太陽が並び、二重の同心円の赤道には二八の星宿（星座）が画かれていた。赤道上の星宿は固定しているので、天文を観測する基準になる。東西南北七つずつ、合わせて二八を並べた。壁画では一つ一つが画像化されている。

中国古代の伝統を引く日本のキトラ古墳の天文図には、黄道と赤道が交差する形で画かれていた。古代の壁画には科学の世界と神話の世界が同居する。黄道と赤道と赤道上の星宿は、五星の移動を観測する座標軸のようなものだ。五星とは歳星《さいせい》（木星）・熒惑星《けいわくせい》（火星）・鎮星《ちんせい》（土星）・太白星《たいはくせい》（金星）・辰星《しんせい》（水星）の惑星をいい、その複雑な動きによって、地上世界の戦争、洪水、旱魃《かんばつ》、飢饉といった災害を予測しようとした。『史記』天官書は、太史令司馬遷にとってはもっとも忠実に職務を反映した一編である。

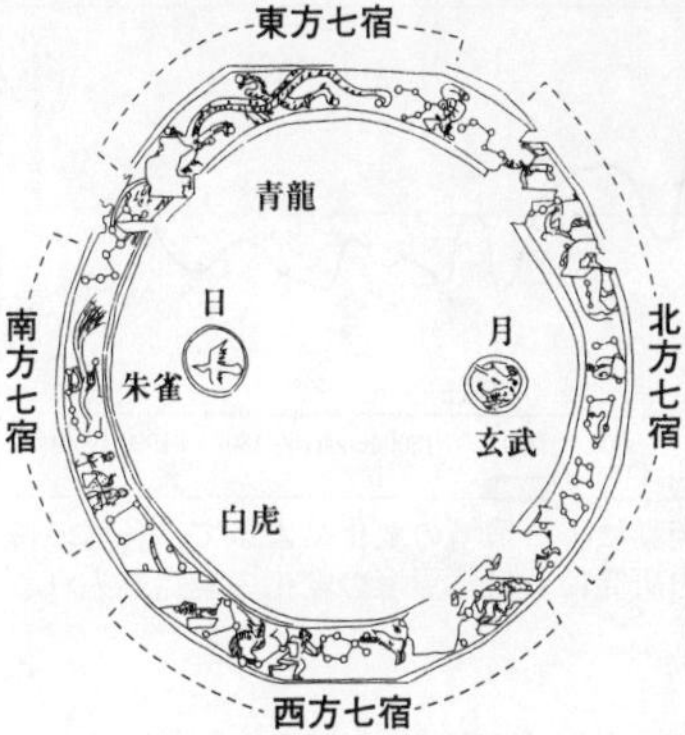

天文図　墓室の天井には北に満月、南に太陽、同心円の赤道には28の星宿が画かれていた（『西安交通大学西漢壁画墓』）

正月を新年とした新しい暦の誕生

たとえば歳星（木星）は、五星のなかでは太白星（金星）についで明るい。明け方に東方に出て、たそがれに西に入るので観察しやすい。またなによりも約一二年（実際には一一・八六年）で天を一周するので、一二年をスパンとする時間の意識を植え付けた。『史記』貨殖《かしょく》列伝には、越王勾践《えつおうこうせん》に仕えた春秋時

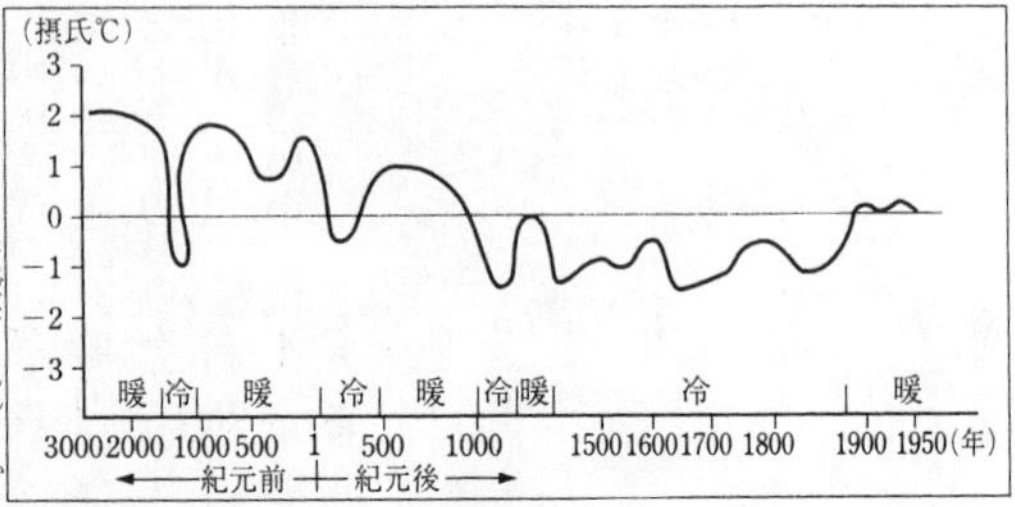

気候変遷図　気候変動による環境の変化によって、各地の特産品も変わる。歴史研究にも自然環境の変化の視点を入れるべきであろう

代の計然《けいぜん》のことばが載せられている。歳星が金（西）にあれば豊作、水（北）にあれば不作、木（東）にあれば飢饉、火（南）にあれば旱魃になるという。また六年で豊作、さらに六年で旱魃、一二年ごとには大飢饉の巡りがあるという。旱魃のときに船を買い、洪水のときに車を買い占める。天文から商機を見るのも商人の才覚だ。天文現象と食糧資源の関係は、現代の科学でも十分に解明されているわけではない。年平均気温が一～二度下降するだけで、イネやコムギの収穫量は減少する。その気温下降の原因は、太陽の活動にも左右されるから、古代の人々の考え方にも一理ある。

　中国科学院の副院長も務めた天文・気候学者の竺可楨《じくかてい》（一八九〇―一九七四）は「中国五千年来の気候変遷の初歩的研究」（『考古学報』一九七二年第一期）という論文を発表して、歴史学にも自然環境の変化の視点をいれるべきことを喚起した。『史記』貨殖列伝に「蜀漢《しょくかん》・江《こう》陵《りょう》は千樹の橘《たちばな》、陳《ちん》・夏《か》は千畝《ぼ》の漆《うるし》、斉《せい》・魯《ろ》は千畝の桑麻《そうま》、渭川《いせん》は千畝の竹」と各地の特産をあげている。橘・漆・桑・竹などの亜熱帯性の植物が現在よりも北方よりに生育していたことから、前漢時代は現在よりも温暖であったという。渭川というのは都長安の北を流れる

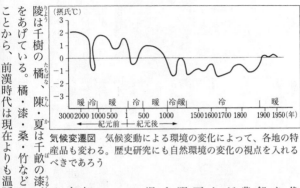

渭水、陳と夏は黄河下流、北緯三四〜三五度の東西の線である。現在この地には竹も漆も見られない。

これまで秦から漢に王朝が交替しても、暦の制度はそのままであった。秦の一〇月一日を元日とする暦を使い続けた。冬一〇月が一年の始まりである。武帝は治世の後半期、ようやく秦の制度のくびきから解き放たれた。新しい暦を作成した。太初暦《たいしょれき》の誕生である。夏王朝の一年は正月元旦に始まったとの伝えに従って、正月を新年にした（太初元年〈前一〇四〉）。太史令司馬遷もこの暦の改正には参画した。この太初暦は前一〇四年から後八六年まで一九〇年間使用されることになる。閏月は年末に置かず途中に入れた。

このとき同時に、色は黄色、数字は五を用いることを示した。秦は黒で六であったから、秦の黒の時代から黄色の時代へと変わっていったのである。黄色は黄土《こうど》の色であり、また黄帝の黄色であった。司馬遷は『史記』を五帝本紀からはじめ今上本紀で終えた。その五帝の最初に黄帝をあげた。黄帝の黄とはまさに黄土の黄色である。

酷吏張湯と新発見漢簡文書

武帝の時代に廷尉、御史大夫まで上り詰めた一人の高級官僚が、茂陵に陪葬されることもなく、故郷で静かに埋葬された。最後は自殺を強いられ、残された財産は五〇〇金にすぎなかった。前漢はじめの高騰期では馬一頭が一〇〇金、五頭しか購入できない額だ。それでも兄弟や子どもたちが厚く葬ろうとしたが、母が戒《いまし》めた。天子の大臣となりながら悪口を被《こうむ》って死んでいった人間をどうして厚く埋葬できるのかと。牛車に棺を載せるだけで、墓には副

張湯印　（『文物』2004年5期）

葬品を収める槨室《かくしつ》もなかったという。刀筆《とうひつ》の吏から高級官僚に上り詰めた人物の最期であった。

二〇〇二年五月、西安市文物保護考古所は、西安市長安区郭《かく》杜鎮《とちん》で小さな土洞墓《どどうぼ》を発掘し、その人物の墓であることを確認した。なかから二つの両面印が出土し、「張湯《ちょうとう》、張君信印《ちょうくんしんいん》」「張湯、臣湯」という文字が刻まれていたからである。盗掘に遭っていたが、ほかには銅鏡と武帝のときの五銖銭《しゅせん》が出てきた。『史記』酷吏列伝に記載された通りの質素な墓であった。

「はじめに」でもふれたように、二〇〇三年秋、湖南省長沙市の古井戸から、一万枚を超える武帝の時代前期の簡牘《かんとく》が発見された。廷尉張湯の時代の地方文書である。そのなかには爰《えん》書《しょ》という事件の取り調べ文書があった。西安と長沙は遠く離れた地であるが、張湯とこの文書とは深い関係があった。

武帝時代の裁判の次第

張湯の父親は長安県の丞《じょう》（次官）として長安に住んでいた。

張湯はまだ幼いときに留守番をすることがあった。父が外出から戻ると、鼠に肉を盗まれたことで怒り、張湯をむち打った。張湯は鼠の穴から鼠と残った肉を見つけ出した。そして鼠の罪を糾弾《きゅうだん》してむち打ち、鼠を告訴する爰書を作成した。鼠と肉を取り押さえると、訊《じん》（訊問）、鞫《きく》（求刑）、論《ろん》（判決）、報《ほう》（上申）という手順をとって最後は堂下で磔《はりつけ》の刑に処した。張湯は県丞《けんじょう》であった父親の職務内容でもあった裁判のまねごとをしたとはいえ、父親がその文書を見ると熟練した獄吏のようで驚いたという。その能力をかわれて長安県の吏となった。この故事はたんなる子どもの遊び事ではなく、武帝の時代の裁判の次第を物語っている。

爰書の爰には易《か》える意味があり、被害者、被疑者、証人の口述に易えた文書、つまり供述書をいう。爰書の内容と当事者の証言に食い違いがないかを何度か確認したうえで罪を確定する。爰書の事例集は、睡虎地秦簡《すいこちしんかん》にすでに見える。たとえばその書式はこうだ。

　某里の士五の甲が告訴した。甲の子で同里の士五の丙は不孝な行為をしたので、死刑にしてほしいと訴えている。

張湯の作成した爰書の内容はわからないが、右の書式から類推して、被害者張湯が鼠を告訴した文書に当てはめると、

　杜県某里の張湯は告訴した。同居する鼠が湯の家の肉を盗んだので、死刑にしてほしいと訴えている。

というものであろうか。

鞠《きく》の文書の例も龍崗秦簡《りゅうこうしんかん》に見える。死者への免罪を告げた内容だ。

すでに死亡しているのでもう城旦《じょうたん》の罪には当てない。犯した罪はもう法にしたがって償《つぐな》われている。

張湯の場合、鼠とはいえ、肉を盗んだだけで磔刑《たっけい》とは厳しいではないかとも思われるが、張家山漢簡の盗律によれば、五人以上の集団の群盗の行為は磔刑であるから、張湯の判断も根拠がないわけではない。張湯は実際に官吏となってからも重大な事件の処理にあたって頭角を現した。陳《ちん》皇后の衛子夫《えいしふ》（皇后）呪詛《じゅそ》事件や、淮南王・衡山王・江都王謀反事件では、皇后や諸侯王を厳格に罰し、武帝の信任も厚かった。しかし結局諸王や官僚たちを厳しく罰した分、最後はみずからに返ってきた。

第六章　武帝の時代Ⅱ　領土拡大

西域進出と匈奴戦争

シルクロード＝絲綢之路

武帝のときに西域への道が、張騫《ちょうけん》という一人の人物によって開かれた。『史記』大宛列伝《だいえんれつでん》では、「張騫鑿空《ちょうけんさくくう》」ということばでそのことを表現している。鑿空《さくくう》とは岩をうがち穴を空けて新しい道を開いたという意味である。『漢書』西域伝《せいいきでん》でも、「武帝は四夷《しい》を征伐し、威徳を広め、張騫ははじめて『西域之跡』を開いた」といっている。「西域之跡」とは「西域之道」の意味である。張騫は西域諸国に二回出使した。一〇〇人から三〇〇人の大編隊を率いて武帝の親任を表す節《せつ》をもち、黄金と帛《はく》（絹）を携えた。一九世紀のドイツの地理学者リヒトホーフェンはザイデンシュトラーセン（シルクロード）と東西交渉路を命名し、絹の道は現代中国語では「絲綢之路《しちゅうのみち》（スーチョウチールー）」と訳されている。武帝の時代、張騫の使命は、東西交渉以前に、なによりも対匈奴《きょうど》戦略という緊迫した国際関係のなかでの政治的な行動であった。

中国にとって陸続きの西方は、幻想的な世界であった。中国にはない諸物産がはるばる駱《らく》駝《だ》の背に乗せられて運ばれてきた。玉《ぎょく》、葡萄《ぶどう》、苜蓿《もくしゅく》（ウマゴヤシ）、葭葦《かい》、檉柳《ていりゅう》、胡桐《こどう》、白《はく》

漢代の駱駝陶俑　唐の長安より700年も前に西域との交通路は開かれ、駱駝に乗った人々が往来していた（『三秦瑰宝』、陝西人民出版社）

草《そう》（毒薬で毒矢に使用）、烏孫《うそん》や大宛《だいえん》の馬、そしてなによりも中国人の精神世界を大きく変えていくことになる仏教。漢代の都長安や洛陽の市場では、唐長安には及ばないまでも、西域の文化の香りが満ちていた。

北は天山《テイエンシャン》山脈（北山）、南は崑崙《クンルン》山脈（南山）、西はパミール高原（葱嶺《そうれい》山《ざん》）、東西六千余里（約二四〇〇キロ）、南北千余里（四〇〇キロ）の広大な地を漢代の人々は西域と呼んだ。この広大なタリム盆地、タクラマカン沙漠は、氷河期の最後に融けた水が大洪水を起こした内陸湖であり、広範に土砂を堆積させた。その後の乾燥期にはダストストームによって、縦列の沙丘が並ぶ沙漠が形成された。山岳地帯では年間二〇〇〜三〇〇ミリの降雨量があるので、氷河の融けた水とあわせて乾燥した沙漠に河川が流れ込む世界だ。

武帝の茂陵の東どなりに昭帝《しょうてい》の平陵があり、その近くの陪葬坑から、二〇〇二年駱駝《らくだ》の骨が出土した。漢代の駱駝の骨の出土など初めてである。唐代の長安では西域商人の活躍がよく語られ、唐三彩《とうさんさい》にも西域の胡人《こじん》の商人が駱駝を牽引《けんいん》したり、駱駝の背中に物資を満載した姿が描かれている。しかし唐が起こるよりも七〇〇年も前に、じつは西域との交通路が開かれ、駱駝に乗った人々がタクラマカン沙漠のオアシス間を東西に往来していたのである。のちに西域諸国は漢朝に駱駝を頻繁に献上した。西安東郊外河坡《かは》で出土した彩絵《さいかい》の漢代の駱駝陶俑《とうよう》は、大変めずらしい。コブの間隔が長くて小さく尖っていることなど、野生の駱駝に近い。

月氏と同盟して匈奴を討つ

張騫《ちょうけん》は馬と駱駝を活用して西域に旅だった。敦煌莫高窟《とんこうばっこうくつ》三二三窟には張騫出使の場面が描かれている。唐代初期の想像図である。五つの場面から成る構図は、時間と空間の流れを遠近法を用いて一枚に表現している。武帝がまず甘泉宮で二体の金人《きんじん》に拝礼し、つぎに武帝自ら馬に乗って張騫の一行を見送る。この金人は匈奴が天を祭っていたものを入手したものだ。張騫一行三人は節《せつ》を掲げながら馬に乗って山を越え、大《たい》夏《か》国の城に到着する。一行の姿が次第に遠ざかって小さくなり、最後に大夏に到着する。

張騫出使西域図（敦煌莫高窟第323窟）　西域に旅立つ張騫と見送る武帝を画いた唐代初期の想像図。右上から時計まわりに時間が経過している

建元《けんげん》二年（前一三九）、張騫は第一回目の西域への長い旅行に出発した。目的は月氏《げっし》と共同して匈奴と戦うための外交

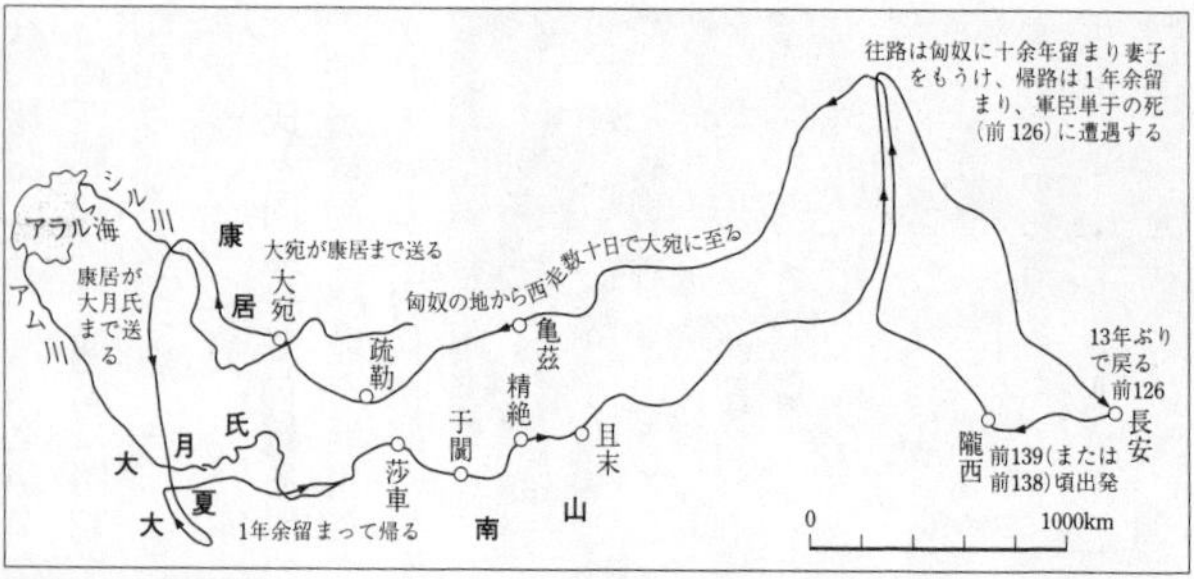

張騫の西域行程図

にあった。一〇〇人を引き連れ、胡人《こじん》の甘父《かんぽ》を案内人とした。月氏ははるか西方へ移動してしまっていた。匈奴の頭曼単于《とうまんぜんう》のころは、太子冒頓《ぼくとつ》が月氏に質子《ちし》として送られるなど、月氏の勢力は想像以上に大きかった。月氏は戦国時代に禺氏《ぐし》と呼ばれており、禺氏の玉と呼ばれるように、玉の交易で繁栄していたようだ。しかしやがて祁《き》連《れん》山脈沿いの交通の要所を、匈奴に追い出されることになる。月氏は匈奴の老上単于《ろうじょうぜんう》に敗れ、王の髑髏《どくろ》を飲用の容器にされるという屈辱を受けた。虎子《おまる》にされたとの見方もあるが、酒器と見るのが無難である。いずれにしても匈奴への怨みを持ちながら月氏は西方へ移動した。移動後の月氏は大月氏《だいげっし》と呼び、パミール高原から西の地、いわゆる西トルキスタンに入り、イリ地方を経て、嬀水《ぎすい》（アム川）の北岸に王庭（都）を置いた。北は康居国《こうきょこく》、南は大夏、西は安息《あんそく》、東は大宛《だいえん》に囲まれた地である。大月氏は大夏を従属させるほどの勢力を保持していた。張騫の目的地はそこにあった。

　残された一部の月氏は、小月氏といって区別されている。河西回廊《かせいかいろう》は匈奴の支配するところとなっていた。河西回廊の東部は匈奴の休屠王の領地、西部は渾邪《こんや》王《おう》の領地となった。いまに伝わる祁連山の名も匈奴人がつけた名称で、天の意味である。張騫は早速匈奴に捕まった。十数年間も止められ妻子もできた。張騫の空白の期間である。しかし漢と匈奴の関係は、この間も緊迫化していった。

漢—匈奴外交、和親から抗争へ

張騫が匈奴の地に止まっているころ、元光《げんこう》二年（前一三三）、漢と匈奴の関係を悪化させる事件が起こった。それまで文帝と老上稽粥単于《ろうじょうけいしゅくぜんう》との間には一時的な和親が成立し、景帝の時代までは平穏であった。文帝は前四年（前一七六）、単于に一尺一寸の簡牘《かんとく》を送った。「皇帝は匈奴大単于《だいぜんう》に敬問《けいもん》す、恙無《つつが》きや」という挨拶のことばではじまった。匈奴に亡命して単于のブレーンとなった燕人《えんじん》の中行説《ちゅうこうえつ》の知恵もあって、単于は一尺二寸の簡牘の大きさで返答した。一寸はわずか二・三センチメートルにすぎないが、漢の皇帝の詔書は通例一尺一寸の長さであり、それを超えることを意味する。

冒頭の挨拶は「天地の生みたる所、日月《じつげつ》の置く所の匈奴大単于は漢皇帝に敬問す、恙無きや」ではじまった。天地や日月という宇宙によって生まれた権威は、皇帝を上回る地位にあることを強調した。漢の皇帝が漢皇帝と名指しされたこともはじめてのことであった。わたくしたちが用いる漢帝国といういいかたは、同時代にはない歴史学上の表現である。劉邦は漢王となったが、皇帝に即位してからは、皇帝の治める領域は漢ではなく天下となった。国とはあくまでも王の領域であり、皇帝の領域は国を超越するものであった。いまはじめて中国の外から漢皇帝と呼ばれた。

このときの漢と匈奴は、兄弟という隣国同士の対等関係として外交が結ばれた。どちらが兄かは明確ではないが、現実には匈奴が優位であった。双方が塞《さい》（長城）を侵さないことを約束したうえで、漢は匈奴に公主《こうしゅ》（皇帝の女《むすめ》）を出し、毎年モチアワ、麹《こうじ》、黄金、帛《はく》、生糸、真綿などを一定額関市《かんし》を通して贈らなければならなかった。関市は国境の関所に置かれた市場であり、漢の津関令《しんかんれい》では、塞を越えて黄金製品を持ち出すことは禁止されていた。匈奴との自由な交易はできなかった。

軍臣単于《ぐんしんぜんう》の代になり、武帝が即位すると、一時の蜜月時代から事態は急変した。元光《げんこう》二年（前一三三）武帝は国境の馬邑《ばゆう》城（山西省大同市西南一〇〇キロメートル。朔《さく》県）で、三十余万の兵士をしのばせたうえで、禁令を犯し国境外に物資を出すと見せかけて、単于と一〇万の匈奴の騎兵を誘い込もうとした。しかし単于は馬邑に近づいたとき、草原には家畜だけが放たれて人気がないことから異変を予知した。武帝の策略は失敗し、匈奴はこれまでの和親を放棄した。

この間、張騫は匈奴のもとを脱出した。数十日で大宛に到着した。大宛から道案内と通訳を得て康居《こうきょ》を通過して目的地の大月氏に行き着いた。だが大月氏は新天地で大夏を服属させるなどの勢力を保ちながら安住し、もう匈奴への復讐心などなかった。「月氏の要領を得る能わず」と大宛列伝は記す。いま日常に使う「要領を得ない」ということばは、筋道がはっきりしないことを意味する。要領とは人間の身体の腰と首筋、すなわち大事な箇所をいう。いまふうに「月氏のいうことは要領を得なかった」では軽すぎる。張騫は皇帝の節を持って外交に使命感をもっていた。月氏と友好はできたものの、匈奴包囲網のための軍事同盟という要領は得られなかったのだ。

大月氏との同盟を断念した情報が漢に入ったかのように、漢は本格的に匈奴へ遠征軍を送った。その主導者は二人の青年将軍であった。

匈奴戦争の立て役者、衛青と霍去病

武帝の茂陵の東に連なる陪葬墓群のなかでも、もっとも近いところに大将軍衛青《えいせい》と驃騎将《ひょうき》軍霍去病《かくきょへい》の二人の墓が並んでいる。茂陵の頂上からも二つの墳丘を眺望できる。その場所は現在茂陵博物館となっている。二人は武帝の衛《えい》皇后の実弟と外甥《がいせい》（姉衛少児《えいしょうじ》の子）で、姻戚関係にあった。二人をつなぐ衛皇后の陵墓は見あたらないのに、舅父《きゅうふ》（母方のおじ）と甥の二人は対匈奴戦争の軍功を称えられ、武帝の臣下として最高の場所に葬られた。衛青の墳丘は北方のモンゴル高原の盧山《ろざん》（寘顔山《てんがんざん》）、霍去病《かくきょへい》の墳丘は西方の祁連山《きれんざん》を象《かたど》っている。一般の方墳や円墳とは異なる墓をわざわざ作った。二人が匈奴戦で活躍した場所にふさわしいものだ。霍去病の墓前には大きな石像が立ち並ぶ。素朴な石像彫刻でありながら、かえって力強さを感じさせる。一八歳で舅父の軍に入って頭角を現し、二〇歳で将軍になった。しかしわずか四年ばかりの功績を残し、二四歳で夭折《ようせつ》している。そんな霍去病を記念するために彫られた一つ一つの石像には意味があったはずだ。しかしいまでは石像が語りかけるものに耳をすませるほかはない。

馬が匈奴兵を踏みつけにする像では、匈奴兵は頰髭を生やし、馬の頭と対峙する瞬間をと

霍去病の墓前の石像　馬が匈奴兵を踏みつけにする瞬間を捉えた石像

らえている。匈奴と戦い続けた青年将軍を象徴している。駆けめぐる馬、伏せる馬、豚や牛などの家畜は、匈奴の民から奪い取った戦利品であろう。虎や熊は、戦地で捕らえた猛獣であろうか。猛獣に襲われる羊、熊と闘う人物、奇妙な石人など、霍去病が草原で遭遇した光景であろう。

元光六年（前一二九）から元狩《げんしゅ》四年（前一一九）までの一〇年間に、衛青は七回、霍去病は六回長城を越えて遠征した。三回は両者ともに重なっているから、二人合わせても一〇回は大きな遠征が行われたことになる。匈奴と漢との国境線は、始皇帝の時代の長城であった。万里に連なる長城を維持するのは難しい。すでに途中の河南（オルドス）の地方は匈奴の領地となり、長城はここで大きく分断されてしまっていた。匈奴がここから長安を攻めようとすれば、それほど難しいことではなくなった。武帝の軍隊の目的は、一つに河南を回復し始皇帝の時代の長城を完全に復興させること、二つに匈奴を包囲して牽制するためにも、長城線を西に延ばして祁連山に沿った河西回廊を確保し、西域諸国との外交を維持することにあった。結果として衛青は河南を回復して朔方《さくほう》郡を置き、霍去病には河西回廊を確保する軍功があった。

漢と匈奴の戦闘を冷静に見れば、長城をはさんで双方すさまじい殺戮と略奪が繰り返されたことがわかる。匈奴は一万～二万規模の騎兵を繰り出して辺境の郡を攻撃した。これによって長城近くの住民は数百、数千と殺された。漢も一万～五万という騎兵と一〇万人単位の歩兵を塞外《さいがい》に出した。漢の兵士は匈奴の兵士の首を一万～七万と平気で取って軍功にし、匈奴人の家畜も数十万～百余万頭と略奪した。もちろん漢の軍にも数千の戦死者が出る。

張騫が持ち帰った烏孫の天馬

張騫は帰路にまた匈奴に捕らわれた。元朔《げんさく》二年（前一二七）、軍臣単于が亡くなり、弟の伊稚斜単于《いちやぜんう》が即位した。張騫はこの単于交代時の混乱に乗じて帰国した。百余人の一行で出発してから一三年、帰国時には張騫と堂邑父《どうゆうほ》の二人にすぎなかった。衛青の第三次遠征の翌年（元朔三〈前一二六〉）のことであり、衛青のこの遠征では、漢は始皇帝以来の河南（オルドス）を回復し、朔方郡を置いた。始皇帝の万里の長城を回復できたのだ。漢の優勢のもとで一時的な休戦状態となった。

しかし新しい単于が即位して落ち着くと、紛争はまたすぐに起こった。元朔五年（前一二四）、張騫は匈奴での在留体験を活かして、大将軍衛青の第四次遠征に参加している。水の少ない草原を進むには、張騫の知恵が役立った。博望侯《はくぼうこう》に封ぜられたのは西域出使によるものではなく、このときの軍功によるものだ。翌々年の第五次遠征にも加わったが、約束の期日に集結できずに斬罪の刑が下った。贖罪によって死罪は免れ、博望侯の爵位を失った。張騫の運命は時代の流れに何度も翻弄されていくようだ。一〇回の遠征によって匈奴の勢力は東西に分断された。匈奴単于のもとで西部を治めていた渾邪《こんや》王は降伏し、その前に休屠王は渾邪王に殺された。

霍去病が亡くなった翌年の元鼎《げんてい》元年（前一一六）、張騫はふたたび使節として西域に出発した。今度の目的は烏孫《うそん》との連合にあった。武帝からすれば、大月氏が頼れなければ烏孫でもよい。張騫のことばを信じた。張騫には兵士三〇〇人もつけた。前回の三倍という力の入れようだ。匈奴の西部勢力はなくなっていたので、途中捕らえられることなく烏孫の地に到着した。しかしやはり「要領」を得ることができなかった。今度はわずか二年後に張騫は帰国した。烏孫の使者数十人と馬数十頭を連れて一緒に戻った。大宛の馬が漢に入るまでは、烏孫の馬が天馬であった。匈奴との戦争の体験から、匈奴の馬よりも速く走り、耐久力のある優れた馬を獲得したかった。武帝にとっては同盟よりも馬への関心が高まっていった。

武帝の対外戦略

漢帝国の周縁に位置した一国家の生き方

太史令司馬遷は、天文と戦争を結びつけた。武帝の元光から元狩までの期間（前一三四―前一一七）、蚩尤《しゆう》の旗のような彗星が二度現れ、天の半分を占めるほどであったという。蚩尤とは黄帝に敗北した軍神である。京師《けいし》の軍隊は四方に出て、夷狄《いてき》を誅殺《ちゆうさつ》する戦争が数十年続いた。北方の匈奴戦がもっとも激しく、同時に南、東、西の国境でも戦争が行われた。まさに四方に向けて戦争をした。南越を滅ぼしたときには熒惑星《けいわくせい》（火星）が斗宿《としゆく》の星座にとどまり、朝鮮を攻撃したときには星が天河《てんが》の入り口にかかり、大宛に遠征したときにも星が招《しよう》揺星《ようせい》を塞《ふさ》いだという。始皇帝の戦争は北は匈奴、南は百越との南北戦争であったが、武帝は東西南北の四方で無謀な戦闘を行った。なぜそのようなことを行ったのだろうか。

南越を建てた趙佗《ちょうた》は、建元四年（前一三七）、亡くなった。漢の武帝よりもはやい南越の武帝の時代六七年間は終わった。二代目の王は孫の胡《こ》、三代目は嬰斉《えいせい》と続き、興《こう》、建徳《けんとく》と五代で、武帝の軍隊に滅ぼされてしまう。南越九三年の歴史は、漢帝国の周縁に位置した一国家の生き方をわたくしたちに語ってくれる。

三世紀、呉の孫権《そんけん》がすでに嬰斉の陵墓を発掘したことが、『南越志』に記録されている。珠襦《しゅじゅ》や玉匣《ぎょっこう》三、金印三六、銅剣三（純鉤《じゅんこう》、干将《かんしょう》、莫耶《ばくや》と刻された名剣）が出土し、印には「皇帝信璽《しんじ》」「皇帝行璽《こうじ》」と刻され、他のものには「天子」という文字もあったという。発掘ということばは古代では盗掘の意味であり、出土品は現在に伝わらない。伝説にすぎないかもしれない。しかし一九八三年に南越王趙胡《ちょうこ》の陵墓が発見されたことで、伝説ではないことがわかった。遺骸は朽ちはてていたが、趙嬰斉の出土品と同じように玉衣と六本の剣、そして金印と玉印が発見された。なかでも「文帝行璽」と刻された三・一センチメートル四方の龍鈕《りゅうちゅう》金印と二・三センチ四方の「帝印」蟠龍鈕《ばんりゅうちゅう》玉印は、『史記』南越列伝に記すように、国内では帝号、漢との外交では王号を使い分けていたことを明らかにしてくれた。

かつて趙佗が漢に報告なく帝号を称したときに、

蚩尤画像石　（武氏祠後漢画像石『隷釈』）

漢の文帝は陸賈《りくか》を派遣して問いただした。趙佗は書面でわびた。文面は「蛮夷の大長老夫臣《しん》佗《た》」という自称ではじまる。みずからを蛮夷といい、文帝にたいしては漢の官吏と同様に姓を称さず臣某という。呂后に故郷の一族を誅殺され、墓まで焼き払われたことから自暴自棄になって、長沙の国境を侵したことを弁明した。外交文書とはいえ、南越王の感情が込められている。そして最後に、

老臣はみだりに帝号を竊《ぬす》んでいましたが、自分で楽しんでいただけのことでした。天王にご報告するまでのことではありませんでした。

両雄はともには立たない、両賢は世に並ばないと聞いています。皇帝は賢天子であり、今からは帝制と黄屋《こうおく》、左纛《さとう》をやめます。

と弁解した。その屈折した感情はさらに国内に下した命令に表れている。

みずからを漢の皇帝と並ぶ英雄であり、賢人であると自負したことばである。やむなく帝号と漢の皇帝にならった車馬の制度を廃止した。しかしこれは陸賈の面前でのパフォーマンスであった。裏を読めば、趙佗は内政と外交を巧みに使い分けて生きてきた老獪《ろうかい》な政治家でもあった。始皇帝の時代を知り、高祖、呂后、文帝と渡り合い、秦漢の政治を熟知していた人間であった。その趙佗が武帝即位後まもなく亡くなった。

南越王国の滅亡

若い趙胡《ちょうこ》には、閩越《びんえつ》王郢《えい》が国境を侵したとき、紛争の解決を率直に漢の武帝にゆだねるしかなかった。武帝は冊封者《さくほうしゃ》としての威信を発揮した。藩臣同士が紛争を起こした場合、天子たる漢の皇帝には調停する役目があった。皇帝は、対外的には天子という号で臨んだ。天子は、国境を越えた国際世界の秩序を守るべき権威をもっていた。南越は漢に対して職約を遵《じゅん》守《しゅ》しており、何ら非はないと判断され、武帝の軍隊は閩越《びんえつ》を討とうとした。閩越王の弟は先手をうって王を殺して降伏した。この結果、趙胡は太子嬰斉《えいせい》を漢に質子《ちし》として送り、南越は漢に対して報徳の念を示した。

嬰斉は、長安で漢という帝国の大きさを目の当たりにしたはずだ。やがて病死した趙胡《ちょうこ》に代わって嬰斉は帰国し、第三代目の南越王（明王）となった。漢の武帝の権威の大きさを実感した嬰斉は、先代の武帝（趙佗）と文帝（趙胡）の璽印を漢にわからないように隠してしまった。出土した文帝行璽こそ、その璽印の一つにほかならない。漢の武帝は、生前はまだ皇帝と称し、武帝とは呼ばれていないが、文帝はすでに漢と南越に二人いたことになる。また嬰斉は、長安滞在中に邯鄲《かんたん》の樛《きゅう》氏の女《むすめ》を娶《めと》り興《こう》という子をなした。

『史記』南越列伝では、この女性のことを「中国人」といっている。いまの中国人とは中華人民共和国の国民の意味だが、この時代は中原の人間という意味だ。趙佗ももともとは中国人であった。その中国人が越人のなかに入って建てた国が南越であった。嬰斉には一方、越人の妻との間に建徳《けんとく》という長男がいた。二人の子、興《こう》と建徳の処遇こそ、南越の運命に関わっていた。太子興が第四代目の王に即位すると、中国人の母は太后となった。王と太后は中国派、漢には三年に一度の朝貢を実施しなければならないと考えた。一方丞相の呂嘉《りょか》は長老であり、越人からの信頼は厚かった。呂嘉は越人の血が流れる建徳を立てて反乱を起こした。こうして建徳が第五代の南越王となった。

元鼎五年（前一一二）秋、武帝は軍隊を出した。罪人と江淮《こうわい》以南の楼船《ろうせん》（船倉に大きな楼を設けた軍船）を集めて一〇万の兵を派遣した。一〇〇年前に始皇帝が、百越に五〇万もの大軍を出したことが思い起こされる。この軍のなかに趙佗も加わっていた。その子孫が今度は漢の軍隊を迎え撃つ立場になった。始皇帝の軍隊は五軍に分かれて攻撃した。武帝の軍隊も五軍に分かれて南越の都番禺《ばんぐう》を目指した。伏波《ふくは》将軍路博徳《ろはくとく》は桂陽から、楼船将軍楊僕《ようぼく》は豫章から、戈船《かせん》将軍帰義侯《きぎこう》と下厲《かれい》将軍越侯《えつこう》は零陵《れいりょう》から灕水と蒼梧《そうご》に分かれ、馳義侯《ちぎこう》は巴蜀《はしょく》の罪人を集めて夜郎《やろう》の軍を加えて牂牁江《そうかこう》を下った。

しかし約束の期日に五軍は結集できなかった。楊僕の軍がまず到着し、罪人の軍を率いて戦意のない路博徳軍はわずか一〇〇〇人ばかりの兵となっていた。路博徳と楊僕は軍功を焦って、籠城する建徳、呂嘉を攻めて火を放ったが、二人は逃亡した。路博徳は漢の列侯印を与えて投降を促す作戦を進めた。投降者から二人の行方を知り、捕らえることができた。元鼎六年（前一一一）、こうして五代九三年にして南越は滅亡し、九つの郡（儋耳《たんじ》・珠崖《しゅがい》・南《なん》海《かい》・蒼梧《そうご》・九真《きゅうしん》・鬱林《うつりん》・日南《にちなん》・合浦《ごうほ》・交趾《こうし》）が置かれた。

雲南《うんなん》の夏は涼しく、冬は暖かい。そんな地を目指して戦国楚も秦も漢も南下した。古代の西南諸民族の世界は、高原に点在するパーズという小盆地を舞台にした。四方を山に囲まれ、平地に連なる水田と緑の内海（湖）の美しい風土、四川《しせん》省南部の西昌《せいしょう》から雲南省の昆《こん》明《めい》、そして大理《たいり》へと進むなかで、この地域の共通の世界を見ることができる。

司馬遷は、南越が滅んだ元鼎六年（前一一一）、郎中《ろうちゅう》としてこの西南夷の地に入った。西南夷とは現在の貴州《きしゅう》省と雲南省の地を指す。中国にたいして蛮夷の居住地として見ていた。両省にまたがった雲貴《うんき》高原は、二〇〇〇メートルの高地が広がり、小さな盆地が散在する。河川沿いの道路だけが孤立した盆地をつないでいる。

雲南風景　四方を山に囲まれた小盆地。連なる水田と湖水の美しい風土。夏涼しく、冬は温暖な雲南の地を古代の諸民族が目指した

武帝の軍隊はこの年に巴蜀（四川省）から南に下っていった。邛《きょう》（四川省楽山《らくざん》市西北）、筰《さく》（四川省楽山市西南）から昆明（雲南省大理付近）までの地をつぎつぎと攻略した。司馬遷はこの軍隊に従ったが、翌年にはすぐに都に戻っている。漢よりも前に、秦は楚の巴郡と黔中《けんちゅう》郡を奪い、さらに西南に進み、常頞《じょうあん》に五尺道を造らせていた。わずか五尺（約一メートル二〇センチ）の狭い幅の道路をとにかくも雲南までつなげた。その後、漢軍がここに入ったのは、張騫がもたらした大夏の情報がきっかけになっている。蜀の布（苧《ちょ》

滇池　昆明にある湖で琵琶湖の半分強の面積。標高1886メートルの高地にある湖

麻《ま》〈からむし〉で織ったもの）と邛《きょう》の竹杖が身毒《しんどく》（北インド）を経由して大夏まで入っていることを知り、蜀から北インドルートを確保すれば、対匈奴戦でも有利であると判断した。王然于《おうぜんう》、柏始昌《はくししょう》、呂越人《りょえつじん》らが派遣され、滇《てん》の地が事前に調査された。

滇《てん》は現在でも雲南省の別称として残っている。省都昆明には滇池《てんち》という湖もある。標高一八八六メートルの高地にある湖である。面積は三〇〇平方キロメートルで琵琶湖の半分強だが、最大の水深が一〇メートルと琵琶湖の一〇分の一しかない。深くて広い水源より水がさかのぼっていることから滇と名付けられたという。昆明池《こんめいち》ともいい、武帝は戦争にそなえてわざわざ長安城西南にこの湖を再現した。水軍を訓練するためだ。雲南省の面積は三八万平方キロメートルでちょうど日本列島がすっぽり収まる広さだ。

雲南省から東に貴州省、広西チワン族自治区、広東省は中国の最南端に横に並んでいる。当時の名称でいえば西南夷と越の地である。西南夷から越への横の移動は、牂牁江《そうかこう》という一本の河川を下ればよい。古代では一つの名の河川も、現在の名称は分断されている。滇池《てんち》の南の南盤江《なんばんこう》から紅水河《こうすいが》、潯江《じんこう》を下って西江《せいこう》となり広州湾に注ぐ。古代蜀の商人たちは、牂牁江を船で下って南越の番禺にまで行き商売をしていた。なかでも枸醬《くしょう》という蜀の食品は、南越の人々に歓迎された。枸醤とはコショウ科の蒟《く》（フウトウカズラの実）を醬（ペースト状の調味料）としたものだ。現在の広東料理は味付けは甘いが、古代の越の人々の好みの調味料として用いられたのであろう。

蜀の商人は南中国を自由に往来し、インドまで活動圏内に入っていた。西南夷は、北は中国、南は東南アジア世界にもつながっていく重要な位置にある。紅河、メコン河、サルウィン河、イラワジ河などインドシナ半島を南に流れる大河川は、いずれも雲南やチベットの高原に源流を発している。中国の瀾滄江《らんそうこう》と怒江《どこう》は、東南アジアに入ればそれぞれメコンとサルウィンに名を変える。

夜郎を服属させ滇を冊封する

武帝の軍隊は、牂牁江を東から西へとさかのぼっていった。南越滅亡後、牂牁江沿いの夜郎を攻めた。「夜郎自大《やろうじだい》」ということばでよく知られている国だ。漢の使節に漢の大きさを知らずに自分の国とどちらが大きいかと尋ねたことから、自分の力量を知らないで向こう見ずな人物のことを揶揄《やゆ》していう。『史記』西南夷列伝では、滇王《てんおう》が漢の使節に「漢と自分たちとではどちらが大きいのか」と尋ね、夜郎もまた同様だといっている。「滇王自大」といってもよさそうだが、語呂がよいのか、「夜郎自大」の方が定着した。

西南夷最大といわれた夜郎は、牂牁江流域の国家であった。牂牁江で南越とも結ばれ、南越にたよっていたが、南越が亡びると、夜郎王は漢に服属した。夜郎王は冊封《さくほう》されて印を与えられた。貴州省に位置するこの夜郎にも考古学のメスが入ってきた。貴州省西北部の海抜

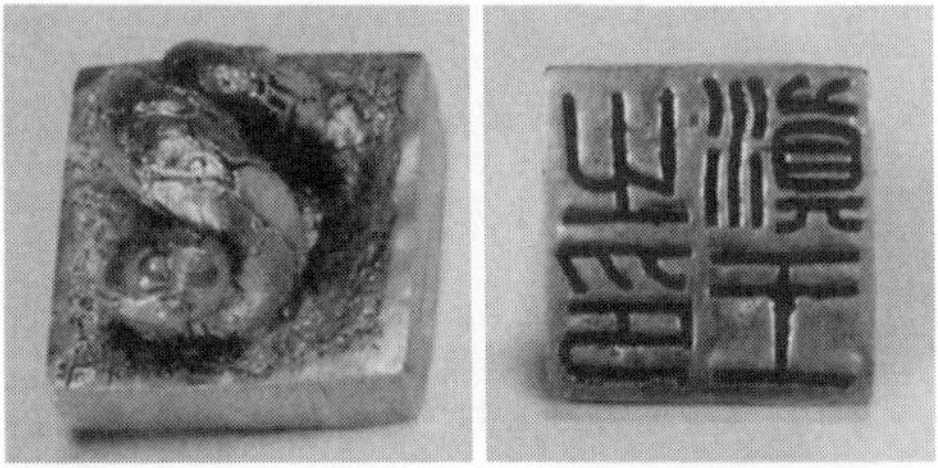
滇王之印と印面　一辺が2.3センチメートルの蛇鈕金印

一八〇〇メートルの高原に位置する赫章《かくしょう》県可《か》楽鎮《らくちん》では、二〇〇〇年に、戦国時代から前漢期にかけての墓葬一一二基が発掘された。頭頂部に銅釜《どうふ》や銅鼓《どうこ》をかぶせる独特の埋葬方法（套頭《とうとう》葬《そう》）が見られる。被葬者は青銅のかんざしに、腕輪をはめ、玉の飾りをつけ、青銅と鉄製の戈《ほこ》や剣などを添えていた。夜郎王の印はまだ発見されていないが、わずか一・二センチ四方の銅印には「敬事」という漢字が刻されていた。漢と夜郎との関係をうかがわせる。

元封二年（前一〇九）、巴蜀の出身者をかり集めた武帝の軍隊は、夜郎から滇にたどり着いた。軍隊を前にして滇王は簡単に降伏した。滇王には王印を与えるとともに、益州《えきしゅう》郡を置いた。西南夷では印を受けたのは、夜郎と滇国の二国だけであった。その滇王の小さな金印が一九五六年、滇池のほとりの石寨《せきさい》山《ざん》の墓葬から出土した。わずか二・三センチメートル、漢代の一寸四方の蛇鈕《だちゅう》金印である。網目模様のうろこの蛇がとぐろを巻く。一五〇〇年後に後漢の光武帝《こうぶてい》が、倭《わ》の奴《な》の国王に与えたのも蛇鈕金印であった。漢は冊《さく》封《ほう》する対象者にはその土地に合った動物の鈕を作る。北方や西方の遊牧民であれば駱駝《らくだ》か羊というように。蛇は南方の国の首長の象徴とされた。

一九八四年には海南《かいなん》省楽東黎族自治《らくとうれいぞくじち》県《けん》でも「朱盧《しゅろ》執刲《しつけい》」と刻された前漢時代の蛇鈕銀印が

発見された。朱盧の地の首長に与えられた上位の爵位である。執刲《しつけい》の爵位は漢にはなく、戦国の楚や楚漢の時代に由来するものであると考えられている（吉開将人「印からみた南越世界―嶺南古璽印考―」上中下『東洋文化研究所紀要』一三六・一三七・一三九、一九九八―二〇〇〇年）。蛇の鈕の穴には綬《じゅ》という紐を通した。滇王はどのような気持ちで漢からこの金印を受け取り、印綬を首に懸けたのであろうか。

西南夷諸部族の生活と風俗

伝説によれば、滇王は、楚からこの地に移住してきた。楚の威王《いおう》（在位前三三九―前三二九）のときに王族出の将軍荘蹻《そうきょう》が、長江をさかのぼり、巴《は》や黔中《けんちゅう》から西を抑え、滇池まで行き着いた。湖の周囲の平地は豊かであったので、止まっていたところ、巴と黔中が秦に占領されて帰路が閉ざされてしまった。秦の昭襄王《しょうじょうおう》（在位前三〇六―前二五一）のころである。やむなく滇の地で王になって現地の風俗に従ったという。その滇王が漢に降った。

司馬遷はこの地に入り、はじめて文字でこの地の歴史を書き留めた。『史記』西南夷列伝である。そこには、西南夷の諸部族が漢に服属していく歴史が書かれている。かれら自身は自己の歴史を文字に記録することはなかった。しかし文字で記述することだけが歴史ではなかった。滇国の豊かさとその歴史は、青銅製の貯貝器《ちょばいき》の蓋《ふた》の上部に立体的な画像として画かれていた。現在わたくしたちは博物館などで３Ｄ（三次元）立体画像の静止画や動画を見る機会が増えてきた。それは人間の左右両眼の視差を利用して意図的に作り出した科学的な虚構画像である。しかし滇の人々の作り出したのは実像である。

戦争場面の貯貝器の蓋　タカラガイを収める容器である貯貝器の蓋に、滇国の歴史が立体的に表現されている（『晋寧石寨山』）

貯貝器はタカラガイを収める容器である。南海から運ばれた貝を貨幣として用いた。滇池のほとりの石寨山のほか、星雲湖に近い昆明南一〇〇キロメートルの江川《こうせん》県李《り》家《か》山《ざん》からも滇国の墓葬が発掘され、多くの貯貝器が出土している。祭祀、戦争、農耕、紡績、貢納、音楽と舞踊、牧畜（羊・水牛・豚）、狩猟など多くの題材が見える。静止画像にもかかわらず、一つ一つの動物や人間に瞬間の動きが表現されているので、円盤状の台座を舞台にしてあたかもドラマが演じられているような迫力がある。回転させると、机上に浮かび上がらせたバーチャル画像を見ているようだ。

鹿を追い詰める二人の騎兵、水牛や馬を引く牧童、柱にからみつく蛇とそれを見つめる人間、敵の兵士の首をとった騎兵、両手両足を使って布を織る女性、頭上に穀物を載せて倉庫に運ぶ人々、にこやかに舞踊と演奏に興じる人々、文献史料からは伝わってこない光景である。

『史記』では西南夷の諸部族の髪型は魋《つい》（椎）結《けっ》型と編髪《へんぱつ》型であったと伝える。魋結型とは木《き》槌《づち》のような形に髪を頭の上で結んだもの、編髪型とは髪を細かく編んで垂らしたものである。夜郎や滇は前者、西の昆明は後者の髪型であったという。さきの夜郎の墓葬で発見された青銅製のかんざしも魋結に用いられたものであろう。たしかに貯貝器の人物は、身分に関係なく魋結型が主流だ。一部の編髪型は、滇以外の他部族であったのだろう。これらはたんなる装飾ではなく、そこにはなんらかのストーリーがあったはずだ。そんな豊かな自己表現の文化をもっていた滇が帝国漢に降った。

朝鮮侵略軍の混乱

武帝の軍隊は始皇帝の長城の東端の遼東《りょうとう》を越えた。漢の側から見れば、元封二年（前一〇九）、朝鮮王が遼東都尉《とい》を殺した事件が口実であった。西南で滇が降った年にも、はるか東北でも同じような状況が起こっていた。碣石《けつせき》の目の前には遼東半島があり、そこから朝鮮半島が続いている。高祖のときに燕王盧綰《えんおうろわん》が匈奴に入ったとき、燕人の衛満《えいまん》が一〇〇〇人あまりの一党を引き連れて朝鮮半島に渡って王となった。浿水《はいすい》（現在の鴨緑江あるいは清川江）を渡り、朝鮮の地に王険城《おうけんじょう》を建てた。現在の平壌《ピョンヤン》付近である。周辺の真番《しんばん》、臨屯《りんとん》などを服属させ、漢とも外臣として外交関係をもった。それから一〇〇年、三代目の右渠《ゆうきょ》の治世になっていた。右渠は漢に従わなかった。漢の使者渉何《しょうか》が説得しても応じなかったので、渉何は見送りの朝鮮副王を殺した。朝鮮側から見れば、この事件こそがそもそもの紛争のはじまりであった。朝鮮王が殺した遼東都尉とはこの渉何であった。

漢は罪人を募って朝鮮攻撃の兵士を集めた。南越戦争に加わった楼船《ろうせん》将軍楊僕《ようぼく》も、ふたたび朝鮮戦争にかり出された。兵士五万を率いて、山東半島から渤海を渡った。左将軍荀彘《じゅんてい》の軍は遼東半島から攻撃した。この戦争は迎え撃つ朝鮮側の優位に進んだ。『史記』朝鮮列伝は、侵略軍側の混乱した様子をはっきりと記述している。司馬遷はこの戦争にはむしろ批判的な目を向けている。とにかく楊僕軍と荀彘軍の海陸二軍の連携がまったくとれていなかった。王険城を攻めた楊僕は軍を分断され、みずからは山中に逃れる狼狽ぶりであったし、荀彘軍は浿水で止められ、王険城にさえ迫れなかった。その後、ようやく両軍の態勢が整って王険城を同時に攻め立てたが、数ヵ月かかっても陥落させられなかった。楊僕と荀彘は、それぞれ単独で朝鮮を降伏させようと焦り、牽制しあったからである。最後は荀彘が楊僕を捕らえて、全部隊を統率することになった。

元封三年（前一〇八）、朝鮮の大臣たちは朝鮮王右渠《ゆうきよ》を殺して投降した。楽浪《らくろう》、臨屯《りんとん》、玄《げん》菟《と》、真番《しんばん》の四郡が置かれた。しかし功労者であるはずの荀彘は、軍功をねたみ味方の将軍楊僕を捕らえ、計略に背いた罪で棄市《きし》を宣告された。楊僕も荀彘軍を待たずに攻撃し、兵士を数多く失った罪は誅殺に相当したが、贖罪が適用され庶民の身分に落とされた。漢にとって何のための戦争であったのだろうか。漢王朝としては夷狄の国々を外臣として服属させ、中華帝国として天下に君臨することが目的だった。そのためには朝鮮王を降伏させればよかった。しかし少なくとも、戦場での二人の将軍は目先の軍功をあせるだけであったし、兵士たちも罪を赦された代わりに戦争に参加しただけで、朝鮮の地を攻める戦意は当初から喪失していた。

朝鮮半島支配の拠点・楽浪郡

朝鮮王右渠が漢に抗戦した王険城には、陥落後に楽浪郡が置かれた。以後三一三年まで四二〇年間、中国王朝の朝鮮半島支配の拠点として存続した。その楽浪郡の遺跡が注目されたのは一九一〇年代からである。東西七〇〇メートル、南北六〇〇メートルほどの土城が大同江の南岸にあり、その南の丘陵には一四〇〇ほどの墓葬が存在する。墓葬は朝鮮総督府の時代の一九二五年から発掘された。王旴墓《おうくぼ》、彩篋塚《さいきょうづか》、王光墓《おうこうぼ》などが発掘され、日本で報告書が出版された。王旴《おうく》は木印によれば郡の五官掾《ごかんえん》という太守を支えた属官、王光も木印によれば、楽浪太守の掾《えん》（地方官の属官）であった。

太守をささえた現地の官吏の生活品が副葬されていた。漆器の化粧用具、式占天地盤という占いの道具、官吏には欠かせない文具一式（筆・硯・水滴・木簡・小刀）などが出土している。彩篋《さいきょう》という竹製の箱には、漆を塗り鮮やかな人物模様を画いている。被葬者は不明だが、黄腸題湊《こうちょうだいそう》（直方体に切った木材の黄色い芯〈黄腸木〉が端〈題〉に出るように積み重ねる〈湊〉造り方）の墓室から見れば、身分は高い。土城は一九三五―三七年には東京帝国大学の原田淑人を中心に発掘され、「楽浪富貴」などの瓦当《がとう》や封泥《ふうでい》が出土し、楽浪郡遺跡であることが確認された。これらは武帝以降の楽浪郡の様子を伝えるものである。

武帝の軍隊は、その後もとどまることはなかった。矛先は今度は西域に向かった。

大宛の汗血馬

武帝の茂陵の陪葬墓のなかに、羊頭冢《ようとうちょう》という、まさに羊の頭の形をした長方形の墳丘がある。その周囲には三八もの陪葬坑があるので、無名墓とはいえ、相当な人物の墓であることは間違いなかった。一九八一年その陪葬坑の一つが発掘され、なかから「陽信家《ようしんか》」という文字を刻した青銅器が出土した。陽信とは武帝の姉の陽信長公主のことだが、もともと平陽公《へいようこう》

鎏金銅馬　体長76センチ、体高62センチ、重さ24.3キログラム。青銅製の馬体に金メッキをほどこしている（『秦漢雄風』）

主《しゅ》と呼ばれ曹寿《そうじゅ》の妻となっていた。景帝と王皇后の長女である。曹寿の死後、衛青の妻となって陽信長公主といった。皇帝の娘を公主（皇女のこと）といい、皇帝の姉を長公主という。陽信長公主は、自分の侍女であった衛媼《えいおう》の子衛青と再婚した。姉の衛子《えいし》夫《ふ》も陽信長公主の家に属していた歌姫であった。武帝に見そめられて宮中に入り、陳皇后のあとに皇后となった。無名墓の主こそこの陽信長公主であった。その陪葬坑から鎏金《りゅうきん》の銅馬が出土した。

青銅製の馬に金でメッキしたものだが、その輝きは今も失われていない。高さ六二センチメートル、長さ七六センチメートル、重さは二四・三キログラム。あの実物大の始皇帝の馬俑に比べれば小さい。それでも黄金の輝きが印象的だ。

武帝が大宛《だいえん》への使者に持参させたのも、金馬であった。出土した鎏金馬は中空で、青銅の上に金をかぶせたものだった。使節が千金とともに土産にもっていった金馬も、同じようなものであったかもしれない。大宛の情報はすでに張騫によってもたらされていた。現在のウズベキスタンの首都タシケント付近、アラル海に注ぐシル川の上流、長安からは一万里を隔てた遥かに遠い土地であった。イネもムギも育ち、葡萄酒を産する豊かな土地であったが、なんといっても名馬を産することに武帝は心を惹かれた。烏孫《うそん》の馬も気に入り天馬と名付けていたが、大宛の馬の方がすばらしかった。烏孫の馬を西極、大宛の馬を天馬と改めたほどだ。大宛の馬は血の汗を流すといわれていた。いわゆる汗血馬《かんけつば》である。

馬の皮膜は汗腺が多く、他の動物に比べて汗かきである。馬の良し悪しはより速く、より長く走る能力で決まる。前肢の肉付き、肩の傾斜、深く広い胸、膝の大きさ、腹の引き締まり、背と腰の筋肉などの体型や歩行から良馬を判断する。鎏金馬も秦の騎馬俑の馬と比較すれば、明らかに良質の馬に進化している。肩の線の傾斜は長く、腹は引き締まり、ひづめの角度が鋭く、尾も高めについている。戦馬として能力が高ければ、軍事的に優位に立てる。一万里の距離も問題ではない。

天馬を奪うための戦争

大宛は善馬を弐師城《じしじょう》に隠して漢に与えない、との噂が流れた。大宛は漢の使者の申し出を拒否した。漢の使者は憤ってののしり、金馬をたたき壊して去った。残していくほどのものだから、黄金製ではないことがわかる。大宛の貴人たちは軽蔑されたと思い、使者を殺して財物を奪った。ここでも、いとも簡単に戦争が始まった。衛皇后の弟衛青を大将軍にしたのと同じように、このときは武帝の李夫人の兄の李広利《りこうり》を弐師将軍《じしようぐん》に任命した。目的は明確であり、弐師城の天馬を奪うだけの戦争であった。

属国の鍛えられた六〇〇〇の騎兵に、全国の無頼《ぶらい》の少年たち数万人が駆り出された。太初元年（前一〇四）に始まった。しかし一度目の遠征は失敗した。兵士の戦意もなく、糧食も少なく飢餓に苦しみ、兵力も足りなかった。敦煌に戻った軍に、武帝は入関を許さなかった。一年あまりたって、態勢を立て直して再出発した。六万の兵士、一〇万頭の牛、三万頭を超える馬、食糧を運ぶロバ、ラバ、駱駝も万単位であった。大軍隊が小国大宛を目指した。

大国漢王朝の意地であった。大宛城を包囲し、オアシス都市の水源を絶った。大宛の貴人たちは国王を殺し、善馬を差し出す約束をした。李広利も応じ、戦争は終結した。漢軍は善馬数十頭と、中級の馬雌雄三千余頭を受け取った。漢に好意的な大宛王が立てられ、四年に及んだ戦争は終わった。

儒教の時代

稀有の思想家　孔子への共感

司馬遷は『史記』のなかに孔子《こうし》世家《せいか》という一編を入れた。世家といえば呉《ご》、斉《せい》、燕《えん》など王国の歴史をまとめたものだから、孔子個人を世家に入れたことには特別の意味があった。漢代の司馬遷にとってみれば、孔子（前五五一―前四七九）の時代は、五〇〇年も前の過去であった。司馬遷は父の司馬談からこんなことを聞いている。「周公が亡くなってから五〇〇歳して孔子が現れ、孔子が亡くなってからまた五〇〇年たった。いまこそ過去の華やかな時代を受け継ぐよい機会だ」と。実際には五〇〇年は概数である。孔子の死と司馬談の死の間は三七〇年にしかならない。周公旦《しゅうこうたん》は文王の子で武王の弟、武王を助けて殷《いん》を討ち、武王亡きあと幼い成王《せいおう》を助けて政治を行った。前一〇〇〇年ころの人間であるから、実際には九〇〇年前ということになる。「五〇〇年」前の孔子という人物は、「一〇〇〇年」前の周公と同じように、漢代の人々からすれば理想的な人間となっていった。聖人といってよいかもしれない。漢代人が孔子を理想化したことが、その後の儒教の歴史の出発点となった。そして武帝の治世になって、儒教が漢王朝の政治を支えていく時代に入ったといえる。司馬談は六家《りくか》の学問を論じた。六家とは陰陽家《いんようか》、儒家《じゅか》、墨家《ぼくか》、法家《ほうか》、名家《めいか》、道家《どうか》を指す。前漢初期には儒家も一つの学問にすぎなかった。司馬談はむしろ道家に傾倒していた。しかし司馬遷の時代には、儒家が道家などほかの学問を抑えて政治と結びついていったのである。

杏壇　山東省曲阜の孔子廟にある孔子の講学所の跡と伝えられる

司馬遷は二〇歳の旅行のときに、魯を訪れた。そこには孔子を祀る廟堂があり、祭祀の礼器が備わっていた。諸生たちが時期を決めて孔子の旧宅で礼を学んでいた。司馬遷はその光景に感じ入ってしばらくその場を離れることができなかった。孔子は布衣《ほい》（庶民が着る麻の服）の身でありながらも、その学問は十数代も継承されている稀有な思想家だ。そこに世家として記述する意味を見つけた。始皇帝によって滅ぼされた東方の斉魯《せいろ》の国の学問、始皇帝の焚書坑儒によって封じ込められた儒教という学問が、一世紀たったいま、漢王朝の権力と結びついて復権したのである。

『論語』は孔子の弟子たちによる孔子の言行録である。一方『史記』孔子世家は孔子の伝記である。一人の人物の誕生から死に至るまで、七二歳の人生が語られている。司馬遷は『春秋左氏伝』などの書物に伝わる話をまとめて伝記にした。

幅の広い思想　政治へも積極関与

孔子は魯《ろ》の昌平郷《しょうへいきょう》に生まれた。父の叔梁紇《しゅくりょうこつ》は顔氏《がんし》の女と野合《やごう》して孔子を生んだという。魯の襄公《じょうこう》二二年と記されているので、前五五一年にあたる。生まれたときに頭の中央がくぼんでいたので丘《きゅう》と名づけた。孔子の本名は孔丘《こうきゅう》である。字《あざな》は仲尼《ちゅうじ》、尼丘という孔子が生まれた曲阜《きょくふ》南の山の名からきている。家は貧しかったが、幼いときから経書《けいしょ》を学んでいた学識をかわれ、魯の季氏の役人になった。金銭の出納を扱えば公平であり、家畜を管理させれば数を増やした。しかし魯を去り、斉を追われ、宋《そう》、衛《えい》から逃げ、陳《ちん》、蔡《さい》では苦しんだ。七十数人の君主に仕官を求めたが、厚遇されなかった。魯の政治の乱れを嘆いたが、最後には魯に戻り、門人を集めて学問を伝えることに専念した。孔子は周の礼楽の衰退を嘆いて立て直しにつとめ、詩（『詩経』）、書（『尚書』または『書経』）の錯簡《さっかん》を修正し、礼楽を復興させ、魯の記録『春秋』を作り、易《えき》（『易経』）に傾倒して繋辞《けいじ》伝を作ったといわれる。孔子が伝えたのは五経《ごきょう》（易・詩・書・礼・春秋）、それに楽を加えれば六芸《りくげい》であった。

景帝期までは儒者が表には出ていなかった。武帝の時代になって儒教国家への選択の第一歩がなされた。建元元年（前一四〇）、五経博士が置かれたと『漢書』百官公卿表《ひゃっかんこうけいひょう》は記す。しかし『史記』には見えず、その実態は明らかではない。儒家のテキストは博士によって弟子に口伝されていった。一人の博士が五経、六芸すべてに精通することはできない。すでにそれぞれがあまりに膨大な学問体系となっていたからである。

儒家では、君臣父子の礼や夫婦長幼の別が説かれた。それが帝国という体制をささえる学問として選ばれた。たしかに祭祀・葬礼から封禅・外交にまで礼は欠かせない。しかし礼的秩序を説くのは六芸のなかの礼であって、儒家はそれだけではなかった。詩は政治を風刺し、書は先王の事績を称え、易の革命思想は自然や社会の変化を説き、春秋は歴史の鑑をめざし、楽は宗廟の祭祀に欠かせない。その幅の広さが儒家の特徴でもあった。

漢代の儒家を儒教としてとらえるのはその幅の広さからくる。したがってそれぞれが専門化された。尚書の伏生《ふくせい》（文帝の時代の人。以下同じ）、詩の申培公《しんばいこう》（高祖）、轅固生《えんこせい》（文帝）、韓嬰《かんえい》（文帝―武帝）、王臧《おうぞう》、趙綰《ちょうわん》、春秋の董仲舒《とうちゅうじょ》（景帝―武帝）、胡母生《こぼせい》（景帝）、公孫弘《こうそんこう》（武帝）、礼（『礼記』）の高堂生《こうどうせい》、易の田生《でんせい》というように伝えられていった。博士の弟子は全国から優秀な人材が集められた。賢良方正《けんりょうほうせい》、文学の士が全国から数百人も集められた。

孔子の墓　曲阜の孔林（孔子一族の墓）の中心にある。「大成至聖文宣王墓」の碑が立つ

武帝の時代にはそうした学者が博士にとどまることなく、孔子と同様に丞相など高官として政治に積極的に関わっていった。董仲舒は景帝のときに博士となって弟子に『春秋』を口授したが、のちに武帝の二人の兄の江都《こうと》国王と膠西《こうせい》国王の丞相となった。『春秋公羊伝《くようでん》』と災異

四川の講学画像石　漢帝国という体制を支える学問としての儒学が、博士から弟子に口伝された。手には竹簡の書籍を持っている（『巴蜀漢代画像集』）

の学をもとに政策を提言した。建元六年（前一三五）、地方では遼東郡に建てられた高祖の廟が焼け、都でも高祖長陵の陵園にあった便殿《べんでん》が焼けた。武帝が董仲舒に尋ねると、董仲舒は天意であると伝えた。孔子の生きていた魯の定《てい》公《こう》、哀公《あいこう》の時代にも宮殿でたびたび火災があった。魯が礼に反した廟や宮殿を建てたので、天は焼いて礼を示し、同時にその国に季氏《きし》らの乱臣がいることを暗示したという。董仲舒は過去の歴史を武帝の時代にも重ね合わせた。

農民を救い国を豊かにする政策提言

儒者の理想とする時代は、五帝から夏殷周《かいんしゅう》三代にあった。政治の基本は民衆の食を満たすことにあり、充足されてはじめて経済が成り立った。董仲舒は井田制《せいでんせい》を理想とした。つまり井の字のように九つに耕地を平等に区分けし、八家族が八つの私田を持ち、残りの一つを公田とする。平等と共同を実践した土地制度である。しかし秦以降に土地の売買が許されたので、富める者と貧しき者の格差が生じてきた。戦国以来の富国強兵策は民の力を奪ってきたものとして批判された。秦の政治は漢になっても継承されてきたが、いま儒家によって脱皮が図られた。貧しき者には、一年の国境警備の兵役や、一年の都での警備、また一ヵ月の郡県での力役《りきえき》などの負担が重くのしかかる。田租《でんそ》、口賦《こうふ》（人頭税）の税の負担も重い。豪族の土地を小作する民は、収穫の一〇分の五まで収奪される。

農民の典型的な姿は、五人家族で一〇〇畝《ぼ》の土地を所有するものであった。一〇〇畝は一〇〇平方歩から二四〇平方歩に広がっていた。一歩は、左右の足を踏み出した歩幅であるから約一・三メートル、縦二四歩、横一〇歩の広さを想像するとよい。農民はここに穀物を植え収穫を得る。生活に必要な穀物を蓄えて、残りを国に売り貨幣を得た。人頭税は貨幣で払わなければならなかった。衣料など生活用品も、金銭で市場で購入した。董仲舒はそうした農民を救うために、土地所有を制限する名田《めいでん》の政策を提言した。

戦国時代の魏の李悝《りかい》は文侯に土地と国を豊かにする政策を提言し、そのなかで農民の家計の収支を具体的に述べた。いま漢代の農民の姿に置き換えて見てみよう。一家五人家族が一〇〇畝《ぼ》の土地を耕した。穀物は北方では粟や小麦、南方では稲も生産されていたので、いちがいにはいえないが、一畝あたりの収穫量が一石《せき》半とすると、一五〇石となる。実際には一〇〇畝に満たない農民が多かった。収穫の三〇分の一、五石が田租としてまず徴収される。残り一四五石のうち、家族の食糧として一人が月一石半消費するとして五人では年間九〇石、差し引くと五五石しか残らない。これを現金に換えると、一石三〇銭として一六五〇銭となる。家族の人頭税は、成年は年間一二〇銭、三〜一四歳の幼児がいれば年間二三銭の口《こう》賦《ふ》があるので、一家族五人として、成年が三人、子どもが二人であれば年四〇六銭の負担となる。これを引けば残りは一二四四銭となる。郷里での祭祀の費用に三〇〇銭を出費し、衣類は一人年間三〇〇銭で五人であれば一五〇〇銭、もうここで五五六銭の赤字となってしまう。このようなぎりぎりの生活は、年々の天候や災害に左右され、破綻してしまう。

淮南王と衡山王の謀反事件

元朔《げんさく》六年（前一二三）、現実に武帝に衝撃を与える事件が起こった。淮南《わいなん》王安《あん》と衡山《こうざん》王賜《し》の謀反事件であり、数千の人々が処罰された。匈奴との戦争が本格化するなかで起こった内乱である。董仲舒が一時仕えた江都《こうと》王も膠東《こうとう》王とともに呼応しようとした。呉楚七国の乱の再来になりかねない。できるだけ早いうちに処理しようとした。

劉安《りゅうあん》は高祖の孫であり、淮水のほとりにあった淮南国の王となった。父劉長《りゅうちょう》は四郡の領域をもった大国の王であったが、謀反の罪に問われて国は三分され、劉安は細分された淮南国を継いだ。かれのもとに集まった食客にまとめさせた『淮南子《えなんじ》』は雑家《ざっか》の書といわれるように、とくに道家思想を中心としてさまざまな思想が盛り込まれている。その王が、みずからの太子が起こした些細な事件から領地を削られ、中央からたえず謀反の嫌疑をかけられるようになった。

謀反を厳しくさばく法律は、中央が諸侯王国を抑えるために設けられた。張家山漢簡の賊律では、謀反、つまり反乱を謀るだけで腰斬《ようざん》、父母、妻子、同産《どうさん》（同じ母が産んだ子の意味で、兄弟）も年齢に関係なく棄市《きし》であった。劉安は反乱を実行はしていない。王后と太子は逮捕され、数千人が連座した。謀反の経過を事細かく証言したのは劉安に仕えた伍被《ごひ》であった。長安を攻撃するために武器を準備したとか、皇帝の璽印や高官の印を偽造しようとしたとか証言した。博士から丞相になった公孫弘《こうそんこう》も『春秋』を学び、こうした事件に厳しく対応した。結局淮南国はつぶされ九江郡《きゅうこう》となった。

儒家の学問を借り武帝を風刺する

董仲舒は後漢の人々からは儒者の宗《そう》とも称えられた。儒家は机上の学問ではなかった。孔子がそうであったように、政治という現実への関与をたえず意識していた。しかし現実への絶望があれば、学問に帰っていく。董仲舒も最後はそうであった。

儒者にはいろいろな関わり方があるが、司馬相如《しばしょうじょ》は詩人として政治に関わった。大人賦《たいじんふ》、子虚賦《しきょふ》などを作り、詩による現実への風刺を行った。これも儒家思想の一つの表現形態であった。司馬相如はまた、武帝が南夷に加えて西狄《せいてき》を侵略しようとしていることを批判しようとした。司馬相如自身蜀郡成都《しょくせいと》の出身であり、自らの故郷の犠牲を痛感していた。巴蜀は現在の四川省、戦国時代の秦がここを征服して以来、開発が進んだ。貧しい司馬相如と駆け落ちをした卓文君《たくぶんくん》の家は、秦が趙を破ったときに蜀に移され、成功した製鉄業者であった。奴婢を一〇〇〇人もかかえていた。司馬相如は蜀の父老と語る形をとって、西南夷戦争を進めた武帝を風刺した。儒家の学問を借りても皇帝を風刺することができる漢王朝の体制とは、まだ健全なものであったといえよう。司馬相如は蜀の父老とみずからが、使者として対話する文章を作った。その概要はこうだ。

蜀の父老たちはいった。「天子と夷狄の関係は、国交を断ち切らないようにするだけです。いま巴蜀や広漢の人々の犠牲で夜郎への道を開こうとして三年、完成せずに民は疲れました。いままた西南夷に関わろうとしていますが、なぜでしょうか」。使者（わたくし）はいった。「詩に『普天《ふてん》の下、王土《おうど》に非《あら》ざるはなく、率土《そっと》の浜《ひん》、王臣《おうしん》に非《あら》ざるはなし』とあるように、天子の徳に浴していない者があれば天子の恥となります。四面みな徳に化し、西夷、南夷も天子の爵号を受けたいと願っています。民が苦しんでも、王業を継がなければなりません」。

蜀の父老たちは、嘆息していった。「漢の恩徳はすばらしい。民が疲れていても、わたくしたちだけはおつとめをしましょう」。

漢の天子の無意味な戦争を風刺し、蜀の人々の心情を率直に語っている。

武帝の時代の経済と開発

漢代財政を支えた貨幣

武帝の時期の人口はわからないが、一〇〇年後の前漢末で五九五九万人、一二二三万戸の人口である。こうした帝国を維持していくためには官僚制が必要であるが、同時に財政制度がしっかりしていなければならない。匈奴との戦争では、何十万という兵士が動員された。そのためには膨大な軍糧、兵器、褒賞が臨時の出費として必要となる。平時の国家体制の運営の収支に加えた軍事的な財政負担、武帝の時代の国家財政はぎりぎりの所で維持されていた。

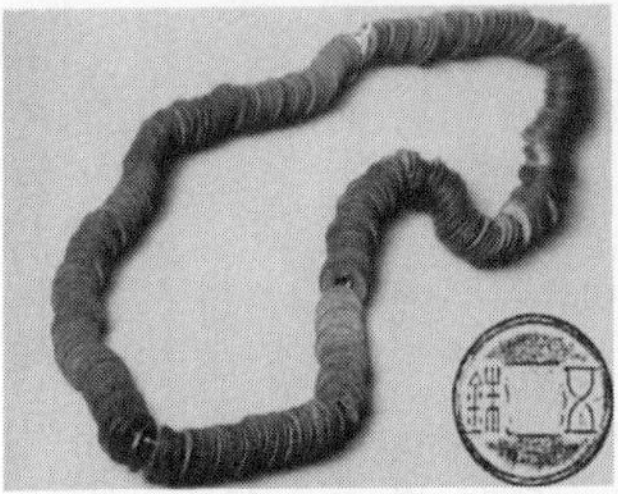

五銖銭　元狩4年（前119）に武帝によって発行された五銖銭は額面と重量（青銅）が一致し、その形は唐高祖の時代まで700年間用いられた（『華夏之路』）

漢代は明らかに貨幣経済の時代であった。始皇帝の時代の半両銭《はんりょうせん》を受けて漢代も貨幣が財政を支えた。方孔円形の秦の青銅貨幣は漢代にも発行され続けた。呂后期の八銖《しゅ》半両銭、文帝期の四銖半両銭は秦の額面の半両と形をそのまま踏襲したが、重量は異なるものが発行された。半両の両《りょう》と銖の関係は、一両は二四銖であるから、半両とは一二銖（七・八グラム）になる。八銖や四銖の重量で半両（一二銖）の額面では差が大きい。文帝のときには民間での貨幣の鋳造も認められたが、景帝のときにふたたび禁ぜられた。民間に貨幣を鋳造させるというのは、現代から見れば奇妙な感じがするが、貨幣の鋳造はさほど難しいものではない。実際の貨幣から粘土で鋳型を造って焼き、銅、錫を溶かして流し込めばよい。形も文面も簡単だ。流通すればだれが製造してもよかった時代があった。呉の国や鄧通《とうつう》が個人で鋳造した貨幣も通用した。

貨幣経済を支えるために国家が大量の貨幣を鋳造していくのは大変だ。武帝は元狩《げんしゅ》三年（前一二〇）に三銖銭を発行し、元狩四年（前一一九）に五銖銭を発行し、額面と重量とを一致させた。武帝期に始まった五銖銭はその後、唐代高祖の時期まで七〇〇年も踏襲されることになった。元狩五年から平帝《へいてい》の元始《げんし》年間までは二八〇億万（億と同じ）銭もの貨幣が鋳造された。年間二億二〇〇〇万銭の量となる。

漢代官吏の俸給

税収入の基本は人頭税であり、漢代には算賦《さんぷ》といった。一五歳から五六歳までの男女に、毎年一算一二〇銭が課せられた。当該年齢層が一〇〇〇万人いるとして、一二億銭の収入となる。二〇〇〇万であれば二四億、三〇〇〇万では三六億となる。衛青や霍去病が兵士に与えた報奨金だけでも二〇億〜一〇〇億銭であったから、これだけでは全く足りない。

前漢末で官吏の数はトップの一万石《せき》の丞相から一〇〇石に満たない佐史《さし》にいたるまで一二万人もいた。漢代の官吏のランクは、俸給を穀物換算した石高で示した。前漢初期の秩律《ちつりつ》(張家山漢簡)によれば、二〇〇〇、一〇〇〇、八〇〇、六〇〇、五〇〇、四〇〇、三〇〇、二〇〇、一〇〇石と下っていく。二〇〇〇石は中央政府の各官庁の長官である御史大夫、廷尉、内史《ないし》、典客《てんかく》、中尉、太僕《たいぼく》、少府、奉常《ほうじょう》、郎中令などの九卿《きゅうけい》クラス、地方では郡の太守クラスである。一〇〇〇石は中央では長官以下の官吏や、地方では大きな県の令である。県令は規模によって一〇〇〇石から六〇〇石まで幅があった。長安、雒陽《らくよう》、成都県などは一〇〇〇石、咸陽、長陵、江陵県などは八〇〇石、安陵、滎陽《けいよう》県などは六〇〇石となっている。一〇〇石以上は中央が任命した長吏で、一〇〇石以下の地方採用の少吏と区別された。

官吏のランクは石高で表した。石《せき》は容積の「こく(斛)」と重量単位とを両用するので紛らわしい。金属など形の固定したものは権《けん》(おもり)を用いて重さで量り、液体や粉末など形が固定しないものは升《ます》で量る。穀物は両方の計量が可能だ。始皇帝が毎日の裁決文書のノルマを一石の重さに止めたといわれるが、一石は一二〇斤、約三〇キログラムにあたる。文書は竹簡であるから重量でしか量れない。

司馬遷の年俸六〇〇石は月給では七〇斛《こく》の穀物価格に相当する。一斛は一〇斗、一〇〇升の容量にあたる。一斗が日本の一升ほどであるから一斛は一〇升、一〇〇合ほど。貨幣に換算すれば、一斛七〇〜八〇銭で四九〇〇〜五六〇〇銭となる。七〇斛は一二ヵ月で八四〇斛となるが、六〇〇石は相当の重量だ。年収は六万銭ほどになる。太史は秩律でも六〇〇石であり、武帝のときにも変わらない。司馬遷のような六〇〇石の官吏が五万人いれば年間の俸給支給額は二億五〇〇〇万銭となる。これだけで年間の貨幣発行量を超える。

国家財政の安定化策

物価は変動した。穀物価格は豊作か凶作かで大きく左右され、農民や都市民の生活を直撃した。一石あたり数十銭の価格が、飢饉になると数百銭から数千銭、ときには一万銭にまで跳ね上がり、豊作のときには逆に一石数銭にまで下落した。始皇帝の三一年に一六〇〇銭まで上がった価格が、楚漢戦争で農業が停滞したときにはさらに一万銭にまで上昇したことがあった。文帝のときには数十銭の水準に落ち着いている。

国家財政を安定させるためには、穀物の価格の上下を抑えなければならない。治粟都尉《ちぞくとい》の桑弘羊《そうこうよう》は国家財政を握った。雒陽《らくよう》商人の子であり、商人としての計算の能力を国家財政に活かした。元封元年（前一一〇）かれの提案で、地方の県には均輸《きんゆ》官《かん》、中央には平準官《へいじゅんかん》を置いた。文字通り均輸とは物資の流通の平均化、平準とは物価の安定化を目指すものであった。物資が不足すれば物価は高騰し、余れば下落する。広大な中国では、地域的に飢饉や災害が起こった場合、物資が不足する地区と有り余る地区とが同居する。商人はそこに介在し、安価で仕入れて高価で売って利を得た。

のちに元帝のとき、穀物が連年不作で、京師《けいし》では一石二百余銭だったが、辺郡ではさらに四〇〇銭、関東では五〇〇銭と高く地域差があった。商人は時間的な物価の上下をにらんで利を得た。安価なときに仕入れ、高価なときに売り惜しみする。このような古代の自由経済とは逆の動きを国家がとった。物資が不足している地区に物資を送り、物価が高騰したときに、物資を放出して物価を下げる。国家財政を安定化させる方策だ。

塩専売権による国家の莫大な利益

これよりさき御史大夫張湯は、塩鉄《えんてつ》を専売にする基本的構想をまとめ、元狩四年（前一一九）に提言した。生活必需品の塩鉄を国家が独占販売し、価格を維持しながら財政源とした。実施にあたっては、二人の大商人の知恵を借りた。南陽の製鉄業者の孔僅《こうきん》と斉の製塩業者の東郭咸陽《とうかくかんよう》を大農丞《だいのうじょう》に登用したのである。孔僅らはみずからの体験で指導し、全国に塩鉄の官とさらに酒榷《しゅかく》の官も置いた。郡国の塩官は三六県、鉄官は四八県にのぼった。やがて桑弘羊が治粟都尉となり、孔僅に代わって塩鉄を管轄した。

人間は体液の量を調節するために塩を摂取することが欠かせない。古代ではなによりも塩は調味料や保存料として生活に欠かせない万能の役割をした。魚介類は生のままではすぐに腐ってしまう。塩をまぶしておけば水分が抜けて短期的に保存できるし、乾燥させたり発酵させたりすれば長期の保存も可能だ。野菜も塩で漬物にすれば冬でも食用にできる。動物の肉も内臓をとってから塩をまぶし、鉤《かぎ》に吊して乾燥保存する。漢代画像石には兎、豚、魚などを吊した厨房の光景が画かれている。

塩と大豆、穀物類、魚、肉類を発酵させてから各種の醤《ひしお》を作れば、多彩な味を出せる。そのような塩が各地で生産できたのは、海沿いには海塩、内陸には池塩、岩塩や井塩《せいえん》があったからである。『史記』貨殖《かしょく》列伝によれば、山東（いまの山東省ではなく華《か》山《ざん》以東）と山西（いまの山西省ではなく華《か》山《ざん》以西）の東西に分ければ、黄河下流の山東は海塩、山西は岩塩と池塩の区域、そのほかの嶺《れい》南《なん》（広東）と沙《さ》北《ほく》（北方の沙漠地帯）でも塩を産出した。

日本列島は海塩一種類にかたよっているが、中国大陸では古代から各種の食塩を味わえた。

岩塩は地中で長い時間をかけて結晶化したので塩化ナトリウムの純度は高く、海塩は純度は低

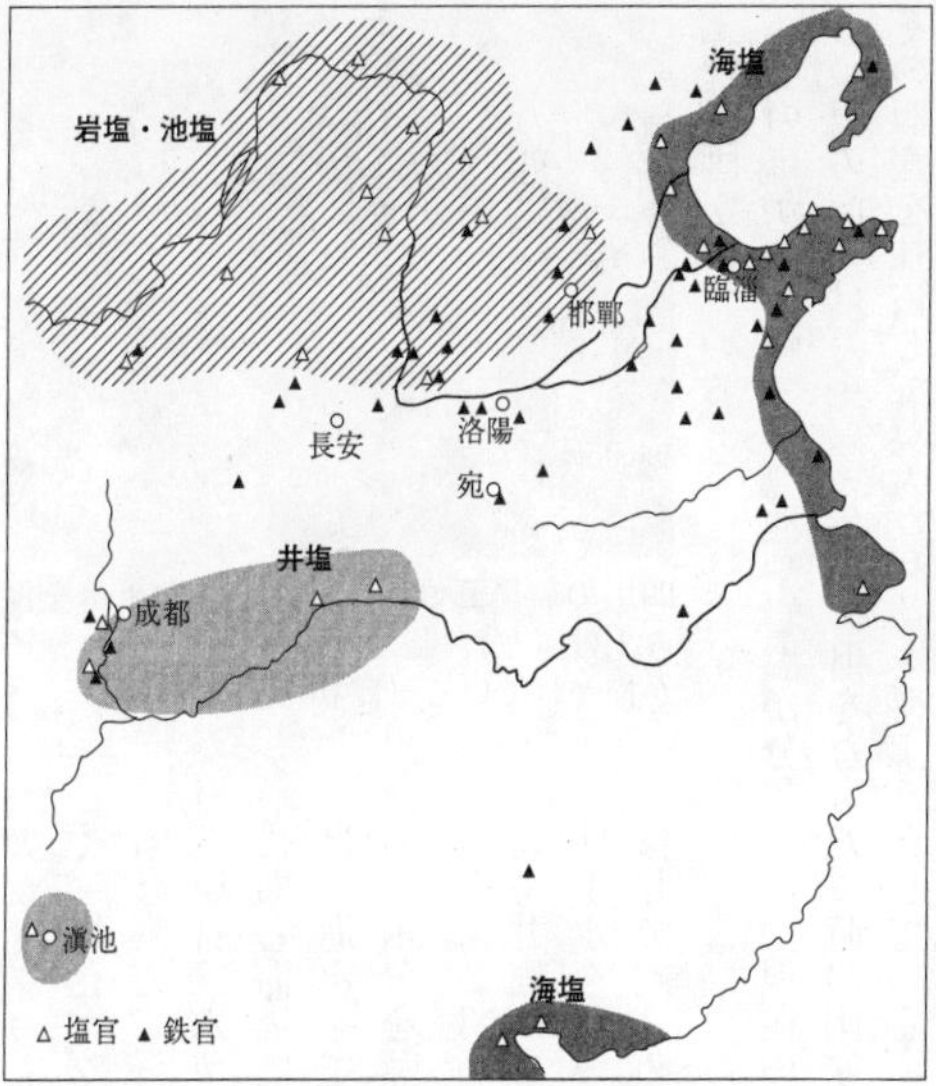

全国の塩官・鉄官配置図

四川の製塩画像磚　井戸から地下水を汲み上げ（左）、釜で煮沸する（右下）様子が描かれている（『四川漢代画像磚』）

いがミネラルが多い。塩化カリウムが多ければ甘く、塩化マグネシウムが多ければ苦くなり、塩の味も多彩だ。

塩官三六ヵ所のうち、一六ヵ所は渤海と黄海《こうかい》沿岸にある海塩区域にあった。海塩を結晶させるためには、海水を釜に入れて直接煮詰めるか、天日と風の力で水分を蒸発させるかの方法がある。斉の地方では海塩が生産された。内陸の巴蜀では、四ヵ所の塩官で井塩が生産された。岩塩が溶解した濃度の高い地下水をくみ上げていったん貯水し、そこから釜に移して煮詰めて結晶化させる。四川の画像磚《せん》にその工程が画かれている。

そのほかの内陸では塩池や岩塩が分布する。現在の山西省運城《うんじょう》県の解池《かいち》はよく知られている。塩の商人は万金（一億）の財をなした。時の国家が煮塩《しゃえん》の器具を貸し出して生産させ、その販売を独占して莫大な利益を得ようとしている。

鉄製農具による生産力の飛躍的向上

一方春秋末期から戦国時代にかけて、鉄鉱石を一一〇〇〜一三〇〇度の高温で鋳型に溶かし込む銑鉄《せんてつ》が生産されはじめた。その農具への使用は、生産力を飛躍的に向上させた。戦国中期以降、富裕者に広まったが、漢代になって一般農民にまで普及した。戦国時代の遺跡から、鍬《くわ》、鎌、斧などの農具が出土し、漢代の製鉄所の遺跡も発見されている。戦国時代の民間製鉄業者として趙の卓《たく》氏、斉の程《てい》氏が知られ、卓氏、程鄭《ていてい》、孔氏は鉄で財をなした。一、二頭の牛に鉄製の犂《すき》を牽引させて耕作する牛耕農法も春秋戦国時代に始まり、生産力が飛躍的に増大した。漢代画像石、画像磚《せん》には牛耕場面がよく描かれる。犂は土地を掘り起こす三角形の犂先や、土を払いのける犂へら部分が鋳鉄で作られ、犂の本体（牛につなぐ長柄、手で支える犂柄、垂直に立つ犂柱、地面に滑らせる犂床など）は木製であるので腐蝕し、犂先、犂へらが出土している。

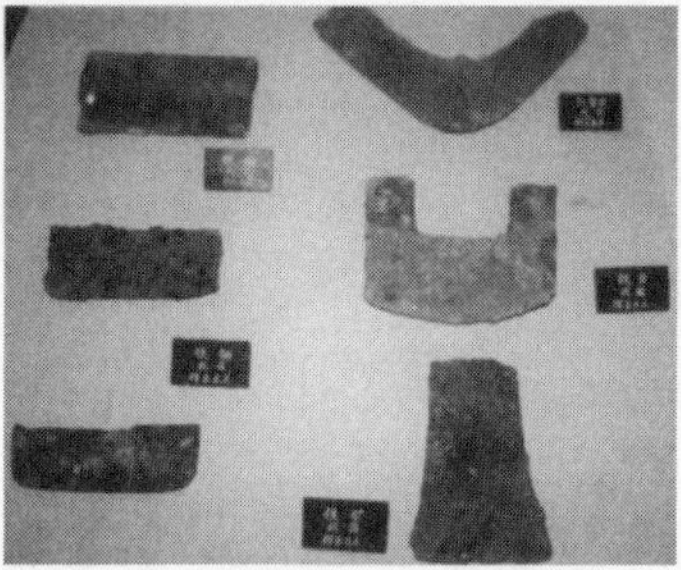
鉄製農具（河南博物館蔵）　V字形のものは犂（すき）の先にかぶせてより深く掘り起こすもの。凵字形は木製の鍬（くわ）の先に付ける耕具

鉄を生産するには、原料の鉄鉱石（酸化鉄）から木炭を燃やして一酸化炭素を出し還元させることが必要だ。それには木炭を燃やすために空気を大量に送る鞴《ふいご》と炉が必要である。鉄官四八ヵ所は、鉄鉱石と木炭の供給できる条件の土地であった。山東丘陵周辺に一六ヵ所、太行山系沿いの南北に七ヵ所、太原《たいげん》から洛陽、潁川《えいせん》、南陽に一一ヵ所、関中から隴西《ろうせい》、漢中に五ヵ所、蜀に三ヵ所、長江下流に四ヵ所、桂陽に一ヵ所と分布している。

専売制が実施されてから、博士の徐偃《じょえん》が地方の

徐州の牛耕画像石　２頭の牛が三角形の犂を引く（『徐州漢画像石』）

風俗を見て回ったときに、勅命と偽り膠東国と魯国で塩を作らせ、鞴《ふいご》を用いて鉄を鋳造させた。張湯から勅命を偽ったことは死罪に当たると弾劾された。そのとき、若き終軍《しゅうぐん》は能弁博学で武帝の側近として謁者給事中《えつしゃきゅうじちゅう》（皇帝の身辺で文書や人の出入りをつかさどる官）であった。終軍は、徐偃の行動が現実的でないと、次のように詰問した。膠東国と魯国の二国は周辺の郡から塩鉄の供給を受けていて何も不足はないのに、人口と耕地の面積をしっかりと調査した上で塩鉄生産が必要だと結論づけたのか。また春の耕種のときに必要な農具を作るには、秋から炉に火入れしなければならないのに、その準備をしていたのか、と。徐偃は罪を認めた。これらのやりとりのなかに、当時の製鉄の実際の様子をうかがうことができる。

酒も家や郷里の祭祀に欠かせない。禁止されると酒の密売も横行した。霍光《かくこう》の子の禹《う》の邸宅では密造酒の現場が摘発され、かめが叩き壊された。趙広漢《ちょうこうかん》の食客も、長安の市場で酒を密売していた。

深刻な塩害を解消した白渠

太始《たいし》二年（前九五）、趙の中大夫白公《はくこう》が涇水《けいすい》から渠《きょ》を引き、灌漑《かんがい》することを上奏し、工事が行われた。前二四六年、始皇帝がまだ秦王に即位したばかりのときに鄭国《ていこく》に工事をさせた場所である。鄭国渠《ていこくきょ》から白渠《はくきょ》の建設まで一五〇年が経過した。始皇帝の遺産は、武帝のとき

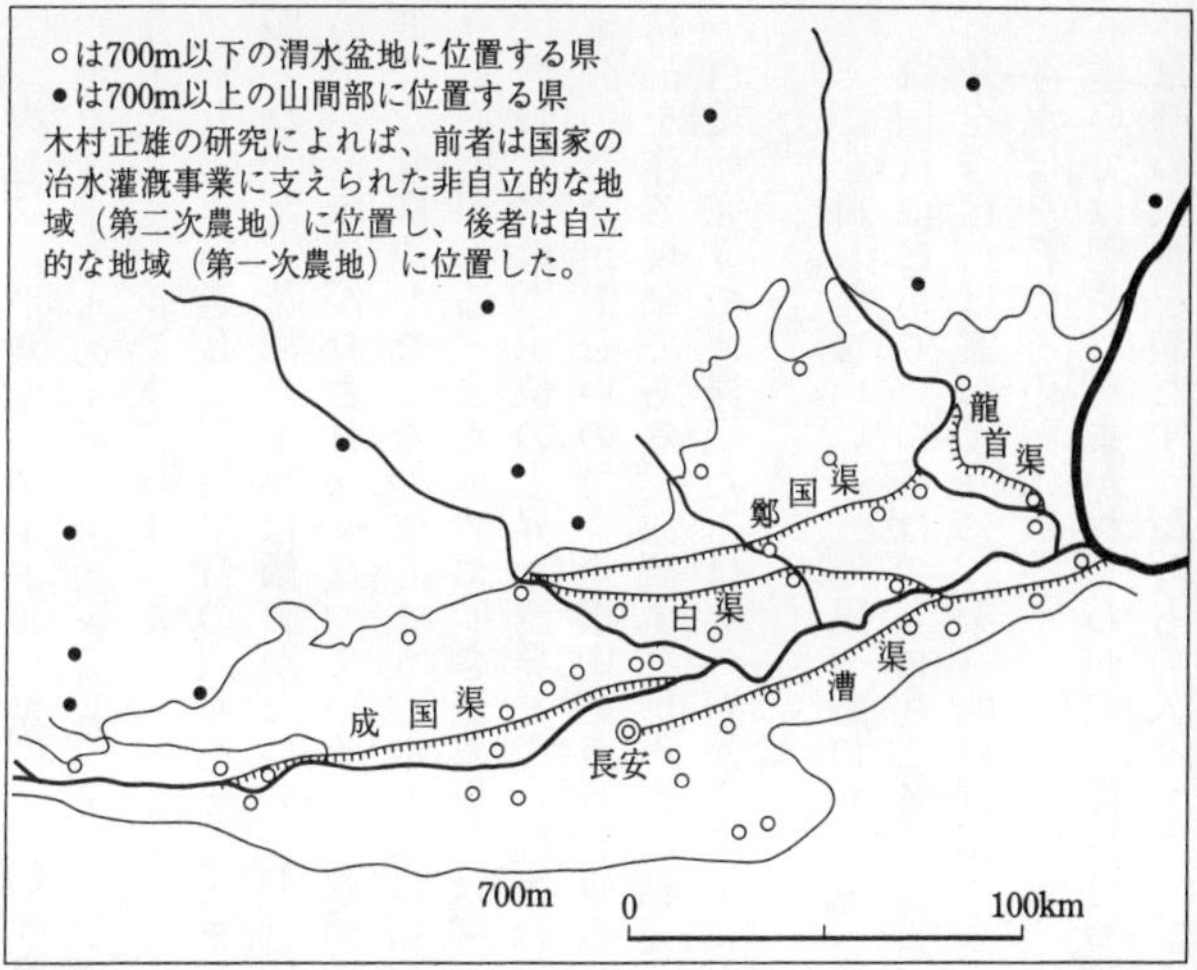

鄭国渠・白渠　始皇帝の遺産鄭国渠にならって、趙の白公が渠の掘削を上奏し工事が行われた

に復活した。

想い起こすと、秦王のときに灌漑《かんがい》渠《きょ》の工事を担当したのは、隣国韓の水工鄭国であった。じつはかれは秦の国力を軍事から土木に向けさせ、侵略の脅威を弱めるために韓が送り出した間諜《かんちょう》であった。中山から平原に流れ出た涇水の水を瓠口《ここう》（ひさごのように湾曲した河道）から引き、北山に沿って東の洛水まで三〇〇里、約一二〇キロメートルの水路を築いた。間諜であることが途中で発覚したが、秦王は完成させることを命じた。黄土高原の泥土を多量に含む水はマンガン、カリウムなどの無機物を絶えず作物に供給できる。また地表の塩類を押し流し、泥土を堆積させれば土壌水分の蒸発を防げる。その効果は大きかった。四万余

頃《けい》（約七二八平方キロメートル）、約一二〇キロメートルの鄭国渠の長さに換算すると、幅六キロメートルの土地が灌漑されたことになる。収穫は一畝ごとに一鍾《しょう》（六斛《こく》四斗＝約四九・七リットル）まで高まった。

一五〇年経過して、始皇帝の遺産をそのまま受け継ぐことはできなくなった。泥と塩が問題となった。黄河の下流は傾斜がないので泥は河床に堆積するが、涇水《けいすい》の場合、傾斜があるので、河床は浸食され深くなっていく。涇水の取り入れ口は一五〇年も経過すれば、河床が低くなり機能しなくなってしまう。取り入れ口は、耕地の高さに見合った上流にさかのぼらせる必要がある。また地表に吹き出た塩分は、一時的には灌漑水で押し流せるが、長期的には灌漑水が地下水位の上昇を誘発して、塩害はより深刻となる。塩害とは、乾燥地では土壌水分の蒸発が激しいので、土壌中のカルシウムやナトリウムなどの塩類が地表に運ばれて、結晶を作る現象である。放置すれば作物は枯死してしまう。

白渠《はくきょ》の完成で、農民たちはその豊かさを歌にした。

どこを耕したらいいの、池陽《ちよう》や谷口《こくこう》か
鄭国は前にあり、白渠《はくきょ》はのちに起こる
臿《すき》を挙げれば雲のように、渠《きょ》を開けば雨のように
涇水は一石にその泥は数斗
注いでは肥やしがまかれ、わが粟《あわ》、稷《きび》は育つ
京師の衣食を満たす、億万もの人々

しかし、渠水は谷口《こくこう》県から櫟陽《やくよう》県まで長さは二〇〇里、灌漑面積も四千五百余頃《けい》と、鄭国渠には及ばなかった。

武帝時代の関中開発

鄭国渠と白渠は現在も恵涇渠《けいけいきょ》として生きていた。一九八五、九八、九九年と現地を調査した。三原《さんげん》県龍橋《りゅうきょう》には鄭国渠の古道に架かる清代の橋と現代の橋があり、恵涇渠ダムには歴代の渠首《きょしゅ》(取水口)遺跡があった。鄭国渠渠首の断面は今でも確認できる。三限閘《さんげんこう》(三つに分岐する水門)は白渠が北中南の三方へ分流する地点であった。鄭国渠の灌漑地は渭北《いほく》平原の北辺に沿って東西に広がっている。標高四九二メートルから三八〇メートルまでの傾斜に渠を引いていった。白渠は鄭国渠よりも低い地域に新たに流した。東西の幹線渠から南北にさらに支渠を引きながら、より細かな灌漑網を広げた。始皇帝の時代の知恵はたしかに引き継がれていった。

これより先、龍首渠《りゅうしゅきょ》もさらに厳しい塩害の地に挑戦した灌漑事業であった。荘厳熊《そうげんゆう》は提案した。臨晋《りんしん》県の民は、洛水《らくすい》を引いて重泉《じゅうせん》県以東一万余頃《けい》の悪地を灌漑してほしいと願望している。水さえあれば一畝《ぼ》あたり一〇石の収穫になる。一万人が動員された。洛水を臨晋県に引くには商顔山《しょうがんざん》の崩れやすく緩やかな山を貫かなければならない。一〇メートルもの井戸を掘り、地下で横に繋いでいく井渠《せいきょ》の方式をとった。中央アジアのカナートと同じである。途中で龍骨《りゅうこつ》(恐竜の化石か)が出てきたので龍首渠と名付けた。ここも現在は洛恵渠《らくけいきょ》として生

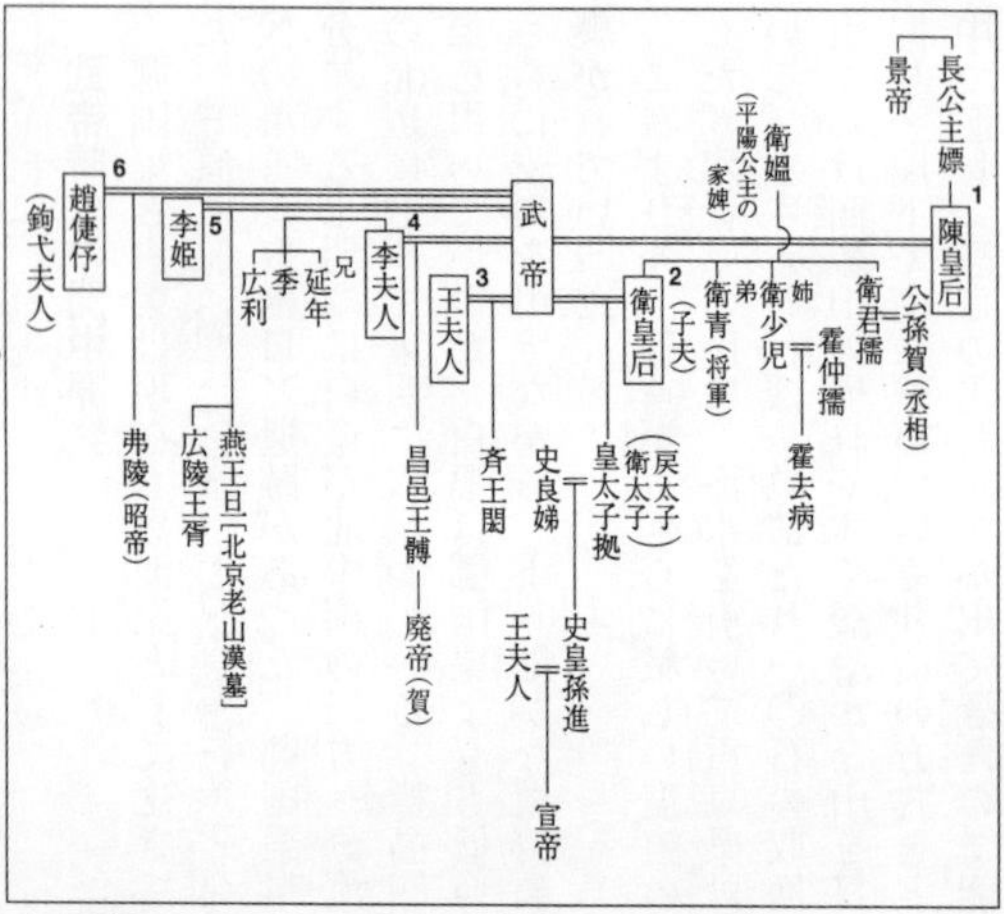

武帝系図

きていた。一九五〇年代には大規模な灌漑をしたが、かえって地下水位の上昇を誘発し、塩害が深刻となった。七〇年代には排水システムを設けた。灌漑水を排水溝に流しておくと、地下水位はここより上には上昇しない。新たな知恵であった。

武帝の時代はこのように首都圏を含む関中の開発が進んでいった。秦王の時代は対東方六国戦略のために鄭国渠を作ったが、武帝の時代は対匈奴戦略のなかで関中の開発が求められた。

武帝時代の終わり

武帝は後元《こうげん》二年（前八七）二月、長安から西にある五柞宮《ごさくきゅう》という離宮で亡くなった。五本の柞樹《さくじゅ》（コナラかクヌギ）が立ち並ぶことから名付けられた宮殿である。未央宮《びおうきゅう》の前殿で仮もがり、三月には茂陵《もりょう》に埋葬された。一六歳で即位してから五四年、七一歳になっていた。始皇帝以降、はじめて三七年の治世を上回った。五〇歳の始皇帝に比べれば、長寿を実践できたというべきだろうか。五四年間に、武帝の臣下はすでに茂陵の陪葬墓に眠っている者も多かった。衛青、霍去病しかりである。武帝には仕えたものの、陪葬墓の区域に入れない者も多かった。張湯、張騫は故郷に埋葬された。張騫の墓は漢中にある。

武帝には斉王閎《こう》、燕王旦《たん》、広陵王胥《しょ》の三王のほかに太子拠《きょ》（衛《えい》太子・戻《れい》太子）と、李夫人との間に昌邑王《しょうゆう》髆《はく》らの子がいた。征和《せいわ》二年（前九一）に起こった巫蠱《ふこ》事件によって衛《えい》皇后とその子の太子拠《きょ》は自殺させられた。巫蠱《ふこ》とは、虫を皿の中で共食いさせ、生き残った虫で人を呪って殺そうとすることをいう。使者の江充らが、太子の宮殿で蠱を掘りあてたという。数万人もの人々が、この事件で亡くなった。衛皇后の墓は長安城の南に作られ、茂陵に設けられることはなかった。弐師将軍李広利の妹の李夫人も寵愛されたが、皇后にはならずに世を去った。茂陵のまわりには皇后陵はなく、李夫人墓だけがとなりにぽつりと残されている。その子も早くに亡くなった。武帝は六〇を過ぎて太子を失った。最後に後継者となったのは、鉤弋《こうよく》夫人とよばれた趙《ちょう》倢伃《しょうよ》がもうけた子であった。武帝六三歳のときに生まれた。彼こそ、八歳で即位することになる昭帝《しょうてい》であった。

茂陵　前漢11陵のなかでも、一辺が230メートル、高さは46.5メートルと、とりわけ大きい

司馬遷『史記』全一三〇篇五二万六五〇〇字

司馬遷も茂陵の陪葬区には埋葬されなかった。それよりも司馬遷の死は生年と同様はっきりしない。武帝の死の前後であることは確かだ。武帝末年という者もあれば、昭帝初めという者もいる。確証はない。『史記』には武帝の死のことを記述していないし、当然みずからの死も記していない。司馬遷は全一三〇篇、五二万六五〇〇字の書物をまとめ上げた。書名は『太史公書』といった。『史記』というのは魏晋以後のいいかただ。当時は書籍は竹簡、木簡や帛《はく》に書かれた。『史記』は巻ではなく篇といっているからには竹簡か木簡であったようだ。

どのくらいの分量かといえば、一枚の竹簡の長さと文字数による。漢代の竹簡の長さは一尺＝二三センチが基本であり、一般の公文書に使われた。二尺二寸、五六センチは書籍、三尺、六八センチは律令文書というように、束になった長さを見れば文書の内容がわかった。一九七二年山東省臨沂《りんき》県銀雀山《ぎんじゃくざん》で、二基の前漢墓が発掘された。一号墓から約七五〇〇枚、二号墓から三二枚の竹簡が出土した。二号墓からは武帝の元光元年（前一三四）の暦譜が出土し、両墓からは五銖銭（元狩四年）ではなく三銖銭（元狩三年〈前一二〇〉）が出てきているので、武帝の初期の墓葬であることがわかる。一号墓出土の竹簡の長い方は、長さ二七・五センチメートル、幅〇・五〜〇・七センチメートル、厚さは一〜二ミリメートル、長さは漢代の一尺二寸になる。三本の紐で横につらねていき、書物とする。

これらの竹簡のなかには『孫子兵法』と『孫臏《そんぴん》兵法』があった。『史記』孫子列伝には二人の兵法家の孫子が登場する。一人は春秋時代斉人の孫武《そんぶ》、もう一人は孫武の子孫の戦国時代の孫臏《そんぴん》である。ふつう孫子といえば孫武を指す。孫武は呉の闔閭《こうりょ》に仕え、将軍となり、兵法書一三篇を著した。孫臏も斉の威王に仕えて、魏を攻めるのに功があった。これまで二人の孫子のどちらかの存在を否定する意見もあったが、現在の『孫子』一三篇の原形として漢代の二つの兵法書の竹簡にまでさかのぼったことになる。武帝のときに主父偃《しゅほえん》が反戦の論を述べた際、兵法の「師を興すこと十万なれば、日に千金を費やす」という文章を引いた。『孫子』第一三篇用間《ようかん》の「十万の兵を動かし、千里に出征すれば、百姓《ひゃくせい》の費用や公家の負担は一日千金になる」という件《くだ》りだ。

この事例は、同時代の『史記』を考えるときの参考になる。孫子竹簡にならえば二七センチあまりの竹簡に一行三五字程度書き込めば、『史記』全一三〇篇は一万五〇〇〇枚の分量となる。武帝のとき東方朔《とうぼうさく》は三〇〇〇枚の簡牘で上奏したという。その文書は二人がかりで抱えるほどで、武帝も二ヵ月かけて目を通した。『史記』の分量はその五倍ほどになる。二部作り、正本は名山に埋め、副本は都に納めたという。

竹簡本の本来の『史記』は、将来出土することがないかぎり見ることはできない。わたくしたちもここで、『史記』から離れていかなければならなくなった。武帝以後の歴史は、班《はん》固《こ》の『漢書《かんじょ》』に頼らなくてはならないからだ。

武帝の治世は半世紀を超えた。武という諡《おくりな》通り、四方の辺境において戦争を起こし続けた。みずから一八万もの騎兵を率いて北辺の長城をまわるほど、行動力をもっていた。始皇帝のときでも匈奴と百越の南北二つの戦争にとどまったが、武帝の戦争は東西南北に領土を拡大するためのものであった。

第七章　後宮の窓から見た帝国の行方

漢帝国の中枢と後宮

『史記』から『漢書』へ

わたくしたちが見ている『史記』には、あるはずのない武帝や司馬遷の死後の時代の記事がある。司馬遷が武帝の太初年間まで記述した『史記』にその後の記事があるのは、司馬遷以降の人々が『史記』に書き加えたからである。『史記』は前漢王朝の途中でとぎれているので、なんとか武帝以降の歴史をつなげようとした人々がいた。補筆だけで飽き足りない人々は、『史記』の続編を書いた。劉向《りゅうきょう》、劉歆《りゅうきん》父子や揚雄《ようゆう》らは前漢末の哀帝《あいてい》、平帝《へいてい》までの続編を書いた。しかしできばえはかならずしもよくなかった。前漢朝を簒奪《さんだつ》した王莽《おうもう》の新《しん》王朝を評価していることも問題になった。

後漢《ごかん》になると、状況は変わった。前漢という一つの王朝の興亡を全体として記述できるようになったからだ。光武帝《こうぶてい》のときに班彪《はんぴょう》は『後伝《こうでん》』六五篇を作った。さらに後漢明帝《めいてい》は班彪の子の班固《はんこ》を蘭台令史《らんだいれいし》の官につけ、前王朝の史書『漢書《かんじょ》』一〇〇篇を編纂させた。前漢高祖《こうそ》から王莽までの一二世二三〇年の歴史が一二本紀一〇志八表七〇列伝にまとめられた。『史記』が司馬談、遷父子の書であったように、『漢書』も班彪、固父子の書であった。班固は父の亡き後、その遺志を継ぎ、司馬遷と同様投獄されたことがある。罪は私的に国史を改めようとしたことにあった。『春秋』のような史書を、個人として編纂することは許されない。前漢一代の評価は、後漢王朝の立場で総括しなければならなかった。蘭台令史はわずか一〇〇石の官職で、太史令よりもずっと下位であった。

こうしてわたくしたちは武帝以降の前漢朝の歴史を知るには、『漢書』にたよらなければならない。しかし、『漢書』には『史記』にはない大きな欠点があった。班固は五経《ごきよう》、つまり儒学の思想にかたよって記述していることだ。中国王朝の正史の第一と第二に挙げられる『史記』と『漢書』、同じ紀伝体《きでんたい》であり比較されることが多い。しかし、『史記』が『春秋』の記述をめざしながらも、五経の体系としての儒教とは一定の距離を置いているのに対して、『漢書』は五経の体系のなかで記述された。班固みずから五経を緯《い》（横糸）、帝紀《ていき》を経《けい》（縦糸）といっている。『漢書』の書とは五経の尚書《しようしよ》の書でもあった。

司馬遷の生きている時代に匈奴に捕らわれ、その後を生きた二人の人物が、『漢書』では対照的な評価が下されている。司馬遷が弁護した李陵と、司馬遷はふれなかった蘇武《そぶ》の二人である。

屈辱に耐えた李陵、信義を貫いた蘇武

天漢元年（前一〇〇）、蘇武は武帝の使いとして匈奴に入った。その翌年には、李陵は匈奴に降り、単于《ぜんう》の女《むすめ》を娶《めと》った。身なりも胡服《こふく》を着用し、匈奴風の髷《まげ》まで結って匈奴人となった。匈奴の習俗ばかりか、右校王《うこうおう》という地位も得、単于から優遇された。一方蘇武は、匈奴

敦煌懸泉置発見帛書の私信　元が子方に宛てた。「元、地に伏して再拝して請う」のことばで始まり、靴や筆の購入を頼んでいる（『文物』2000年5期）

の領土に住む漢人の反乱事件に巻き込まれそうだったが、降伏せずに最後まで漢の使命を全うしようとした。『漢書』巻五四は、そのような李陵と蘇武を一つの列伝に収めた。李陵が匈奴に捕らえられて降ったことは、恥ずべき行為であったという。蘇武は単于に屈しなかった。穴蔵《あなぐら》に幽閉され、食事も与えられなかった。北海の無人の地に移されてからは、漢の皇帝の信節《しんせつ》をムチにして羊を飼っていたという。そのような蘇武の信義が『漢書』では評価された。

匈奴の側は蘇武の消息を伏せた。蘇武が生存しているという情報は、昭帝のとき漢の側に偶然伝わってきた。昭帝が上林苑《じょうりんえん》で狩猟をしているときに、一羽の雁を捕らえた。その足に帛書の書簡が結びつけられていた。そこに蘇武の生存のことが記されていた。この故事にちなんで雁書《がんしょ》といえば手紙のことを指す。当時はまだ紙の時代ではなく、竹帛《ちくはく》、つまり竹簡と帛書の時代であった。竹簡や木簡は重くてかさばるが、帛書は絹糸を織り込んだ生地で軽くて折りたためる（三一七ページの写真③参照）。手紙に帛書の利点が生かされたのだ。

敦煌では帛書の私信が出土している。オーレル・スタインが発見した二件と、一九七九年敦煌の馬圏湾《ばけんわん》の漢代の烽火台《ほうかだい》から出土した一件、さらには一九九〇年に懸泉置《けんせんち》で発見されている。最後のものは、長さ三四・五センチメートル、幅一一センチメートル、折りたたんであった。文面では、故郷にあてて靴と筆を購入してほしいと頼んでいる。そのほかに帛書があった。手紙といえば紙のことであり、書簡といえば竹簡のことである。

匈奴の側には漢人の投降者が多かった。匈奴は漢の絹や穀物など物品も得たが、生身の人間から漢の情報を得、また漢の文化を受容した。遊牧民族対農耕民族という対立を越えて、匈奴の社会も国家も大きく変わっていった。匈奴の側でも漢への投降を望む者が多かった。もはや匈奴と漢の関係は、長城で一線を画すというものではなかった。

少年皇帝と霍光政権

武帝の死（前八七年）から王莽が新王朝を建てる（後八年）までの九五年間はどのような時代であったのだろうか。武帝は始皇帝を意識し、秦帝国を大きく拡大した漢帝国を築いた。その武帝の帝国は以下のように受け継がれた。まずは昭帝一四年（八歳即位、一四年間在位、二一歳死去〈以下同〉）、宣帝二五年（一八歳、二五年、四三歳）、元帝一六年（二七歳、一六年、四三歳）、成帝二六年（二〇歳、二六年、四五歳）の順である。さらに哀帝六年（二〇歳、六年、二五歳）、平帝五年（九歳、五年、一四歳）と短命の皇帝が立ち、最後

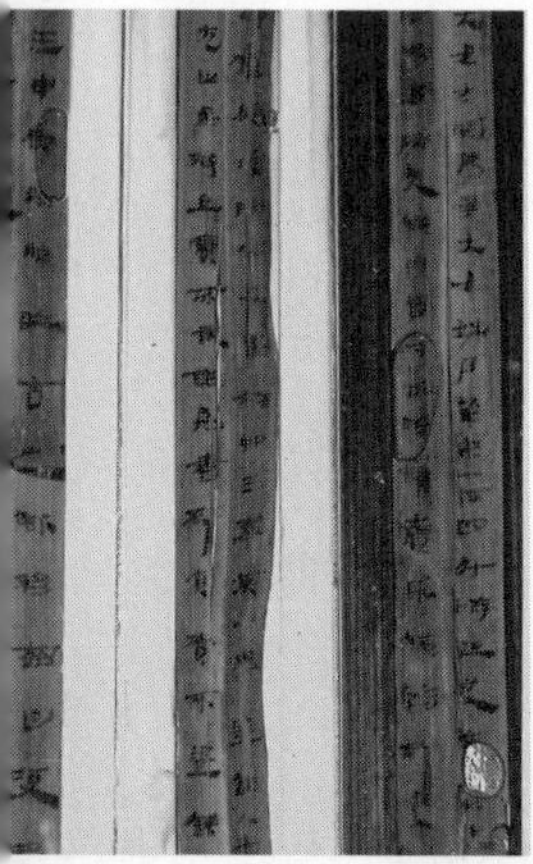

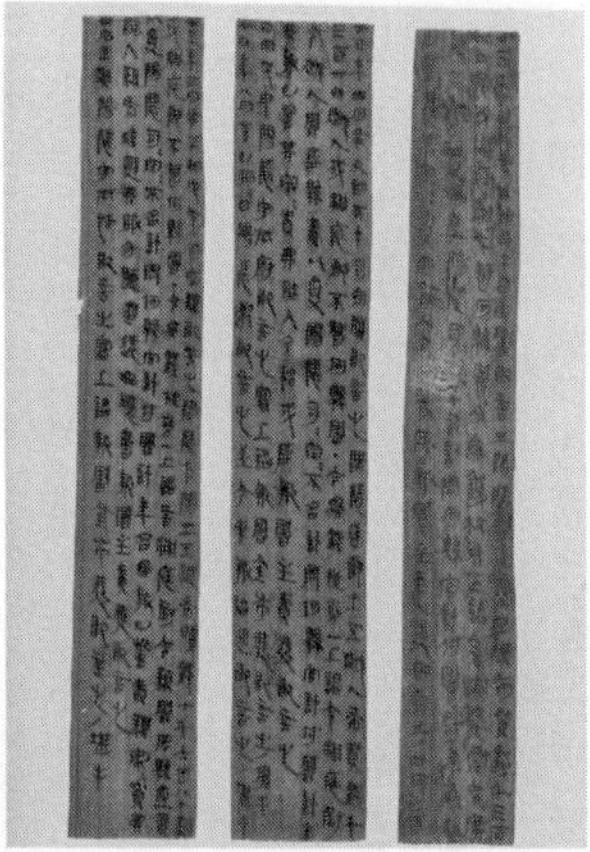

①

【帛書と簡牘の時代】

紙は漢代ではまだ普及せず、文字の書写材料は簡帛であった。簡とは簡牘《かんとく》、つまり竹や木の素材を簡（細い札）や牘（幅のある板）にした。帛は絹地のことで、絵や文字を書いた。帛の高価さ、簡牘の重さの不便さを解決したのが紙であった。

①里耶秦簡　2002年6月、湖南省の龍山県、酉水のほとりの里耶古城で偶然古井戸が現れた。3万6000件にもおよぶ木片が投げ込まれていて、そこにはぎっしりと秦の隷書で文字が書かれていた。無名の官吏の残した文書が、始皇帝の時代の解明に新しい視点を提供してくれた。

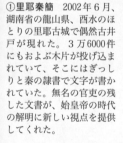

③

②長沙走馬楼漢簡　2003年11月、湖南省長沙市走馬楼の古井戸から１万もの前漢武帝期の簡牘が発見された。司馬遷と同時代の武帝期は、出土文字史料も少なく、空白の時期であった。武帝の時代の解明に膨大な史料が出現した。

③馬王堆帛書老子　馬王堆の３つの墓室には漆器、絹織物、木俑、楽器、食品などが副葬され、そのほか老子・周易・戦国縦横家書・五十二病方などの帛書（絹の書籍）が発見された。紀元前２世紀初めの前漢初期の貴重な書籍の発見である。

は外戚の王氏によって断ち切られて劉氏王朝の前半は終わった。

まず武帝を受け継いだのは、八歳で即位した少主《しょうしゅ》、すなわち少年皇帝の昭帝であった。かれを支えたのは、大司馬大将軍霍光《かくこう》、車騎《しゃき》将軍金日磾《きんじってい》（一年ですぐに亡くなる）、そして左将軍上官桀《じょうかんけつ》であった。かれらの墓は茂陵の陪葬墓区に立ち並ぶ。

霍光はあの霍去病将軍とは母を異にする弟である。武帝は一枚の絵を霍光に賜った。周公《しゅうこう》旦《たん》が幼い成王《せいおう》を背負って諸侯と朝見する場面を画工に画かせたものだ。山東の後漢画像石にもこの場面が見える。霍光はみずからに周公旦の役割を求められたことに、すぐには気づかなかった。みずからは、周公旦のように王の叔父という近しい身内ではなかったからだ。武帝の死後、八歳の太子が皇位を継ぎ、霍光が前面に出てきた。八歳の皇帝の皇后は、上官桀の子安《あん》の六歳の女《むすめ》であった。霍光の長女が上官安《じょうかんあん》の妻となっているから、外孫が皇后となったことになる。霍光にとって昭帝は孫の世代、疎遠ながらも皇后とのつながりは確保した。

霍光は七尺三寸（一六七・九センチメートル）の小柄で色白、元服した八尺二寸（一八八・六センチメートル）の昭帝を見上げた。立派なあご髭とほお髭をたくわえていた。漢代の男性は、一般に秦代の男性ほど髭は豊富にたくわえていない。口髭程度に止まることが多い。秦兵馬俑の兵士の髭に比べて、漢代の兵士や官吏の陶俑の髭はおとなしい。霍光の場合、威厳をそなえていた。昭帝は二一歳で若くして亡くなった。昌邑王賀《が》を廃して宣帝《せんてい》を立てた。

武帝の孫の賀は、いったんは皇帝の璽綬《じじゅ》を受け取ったが、三日後に淫乱な性格を理由に廃された。霍光は末の女を宣帝の後宮に入れた。霍《かく》皇后である。ようやく外戚としての地位を確保した。

幼児の時巫蠱《ふこ》の乱に遭《あ》い牢獄に入っていた、武帝の曾孫《そうそん》で戾《れい》太子の孫が、皇帝に指名された。宣帝《せんてい》は、名を病已《へいい》、いかにも幼児期の不遇を物語る名前であったので、のちに詢《じゅん》と改める。御史大夫丙吉《へいきつ》の庇護がなければ皇帝への道はなかった。一八歳の劉病已《りゅうへいい》は、長安尚冠里《しょうかんり》から呼び出されて未央宮に入った。太子ではないかれは庶民の身から皇帝になるわけにはいかず、まず形式的に陽武侯《ようぶこう》という列侯の爵位を得た。そのうえで群臣から皇帝璽綬《じじゅ》を捧げられて帝位に即いた。ここでも劉氏王朝を支え危機を救った官僚たちは、褒賞を得ることになる。そしてみずから武帝の直系を確認するかのように、孝《こう》武廟《ぶびょう》を世宗廟《せそうびょう》とし、武帝が巡行した郡国にも廟を建てた。武帝、昭帝、宣帝と三代に仕えた霍光は、劉氏王朝の救世主となった。皇太子を立てたときに、庶民の家の後継者に爵位一級、諸侯王に黄金一〇〇〇～一〇〇斤、列侯八七人に黄金二〇斤を与えた。

山東の周公画像石　勲功抜群でありながら自らは王位に即かず、兄武王の子成王（中央）を助けて善政を行った周公旦（左）と召公（右）

霍光の墓は武帝の茂陵の陪葬区では東に寄り、かれが守り役を務めた昭帝の平陵にも近い。かれの立場を反映しているようだ。

霍光とともに昭帝を守ったのは外国人である金《きん》日磾《じってい》であった。漢代に金という姓はめずらしい。匈奴の休屠王の子であったが、同じ匈奴の渾邪《こんや》王が父を殺して漢に降ったときに、捕らえられて漢の馬飼いの奴隷となった。わずか一四歳でも、匈奴の子どもは馬に乗るのに長けている。子どものときは羊に乗り弓を引いて鳥や鼠を射た。年長になると狐や兎を射ることも簡単であった。こうした遊牧民の子どもが武帝に可愛がられ、亡き父の休屠王が天を祭るときに作った金人にちなんで金という姓が与えられた。匈奴の人間でありながら、武帝の茂陵では衛青、霍去病にならんで墓地を得ることになる。

『塩鉄論』と専売制の廃止

始《し》元《げん》六年（前八一）、昭帝は、地方の賢良《けんりょう》・文学《ぶんがく》に民衆の苦しみがいったいどこにあるのかを尋ねた。このときに丞相田千秋《でんせんしゅう》・御史大夫桑弘羊《そうこうよう》ら政府側と、賢良・文学ら地方の知識人との間で専売制の是非をめぐって激論が闘わされた。賢良と文学は総勢六〇人あまり、全国から集まった。のちの宣帝のときの桓寛《かんかん》が『塩鉄論』にその議論の様子をまとめた。双方がいろいろの問題について対話するという形式をとった独特の文章である。

文学らは、国家が人民と商業の利益を争っていることを非難した。国家の塩鉄酒の専売や均輸（物資が不足している地域に品物を輸送して、物価を均一化する施策）をやめるように主張し、御史大夫側は、専売制や均輸法による物資の利益こそ、対匈奴戦争の費用を調達できるとして真っ向から対立した。その結果、酒の専売制（権酤《かくこ》）だけが廃止された。民間で酒を売ることが認められた。一升（日本の約一合）の価格は四銭。酒を売った者は売り上げを申告しなければならなかった。賢良・文学たちの背後には霍光がいた。そもそも塩鉄論を提案したのは、杜延年《とえんねん》であった。かれは大将軍霍光政権下で、バランス感覚をもって政治を支えた人物である。上官桀の謀反事件を上聞《じょうぶん》して霍光に取り入った。内朝で権力を掌握した霍光にたいして、外朝の御史大夫桑弘羊、丞相田千秋は反発した。強い皇帝の時代は終わり、少年皇帝を取り巻く官僚も強くなった。

武帝の時代の丞相は、最高の地位に上り詰めながらも、任期中につぎつぎと死を命ぜられた。田蚡《でんふん》（薨《こう》）、公孫弘《こうそんこう》（薨）、李蔡《りさい》（有罪自殺）、厳青翟《げんせいてき》（有罪自殺）、趙周《ちょうしゅう》（下獄《げごく》死）、石《せき》慶《けい》（薨）、公孫賀《こうそんが》（下獄死）、劉屈氂《りゅうくつり》（下獄腰斬《ようざん》）と異常な事態が続いた。公孫賀は子が武帝を呪咀した罪に連座して獄中で死に、劉屈氂《りゅうくつり》は夫人が武帝を呪咀していると告発され長安の東市で腰斬の刑に遭った。

後宮という階層社会

皇后の后は后土つまり大地のことをいう。皇帝が天の権威による称号であるのにたいして、地によって称号がつけられた。皇帝の称号は始皇帝にはじまったが、そのときには皇后という称号はまだなかった。そればかりか始皇帝の夫人の存在は史書には残されていない。大きな謎でもある。したがって皇后の称号は、皇帝におくれて漢代にはじまったのだ。

前漢武帝や元帝のときには掖庭《えきてい》三〇〇〇ともいわれた後宮に入った数多くの女性のなかで、皇后はただ一人にすぎず、ほかの女性は夫人と総称された。後宮の女性たちは、ちょうどピラミッドのような階層社会を築いていた。特異であるのは、そのピラミッドは皇帝の死とともに一代かぎりで崩壊してしまうことだ。一三歳から二〇歳までの女性で容姿端麗な者が集められた。後宮が崩壊したあとの女性は、亡き皇帝の園陵に仕え、死後皇帝の陵園中に埋葬される。

高位の女官は、陵園の司馬門の内側に埋葬された。また民間に戻り、再婚が許されることもあった。皇帝の死の後に残るのは、皇帝の母である皇太后や、祖母が生存していれば太皇太后だけであった。皇帝を帝というように皇太后の皇の字を除いて太后と呼ぶことが多い。彼女らはみずからの死とともに、亡き皇帝の陵墓に合葬された。合葬といっても同じ墓室に入るのではなく、皇帝陵のそばに改めて墳丘を築いた新しい陵墓に埋葬された。

後宮と内朝の宮殿配置

後宮のことを後庭《こうてい》ともいい、皇帝の正殿である未央宮前殿の後方（北）に位置した（一六九ページの図参照）。全部で八つの区域があり、皇后は椒房殿《しょうぼう》に住み、その居所を中宮《ちゅうぐう》といった。椒房の椒とは山椒のことで、葉と実に香気があるので宮殿の壁に塗り籠《こ》め、燃やして暖もとった。また山椒は実を多く結び、子孫繁栄を象徴しているので、皇后の居所にふさわしいといわれた。

前殿の高台（南北四〇〇メートル、東西二〇〇メートル）は北がもっとも高く一五メートル、南は緩やかな斜面となっている。皇帝はここの宣室《せんしつ》、温室、清涼各殿にいた。皇帝は前殿では南に向いて政務をしていたので、後ろを振り向くと後宮の建物が目に入る位置にある。椒房殿の遺跡は、未央宮二号址として未央宮前殿の北三六〇メートルの位置にある。今でも敷き煉瓦《れんが》（磚《せん》）が散乱している。

椒房殿の正殿は東西五〇メートル、南北三〇メートルの版築の基壇の上に建っていた。建物の様子を再現すると、まず皇帝は南の幅二三・五メートルの門闕《もんけつ》から宮殿に入っていく。人の出入りを厳しくチェックされる場所である。建物の周囲は柱と壁で囲まれ、煉瓦を敷き詰めた回廊が巡り、屋根瓦には「長生無極」「長楽未央」などの文字瓦当も見られる。屋根の下には小石を敷き詰めた雨落ち（散水）がある。東には八メートルほどの深さの井戸もあり、給排水設備が整っていた。排水溝は北側の用水路に流されている。正殿以外にも北側に付属建築がある。

椒房殿遺址　皇帝の正殿である未央宮前殿の後方にいわゆる後宮があり、その中に皇后の住まう椒房殿もあった（『漢長安城未央宮』）

皇后以外の他の夫人たちは掖庭殿《えきていでん》に住んだ。宮殿のなかには舎という建物があり、倢伃《しょうよ》（女官の位）は増成舎《ぞうせいしゃ》、昭儀《しょうぎ》は昭陽舎《しょうようしゃ》に住んでいた。皇后に上り詰めても、いくらでも落伍する機会があったのは、皇帝の寵愛によって身分が上下するからだ。景帝の皇后は薄《はく》皇后から王皇后に替わり、武帝の皇后も陳皇后から衛《えい》皇后、宣帝も許皇后から霍《かく》皇后、王皇后へと替わっている。ただ一人の皇后の地位をめぐる争いである。廃せられた皇后は後宮の宮殿から出され、未央宮殿区の北の桂宮や北宮に移された。唐代の顔師古《がんしこ》は、北宮は未央宮の北にあると考え、それに基づいて長安城の宮殿配置図が作られてきたが、近年の調査では東北部であることがわかり、修正されている。

皇帝の死去とともに、皇后は後宮から長楽宮殿《ちょうらくきゅうでん》区内の長信宮《ちょうしんきゅう》に移り、皇太后（太后）となった。長楽宮殿区の中央は直城門《ちょくじょうもん》と覇城門《はじょうもん》を東西に結ぶ幹線道路が四五～六〇メートルの幅で走って分断している。東の覇城門付近の城壁は、長安城のなかでももっともきれいに版築が残されている場所だ。宮殿区内には三つの大型建築が確認されている。太后の居所である正殿は覇城門に近い。東西一一六メートル、南北一九七メートルの大きさに、南北三つの建物が並んでいた。未央宮の東方にあるので、未央宮を西宮といい、太后の居所と太后のことを東宮ともいった。後宮もその名称は未央宮前殿からの位置関係を示している。太后の上官太后も元太后も東宮に居住していた。太后が実権を握ったときには、漢の伝国《でんこく》の璽《じ》もここに収められていた。

漢帝国の中枢部　中央官庁の構成

未央宮前殿の西側には中央官庁が配置されている。漢帝国の中枢部だ。未央宮前殿や後宮にもっとも近いのが、帝室財政をつかさどった少府《しょうふ》である。前漢期は国家財政と帝室財政がきっちりと分かれていた。その比率も拮抗していた。帝室財政の財源は、山海、湖沼の自然資源に課した税や、市場に課した税、幼年者に課した人頭税である口賦《こうふ》などであった。塩も鉄も自然資源であるから、少府の税収源であったが、武帝の専売制実施後は国家財政をつかさどる大司農《だいしのう》に移った。皇帝や皇室、後宮の女性たちの生活費はこうした少府の収入から支出された。

椒房《しょうぼう》殿の西三五〇メートルの場所でこの少府の官庁遺跡（未央宮四号遺址）が発掘された。遺跡の範囲は東西一一〇メートル、南北五八メートル、大型の磚《せん》や礎石や五角形の給排水管が散乱している。出土した一一二枚の封泥《ふうでい》のなかに「湯官飲監章《とうかんいんかんしょう》」が多かった。湯官《とうかん》とは餅や果実などの飲食物を供給する官であり、少府に所属することから、ここが少府の遺構と判断された。文書ばかりか、食物を器物に入れて封印するときなどにも、結び目に粘土を当て押印する。それが固まったものが封泥であり、開封時には結び目をほどくことができないので、紐を切らなければならない。少府の所属には湯官のほかに、尚書《しょうしょ》（文書）、中書謁者《ちゅうしょえっしゃ》（上奏文書）、符節《ふせつ》（割り符）などの文書行政、太医《たいい》（医者）、太官《たいかん》（御膳）、導官《どうかん》（選米）、胞人《ほうじん》（厨房）、御府《ぎょふ》（皇帝衣服）などの生活全般、楽府《がふ》（音楽）、左弋《さよく》（狩猟）などの祭祀狩猟、若盧《じゃくろ》（兵器）、考工室《こうこうしつ》（器械）、左右司空《さゆうしくう》（土木）、東織《とうしょく》・西織《せいしょく》（織物）、東園匠《とうえんしょう》（埋葬副葬器物）、尚方《しょうほう》（御物製作）などの器物製造と建築、都水《とすい》（水利）、上林苑《じょうりんえん》の池監《ちかん》（池管理）、鉤盾《こうじゅん》（御苑）、均官《きんかん》（物価調整）などの自然資源と物価管理、そして永巷《えいこう》（掖庭《えきてい》）が後宮を管理し、また黄門《こうもん》（宦官《かんがん》）、宦者、中黄門が後宮と前殿をつなげた。黄門とは黄色に塗った宮城の門をいい、そこを出入りできる宦官の官職をいう。皇帝の正殿と後宮に近い少府の役割は多岐にわたり重要であった。武帝亡き後の、大司馬霍光《かくこう》らは軍事権のほかに尚書を掌握して内朝を抑え、外

少府遺址全景　漢帝国の中央官庁のなかで帝室の財政を管掌したのが少府。東西110メートル、南北58メートルの遺跡に礎石や磚・排水管などが散乱している（『漢長安城未央宮』）

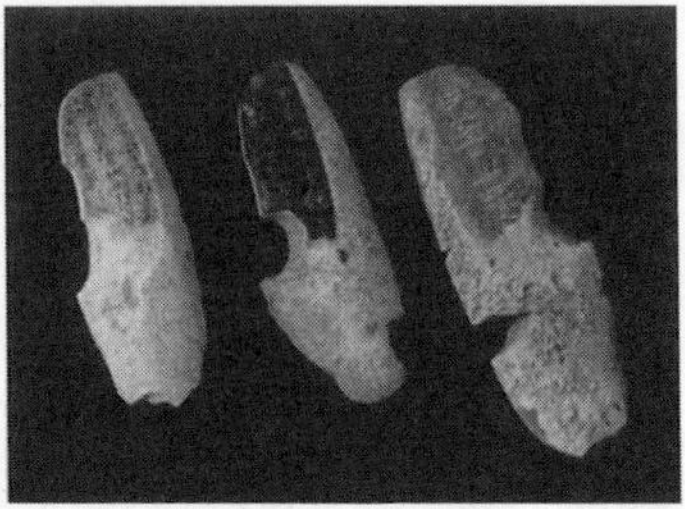

骨簽　牛の骨を利用し、兵器の種類・規格、製造工場名などが刻まれている。骨製の荷札ともいわれる

朝の諸官庁をしのいでいった。

少府《しょうふ》の西側の未央宮殿区内には外朝の中央官庁が位置していた。未央宮三号遺址は西の城壁に近い。一九八六年、ここから約五万七〇〇〇件の骨簽《こっせん》が発見された。武帝期から前漢末までのものである。骨製の荷札か、弓の両端で弦《げん》を引っかける弓弭《ゆはず》の部分品とも見られている。長さ五・八～七・二センチメートル、幅二・一～三・二センチメートル、厚さ〇・二～〇・四センチメートルの小さなものだ。牛の骨を利用し、ここに兵器の種類、規格、製造の官営工場名などが刻まれている。地方から中央へ供出されたことを記録したものだ。弩《ど》の弦の強さが二〇石《せき》（約六〇〇キログラム）、射程距離三五四歩（約四八〇メートル）といった強力な武器も含まれていた。大量にして強力な武器によって権力中枢部が守られていた。外朝の中央官庁は丞相（行政）、御史《ぎょし》大夫（副丞相）、大司農《だいしのう》（もとの治粟内史《ちぞくないし》、財政）、廷尉《ていい》（裁判）、大鴻臚《だいこうろ》（もとの典客《てんかく》、外交）などを中心としたものである。武帝という強い皇帝を失った昭帝時期、外朝の丞相車千秋《しゃせんしゅう》、御史大夫桑弘羊《そうこうよう》らは内朝を抑えた霍光《かくこう》と対立した。

中国古代の女性たち

前漢五〇年の政治を後宮から見つづけた女性

八歳の昭帝の皇后は、六歳下の上官《じょうかん》皇后であった。その昭帝が二一歳で死去したあと昌邑《しょうゆう》王賀《が》が即位すると、上官皇后は一五歳で皇太后になり、そして昌邑王がすぐに廃されて宣帝《せんてい》が即位するとさらに太皇太后《たいこうたいごう》となった。皇后から太后をへて太皇太后まで四七年間廃されることがなかった。上官安《じょうかんあん》と霍光の女《むすめ》の間に生まれ、前漢の政治を後宮《こうきゅう》から見ていた大変めずらしい女性だ。元帝《げんてい》の建昭《けんしょう》二年（前三七）、五二歳で亡《な》くなって昭帝の平陵《へいりょう》に合葬された。

皇后を除いて、夫人のなかで最高位は武帝のときに倢伃《しょうよ》といい、その下に娙娥《けいが》、傛華《ようか》、充依《じゅうい》、その後の元帝のときには倢伃の上に昭儀《しょうぎ》を加えた。その下の女官は美人《びじん》、良人《りょうじん》、八子《はっし》、七子《しちし》、長使《ちょうし》、少使《しょうし》、五官《ごかん》、順常《じゅんじょう》、無涓《むけん》（涓は清らか）、共和《きょうわ》、娯霊《ごれい》、保林《ほりん》、良使《りょうし》、夜者《やしゃ》などと呼ばれた。高祖の戚《せき》夫人（戚姫《せきき》）、薄姫《はくき》、文帝の慎《しん》夫人、武帝には陳《ちん》皇后、衛《えい》皇后のほか

灰陶加彩女子立俑（陝西歴史博物館蔵）　たおやかな姿から漢代の女性をしのぶことができるだろう（『中国陶瓷全集』3　秦漢）

李《り》夫人、王《おう》夫人、趙《ちょう》倢伃《しょうよ》などがいたが、皇太子になったのは趙倢伃の子であり、昭帝となった。成帝の班倢伃《はんしょうよ》は少使から倢伃まで昇った。元帝の馮昭儀《ふうしょうぎ》は長使から数ヵ月して美人になり倢伃、昭儀まで昇った。

中央官庁や宮殿に仕える女性を宮人《きゅうじん》といい、皇帝の掖庭《えきてい》のなかの女性とは区別されていた。趙飛燕《ちょうひえん》は長安の宮人から後宮に入ったし、その趙飛燕が皇后になると、官婢《かんぴ》の曹暁《そうぎょう》、道《どう》房《ぼう》、張棄《ちょうき》らが彼女の下に勤めていた。

法律に優先する夫婦の義

一人の官僚の妻が死罪を免れた。孔子の子孫で成帝《せいてい》のときに廷尉となった孔光《こうこう》は、淳于長《じゅんうちょう》の小妻（妾）を救った。その裁きかたをめぐって、中央官僚のトップと正面から判断が対立した。

淳于長は、大逆罪の事件がまだ発覚する前に、小妻の迺始《だいし》ら六人を離縁して再婚させた。丞相や大司空らの主張は、法律は犯罪が起きた時点で適用するものであるから、犯罪時に妻であったものが連座すべきであるというものだ。大逆罪では父母妻子同産（兄弟）は年齢に関係なく棄市《きし》となる。一方の孔光は、法律の解釈に儒教的な解釈を組み入れた。夫婦は義によって結ばれ、義がなくなれば離れる。淳于長が大逆の罪を犯したことを意識しないうちに、迺始を離縁し、再婚させたのは純粋に夫婦間の義がなくなったことを意味する。この妻を死罪にするのは正しいことではないというものだ。皇帝は孔光の判断を裁可した。

侍中衛尉《じちゅうえいい》であった淳于長は、衛尉として長安城内の各宮殿の警備兵を統轄し、侍中としては皇帝と後宮の間を往来した。廃されていた許皇后を左皇后として復活させることを策謀したことが大逆の罪にあたり、獄死した。そもそも淳于長は家柄の低い趙飛燕《ちょうひえん》を皇后に立てたことや、莫大な経費のかかる昌陵《しょうりょう》の陵邑《りょうゆう》に徙民《しみん》する（移住させる）ことを停止させたことなどで功績が認められ、中央高官に上った。ただ権力をかさにきて多くの妻妾をかかえ、淫乱といううわさがたえなかった。許皇后の姉とも関係をもち、みずからの小妻としたほどだ。廃立された許皇后はこの姉を通じて淳于長に金銭を贈り、皇帝に復活を頼んだのである。

成帝急死の謎

綏和《すいわ》二年（前七）三月丙戌《へいじゅつ》、成帝は四五歳にして未央宮で亡くなった。『漢書』巻八一孔光伝には「上暴《しょうにわか》に崩《ほう》ず」として急死であったことを伝え、『漢書』外戚伝には「帝は素《もと》より彊《つよ》く、疾病《しっぺい》無し」といい、その急死を疑う記事が見られる。いったいなにがあったのだろうか。

左将軍孔光《こうこう》と趙《ちょう》皇后（飛燕《ひえん》）、そして二人の力で太子となった定陶王《ていとうおう》らと、一方で元《げん》太后と王莽《おうもう》らがからんでいたことを臭わせる。成帝は昏夜《こんや》には元気であった。孔光を丞相に任じ博山侯に封ずるための賛辞を書き、夜には本人に与えたばかりであった。しかし郷晨《きょうしん》（夜明け前）になると衣服を身につけようとしたができず、ことばも発しなかった。亡くなったのは昼漏上《ちゅうろうじょう》一〇刻《こく》（午前四時半ごろ）、民間ではすぐに趙飛燕の妹の趙昭儀《ちょうしょうぎ》が疑われた。死後、皇太后（元后）は大司馬王莽らに、成帝急死の事情を調べさせたところ、趙昭儀は自殺してしまった。

趙飛燕はもともと長安の官庁に仕える宮人で、陽阿主《ようあしゅ》の家に使いに出された女性であった。陽阿主の家に仕えてからは、歌舞を学んだ。飛燕とは号であり、文字通りその軽やかな姿を表現したものだ。成帝がお忍びで陽阿主の家の前を通り過ぎたとき、飛燕の姿が目に留まり、妹とともに宮中に呼び入れられて倢伃《しょうよ》となった。このような経歴であったので、成帝が皇后に立てようとしても皇太后に反対された。しかし淳于長の力で成帝の皇后となった。子はなかったが、十数年寵愛を受けた。

語り継がれる王昭君伝説

昭君出塞《しょうくんしゅつさい》は現代作家曹禺《ツアオユイ》の脚本で京劇の演目になっている。前漢元帝《げんてい》の時代、匈奴の呼《こ》韓邪単于《かんやぜんう》に嫁いだ王昭君《おうしょうくん》の故事は、古来多くの人々の心を揺さぶってきた。唐代にすでに李《り》白《はく》や白居易《はくきょい》は王昭君のことを詠っている。大江朝綱《おおえのあさつな》の七言律詩《しちごんりつし》にも王昭君があり、日本でも今昔物語に採用されたり、雅楽や能に王昭君の演目がある。また王昭君の姿は、金《きん》代の宮索《きゅうさく》然《ぜん》「明妃出塞図《めいきしゅつさいず》」（阿部コレクション）や、明代の仇英《きゅうえい》「漢宮春暁図巻《かんきゅうしゅんぎょうずかん》」などに描かれてきた。日本でも菱田春草《ひしだしゅんそう》の絹本著色《けんぽんちゃくしょく》「王昭君図」（山形県善宝寺・財団法人致道博物館）や安田靫彦《やすだゆきひこ》（足立美術館所蔵）によって描かれた。

これほど人々に愛されてきた女性の物語をここで繰り返しても意味はない。王昭君という人物がいったい漢代ではどのような人間であったのか、後世どのように伝説化されていったのかを少し分析してみよう。王昭君の故事は、もっとも基本的な史料である『漢書』の巻九元帝紀につぎのように記されている。

竟寧《きょうねい》元年（前三三）の春正月、匈奴の呼《こ》韓《かん》邪《や》単于《ぜんう》が来朝した。元帝は詔《みことのり》を下した。「匈奴の郅支《しつし》単于《ぜんう》が礼儀に背いたことがあったが、かれはすでにその罪に服している。虖（呼）韓邪単于はかつての恩徳を忘れることなく、礼儀を慕ってやってきた。また元旦の朝賀の礼にもつとめ、いつまでも国境の安全を保ち、辺境では永らく戦争がないようにと願っている。そこで竟寧（竟は境に通じ、国境が安寧の意味）と改元し、単于に掖庭宮《えきていきゅう》で天子の詔を待っている王檣《おうしょう》を賜って閼氏《えんし》とする」。

王昭君図（菱田春草　部分　山形県善宝寺蔵）　前漢元帝の後宮から匈奴の呼韓邪単于の許に嫁いだ王昭君の故事はあまりにも名高い

　この王檣《おうしょう》こそ南郡秭帰《しき》県の出身、字《あざな》は昭君その人であった。元帝の後宮から選ばれ、皇帝の寵愛を受けることなく匈奴の単于に嫁いでいき、単于の皇后である閼氏《えんし》となった。しかしこれだけでは人々の関心を集める内容ではない。

『漢書』巻九四下匈奴伝によれば、呼韓邪単于の側から積極的に漢氏の女性を娶って婿になりたいと願った。元帝は後宮の良家の子であった王牆《おうしょう》（檣は牆と表記）、字《あざな》は昭君を単于に賜ったところ、単于は大変喜んだ。その後王昭君は寧胡《ねいこ》の閼氏《えんし》という号をもらい、伊屠智牙師《いとちがし》という男子を生んだ。のちの日逐王《にっちくおう》である。呼韓邪単于は即位して二八年、建始二年（前三一）に亡くなった。呼韓邪単于の子が復株累若鞮単于《ふくしゅるいじゃくていぜんう》として即位すると、王昭君を妻とした。二女が生まれ、長女を須卜居次《しゅぼくきょじ》、次女を当于居次《とううきょじ》といった。須卜《しゅぼく》、当于《とうう》はそれぞれの夫の氏族名である。

　これらの『漢書』の記録からは、王昭君がどのような心情をもって後宮を離れ、匈奴の地に入ったのかはまったくわからない。ただいえることは、漢と匈奴との間に漢の後宮の女性を介して姻戚関係が生まれたことである。それはまた、王昭君は漢の劉氏の娘ではないが、劉氏皇帝の後宮に入った者であることから、漢氏（漢室）との正式な婚姻と見なされていたことがわかる。王昭君は匈奴に入ってからは、父の死後に残された後母《こうぼ》（非実母）を妻とする匈奴の婚姻制度を実践していった。単于《ぜんう》父子二代の妻となったのである。

　こうした王昭君の特異な生涯は伝説化されていった。『西京雑記《せいけいざつき》』に伝えられる話では、元帝の後宮で宮女たちの肖像を描いていた画工たちが登場する。安陵《あんりょう》県の陳敞《ちんしょう》や新豊《しんほう》県の劉《りゅう》白《はく》、龔寛《きょうかん》らは人物画よりも牛馬や飛鳥を描くのに長けていた。また下杜《かと》県の陽望《ようぼう》や樊育《はんいく》は絵画の色使いを得意としていた。そして誰よりも、美醜老若をとわずモデルの人物を真のままに描くことができたのは杜陵《とりょう》県の画工毛延寿《もうえんじゅ》であった。正史には見えない画工たちの名前がここに見える。かれらはいずれも長安周辺に居住していた。

すでに高祖が匈奴に包囲されたときに、陳平《ちんぺい》が画工に美女を描かせ単于《ぜんう》の閼氏《えんし》にひそかに贈った話が伝えられている。漢にはこれだけの美女がいて、いま高祖は単于に献上して難を逃れようとしていることを閼氏の耳に入れた。閼氏は寵愛を失うことを恐れて、単于に、漢の天子には神霊があるのでその土地を得ようとしても無理であるといって、漢への関心をそらせようとした。

北方の遊牧民に嫁したのは、王昭君《おうしょうくん》がはじめではなかった。皇帝や劉氏の諸侯王の娘は公《こう》主《しゅ》といい、これより前に武帝の甥《おい》の江都《こうと》王劉建《りゅうけん》の娘（宗室《そうしつ》の女《むすめ》、江都《こうと》の翁主《おうしゅ》）の劉細君《りゅうさいくん》が烏《う》孫《そん》王昆莫《こんび》の妃となっている。烏孫公主と呼ばれている。烏孫も匈奴と同じ遊牧民である。もともと大月氏とともに敦煌の近くに居住していた。漢は匈奴の動きを制するために、烏孫と手を結ぶ必要があったのだ。烏孫は馬一〇〇〇頭を結納として差し出し、漢は細君を烏孫王の妻として送り出した。昆莫《こんび》は細君を右夫人《うふじん》、匈奴の娘を左夫人《さふじん》とした。

歴代の女性の化粧

中国古代の歴代の女性の化粧の方法を調べてみると、地域と時代の好み、流行が明らかに読み取れる。漢代の宮中の女性はあきらかに唐代の女性の化粧とは異なっていた。

のちの唐代の宮中の女性の化粧はきわめて念入りであった。その順序は、①顔全体に鉛粉を付け下地とする、②頰に胭脂《えんし》（紅）を丸く塗る、③眉を描く、④花鈿《かでん》（花の髪飾り）を額に貼る、⑤靨《よう》（えくぼ）に紅い点を付ける、⑥こめかみに斜紅《しゃこう》（三日月形の紅）を描く、⑦口紅を塗る、というようになる。唐代女性の化粧の姿は、西安や敦煌莫高窟《とんこうばっこうくつ》、トルファンなどから出土した壁画・唐三彩・絹絵に見ることができる。この唐代の華やかな化粧がどのように形成されたのか、時代をさかのぼってみると漢代の女性の化粧の特徴が浮かび上がってくる。

伏羲《ふっき》・女媧《じょか》は人面蛇身の男神・女神の姿で歴代画かれてきた。古くは馬王堆前漢墓出土帛画中の女媧像（伏羲はいない）、洛陽卜千秋《ぼくせんしゅう》前漢墓壁画、四川《しせん》省崇慶《すうけい》県出土後漢画像石、南《なん》陽《よう》後漢画像石、徐州《じょしゅう》後漢墓画像石の伏義・女媧像、下って唐代にはトルファン出土の伏義・女媧図がある。これらの女性の化粧や服装を見ると、同じ神話上の人物ながらそれぞれの時代と地域の特徴を反映しておもしろい。

漢画像石のものは彩色が失われて顔の化粧の様子ははっきりしないが、馬王堆や洛陽漢墓のものは化粧の仕方がよくわかる。馬王堆の帛画では中央最上の太陽と月の間に女性が画かれている。その服は上下連なった広袖の深衣《しんい》を着用し、髪は後ろに下半身まで長くたらしているが、顔は何も化粧していない。洛陽漢墓の女性はやはり漢代一般の深衣を着て髷《まげ》を結い、こちらのほうはうっすらと頬紅を付け、口紅を唇の中央にだけ塗っている。

一方唐代の女媧は、トルファンの地域性を反映して、きわめて西域的な明るく派手な化粧をしている。胸開きの上着とスカートを着た女媧は、花鈿《かでん》、円形の濃い頬紅、唇全体に塗った口紅に加えてさらに目の周囲にまで紅を付けている。

漢代の女性の化粧は、当初は戦国以来の伝統的な化粧法を守り、米の粉の白粉を付け、脂《し》と丹沙《たんさ》の口紅を塗り、眉を剃らずに黛《たい》（まゆずみ）で描いていた。それに変化が起きたのは西域との交流が開け、遊牧民族の女性の習慣が入ってからである。漢代に入った遊牧民女性の化粧法とは頬紅と胡粉《ごふん》である。

『史記』匈奴列伝の索隠《さくいん》に引用する『西河《せいが》故事《こじ》（あるいは旧事）』には、漢の軍によって祁《き》連山《れんざん》と焉支山《えんしざん》を失った匈奴の人々の悲しみの歌が残されている。

我が祁連山を亡《うしな》いて　我が六畜蕃息《りくきゅうばんそく》せざらしめん

我が焉支（燕支）山を失いて　我が婦女（嫁婦）顔色なからしめん

祁連山を失って六畜（牛馬羊豚犬鶏）を増やせなくなり、焉支山《えんしざん》の麓《ふもと》では紅藍《こうらん》（ベニバナ）が生育していたので、それを失うと、匈奴の女性は化粧ができなくなった。北方の遊牧民は花から絞った汁を乾燥させて紅い粉を取り、羊などの動物の脂を混ぜて胭脂《えんし》を作り、婦人の顔に付けたと伝えられる。胭脂は焉支・燕支とも書き、匈奴単于の夫人のことをいう閼《えん》氏《し》とも同音であるのはおもしろい。もう一つの胡粉は、後漢の『釈名《しゃくみょう》』に「胡餬《ごこ》（濃い粥《かゆ》）なり、脂もて合わせて以て面を塗るなり」と説明され、漢族伝統の米の白粉とは異なって脂を混ぜた粘り気のあるものであった。胭脂と同様に寒冷で乾燥した気候から膚を守る役割があった。

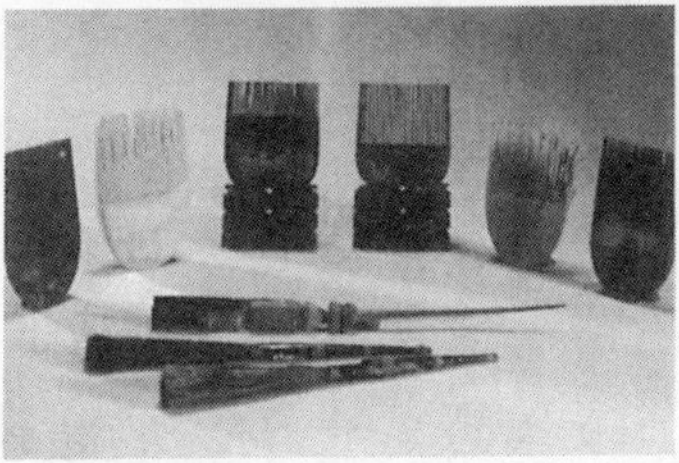
化粧用品（長沙馬王堆１号墓出土）　櫛の歯の密度が１センチあたり３本程度のものを梳（そ）、６～７本を篦（へい）、12～13本を篦（き）という。手前は刷（はけ）（『漢代文物大展図録』）

暴れ龍を治める

武帝以降、黄河は下流で氾濫を繰り返した。場所は武帝のときに決壊した瓠子《こし》のさらに下流である。宣房《せんぼう》宮《きゅう》で塞《ふさ》いだだけでは、一時的な方策にすぎなかった。黄河の洪水のことは現在の河南《かなん》省開封《かいほう》の付近のことがよく語られるが、漢代ではより下流の河南省濮陽《ぼくよう》県あたりが洪水に度々襲われる地域であった。黄河が広大な平原をゆったりと流れる。そのことが泥土を沈殿させて、河の流れを詰まらせる。この地には現在黄河は流れていないが、黄河が残した泥土の砂が今も地表を覆っている。

先にもふれたが、二〇〇四年三月、現地を調査した。沙漠といえば白い沙漠を思い浮かべるが、過去のは、あらためて黄河の大きさを実感した。赤い沙漠のような古代の黄河の跡に黄河が沈殿した泥土は黄土であるので、赤い砂になっている。一九八七年濮陽の西水坡《せいすいは》遺跡では仰韶《ぎょうしょう》文化の墓葬から被葬者を囲むように蛤《はまぐり》の貝殻を並べた龍と虎が発見された。中国最古の龍として話題になった。新石器時代の黄河は、さらに西寄りに流れていたが、暴れ龍黄河を象徴するかのようだ。

黄河が氾濫する最大の原因は、一石（斛《こく》）の水に六斗の泥といわれたように、黄河の水の五分の三は泥土であり、流れが緩やかになれば川底に堆積して浅くなり、天井川を造ることにある。前漢末の賈讓《かじょう》の上奏のなかに、遮害亭《しゃがいてい》付近の金堤《きんてい》の様子が語られている。金堤とは石と土で固め、金のように強固な堤防のことをいう。一丈（二〇尺、二メートル三〇センチ）の高さの堤防が、東の土地の低い所では四～五丈（九・二～一一・五メートル）にもなっている。ここでは黄河は民家よりも高い所を流れていた。天井川の地では堤防を高く築くにも限度があった。

こうした黄河の洪水対策は、相対する意見が衝突して定まらなかった。黄河の激流を堤防でせき止めてできるだけ速く渤海《ぼっかい》に流していくか、それとも禹《う》の九河《が》の旧道を求めて、逆に堤防を決壊させて分流させ、力を殺いで自然の流れに任せていくかという意見だ。堤防を築くためには年間一億銭もの費用がかさむ。堤防を決壊させるか、決壊場所を放置する方が容易であった。広大な平原が遊水池となるので、一部の地区の犠牲に目をつぶれば、広大な地区が助かるという政策が通用した。

建始《けんし》五年（前二八）の館陶《かんとう》と東郡の金堤での決壊では、四郡三二県もの地区が被災した。平原のこの地で洪水が起これば、海のように水が広がっていく。河堤《かてい》使者王延世《おうえんせい》は石を詰めこんだ蛇籠《じゃかご》を二艘の船ではさみながら落とし込み、三六日間で堤防を完成させた。この年は河平《かへい》元年（前二八）と改元された。河南省内黄《ないこう》県には、漢代の金堤がいまでも一部分残されている。

鴻嘉《こうか》四年（前一七）、ふたたび渤海《ぼっかい》、清河《せいが》、信都《しんと》郡に黄河の水が溢れた。このときは自然の流れにまかせるべきという意見が強く、決壊場所は放置され塞がれなかった。丞相史《し》孫禁《そんきん》の意見は、堤防を決壊させて館陶《かんとう》から北に流すべきといい、河堤都尉許商《きょしょう》はこれに反対した。天の意志に従い、水勢に任せるべきとの意見も出た。結局は何もしないということだ。

哀帝のときに待詔《たいしょう》の賈譲《かじょう》は、上中下の黄河治水策を提言した。一部の地区を守るために、決壊するたびに堤防を修復していく方法は一時の最下の策と評した。中策は数百年先を見通したもので、渠を多く引き黄河の勢いを殺ぎ、水門を造って灌漑に役立てる方法であった。一〇〇〇年先まで見通したものが最上の策という。黄河を黎陽《れいよう》県の遮害亭で決壊させ、北に一気に放流すれば、洪水の危険がなくなるという。

眠りから覚めた古代の木簡

敦煌漢簡の記録

敦煌郡は武帝の後元《こうげん》元年（前八八）に置かれた（一説には元鼎六年〈前一一一〉）。武帝の死の前年、最晩年のことであった。匈奴の勢力が河西回廊《かせいかいろう》から排除され、その結果、河西回廊最西端の大規模なオアシスに拠点が設けられた。敦煌の地名の由来は、大きく（敦）盛ん（煌）という意味からきており、まさに漢王朝の威信を西域へ示す都市を築いた。漢は敦煌に六つの県を置き、敦煌郡の人口は前漢末で三万八三三五人ほどであった。沙漠に囲まれた大きなオアシスである。

敦煌には陽関と玉門関という二つの関所があった。敦煌のオアシスは山岳地帯から北流する小さな河川が平地に流れ出た所に広がっている。鳴沙山《めいさざん》や莫高窟《ばっこうくつ》千仏洞が山岳寄りに位置する。その西には陽関という関所があり、今でも漢代の烽火台《ほうかだい》の跡が残されている。一方敦煌から北に一〇キロ、沙漠を縦断していくと、疏勒河《そろくが》が東西に流れている。ここに漢代の万里の長城と玉門関の遺跡が残っている（次ページ写真②参照）。この玉門関は北方への出入り口であった。張騫《ちょうけん》が二回西域に出発したときは、まだ敦煌の二つの関所はなかった。かれは隴西《ろうせい》郡の関所の蕭関《しょうかん》から出た。敦煌莫高窟の第三二三窟に描かれた唐代の「張騫出使西域《ちょうけんしゅつしせいいき》図」（二六五ページ参照）は、あたかも敦煌の関所を出発するかのように見てしまうが正しくない。

【長城の時代】

③

①

①秦の万里の長城　戦国時代、各国は騎兵の侵入を防ぐため国境に長城を築いた。秦は六国を破り全国を統一したときに、内地の長城を廃棄し、匈奴の南下を防ぐために北辺の長城だけを残した。西は臨洮から東は遼東に至るいわゆる万里の長城の全容は、まだよくわかっていない。石積みの長城もあれば、土を固めた版築の長城もある。**②漢の長城**　前漢武帝の時代には始皇帝の長城から西に新たな長城が築かれた。河西回廊から敦煌までの長城だ。敦煌には玉門関と陽関の２つの関所がある。玉門関の近くで長城の壁が東西に広がっている。砂を突き固めるために、タマリクス（赤やなぎ）やアシの枝を挟み込んだ独特なものだ。そのために2000年以上の砂塵にたえ、しっかりと残っている。**③陽関**「君に勧む更に尽くせ一杯の酒。西のかた陽関を出ずれば故人なからん（明日、陽関の関所を越えてしまえば、その先にはもうあなたの知人もいないだろう。せめて今宵はさらに一杯の酒を酌んで、語り尽くそうではないか）」という送別の唐詩で知られた陽関の跡。

②

敦煌の砂のなかから最初に木簡を発見したのは、オーレル・スタインであった。一九〇六—〇八年の第二次探検で敦煌を訪れたときに、七〇八（あるいは七〇四）枚の木簡を発見し、一九一三—一五年の第三次探検でも一六六点を発見した。現物は大英博物館にあり、シャバンヌ、マスペロをはじめ羅振玉《らしんぎょく》、王国維《おうこくい》、労榦《ろうかん》、マイクル・ローウェ、大庭脩《おおばおさむ》各氏によって研究、釈読が行われてきた。その後、一九七九年、馬圏湾《ばけんわん》の烽火台《ほうかだい》の遺跡でも木簡千二百余枚が出土した。

一九九〇—九二年、今度は懸泉置《けんせんち》という郵駅の遺跡の灰坑《かいこう》から二万三〇〇〇枚にものぼる大量の木簡が発見された。これまで一〇〇〇前後の木簡にとどまり、居延漢簡《きょえんかんかん》にはとうてい及ばなかった敦煌漢簡も、これで一気に居延漢簡に近づく数になった。敦煌懸泉置漢簡の特徴は数量だけではない。長城沿いの城塞から出土した従来の敦煌漢簡と違い、駅伝施設から出土した木簡は、当然内容を異にした。駅伝線に残された木簡には、漢と西域との外交の記録が記されていた。

敦煌が西域との交通の出入り口として実際に動き出したのは、武帝以後のことであった。敦煌から西域への道は、南山（崑崙《クンルン》山脈）の北に沿った南道と、北山（天山《ティエンシャン》山脈）の南に沿った北道の二つがあった。いわゆる西域南道と北道のことである。天山山脈を中心に見れば、天山北路の草原の道に対していずれも天山南路に位置する。南道には東から鄯善《ぜんぜん》（楼蘭改め）、且末《しょまつ》（チェルチェン）、精絶《せいぜつ》（ニヤ）、于闐《うてん》（ホータン）、莎車《さしゃ》（ヤルカンド）などの都市がならび、北道では東から車師《しゃし》前国《ぜんこく》（交河《こうが》）、渠犂《きょれい》、烏塁《うるい》、亀茲《きじ》（クチャ）、姑墨《こぼく》、温《おん》宿《しゅく》、疏勒《そろく》（カシュガル）とならんでいる。このほかにも街道から離れたオアシスもあり、パミール高原以西のオアシスもあった。その数は三六ヵ国から五十数ヵ国になった。これらの名の知れたオアシス都市は沙漠のなかの河川や湖の水源地に二〇〇～三〇〇キロごとに点在していた。近い場合は五〇キロメートルほどしか離れていなかった。

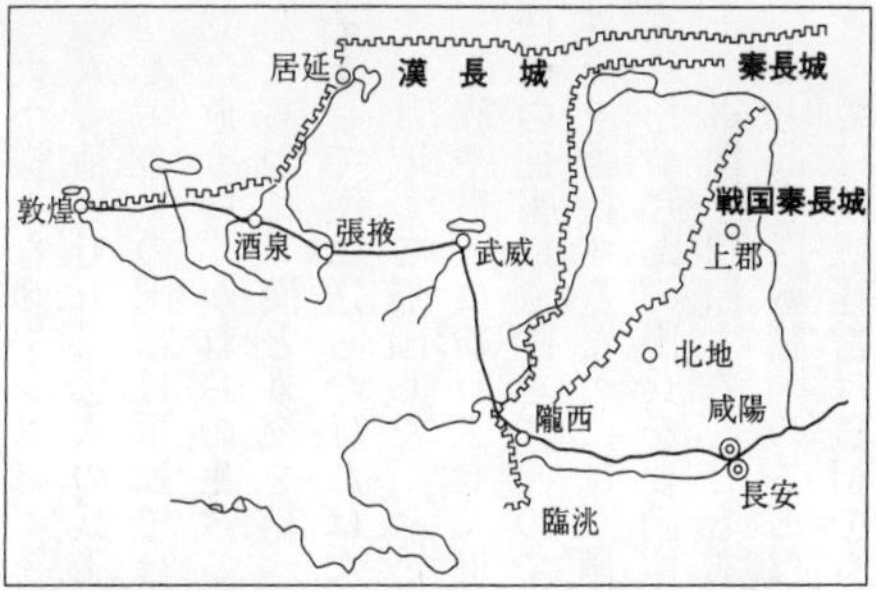

秦漢時代の長城

オアシス国家の生きる道

オアシス間は沙漠であり、駱駝で移動した。都市が国であり、その規模は小さいものでは人口一〇〇〇人台の且末《しょまつ》、戎盧《じゅうろ》、渠犂《きょれい》、二〇〇〇人台の蒲類《ほるい》、渠勒《きょろく》、尉頭《いとう》、三〇〇〇人台の精絶《せいぜつ》などがあげられる。オアシスでは一万を超えれば大国といえる。鄯善《ぜんぜん》は一万四〇〇〇、莎車《さしゃ》は一万六〇〇〇、疏勒《そろく》は一万八〇〇〇、于闐《うてん》は一万九〇〇〇、姑墨は二万四〇〇〇、焉耆《えんき》（カラシャール）は三万二〇〇〇、亀茲《きじ》などは八万一〇〇〇人にものぼる。同じ西域でも、パミール高原を越えた西方では、大宛《だいえん》三〇万、大月氏《だいげつし》四〇万、康居《こうきょ》六〇万、烏孫《うそん》六三万人などは別格である。大宛などは服属する都市が七十余もあり、康居には春秋の王城を中心に北に九千百余里行くと夏の王城、南に馬で七日走ると冬の王城があった。いずれも複数のオアシスにまたがる国家であった。

大小様々なオアシスは、それぞれみずからの生きる道をさぐっていた。且末《しょまつ》はわずか三二〇人、精絶《せいぜつ》も五〇〇人の兵士しか出せない。亀茲《きじ》クラスになると二万一〇〇〇人の兵力があった。多くの国家は単独では漢の軍隊に対抗できない。とくに交通路上に位置すれば自主独立は危うい。かれらの生きる道は、匈奴か漢の大国につくか、あるいは横の連携をはかることにあった。漢と外交を結べば、王族や貴人を使者として派遣して貢ぎ物を贈り、王子を質《ち》子《し》として漢に送らなければならない。逆に漢からは返礼として印綬《いんじゅ》と賞賜《しょうし》品である黄金や絹を受け取って帰国した。

王族や貴人に紛《まぎ》れさせて商人を使者の一行に入れれば、漢と交易もできる利点はあった。使者の往来は危険を伴うので、帰国時には漢の使者が同行して護衛した。漢が西域諸国との外交を維持するためには、南北道の安全の確保が重要であった。服属国には使節への食糧の支給を命じた。出兵を要請することもあった。漢みずからが輪台《りんだい》や渠犂《きょれい》などに屯田をして兵士と軍糧を確保することもあった。道案内の通訳も出させた。西域全体の共通語はない。漢のことばと西域諸国のことばを話せる人間が必要であった。各国には訳長が置かれた。漢にとっては西域経営は負担でもあったが、西域を服属させているという政治的な効果は大きかった。

宣帝のとき、神爵二年（前六〇）、西域都護府《せいいきとごふ》が烏塁《うるい》城に設置された。陽関《ようかん》からは二七三八里離れている。前漢の西域支配のうえでは重要な転換期であった。長官を西域都護という、敦煌を越えた場所を拠点に西域を抑えることができた。都は統べる、護は守る意味だ。鄭吉《ていきつ》が最初の西域都護となった。廷尉《ていい》が西域都護にあてた西書《せいしょ》（西に送られた文書）を駅で

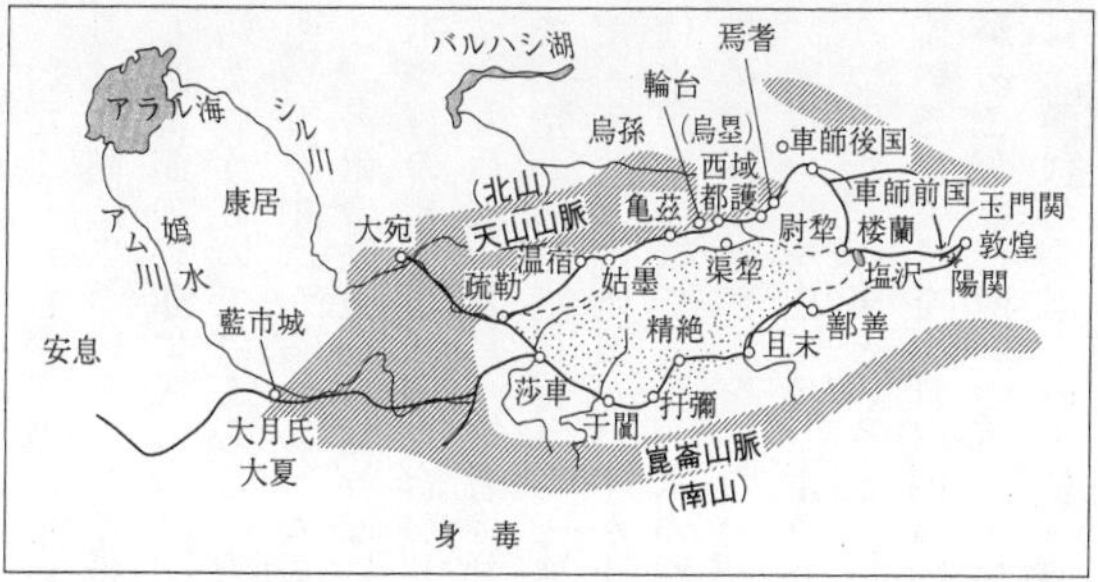

西域のオアシス都市

受け継いだ記録も、敦煌懸泉置で出土した。甘延寿に西域の天馬を敦煌郡で迎えさせる詔書などもあった。

東西を行き交う外交使節に食事を支給する記録には、鄯善《ぜんぜん》（旧称楼蘭《ろうらん》）王の使者、大宛に向かう漢の使節、大月氏、烏孫《うそん》の使者などが見える。漢人の使者が連れて帰った疏勒《そろく》国の王子からの駱駝《らくだ》三頭が疲労のために動けなくなり、それを取り調べた文書も見える。大宛の貴人烏《う》莫塞《ばくそく》から献上された駱駝一頭が懸泉置《けんせんち》で死んだ記録もある。烏孫、莎車《さしゃ》王の使者四人、貴人一七人も駱駝六頭を献上、康居《こうきょ》王、姑墨《こぼく》王から献上された駱駝を入関させた記録もある。駱駝は西域の対漢外交に役立っていた。東西交通の交通手段であるばかりか、漢朝への献上品としても重要であった。数量が少ないのは、餌を与えるなどの運搬中の手間をさけ、少頭数を献上して、後は長安で飼育繁殖させればよかったからだろう。于《う》闐《てん》王以下一〇七四人もの一行を送る使者が通過した記録や、精絶王諸国の客四七〇人を送る記録もおもしろい。西域都護から衛尉の属官に宛てた緊急の書簡の受け渡し記録もある。

紙が発明される以前の書籍

わたくしたちが見慣れている図書というのは、ほとんどがいわゆる洋書といわれる類である。内側に二つ折りにした紙を重ね合わせ、背のところに糊をつけて製本したものだ。しかし図書館の書庫に入れば、これとは違う書籍の形式もあることに気づく。いわゆる和書、漢籍というもので、こちらの方は逆に外側に折り返し、重ねたものを糸で綴じるので線装本ともいう。中国から伝わった書籍の形式である。しかしこれらはいずれも紙を用いた書籍であり、書籍の歴史から見ればさらに古い時代のものがある。紙が発明され普及する以前には、木や竹の札を紐で綴り合わせたものが書籍であった。

一九八五年九月、筆者は甘粛省の敦煌に入った。ここは沙漠のなかに浮かぶオアシス都市で、空から空港に降りるときに機上から見ると、沙漠の白い砂と、街の緑とが対照的であった。年間の降雨量がわずか十数ミリという極度に乾燥したこの地では、南の祁《き》連《れん》山脈の雪解け水が命の綱である。水の湧く泉や河川のほとりにのみ集落ができた。水が涸れれば、水を求めて移住せざるをえない。

敦煌の街を出てランドクルーザーで沙漠を縦断すると、玉門関という漢代の関所跡にたどりついた。版築《はんちく》という土を重ねて固めるだけの工法で造った関所は、いまも土壁だけが残っている。ここを出れば西域の世界、中国の漢民族にとってみれば最後の砦であった。かれらがあこがれた西域のホータンの玉《ぎょく》が入る関所という意味で、玉門関と呼ばれた。すぐ北方には、漢代の長城が砂上に一直線に走っていた。北京で見慣れた明代の煉瓦造りの長城とは違って、土と葦の茎を交互に重ねて固めた古代の素朴な長城だ。匈奴という北方の遊牧民の侵入を防ぐ防衛施設である。砂を払えば、中から古代の図書、木簡がいくらでも出てくる場所である。

竹簡　偶然の機会に発見され、2000年の眠りから覚めた竹簡・木簡は、文字も色あせ、綴じ紐は腐ってバラバラに散乱していることが多い（『中国画報』1994年3月）

砂の中に消えた民衆がよみがえる

一九四一年一二月二五日、日本軍が香港を占領する、その前年、敦煌の東北、エチナ河流域で一九三〇年に発見された一万余の木簡が、戦火を避けるためにアメリカ合衆国に運ばれた。この地は対匈奴最前線基地居延《きょえん》城があったので、居延漢簡と呼ばれているものだ。敦煌漢簡とならんで、重要な漢代の木簡文書である。台湾の学者は後に、アメリカの国会図書館で一枚の外交文書を入手した。それは一四箱に収められた木簡を一時的に貴重書として預かったという証明書である。以後一九六五年まで、二五年間開封されることもなく保存されることになる。二〇〇〇年近い眠りから覚めた古代の木簡が、今度は外国の図書館の一室に眠ることになった。

台湾に戻された居延の木簡は、中央研究院において台湾の研究者の手で科学的な研究が進められている。すでに木の札に筆で書かれた文字は色があせ、読み取りにくい箇所が多いが、近年では赤外線カメラを使用し、肉眼や拡大鏡では困難な文字の解読に成功している。さらに木簡文書の文字と画像をパソコンに入力し、自由に検索できるようになった。

中国古代史の研究はそれこそ漢籍だけを読み込んでできないことはない。秦漢史では、『史記』や『漢書』といった史書を隅から隅まで丹念に読めば、いくらでも論文はかける。しかし問題は、正式に国家によって編纂された史料というものは、一定の目的で編纂されたために、多くのものが切り捨てられてしまっていることだ。王朝内の権力闘争は正統性を認められた側から記述され、民衆の反乱も逆臣を倒してはじめて評価される。

木簡には、編纂された文献には出てこない民衆の名前が数多く見られる。文書自体はやはり政府機関が残したものであるが、史書というフィルターを通していないために、その時代の雰囲気が生き生きと映し出されている。辺境の防衛に徴発された内地の民衆が、どのような生活をおくっていたのか具体的にわかる。一枚の木簡に赤外線カメラをあてたときに、それまで読めなかったところに兵士の名前が浮かびあがってくる。現代の技術が砂の中に消えていった民衆をよみがえらせた。

地方政治を支えた循吏と酷吏

一方、内地の地方を治めた郡の太守の評価は分かれる。中央から派遣され、三年ほどの赴任期間に成果をあげれば評価される。民衆から寛大で清廉な官吏として慕われる者もいれば、厳しい統治で名を馳せた者もいる。両極端の循吏《じゅんり》と酷吏《こくり》が漢代の地方政治を支えていた。

潁川《えいせん》太守黄覇《こうは》は、戸口《ここう》（人口）を増やし、孝子・貞婦を出し、重い犯罪もなく、天下第一の評価を得た。前後八年間も在任した。南陽太守の召信臣《しょうしんしん》は、みずから阡陌《せんぱく》（耕地の東西のあぜ道）を歩き、農業を指導した。郡内にある水源からは水路を引き、水門や堤防を数十ヵ所も備え、三万頃《けい》の面積も灌漑した。水争いを防ぐために、独自に均水《きんすい》の約束というものを石に刻んであぜ道に立てた。官吏からも農民からも召父《しょうふ》と呼ばれるほど親しまれた。元帝末に少府の高官になってからも、黄門の俳優による芸能や太官の温室野菜栽培をやめるなど、宮廷費を数千万銭も倹約し、中央政府でも有能な官吏として活躍した。

一方の酷吏には東海郡下邳《かひ》県の厳延年《げんえんねん》がいた。霍光《かくこう》が宣帝を擁立したことに真っ向から異議を申し立てた人物である。かれが涿《たく》郡太守となって地方に出た。この地方では大姓《たいせい》（豪族）の西高《せいこう》氏、東高《とうこう》氏が勢力をもち、地方採用の郡吏たちも「二〇〇〇石（郡太守）にそむいても豪族大家にはそむくな」というありさまであった。賓客たちも盗賊として勝手放題、官吏が追っても高氏のところに逃げ込んでしまう。厳延年《げんえんねん》が着任すると、状況は変わった。掾史《えんし》の趙繡《ちょうしゅう》に高氏を取り調べさせ、死罪である証拠をつかんだ。趙繡は軽重二つの弾劾文を作って懐にいれていたが、厳延年の顔色をうかがいながら軽い方から出した。厳延年は事情はすでにつかんでおり、重い方を趙繡の懐から取り出させ、その日のうちに裁判にかけた。翌朝市場で死刑に処した。両高氏それぞれ数十人が誅殺《ちゅうさつ》され、郡中は太守厳延年に震え恐れた。

循吏《じゅんり》の黄覇《こうは》と酷吏《こくり》の厳延年は、潁川《えいせん》と河南《かなん》でくしくも隣り合わせた。黄覇の方が褒賞《ほうしょう》を得たことに厳延年は不満をもった。厳延年の東海郡から母が訪ねると、たまたま処刑の場を見ていた母は酷吏ぶりを非難したという。むしろ母親の賢母ぶりが称えられた。「万石《ばんせき》の厳《げん》嫗《おう》」というのは、二〇〇〇石の太守を五人も育てた厳氏の妻の意味である。その東海郡で貴重な文書が発見された。

発掘文書は語る

東海郡の地方行政

一九九三年江蘇《こうそ》省連雲港《れんうんこう》市東海県温泉鎮尹湾《おんせんちんいんわん》村の漢墓で出土した二四枚の木牘《もくとく》と一三三枚の竹簡の内容は、前漢末期の東海郡に関係する官文書の複製であった。文書は一枚の木牘を除けば、六号墓から出土した。被葬者は師饒《しじょう》という人物、成帝の時代の東海郡の功曹史《こうそうし》であった。出土したのは郡の年間の統計文書である集簿《しゅうぼ》、官吏の名簿、所轄県の官吏の名籍《めいせき》と不在者の名籍、永始《えいし》四年（前一三）の武器庫の登録簿、贈与銭名籍、神《しん》亀《き》占い、博局《はくきょく》占い、元延《げんえん》元年（前一二）暦譜（カレンダー）、同三年（前一〇）五月の暦譜、衣物疏（副葬品のリスト）、名刺、元延二年（前一一）の日記、刑徳《けいとく》行時、行道《こうどう》吉凶、神《しん》烏《う》賦《ふ》など多彩であった。かれは東海郡の政治を地方で支えた重職にあった。地元で官吏に採用され、中央から任官した太守などの長吏よりも、地方社会に根を生やし、地方社会の動向をしっかりと見つめていた。

東海郡の太守は年度末に一年間の行政報告をした。出土文書によれば、東海郡は三八県一八侯国一八邑からなる。面積は東西五五一里、南北四八八里、だいたい五〇〇里四方と見れば、約二〇〇キロメートル四方が東海郡の領域であった。人口は一三九万七三四三人、二六万六二九〇戸、一年で四万二七五二人、一万一六六二戸も増えた。男女比では五一対四九と男性が多く、年齢別の人口統計では、六歳以下は一八・七九パーセント、八〇歳以上は二・四パーセント、九〇歳以上が〇・八パーセントとなっている。いまから二〇〇〇年前の古代中国のおおまかな人口ピラミッドがうかがえる貴重な統計数値である。

　男女比は古来変わらないが、六歳以下（数え年齢）の比率は幼児の死亡率が高いために低く、八〇歳以上の長寿年齢の率が意外と高い。ちなみに現在（一九九九年）の中国では五歳以下（満年齢）は三〇パーセント、日本でも（二〇〇〇年）二〇パーセントを超える。日本の現在（一九九九年）の九〇歳以上は〇・〇〇五パーセントであるから、〇・八パーセントはかなり高い。九〇歳以上の人々は前一〇〇年、武帝の最盛期に生まれた世代といえる。

　東海郡は三八の県と一八の侯国があった。ここの地方行政を二二〇三人の官吏が担っていた。県には県令（一〇〇〇石）あるいは県長（四〇〇石。一万戸以上の県の長官を令、以下を長という）の下に、丞（二〇〇石）、尉（二〇〇石）までの長吏のほか、令史《れいし》・獄史《ごくし》・官《かん》

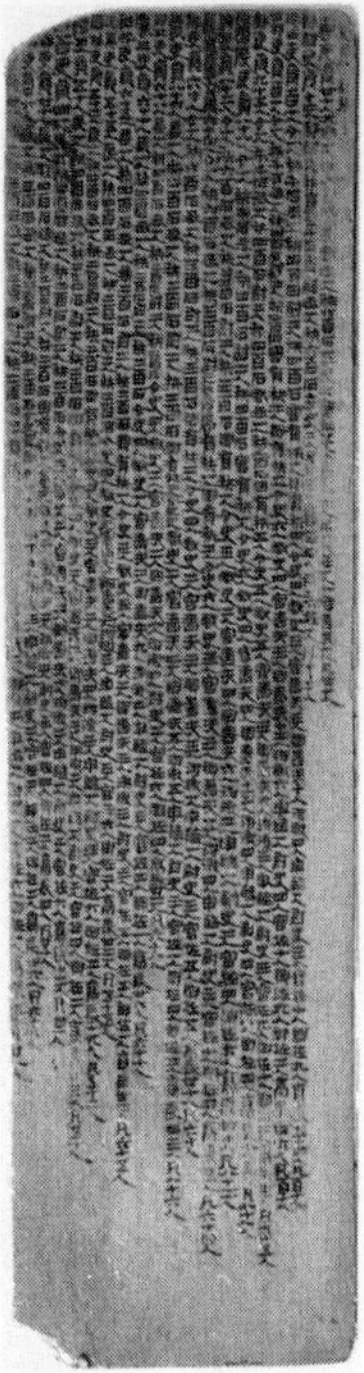
尹湾簡牘　東海郡各県の官吏の人員表や統計文書、武器庫の登録簿、暦譜等々、多彩な文書が含まれていた（『尹湾漢墓簡牘』）

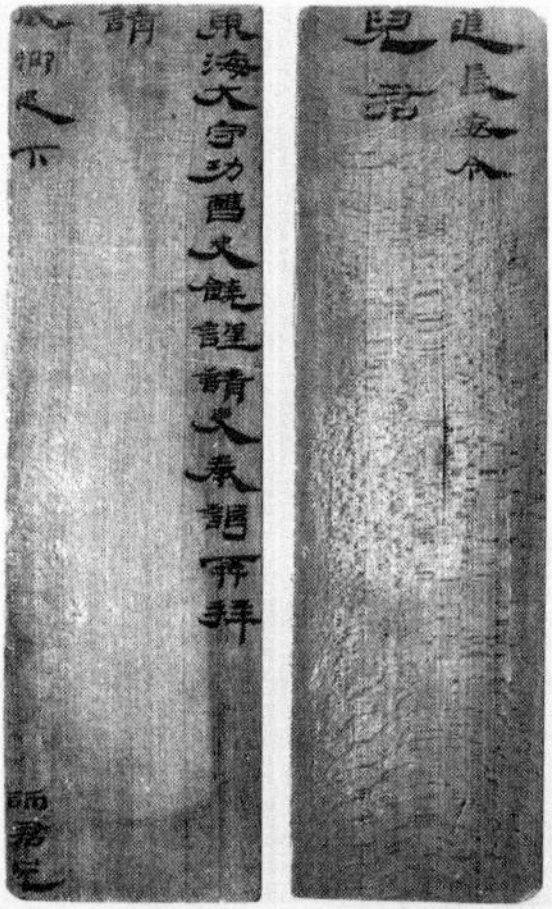

尹湾簡牘名刺　古代の名刺（『尹湾漢墓簡牘』）

嗇夫《しょくふ》・郷《きょう》嗇夫《しょくふ》・游徼《ゆうきょう》・牢監《ろうかん》・尉史《いし》・官佐《かんさ》・郷佐《きょうさ》・亭長《ていちょう》などの掾史《えんし》がいた。県の長吏には、東海郡出身者は除かれた。本籍地で長吏になると同族との癒着が起こり、中央集権の原則が崩れる。長吏の本籍地回避の原則は、官僚制の根幹に関わる。その名簿もあった。塩官や鉄官の長、丞も東海郡出身者が除かれた。公平を期するためである。郡の一年の歳入は二億六六六四万二五〇六銭、歳出は一億四五八三万四三九一銭、穀物の歳入は五〇万六六三七石（斛）二斗二升三分一、歳出は四一万二五八一石四斗数升ほどであった。郡財政は貨幣収入と穀物収入からなっていた。

「長安令児君《げいくん》に進ぜん」と表書きし、裏面に「東海太守功曹史饒《じょう》、謹んで吏《り》に請い奉謁《ほうえつ》せんことを。再拝して請う。威卿足下《いけいそっか》。師君兄《しくんけい》」と書いた一枚の木牘があった。古代の名刺である。地方官吏の師饒《しじょう》（字《あざな》は君兄《くんけい》）は長安令の児君《げいくん》（字《あざな》は威卿《いけい》）に何を求め、面会したのだろうか。都長安は首都であるが、長安県という県も置かれていた。地方官吏は年一回、長安へ地方政府の行政報告をしなければならなかった。東海太守は功曹史の師饒に中央で侍謁者《じえっしゃ》の徐中孫《じょちゅうそん》、中郎《ちゅうろう》の王中賓《おうちゅうひん》、丞相史の后中子《こうちゅうし》に面会するように頼んでいる。名刺に贈答品を添える習慣があったことはいうまでもない。師饒は、東海郡周辺の郡太守や国の丞相とも交際し、元延《げんえん》二年（前一一）前期には楚国、後期には琅邪《ろうや》郡に出張している。郡の功曹史は、郡外との外交も任務にあった。

僮約＝奴隷売買契約

蜀郡の王子淵《おうしえん》が出張で煎山《せんざん》に出かけたときに、寡婦の楊恵《ようけい》の家に泊まった。そこには奴隷の便了《べんりょう》が仕えていた。王子淵がかれに酒を買ってこいとたのんだら、「主人に買われたときの約束では墓守が仕事であり、他人の男のために酒を買うことなど関係ない」と拒否した。怒った王子淵は、「売りとばされてもよいのだな」というと、楊恵も王子淵に即刻奴隷売買の契約書を書くようにたのんだ。便了も居直った。王子淵の契約書の文面は次の通り。「（宣帝）神爵《しんしゃく》三年（前五九）正月一五日、資中《しちゅう》県の男子王子淵、成都《せいと》安志里《あんしり》の女子楊恵従《よ》り夫のときからの髭のはえた奴の便了を買った。売り値は一万五〇〇〇銭と決まった。奴は百役にしたがい、二言があってはならない」。

このような内容の韻文が前一世紀、王褒《おうほう》によって書かれた。残念ながら漢代の文章は『漢書』の王褒《おうほう》伝には残されておらず、七世紀の『芸文類聚《げいもんるいじゅう》』など後世の逸文から読み込んでいかなければならない。宇都宮清吉《うつのみやきよよし》の「僮約《どうやく》研究」（『漢代社会経済史研究』）は、丹念にテキストに校勘《こうかん》を加え、ユーモアあふれるこの文学作品を口語訳した優れた研究である。

僮約の王子淵なる人物は作者の王褒その人である。王褒の字《あざな》は子淵《しえん》。ときの宣帝は掖庭《えきてい》宮で育てられたときから学問を学び、『詩』『論語』『孝経』を伝授されていた。皇帝を継いでからも、宮中に学者を集めた。神爵《しんしゃく》・五鳳《ごほう》年間（前六一―前五四）は、連年豊作、外交も安定した時期であった。宣帝はその時代の繁栄を瑞祥《ずいしょう》によって飾り、宮中で詩を作らせた。神爵とは瑞祥の雀であり、五色の鳥、黒いキビ、白い虎、河の魚、甘い露、黄色い龍、鳳凰などが現れたと喧伝された。王褒も益州刺史《えきしゅうしし》のために詩を作り、雅楽に合わせて歌わせた。その評判が宣帝の耳にも入り、皇帝が賢臣を得たことを歌った詩を披露した。これをきっかけに王褒は宮中でいろいろな詩を作った。

僮約の文章は、さらに続く。売買契約ができた以上、王子淵は便了《べんりょう》を自由に使うことができる。宇都宮氏の口語訳は軽快な調子だ。

朝は早起き、そうじをすませ。食べたら後のかたづけは、きれいに洗うがカンジンカンジン。家の中では、うす作り、ほうきをたばね、さおを切り、さてまた荘園の仕事には、井戸をほったり、どぶさらい、いけがきしばって、すきを入れよ。あぜ道たいらに、くぎりはハッキリ、広場をふんで地をかため、カラサオ打ちのしたくせい。

まさに百役を並べ立て、この調子で延々と続いていく。ここからうかがえるのは奴隷労働の悲惨さよりも、蜀の地方の豊かさだ。麦・粟・豆・芋が作られ、野菜は瓜・茄子《なす》・葱《ねぎ》・紫《し》蘇《そ》・韮《にら》・生姜《しょうが》と豊富だ。家畜は豚・馬・牛・驢馬《ろば》・羊、池には魚・鵞鳥《がちょう》・鴨・家鴨《あひる》が飼われ、蒲《がま》や藺草《いぐさ》などの水草が栽培され、果樹園には桃・李《すもも》・梨・柿・柘桑《しゃそう》（やまぐわ）が見られる。手工業製品は市場で売られ、また買われる。客人があれば、壺をさげて酒を買いに行く。料理の中身は野菜と肉の取り合わせ。園内で韮を引き抜き、紫蘇《しそ》と乾し肉を切り刻み、芋を主食に、なますの魚にスッポン、茶《にがな》も煮込んだ。便了《べんりょう》の食事は豆と水だけ、酒は飲んではいけない。美味しい酒がほしければ、唇をぬらすだけ。裏の樹木を切って船を造れば、資中《しちゅう》県から江州《こうしゅう》（現在の重慶《じゅうけい》）まで下り、また煎《せん》県まで遡ることができる。婦女のために脂沢《したく》（べにおしろい）を求め、小さな市場で売ることができる。水運を利用すれば活動範囲は広がった。

このように僮約では王褒《おうほう》（字は子淵）の口から益州《えきしゅう》（四川省）の豊かさが語られた。王褒がまだ地方にいたときに益州刺史のために書いた作品であったかもしれない。契約文書の神《しん》爵《しゃく》三年という年代からも、宣帝の治世の繁栄を、蜀の荘園で労働する奴隷の姿から描いたことがわかる。

『漢書』地理志のマクロな世界

『漢書』地理志に見える全国の郡国別の人口統計は、平帝の元始《げんし》二年（後二）に、地方の郡国が中央に報告したものである。あの東海郡は、三五万八四一四戸、一五五万九三五七人、尹湾《いんわん》漢墓の数値とあわせると一〇年間で九万二一二四戸、一六万二〇一四人ふえた。人口増加率は一〇パーセントとなる。出生による自然増に、周辺郡国からの流入人口を合わせた。全国の総計では一二二三万三〇六二戸、五九五九万四九七八人となる。いまからちょうど二〇〇〇年前の正確な人口統計である。秦の人口統計は残っていない。統一帝国ではじめての記録であった。

前漢時代末には全国に一〇三の郡国（目次の後の「前漢時代の郡国図」参照）と一五八七

の県（邑《ゆう》〈皇后・公主などの食封〉・道《どう》〈辺境の県〉・侯国を含む）があった。県にはかならず県城があり、県城を中心に県の領域があり、平均すると一五県に一郡国が置かれた。実際には三八県の東海郡、三七県の沛《はい》郡、三六県の南陽郡、西河郡といった大郡もあれば、わずか三県の玄菟《げんと》郡、泗《し》水《すい》国、四県の真定《しんてい》国、五県の合浦《ごうほ》郡、日南《にちなん》郡、六県の敦煌郡、南海郡などの小郡もあり、一律ではない。辺境は人口が希薄であり、県も少ない。武帝のときに拡張した帝国は、全国の一五八七の県を拠点にして中央の命令が下っていくシステムによって維持された。

一九五四年、毛沢東は中国歴史地図の作成を国家プロジェクトとして指示した。中国復旦《ふくたん》大学歴史地理研究所の譚其驤《たんきじょう》《タンチーシアン》が中心となり、文革中の一九七四年に『中国歴史地図集』がまず内部発行され、一九八二年には全八巻が正式に刊行された（吉開将人「『中国歴史地図』の論理―歴史地理と疆域観《きょういきかん》―」『史朋』第三六号、二〇〇三年）。王朝別に郡県の位置を一つ一つ比定して地図に書き入れる作業が丹念に行われた。清の楊守敬《ようしゅけい》の『歴代輿地《れきだいよち》沿革図』の現代版である。第二冊が「秦・西漢・東漢時期」にあたる。筆者も考古資料を組み入れて、一九七六年に私家版『漢代郡県地図』を作成したことがある。すでに秦漢時期にも『秦地図』や『漢輿《かんよ》地図』というものがあった。班固《はんこ》は『漢書』地理志で『秦地図』というものを引用している。

劉邦が秦都咸陽に入ったときに、秦の丞相府から図書を得た。そのなかに地図もあり、劉邦は秦の領域の勢力図を知った。武帝のときにも、諸侯王を封ずるときにその領地を確認させるために、御史に『輿地《よち》図《ず》』を上呈させた。こうした地図は今には伝わらない。地図はそもそも政治的なものであり、歴史地図も過去の歴史の評価が反映される。

見えてくる漢帝国の全体像

『中国歴史地図集』第二冊も、秦漢時代の地図としてはもっとも水準が高く信頼できる歴史地図であるが、編者が冒頭でふれている点は注意しておくべきだ。一つは前漢二〇〇年の行政区画の変遷は反映されておらず前漢末の時点の行政地図であること、二つに国境をどう線引きするかである。朝鮮半島の楽浪《らくろう》郡、ベトナムの日南《にちなん》郡、西南夷《せいなんい》の益州《えきしゅう》郡の外に明確な国境線があったのか、西域都護府《せいいきとごふ》下の西域諸国を内地の郡県と同じ色で塗りつぶしてよいのか。漢帝国の構造にかかわる重要な問題である。

武帝の元封五年（前一〇六）、中央の司隷《しれい》を除いて、全国に一三の州を置き、刺史《しし》に管轄させた。当初の刺史の秩禄《ちつろく》はわずか六〇〇石にすぎず、二〇〇〇石の郡守には及ばない。成帝のときにようやく二〇〇〇石となり、対等になった。秦の郡は五〇に満たなかったが、漢代郡国の数は一〇〇を超えていった。あまりに多すぎたので、州に分けた。刺史は郡国を巡回し、太守の不正を糾弾《きゅうだん》した。

その州とは夏《か》の禹貢《うこう》の九州（冀《き》・兗《えん》・青《せい》・徐・揚《よう》・荊《けい》・豫《よ》・梁《りょう》・雍《よう》州）と周の九州（冀《き》・兗《えん》・青《せい》・揚《よう》・荊《けい》・豫《よ》・雍《よう》・幽《ゆう》・幷《へい》州）を理想とした。冀・兗・青・幷・徐・揚・荊・豫・涼《りょう》に益・幽・朔方《さくほう》・交阯《こうし》の四州を加えて一三となる。伝統的な九州の地に、武帝のときに拡張した周辺地域を取り込んだ形になる。現在でも河南省を豫《よ》、河北省を冀《き》の一字で示すことがあるが、古代の豫州や冀州の名残である。青州（山東省）、徐州（江蘇省）、揚州（江蘇省）、荊州（湖北省）などの地名は郡県制から州県制に変わった隋代以降の地名の名残であるが、その位置は漢代の州と重なる。

五服（甸《でん》・侯《こう》・綏《すい》・要《よう》・荒《こう》服）というのは華夷《かい》思想に基づいた儒教的な地理観である。中央から離れるに従って夷狄の世界へ近づいていく。甸《でん》は天子の周辺で穀物を生産する田園地帯で祭祀に参加し、侯《こう》は諸侯の国、綏《すい》は王者の政治に安んずる地、要《よう》は腰を締め付けてまで服属させた蛮夷の地で毎年朝貢しなければならず、荒服は荒れ果てた遠方の戎翟《じゅうてき》の地である。『漢書』地理志の郡国は甸、侯に該当し、その配列も、本書の目次の後の「前漢時代の郡国図」のように中央から遠方へという順序になっている。京兆尹《けいちょういん》・左馮翊《さひょうよく》・右扶《ゆうふ》風《ふう》の三輔《さんぽ》は畿内であり、ここを中心に右回りで渦が広がっていくように内から外へと並ぶ。このような郡国の配置は始皇帝の帝国にはなかった。

出土史料は地方郡国からのミクロな視点を提供してくれるが、正史では中央に上がってきた行政文書を抜粋して、マクロな視点で帝国の姿が描かれる。両者をあわせてはじめて漢帝国の全体像が見えてくる。

前漢一一代の皇帝陵

前漢末、元始二年（後二）の長安の人口は、『漢書』地理志によれば、二四万六二〇〇人、長安が築かれてから二〇〇年、漢帝国の首都の人口は二五万弱の大都市となった。唐代の長安の人口一〇〇万に比べると小さく見えるが、実際には長安は周囲の衛星都市と合わせると唐代の長安をしのぐような大都市であった。

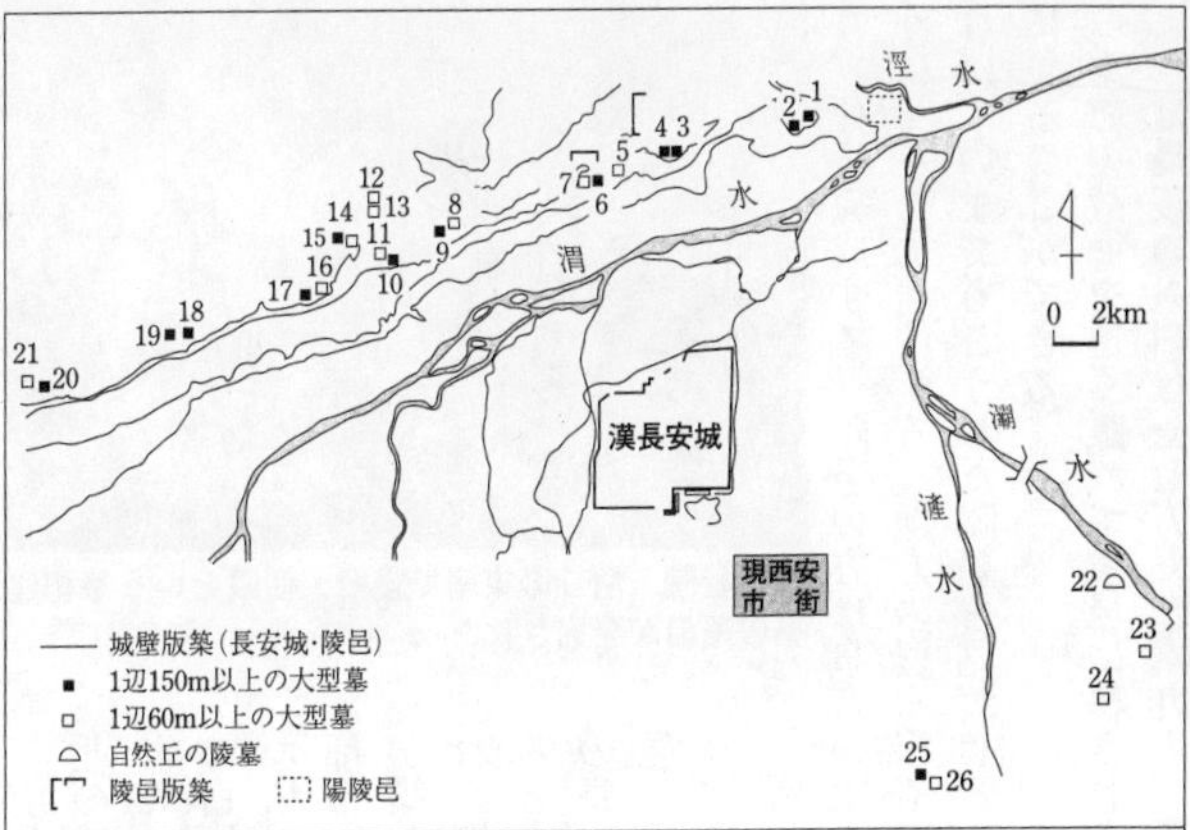

1	景帝王皇后陵	10	元帝渭陵	19	昭帝平陵
2	景帝陽陵	11	元帝王皇后陵	20	武帝茂陵
3	呂后陵	12		21	武帝李夫人墓
4	高祖長陵	13		22	文帝覇陵
5		14	平帝后妃墓	23	文帝竇皇后陵
6	恵帝安陵	15	平帝康陵	24	薄太后南陵
7	恵帝張皇后陵	16	成帝后妃墓	25	宣帝杜陵
8	哀帝后妃墓	17	成帝延陵	26	宣帝王皇后陵
9	哀帝義陵	18	昭帝上官皇后陵		

前漢皇帝陵・陵邑図　前漢９代の皇帝陵は長安近郊の咸陽原という丘陵に並んで造られた

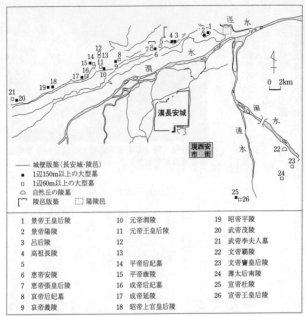

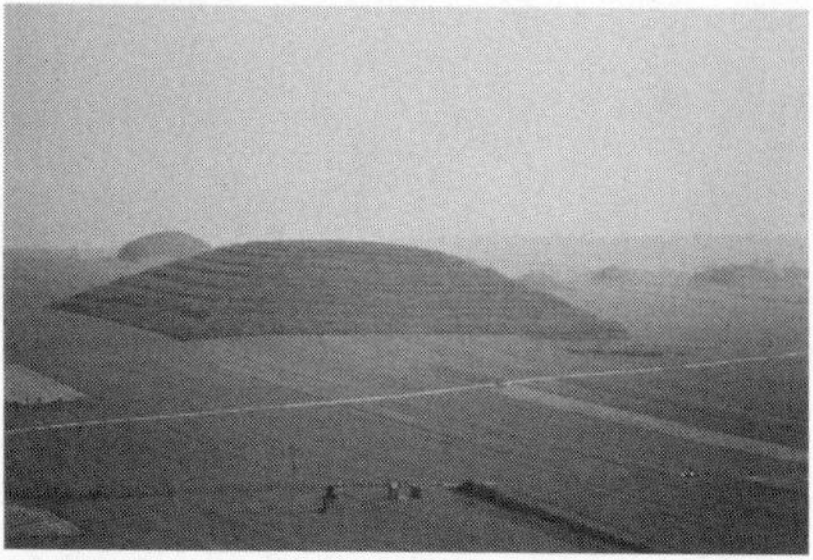

宣帝杜陵　墳丘の東南で寝殿・便殿という祭祀建築の遺構が発掘された

前漢一一代の皇帝陵は、長安の周辺に作られた。渭水《いすい》北の咸陽原《かんようげん》という丘陵に九代の皇帝陵が東西三五キロにわたって並んでいる。渭水の南にも、西安（長安）東南の白鹿原《はくろくげん》に文帝覇陵《ぶんていはりょう》、杜陵原《とりょうげん》に宣帝杜陵《せんていとりょう》が、地上に大きな墳丘を残している。前漢時代の特徴は、陵墓のわきに都市を置いたことだ。高祖劉邦から宣帝まで七つの陵邑《りょうゆう》が築かれた。陵邑は前二三一年の始皇帝陵の近くに置かれた麗邑《りゆう》に始まる。居住空間まで皇帝の威信にくるまれるという特異な都市の伝統は二〇〇年生き続けた。高祖の長陵邑《ちょうりょうゆう》、恵帝の安陵邑《あんりょうゆう》、文帝の覇陵邑《はりょうゆう》、景帝の陽陵《ようりょう》邑《ゆう》、武帝の茂陵邑《もりょうゆう》、昭帝の平陵邑《へいりょうゆう》、宣帝の杜陵邑《とりょうゆう》と七つの陵邑が置かれた。

新しい皇帝が即位すると、翌年から陵墓の建設が始まり、死後完成する。陵邑の方は皇帝の生きているときに完成し、現皇帝に忠誠を誓うかのように、そこに居住する。地方の資産家や豪傑が移された。長安城の未央宮《びおうきゅう》の前殿の高台に上れば、いまでもこうした陵墓を見渡せる。長陵や安陵では陵邑の城壁の崩れた版築を部分的に見ることができる。

東方の故郷を遠く離れて陵邑に移された人々の生活をうかがわせるものはない。地理志によれば長陵の人口は一七万九四六九人、茂陵《もりょう》は二七万七二七七人と記す。前漢末になっても武帝の茂陵の人口が首都長安をしのぐのは、武帝の威信であろうか。長安に長陵、茂陵の二つの陵邑の人口を合計すると、七〇万二九四六人になる。残りの五つの陵邑の人口の統計はないが、かりに長陵の一七万規模とすると、五陵邑は八五万となり、長安と七陵邑の人口の合計は一五五万、一〇〇万を超える大都市となる。長安と渭水北岸の陵邑とは渭水橋でつながっていた。覇陵邑とは覇陵橋でつながっていた。皇帝は頻繁に陵墓と廟を祭祀のために往来した。陵邑の住民も陵邑間を往来していたことであろう。

陵邑にはそもそも地方からいろいろな人々が移住し、にぎわいを見せていた。五陵（渭水北の五陵邑）の少年とは、陵邑都市群にいついた無頼の若者たちであった。これだけの人口が集中した都市群では金融業を営んで成功した富豪たちが生まれた。大都市で消費される商品は、酒、醬《ひしお》・肉・穀物・薪・漆器・銅器・木器・鉄器・べに・丹沙《たんさ》・帛《はく》（白絹）・麻布・綾絹《あやぎぬ》・皮革・麴《こうじ》・棗《なつめ》・栗・塩・豉《し》（豆の発酵食品）・野菜と多彩だ。長安では丹《たん》の王君房や豉の樊少翁《はんしょうおう》・王孫大卿らが富豪となった。

『漢書』游俠伝の豪傑

一方大都市には任俠者が暗躍した。武帝のときの郭解《かくかい》と前漢末の原渉《げんしょう》は、豪傑として『漢書』游俠伝に名を連ねる。郭解は茂陵への移住の条件である資産額三〇〇万銭にとうてい及ばないほど貧しかった。しかしその権勢ゆえに餞別金だけで千余万銭も集まる人物であったので、移住を命じられた。人のために仇を報いたり、仇の仲裁をしたり、亡命者を匿《かくま》ったりする義俠心をもつ一方では、私鋳銭《しちゅうせん》を作ったり、墓を暴いたりの悪行が絶えなかった。結局は殺人によって大逆無道の罪で処刑された。

原渉は、祖父の代に豪傑として茂陵に移った。父が南陽太守として亡くなったときにも、県の民が持ちよった一〇〇〇万銭以上の香典は受け取らなかった。しかし茂陵には盛大な墓を作り、土地を購入して墓道を整えた。また叔父が殺されたときに、仇を討ってから一年ほど逃亡して身を隠し、恩赦で戻った。当時仇討ちという復讐行為が社会的には認知されていた。貧しき者には施しを忘れなかった。偶然葬儀も出せない家の前を通りかかり、困っているのを見ると、たとえ他人であっても手をさしのべる。木牘《もくとく》に死者に着せる衣類・棺材・飯《はん》唅《がん》（死者の口に含ませる玉）などを細かく書き、賓客たちに市場で買い求めさせた。都会の生活では葬儀にも金がかかったようだ。ちなみに漢代の墓から出土する遣策《けんさく》は、棺に収める副葬品のリストである。

元帝のときに、以上の陵邑の制度は廃止された。永光《えいこう》元年（前四三）、いままで太常《たいじょう》の管轄下に統一して管理された陵邑が、三輔（京兆尹《けいちょういん》・左馮翊《さひょうよく》・右扶風《ゆうふふう》）の下に分属した。

秦咸陽城は咸陽原《かんようげん》の丘陵を利用していたため、排水には便利であったが、灌漑や生活用水の便が悪く、井戸水に頼っていた。前漢武帝以降にようやく成国渠が造営され、咸陽原下の耕地の灌漑が進められた。これに対して渭水南の地域は、豊水、泬水《けっすい》、滻水《さんすい》、灞水など終南《しゅうなん》山《ざん》から北流する河川が多く、豊富な水源を利用できる条件がそろっていた。

長安城の東南、のちに唐長安城が建設される区域は、漢代には楽游苑《らくゆうえん》、宜春苑《ぎしゅんえん》があり、さらにその南には上林苑《じょうりんえん》が東西に広がっていた。上林苑には多くの動物が飼育され、皇帝の狩場となっていたし、地方から献上された三〇〇〇種の果実や草花が植えられ、離宮も三六ヵ所あったと伝えられている。今では想像できないほど鬱蒼《うっそう》とした森林が長安城の南に広がっていた。その間に河川が流れ、昆明池《こんめいち》の巨大な池も上林苑の範囲に造られていた。昆明池から引いた水は長安城の周囲を巡り（漕渠《そうきょ》・王渠）、また城内にも入っていった（明渠）。城内では給排水溝としても効果的であったのであろう。

長安周辺の豊かな自然環境

上林瓦当　「上林」の文字の入った瓦当。上林苑には多くの動植物が飼育され栽培されていた（『秦漢雄風』）

武帝のときの東方朔《とうほうさく》という人物は滑稽《こっけい》家として知られる。滑稽とは「おかしい」という意味ではない。酒が稽《けい》という器から滑《すべ》り流れるように弁舌がとどこおりなく巧みなことをいう。かれは三〇〇〇枚の簡牘《かんとく》に自分の意見をまとめ、二人の男に運ばせて武帝に届けたことがあった。武帝も読み終わるのに二ヵ月を要したという。上林苑を拡張して垣根で囲おうという動きがあったときにも、東方朔は武帝を諫めた。上林苑はすでに広大な土地であり、拡張などすべきでないとしてこう述べた。

終南山《しゅうなんざん》によって南は長江と淮水、北は黄河と渭水を分けられている。とくに関中の地は豊かであり、漢は東の三河の地を去って涇水《けいすい》・渭水の南に都を置いた。まさに天下の陸海のような豊かな土地、秦が西の戎《じゅう》を抑えて山東の諸国を併合したのも、この土地があったからだ。玉石・銀・銅・鉄・豫樟《よしよう》（くすのき）・檀《だん》・柘桑《しやそう》（やまぐわ）のほか、秔稲《こうとう》（うるち）・梨・栗・桑・麻・竹箭《ちくせん》（大小の竹類）が豊富に育ち、生姜《しようが》や芋も植えられていた。かれもいうように、前漢代の終南山には竹が生い茂っていた。しかし現在ではそういった光景は見られない。当時は気候が現在よりも温暖であったからだ。

長安県斗門鎮《ともんちん》にある昆明池《こんめいち》の中に置いたという牽牛《けんぎゆう》・織女《しよくじよ》の二つの漢代の石像を見学したときに、付近の農民達から今でも手厚く信仰されていることに驚かされた。同時にこの巨大な池から漕渠を長安城に引いていった意味を考えさせられた。二つの石人像は池の中に東西に置かれ、天河《あまのがわ》を象《かたど》ったと伝えられている。二メートル強もある異様で巨大な石像は、漢画像石に画かれた牽牛・織女の男女の姿とはあまりにもかけ離れている。都江堰《とこうえん》に見るような後漢の李冰《りひよう》石像と同様に、昆明池《こんめいち》の貯水量を計る水位計の役割を果たしていたのではないだろうか。それほど昆明池の水は首都長安城の生活用水の水源として重要であった。長安周辺の水利や自然環境の実態は、文献だけでなく、考古学的にもさらに解明されていくことであろう。

王莽の漢王朝簒奪

漢を守ろうとした王政君

居延漢簡《きよえんかんかん》などの漢簡には庶民の女性の名前が見える。名前は一字名が多く、二字名もなか

元后陵　元帝の皇后王政君の陵墓。王政君は甥王莽の漢王朝簒奪の野望に抵抗しつづけた

には見られる。とくに弟（妹の意味）、足、君、待、南、女、憲の字が好まれ、二字名では女足、君来、君至、王女、自予などが見られる。なかには悪女などという名前もある。

細君《さいくん》、王昭君《おうしょうくん》のほかにもう一人の君の字の女性が前漢後期の政治を動かした。王政君《おうせいくん》である。王政君の四姉妹は、長女が君俠《くんきょう》、次女が政君《せいくん》、三女が君力《くんりき》、四女が君弟《くんてい》、男子と同様に同世代の者が君の字を共有した。王莽《おうもう》の字《あざな》も巨君《きょくん》といったから、君字は男子にも使われる。

細君、王昭君の二人は匈奴に出嫁《しゅつか》したが、政君は一八歳で後宮に入り皇后に立てられた。元帝、成帝、哀帝、平帝と四代の皇帝に仕え、八四歳まで六十数年間にわたって前漢末の政治の中枢にいた。王政君なしに甥《おい》の王莽の時代もなかったが、両者はけっして手を結んだわけではなかった。王政君はあくまでも漢王朝を守ろうとし、王莽は漢王朝から政権を奪取しようとした。二六歳も離れた姑母《こぼ》（父の姉妹）と甥の確執が、前漢劉氏王朝の行方を左右していったといってもよい。

王政君の故郷は魏郡元城《げんじょう》県委《い》粟里《ぞくり》、黄河下流のほとりにあった。近くに沙《さ》麓《ろく》という山があった。名前からして黄河の泥沙が砂丘のように堆積したものだ。春秋時代にこれが崩れたときに、将来この地に聖女が出現するという予言があったという。元帝が即位すると、二四歳で皇后となり、元皇后と呼ばれるようになった。元帝の死後、王政君の実子の成帝の時代には皇太后と呼ばれた。四〇歳のときである。その後、哀帝、平帝のときには太皇太后として皇帝を支えた。九歳で即位した平帝とその後の孺子《じゅし》の時代には、七〇歳を過ぎてもみずから詔勅を下していった。女性でも詔を下すときには朕《ちん》と自称した。

王政君の兄弟も高位高官を占めた。長兄の王鳳《おうほう》は五〇〇〇戸を増封《ぞうほう》され、大司馬大将軍領《りょう》尚書事《しょうしょじ》の官職を授かった。外戚が大司馬大将軍という軍事の最高位に就き、しかも尚書の職務を兼ねて国政に関与するという独裁権力は、前漢昭帝のときの霍光《かくこう》に始まっていた。王鳳は舅父《きゅうふ》（母方のおじ）として政治の実権を握った。

太皇太后の王政君は全国に四時月令《しじげつれい》という詔を発布した。元始《げんし》五年（後五）、平帝が亡くなり、二歳の孺子《じゅし》（劉嬰《りゅうえい》）を立てて安漢公《あんかんこう》王莽が摂皇帝《せっこうてい》になった年である。木簡に記したものではなく、泥壁にその条文を書き出して民衆に通達したものが近年敦煌の懸泉置で発見された。そのような文字資料はきわめてめずらしい。全部で五〇条、季節によって条の数には増減があり、六月や一二月はわずか一条、一月は一一条もあるので、全体の月令のなかから取捨選択したことがわかる。この元始五年（後五）の年、天候が不順のために、五〇条が選ばれた。安漢公・太傅《たいふ》・大司馬《だいしば》王莽が、詔書が下された経過を最後に付記している。じつはこのときの王政君は、すでに王莽の行動を見放していた。

「仮皇帝」へ王莽の策略

元寿二年（前一）、前漢哀帝は在位わずか六年、二五歳で急逝した。これをきっかけに王莽は政治の表舞台に復帰した。王莽は大司馬領尚書事《りょうしょうしょじ》として政治の中枢にいた。哀帝の後継には従弟である中山孝王興《ちゅうざんこうおうこう》の子劉衎《りゅうかん》（平帝）を選んだが、わずか九歳であり、実際の政治は王政君と王莽に帰した。このときの王莽の号は安漢公、まさに漢王室を安んずる意味であり、幼い劉氏皇帝を立てながら自らの地位を築いていった。平帝の元始元年は偶然だがその名称どおり紀元一年のことであった。

王莽は、伊尹《いいん》と周公にみずからの地位をたとえた。伊尹が殷王《いんおう》を、周公が周王を補佐してそれぞれ阿衡《あこう》、太宰《たいさい》と呼ばれた。伊尹は湯王《とうおう》に取り入るために、鼎《てい》と俎《そ》（まないた）をもって料理の味から入り、王道の話を説いたという。湯王の死後、嫡孫《ちゃくそん》の太甲《たいこう》に王位がまわってきたが、聡明さがなく暴虐であったので、伊尹はかれを三年間追放して政治を代行した。周公旦は武王の弟、幼い成王の叔父（父の弟）として七年間政治を行った。王莽は宰衡《さいこう》という両者をあわせた称号を得た。さらに王莽は皇帝を追放し、幼い皇帝に代わって政治を摂行《せっこう》する道を実行した。

摂行とは代わって行うことであり、伊尹も周公も、君主が蒙昧《もうまい》であったり、幼かったりした場合に政治を代行した。摂行には期限がある。三年、七年という時間を経過して本来の者に王位を戻した。王莽は、一四歳の平帝の死後、宗室のなかでもっとも幼い二歳の孺子《じゅし》嬰《えい》をあたかも周の成王のごとく選んで太子に立てた。孺子が元服すれば政権をもどすはずだった。

このころから王莽は讖緯《しんい》という予言書を巧みに利用していった。民意ではなく天意をはずみにしようと策略したのだ。武功《ぶこう》県長の孟通《もうつう》という者が井戸を掘ると、「安漢公（王）莽、皇帝と為《な》れ」と丹書《たんしょ》した上円下方の形の白石を得た。王莽はそれとなく王政君の耳に入れたが、王政君は天下を欺くものと反発した。王政君は圧力に押されながらも、「為皇帝」の意味を「皇帝の事を摂行《せっこう》する」にとるべきとの詔を下した。せめてもの抵抗だ。為の字は「なる」とも「ためにする」とも読める。「皇帝のためにする」とすれば皇帝になることではない。王莽はこうしてまず仮皇帝《かこうてい》と称して摂政となった。「仮皇帝」とは「仮の皇帝」、つまり「皇帝」に近い。臣下には「摂皇帝《せっこうてい》」、つまり皇帝の漢室をあくまでも補佐する者と呼ばせた。皇帝は立たず、幼い皇太子の孺子に代わって政治を行うことになった。この歳を居摂《きょせつ》元年（後六）と改めた。皇帝はいないので太皇太后王政君が引き続いて皇帝に代わって詔書を下した。

前漢から新へ、禅譲という茶番劇

つづいて斉郡臨淄《りんし》の辛当《しんとう》が見た夢にも天公の使いという翁が現れた。かれは漢の火徳が衰え天命が尽きたので、安漢公《あんかんこう》が真天子となるべきとの上帝の意志を伝えた。また哀章という者も銅製の箱を二つ作り、「天帝行璽《てんていこうじ》金匱《きんき》の図《ず》」と「赤帝行璽《せきていこうじ》、某、予《よ》に黄帝金策の書を伝う」と書き、なかには赤帝の子の漢高《かんこう》皇帝が真天子になるべきことが書かれていたという。哀章は黄昏《こうこん》時に天子の服を着て高廟の神霊の格好をした。王莽は礼拝して箱を受け取った。王莽はこうした『周礼《しゅらい》』と讖緯《しんい》で理論武装したセレモニーをへ、皇帝即位の儀式を行い、国号を新都《しんと》侯《こう》（南陽郡新野《しんや》県都郷《ときょう》）の新とし、始建国《しけんこく》元年（後九）と改めた。幼い孺子の手を取り、涙を流しながらすすり泣いた王莽は、「いま予は独り皇天の威命に迫られ、意の如くするを得ず」といい、孺子を殿上から下ろして北面させ、臣と称させた。禅譲劇《ぜんじょうげき》の幕引きであった。

前漢から新への王朝交替劇は、禅譲（禅も譲もゆずる意味）として語られる。そもそも中国王朝の交替には武力行動を伴った放伐《ほうばつ》と、非武力の禅譲とがあるといわれる。夏《か》、殷《いん》、周《しゅう》、秦《しん》、漢《かん》（前漢）と続いた王朝交替は一種の武力革命（天命が革《あらた》まる意味）であり、王莽ははじめて禅譲形式で王朝の交替に成功した。外戚《がいせき》として絶えず前漢劉氏《りゅうし》王室と結びつきを保ちながら、一方で安漢公《あんかんこう》、仮皇帝《かこうてい》、そして真皇帝《しんこうてい》と巧みに非武力の方法で王朝交替への道を進めていった。仮とか真とかは、本来は皇帝につくものではない。漢王劉邦の時代、蕭何《しょうか》は丞相であったが、曹参《そうさん》は仮左丞相となったことがある。秦は左が上であったが、漢では逆に右を上に見た。蕭何は右丞相で真丞相、曹参は左丞相で仮丞相であった。戦乱の時代では、曹参は名前だけの丞相であった。王莽が仮皇帝であったとき、孺子が真皇帝であった。仮皇帝から真皇帝になるために、禅譲させたのである。

王莽は裏では徹底して反対勢力を鎮圧した。居摂《きょせつ》元年（後六）には安衆侯《あんしゅうこう》の劉崇《りゅうすう》らが劉氏の一族として王に反対し、南陽《なんよう》の宛《えん》を百余人で攻撃したが失敗した。さらに翌年には東郡太守の翟義《てきぎ》が劉信《りゅうしん》という人物を天子に立てて一〇万人規模で仮皇帝王莽に反旗を翻したが、やはり抑えられた。翟義《てきぎ》の言い分は、「平帝《へいてい》を毒殺し、天子の位を摂《と》り、漢室を絶やさんと欲すれば、今共に天罰を行い、莽《もう》を誅《ちゅう》さん」という激しいものであった。平帝が鴆毒《ちんどく》（毒鳥の鴆《ちん》の羽をひたした毒酒）を使って殺されたのかどうかは、もちろん確定しがたい。『漢書』平帝紀には「帝未央宮《びおうきゅう》に崩《ほう》ず」と記述されるだけである。翟義《てきぎ》の言い分の根拠はわからない。

皇帝信璽（東京国立博物館蔵） 政務全般に用いる皇帝行璽、対諸侯王用の皇帝之璽、そして軍事用の皇帝信璽があった

伝国の璽　正統な後継者の証

王莽は始皇帝と同じように豺狼《さいろう》（やまいぬと狼）のような声であったと伝えられる。始皇帝が豺《やまいぬ》の声で虎狼《ころう》の心をもっていたという表現に引つかけたいいかただ。身の丈七尺七寸（約一七七センチメートル）は、とりわけ高いわけではない。ただ虎のような大きな口でわめき、胸をそらして正面を見据えるようにして人を威圧した。

高祖劉邦が、秦王子嬰から始皇帝の璽印《じいん》を受けた。それが漢の皇帝に代々伝えられ、伝国《でんこく》の璽《じ》と呼ばれ、哀帝ののち孺子がまだ即位していなかったので、長安城内の長楽宮《ちょうらくきゅう》に収められていた。漢の皇帝は七つの玉製の印をもっていた。官吏の印は印とか章とかいったが、皇帝や皇后の印だけは璽《じ》といった。七つのうちの三つは、皇帝の文字のはいった璽印（皇帝行璽、皇帝之璽、皇帝信璽）、三つは天子の文字の入った璽印（天子行璽、天子之璽、天子信璽）、もう一つが伝国の璽であった。皇帝が即位するときには、先帝の棺の前や高祖の廟《びょう》の前でこうした璽印を受け取り、このことが正統な後継者であることを示した。

皇帝の璽印は国内の政務万般（行璽）や対諸侯王（之璽）、軍事（信璽）に用い、天子の璽印は外交（行璽）や天地の祭祀（之璽）、軍事（信璽）に用いた。王莽はそれらよりも秦漢と受け継がれてきた伝国の璽をねらった。伝国の璽を正当に得ることができれば、おのずから皇帝と天子の璽は手に入ると考えたからだ。

しかし姑母《おば》の太后王政君《おうせいくん》は璽を握りしめて拒絶した。さらにすごい剣幕で甥の王莽を叱った。「一族は漢家の力で代々富貴になったのに、恩に報いようとせずに機を見て国を奪い取ろうとしている。このような人間のかすは犬や豚でさえよりつかない。どうか漢家の独り者の老婦を璽とともに葬ってほしいが、それもかなわない」。女性のことばにしては、かなりきつく罵《ののし》っている。王政君は最後はあきらめて伝国の璽を地面に投げつけたところ、結局王莽の手に帰した。

王莽は執拗に姑母の王政君を漢から切り離そうとした。元帝の廟を取り壊し、王政君を「新室文母太皇太后《しんしつぶんぼたいこうたいごう》」と改めた。王政君は八四歳で亡くなってから元帝の渭陵《いりょう》に合葬された。合葬といっても墳丘は別に並べて葬られた。現在でも一七五メートル四方の渭陵の西北隣に、九〇メートル四方とやや小さめの元后陵がある。王莽は姑母を漢の皇帝から何とか切り離したく、二つの墳丘の間に溝を設け断ち切るほどの執念深さであった。

王莽玉牒断片（長安城桂宮殿区第４号遺跡出土）　末尾の「新室昌」の字句によって、王莽の泰山封禅のためのものであることがわかった（『考古』2002年第１期）

始皇帝・武帝と王莽の接点

二〇〇一年長安城の桂宮殿区《けいきゅうでんく》の西北隅、雍門《ようもん》に近い場所にある第四号遺跡から玉牒《ぎょくちょう》（玉製の札）の断片が一枚出土した。わずか長さが一三・八センチ、幅九・四センチ、厚さ二・七センチの小さなものだ。残された二九字のなかには「万歳《ばんざい》壱紀《き》」（一紀とは五〇〇年の大変が三つで一五〇〇年のこと）、「作民父母」（民の父母と作《な》る）、「退佞《ねい》人姦軌《じんかんき》」「延寿《えんじゅ》、長壮不老《ちょうそうふろう》」「封亶泰山《ほうたんたいざん》、新室昌《しんしつしょう》」といった文章の断片が見える。最後の「新室」ということばによって、これが王の新王朝の玉牒《ぎょくちょう》であり、泰山封禅《たいざんほうぜん》のためのものであることがわかった。王莽も始皇帝、武帝に続いて泰山で封禅を行おうとしていた。外戚から皇帝になろうとした男の歴史が見えてきた。

のちに後漢《ごかん》の光武帝劉秀《こうぶていりゅうしゅう》が天地を祭ったときにこういった。「天地の神が、劉秀に黎元《れいげん》（民）のことを委嘱し、民の父母としたが、秀はそれにふさわしいものではありません」と。このことばのなかに、「民の父母と為る」という句が見える。これとおなじように、王莽の玉牒も、天地の神が王莽に対して、地上の民の父母として支配していくことを認めた文章の断句と考えられる。光武帝劉秀の祝文《しゅくぶん》は、いったん謙譲の意を示したあとに、こう述べた。「あるものがこういいます。王莽《おうもう》が皇位を簒奪《さんだつ》したので、秀は発憤して義兵を興し、賊を誅殺《ちゅうさつ》して天下を平定しました。海内《かいだい》の人々はその恩を蒙《こうむ》っています。上には天の心にかない、下には元元《げんげん》（民）から慕われています」と。

劉秀が打倒の対象とした王莽も、「退佞人姦軌」は、佞人姦軌《ねいじんかんき》（政治を乱す者）を退け、新王朝を建てたことが褒め称えられた文章の断片である。玉牒のことばの「延寿、長壮不老」は個人の延命を求めたものである。人間の延命長寿を祈りながら、泰山で封禅の祭祀をして新室（新王朝）の繁栄を願った。人間個人と国家の永続を願った。

この王莽は前後漢の劉氏王朝の間にはさまれたわずか一五年（九―二三。一四年九ヵ月）

の王朝を建てた。前漢末の外戚として勢力をもち、禅譲によって王朝の交替をなしとげ、皇帝となった。かれが始皇帝や武帝にならって泰山で封禅を行おうとしても不思議ではない。しかし実際に行ったという記録はこれまでなかった。王朝交替時の混乱が一段落して改元した天鳳《てんぽう》元年（後一四）、東方に巡行する意志はあったが、実現しなかった。実際に泰山で封禅の祭祀を行ったのは、始皇帝、武帝、後漢の光武帝、その後は唐代までいない。高宗《こうそう》、玄《げん》宗《そう》、そして宋《そう》の真宗《しんそう》が続いた。皇帝であれば、だれでもが行えるものではなかった。

新の政治・経済・外交

周の政治制度への復古を求めて

皇帝王莽は、秦も漢も否定し、周の制度に徹底的にもどそうとした。実際の周王朝はすでに二六五年も前に秦に滅ぼされていた。周といっても西周、東周と長い。理想化されたのは文王《ぶんおう》、武王《ぶおう》、周公《しゅうこう》の西周の時代であった。一〇〇〇年も前の時代に戻すわけにはいかない。実際には、『周官《しゅうかん》』や『礼記《らいき》』王制篇に語られた理想的な周の政治制度を実現していくことが求められた。漢制を払拭し、周制を打ち立てることが、改革であった。王朝が交替してもこれほど極端な改革は中国史上、さきにもあとにも見られない。王莽はなぜそこまでこだわったのだろうか。

周の武王の時代には八〇〇の諸侯、文王には一八〇〇の諸侯が周に朝貢《ちょうこう》し服属していた。秦はそうした諸侯を除いて郡県制をしいた。そのために秦は二世で滅んでしまったという。

漢の高祖も論功行賞で諸侯王、列侯など数百の国を建てながら、その数は次第に減少してわずかに残るだけとなった。周の時代の封建制への復古を求め、周の五等の爵制度（公侯伯子男）と四等級の封地高の制度を提言した。官制も名称を変えた。義和《ぎか》（漢では大司農《だいしのう》、以下同じ）、作士《さくし》（大理《だいり》）、秩宗《ちつそう》（太常《たいじょう》）、典楽《てんがく》（大鴻臚《だいこうろ》）、共工《きょうこう》（少府《しょうふ》）・予虞《よぐ》（水衡都尉《すいこうとい》）や大《たい》尹《いん》（郡太守）、宰《さい》（県令）などといった独特の名称が見える。

また禹貢《うこう》（夏《か》の禹《う》王が九州の地の地理・物産・貢物を定めたとされる書）にならって全国を九州とし、諸侯の数も周文王のときに合わせて一八〇〇とし、また周に二都があったことにならって長安を西都、洛陽を東都とした。長安は常安《じょうあん》、洛陽を宜陽《ぎよう》と改めた。都からの距離で近郡、内郡、辺郡と分けた。全国で一二五の郡、二二〇三の県の名称を、すべてではないが変えた。地名は王朝が交替しても受け継がれていくものだ。それをあえて変えたのは、秦や漢からの脱皮を図ったからであろう。制度の刷新という意味では刺激があっても、官吏も民衆も覚えきれずに混乱した。郡名では敦徳《とんとく》（敦煌《とんこう》）、西海《せいかい》（金城《きんじょう》）、就新《しゅうしん》（益州《えきしゅう》）、新中《しんちゅう》（漢中《かんちゅう》）、淮平《わいへい》（臨淮《りんわい》）、河平《かへい》（平原《へいげん》）、迎河《げいが》（渤海《ぼっかい》）という調子だ。ちなみに王莽の故郷の魏郡元城県は魏城元城とほとんど変わっていない。

王莽《おうもう》は王朝を漢の火《か》徳《とく》をつぐ土《ど》徳《とく》に定めた。色は黄色、祖先の黄帝の黄でもあり、数字は土徳の五にこだわった。色合わせ、数字合わせのところもある。漢の赤は身分の低い官吏の服としたり、官吏の印は五文字にした。「含涯宰之印《がんきょうさいのいん》」（大谷大学蔵亀鈕《きちゅう》銅印）は含涯《がんきょう》県の長官（宰）の印で、五文字にするために之の字を入れた。

優しさと残忍さ

こうした内容でもけっして机上の改革ではなく、実際地方にまで命令を下した。王莽の政治改革の詔書が、遠く敦煌まで正確に通達されていた証拠がある。敦煌から発見された二枚の木簡断片に、

（上部欠）時を以て過ぐ。冒《つとめ》ざるべけんや。牧《ぼく》、監《かん》は部に之《ゆ》き、其《そ》れ考績《こうせき》に勉《つと》め（下欠）。断金《だんきん》の利《り》を獲《え》ん。始建国四年五月己丑《きちゅう》下す。

とあり、後一二年に州牧《しゅうぼく》（刺史《しし》）や監《かん》が協力して政務に努めるべきとの令を下している。断《だん》金《きん》の利とは『易経《えききょう》』にあることばで、心を同じくすれば金属をも断ち切れるという意味だ。中国にはいまでも字謎《じめい》という漢字を当てるなぞなぞがある。「半分甜くて半分辣《から》いのは何の字」「辞」というたぐいだ（甜《てん》と辣《らつ》の半分の偏を組み合わせると辞になる）。「断金の利を獲るとはなにか」と問えば、「力を合わせること、なぜならば断金の利は、断は卯《う》（ひきさく意味）、利は刀《とう》（りっとう）に通じ、金と組み合わせれば「劉」の字となるので、団結すれば劉氏を断ち切ることができるから」というさながら政治的な字謎《じめい》となる。

王莽は王政君のもとで政権を握り権勢を極めた伯叔父《はくしゅくふ》（父の兄を伯父、弟を叔父）たちと比べると、はやくに親を亡くして孤独であり、生活も厳格で質素であった。王莽が女《むすめ》を平帝の皇后に出したときに、黄金二万斤、銅銭二億銭という多額の結納金を女の腰元や一族の貧しき者に分け与えた。また兄の孤児を養うなど、周囲を思いやる優しさがあった。

しかし一方で、子どもであっても容赦なく切り捨てる残忍さがあった。王莽の子の宇《う》は、王莽が平帝《へいてい》（中山王《ちゅうざんおう》）の母衛姫《えいき》とその一族を平帝から切り離して京師《けいし》に入れなかったことに反発した。王莽にとってみれば、外戚の勢力を恐れたためだ。王莽は宇《う》を獄中に送った。宇は毒を飲んで亡くなった。懐妊中の宇の妻は、子を産んでから殺された。王莽はたとえわが子であっても愚かであれば容赦しない、周公も自分に反旗を翻《ひるがえ》した兄の管叔鮮《かんしゅくせん》と弟の蔡叔度《さいしゅくたく》を誅殺したではないかと居直った。皇帝になる前の事件である。

王莽《おうもう》は、始皇帝、高祖劉邦、武帝といった人物とは違うタイプの皇帝であった。しかしその個性が災いして、わずか一代の皇帝の王朝で終わってしまった。

理想主義的な経済政策

王莽の経済政策は、とにかく平均主義を求めた。土地や奴婢は自由に売買されていたから、大土地所有者は農民を苦しめた。哀帝のときにも限田制《げんでんせい》が行われている。土地所有の最高額を三〇頃《けい》（三〇〇〇畝《ぼ》）にし、奴婢の所有も爵位に応じて最大限二〇〇人までとした。王莽はさらに天下の田を王田とし、奴婢を私属と呼んでそれらの売買を禁止した。王田とは『詩経』小雅《しょうが》に見える王土《おうど》思想すなわち「溥《ふ》（普）天《てん》の下《もと》、王土《おうど》に非《あら》ざるはなく、率土《そっと》の浜《ひん》、王臣《おうしん》に非《あら》ざるなし」が強く反映している。王田とは、ここでいう王土のことであり、いいかえれば皇帝の土地というものである。

さらに『孟子《もうし》』などに見える上古の理想的な井田《せいでん》制度をもって土地所有を制限しようとした。孟子の井田制とは、九等分した井字の中央を公田とし、残りは八家が一〇〇畝《ぼ》ずつ私田とするものであった。いま一夫一婦の八家で、成年男子の労働力が八人に達していないのに一井の土地を超えて耕やそうとする場合は、持ち分が多くなるので、超えた分を宗族、近隣の里、郷里に分与し、もともと土地が無い者にこの制度に従って土地を与えるべきとした。井田制を掲げて土地所有の均等化をはかろうとした。儒教の古典を典拠にもつきわめて理想主義的な制度であったが、一面では前漢の国家主導の経済政策を踏襲するものでもあった。経済統制政策は六筦《かん》あるいは六斡《あつ》といわれ、六つの国家統制策であった。筦《かん》、斡《あつ》は管理する意味であり、塩、酒、鉄、山川の資源、貨幣の鋳造、五均賖貸《ごきんしゃたい》（市場での売買）を国家が統制しようというものである。前漢武帝時の塩鉄酒専売制や均輸《きんゆ》平準法を踏襲しながら、『周礼《しゅらい》』などの古典に依拠した政策であった。

権威の確認・象徴としての貨幣改革

王莽の貨幣制度はわずか七年の短期間に四度もの改革があり、合計三七種の貨幣が発行されたきわめて複雑なものであった。王莽は『周礼《しゅらい》』の理念を重視するあまりに、戦国諸国の刀銭《とうせん》、布銭《ふせん》という旧式の形を復活させたり、円形と刀形をつなぎあわせた独特のものを造ったり、また実価値と合致しない高額貨幣を発行したりした。貨幣の鋳造は年号の制定、度量衡の統一などとともに政治権力の正統性を主張する一つの手段であり、かならずしも経済的需要からだけ行われるものではない。王莽の場合、摂政から新朝の皇帝として君臨していく過程で、みずからの権威をその都度確認するかのように新貨幣をつぎつぎと鋳造していった。そのときに常にかれの眼前にあったのは前漢朝の貨幣五銖銭《ごしゅせん》であった。ときに五銖銭を

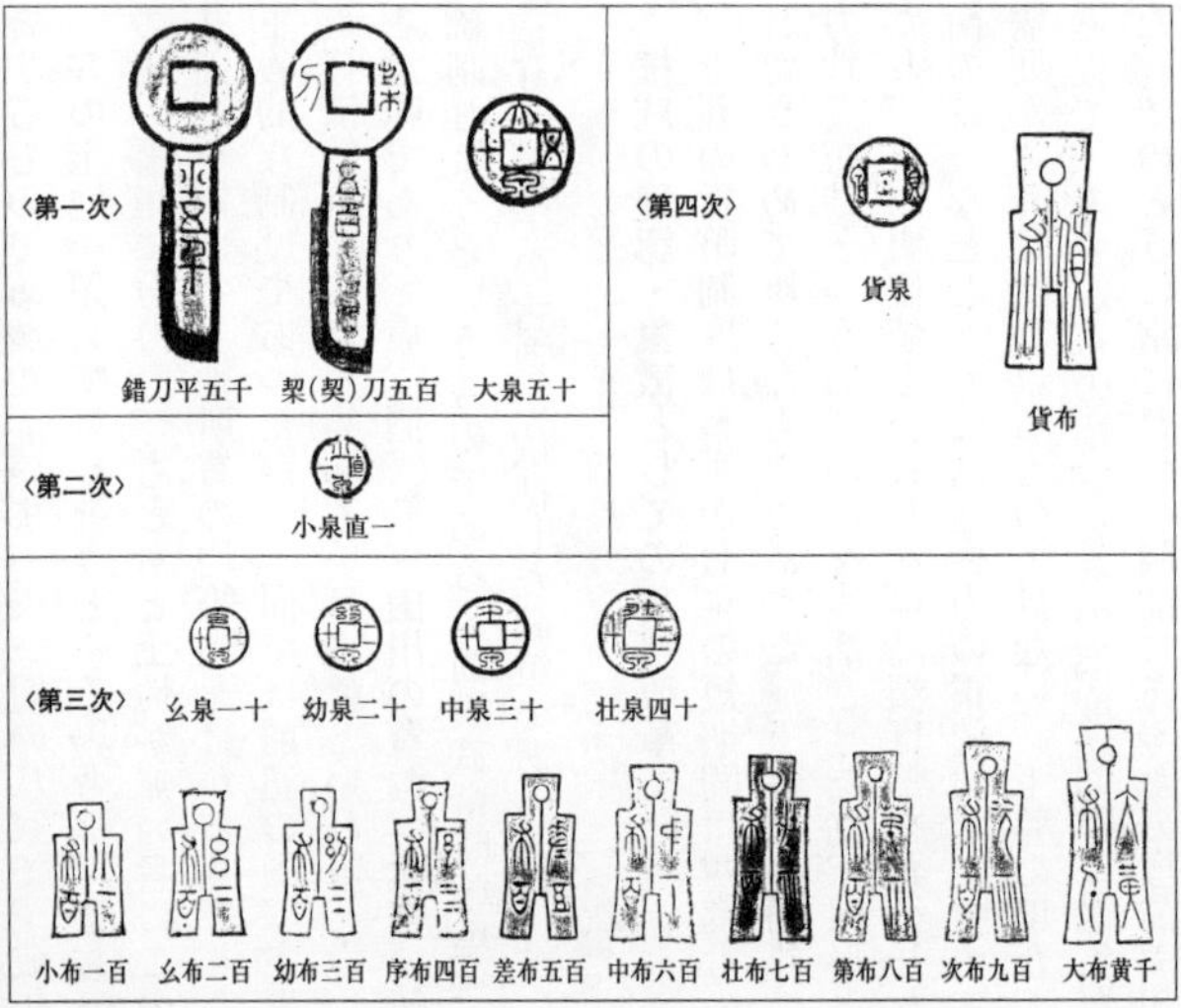

王莽の貨幣改革　刀銭・布銭など戦国期の旧い形を復活させたり、円形と刀形をつなぎ合わせる独特の形のものを作るなど、短期間に４度の貨幣改革を繰り返した

とりいれながら、五銖銭に反発していく。かれの政権奪取の様相を象徴するかのようであった。

　貨幣の第一次改革は摂政時代の居摂《きょせつ》二年（後七）、額面五〇〇〇銭の高額貨幣である錯刀《さくとう》や、五〇〇銭の契刀《けいとう》、五〇銭貨幣の大泉《たいせん》五十の三種の貨幣を発行し、従来の五銖銭と併用させて四種類を通用させた。大泉五十は周景王《けいおう》の大銭にならったもので直径一寸二分、重さ一二銖《しゅ》であり、五銖銭の二・四倍の重量しかないのに、五銖銭五〇枚分に相当するとした。第二次改革は皇帝に即位し新朝を樹立した年、始建国元年（後九）に実行し、まったく政治的な理由から五銖銭、錯刀《さくとう》、契刀《けいとう》をやめ小銭（小泉直一と表示）と先の大泉五十だけを使用させることとした。

すなわち五銖銭は前王朝の漢朝の伝統である理由で拒否し、漢室劉氏の劉の字が卯と金と刀からなることから、剛卯《ごうぼう》という漢代の官吏が邪気をはらうために身につけたお守りとともに金刀（五錯刀《ごさくとう》と契刀《けいとう》）を禁じた。翌始建国二年（後一〇）には第三次の改革を行い、黄金・銀・亀甲《きこう》・貝・布の宝貨五品の二二種、銭六種を造り、極めて複雑なものとなった。民間では実際に普及せず、ただ大、小の二つの銭が行われただけであった。貨幣の偽造も行われ、禁止することもできなかった。第四次の改革は天鳳元年（後一四）、結局従来の複雑な大・小銭をやめ、貨布《かふ》と貨泉《かせん》の二種類だけの制度に改めた。

小泉直一、大泉五十、貨布、貨泉などの王莽銭《おうもうせん》は実際に都洛陽の焼溝《しょうこう》漢墓などで多く出土し、貨幣鋳造の鋳型なども見られる。また中国の周辺の地域でも広く出土しており、大泉五十は遠く西の楼蘭《ろうらん》遺址や、貨泉も東は海を渡って日本の北九州、岡山、近畿地方を中心に見られる。しかしこれらは貨幣として広く流通したわけではなく、中国王朝の権威の政治的象徴として伝わったのであろう。

儒教主義的華夷秩序の始まり

王莽のときに造られた王氏作鏡銘の方格規矩鏡《ほうかくきくきょう》に、次のような文章が記されている。

王氏鏡を作れば四夷《しい》服し、多いに新《しん》家を賀《いわ》えば人民息《やす》まん。

胡虜殄滅《こりょてんめつ》すれば天下復《ふく》し、風雨の時節、五穀熟《ごこくじゅく》さん。
長らく二親《にしん》を保てば子孫力《つと》め、後世に楽極《らくきわ》まり毋《なか》らんことを伝告《でんこく》せん。

王氏がこの鏡を製作した。四方の夷狄《いてき》が服属すれば新の国家も繁栄し人民も休息する。周辺の民族を滅ぼせば天下は復興し、いかなるときにも五穀が実るであろう。いつまでも親族を重んずれば子孫も繁栄するであろうし、いつまでも幸福の尽きることのないように。

王莽の新政権が、自分の威徳が天下四方に及ぶことを謳《うた》った吉祥句である。四夷とは実際には北は匈奴《きょうど》、西は西羌《せいきょう》、東は東夷諸国、南は蛮夷を指している。王莽の世界認識が非常に中華思想の色彩の強かったことに気づかされる。王莽がまだ平帝の太傅《たいふ》、安漢公であったころは、越裳《えつしょう》氏が白雉《はくち》を献上し、黄支《こうし》国も生犀《せいさい》を献じ、東夷王も海を渡って特産物を差しだし、匈奴単于《きょうどぜんう》の囊知牙斯《のうちがし》も一字姓の知《ち》に改めて入朝し、西域の良願《りょうがん》らも土地を差しだして服従した。この土地に西海郡をわざわざ設置し、東海、南海、北海郡に並べた。儒教主義的華《か》夷《い》秩序が王のこの時代に形成された。

しかし王莽が皇帝として即位すると、徹底した中華思想に基づいて外交を進めることになる。王莽の中華思想は「天に二日《にじつ》（二つの太陽）無く、地に二王《におう》無し」のことばそのもので、天下に二王が存在することは古典の例に合わないとして諸侯王を公、四夷の王を侯にそれぞれ格下げして改めさせた。しかしすでに前漢の皇帝から王として冊封《さくほう》されていた周辺諸民族に対してわざわざ、始建国元年（後九）に漢の印綬を回収させ新室の印綬を授けて一段下の侯として処遇したことは、逆に周辺諸民族の反発を招き、大きな混乱を巻き起こすことになった。

具体的に見てみると、東北の高句麗《こうくり》にたいしては匈奴への派兵要請に応じなかったことを理由に攻撃し、王莽は始建国四年（後一二）天下に布告して高句麗王を下句麗《げくり》侯と改め、屈辱的な降格の冊封を強行している。高句麗側は憤慨し、東北の諸民族も王莽から離反した。北方の匈奴単于《きょうどぜんう》にたいしては、前漢の授けた旧印に刻された璽《じ》の文字を章の字に落とし、「新匈奴単于章」という印を与えた。単于は旧印を求めたが、王莽は故意に叩き壊してしまった。匈奴もこの対応に激怒した。前漢と同じ璽印を求めてくると、匈奴単于の称号までも降奴服于と改めてしまった。

西域諸国へも使者を派遣して、同じように前漢が与えていた王印を回収して侯印に格下げしたので、やはり西域諸国は王莽に離反した。西南地方の鉤町王《こうちょうおう》も侯に下げられている。これを恨んだ王の邯《かん》が牂柯大尹《そうかたいいん》（太守）周欽《しゅうきん》によって殺され、邯《かん》の弟が欽《きん》を殺して復讐する事件が起こると、西南諸族は王莽政権に反乱する。王莽側も広漢《こうかん》、巴《は》、蜀《しょく》、犍為《けんい》諸郡の兵士や天水、隴西《ろうせい》郡の騎士一〇万を派遣して対応したが、辺境であるために軍糧の輸送が困難となり数万の餓死者を出すことになった。こうして周辺民族の離反は、辺境の治安の悪化を招き、や

方格規矩鏡　「新に善銅有り、丹陽に出づ」で始まる銘文がある（『金索』）

がて内乱へと連動していった。

王莽の新王朝の評価

前後漢の間にはさまれたわずか一五年にすぎない王莽の新王朝の評価は様々である。王莽政権誕生の際には天下の者がなびき、王莽政権が倒されると今度は掌《てのひら》を返したように政権簒奪を非難した。揚雄《ようゆう》は「秦《しん》を劇《げき》し新を美とす」という王莽の賛辞を書いたという。同じ一五年の短命な秦を非難し、新を賛美した。秦と新の違いは、周との距離を考えれば明らかだ。周を滅ぼした秦と、周を理想とした新ということになる。

『漢書』は『史記』と同様、編纂者の自叙伝で終わる。その直前に置かれたのが王莽伝の上中下である。列伝でありながら、編年で記述する体裁や分量の多さといい、さながら新という王朝の興亡史であり本紀のようだ。王莽伝の「上」では前漢末の外戚として王莽が勢力を持ってから、皇帝と称する初始《しょし》元年（後八）まで、禅譲による王朝交替の過程を描く。伝の「中」では、王莽が新を建てた始建国元年（後九）から天鳳《てんぽう》三年（後一六）までの八年の「新」王朝の政策を描き、最後の伝の「下」では、天鳳四年（後一七）以降、七年間のうちに王莽政権が崩壊していく様を描いている。

班固《はんこ》は、秦と新が道を異にしながら、帰するところは同じであったという。漢の立場から秦と新を見たからだ。漢室を簒奪した賊臣王莽は夏の桀王《けつおう》、殷の紂王《ちゅうおう》にも匹敵する亡国の人物であった。始皇帝は儒家の書を焼きはらって自らのやり方を通したが、王莽の方は儒家の書で自己の悪行を飾りたてようとした。ファーストエンペラーの時代は、二〇〇年以上前の過去となったが、王莽自身のなかにも王莽を批判する者のなかにも生きていた。班固は、王莽の時代は、色にたとえると中間色の紫だったという。漢王朝の赤にも近いが、青にも近い色だ。

『後漢書《ごかんじょ》』も、新王朝の崩壊を前提にして後漢王朝成立の正当性を述べた史書であるから、王莽の評価は一面的できわめて悪い。たしかに、儒教国家をあまりに急速に実現させようとして失敗した。しかしその悪評とは別に、政治的理想は後世の王朝に影響を与えていった。王莽に続く後漢王朝は、王莽政権を否定しながらも、実際には儒教国家の実現という意味では大きな影響を受けた。また中華帝国として周辺諸民族との国際関係をきわめて厳格に秩序づけようとしたことも、のちの外交関係の一つの規範になっている。中国史全体の流れからすれば、けっして特異な王朝ではなく、中国古代帝国の一つとして位置づけられる。王莽政権の諸改革は、前漢中期以降の儒教官学化の流れのなかで考案された儒教国家構築のはじめての試みであった。

黄河決壊——墳墓を守るために民衆を犠牲に

王莽が皇帝になってから三年目、始建国三年（後一一）、黄河が下流の魏郡《ぎぐん》で決壊した。これまで春秋以来六〇〇年も流れていた河道《かどう》が、濮陽《ぼくよう》から大きく東に変わった。今の黄河の北を平行して流れるようになった。いままで黄河下流に居住していた多くの人々にとってみれば、重大な事件であった。武帝のときと同じように、政治的な判断で放置された。すなわち黄河が東にそのまま流れてゆけば、王莽の祖先の墓が水をかぶることがなくなる。以後一

○○○年この流れが続くことになった。つぎの河道の移動は北宋《ほくそう》の慶暦《けいれき》八年（一〇四八）のことであり、ふたたび濮陽から北に流れるようになった。王朝の時間は、十数年から長くても二、三百年までである。黄河という自然の大きさを感じさせる。

王莽のときに黄河の治水をめぐって議論が起こった。さまざまな意見が出た。二〇〇〇年後の現在の議論と変わっていないことに驚かされる。長水校尉《ちょうすいこうい》の関並《かんへい》は、低地である洪水常襲地は人を住まわせずに遊水池にすべきという意見だ。大司馬の史であった張戎《ちょうじゅう》は、「一石《こく》の水に泥六斗」という黄河の泥にこそ洪水の原因があるといった。一石の一〇分の六は泥土であるという。いまの一升瓶で一〇本分の黄河の水を汲み上げたら、六本分の泥が沈殿するという計算だ。一本の瓶に換算すれば六割が泥ということになる。現在では、三門峡付近の泥土の最大量は一立方メートル当たり七四六キログラムにも達するという。春夏は水量が少なく流れが弱いので、泥が河底に堆積して次第に浅くなり、水量が増えると堤防が決壊する。

堤防で塞《ふさ》がず流れのままに任せるのがよいと張戎は主張した。大司《だいし》空掾《くうえん》の王横《おうおう》は、黄河の流れを禹《う》の時代の河道にもどし、西の山地に沿って東北に流すべきだと主張した。かれは『周譜《しゅうふ》』に「定王《ていおう》五年河徙《かうつ》る」という記事があることに言及している。このような書物はいまに伝わらない。周王の年譜（年代記）であろう。周の定王五年、前六〇二年に禹王のときの黄河が移動して現在にいたったということになる。そしてまたいま六〇〇年ぶりに移動した。定王とは楚の荘王《そうおう》が鼎《かなえ》の軽重を問うたときの周王であった。結局諸説紛々、どれも実現しなかった。

六〇〇年も流れた黄河の旧河道はすぐに消えることはない。現在の黄河が下流に運ぶ泥土の四分の三の一二億トンは海に流れ、四分の一の四億トンは河底に堆積する。当時の泥土の量はいまよりも少ないにしても、六〇〇年分の黄色い泥土と砂が堆積し、堤防も残された。そして新たな黄河の河道に沈んだ地域の人々は耕地や宅地を失うことになった。この地の人口密度は高い。東郡と平原郡だけで前漢末の人口は二三二万にも達する。黄河の河道の変遷は象徴的だ。王莽政権は、みずからの墳墓を守るために、多くの人々の生命と財産を失ってしまった。改革と現実は歯車が合わなくなってしまった。

周辺諸民族の離反、反乱と政権崩壊

「天下はともに新室の政治に苦しみ、劉氏を待ち望んだ」、「王莽は天下の者を残虐にあつかったことから、百姓（人民）は漢を懐かしみ、豪傑は並び立った」というのは、一つの王朝が崩壊するときの表現の常套句だ。新を秦、王莽を二世皇帝に置き換えれば、そのまま通じる。「昔、秦が其の守りを失ったので、豪傑は並び立った」というのは、いまの状況を秦末にたとえて表現したものだ。王莽政権の崩壊の原因は、急激な経済政策が人々の怨みをかい、屈辱的な外交政策が外国の恨みをかったからともいわれる。

最終的に王莽の新政権を崩壊に導いたのは内乱であった。周辺諸民族が離反し、それと連動した辺境地域の人々の不満が見られた。北辺では対外戦争への備えから黄河北端の五原《ごげん》郡北仮《ほくか》に内地から徴発して屯田《とんでん》を拓かせ、軍糧を賄《まかな》おうとした。并州《へいしゅう》、平州の民衆は徴発を回避して逃亡した。天鳳元年（後一四）には、追い打ちをかけるように辺境では大飢饉に見舞われた。翌年には穀物の価格も騰貴し、辺境の兵士二〇万の生活を圧迫した。五原、代郡《だい》では数千人の規模で盗賊集団が現れた。このような辺境内外の不安定な情勢が内地にも飛び火し、天鳳四年（一七）、臨淮《りんわい》の瓜田儀《かでんぎ》、琅邪《ろうや》の呂母《りょぼ》、新市《しんし》の王匡《おうきょう》、王鳳《おうほう》らが反乱を起こした。王莽側も対抗して天下に治安引き締めの命令を出した。敦煌漢簡《とんこうかんかん》中に天鳳《てんぽう》四年の年号の冊書《さくしょ》があり、命令（内容は明記されていないが年代から類推）が地方の県、道官《どうかん》（辺境少数民族の地の県）、国《こく》、邑《ゆう》に届いてから一〇日を経過しても、その命令に背く者があれば処罰せよと記されている。王莽政権の最後は次章で述べよう。

第八章　民衆の世紀

王朝の興亡を伝える史書

二つの漢王朝を区別するいい方

西暦二五年、光武帝《こうぶてい》が即位して劉《りゅう》氏の政権を中興した。王《おう》氏に奪われた王朝を奪還した。中興というのは再興とか復興とかいうのとは違う。失われたものを復活させるのではなく、つながっているものをふたたび活気づけることをいう。宣帝のときも漢王朝は中興した。王《おう》莽《もう》によって劉氏政権は断絶したわけではない、というのが光武帝劉秀らの意識であった。

二二〇年に後漢献帝《ごかんけんてい》が曹丕《そうひ》に禅譲《ぜんじょう》して劉氏王朝が終わった。この約二〇〇年の歴史を、二つにわけて見ていこう。ちょうど一〇〇年ごとに区切ると、一世紀と二世紀の歴史となる。一世紀は民衆に焦点を当てた。あの秦帝国が当初は陳勝・呉広の農民反乱で瓦解《がかい》していったように、王莽の新王朝も赤眉《せきび》の農民反乱によって倒れていった。民衆、農民から王朝を見ると、大きな専制帝国のもろさと強さが見えてくる。二世紀は自然環境に焦点を当てた。二世紀はとくに自然災害が頻繁に起こっている。それが後漢政権や社会内部の内乱と呼応するかのようだ。人々が自然にどう立ち向かっていったのか。

始《し》皇帝《こうてい》の秦帝国は確実に、前漢《ぜんかん》二〇〇年と新王朝によって受け継がれていった。その後の後漢二〇〇年は、けっして民衆反乱と自然災害だけの暗い時代ではなかった。二世紀は幼帝がつぎつぎに即位し、皇帝をめぐって宦官《かんがん》と官僚と外戚《がいせき》とが緊張状態にあった。強い皇帝の時代ではなくなった。しかし人々は着実に国家、社会のなかでたくましく生きてきた。科学や宗教が表に出てきた時代であった。

前漢にたいして後漢、西漢《せいかん》にたいして東漢《とうかん》ともいう。これは二つの漢王朝を区別するいいかただ。時間的な前後からいえば前後漢、王朝の都の東西の位置（西の長安《ちょうあん》と東の洛陽《らくよう》）からいえば、西漢・東漢という。しかし同時代の人々は、前漢も漢であれば、後漢も漢であった。継続しているからこそ中興であった。あらたに漢王朝を二〇〇年も引き延ばした。二〇〇年の時間は長い。それを不安定な時代というわけにはいかない。

前漢帝国の二〇〇年で、皇帝を頂点とした専制統一帝国が定着した。皇帝に臣属する官僚によって、多くの農民を個別人頭的に支配する古代的な体制が出来上がった。後漢という時代は、この政治体制を継承し、さらに発展、安定させたといえる。同時に皇帝と農民の間には地方豪族層が介在した。

地方社会の特徴が現れた時代

後漢王朝を樹立したのは、後漢劉氏皇帝の帝郷《ていきょう》とされた南陽《なんよう》を中心とした豪族集団であったので、後漢王朝は豪族連合政権といわれることもある。しかし後漢王朝の政治の基本はやはり前漢時代後半期からの時代の流れを汲んでおり、専制支配の官僚体制をより強化し、制度的にはより中央集権化した国家形態をとったといえる。たとえば機密性の強い上奏文書を司《つかさど》る尚書《しょうしょ》という官僚が後漢時代には皇帝の直属に置かれ、ときに内朝権力の中枢を握り、一方外朝の三公（太尉《たいい》・司徒《しと》・司空《しくう》）の役割はたんなる政務の執行機関になってしまった。

後漢時代の地方行政は、順帝永和《じゅんていえいわ》五年（一四〇）のときで全国に一〇五の郡と国があり（目次の後の「後漢時代の郡国図」参照）、その下には一一八〇の県、邑《ゆう》、道《どう》、侯国が設置された。一〇五の郡国といっても国は二〇、属国（辺境の少数民族を統治する行政機関）は六にすぎず、残りはすべて郡であり、実質郡県制であった。ただし地方を統治する場合、郡国に細分された地方を、より広域的な州で把握する必要があった。中央を司隷校尉《しれいこうい》とし、その外を豫州《よ》、冀州《き》、兗州《えん》、徐州《じょ》、青州《せい》、荊州《けい》、揚州《よう》、益州《えき》、涼州《りょう》、幷州《へい》、幽州《ゆう》、交州《こう》の一二州に分けた。そこに一二人の刺史《しし》を派遣して郡国を監察した。

刺史は霊帝《れいてい》のときには州牧《しゅうぼく》と改称されている。前漢武帝時に設置された官の復活であったが、前漢のように中央から監察のために派遣されて地方を巡るというよりは、治所《ちしょ》が地方に定まり、中央への報告も上計《じょうけい》の官に任された。地方長官の不正、在地豪族との癒着を監視する役目を果たし、その役割が重視された。このことも、後漢という時代が地方の時代であったことの反映であろう。地方の時代ということの意味は、中央集権政治が地方行政組織の充実化に支えられていたことであり、また中国全体の統一性、均一性よりも、地方社会の特徴が顕著に現れた時代であることである。

『後漢書』の編纂

すでに中国古代の人々の歴史認識に、二つの後漢史が現れていた。後漢時代の人々の立場では、たしかに後漢王朝は漢王朝の中興であった。王莽《おうもう》政権を暴虐であったと位置づけながら、みずからは漢王朝を継続した。しかし一方では、後漢滅亡後の目で見れば、後漢から禅譲された三国魏《ぎ》の立場が重視される。後漢王朝は二〇〇年で命運が尽き、曹氏《そうし》への政権交替は当然の流れであったとする。幼帝即位、外戚、宦官の時代、黄巾《こうきん》の乱、周辺民族の侵略もすべて後漢王朝滅亡にいたる歴史として述べられる。

後漢という王朝名は、後漢以後のものである。いいかたはおかしいが、後漢の人々は後漢とはいわない。あくまでも漢という王朝を中興した。まずは『漢書《かんじょ》』においてその前王朝の漢の歴史を編纂し、自らの王朝が正統であることを主張しようとした。一方であらたな漢王朝の同時代史の編纂にもとりかかった。そもそも歴史というものは、かならずしもその時代が終わってからふりかえるものではない。いまの時代をそのはじまりから記述することもある。青壮年が書く自分史は将来の自分のためのものであり、老年が書く自分史は回顧を子孫に残そうとするものであり、子孫が書く祖先の歴史は、いまとは違う過去の時代を書こうというものである。

『史記』が漢王朝の青壮年の歴史であるとすれば、『漢書』は漢王朝という祖先の歴史であった。『後漢書』はそれらの二つの史書とは違い、多くの人々が競って記述した。それだけ魅力のある時代でもあるが、それよりも漢という権威が崩れていった魏晋南北朝《ぎしんなんぼくちょう》という時代、過去の漢の権威を取り戻そうという欲求が『後漢書』の編纂という仕事に駆り立てた。

班固《はんこ》らは光武帝の世祖本紀《せいそほんぎ》や光武帝の功臣の列伝をすでにまとめていた。王朝は続いているが、一人の皇帝の治世は終わった。それらをもとに、『漢紀《かんき》』という史書が二世紀に編纂された。後漢以後に書かれた後漢時代の史書と区別し、のちに『東観漢記《とうかんかんき》』と呼ばれた。東観とは、蘭台《らんだい》（漢代の宮中図書館）に代わって史書編纂の場所となった洛陽の宮殿のことである。この書物は『史記』『漢書』とともに三史に数えられたほど信頼があった。東観で編纂された漢紀には、あくまでも中興した光武帝以降の劉氏漢王朝の現代史がまとめられた。

興亡の全史が続々と編纂される

新しい漢王朝が滅ぶと、前漢に対する後漢王朝として興亡の全史が続々と編纂された。三国時代から西晋《せいしん》、南朝宋《そう》にいたる三世紀から五世紀にかけてのことであった。めまぐるしく王朝が交替し、胡漢《こかん》の南北王朝が対立する時代、王朝の正統性や華夷《かい》秩序が重視された。門閥貴族は系譜を漢代に求めた。前後四〇〇年に及ぶ漢朝の歴史への回顧という風潮だ。三国呉《ご》の謝承《しゃしょう》『後漢書《ごかんじょ》』一三〇巻は、そのなかでもっとも早い私撰の後漢史であった。すでに逸《いっ》文《ぶん》でしかうかがえないが、その評価は高い。呉の時代を反映して、列伝は北方洛陽周辺よりも江南の人物に偏《かたよ》っていた。また海を隔てて密接な関係のあった東夷の地を列伝に組み入れるなどの特徴も認められる。一方三国のこの時代、すでに北方の魏《ぎ》では官撰の王沈《おうちん》『魏《ぎ》書《しょ》』、私撰の魚豢《ぎょかん》『魏略《ぎりゃく》』などの同時代史がまとめられ、後漢から魏への禅譲の歴史という形で、後漢滅亡の過程が語られた。

西晋時代《せいしん》に入ると、薛瑩《せつえい》『後漢記《ごかんき》』一〇〇巻、司馬彪《しばひょう》『続漢書《しょくかんじょ》』八三巻、華嶠《かきょう》『後漢書』九七巻、謝沈《しゃちん》『後漢書』一二二巻、張瑩《ちょうえい》『後漢南記《ごかんなんき》』五五巻、袁山松《えんざんしょう》『後漢書』一〇〇巻、張璠《ちょうはん》『後漢紀《ごかんき》』三〇巻などが続々と編纂された。以上の『後漢書』が『史記』『漢書』に倣《なら》った紀伝体であるのに対して、東晋の袁宏《えんこう》がまとめた『後漢紀』三〇巻は光武帝《こうぶてい》から献帝《けんてい》にいたる編年体の後漢史であった。後漢滅亡以来三国にいたる分裂時代が終結し、後漢という時代を改めて総括しようとした。しかしこれらの七家あるいは八家の書ものちに散逸してしまい、『後漢紀』以外は『七家後漢書《しちかごかんじょ》』（清《しん》の汪文台《おうぶんだい》が七種の『後漢書』の逸文を集めた書）でしかうかがえない。

混乱する時代のなかで、かれらが執拗なまでに後漢の歴史から学ぼうとしたのは、儒教思想を定着させて統一王朝を二〇〇年継続させた後漢国家の興亡とそこでの人間の処世であった。そこでは賄賂《わいろ》を拒絶し質素な生活を守り、民衆のために公平な政治を行い、自ら親孝行を実践した清廉《せいれん》な官吏、郷里の貧者に財を分与し救済するような豪族の生き方が称えられ、国家自体も、地方の豪族の過度の行動を抑圧し、貧民を救済する組織として機能している様子が描かれている。

南朝宋の范曄の『後漢書』

最後に出現したのが、五世紀、ふたたび分裂期に入った南朝宋《そう》の范曄《はんよう》の『後漢書』である。私たちが一般に『後漢書』といっている書である。かれは史官ではなかったが、『東観漢記』におもに依拠しながら、各家の後漢書を取り入れて一〇本紀八〇列伝にまとめた。列伝には、夷狄の周辺諸民族の中華帝国に服属する歴史が整然とまとまっている。南朝宋の時代の、北朝の胡族《こぞく》国家に対する強烈な民族意識が、過去の歴史を執筆するエネルギーとなった。志は未完成のまま終わった。原書はすでに紀伝以外は失われており、北宋のときに司馬彪の『続漢書』の八つの志の部分を加え一三〇巻にした。今に伝わる『後漢書』である。紀伝《きでん》部分には唐の高宗《こうそう》と則天武后《そくてんぶこう》の第二子である章懐太子李賢《しょうかいたいしりけん》が注を付けており、志の方には梁《りょう》の劉昭《りゅうしょう》が注を付けた。李賢の墓は一九七二年陝西省乾県《せんせいけん》の乾陵《けんりょう》の陪葬区《ばいそうく》で発掘されており、多くの壁画が発見された。高宗は李賢を皇太子としたが、その才能ゆえに武后《ぶこう》に嫌われ、暗殺陰謀の罪で流刑にあい、三〇歳の命を終えた。死後名誉回復され章懐太子と諡《おくりな》された。学問を好んだかれの名前が『後漢書』の注釈に残された。

注釈には注釈者自身の思いもこめられている。李賢は光武帝紀第一下の、建武《けんぶ》二六年（五〇）、光武帝がはじめて寿陵《じゅりょう》を造った記事につぎのような注釈を加えている。

> はじめて陵を作ったのでまだ名がないので寿陵と呼んでいる。思うに、寿は久しく長い意味にとったのであろう。漢は文帝《ぶんてい》より以降、みなあらかじめ陵を作った。いまその旧制にしたがった。

光武帝の陵墓は、死後原陵《げんりょう》と呼ばれる。生前には皇帝陵のことを一般に死を忌んで寿陵といった。前漢の文帝は質素に自然の山に埋葬させ墳丘を築かなかった。そのために赤眉《せきび》に暴《あば》かれることはなかった。光武帝もそのような陵墓をめざした。寿陵の寿は長寿という意味だ。李賢のいいたかったのは、長寿であってほしいというのではなく（陵墓を造ることと矛盾してしまう）、死を迎えても生命が永遠に長久であることを願って、寿陵と名付けたということである。

みずから兄の死後、唐の皇帝になる可能性があった。どのような思いでここに注釈したのだろうか。注釈というものは、本文の解釈の助けになるものだが、ときにはこのように注釈者の思いも読み取ってみるとおもしろい。

范曄《はんよう》の『後漢書』は『史記』『漢書』には及ばないとの評価がされた。唐の劉知幾《りゅうちき》は『史通《しつう》』のなかで、『史記』『漢書』のように、微妙にして婉曲という叙述の妙や史書としての重厚さは、范曄『後漢書』では失われてしまったといった。たとえば劉秀《りゅうしゅう》の族兄《ぞくけい》の劉玄《りゅうげん》がまず後漢を復興し更始帝《こうしてい》として即位しているにもかかわらず、更始帝をはずして劉秀から本紀を始め、劉玄を列伝に入れていることを取り上げた。世祖《せいそ》本紀《ほんぎ》から始め、光武帝を尊崇した『東観漢記』の立場をそのまま受け入れているのである。さらに列伝では、任侠の風のあった劉玄について「即位のときに恥ずかしがって汗を流し、俯いて椅子を撫でているだけで顔も上げられなかった」と脆弱《ぜいじゃく》な人物に描いているという。

王莽政権の滅亡

女性の反乱指導者、呂母の乱

反王莽《おうもう》の農民の動きは現在の山東半島の地から始まった。青州と徐州の北部では、大きな飢饉に見舞われ、盗賊がしばしば出没した。治安はきわめて不安定なものとなっていた。この地で赤眉《せきび》の乱に先だって呂母《りょぼ》は反乱を起こした。女性が反乱の指導者になった。彼女は琅《ろう》邪《や》郡海曲《かいきょく》県（現山東省日照県西）の出身であった。赤眉の乱を指導した樊崇《はんすう》も琅邪郡（現山東省青島《チンタオ》の南）の出で、赤眉軍から皇帝として擁立された劉盆子《りゅうぼんし》も太山《たいざん》の式《しき》県（現山東省曲《きょく》阜《ふ》東北）の出身であった。こうした山東の農民反乱勢力は、みな西の長安をめざした。反王莽勢力である南陽劉《りゅう》氏の豪族反乱勢力と拮抗しながら、王莽政権を崩壊に導いていった。

この地域の強い反王莽感情の背景には、城陽景王祠《じょうようけいおうし》信仰があった。城陽景王とは前漢高祖劉邦の孫である。斉《せい》国に封ぜられた悼恵王劉肥《とうけいおうりゅうひ》の子、劉章《りゅうしょう》のことである。劉章はかつて呂《りょ》太后《たいこう》に対し、呂氏一族の専権ぶりを風刺した「耕田《こうでん》の歌」を献上した気骨の人物だ。苗が育ったら雑草を刈り取るべきと歌った。雑草とは非劉氏の呂氏一族のことだ。呂太后の死後、呂氏一族の勢力を周勃《しゅうぼつ》とともに抑えた功績で文帝から城陽王に封ぜられた。しかし不幸にも二年後に世を去った。

城陽国は現在の山東省莒《きょ》県一帯にあった。劉章の子孫も山東の各地に封ぜられ、山東各地に城陽景王の祠《し》が作られた。とくに非劉氏の王莽が政権をとってからは、外戚の呂氏と王氏とが重なった。王莽に反感をもてば、城陽景王への思いが高まる。やがて山東半島の劉氏から新しい天子を擁立する動きが起こってきた。赤眉の軍中ではいつも斉巫《せいふ》が太鼓を打ち、舞をして城陽景王を祭っていた。赤眉軍が劉盆子を皇帝としてかつぎだしたのも、かれが城陽景王の末裔であったからだ。

巫女俑（広州博物館蔵）　赤眉の軍中では巫女が舞って城陽景王を祀っていたという（『広州漢墓』）

天鳳元年（一四）、呂母《りょぼ》の子が軽罪を犯し

て処刑された。呂母は県宰《けんさい》（王莽時の県長官）に復讐する計画を立てた。仇に報いるという報復、復讐という行為が社会的には認められていた。女性の力ではなしとげられない。彼女は、任侠心《にんきょうしん》をもって主人のために行動してくれる客を集めようとした。数百万もの資産を元手に美酒を醸造し、刀剣と衣服を買った。都市の無頼者である少年たちが酒を買いにやってくると、つけで飲ませた。貧しい者には衣服を与えた。財を数年で尽くすと、少年たちは呂母の目的に感じ入り、数十人から一〇〇人の人間が集まった。やがて亡命者たちを何千人も集めた。亡命とは本籍から逃れた人々のことである。将軍と称して軍事行動に出た呂母は、一七年海曲《かいきょく》県を攻撃し、命ごいする県宰を捕らえて首を取り、息子の墓にそなえた。復讐行為が終わり呂母が病死すると、この集団は解散することなく、赤眉などの農民反乱に加わっていった。

赤眉の乱の勃発

天鳳五年（一八）、呂母と同郡出身の樊崇《はんすう》に率いられて、山東の農民が立ち上がった。一時洛陽にいた更始帝《こうしてい》集団に服属しながらも、やがて別れて、二五年長安に入城した。かれらは山東から一気に長安まで大きく移動した。赤眉の乱は、最初は一〇〇人あまりの勢力であったが、山東一帯の飢饉に苦しむ人々が集まり、一年の間に一万人に膨れ上がった。この集団は、王莽の軍と区別するために眉を朱にしたので赤眉と呼ばれた。赤は漢王朝の色である。兵士であれば鎧や戦闘服で敵味方が区別できる。軍のなかでは巫《ふ》に太鼓を打って舞わせ、城陽景王劉章《じょうようけいおうりゅうしょう》を祀らせた。巫は天子を立てるべきとの景王のことばを伝えた。

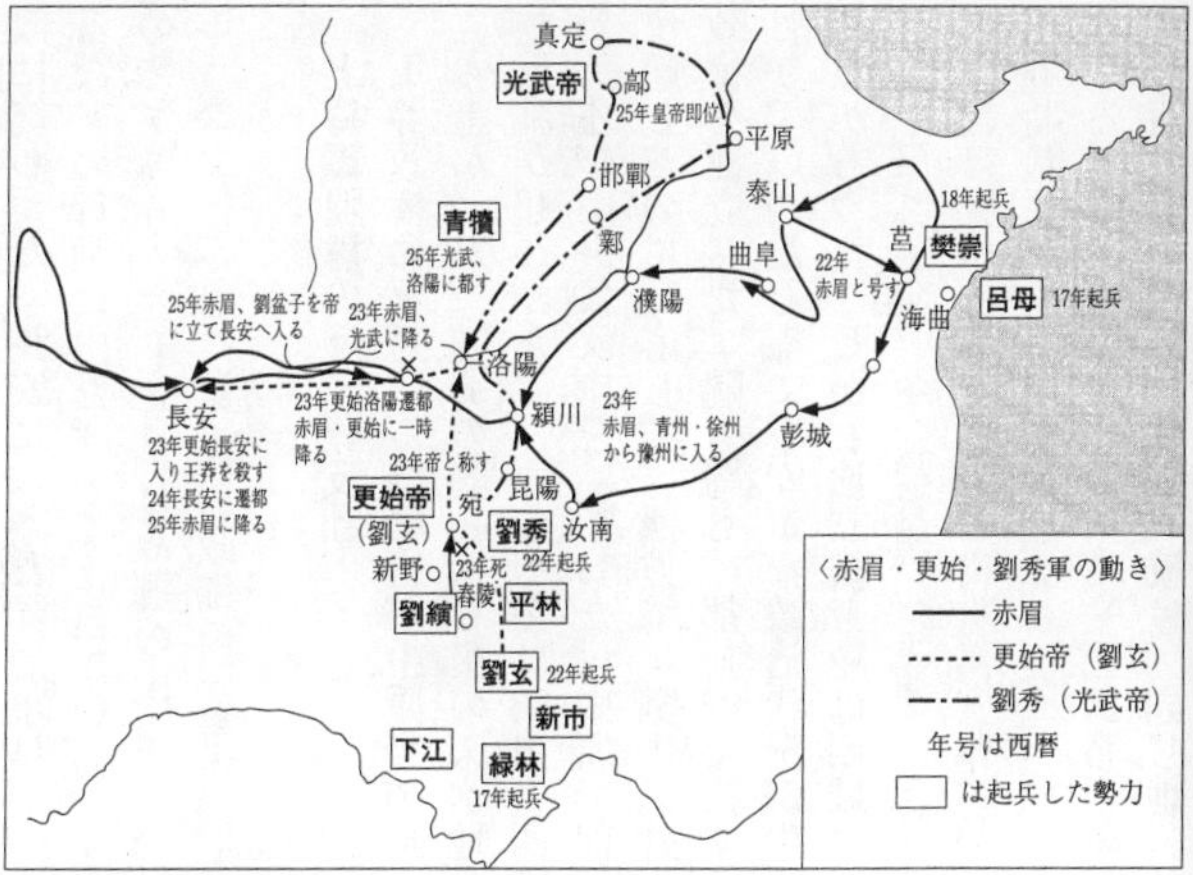

赤眉と劉氏反乱図

樊崇《はんすう》はあくまで赤眉の帥《すい》（リーダー）であった。かれらは劉氏の皇帝を独自に立てようと考えた。景王の子孫をさがすと、七〇人あまりも出てきた。諸侯王劉氏の子弟が県に封ぜられ、列侯となっていた。高祖から二〇〇年もたっていれば、劉氏の子孫は地方にいくらでもいた。そのなかで最も血筋の近い三人を最後にはくじ引きで選んだ。もっとも年少の一五歳の劉盆子《りゅうぼんし》が、符《ふ》を引き当てた。しかしザンバラ髪に裸足、ぼろぼろの服を着ており、本人も怖がって泣きださんばかりの様子であった。天命の符を引き当てたといっても、リーダーシップのとれない皇帝の誕生で、混乱を招くことになった。

更始元年（二三）に王莽の新《しん》は滅んだ。二五年、劉盆子を皇帝に擁立して、建世《けんせい》という年号を使用した。赤眉政権は反乱集団から王朝樹立を目指していったが、結局失敗に終わった。長安に入った赤眉軍は、二六年長安城を焼きはらい、前漢の皇帝陵も盗掘するなどの行動に出た。とくに呂后の屍《しかばね》を陵辱《りょうじょく》したのは、城陽景王劉章の思いをはらしたのであろう。二七年には故郷の山東に逃げ、劉秀らに降伏した。居延漢簡には、「建世二年」（二六年）という赤眉政権の年号を記した木簡が見える。

上将軍隗囂の反王莽反乱

王莽政権に反対する諸勢力が中原《ちゅうげん》で挙兵しはじめたころ、西方の隴蜀《ろうしょく》地方でも豪族勢力が立ち上がった。隴蜀の隴とは甘粛《かんしゅく》の天水地方のことで、ここでは隗囂《かいごう》を中心とした在地の豪族反乱が起こった。一方の蜀とは四川《しせん》省西部、ここでは王莽政権の蜀郡の地方長官であった公孫述《こうそんじゅつ》が中央に反旗を翻《ひるがえ》した。中原で前漢の劉氏政権の子孫たちが反王氏の呼号のもとに決起したのに呼応して、西方では劉氏以外の地方豪族勢力が一時的にも前後漢交替期に地方政権を樹立した。隴も蜀も、都長安を擁する関中《かんちゅう》とはそれぞれ河西回廊《かせいかいろう》と蜀の桟道《さんどう》で接しており、いったん都に不安定な政治状況が生ずれば、交通を遮断して独立できるという地理的利点があった。しかも独立後も隴は西域に通路が開かれており、沃野《よくや》千里（千里に連なる肥沃な平原）、天府《てんぷ》（天然資源の宝庫）と称えられるほど、蜀は経済的な支えとなった。

隗囂《かいごう》は天水郡成紀《せいき》県（甘粛省秦安県）の出身である。あの秦が生まれた高原の地である。王莽時代末の地皇《ちこう》四・更始《こうし》元年（二三）、上将軍として反王莽の反乱を起こし、河西回廊に広がる勢力となった。更始帝や光武帝に一時的に従属することはあったが、入朝を促す光武帝の招きを拒否して独立を続け、同じ地方独立政権の公孫述と手を結んだ。隗囂の集団には一六姓三一将が集まり、とくに隗氏以外にも天水・隴西一帯の西方辺境の有力豪族が参加している。

居延漢簡のなかに「復漢《ふくかん》元年十一月」という年号を記した木簡が見える。これは『後漢書』に見える隗囂政権独自の年号「漢復《かんふく》元年」（二三年）を示している。政権領域の現地で発見された貴重な同時代史料である。『後漢書』の「漢復」（漢朝が復興する意）は居延漢簡にしたがって「復漢」（漢朝を復興する）と訂正すべきであろう。

蜀王公孫述の自立

一方の公孫述の先祖は、武帝のときに吏《り》二〇〇〇石の高官で右扶風《ゆうふ》茂陵《ふうもりょう》県に移された。王莽の天鳳《てんぽう》中（一四―一九）、導江《どうこう》（蜀郡）の卒正《そっせい》（太守）となり臨邛《りんきょう》にいて有能な官吏として評価が高かった。しかし各地で反王莽の動きが活発になると、公孫述も漢中で挙兵した宗《そう》成《せい》を成都に迎えた。しかし宗成らが成都に入って略奪、横暴の挙に出たのを見て、蜀郡を守る決意を固めた。そのときに成都県の豪傑たちにつぎのように告げている。

天下は新《しん》室に苦しみ、劉氏を長いこと待ち望んできた。だから漢の将軍が来ると聞けば、駆けて道路に出迎える。今百姓《ひゃくせい》は罪がないのに妻子が捕らえられ、家屋も焼かれている。このたびの賊たちは義兵とはいえない。自分は郡を守りながら真主《しんしゅ》が来るのを待ちたい。みなのうち力を合わせてくれる者は止《とど》まってほしい。そうでない者は去りなさい。

非劉氏の公孫述は劉氏政権の再登場を望む声が大きいなかで、真の君主の到来まで蜀郡を盗賊から守ろうと宣言した。かれは、当初更始二年（二四）自立して蜀王となり、成都を都とした。翌建武元年（二五）には自ら帝と称して、天子として益州の地で自立した。成家《せいか》という国号を定め、龍興元年という年号も立てた。成家とは成都の家の意味である。のちに四世紀、五胡十六国時代にも成漢《せいかん》という国がここに建てられた。成漢は漢を懐古した国名だが、成家は漢とは別の国をめざした。漢の五銖銭に換えて、中国最初の鉄銭も鋳造した。

蜀には塩銅鉄銀と資源は豊富であった。平原の水運も発達していた。東方が混乱していても、北は褒斜《ほうや》の谷の桟道を遮断し、東は巴《は》の扞関《かんかん》の入り口を閉ざせば、数千里四方の平原に独立できる。三国の劉備《りゅうび》より早く、中原《ちゅうげん》と隔絶した蜀の地に自立した。漢王劉邦《りゅうほう》も蜀漢《しょくかん》の王になったが、漢中に拠点があり、蜀には見向きもしなかった。蜀王が自立したのは、前三一六年に戦国秦が蜀王を滅ぼして蜀郡を置いてから三百数十年ぶりのことであった。

博覧の文人揚雄の『蜀王本紀』

これよりさき成都出身の揚雄《ようゆう》は、前漢末の成帝《せいてい》、哀帝《あいてい》、平帝《へいてい》に仕え、王莽《おうもう》の新王朝にも仕えた。方言の語源にもなっている『方言』の著者としても知られる。漢代きっての文人として名高い。あらゆる書物に目を通し、博覧であった。郷里の先人である司馬相如《しばしょうじょ》にならって賦《ふ》をよく作った。そのかれが『蜀都賦《しょくとふ》』で蜀の豊かさを沃野千里と称え、『蜀王本紀《しょくおうほんぎ》』では蜀の歴史を語った。『蜀王本紀』の書物は散逸し、わずか二六条ほどの文章が確認できるだけである。

揚雄《ようゆう》は三〇〇年以上前の蜀王の歴史をまとめた。『史記』の秦本紀や高祖本紀以下の漢の本紀に対抗しようとした。秦でも漢でもない国の歴史をふりかえった。揚雄の祖先は武帝のときにたまたまこの地に入った。祖先が転々とした先々では、蜀にまつわる史跡と伝説が残っていた。蜀の人々は、湔山《せんざん》の廟では古代蜀の魚鳧《ぎょふ》を祀《まつ》り、ホトトギスの鳴き声を聞くと望《ぼう》帝杜宇《ていとう》を懐かしんだ。成都の城郭内には蜀王の妻の墓もあった。岷江《びんこう》の治水を行った秦の李《り》冰《ひょう》が作ったという石の犀《さい》も成都城内にあった。治水を祈願するためのものだ。古代蜀には蚕《さん》叢《そう》（カイコ）、柏灌《はくかん》（カワウ）、魚鳧《ぎょふ》（カモ）と続く三代の時代があった。そこに望帝杜宇《ぼうていとう》（ホトトギス）が郫《ひ》に現れた。さらに長江中流の楚《そ》から鼈霊《べつれい》（スッポン）と名乗る勢力が郫《ひ》に入り、治水によって王朝が禅譲された。その開明王朝が蜀王と称するようになった。

動物たちに託されて語られる王朝の伝説は、現実の歴史にもどされる。その後、蜀王は成都に移ってから秦の恵文王《けいぶんおう》に滅ぼされてしまう。この蜀の地から一九八六年に三星堆遺跡《さんせいたいいせき》、二〇〇〇年に大型船棺《おおがたせんかん》遺跡、二〇〇一年に金沙《きんさ》遺跡が発見され、私たちは古代蜀の歴史が考古学の成果からわかった。前漢末の当時の蜀の人たちには秦に滅ぼされる前の伝説や史跡こそが心のよりどころであったのだろう。公孫述《こうそんじゅつ》も独立を宣言したときには、こうした古代蜀の伝説を思い起こしたことであろう。

この国は比較的安定を保った。後漢政権が樹立された二五年以降も、一二年間続き、隗囂《かいごう》政権（二三―三四）の一一年間とともに後漢帝国の領域に接する地域政権を継続させた。光武帝の後漢政権はこれら二つの政権の打倒をめざしたが、公孫述が隗囂を朔寧《さくねい》王に封ずるなど両政権の結びつきは強く、光武帝の軍はかれらの抵抗に悩まされた。建武九年（三三）隗囂の死後、後継の子の隗純《かいじゅん》が後漢に降り、隗囂政権は終息した。公孫述の方も、諸将軍が戦いながらも建武一二年（三六）呉漢らに成都を攻撃されて戦死し、蜀地方もようやく後漢政権の支配下に入ることとなった。

南陽の劉氏の挙兵

光武帝劉秀の出身は南陽郡蔡陽県《さいようけん》、今の湖北省襄陽県《こほくしょうじょうようけん》の東、河南省《かなんしょう》との省境に近いところにあった。ここは河南省南陽市《なんようし》を中心とした南陽盆地の南端に位置する。北は伏牛山脈《ふくぎゅうさんみゃく》によって洛陽《らくよう》や鄭州《ていしゅう》の大都市と隔てられ、西は武当山《ぶとうさん》、東は桐柏山《どうはくざん》、南は湖北の丘陵によって囲まれた南北一四〇キロ、東西二〇〇キロの地である。盆地の東端に沿って漢水が南流し、白河や唐河などの多くの支流が漢水に注ぎ込む。南北、東西の交通の要所でもあり、水利にも恵まれていた。この地域が歴史上もっとも注目されたのは、後漢が樹立されたときであった。

劉秀の挙兵に呼応した功臣たちの大半は、この南陽出身者であった。という意味では、後漢政権は南陽豪族のグループに支えられていたといえる。雲台二八将とか功臣三二人とかいうことばがあるが、そのうち一三人までは南陽出身者であった。また「河南（洛陽）は帝《てい》城《じょう》、近臣多く、南郷《なんきょう》（南陽）は帝郷《ていきょう》、近親多し」といわれた。帝城とか帝郷とかめずらしい表現だ。前漢の高祖は関中《かんちゅう》を基盤としたが、劉秀は南陽によって天下を制した。

山東地方の農民は、前漢劉氏王室の末裔であった劉盆子を擁立した。南陽では前漢劉氏の子孫が地方に根をおろして豪族化し、かれらみずからが反王莽の軍を編成していった。南陽豪族の劉氏とは、劉秀《りゅうしゅう》と兄の劉縯《りゅうえん》（伯升《はくしょう》）であり、族兄《ぞくけい》の劉玄《りゅうげん》（聖公《せいこう》、更始帝）であった。

　劉秀から九代さかのぼった先祖は高祖劉邦であった。景帝の子の劉発《りゅうはつ》は長沙王《ちょうさおう》となった。長沙国という南方の国は、非劉氏が封ぜられてきたが、ここも劉氏の国になった。その子の劉買《りゅうばい》が春陵侯《しょうりょうこう》（零陵《れいりょう》郡泠道《れいどう》県）に封ぜられた。元帝《げんてい》のときに買《ばい》の孫の仁《じん》が南陽郡蔡陽《さいよう》県白《はく》水郷《すいきょう》に転封された。初封《しょほう》の地名をとって春陵郷《しょうりょうきょう》と呼ばれた。皇族劉氏も、諸侯王として地方に分散し、さらに列侯として県に分散していった。二〇〇年経過して、劉秀のような傍系の劉氏は多数地方に根をおろしていた。劉秀の顔は、髭《ひげ》と眉が美しく、大きな口に高い鼻（隆準《りゅうせつ》）、額が前に出ていたという。隆準は劉邦を想起させるが、農業に励む姿は劉邦の兄に似ていた。性格は兄劉伯升の方が任俠を好み、劉邦に似ていた。

　南陽には秦末には罪人が流され、大量の強制移民が送り込まれた。前漢時代には急速に開発が進んだ。南陽の中心都市宛《えん》の孔氏は、秦が魏を滅ぼしたときに南陽に移され、製鉄業者として黄金数千斤の財をなした。宛は東西南北の交通上の要地にあり、商工業者を多く輩出した。南陽一帯の漢墓には、墓室の石に荒々しいタッチで画像を彫り込む。南陽画像石は、南陽の豊かさと躍動性をよく伝えている。車騎を引き連れた出行《しゅつこう》の場面、舞楽や六博《りくはく》に興ずる光景、狩猟、獣闘、神話など数多くの題材が描かれている。

光武帝の即位　告天の儀礼

　劉秀は、王莽から直接政権を奪ったのではなかった。赤眉の農民反乱と劉玄集団のあとに政権を掌中にした。赤眉の乱に始まる各地の農民主導の反乱に呼応して、劉秀と兄の劉縯《りゅうえん》が春陵《しょうりょう》で挙兵した。まず劉秀の本家の劉玄が天子となった。始皇帝ならぬ更始帝《こうしてい》と称した。劉邦が皇帝に即位したときのように、淯水《いくすい》のほとりに壇を設けて臣下を前にして帝位についた。年号も更始元年とした。しかし新しい皇帝は劉邦とは違った。ひ弱で、恥ずかしがっては汗を流し、手をあげてもなにもことばを発せなかった。民衆のエネルギーの方が強かった。強い指導力よりは、前漢劉氏の血筋を権威に求めればまとまることができた。その勢いが長安に入って王莽を殺して新《しん》を滅ぼした。

更始帝の集団を支えた将軍たちは山東人であり、都を当初南陽の宛《えん》に置いた。のちに洛陽に移った。王莽の首は更始帝の待つ宛に届けられた。更始帝はそれを宛城の市にさらした。しかし更始帝劉玄自身は赤眉軍に殺されてしまった。そうした混乱のなか、劉秀は河北の地域の諸勢力を抑えた後、建武元年（二五）帝位につき、更始帝に代わって各地の諸勢力を抑えて天下を最終的に統一していった。

さて始皇帝以来、伝国《でんこく》の璽《じ》が漢王朝に受け継がれていった。璽印には「受天之命、皇帝寿昌」（天の命を受け、皇帝は寿昌《じゅしょう》たり）という八文字が刻されていた。もちろん現在には伝わっていない。この璽印の伝達の経路は興味深い。王莽が元后《げんこう》から無理に奪い取ったときに、地面に落として鈕《ちゅう》の螭《ち》（龍の一種のみずち）の角が欠けてしまった。その後更始帝から劉盆子の手に渡り、最後は光武帝のもとに帰したという。王莽から光武帝へ直接政権が移行するのではなく、王莽からまず更始帝へ移った。この段階ですでに南陽劉氏の政権は誕生したともいえる。つぎに更始帝から赤眉の劉盆子（山東劉氏）へと劉氏間の交替があり、最後に農民反乱を収拾した光武帝、すなわち南陽劉氏にふたたび権力は帰着した。

光武帝が即位したときに告天《こくてん》の儀礼を行った。

王莽《おうもう》は天子の位を奪い、秀《しゅう》（劉秀）は発憤して義兵を起こした。王邑《おうゆう》の一〇〇万の衆を昆《こん》陽《よう》に破り、王郎、銅馬、赤眉、青犢《せいとく》の賊を誅し、天下を平定した。

こう天に告げた。光武帝の側から見れば、第一の敵は王莽であり、そのあとには農民諸反乱を敵にした。当初牛に乗っていた劉秀は、馬に乗り換えたという。かれの反乱の性格を象徴する。

光武帝劉秀の治世

漢王室の中興

光武帝劉秀の治世は三三年間（建武元年〈二五〉―中元二年〈五七〉）、その大部分は前後漢交替期の混乱の回復にあてられた。西北の隗囂《かいごう》と蜀の公孫述《こうそんじゅつ》の勢力を鎮圧して統一を回復したのは、建武一二年（三六）のことであった。外交でも離反していた周辺諸国が再び和親を求めるようになり、一段落したのは即位してから三〇年もたった建武三〇年（五四）のことであった。始皇帝も秦王の時代が二五年、皇帝の時代が一二年、劉邦は漢王の時代が四年、皇帝の時代は八年、劉秀は皇帝にはなったが、戦乱のなかでの皇帝であった。内外の安定を確保した光武帝は、建武三二年（五六）になってはじめて東方へ巡狩《じゅんしゅ》した。

始皇帝、武帝にならった。封禅《ほうぜん》の祭祀を泰山で行い、天に統一を報告し、中元《ちゅうげん》と年号を改元した。二五年は後漢朝の開始の年であるが、実際の統一の完成は三〇年後の中元元年（五六）と考えた方がよい。ようするに光武帝は統一をなしとげたと思ったら、すぐに死を迎えることになった。

この年の正月、東海・沛《はい》・楚・済南《さいなん》・淮陽《わいよう》・趙《ちょう》の国内の諸王が来朝して統一を祝賀した。六月には長安に行幸して前漢の始祖高祖の陵墓である長陵を祀り、漢王室を中興したことを報告した。洛陽の南には霊台《れいだい》・明堂《めいどう》・辟雍《へきよう》などの礼制の施設を造営し、北郊《ほっこう》には方壇を築いて地を祀った。図讖《としん》の書を全国に宣布することも忘れなかった。漢室中興の正統性を与えた讖緯《しんい》という予言の書を、統一完成後に公認させたのである。

統一の諸政策は、順次行われた。建武六年（三〇）田租を軽減して三〇分の一税を復活し、翌年には郡兵を廃止して兵制を改革、建武一〇年（三四）前漢末以来決壊していた黄河の堤防を修復、建武一五年（三九）には全国の耕田面積、人口を調査し、また全国の輿地図《よちず》を作成、翌年に前漢の五銖銭を復活させた。

奴婢の解放、行財政の大改革

光武帝は奴婢を頻繁に解放した。王莽末の動乱のときに略奪されて奴隷身分に落とされた人々を救済するためだ。王莽の時代には奴婢の市が立って売買されていた。建武六年（三〇）、王莽時代の奴婢を、旧王朝時代の法律を適用すべきでないとの原則の上に立って解放した。翌建武七年（三一）にも青州（山東省）、徐州（江蘇省）の地域で奴婢を解放、建武一一年（三五）には奴婢を殺した者は良民を殺した場合よりも罪が軽いという法をやめ、また奴婢が一般の良民を傷害した場合棄市《きし》という死刑に処する法律も廃止した。奴婢の地位が法的にも良民に比して低い状態であったのを改善しようとした。建武一二年（三六）にも今度は隴《ろう》（甘粛）、蜀《しょく》（四川）の地の奴婢を解放、建武一三年、一四年にも益州《えき》（四川省）や涼州《りょう》（甘粛）の、略奪されて奴婢となった人々を解放している。

光武帝は財政制度の大改革も断行した。前漢時代は帝室財政（宮廷費）と国家財政とが別々に運営されていたが、少府という帝室財政と宮廷内を管理する重要な権限をもった官職を、たんに宮廷の雑務をつかさどる用務に下げた。建武六年（三〇）、複雑化していた官僚機構の改革も断行した。後漢の内外の文武官僚は七五六七人、それをささえる内外の属吏は一四万五四一九人、合計一五万二九八六人の官吏がいたが、中央の司隷校尉《しれいこうい》と各州牧《しゅうぼく》（刺史《し》）に所轄の官吏の人員の削減を命じた。前漢末の一〇三の郡国、一五八七の県（邑、道、侯国を含む）のうち、一〇の郡国と四百余（四七八）の県が廃止された。郡国の廃止率は一〇・八七パーセント、県の廃止率は三〇パーセントにものぼった。

県の廃止は表向きは行政改革ではあるが、廃止された県の地域分布を見ると、前後漢交替期の混乱に中央権力の支えを失って存続できなくなった都市であると考えられている（木村正雄『中国古代帝国の形成』、二〇〇三年）。すなわち北方の廃止率は三六パーセントにものぼり（南方は七パーセント）、さらに北方の県のうち新県（戦国以降に開設）の廃止率は四七パーセント（春秋時代の邑に起源を持つ旧県は一三パーセント）にも達する。

郡都尉や関都尉《かんとい》などの軍事的な要職もこのときに省かれた。郡都尉は郡の太守に軍事権を持たせないために設けられた軍官であったが、建武六年（三〇）廃止され、太守の職に任された。しかし同時に都試という郡内の兵士の戦闘訓練を止め、翌年には郡の兵士も解散してしまった。太守の軍事権を認めたのではなく、統一を実現させた後漢王朝は、内地の郡の軍縮を行い、その分、辺境の郡の軍事力強化に力を注いだ。内地の関所に置かれた関都尉も廃止された。

後漢王朝の都・洛陽へ遷都

建武元年（二五）一〇月、光武帝が洛陽に都を置いた。以降、初平元年（一九〇）二月、董卓《とうたく》が関東の難を避けて再び長安に遷都するまでの一〇世一六五年間、洛陽は後漢王朝の都となった。当初、前漢の旧都長安に遷都すべしとの意見の方が強かった。杜篤《ととく》も『論都《ろんと》』を著し、長安の位置する関中が四方を山河で囲まれた防衛上の利点を有することを指摘し、洛陽遷都に反対した。しかし班固《はんこ》は『両都賦《りょうとふ》』で、西都長安と東都洛陽の両都を比較しながら後者の優位点を論じた。長安は、函谷関《かんこくかん》を閉じて秦嶺山《しんれいさん》、九疑山や涇水《けいすい》、渭水《いすい》に囲まれた西《せい》僻《へき》の地にあり、防御には専念できる。洛陽は、天下の四瀆《しとく》、五嶽の中心に位置して内外の隔壁の無いことを天下に示せる。洛陽こそ天下の王者にふさわしい都だと主張した。西都の賓客と東都の主人との問答の文章は、じつに巧みである。架空の人物に語らせる手法は司馬相如《しばしょうじょ》にならった。西都の賓客は、すでに廃墟と化した長安の跡を訪ね、故老の話をもとに繁栄した長安の様子を、つぎのような調子の美辞麗句でならべたてた。

漢の西都は雍州《ようしゅう》にあり、まことに長安と曰《い》う。左は函谷《かんこく》・二崤《にこう》の阻《そ》に拠り、表は太華・終《しゅう》南《なん》の山を以てし、右は褒斜《ほうや》・隴首《ろうしゅ》の険《けん》を界とし、帯ぶるに洪河《こうが》・涇渭《けいい》の川を以てす。華実《かじつ》の毛は則ち九州の上腴《じょうゆ》なり、防禦の阻は則ち天下の奥区《おうく》なり。

というような調子だ。とにかく長安の利点は、華実の毛、すなわち草木の生い茂った肥沃な土地と、防禦の阻、すなわち周囲を囲む関中の険阻《けんそ》な地形にあった。

州郡の豪傑、五都《と》の貨殖《かしょく》に与《あずか》るや、三選七遷、陵邑《りょうゆう》に充《み》ち奉《ほう》じ、蓋《けだ》し彊幹弱枝《きょうかんじゃくし》を以てし、上都を隆《さか》んにし万国を見る。

周、秦に続いて関中に都を置いた漢は、地方の豪傑や全国五大都市（洛陽《らくよう》・邯鄲《かんたん》・臨淄《りんし》・宛《えん》・成都《せいと》）の商人のなかから、三種の人々（豪傑・高官・富豪という社会的、政治的、経済的に選ばれた人々）を七つの陵邑に移した。幹を強く枝を弱くして作り上げた長安が万国の上に立つことになった。

其《そ》の中には乃《すなわ》ち九真《きゅうしん》の麟《りん》、大宛《だいえん》の馬、黄支《こうし》の犀《さい》、条枝《じょうし》の鳥有りて、崑崙《こんろん》を踰《こ》え、巨海を越え、殊方異類《しゅほういるい》、至《いた》ること三万里。

人ばかりか、あらゆる物産を長安に集めようとした。ベトナム（九真）、フェルガナ（大《だい》宛《えん》)、インド(黄支《こうし》)、シリア(条枝《じょうし》)から陸と海のルートを経て運ばれた。西都《せいと》の賓客の語りとはいっても、班固《はんこ》のことばにほかならない。西都の華美、豪奢《ごうしゃ》は、司馬相如《しばしょうじょ》が風刺したように、その贅《ぜい》を褒《ほ》め称えた文章が、風刺としても読める。

爾《しか》して乃《すなわ》ち娯《ご》游《ゆう》の壮観を盛んにして、大武《たいぶ》を上囿《じょうゆう》に奮《ふる》い、茲《ここ》に因《よ》りて以て戎《じゅう》を威《おど》し狄《てき》に夸《ほこ》り、威《い》を耀《かが》やかせて事を講ず。

長安の上林苑《じょうりんえん》では狩猟や軍事演習が盛大に行われた。目的は夷狄に威信を示すものであった。東都の主人は、西都に対抗して洛陽の華美を誇ることはしなかった。洛陽は長安とは性格を異にした。車輪の輻輳《ふくそう》(スポーク)のような天下の中心であり、王者は内外の区別をしなかった。天下の西北にあり、内と外を区別する関中のなかの長安と、同じ漢の都として性格をまったく異にした。

洛陽城発掘調査の記録

この後漢洛陽城の遺跡は河南省洛陽市の東約一五キロ、南は洛水に臨み、北は北邙山《ほくぼうざん》を望む地にある。かつて西周《せいしゅう》が成周城《せいしゅうじょう》を築いた地であった。古来洛邑《らくゆう》、洛陽と呼ばれていたが、漢では「洛」の字は、さんずいの水を嫌ってふるとりをつけて「雒《らく》」に改められた。火《か》徳《とく》の漢王朝が水徳《すいとく》を嫌うという五行思想の影響である(但し本稿では主として慣用の「洛」を用いた)。洛陽城は後漢のあとも魏《ぎ》、西晋《せいしん》、北魏の都として引き継がれ、城壁や城門など基本的な部分は後漢洛陽城のものが後世に踏襲されていった。漢魏《かんぎ》洛陽城といういいかたは四王朝の首都洛陽の総称である。

　中国社会科学院考古研究所が中心になって、一九五四年以降発掘調査を続けてきた。版築《はんちく》の城壁は南側が洛水によって流失している。北、東、西の三面が残っているだけだ。『続漢《しょくかん》書《じょ》』郡国志《ぐんこくし》（現『後漢書』の志は、西晋の司馬彪『続漢書』の部分を合わせた）の注に引用する『帝王世記《ていおうせいき》』では「城の東西六里一十歩、南北九里一百歩」と見え、南北に長い長方形の「九六城」と呼ばれていた。城壁の周囲の全長は約一三キロと推定されている。

　部分的な発掘から推定すると、城内の配置は一二の城門が東三、西三、南四、北二にそれぞれ造られており、各門から城内に入った道路が東西南北に交差していた。宮殿は南宮と北宮が南北に対置され、全体のなかで大きな敷地を占めている。建武元年（二五）一〇月、光武帝が最初に洛陽に入ったときの宮殿が南宮であり、最期もここで迎えた。北宮は明帝のときに造営され、永平八年（六五）完成した。北宮にある徳陽殿《とくよう》は一万人を収容できる大規模なもので、元旦の朝賀の会には百官たちがここに集まった。そのほか城内には北宮の東に永《えい》安宮《あんきゅう》、北宮の西北には濯龍園《たくりゅうえん》という御苑《ぎょえん》があった。東北隅には太倉《たいそう》（国家の穀物貯蔵庫）と武器庫があり、南宮の東南は官庁街、南宮の西北には金市《きんし》という市場があった。この市場では京師《けいし》の遊侠《ゆうきょう》たちが順帝の陵墓を盗掘して得た御物なども出回っていたという。城南には辟《へき》雍《よう》・太学《たいがく》・明堂《めいどう》・霊台《れいだい》（天文台）が作られた。唐長安城に見られるような整然とした皇城、宮城、条里制の配置とは異なり、宮殿部分の占める割合が大きいことは、前漢の長安城の特徴を引き継いでいる。

服役刑徒の墓

洛陽北郊外には黄河が流れ、大きな河岸段丘を造っている。この丘陵一帯は邙山《ぼうざん》と呼ばれ、ここに献帝以外（献帝の陵墓は河南焦作《しょうさく》にあり）の後漢皇帝の一一の陵墓が造営された。光武帝の原陵《げんりょう》は黄河を望む地にある。出土物がないだけに後漢皇帝陵の判断は難しく、原陵でさえも、異説がある。章帝《しょうてい》のときに、原陵と明帝の顕節陵《けんせつりょう》に前漢のような陵邑《りょうゆう》（守陵都市）を設置しようとする動きもあったが、光武帝、明帝以来の倹約の方針を受けてとりやめた。したがって後漢の皇帝陵は前漢皇帝陵に比して全体に質素である。陵墓を囲む垣もなく、寝殿、廟、陵園管理官舎などがあるだけである。しかし皇帝が諸侯王、外戚一族の婦女、郡国の上計吏《じょうけいり》や匈奴単于、西域三六国の侍子《じし》（人質）たちを率いて陵墓に赴く上陵《じょうりょう》の礼《れい》は、後漢の重要な政治行為でもあった。

一九六四年洛陽城南二・五キロでは首都洛陽に服役していた刑徒の墓が五二二基も発見されている。墓の形は長さ一・八～二・三メートル、幅〇・四～〇・五メートルの長方形の竪穴、すでに腐っていたが木棺に納められていた。なかには五銖銭を棺に入れたものがあったが、普通は二片ずつの墓磚《ぼせん》を納めていた。ここには死者の姓名、出身郡県、刑罰名などが記されており、例えば「南陽宛《なんようえん》、髡鉗《こんけん》、陳便《ちんべん》、永初《えいしょ》元年五月廿五日物故して死し此の下に在り」と見える。鉄の首かせと頭髪を剃られていた南陽郡宛県出身の陳便という刑徒が、一〇七年に埋葬されたことを記している。

金印と光武帝以後

倭の奴の国王への蛇鈕金印

建武中元《けんぶちゆうげん》二年（五七）正月、倭《わ》の奴《な》の国王の使者が朝貢《ちようこう》した。使者は自ら大夫《たいふ》といい、その国は倭国の極南界《きよくなんかい》にあるといった。光武帝は印綬《いんじゆ》を賜った。

小さな国の使者がわざわざ後漢の都洛陽まで朝貢して、印綬をもらった。使節を受け入れた光武帝は、翌二月戊戌《ぼじゆつ》には南宮の前殿で六二年の生涯を閉じた。倭の百余国の一国という小さな国の王と大きな帝国の皇帝の取り合わせ、この出会いは、倭にとって大きな事件であった。しかし大きな帝国の皇帝にとっても治世最後の意味あることであった。

倭《わ》の奴国《なこく》の使者が賜った印綬の中身までは『後漢書』には記録されなかった。しかし福岡県志賀島《しかのしま》、現在は海に囲まれた小さな陸続きの島で、江戸時代の天明四年（一七八四）、畑のなかからわずか二・三五センチ四方、重さ一〇九グラムの小さな金印が発見された。印の上部は綬《じゆ》という紐《ひも》を通す穴があいており、その部分を鈕《ちゆう》と呼んでいる。この印は蛇鈕金印《だちゆうきんいん》という。印面には陰刻《いんこく》で「漢委奴国王《かんのわのなのこくおう》」の五文字が彫ってある。よく知られた国宝の金印で、現在福岡市博物館に展示されている。『後漢書』東夷列伝《とういれつでん》の倭人条《わじんじよう》の「光武賜《たま》うに印綬を以てす」という記述が、現実に証明された。しかしあまりにも奇妙な一致に、長い間偽印ではないかともいわれてきた。

陰刻で二・三センチ四方はたしかに漢代の規格にあっている。二・三センチは漢代の一寸の大きさである。陰刻（文字の部分が凹面）とは、わたくしたちの印鑑の陽刻《ようこく》（文字の部分が凸面）とは違う。竹簡・木簡時代の印鑑の特徴だ。紙の文書に朱を付けて押印する時代は、現在と同じように文字の部分に朱が付くように陽刻にした。秦漢の時代は文書を封じて紐で縛った箇所に粘土をつけて押印する。勝手にほどかせないためである。文字の部分を浮き彫りにさせたので陰刻こそが効果的であった。

一九五六年、さきにもふれたが中国の雲南《うんなん》省でも一つの墓から、やはり同じ二・三センチ四方の蛇鈕《だちゅう》金印が発見された。そこには「滇王之《てんおうの》印《いん》」の四文字が彫ってあった。『史記』西南夷列伝に武帝が「滇王に王印を賜う」とある記録が、現実の出土印と一致した。この二つの蛇鈕金印の所有者である、倭の奴の国王と滇王の間には直接的な結びつきはない。しかし遠く離れて発見された印には、漢という帝国を介すると深いつながりが見えてくる。漢代には金印は官位と爵位の最上位クラスの者に与えられた。金のもつ価値は劉氏王朝への功労への褒賞としてふさわしい。漢代には黄金が大量に下賜された。「漢委奴国王」印は金九五パーセントで銀四・五パーセント、そのほかわずかな銅も含まれていた。二四金（一〇〇パーセント純金）にはいたらないが、二三金（九五・八パーセント）に近い純度の輝きはすばらしい。一〇九グラムの重さは当時の半斤にも満たないが、そこに刻まれた文字は劉氏王朝に朝貢したことを証明したものだ。たんに一斤の金餅《きんぺい》のままよりは、半斤に満たなくても純度の高い金に五つの文字と蛇を彫り、綬を付けて遠来の使者に下賜することの意義は大きかった。

金印を賜う光武帝側の事情

丞相、太尉（大司馬）、大司空、将軍などの高官クラスには金印紫綬《きんいんしじゅ》が与えられた。官印は任期中だけ所持できるものであったが、爵と印は個人の功労に与えられたもので返還することはなかった。諸侯王には金璽緑綬《きんじりょくじゅ》、列侯、関内《かんだい》侯には金印紫綬が与えられた。金印紫綬を与えられた外国には、西域では蒙奇《もうき》、兜勒《とろく》や、南方では葉調《ようちょう》、撣《たん》、西南では白狼《はくろう》、蛮夷王唐《とう》などであった。同じ金印でも鈕《ちゅう》の形は異なっていた。諸侯王や列侯は亀であるのにたいして、外国の国王には駱駝《らくだ》、羊、蛇などその地方にあわせて作った。

「漢委奴国王《かんのわのなのこくおう》」の最初の「漢」の字の意味は重要だ。「東夷の倭の奴の国王」を冊封《さくほう》して「漢《かん》の委《わ》（倭）の奴《な》の国王」とした。東夷の国王が朝貢したことで、光武帝から漢の国王とされた。漢の国王といっても「漢帝国に服属した倭の奴国」ではなかった。外国の服属国は外臣という。奴の使者は数年に一回、正月の朝会に貢ぎ物をもって参列すればいい。「漢の国」と表記することは、匈奴や倭などに限られていた。同じ光武帝のときには楽浪郡に使節を送ってきた蘇馬諟《そばし》が「漢廉斯邑君《かんれんしゆうくん》」に封じられている。郡外の蛮夷の張遊《ちょうゆう》も「帰漢里君《きかんりくん》」に封じられた。伝世の印にも「漢匈《かんきょう》奴悪適尸逐王《どあくてきしちくおう》」駱駝鈕《らくだちゅう》銅印、「漢匈《かんきょう》奴破虜長《どはりょちょう》」印、「漢帰義胡長《かんきぎこちょう》」駱駝鈕銅印、「漢夷邑長《かんいゆうちょう》」印などが見られる。「遠来から漢への朝貢国」という意味である。漢に服属せず、漢と一定の距離を置いていた国であっ

「漢匈奴帰義親漢長」銅印　朝貢してきた国に与えられた。駱駝鈕の銅印（『華夏之路』）

た。倭のなかで三十数ヵ国が漢に使節を送るなかで、奴国もその一国であった。

後漢《ごかん》光武帝の治世は三三年もの長きにわたったが、けっして安泰な統一政権が一貫して続いていたわけではなかった。公孫述は、一二年間も漢とは別に成家の政権を立て、隗囂《かいごう》政権は「復漢」、つまり「漢を復興すること」を宣言した。劉秀は漢家の政権を中興した。漢とは高祖劉邦の廟をはじめとする宗廟によって守られてきた家である。劉秀は高祖廟を修理して祀り、前漢皇帝の一一陵をも祀った。新都洛陽にも高祖廟を建て、高祖から平帝までの一一人の皇帝の神主《しんしゅ》（位牌）を収めた。

倭の奴国の使節が来訪した前年、呂太后《りょたいこう》の位牌が夫の高廟からわざわざ除かれた。呂太后は高祖のときの「劉氏でなければ王としない」という約束に背き、一族を王にしたからだ。漢家の宗廟を守ることが、自らの政権の正統を主張することであった。倭の奴国の側よりも、「漢」の継続中興を宣言した光武帝の側にとって、「漢」字を冠した金印を与えたことの意味が大きかった。

光武帝の死と明帝の即位

光武帝が亡くなったその日に、第四子の皇太子劉荘《りゅうそう》が皇帝に即いた。前漢では皇帝の死と新皇帝の即位の間には、数日間の空白があった。しかし後漢では、大喪の柩《ひつぎ》の前で即位が行われる。葬礼では官僚たちは白い単衣の葬礼の服を着用し、冠をはずして白い頭巾をかぶっていた。かれらはいったん退出してから、今度は吉礼の服に着替えてきた。一日たりとも皇帝位を空位にしてはならない。漢を中興した王朝のやりかただ。ふたたび王朝の中断は許さない。光武帝の遺体はすでに、正殿の二本の大きな柱の間で梓《あずさ》の木の柩に収められていた。梓（キササゲあるいはアカメガシワ）は心材が紅褐色で耐久性があるのでとくに皇帝の棺に用いられた。梓棺《しかん》といえば天子の棺をいう。なかの遺体は、すでに沐浴させ、赤い絹で身体を覆ったあとに金縷玉衣《きんるぎょくい》を着用させ、口には玉《ぎょく》を含ませていた。腐乱しないように氷も用いられていた。先帝と皇太子をつないだのは太尉であった。光武という諡号《しごう》を南郊で天に告げ、柩の前では策《さく》の文章を読み上げたあとに、伝国《でんこく》の璽《じ》を皇太子に授けた。群臣は万歳を叫んだ。即位の儀式はいたって簡単なものだ。

光武帝の遺体は三月丁卯《ていぼう》に原陵に埋葬された。翌永平元年（五八）の元旦、新皇帝明帝《めいてい》は光武帝の原陵に上り、それまで宮中で行っていた元会《げんかい》を陵墓で開いた。公卿、百官、諸侯王、郡国の計吏《けいり》（財政報告の官吏）や皇族、外戚などが朝廷に参集して朝賀する儀式である。このときは場所を前帝の陵墓に移した。郡国の計吏は穀物の価格や風俗の変化の様子を先帝の霊魂に報告した。「古は墓では祭祀をしない」という礼は始皇帝陵に寝殿が造られてから崩され、漢代にも引き継がれていた。このときは初めて、皇帝以下の官僚たちが大挙して先帝の陵で儀礼を行った。もうこのときは倭の使節の姿はなかった。

安定した明帝時代

明帝の時代は、光武帝の時代とあわせて、国内で外戚の介入もなく安定した政治が行われた。改元も一度もなく、永平の年号が一八年も続いた。明帝は光武帝に引き続いて巡狩《じゅんしゅ》を行った。改元の二年目の永平二年（五九）、西方巡狩から始まり、このとき前漢の古都長安に入って高祖廟《こうそびょう》を祭り、さらに前漢の高祖から平帝に至る一一の皇帝陵も訪れている。一一の前漢皇帝とは、恵帝のあとの二人の少帝《しょうてい》を除いたものだ。光武帝の巡狩に倣った行動であり、前漢劉氏王朝を継承する正統性を重ねて確認した。赤眉の乱で一部破壊、盗掘された前漢皇帝陵も、政治的な必要性から整備、保護されていった。

永平一三年（七〇）、将作謁者王呉《しょうさくえつしゃおうご》と王景《おうけい》による汴水《べんすい》の治水改修工事がわずか一年で完成した。王莽のときに流れが大きく変わっていた黄河の西には、汴水という分流があった。前漢末の平帝のときに決壊してから放置され、洪水がしばしば起こった。王景《おうけい》は琅邪《ろうや》から楽浪郡に移住した者の子孫であり、水利技術に長けていた。堨流法《えんりゅうほう》という新しい方法を開発した。堨《えん》とは水流を調整する堰《せき》のことであり、堨流《えんりゅう》とは滞っていた流れをスムーズに流すことである。

滎陽《けいよう》から渤海湾《ぼっかいわん》河口の千乗《せんじょう》まで千余里（約五〇〇キロ）の間に一〇里ごとに水門を作って分水させ、河流の勢いにさからわず力を弱めながら海に流した。この汴水の治水がうまく行われれば、本流の黄河も安定することになる。黄河は唐末まで、大きな決壊もなく、安定期に入った。明帝は武帝のときの瓠子《こし》での決壊と治水を思い起こした。武帝と同じように現場に赴いた。黄河南岸の滎陽（現在の河南省鄭州市西北）まで巡狩し、流域の耕地は、貧しい者に貸与し、豪族の占有を禁ずる措置をとった。もっとも人口密度の高い、この地の治水灌漑が成功した。『後漢書』には『史記』河渠書《かきょしょ》や『漢書』溝洫志《こうきょくし》にあたる水利史の篇がない。黄河が安定したからであろう。

白虎観会議で五経の解釈を議論

前漢の宣帝のときに、儒者を石渠閣《せききょかく》に集めて五経を議論させた。その後も五経の解釈が細分化してきたので、章帝の建初《けんしょ》四年（七九）、白虎観《びゃっこかん》において数十人の儒者を集め、五経のテキストの異同や経文の解釈について一ヵ月以上も活発に議論が行われた。太常の官以下、博士、諸生、諸儒ばかりでなく、宿衛官《しゅくえいかん》の五官中郎将《ごかんちゅうろうしょう》や、皇帝の詔書を伝達する大夫、議郎《ぎろう》なども参加した。章帝の質問を五官中郎将の魏応《ぎおう》が伝達し、侍中の淳于恭《じゅんうきょう》が議論の争点を上奏し、皇帝が判断するという手順で行われた。章帝は光武帝、明帝の二代を継ぎ、四歳で皇太子となり、一九歳で即位した。若いときから寛容で、儒学を好んだ。皇帝自身が積極的に儒学の議論に加わった。白虎観会議の議論の様子は、班固の『白虎通徳論《びゃっこつうとくろん》』（『白虎通』ともいう）に詳しく収められている。

天子と皇帝の二つの称号に関する論争を取り上げてみよう。「なぜ天子が爵《しゃく》であるのか」という質問が出された。爵位というものは皇帝が臣下に賜与《しよ》するもので、列侯以下公士まで二〇等の爵位があった。天子は爵の称号であるという爵位があるのはなぜかという問題である。天子は爵位を与える皇帝自身に天子という爵位があるというのは今文学派《きんぶんがくは》の見解である。周代の制度でいえば王、漢代でいえば皇帝が、なぜ天子という爵位をわざわざもって地上世界の爵制秩序のなかにおさまっているのか。古文学派《こぶんがくは》の方は、『春秋左氏伝《しゅんじゅうさしでん》』を根拠に、天子は夷狄《いてき》に対する称号であり、天子は爵ではないという説を主張していた。始皇帝が天に近づきすぎたので、漢代の皇帝は天子として天との距離を強調した。その二つの称号の矛盾を解決しようというものだ。天の上帝《じょうてい》に匹敵するとした秦の皇帝は、たしかに上帝と一線を画した漢の天子とは矛盾する。漢代の儒者たちの重要な争点となった。

いろいろな意見が出た。皇帝と天との距離をいろいろと説明した。「王とは天を父、地を母としているので、天子である」、つまり皇帝はあくまでも天地から生まれた存在である。当時盛んになっていた緯書《いしょ》が数多く引用された。経《けい》（縦糸）を緯《い》（横糸）から解釈する。『孝経』を解釈した『孝経援神契《こうきょうえんしんけい》』を引きながら、天が覆《おお》い地が載《の》せるので天子といい、天の斗極《ときょく》（天の極）にならって地上では天子は諸侯の中心となるという。また同じ『孝経』の緯書『孝経鉤命決《こうきょうこうめいけつ》』の「天子は爵の称なり」という文章そのものを引いて権威づけた。

また「天子といったり帝王といったりするのはなぜか」という質問が出された。これに対しては、「上に接して天子と称するのは、爵で天につかえているのを明らかにするからであり、下に接して帝王と称するのは、天下にたいして至尊《しそん》の称を唱え、臣下に号令する位にあることを明らかにするからである」と説明した。いわば天から賜った爵が天子であるというのだ。これも『孝経鉤命決』の解釈であり、中華内部の皇帝と夷狄に向けた天子という二つの称号と見た左氏学《さしがく》の見解とは異にして、もう一つの合理的解釈を提示した。民の父母として民の上に立ちながら、民にも並ぶ皇帝像が天子という称号で示された。

章帝は、皇帝の親族が奢侈《しゃし》に走ることを戒めた。飢饉によって生まれた流民が故郷に戻る際には、旅費を与え、亭《てい》に無料で宿泊することを認めた。戸籍のないことを申し出た流民には爵を与えた。章帝みずから騎兵と軽装で巡行し、民衆の生活を見て回った。死罪以下の罪刑者を一等ずつ減じた。絹を納める贖罪も認めた。

匈奴と西域経営

南匈奴との関係

建武二四年（四八）、匈奴は南北に分裂した。日逐王《にっちくおう》の比《ひ》は自立して匈奴の南単于《なんぜんう》（醯落《けいらく》尸逐鞮単于《しちくていぜんう》）となった。かれは使節を後漢王朝に送り、臣下と称して服属した。後漢の側も、建武二六年（五〇）に子を人質として送ってきた南単于に対して、雲中郡の居住を認めた。また冠帯《かんたい》・璽綬《じじゅ》・車馬・金帛《きんぱく》・甲兵《こうへい》（兵器）・什器《じゅうき》なども賜与《しよ》し、さらに河東《かとう》郡から差し出させた干し飯《いい》（乾燥させた米）二万五〇〇〇石、牛羊三万六〇〇〇頭をも支給した。西域全諸国への歳費の総計が七四八〇万銭であるから、南匈奴への歳費一億九十余万銭は莫大なものであった。この数字は、後漢朝がいかに南匈奴を厚遇したかを示している。

匈奴兵画像　匈奴は南北に分裂した。後漢政府は南匈奴と連合し、北匈奴を滅ぼした（『臨沂漢画像石』）

この年に設けられた使匈奴中郎将は、南匈奴部族の保護を任務とした官職である。後漢皇帝と南匈奴の単于とは君主と客臣に相当する関係、つまり君主と臣の関係よりも高い主人と客人に近い関係であった。匈奴自身は独自の礼や法をたもちつつ、後漢との外交関係では臣属したといえよう。南単于は天神（天）と同時に漢の皇帝をもあわせて祀っていた。

一九七七年青海《せいかい》省大通《たいつう》県上孫家寨《じょうそんかさい》で発掘された後漢末の匈奴の墓葬には、後漢に服属して漢文化に融合した匈奴の様子が反映している。墓室からは「漢匈奴帰義親漢長《かんきょうどきぎしんかんちょう》」と彫られた駱駝鈕の銅印（四一三ページの写真）が出土した。これは一九五三年新疆沙雅《しんきょうさが》県から出土した羊鈕《ようちゅう》銅印「漢帰義羌長《かんきぎきょうちょう》」とも同類のものである。北方や西北の遊牧民にはその地にふさわしい駱駝や羊の鈕の印が与えられ、中国王朝から冊封《さくほう》された。また「漢の匈奴」「親漢」のような漢朝を冠した表現は、蛇鈕金印「漢委奴国王《かんのわのなのこくおう》」や「親魏《しんぎ》倭《わ》王《おう》」印（邪馬台国卑弥呼の使節が魏から与えられた印）など東方の倭が賜与された称号と共通である。

この墓は版築の墳丘墓（高さ六・二メートル、直径二三メートル）であり、磚《せん》（煉瓦）をアーチ形に積み重ねた磚室墓《せんしつぼ》のなかからは五銖銭《しゅせん》、銅鏡、陶製の竈《かまど》の明器《めいき》などが出土した。墓葬の形式といい、出土文物といい、漢文化の色合いが強い。銅印から見ると被葬者は南匈奴の諸部族の一部族長であろう。また陝西《せんせい》省でも鼻鈕石印《びちゅうせきいん》「漢匈奴悪適尸逐王《かんきょうどあくてきしちくおう》」が出土し、伝世品にもまったく同文の駝鈕銅印（大谷大学蔵）が見える。これらも後漢の皇帝が匈奴の一部族の王に授けたものであろう。

北匈奴の壊滅

一方分立した北匈奴の方も光武帝のときに和親を求めてきた（建武二七年〈五一〉）。後漢政府は服属したばかりの南匈奴との関係を重んじ、南北両匈奴との等距離外交は避けた。その後北匈奴は、南匈奴とも戦いを交えながら後漢の辺境を度々侵し、後漢朝の反応をうかがった。章帝元和二年（八五）南匈奴の伊《い》屠《と》於《お》閭単于《りょぜんう》が北匈奴の王を琢邪山《たくやさん》に破った。このとき武威《ぶい》太守《たいしゅ》の孟言《もうげん》は、北匈奴側からの積極的な和親要求に応えて捕虜を帰還させるべきことを上言した。この外交的判断をめぐって後漢政府内では太尉《たいい》（軍事長官）の鄭弘《ていこう》、司空《しくう》（副丞相）の第五倫《だいごりん》らの対北匈奴強硬派と、司徒《しと》（丞相）桓虞《かんぐ》、太僕《たいぼく》（天子の車馬管理）袁安《えんあん》らの和親派とが大激論をたたかわせた。

　結局章帝は北匈奴に捕虜を帰すという配慮をする一方で、敵兵を捕虜にした南匈奴には功賞を与え、南匈奴の忠信に報いた決定をした。後漢の対北匈奴外交の事情をよく物語っている。結局その後和帝永元三年（九一）、北匈奴の単于が臣属を求めて使節を送ってきたが、南単于は北匈奴を滅ぼすべきと上書し、南匈奴と後漢の連合軍が北匈奴を襲撃することになった。斬首八〇〇〇、捕虜数千と壊滅的な敗北をした北匈奴は翌九二年、竇憲《とうけん》によって滅ぼされてしまった。王族以下五〇〇〇人を捕らえられた北匈奴は、その後逃走し、行方がわからなくなっている。

　内モンゴル自治区エチナ河流域の居延塞《きょえんさい》は前漢時代に引き続いて対匈奴戦略の基地であった。ここから大量に出土したいわゆる居延漢簡のなかには、光武帝建武年間初期までの木簡がある。とくに光武帝の建武年号のものが多く、辺境の軍事や兵士の生活ぶりを生き生きと示す史料である。

　一九七四年発見された「塞上烽火品約《さいじょうほうかひんやく》」という一七枚の木簡は建武《けんぶ》初年の砦の狼煙《のろし》に関する規定である。建武初年の河西五郡を支配していたのは竇融《とうゆう》であり、建武五年（二九）に光武帝に服属した。匈奴兵の兵力や侵入路によって狼煙の種類や回数を細かく定めたものであった。狼煙の種類には烽《ほう》（籠《かご》に燃料を入れ火をつけて高く掲げる）、表《ひょう》（旗信号）、鼓《こ》、煙《えん》、苣火（たいまつ）、積薪（たきぎ）の六種があり、昼間は烽、表、煙を上げ、暗闇の夜間に苣火《きよか》を上げた。また兵力が一〇〇〇人未満のときには一山の薪を焼き、一〇〇〇人以上のときには二山の薪、一〇〇〇人以上が亭鄣《ていしょう》まで攻めてきたときには三つの山の薪を焼くというように決められていた。

匈奴防衛最前線の暮らしを伝える史料

一九七三―七四年に出土した「候粟君所責寇恩事《こうぞくくんしょせきこうおんじ》」と題する冊書《さくしょ》三五枚、四七行は、甲渠《こうきょ》候《こう》の粟君《りつくん》（粟は栗と解するのが正しい）が、寇恩《こうおん》という人物に貸し付けた牛と穀物について起こした訴訟事件の取り調べ文書である。

建武三年（二七）一二月三日に居延《きょえん》県の都郷《ときょう》の嗇夫《しょくふ》の宮《きゅう》（取調官）が、甲渠候《こうきょこう》の粟君《りつくん》（原告）の訴えにより県の命令で寇恩（被告）を取り調べた。以下は粟君の訴状と、一二月一九日に行った寇恩の供述確認調書、そして宮の結論を列挙し、一二月二七日に県から甲渠候官に宛てた文書に、粟君の訴えは不当であるから政不直者《せいふちょくしゃ》の法《ほう》（誣《ぶ》告《こく》）を適用すると記している。

訴状によれば、粟君は魚五〇〇〇匹を張掖《ちょうえき》郡の觻得《ろくとく》県で売るために、八歳の黄毛《こうもう》の牛一頭（穀物六〇石《せき》の価格）と穀物二七石で寇恩を雇い、寇恩の方は魚を銭四〇万で売ると約束した。出発のときに粟君は恩に、黄牛は少し痩せているから黒毛の五歳牛（同じ六〇石）を連れていくよう勧めたので、寇恩は黒牛を連れていった。しかし粟君は黒牛を貸与したと考え、寇恩はこれを自分の賃金と考えてしまった。

寇恩は觻得県《ろくとく》で魚を売り尽くしたが、約束の四〇万銭に足りないので、黒牛を売り三二万銭を粟君の妻の業《ぎょう》にわたした。八万銭不足したが、寇恩は業の車に一万五六〇〇銭相当の荷物を積んで一緒に帰途に着いた。途中寇恩は大麦二石六〇〇〇銭と肉一〇斤三〇〇〇銭を購入して業にわたしたから、この時点で合計二万四六〇〇銭を返したことになる。

さて寇恩の息子の欽《きん》は三ヵ月と一〇日間（一〇〇日）粟君のために魚を捕る労働をしていたが、一日二斗（〇・二石）の日当一〇〇日分二〇石、八万銭（一石四〇〇〇銭）で負債はすんでいるし、觻得《ろくとく》から居延までの帰路二〇日分の費用は計算されていないので、寇恩は牛も穀物も返済する必要がないと主張しているという。

宮《きゅう》の裁断は、粟君に牛と穀物を返す必要はなく、寇恩の荷物と業に買った肉、穀物、そして欽の労賃で返済はすんでいるというものだ。匈奴からの防衛最前線の生活を生き生きと伝えた史料である。また実際の戦闘を伝えた建武年間の木簡も居延で発見されている。匈奴の騎兵が居延の城塞に侵入し、漢の武器を奪い、砦が焼かれた状況が生々しく記録されている。

玉門関と陽関――西域外交の玄関口

後漢と西域諸国との関係は「建武（二五―五六）自《よ》り延光《えんこう》（一二二―一二五）に至るまで、西域三たび絶ち三たび通ず」といわれた。光武帝から安帝にいたる間、国交と断交を繰り返した。光武帝、章帝、安帝のときの消極的西域外交と、明帝、和帝、順帝のときの対西域積極外交が交互に訪れた。後漢朝が消極外交に転ずると、これにかわって北方から匈奴の勢力が西域に入ったから、後漢の西域経営は対匈奴外交とも密接な関連があるといえる。敦煌西郊外にある二つの関所、玉門関と陽関（三三九ページ写真③参照）とは後漢にとって対西域外交の出入り口であった。この関所の門の開閉が、西域諸国、匈奴と後漢との勢力均衡の情勢に応じて行われた。

前漢末期に五五国の数に及んだ西域諸国は、後漢再興のときに使節を送って服属を求めてきたが、光武帝は天下が再統一されたばかりの内政充実を理由に拒否した。六五年ぶりに国交を回復させたのは明帝のときであった。永平《えいへい》年間（五八―七五）、匈奴に進撃した際に伊吾《いご》（現在のハミ地区）の地を奪い、ここに宜禾都尉《ぎかとい》を置いて屯田《とんでん》を拓いた。伊吾地方は敦煌の北、天山《テイエンシャン》山脈の東端に位置する肥沃な地であり、穀物を生産し、桑、麻、葡萄も栽培していた。後漢が匈奴と争奪した所であり、後漢が西域を抑えるのによい地である。このときに西域と国交が回復し、永建四年（一二九）には于闐《うてん》《ホータン》諸国が人質を送ってきた。西域を経営する西域都護《せいいきとご》や戊己校尉《ぼきこうい》の官職は明帝の時期の永平一七年（七四）に設置された。

明帝の死去とともに焉耆《えんき》、亀茲《きじ》《クチャ》の国が都護を攻め、匈奴、車師《しゃし》も戊己校尉を囲んだ。建初元年（七六）酒泉《しゅせん》太守の段彭《だんぼう》は車師を交河《こうが》城に破ったが、章帝《しょうてい》は国を疲弊させまいと伊吾《いご》の屯田をやめ、この地はかわりに匈奴に占領されることになった。和帝《わてい》の時代は西域都護の班《はん》超《ちょう》の活躍で、五十余国の諸国がことごとく服属する時期を迎えた。永元元年（八九）、竇憲《とうけん》は匈奴を破り、伊吾を攻めた。永元三年（九一）西域を治めた班超は西域都護となり、亀茲に入り、戊己校尉も回復した。永元六年（九四）班超は焉耆《えんき》を破り、西域五十余国が服属することになる。

西域諸国の動向

和帝の死とともに西域が反撃に出て、安帝の永初元年（一〇七）都護が攻められるとついに西域経営を断念した。西域都護や戊己校尉も永初元年（一〇七）廃された。かわって北匈奴が西域諸国を支配することになった。しかし順帝《じゅんてい》のとき班超の子の班勇《はんゆう》が西域長史に任命され、車師《しゃし》、焉耆《えんき》を攻撃すると、亀茲《きじ》《クチャ》、疏勒《そろく》《カシュガル》、于闐《うてん》《ホータン》、莎車《さしゃ》《ヤルカンド》など一七国が服属してきた。以前に破棄した伊吾という肥沃な地も再び回復し、屯田を始める。のち霊帝《れいてい》のときに後漢王朝の始祖である光武帝の陵墓原陵に臣下を率いて祭る上陵の礼のときに、諸侯王、外戚の婦女、郡国の計吏《けいり》とともに匈奴単于《ぜんう》と西域三六国が参加している。後漢王朝にとって匈奴や西域との外交関係がいかに重視されたのかがわかる。

西域諸国のなかでも西域南道沿いの于闐と鄯善《ぜんぜん》の二国は強国であった。于闐は精絶《せいぜつ》《ニヤ》から疏《そ》勒《ろく》に至る一三国を服属させるほどであった。西域への出入り口である敦煌には後漢時代の木簡が出土している。順帝永和二年（一三七）の簡がある。敦煌太守裴岑《はいしん》がこの同じ年に郡兵三〇〇〇人を率いて匈奴と戦い、呼衍王《こえんおう》に勝利したことを記録した石碑が、一八世紀新疆《しんきょう》ウイグル自治区巴里坤哈薩克《バルコルカザク》自治県で発見されている。西域諸国には後漢時代の遺跡もある。一九五九年、民豊《みんぽう》県北方一五〇キロの沙漠にあるニヤ遺跡の後漢時代の夫婦合葬墓で、木棺内から二体のミイラ化した遺体が発見された。棺内の副葬品には各種色彩鮮やかな絹や綿布があった。「万世如意文」や「延年益寿大宜子孫《えんねんえきじゅだいぎしそん》」と吉祥《きっしょう》の文字や瑞獣《ずいじゅう》を模様にした錦や綿布のろうけつ染めが出土している。男性が着用していた袍《ほう》はよく残っており、見事である。錦の靴下、刺繍の鏡袋、おしろい袋なども出土した。現ロプノール西岸の楼蘭《ろうらん》古城遺跡にも後漢時代の墓葬があり、後漢の絹織物や五銖銭などが出土している。「望四《ぼうし》海貴《かいき》富寿為《ふじゅい》国慶《こくけい》」や「永昌《えいしょう》」という吉祥句を織りなした絹は、当時の織物技術の水準の高さをうかがわせる。

目まぐるしい軍事行動

長安と西域の入り口敦煌に至る道は河西回廊であり、金城、武威、張掖、酒泉などの諸郡が前漢から置かれていた。この一帯にも後漢時代の遺跡がある。武威からは絹織物の刺繍が発見された。一九六九年には甘粛省武威県の雷台《らいだい》で後漢時代後期の大型磚室墓《せんしつぼ》が発見され、二百余点の副葬品のなかに青銅製の車、馬、武人俑《ぶじんよう》が一〇〇点近く出土した。これらは三九頭の馬、一四両の車、一七の騎士俑《きしよう》、二八の奴婢からなる一部隊を構成しており、後漢時代の対西域の軍隊を髣髴《ほうふつ》とさせる。

光武帝の時期は、中原では再統一が進められていったなかで、辺境の紛争もあいついでいた。最初に動きが見られたのは西辺の西羌《せいきょう》であった。西羌の先零《せんれい》は諸部族と連携して金城、隴西《ろうせい》郡を攻撃したが（三四年）、翌年隴西太守の馬援《ばえん》に鎮圧された。やがてベトナムの交趾《こうし》では徴側《ちょうそく》、徴弐《ちょうじ》姉妹が交趾太守蘇定《そてい》の法治に反発して起ち上がり（四〇年）、九真、日南《にちなん》、合浦《ごうほ》郡の諸部族も呼応して六五城を攻略し王として自立する勢いとなったが、後漢側は伏波《ふくは》将軍とした馬援《ばえん》や楼船《ろうせん》将軍段志《だんし》を派遣し、長沙《ちょうさ》、桂陽《けいよう》、零陵《れいりょう》、蒼梧《そうご》郡《ぐん》の兵一万余を率いて、ようやく翌年抑えることができた。しかし西南ではまたすぐに夷渠帥《いきょすい》の棟蚕《とうさん》が姑復《こふく》、連然《れんぜん》、滇池《てんち》、昆明《こんめい》らの諸部族を率いて反乱を起こし（四二年）、益《えき》州太守繁勝《はんしょう》、武威《ぶい》将軍劉尚《りゅうしょう》が応戦したが、三年間にわたって戦争が続いている。

東胡《とうこ》の烏桓《うがん》は、匈奴と兵を合わせて辺境を侵していたが、南辺に派遣された伏波《ふくは》将軍馬援《ばえん》の三〇〇〇の騎兵部隊が五阮関《ごげんかん》に出撃した（四五年）。さらに南方では武陵蛮《ぶりょうばん》の相単程《しょうたんてい》が郡県の役所を襲い（四七年）、このときさきの西南に派遣されたばかりの武威《ぶい》将軍劉尚が応戦したが大敗している。二年経過して今度は伏波将軍馬援が再び駆り出されると、ようやく相《しょう》単程《たんてい》は投降した。馬援の西辺、北辺、南辺へと目まぐるしい軍事行動は、後漢王朝の活発な外交を反映している。

南匈奴との和平（四八年）は、光武帝末期の東夷諸国（夫余《ふよ》・高句麗《こうくり》、倭《わ》）との平和外交と、明帝《めいてい》期の西域諸国支配への転換点となった。敦煌の関所を出て北へ匈奴を追って天山山脈東端伊吾盧《いごろ》地を占領し、宜禾都尉《ぎかとい》を置いて屯田を実施すると（七三年）、于闐などの諸国は王子を人質に送って服属した。翌年には西域都護と戊己校尉を置いて、西域経営を本格的に始めた。

王充の科学的批判精神

讖緯思想――後漢儒教の特徴
後漢時代の儒者は競って、前漢哀帝のころにまとめられたという図讖《としん》の書（予言の書）を学び、光武帝自身もとくにこれを信奉した。後漢時代の儒教の特徴の一つは、図讖《としん》の書つまり讖緯《しんい》思想が重視されたことにある。経書《けいしょ》の経《けい》（縦糸）に対して、経書を補助して説明する緯《い》（横糸）の働きをすることから緯書《いしょ》とも呼ばれるが、讖緯《しんい》といういいかたもあり、これは経書を解釈する緯と予言書である讖の総称である。

讖緯《しんい》の予言的性格を最初に政治的に利用したのは王莽であった。王莽が平帝を毒殺して二歳の劉嬰《りゅうえい》を立てて摂政の地位についたときに、井戸をさらって出てきた上円下方の白い石に「安漢《あんかん》公（王）莽《もう》、皇帝と為れ」という符命《ふめい》が朱書してあったという。光武帝もまた讖緯を政権樹立に利用した信奉者であった。かれがまだ後漢を中興する前に、彊華《きょうか》から赤伏符《せきふくふ》という図讖《としん》の書を示されて、「卯金は徳を修めて天子となれ」と予言された。光武帝は天下統一後も中元元年（五六）に、図讖を全国に宣布するほど重視した。これより後、讖緯思想はたんに予言的役割をこえて後漢の政治に大きな影響力を及ぼすことになる。建初四年（七九）に開かれた白虎観会議では、経書の解釈のために多くの緯書を引用して議論している。

前漢時代にも、瑞祥や災異の諸現象のなかに天の上帝の意志を読みとろうとした思想はあった。しかし権力者みずからが図讖に名をかりて上帝の意志を語ったり、従来の儒家では回避されていた怪力乱神《かいりょくらんしん》を積極的に語ったことは、新しい思想の潮流といえよう。後漢の儒者のなかには桓譚《かんたん》、王充《おうじゅう》（二七—一〇一）、張衡《ちょうこう》らのように讖緯《しんい》思想を批判する者がいたが、讖緯思想の出現は儒教が皇帝権力と結びつき、皇帝制を支えるイデオロギーとして新たな段階に進んだものと見るべきであろう。

皇帝とは秦代には「煌々《こうこう》たる上帝《じょうてい》」、つまり上帝に同一視された法家的解釈がなされていたが、前漢武帝のときには董仲舒《とうちゅうじょ》が皇帝は上帝の徳に等しい一面、上帝の子としての天子であるという解釈が行われた。この新たな儒教的皇帝観に理論的整合性を与えたのが讖緯思想であった。上帝に等しくしかも上帝の子であるという矛盾を、経書と緯書の両面から説明したのである。皇帝たる者はなにゆえに皇帝になりうるのかというと、上帝の意志である天命が図讖として下ることによって正当化されたとみる。天子とは上帝との関係を示す称号であり、皇帝とは地上世界の統治者としての権力を示す称号であった。『孝経緯《こうきょうい》』という緯書のなかの、「上に接しては天子と称して爵を以て天に事《つか》え、下に接しては帝王と称して以て臣下に号令す」という説明は、皇帝権力の両面性をよく語っている。

儒教の神秘主義を批判した『論衡』

このように前漢末に出現し後漢時代に盛んになった讖緯思想は南北朝時代までは信奉されたが、予言的色彩が強いために隋《ずい》の文帝《ぶんてい》のときに禁止され、つぎの煬帝《ようだい》も厳しく取り締まって多くの書を焼却してしまった。現在ほとんどの書は亡佚《ぼういつ》してしまったので、われわれは清《しん》朝の考証学者たちが収集した逸文《いつぶん》の集成からうかがうだけである。

こうした儒教の神秘的傾向に対して反論を加えた王充《おうじゅう》について少しふれておきたい。かれは会稽上虞《かいけいじょうぐ》の人、洛陽の太学《たいがく》で学んで班彪《はんぴょう》に師事した。王充は貧しさのために書物が買えず、書店で立ち読みをしては即その場で内容を暗唱し、百家の書に通じていたという。かれは『論衡《ろんこう》』三〇巻を著した。

論衡とは諸思想を論じて衡《はか》る意味である。かれは、天はあくまでも自然体であることを主張し、当時の天人感応説《てんじんかんのうせつ》や讖緯思想のように自然現象が上帝の意志の反映であるとする考え方に反駁した。

『論衡』自然篇は自然について論じたものである。天は気を万物に行きわたらせ、穀物が人々の飢えを満たし、絹や麻が人々を寒さから救う。気が変ずれば当然災害が生ずるが、これは天の意志が人間を戒めようとするものではない。天には口や目などはないので、意志はなく無為であるという。また実知篇でも讖緯の予言的性格について痛烈に批判する。「秦を滅ぼすものは胡なり」という孔子の予言（『易経』の緯書『易緯』に見える）どおり秦は二世皇帝胡亥《こがい》によって天下を失ったが、王充はこれは後世の人の偽作であると論破する。

独特の科学的批判精神、唯物論的思想は本流からは異端視されたが、後漢儒教の別の一つの流れとして注目しておかなければならない。王充の思想はけっして時代の流れと無縁に現れた思想ではなく、後漢時代の科学技術の発達や、道家、道教の自然哲学の影響を見ることができよう。

インド仏教の伝来

インドの仏教が中央アジアを経由して中国に入ったが、西域から伝来した時期については伝説の域を出ず、諸説入り乱れている。もっとも早いのが前漢哀帝《あいてい》の元寿《げんじゅ》元年（前二）説であり、大月氏国王の使節伊存《いそん》が浮屠経《ふときょう》という経文を口伝したという（『三国志』魏志巻三〇引『魏略』西戎伝）。

光武帝には一一人の子があった。許《きょ》美人との間に生まれた楚王英《えい》は、諸王のなかでも国は貧しく小さかった。歴代の楚国と同様に彭城《ほうじょう》（現在の江蘇《こうそ》省徐州《じょしゅう》市）を都とした。異母兄弟の明帝《めいてい》が即位すると、もともと仲が良かったこともあって優遇された。晩年、この英が黄老《こうろう》の学とともに浮屠《ふと》を祀った。浮屠とは仏陀と音通《おんつう》である。黄帝《こうてい》や老子とともに異国の仏陀を信仰した。英《えい》にとっては無為自然のなかに身をおき、みずからの延命を願いながら、西方の浮屠を祀った。明帝がたまたま死罪を減刑する詔を出したときに、英はみずから藩国《はんこく》として天子を支えていないことを贖罪するために絹を差し出した。明帝は楚に理解を示し、在家《ざいけ》(優婆塞《うばそく》)と出家の徒(桑門《そうもん》)の行事のために使うようにと返還した。明帝も浮屠がどういうものかわかっていた。西域から伝来したものは物質だけでなく、浮屠という信仰もあった。

しかし英は不遇であった。永平一三年(七〇)、謀反のかどで王位を失った。訴えは一人の男子の告発によった。予言の図書を作り、謀反の気持ちがあると判断された。楚国は除かれ、流刑となった。数千人が連座したというから、逆に見れば、国の大きさに比べて英の人的な連帯の輪は大きかった。翌年、英は自殺した。

西域天竺国《てんじくこく》(インド)の浮屠(仏教)は、袁宏《えんこう》の『後漢紀』においてつぎのように説明されている。「慈心《じしん》を修《おさ》め善《よ》くするを以て主とし、殺生《せっしょう》せず、専《もっぱ》ら清浄に務む」「意を息《やす》め欲を去り無為に帰す」「人死して精神滅びず、随《したが》いて復《ふく》して形を受く」「生時《せいじ》に行う所の善悪は皆報応《ほうおう》あり、故に善を行い道を修むるを貴び、以て精神を錬えれば、以て生なくして仏に為るを得るに至る」「仏身《ぶっしん》は長さ一丈六尺、黄金の項中《こうちゅう》に日月《じつげつ》の光を佩《はい》し(白毫《びゃくごう》)、変化に方《きた》なく入らざる所なし、故《ゆえ》に能《よ》く万物を化通《かつう》し大いに群生《ぐんせい》を済《すく》う」。一世紀の段階の浮屠信仰そのものではないにしても、仏教がなんらかの形で後漢の社会に入り込んでいたことはいえる。

この天竺の仏道が明帝(在位五七―七五)のときに中国に伝来したことも、つぎのとおり

麻浩崖墓仏像（四川省楽山）　光背を備えた仏座像が浮き彫りされている

磨崖石仏　江蘇省連雲港市の孔望山西面で発見された。後漢期の仏教遺跡として注目される

伝えている。

明帝は夢に金人《きんじん》（仏像）の長大にして、項《こう》（うなじ）に日月《じつげつ》の光あるを見て群臣に尋ねた。あるものは「西方に神あり、其の名を仏という。陛下の夢みたものはこれではないだろうか」といった。そこで使を天竺に送り、その道術を問い、其の形象を伝え図る。

しかしこの仏教渡来の伝説は史実を伝えたものではなく、後世に創作されたものであろう。

注目される後漢の仏教遺跡

近年後漢時代の仏教遺跡が江蘇《こうそ》省連雲港《れんうんこう》市の孔《こう》望《ぼう》山西面で発見され注目されている。東西一七メートル、高さ八メートルの範囲の岩の壁面に後漢の画像石のように、各種の題材を彫り込んでいる。興味深いのは一方で西王母《せいおうぼ》や官僚など中国的なものを描きながら、一方で仏立像《ぶつりゅうぞう》、座像、涅槃《ねはん》像《ぞう》や仏教故事（身を捨《す》てて飢えた虎の子に自分の肉を食わせる）を彫っている。

東海に面した東の果ての地で、中国在来の道教と未分化、あるいは合体したような後漢時代の仏教遺跡が発見されたことは、もっと注目されてよいであろう。当時の人々のなかには、老子が夷狄《いてき》に入って浮屠（仏陀）になったといういわゆる化胡説《かこせつ》があるが、中国人にとって外来宗教である仏教をまだ客観的に認識できなかったとしてもおかしくはない。また一方で仏教を抵抗なく中国に布教させることにもなっただろう。光武帝の子楚王英《えい》が新来の仏教を道教と同時に信仰していたことはこのことと関係があろう。

四川省《しせんしょう》楽山麻浩崖墓《らくざんまこうがいぼ》にも光背《こうはい》をもった仏座像と思われる画像石があり、後漢時代の仏教については、今後あらたな遺跡から研究が進んでくることが期待される。

第九章　自然災害と内乱の世紀

水害・旱魃・虫害・地震・疫病

人間生活におそいかかる自然

後漢二〇〇年のうち、一世紀末の九〇年代以降から二世紀に入ると、水害、旱魃《かんばつ》、蝗《いなご》などの虫害、地震、疫病など実にいろいろな自然災害が頻発《ひんぱつ》した。後漢の災害の発生状況を前漢と比較してみると、前漢二一四年中の災害の年は三二年（一五パーセント）にすぎなかったのに、後漢一九五年中では一一九年（六一パーセント）と頻発している。それが政治上の不安（宦官《かんがん》と外戚勢力の抬頭、党錮《とうこ》事件《じけん》、黄巾《こうきん》の乱《らん》）や周辺民族の侵入と呼応するかのように、後漢帝国を大きく揺さぶった。天災とは天（上帝）の意志の反映と見なされ、皇帝自らも政治の責任を感じて官僚を罷免《ひめん》し、国家は被災者にたいして責任をもって様々に対処した。また災害や天変地異後には、皇帝の過失を指摘できる賢良《けんりょう》や方正《ほうせい》、直言極諫《ちょくげんきょっかん》の士を中央の大臣クラスの公卿《こうけい》や地方郡国の長官などに推薦させた。自然とじつに強い緊張関係をもちながら一時代を生きていたのだ。

それはけっして暗く混乱だけの時代ではなかった。自然とは豊かな恵みを与えてくれるが、人間生活に襲いかかるのもまた自然である。その両面を通して人間はたくましく生きてきた。負の自然の世紀だからこそ人々は大きな知恵を発揮し、秦漢四〇〇年の歴史を総括した。後漢という時代を自然環境から読めるのがこの二世紀であった。また気候学者竺可楨《じくかてい》は、後漢から年間の平均気温が下がりはじめ、六世紀まで続いたという。後漢の洛陽では晩春でも霜が降り雪が降ったことが記録に残っている。

災害が発生すると、刺史《しし》や郡の太守など地方官が中央に報告した。災害が飢饉を引き起こし、農民は流亡し、盗賊が発生する。このような事態は、地方官吏のトップにとってはマイナスの評価となった。広域的な災害は、被災民の大規模な流亡化をもたらし、王朝国家の体制そのものをゆさぶっていく。即時に何らかの具体的な対応が迫られた。被災者には医者の派遣、食料の支給、租税の免除、とくに死者を出した場合には、遺体の収容から、葬儀の費用や棺材まで与えられた。土地を失った農民には、御苑《ぎょえん》などの公田《こうでん》（国有地）が開放されて分与された。旱魃の場合は、名山での祈禱も行われた。被災者への直接の救済ばかりでなく、行政機構を簡素化したり、犯罪者を赦免したり、酒の販売を禁止したりするなど、社会全体の不安を鎮静化する政策もとられた。

水害・旱魃の多発

水害や旱魃の場合は、事前に治水用の堤防や、灌漑用の渠《きょ》（水路）、陂《ひ》（溜池《ためいけ》）、塘《とう》（傾斜地の溜池）を整備しておくことが一つの対応策となった。すでに前漢時代に開発された諸施設は、前後漢交替期に荒廃してしまっていたので、盛んに整備された。前漢末以来六十数年間も洪水を起こしてきた黄河下流や済水《せいすい》の流域では、数十の県城や水門が水没し、沿堤の農民も耕作できないあり様であった。とくに流域の南側の豫州《よしゅう》（河南）、兗《えん》州（山東）の被害は深刻であった。和帝の永元《えいげん》一〇年（九八）と、安帝の元初《げんしょ》二年（一一五）には、荒廃した旧い堤防、渠の修築の詔書が出された。小規模な渠や溜池の場合は灌漑区域が局部的であるので、郡の太守が管轄した。南陽太守杜詩《とし》の陂池《ひち》、汝南《じょなん》太守鄧晨《とうしん》の塘《とう》、廬江《ろこう》太守王景《おうけい》の芍陂《しゃくひ》などは、地方社会の開発に役だった。平原の溜池は、増水した水を吸収できるので、水害を防ぐこともできた。

　後漢時期に増え出した各種災害の記録を整理すると、いくつかの特徴を見いだせる。とりわけ安帝の治世（一〇六―一二五）の二〇年間に水害、旱魃、地震などの災害が多く、対応策もきめ細かかった。この時代、外交では劣勢であったので、国内の災害対策に専念できたのである。このころ西域諸国が西域都護を攻撃したので、西域都護を廃止して西域を放棄した。一方北匈奴が後漢に代わって西域諸国を従えた時期であった。このころから太尉（軍事）、司徒（民政）、司空（土木）の三公は、天地の災異が起こるとその責任を取らされて罷免された。ちょうど安帝の治世の始まる永初《えいしょ》元年（一〇七）に、太尉の徐防《じょぼう》が災異の責任で罷免されたのが、三公の罷免の始まりであった。

　日蝕という太陽の輝きが一時的に失われる天文現象は、臣下が君主の地位を侵す人事と結びつけられた。わずか数分間の現象が、どの方角で起こるかによって、反乱、皇帝の死、諸侯王の死、外戚と太后の専制などの前兆とされた。都で観測できなくても全国各地の観測網が整っていた。その結果一九六年間に七二回もの日蝕が記録されている。二・七年に一回の割合は多い。

とくに安帝の永初七年（一一三）から永寧《えいねい》元年（一二〇）までは八年も続けて記録された。洛陽の史官が実際に確認したのは四回だけであり、そのほかは遼東《りようとう》（元初三）、張掖《ちようえき》（元初五）、酒泉《しゆせん》（永寧元）からの報告であった。天球上での太陽と月の移動路である黄道《こうどう》と白道《はくどう》は五度前後傾いて交差している。太陽は年二回は、かならずその交差点付近に位置する。しかしそこで太陽と月の黄経《こうけい》は一致しても、黄緯《こうい》が一度三四分四九秒以上ずれていれば日蝕は起こらない。その微妙に不定期なずれが人事の意外性と結びつけられた。

蝗の異常発生

水害と旱魃の災害は交互に襲いかかる。黄土高原で雨が降り続けば洪水となり、雨が降らなければ旱魃となる。一年のうちに春に旱魃、秋に水害となることもあれば、旱魃と水害が同時に起こることもある。広大な領域では気候条件の差が大きい。旱魃は穀物の発育をとどめ、病虫の害も引き起こした。後漢時代、蝗はイナゴ（バッタ科）、螟《めい》はズイムシの害が多く記録されている。春先から旱魃が続くと、高温の影響で突然イナゴが大量に繁殖し、夏には大発生する。例年よりも翅が長く、遠くに飛来できる形のイナゴが突然と数億単位で生まれ、集団で広範囲に移動しながら穀物の籾《もみ》を食い尽くしていく。

気候の変動に敏感なイナゴの生態は不思議だ。安帝の永初《えいしよ》四年（一一〇）から元初《げんしよ》二年（一一五）まで、六年連続大発生した。永初五年は全国に、元初二年は二〇の郡国にまで広がった。被害の郡国数を見ると、イナゴの発生の規模がわかる。穀物が食い尽くされ、餓死者を多く出した。献帝興平《けんていこうへい》元年（一九四）、曹操《そうそう》が呂布《りよふ》を濮陽《ぼくよう》に攻めたときには、双方の軍が対峙している前でイナゴが穀物を食い尽くした。イナゴが両軍を退却させた。旱魃で数ヵ月雨も降らず、穀物の価格は一石《こく》あたり五〇万銭に跳ね上がった。

ある条件で不意に起こるイナゴの大発生は自然災害であるが、その環境を作ったのは人間の営みであった。黄河下流域では麦の穀倉地帯として開発が進み、そこに大量の人口が集中していた。『後漢書』五行志三に「献帝興平《けんていこうへい》元年夏、大蝗《たいこう》。是の時、天下大いに乱る」と記されている。イナゴの大群と天下の大乱との間には因果関係があった。

疫病の流行と医学

安帝元初六年（一一九）四月、会稽郡で疫病が大流行した。光禄大夫《こうろくたいふ》が現地に派遣され、同行の太医が治療した。病死者には棺用の木材が支給された。延光《えんこう》四年（一二五）冬は、京《けい》師《し》でまた疫病が大流行した。桓帝元嘉《かんていげんか》元年（一五一）正月にも京師で大流行し、光禄大夫は医薬の役人を連れて回った。このときには続けて二月にも南の九江、盧江《ろこう》でも流行した。このように二世紀に入ると伝染病がしばしば流行し、記録されているものだけでも一一回にのぼる。王朝はその対応として医者や医薬品を現地に送った。病名は記録されていないが、チフス菌などによる感染症と考えられている。冬から春先の流行が九例で大半であり、平均一〇年に一回は流行している。二世紀以前にはこのようなことはなかった。

張仲景《ちょうちゅうけい》（一五〇―二一九）は、南陽の二〇〇人以上いた一族が一〇年もたたないうちに三分の二死亡し、そのうち傷寒《しょうかん》による死者は一〇分の七にものぼったことに衝撃を受けた。傷寒とは、四季のなかでもっとも厳しい冬の寒さの気に傷つけられることをいう。しばらく潜伏してから春夏に発病する、つまり感染性の急性の熱病のことである。病が表面から体内に入る前に投薬して治療しなければならない。表面の症状とは悪寒、頭痛、発熱であり、体内の症状とは腹部のはれ、便秘、舌苔《ぜったい》、口の渇き、脈の沈みである。

後漢末期の混乱期、疫病が流行するなかで、かれは漢代以前の医学的知識をもとに、民間の処方も参考にしながら『傷寒雑病論《しょうかんざつびょうろん》』を著した。ここには三〇〇以上の処方が記されている。しかし後漢の滅亡とともに散逸した。この書はのちに『傷寒論《しょうかんろん》』と『金匱要略《きんきようりやく》』の二書に分けられ、宋《そう》代の一一世紀に刊行された。

名医学者　張仲景と華佗

ウイルスが感染症の原因であることを知らないはるか古代において、発熱をともなってつぎからつぎへと発病していく様子を見て、とにかく臨床医学から処置が施された。そもそも病気は自然災害と同じように陰陽の不調和から起こる。陰陽の一方が失われてバランスを失った場合、発汗させ、吐かせ、下させてもとにもどす。それを促すのが医薬であり、発汗させるために煎薬《せんやく》を一日三回服用させる。

後漢のこの時代に伝染病がしばしば流行した理由には、旱魃や水害によって食糧が欠乏して抵抗力が欠如したこと、そして大流行にいたったのは食糧を求めて人々が広範囲に流動しはじめたことにある。

こうした時代に生まれた張仲景は中国の医学史上で重要な人物となったが、かれの事績については『後漢書』や『三国志』の正史に伝がなく、『傷寒論』自序などに散見するだけで不明である。長沙太守にもなったと伝えられるが、否定する者もいる。のちに医聖と尊ばれ、現在も南陽に墓碑（晋咸和《かんわ》五年〈三三〇〉建）と祠がある。

一九七二年甘粛省武威《ぶい》県の旱灘坡《かんたんは》にある後漢初期の墓から内科、外科、婦人科、五官科、鍼灸科《しんきゅうか》に関する医学処方の書が出土した。「傷寒遂風《しょうかんすいふう》を治す方《ほう》」「婦人を治す膏薬《こうやく》の方」「目痛を治す方」「百病を治す膏薬の方」などの三十数例の処方が見え、薬物は一〇〇種近く、病状、投薬方法、服用時間、禁忌《きんき》、鍼灸のつぼなどが記されている。後漢時代の医学の進歩を語るものである。

沛国《はいこく》の人華佗《かだ》も後漢時代の有名な医者であった。政府の招請にも応ぜず一生民間で医学に従事した。内科、婦人科、小児科、鍼灸の治療を行ったが、とくに外科に優れ、全身麻酔を用いた外科手術を実践した。腸と胃の接合、腫瘍《しゅよう》の切除の大手術を行ったと伝えられる。また病気の予防も重視し、五禽戯《ごきんぎ》という虎、鹿、熊、猿、鳥などの動物の動作をまねた健康体操を考案した。

張衡の地震計

順帝永和《えいわ》三年（一三八）二月乙亥《いつがい》、金城郡、隴西《ろうせい》郡で地震があった。二郡の崖が崩れ地面は陥没した。甘粛で地震が起こった。洛陽でも感じた。四月には光禄大夫《こうろくたいふ》に現地を視察させ、建物の倒壊で圧死した七歳以上の者には二〇〇〇銭ずつ支給した。一家すべて亡くなった場合は、遺体を収容して葬儀を出した。税の免除などの措置もとった。

これよりまえ陽嘉元年（一三二）にすでに完成していた張衡《ちょうこう》の候風地動儀《こうふうちどうぎ》が、このとき震

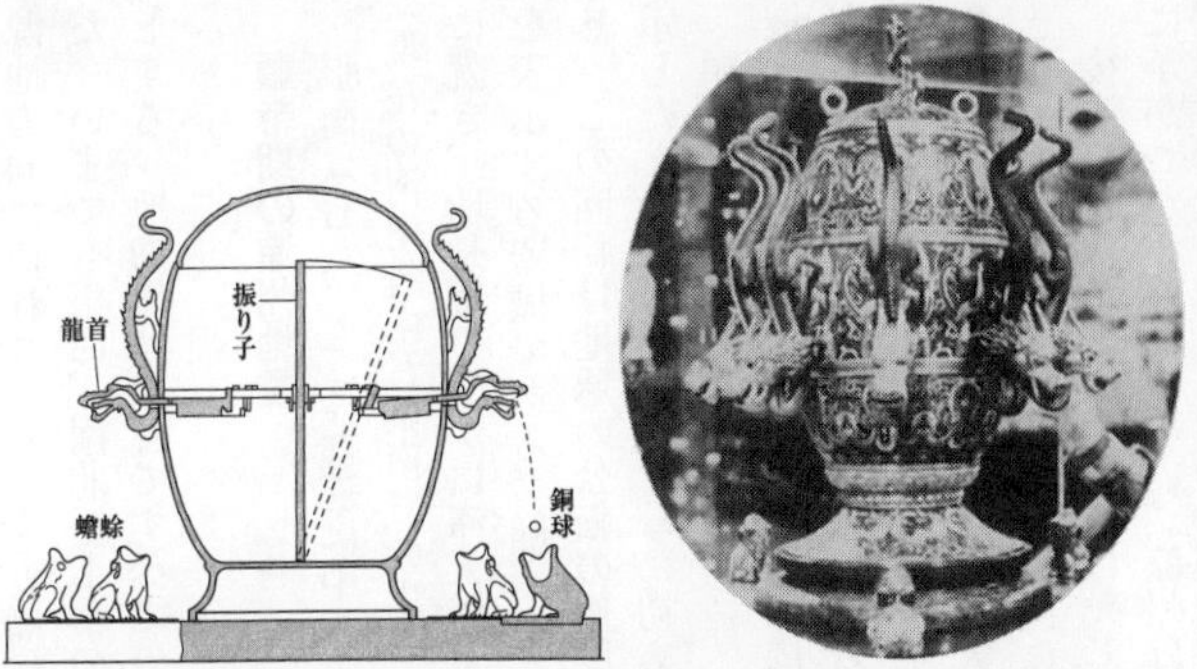

張衡の候風地動儀（復元模型　中国国家博物館）とその構造図　地震が起こると中央の振り子が揺れ、周囲の龍の１頭と連動し、くわえていた球を、ひきがえるの口に落とす。これによって地震の方角と時間を探知する（『華夏之路』）

源方向を観測した。京師の学者は怪しんだが、数日して隴西《ろうせい》から駅伝で地震の知らせが入った。確かにその方向で地震が起きていたのだ。この器械は銅製で直径八尺（約一八四センチ）、酒樽の形をしている。内部の中央に振り子を逆さに立て、その周りに八つの器械を設定しておく。外側にはこれと連結して八頭の龍が口に銅の球を含んで頭を外に向けている。龍の下には八匹の蟾蜍《せんじょ》（ひきがえる）が口を上に開けて座っている。地震が発生すると中央の振り子が揺れて周囲の龍の一頭と連動し、くわえていた球を蟾蜍の口に落とす。これによって地震の方角と時間を探知する。このときの器械は伝わっていないが、中国国家博物館にはその復元模型が展示されている。

　この振り子を応用した地震計の原理は現在も同じだ。速い横揺れの場合、中心の振り子は動かない。地動儀本体が地面と連動して震源地方向に揺れる。もっとも横揺れを感知した方向の龍が震源地の方角を指すという構造だ。いまでも東西、南北、上下の三つの揺れを観測するために三台の振り子の地震計をセットする。地動儀は一台ですべての大地の揺れを観測していたのであろう。

順帝期の涼州地震

張衡《ちょうこう》（七八―一三九）は中国の科学史上でも特筆すべき科学者であった。南陽《なんよう》郡西鄂《せいがく》県（現在の河南《かなん》省南召《なんしょう》県南）の生まれで、司馬遷《しばせん》と同じ天文や歴史をつかさどる太史令《たいしれい》の官職に就き、地動儀のほかに渾天儀《こんてんぎ》も発明した。渾天儀とは現代の天球儀に類似して天空の星座を表示する器械である。漏壺《ろうこ》から落ちる水で歯車を動かして天球の固定軸を中心に回転させ、この回転は地球の公転の速度と同じにする。これによって天空の星座の変化を正確に表示したという。張衡はさらに初めて月食の原因も解明していた。

順帝漢安《かんあん》二年（一四三）の涼州《りょうしゅう》の地震は、より大規模なものであった。隴西《ろうせい》・漢陽《かんよう》・張掖《ちょうえき》・北地《ほくち》・武威《ぶい》・武都《ぶと》の各郡に広がり、山や谷が裂け、建物は倒壊した。光禄大夫が現地に派遣された。涼州はちょうど現在の甘粛省に相当する。九月から翌年四月まで一八〇回も揺れた。光禄大夫が現地に派遣された。中国では黄河と長江下流域の東方の平原は地震が少ない。西方の高原地帯に活断層が多く、地震も頻発する。インド大陸がユーラシアプレートに衝突し続けていることにより、チベット高原が圧縮されて東西に広がっているためだ。

後漢の時代に地震の記録はたしかに多いが、それはかならずしも地震の頻発する活動周期にかかったわけではない。涼州は祁連《きれん》山脈の北麓、河西回廊の地、この地が漢の領域に入ったのは武帝以降のことである。地震が多いと感じられるのは、地動儀の発明によって都での観測が徹底され、地震多発地帯が後漢の領域に入り、被害がしっかりと中央に報告されるようになったからである。

後漢時代、天文現象を含めて自然の災異は上帝の意志の表示と考えられていたから、天文観測もかならずしも純粋に自然現象の測定ではなく、儒者たちの関心の対象となった。後漢の大儒といわれた鄭玄《じょうげん》も『乾象暦《けんしょうれき》』『天文七政論《てんもんしちせいろん》』などの著作があったし、蔡邕《さいよう》も天文学に関心をもっていた。

人口の流動と年一回の戸口調査

前漢末から後漢の一―二世紀までの二〇〇年間に、一〇回ほどの戸口《ここう》統計が記録されている。しかし戸口統計資料はかならずしも現実の人口をそのまま反映しているわけではない。地方官が管轄する郡県の戸口が貧困、病死、流亡《りゅうぼう》によって減少することは個人の勤務成績と関わってくる。水増しして虚偽の報告をすることがよくあった。地方官吏は災害や盗賊、流亡の発生を隠し、墾田《こんでん》の数と一緒に戸口数を増やした。地方官吏の考課は、たとえば丹陽太《たんようたい》守《しゅ》の李忠《りちゅう》が墾田数の増加で天下第一と評価されたように、数字で評価された。人口数の変化の原因については、すでに同時代の後漢の蔡邕《さいよう》が認識していた。一世紀前半の激減は王莽《おうもう》の政治に起因し、二世紀になっても前漢の水準までに回復できなかったのは、西羌《せいきょう》、匈奴など周辺民族との戦争の影響であったとしている。

後漢時代には年一回八月に戸口調査が実施され、戸《こ》の成員の姓名・性別・年齢・爵位・出身地などを記載した戸籍が作成された。前漢末二年（元始二年〈後二〉）の戸口調査の統計では全国の戸数が一二二三万三〇〇〇、口数は五九五九万四九七八であったものが、半世紀後の建武中元二年（五七）には四二七万九六三四戸（二年を一〇〇とすると三四パーセントに減少）、二一〇〇万七八二〇人（三五パーセントに減少）と激減しているが、以後次第に回復し、明帝永平一八年（七五）には五八六万五五七三戸（同四八パーセント）、三四一二万五〇二一人（五六パーセント）、章帝章和二年（八八）、七四五万六七八四戸（六一パーセント）、四三三五万六三六七人（七二パーセント）、二世紀に入ると和帝元興《げんこう》元年（一〇五）には九二三万七一一二戸（七五パーセント）、五三二五万六二二九人（九〇パーセント）と人口では九割方まで回復している。後漢の人口変化の特徴は前後漢交替期の動乱に激減し、政治の回復とともに二世紀にはもとの水準まで戻った。

人口の過疎化と過密化

人口の増減や密度の地域差は、全国の統計資料から読み取ることはできないが、後漢の社会を見るうえでは重要である。崔寔《さいしょく》は『政論《せいろん》』で、青《せい》、徐《じょ》、兗《えん》、冀《き》州の東方が土地が狭く人口密度が高いのに対して、関中《かんちゅう》や西北の涼《りょう》州、幽《ゆう》州付近は、土地が広くて人口が少ないので積極的に開発すべきことを提案した。旧都のあった三輔《ぽ》（京兆尹《けいちょういん》、左馮翊《さひょうよく》、右扶《ゆうふ》風《ふう》）、関中は、前後漢交替期の戦乱ですでに荒廃したうえ、後漢の都が東遷《とうせん》したことで、防衛力も弱まり、周辺民族の侵略を被《こうむ》ることになり、前漢に比べて過疎化した。三輔の総人口は二四三万六三六〇（前漢元始二年〈後二〉から五二万三八六九へと二二パーセント（後漢永和五年

〈一四〇〉にまで激減した。

一方、東方諸州、華北《かほく》平原の過密化は、黄河、洛水《らくすい》などの洪水の被害を増大させた。建武一〇年（三四）の済水《せいすい》の洪水では数十の県城が水没し、永興元年（一五三）の黄河の洪水では冀《き》州を中心に数十万戸の被災を出し、一五五年の洛水と南陽の洪水では、溺死者の遺体を収容して埋葬させ、七歳以上の死者には二〇〇〇銭ずつの金銭を与えるほどであった。

江南の人口が増加方向にあったことは新しい傾向であった。前漢末の江南七郡国の人口は二五〇万、後漢になると六二〇万に大幅に増えている。後漢時代になると江南の経済発展の速度が増したことを意味している。手工業生産も活発化した。会稽《かいけい》郡の治《ち》は山陰（現在の浙《せっ》江《こう》省紹興《しょうこう》）にあったが、ここは後漢青銅鏡の一大生産センターであり、北方の長安や洛陽産の前漢鏡とは異なった独自の神獣鏡や画像鏡が大量に生産された。また陶磁器生産でも従来の灰釉陶《かいゆうとう》とは異なる青磁《せいじ》に近い磁器が、会稽郡上虞《じょうぐ》や現在の寧波《ねいは》などの地で生産された。

官吏と字書と数学

九〇〇〇字の読み書き能力

後漢時代には現在まで残る字書と数学書がまとめられた。『説文解字《せつもんかいじ》』と『九章算術《きゅうしょうさんじゅつ》』である。字書も数学書も官吏のための書であった。読み、書き、計算する能力が漢代の官吏に求められた。

許慎《きょしん》は『説文解字』という現存する最古の漢字字典を作成した。全一五巻、九三五三の漢字を収録している。和帝永元一二年（一〇〇）に原稿は完成したが、建光元年（一二一）に子の沖《ちゅう》が安帝に献上した。字書の体裁は、五四〇の部首（一に始まり亥《がい》に終わる）の順に配列し、六書《りくしょ》（指事《しじ》・象形《しょうけい》・形声《けいせい》・会意《かいい》・転注《てんちゅう》・仮借《かしゃ》）に分類して字義を解説している。

前漢初期の史《し》（記録官）には五〇〇〇字以上の文字の読み書きが求められたが、後漢になると官吏は九〇〇〇字の読み書きが求められた。行政の必要上から文字は増え続ける。たとえば『説文解字』の馬に関わる文字は、一二〇にものぼる。現在の私たちには必要ないが、馬を管理する官吏には必要であった。馬の年齢、色、動作などでいろいろな文字を使い分ける。馬は一歳馬、駒は二歳馬、さらに三歳馬には駣《ちょう》、そのあとはとんで八歳馬には馴という字がある。

三歳までは軍馬として調教する期間であり、八歳は走力、持久力などのピークの年齢だ。馬の身長（体高）も六尺は驕《きょう》、七尺は騋《らい》と区別する。五尺六寸あるいは五尺九寸以上で歯が平らでない馬は関所から外へ出すことは禁止されていた。馬は草をすりつぶしながら食べるので、歯のすり減り具合で年齢がわかる。八歳くらいまでは歯の上面の中央がくぼんでいるが、一〇歳にもなると歯がすり減って平らになる。まだ平らになる前の成年の馬を国境の関所を越えて交易してはならない。馬の歩き方や走り方によって良し悪しがわかるので、細心の注意をはらった。驟《しゅう》や颿《ふう》ははやあし、駆《く》はかけあし、馳《ち》は疾走の状態をいう。色も多彩だ。黒色系の鹿毛は驪《り》（深い黒）、騩《き》（浅黒い）、黄色系を驃《ひょう》（黄色に白）、白色系は駱《らく》、雑色系は騅《すい》（蒼《あお》と黒の雑毛）という具合だ。

当時の官吏は刀筆《とうひつ》の吏《り》といって、竹簡・木簡という文書の書写材料と毛筆、修正用の小刀を携帯していた。かれらは九〇〇〇字を隷書という役人の文字で読み書きする能力が最低求められていた。そのための秦の時代の字書の断片も出土しているが、後漢の許慎《きよしん》のまとめた『説文解字』が現存する中国最古のまとまった字書である。

「辠《ざい》」という字を見てみよう。「法を犯すなり。辛と自に従う」と意味と字形を説明している。そしてさらに「秦は辠の皇の字に似れば、改めて罪と為す」と、辠の字形が皇帝の皇の字に似ているので、秦は辠を罪という字に改めたという。私たちの字書は文字の事例を熟語であげるが、ここでは漢代の人々の解釈が行われている。

官僚の実務、儒者の素養に必須の算術

官吏に数学の知識が求められた。後漢中期には『九章算術』という数学書がまとめられた。著者はわからないが、先秦から漢代にいたる数学の成果を集大成したものだ。全部で九章に分かれ、二四六の算術の設問と解答が示されている。比例や体積計算のほか連立二次方程式などもあり、幾何学では古代ギリシアの数学に劣るが、算術と代数においてはかなりの水準に到達していたことがわかる。その例題は漢代の政治経済を具体的に語っている。

たとえば、官吏が土木工事のために土地を測量する設問が見える。

今渠《きよ》を穿《うが》つあり。上は広さ一丈八尺、下は広さ三尺六寸、深さ一丈八尺、袤《ぼう》（長さ）五万一八二四尺、問うに積は幾何《いくばく》か。

この設問は長さ一二キロほどの灌漑《かんがい》水路の渠《きょ》を造営するときの、容積計算である。上辺が一八尺、下辺が三・六尺、高さが一八尺の台形の面積を出し、長さを掛ければ、一〇〇七万四五八五尺六寸となる。さらに続けて、

秋程《しゅうてい》（秋の工程）の人功《じんこう》は三〇〇尺、問うに徒《と》を用いること幾何《いくばく》か。

という設問がある。一人の労働量は三〇〇平方尺であるから、先の容積を三〇〇で割ると三万三五八二人となる。土木工事に必要な労働力の数となる。数学もやはり官吏の行政に必要とされた計算であった。また後漢の儒者鄭玄《じょうげん》も儒家の古典と同時に『九章算術』に通じていたように、儒者の素養としても評価されていた。算術もたんに官僚の実務上の知識だけではなかった。

里耶秦簡の九九、居延出土漢簡の『算術書』『九九述《きゅうきゅうじゅつ》』なる書が見え、また張家山漢簡にも『算数書』が見られる。加減乗除の計算や税収、価格、面積計算などの内容のなかには『九章算術』と共通する箇所もあり、後漢初期とする『九章算術』の成立年代を再考すべき貴重な文書といえる。つぎの比例計算を求める例題からは、前漢と後漢の違いがうかがえる。

今、甲が五六〇銭を持ち、乙は三五〇銭を持ち、丙は一八〇銭を持っている。この三人が関所を出たときに一〇〇銭の税がかけられた。各自の銭の数に応ずると税はいくらになる

か。答えは甲は五一銭と一〇九分の四一、乙は三二銭と一〇九分の一二、丙は一六銭と一〇九分の五六となる。（『九章算術』巻三衰分）

前漢初期の『算数書』の例題はもっと楽しい。

狐と狸と犬が関所を出て一一一銭の租税をとられた。犬は狸に、狸は狐にいった。「おまえの皮はおれの倍だから、倍の租税を払うべきだ」。いくら出せばよいか。答えは犬は一五銭と七分の六、狸は三一銭と七分の五、狐は六三銭と七分の三を出す。

イソップの寓話を見るようだ。楽しんで学んでいた算数も、いつの間にか儒学の書となっていった。

絹の帛書から紙へ

竹簡の束を抱えていた官吏は、帛《はく》の書きやすさと軽さを知っていた。紙とはもともと筆写用の絹地のことをいった。絹は衣料の素材であるほかに、絵を描いたり文字を書いたりしていた。馬王堆前漢墓の女性は絹にくるまれていたが、同時に帛画と帛書が出土した。その帛は、墨の乗りもよく、軽く、折りたためる利点があったが、何といっても絹糸を一本ずつ織るために高価であった。一方、竹簡は安価で大量に求められ、修正も容易で、一般の筆写材料となっていたが、かさばって重いのが欠点であった。そこであらたな紙が考案された。動

扶風紙　1978年、陝西省扶風県で前漢宣帝期の麻紙が発見された。紙の発明者といわれる蔡倫以前の前漢中期に麻紙が出現したことがわかった（『華夏之路』）

物繊維を織ることなく、植物繊維を漉《す》く方法である。漉く作業は、繊維を臼で碾《ひ》いて細かく粉砕して水に溶かし、それを簀《す》の子《こ》の上に一気に流し込むという簡単な作業だけで、乾燥させれば紙ができあがる。帛を織った紙がなければ、麻を漉いた紙は発明されなかったかもしれない。

そのあらたな紙の発明者として名前が登場するのは、後漢の宦官《かんがん》であった蔡倫《さいりん》である。中常侍として和帝に仕え、尚方令《しょうほうれい》として帝室調達の器物の製作を総監した。蔡倫は樹皮、麻屑《あさくず》、ぼろ布、魚網を利用した紙を作る製法を考案した。絹に比べて麻は安価な衣料であり、使い古した麻を再利用して紙を作った。元興《げんこう》元年（一〇五）、和帝にこれを献上したところ、これが広く用いられることとなり、天下の人々は「蔡侯紙《さいこうし》」と称した。麻紙《まし》はいまでも水墨用の画材として用いられる。

しかし蔡倫が最初の発明者ではなかったことは、紙の考古学的出土によって判明した。一九五七年、西安市東郊外の灞橋《はきょう》の前漢墓で前二世紀の淡黄色の古紙片が発見された。銅鏡の敷物に使用されていた。このいわゆる「灞橋紙《はきょうし》」は一時世界最古の紙とする説が有力だったが、のちに中国軽工業省製紙局などが紙ではなく織物の一種とした。「織り」か「漉《す》き」かは、表面を細かく観察すればすぐわかる。縦横に規則的に糸が交差しているか、不規則に繊維が絡み合っているかが違う。

一九七三―七四年、内モンゴル自治区居延の肩水金関《けんすいきんかん》遺跡で二枚の麻紙が発見され、同一地から出土した木簡の年号（宣帝甘露二年〈前五二〉）によって、紀元前一世紀のものであることがわかった。一九七八年にも陝西省扶《ふ》風《ふう》県で前漢宣帝《せんてい》期の麻紙が発見され、また七九年にも甘粛省敦煌馬《ば》圏湾《けんわん》の漢代烽燧《ほうすい》遺跡から前漢中後期の麻紙が発見されている。一九八六年来発掘が続いている甘粛省天水《てんすい》地区の前漢文景《ぶんけい》期の漢墓からも、死者の胸の位置に長さ五・六センチ、幅二・六センチの黄ばんで染みのある紙が発見された。ここには黒い細い線で山脈、川、道路などが書いてあった。内モンゴル自治区エチナ河地区では後漢時代二世紀の紙も発見され、六、七行の文字が残っていた。文字を記した紙では現在までのところ最古である。

これらの近年の発見によって、蔡倫以前の前漢中期に麻紙が出現していたことがわかっている。しかし文字を書く材料としては竹簡・木簡に代わるまでには至らなかった。後漢の画像石に見える講義場面では、学生は木簡の冊書《さくしょ》を手にして筆記している。しかしやがて二世紀後半以降、紙は書写用として少しずつ普及していった。

後漢の西方外交とローマ使節

班超・班勇と西域支配

後漢帝国二〇〇年の外交は、中華帝国としての威容を示し、天子として周辺諸民族の首長

于闐貨幣（ホータン出土　『華夏之路』）

や王を冊封《さくほう》した。しかし国内の政治はけっして安定したものとはいえなかった。後漢の三皇帝の諡号《しごう》にも表れているように、明帝、和帝、順帝のときに後漢朝側の外交的優位のピークが認められる。そのほかの時期は絶えず周辺諸民族との戦争が局地的に繰り返されていた。明帝の明は「四方を照《て》らし臨《のぞ》む」、和帝の和は「剛《たけ》からず柔《やわ》らかならず」、順帝の順は「慈和《じわ》にして徧《あまね》く服《ふく》す」の意味であり、いずれも外交を評価することばから付けられた。

明帝永平《えいへい》一七年（七四）、西域都護《せいいきとご》と戊己校尉《ぼきこうい》を置いて前漢末以来の西域支配を復活させ、和帝永元《えいげん》六年（九四）には、班超《はんちょう》が焉耆《えんき》を破って西域五十数ヵ国を内属させ、さらに順帝永建《えいけん》二年（一二七）には、班勇《はんゆう》が西域の焉耆を抑えて亀茲《きじ》《クチャ》、疏勒《そろく》《カシュガル》、于闐《うてん》《ホータン》、莎車《さしゃ》《ヤルカンド》など一七国を服属させた。いずれの時期も後漢王朝の西域諸国に対する優位の頂点であった。西域に安定した政治力を及ぼせたことは、西域支配をめぐって後漢と競合した匈奴に対する軍事的優勢を前提にしなければならない。さらには後漢王朝の周辺世界への関わり全体と連動していた。後漢の外交は、この三時期をピークに展開していったといえる。

後漢時代の外交は二〇〇〇石の大鴻臚《だいこうろ》が担当した。周辺諸国との外交は国内の諸侯王への対応の延長線上にあった。つまり諸侯王と蛮夷の諸国との間に明確に国境という意識をもっておらず、華夷《かい》という緩やかな概念で区別されていた。大鴻臚は国内外の諸王が入朝すれば、都の郊外で迎賓の儀礼を行い、王号を授けるときには印綬を手渡した。この面では国内の諸侯も、四方の夷狄も同等に扱われた。

後漢時代、二世紀初めの全国には一〇五の郡国が置かれていた。うち二〇は諸侯王の国であり、劉氏一族が封ぜられた。後漢は前漢初期のように郡国体制にもどっていた。明帝は東《とう》海王《かいおう》、安帝は清河王《せいがおう》の子、順帝は皇太子からいったん済陰王《せいいんおう》におとされていたし、質帝《しつてい》は渤《ぼっ》海王《かいおう》の子、桓帝《かんてい》は河間王《かかんおう》の孫、霊帝《れいてい》はその曾孫、献帝《けんてい》は陳留王《ちんりゅうおう》であった。

遊牧騎馬民族、チベット山岳民族、オアシス都市国家

後漢の諸侯国は、ほぼ黄河の下流域に位置する。冊封した王が亡くなれば、中郎将などの弔問の使者を派遣して後継者を王に封じた。また周辺諸国の使者が領地の特産物を携《たずさ》えて京《けい》師《し》に朝貢することは、もともと国内の郡国に求められていたことであった。正月に行われる朝賀には、国内諸侯王とともに国外諸王の使節も参列している。後漢の皇帝は、天子として内には諸夏《しょか》（中国のこと）、外には百蛮《ひゃくばん》に君臨する帝王と考えられていた。

天子の理念はこのようなものであっても、周辺諸民族との現実の外交には、紛争が絶えなかった。力関係から後漢王朝に帰属せざるをえなくなれば、四夷の国王、率衆《そっしゅう》（民衆を率いて帰属する意）の王、帰義侯《きぎこう》、邑君《ゆうくん》、邑長《ゆうちょう》の各ランクの爵号に封じられ、相当の印綬が与えられた。匈奴単于や日南徼外《にちなんきょうがい》の葉調王《ようちょうおう》、西羌《せいきょう》の麻奴《まど》に金印が与えられたのは、倭《わ》の奴《な》国王の金印と同等であった。蛮夷、夷狄の王の地と諸侯王、郡県の地に明確な国境というものがないということは、蛮夷の地も容易に後漢の郡県支配に組み込まれることを意味していた。広漢《こうかん》郡、蜀《しょく》郡、犍為《けんい》郡、張掖《ちょうえき》郡、遼東《りょうとう》郡などの辺境の郡には属国都尉が置かれ、蛮夷の投

降者を管轄した。属国都尉下の一般の県に相当する道は、異民族行政を担当した。南匈奴に使匈奴中郎将（西河《せいか》郡美稷《びしょく》県）、烏桓《うがん》に護烏桓校尉《ごうがんこうい》（上谷郡寧県《じょうこくねい》）、西羌に護羌《ごきょう》校尉（隴西《ろうせい》郡令居《れいきょ》県）、西域には西域都護、戊己校尉などの官職がわざわざ置かれ、とくに北辺、西辺の匈奴、烏桓、西羌、西域諸国家に対しては、後漢朝もつねに軍事的対応を迫られた。和平策、軍事強硬策をめぐって大臣の間で議論が繰り返されている。屯田は辺境で軍糧を確保しながらの長期的な軍事的対応から要請されたものであったが、戦争が実際に長期化すれば当該の辺郡や州では軍費を賄いきれず、中央の財政をかなり圧迫した。

　後漢帝国にとってもっとも重要な外辺は、国力を挙げて軍事的対応に迫られた北辺の遊牧騎馬民族（匈奴、烏桓、鮮卑《せんぴ》）と西辺のチベット系山岳民族（西羌）の地であり、ついでオアシス都市国家群（西域）と華南、西南諸民族（南蛮、西南夷）の地が続き、東アジア沿海（東夷）諸国は比較的安定した外交関係を保っていたので後漢帝国への影響力はさほど強くはなかった。後漢帝国を中心とするこれら諸民族の動向には、密接な関連性がうかがえる。

西境の羌族の反乱

　現在の青海《せいかい》省一帯に居住していた後漢時代の遊牧民チベット人は、東夷《とうい》、南蛮、西南夷、西域、南匈奴と並んで単独に正史に立伝《りつでん》されている。後漢王朝は西羌との関係を重視した。『説文解字』によれば「羌《きょう》」の字が「西戎《せいじゅう》の牧羊人《ぼくようじん》、人に从《したが》い羊に从《したが》う」と説明されており、羊を遊牧する西方の民が羌である。羌族は後漢初期には陝西、甘粛省一帯に入り、漢族と雑居していた。参狼羌《さんろうきょう》、焼当羌《しょうとうきょう》、鍾羌《しょうきょう》、牢羌《ろうきょう》、先零羌《せんれいきょう》、虔人種羌《けんじんしゅきょう》、全無種羌《ぜんむしゅきょう》、沈氐種《ちんていしゅ》羌《きょう》、隴西種羌《ろうせいしゅきょう》、白馬羌《はくばきょう》、当煎羌《とうせんきょう》というような多くの種族に分かれており、爰剣種《えんけんしゅ》から分かれ出た子孫は全部で一五〇種にものぼったという。そのなかでも八九種ほどが後漢の西境で興亡を繰り返していた。

永初元年（一〇七）、金城、隴西《ろうせい》、漢陽三郡の羌人《きょうじん》が後漢から徴発されたときに、酒泉郡への途中で逃亡し、反乱を起こした。元初五年（一一八）、一二年にも及んだ反乱も鎮圧されたが、この十数年間の対羌族鎮圧軍に要した軍費は二百四十数億銭にものぼり、国庫も底をつくほどだったという。戦場となった辺境の民衆の死者も数えきれず、并《へい》州（山西省一帯）や涼州の地方の疲弊は甚大であった。一九四二年青海省楽都《らくと》県で出土した趙寛碑《ちょうかんひ》には、その状況が記録されていた。趙寛は前漢の趙充国《ちょうじゅうこく》の孫、護羌校尉仮司馬《ごきょうこういかしば》となり、第五山で戦闘したが、「大軍敗績《はいせき》す」と深刻に記されている。

永和《えいわ》五年（一四〇）羌《きょう》族は再度反乱し、今回は金城、武都《ぶと》郡を攻撃し、一〇年に及んだ。やはり一〇年間の軍費は八十数億、士卒の白骨が原野に広がっていたという。つづく延熹二年（一五九）、三度目の反乱を起こしたが、破羌《はきょう》将軍段熲《だんけい》によって鎮圧された。羌族の後漢にたいする反抗は総計すると五〇〜六〇年にも及び、多大な損害を与えている。

後漢政府の対羌戦争の方法は、護羌校尉、破羌将軍、服属して内地に居住した羌族自身や、羌胡兵《きょうこへい》に戦わせるものであった。後漢側に服属した部族長などは帰義侯、破羌侯、羌侯、羌王などに封じた。焼当羌《しょうとうきょう》の嫡子麻奴《ちゃくしまど》が三千数戸を率いて降ったときには、安帝は金印紫綬と金銀・綵繒《さいそう》（あやぎぬ）を与えた。新疆沙雅《しんきょうさが》で発見された「漢帰義羌長《かんきぎきょうちょう》」の前漢時代の銅印は鈕《ちゅう》の形が羊であり、羊の遊牧生活をしていたかれらのシンボルを、中国王朝が冊封時に与える印綬に表現した。「帰義羌長」とは後漢に服属した羌族のある種族の首長（渠《きょ》師《し》・大豪《たいごう》）に授与した爵号《しゃくごう》であろう。伝世《でんせい》の封泥にも「漢青羌邑長《かんせいきょうゆうちょう》」の称号がうかがえる（『封泥彙編』）。かれらが黄巾《こうきん》の乱《らん》にも呼応して反乱していることは、後漢末期の内乱と周辺民族の侵入という動きが連動したものであった側面をうかがわせる。

倭国王帥升の朝貢使節

安帝の永初《えいしょ》元年（一〇七）冬一〇月、五〇年ぶりに倭《わ》が動き出した。『後漢書』の本紀では「倭国が遣使《けんし》奉献《ほうけん》した」と伝え、東夷伝《とういでん》では倭国王帥升《すいしょう》らが生口《せいこう》一六〇人を献上したと記されている。二世紀初頭に倭国の使節がふたたびやってきた。この年は、わずか二歳で亡くなった殤帝《しょうてい》に代わって一三歳の安帝が即位したばかりであった。と同時に、この年は羌《きょう》が反乱を起こし、西域諸国も反撃に出て都護が攻撃され西域経営を断念したときでもあった。当時の日本列島は多くの部族国家が乱立する時代であり、後漢帝国の権威を求めて各クニが朝《ちょう》貢《こう》を競った。

倭ではその後、桓帝、霊帝《れいてい》治世年間（一四六―一八九）に大乱が起こり、互いに抗争を続けてしばらく首長がなかった。一女子の卑弥呼《ひみこ》が擁立されていく前段の事態である。南匈奴、烏桓《うがん》、鮮卑《せんぴ》、板楯蛮《ばんじゅんばん》が後漢帝国に対し反発した動きと連動していた。

安帝の後半期になると中国東北の辺境では朝貢関係が揺らぎ始め、軍事的に不安定な情勢に変わっていった。安帝永初五年（一一一）、毎年朝貢してきた夫余《ふよ》王《おう》も騎兵七〇〇〇～八〇〇〇人を率いて楽浪《らくろう》郡を攻め官吏や民衆を殺傷した。安帝元初五年（一一八）、高句麗《こうくり》王の宮《きゅう》も朝貢関係から敵対に転じ、濊貊《わいはく》とともに玄菟《げんと》郡を攻撃した。建光《けんこう》元年（一二一）、幽《ゆう》州刺史《しゅうしし》、玄菟太守、遼東太守の連合軍が濊貊《わいはく》の首領を殺したものの、高句麗王の方は二〇〇〇人の兵力で玄菟郡、遼東郡の城郭を焼き二千余人を殺傷した。さらに桓帝・霊帝の時代の末になると、後漢王朝内部の政治的混乱とあいまって楽浪郡も東夷諸民族の動きを制御できなくなり、後漢帝国が周辺諸民族の政権を冊封《さくほう》するという東アジアの国際関係も揺らぎはじめた。

延熹《えんき》四年（一六一）に朝貢してきた夫余《ふよ》も、永康元年（一六七）には二万人の兵で玄菟郡を攻撃、迎えた玄菟太守公孫域は千余人を斬首した。前漢以来の楽浪郡遺跡の東南の墳墓群から一九三二年、「楽浪太守掾王光之印《らくろうたいしゅえんおうこうのいん》」「臣光《しんこう》」と両面に彫った木印と鼻鈕《びちゅう》木印「王光私《おうこうし》印《いん》」が出土し、この墓が後漢の楽浪太守に仕えた属官の王光のものであることがわかった。

ローマ帝国皇帝大秦王安敦

セレウコス朝シリアの領域の東方では、ギリシア系のバクトリア王国（前二五〇ころ—前一三九）とイラン系遊牧民のパルティア王国（前二五〇ころ—後二二六）が独立していた。パルティアの始祖はアルサケスといい、中国ではこの音からパルティアを安息《あんそく》と記録している。このパルティアはちょうど秦漢四〇〇年に相当する時期、西アジアに存在した大国であった。ローマと後漢を結びつける重要な役割を果たした。

ローマ帝国が地中海世界を統一したのは前二七年、前漢末のことであった。ローマの平和（パックス・ロマーナ）と呼ばれたアウグストゥスから五賢帝にいたる二〇〇年が、前漢末

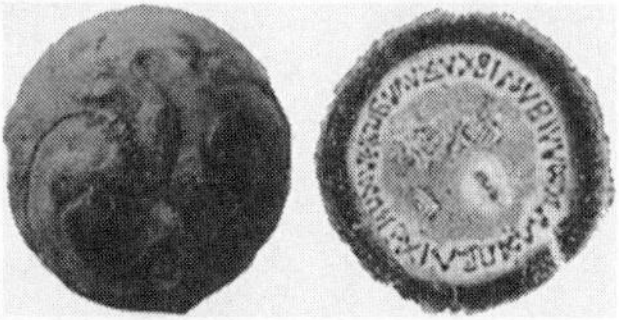

ギリシア鉛貨（甘粛省平涼出土）　後漢王朝も海域を通じて西方とつながっていた（『華夏之路』）

から後漢に相当する。後漢になってはじめて漢の人々はローマの存在を知った。五賢帝時代のネルヴァ、トラヤヌス、ハドリアヌス、アントニヌス・ピウス、マルクス・アウレリウス・アントニヌス（在位一六一―一八〇）の最後の皇帝が後述する大秦王安敦《だいしんおうあんとん》であった。

漢とローマの対比は、より正確にいえば、前漢と共和制ローマ、後漢と帝政ローマとが対応していた。そして前漢と共和制ローマの間にはセレウコス朝シリアが、後漢と帝政ローマの間にはパルティアという大国が介在していた。

後漢時代には西域のもっとも西にあった大秦国《だいしんこく》の存在を知った。西域都護の班超《はんちょう》の部下の甘英《かんえい》は、和帝永元九年（九七）、安息《あんそく》（パルティア）から条支《じょうし》（かつてのシリア、すでにローマ帝国内に入る）をへて大海にいたった。かれが大秦に行くのを断念したのは、海が広大であり、順風であれば三ヵ月で渡れるが、逆風であれば二年もかかるので、三年分の食糧を持参しなければならないという船乗りのことばによってであった。大秦の地は数千里西方、四百余城をかかえ、石の城郭をもち、郵亭《ゆうてい》の交通制度が発達し、人民の身体はみな大柄で、中国と似ているので大秦《だいしん》といった。かれらは金銀の銭を持って、天竺《てんじく》とも海上交易を行っていた。

大秦という国名は大きい秦という意味だ。秦はすでに滅んでいたが、西域の人々は、中国を秦と呼び続けた。秦《チン》はチャイナの起源になっている。漢は現実の王朝名であり、秦は地域

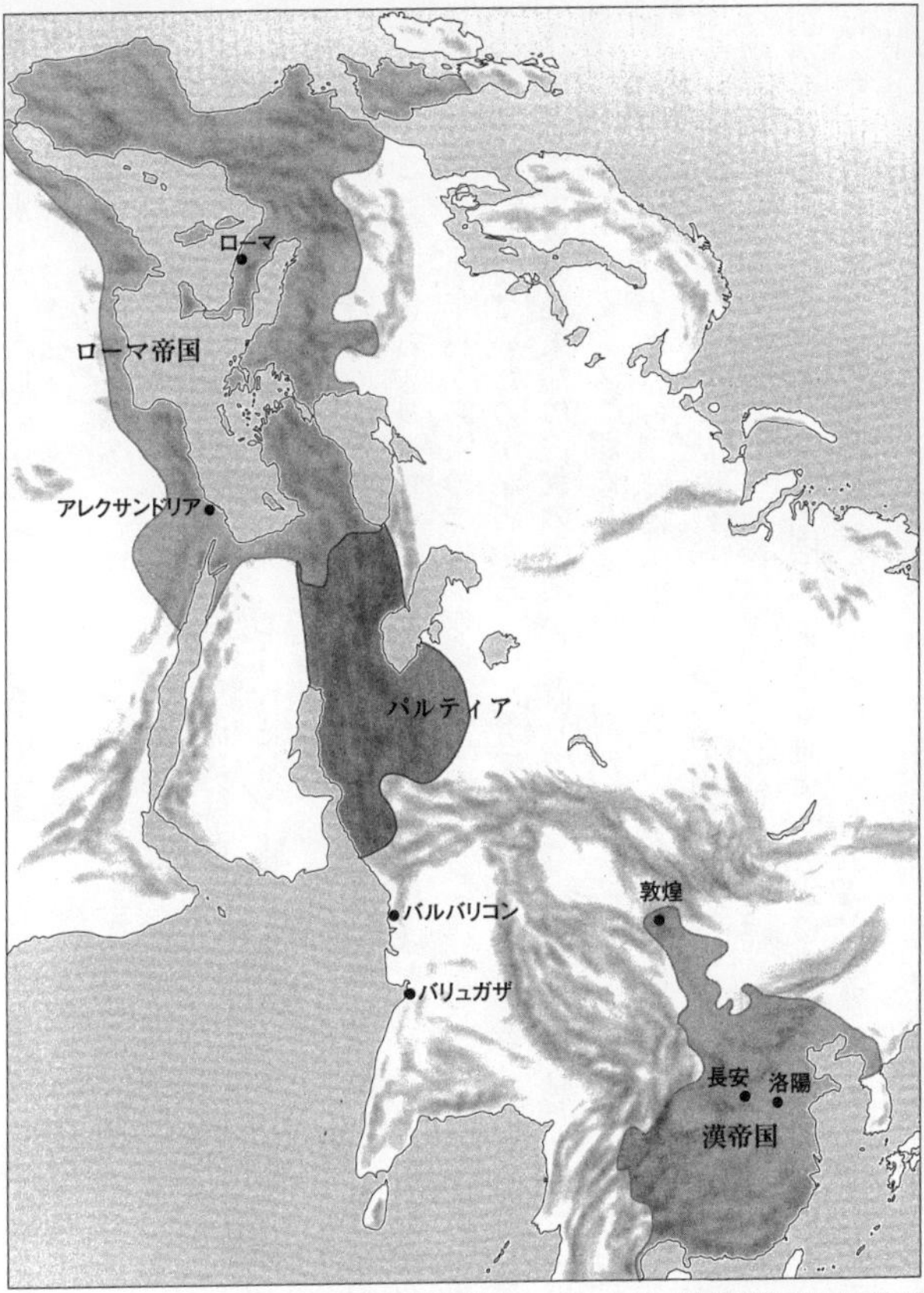

漢からローマへの道　漢の長安や洛陽とローマを結ぶ長距離交易はまだ行われていなかった（「正距割円筒図法」による）

名として区別した。西域人が秦（中国）にも匹敵する西方の大きな国を大秦と表現した。

ローマ皇帝の使節が洛陽へ

一世紀にエジプト在住のギリシア人の交易者が著した『エリュトゥラー海案内記』は、商業案内書である。ギリシア語のエリュトラー海は紅海だが、アラビア海からペルシア湾、インド洋までの広い海域を指していた。ローマとインド間の盛んな交易活動を反映した書物であるが、後漢王朝も海域を通じて西方とつながっていた。

二世紀のローマ時代の地理学者プトレマイオスが描いた世界地図は、一五世紀の写本からうかがうことができる。ヨーロッパの大航海時代にまで権威を持ち続けた地図である。この地図にはアラビア半島から東のアジアが興味深く描かれている。古代ローマ人が東方世界をどのようにとらえていたのかがわかる。ペルシア湾、インド洋、セイロン島、インドシナ半島、そして世界の最東端に古代の中国が位置している。シナと呼ばれた地域には南に大きな湾（シーナス・マグヌス）があり、二つの大河が注いでいる。山脈を隔てた北方にはセリカという地域が広がっている。秦に由来するシナールム（シナの諸地域）、絹を産する地の意味のセリカ・レーギオ（セリカの地）、二つの中国がここには描かれている。

桓帝《かんてい》の延熹《えんき》九年（一六六）は、後漢国内では党錮《とうこ》事件で揺れていた。その年に、ローマ帝国の使節が後漢を訪れた。「大秦国王、遣使奉献《ぞうげ》す」と『後漢書』本紀は伝える。西域伝《せいいきでん》では、「大秦王安敦《だいしんおうあんとん》、遣使《けんし》し、日南徼外《にちなんきょうがい》より象牙・犀角《さいかく》・瑇瑁《たいまい》を献じ、始めて乃《すなわ》ち一通す」と記述する。

大秦王安敦、すなわちローマ皇帝マルクス・アウレリウス・アントニヌスが使節を送り、ベトナムにあった日南郡の外から象牙・犀角・瑇瑁《たいまい》をもって到来した。日南郡は東南アジアやインドなど南海諸国との外交の窓口であり、南海交易の玄関であり、東南アジアの南海交易ネットワークに組み込まれていた。インド（天竺《てんじく》）の使節も西域ルートが遮断されたときには、桓帝の延熹《えんき》二年（一五九）、四年（一六一）と日南から入っている。

ともかくも二世紀になってようやく漢とローマが海路で直接結ばれ、東西両帝国の皇帝が初めて接触したことになる。この「一通」という表現は、張騫《ちょうけん》の「鑿空《さくくう》」と同様、画期的な評価を下したことばである。

政治的使節のみ入国許可

象牙・犀角・瑇瑁《たいまい》は地中海性気候のローマ帝国の産品ではなかった。象牙はアフリカ象かインド象の牙を酒杯などに彫刻し、犀角は繊維質で柔らかく、角の先端を粉末にすれば解熱剤となるし、その形は装飾容器にもなる。瑇瑁は赤道近海に生息するウミガメであり、その一三枚の斑点模様の甲羅がいわゆる鼈甲《べっこう》である。厚みは不均一であるので加熱して重ねあわせながら、装飾品に加工していく。これらはアフリカ東岸からインド、東南アジアなど南海産の品々である。近くは海南島の珠崖《しゅがい》でも犀《さい》や瑇瑁《たいまい》を産する。黄支《こうし》国《こく》も犀を献上したことがある。ローマン・オリエントという東方領ローマから出発した使節が、南海ルートで献上したものである。

徼《きょう》というのは、関徼《かんきょう》というように併称し、帝国の国境の関所と城塞を指す。国境といっても、対匈奴に備えて北方に築かれた長城の線は厳格でも、ほかは交通路に点のように関徼が置かれて管理されていたにすぎない。漢代の法律では、徼外《きょうがい》の人が侵入して盗みを行ったときには腰斬《ようざん》になる厳罰もあった。最南端のベトナムに置かれた日南郡の海港では、海からの使節の来訪をチェックしていた。内陸でいえば敦煌のような役割を果たしていた。

敦煌の木簡の記録にも、純粋な商人の往来の記録がないように、漢代にはあくまでも政治的な使節のみが入国を認められていた。商人が大秦の使節を騙《かた》ったというのではなく、たとえ商人が加わっていたにしても、使節という形でしか漢都に入ることはできなかった。『後漢書』に記録されている以上、この大秦からの使節は、日南郡が到達点ではなく、都洛陽に到達したと考えるのが自然だ。メコンデルタのオケオでマルクス・アウレリウスの肖像と名を刻した貨幣が発見されているので、たしかにローマと後漢に接触があった証拠となる。ローマでは皇帝の肖像が大理石に刻まれ、貨幣にもなる。帝国内に認知させることでそれが権威になる。中国の皇帝は、身は表にさらさない。それがかえって権威となる。文化の違いだ。

漢とローマの交流　絹とガラス

中国産の絹が駱駝の背中に乗って中央アジアを通過し、遠くローマにまで運ばれたといわれる。唐代の駱駝は唐三彩でもよく見られるが、漢代の駱駝の姿はいままでほとんどわからなかった。西安東郊で出土した彩色された陶製駱駝は、野生駱駝に近い素朴な姿態をうかがわせる。しかしそのような駱駝の隊列がローマ領内まで行き着いたわけではなかった。

一方ローマ産のガラス製品が南海ルートで中国へと伝わった。一九五四年、広州市横枝崗《おうしこう》出土のガラス製の碗（玻璃碗《はりわん》）は前漢時代のもので、内側は半透明で紫がかった藍色をしている。外側はガラス成分が土の成分と混ざって化学変化を起こし、表面は銀化している。X線照射による材料分析によれば、ソーダ石灰（珪酸《けいさん》と炭酸ソーダと、石灰の炭酸カルシウム）の成分は紀元前一世紀のローマ産のガラスに類似していた。ローマでは紀元前一世紀ころから吹きガラスの製法が広まった。中国でもガラス製品は作られていたが、ソーダガラスではなく、鉛ガラスやカリウム珪酸《けいさん》ガラスを型流しして作ったものだ。見るからに、玉製品のように重厚な感じがする。ローマンガラスの薄く軽い素材が中国で好まれるようになった。一九八七年洛陽東郊でもローマンガラスの瓶が出土している。後漢の都洛陽にまでローマ製品が伝わっていたことになる。

　しかしこれらの製品もローマから直接中国に運ばれたわけではなかった。いわゆる陸のシルクロードや海のシルクロードが漢とローマとを直接結びつけていたというわけではなかった。漢の長安や洛陽という都とローマとを結んだ長距離交易が行われていたわけではなかった。

玻璃碗（広州市横枝崗出土　広州博物館蔵）　材料分析の結果では、紀元前１世紀ごろのローマのガラス製品に類似している

ローマ貨幣　マルクス・アウレリウス銀貨

儒教と道教

国家イデオロギーとしての儒教

儒学は後漢時代には単なる一学問としてではなく、儒術として政治行政に活用された。さらには儒教という一つの国家イデオロギーとして社会、国家の秩序を維持するうえで大きな役割を果たした。後漢という国家は、もちろん法（律令）によって機能、運営されていたが、その規範のところで儒学が重視され、儒教国家ともいうことができる。

学問としての儒学は孔子の教えを信奉するものであった。官吏は民を治めるための指針としてきわめて積極的に学んだ。その学問が、後漢という国家の利害と分かちがたく結びついていった。

後漢時代の儒学そのものは、古典の解釈を伝える家学として発展した。皇帝自身も洛陽の北宮の白虎殿や南宮の雲台などで儒者から直接『春秋左氏伝』、『尚書』、『詩経』などの講義を受けた。

洛陽城南に太学といういわば当時の国立大学が建てられ（建武五年〈二九〉）、その講堂では五経博士ら儒学者たちの講義が開かれ、ときには皇帝の面前で経義をめぐる議論も行われた。太学の学生は桓帝のときには三万人にも達したといわれる。博士らは代々受け継いできた家法を教授し、光武帝のときには一四の五経博士が立てられている。『易経』には施氏、孟氏、梁丘氏、京氏、『尚書』には欧陽氏、大、小夏侯氏、『詩経』には斉詩、魯詩、韓詩、『礼記』には大、小戴氏、『春秋』には厳氏、顔氏といった一四の博士である。博士の下には弟子が集まり、師の伝える儒学を学んだ。とくに全国から名高い儒者が都に集められ、博士に立てられた。

博士らがそれぞれの家学として受け継ぎ、競って教授してきた前漢以来の経書《けいしょ》も、次第に経書の文章に錯誤を生じるようになった。博士に甲乙科の別を作って訂正の可否を競争させたときには、賄賂を用いてまで自家の説に引き寄せるありさまとなった。こうしたなかで蔡《さい》邕《よう》や李巡《りじゅん》らは経籍《けいせき》の文字の校訂を行い、熹平四年（一七五）霊帝は、太学講堂前の東側で五経の正本を石碑に刻ませた。これは九年を要する大事業となり、これを熹平石経《きへいせっけい》という。いわば国定の儒教の経典である。原碑はすでに失われたが、宋以来石経の残石が出土している。宋《そう》の洪适《こうかつ》は『隷釈《れいしゃく》』のなかにこれらの文章を収録しており、近年も洛陽の太学遺跡で残石や石碑の基台が出土している。一九二五年出土した『周易《しゅうえき》』の残石は現在上海博物館にあり、一九二九年出土の同残石は、西安の碑林《ひりん》に保存されている。また章帝《しょうてい》は建初中四年（七九）、前漢の宣帝の石渠閣《せっきょかく》にならって、白虎殿に儒者を集めて経書の異同を数ヵ月にわたって議論させた。

熹平石経　全国から名高い儒者が集められ、前漢以来の経書を校訂して石碑に刻ませた（『華夏之路』）

社会秩序を支える基本理念

さらに儒学の祖である孔子も、

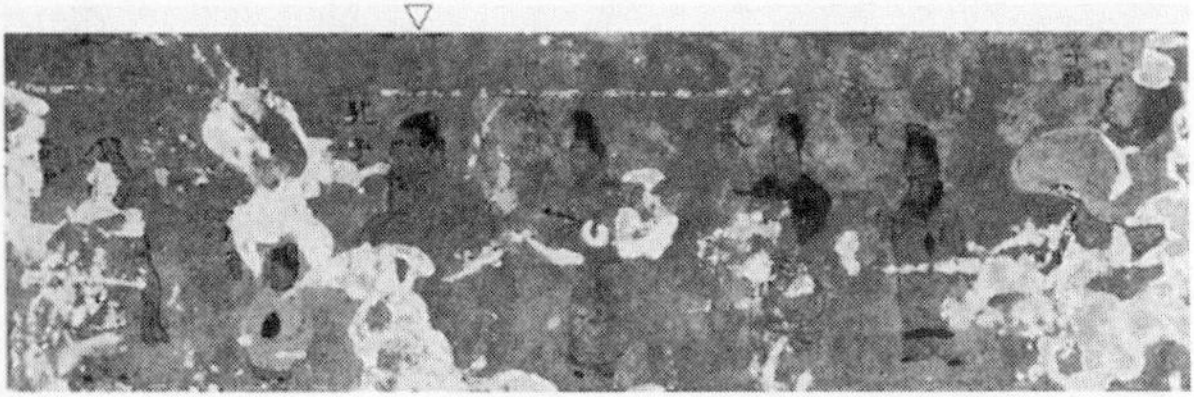

孔子と弟子像　内モンゴル自治区ホリンゴルの護烏桓校尉の後漢墓に、孔子（▽）を先頭に、顔淵・子張・子貢ら17人の弟子が一列に並んでいる像が画かれていた（『和林格爾漢墓壁画』）

生地である魯《ろ》の曲阜《きょくふ》において国家に厚く祭られ、永寿《えいじゅ》三年（一五七）には孔子墓が勅命で再建された。現在も曲阜城北の孔氏一族の広大な墓地孔林《こうりん》に残っている。章帝は元和二年（八五）魯に行き、孔子を祭り、孔子直系の褒成《ほうせい》侯や孔氏一族の男女に帛を賜っている。山東曲阜《きょくふ》の孔子廟には孔廟置守《こうびょうちしゅ》廟百石卒史碑《びょうひゃくせきそつしひ》が永興元年（一五三）に建てられたが、これによれば魯国の相《しょう》であった乙瑛《いつえい》が一〇〇石の卒史《そつし》を置き、祭祀や礼器の出納などを行わせた様子がわかる。魯相韓勅造孔《かんちょくぞうこう》廟礼器碑《びょうれいきひ》、魯相史《し》晨奏祀《しんそうし》孔子《こうし》廟碑《びょうひ》もあり、歴代の魯国の地方官僚が孔子祭祀に責任をもった。

孔子一九代の子孫、後漢の孔宙《こうちゅう》の墓前には延熹七年（一六四）、碑が建てられ、宙の兄弟の孔彪《こうひょう》、孔褒《こうほう》碑もあり、孔子の子孫の孔氏一族も孔林という一族の墓地に厚く埋葬された。光和元年（一七八）には鴻都門《こうともん》に学校をおき孔子と七二人の弟子の像を描かせている。内モンゴル自治区和林格爾《ホリンゴル》で発見された護烏桓《ごうがん》校尉の後漢墓には、孔子を先頭に顔淵《がんえん》、子《し》張《ちょう》、子貢《しこう》、子路《しろ》、子游《しゆう》、子夏《しか》、閔子騫《びんしけん》、曾子《そうし》、子有《しゆう》など一七人の弟子の像が一列に並んで描かれている。孔子と子弟の関係は、当時の学校の師生《しせい》関係の手本となった。

儒教という思想は後漢時代においては中央から地方に至るまで、いいかえれば国家、郷里社会から家族に至るまで浸透していった。皇帝の権威を支え、官吏の行政上の基本知識となり、また郷里の地縁共同体社会においても、同族、家族の血縁集団においても、一つの社会秩序を支える基本理念となった。王朝交替時の戦乱から統一の再興、周辺民族との戦争、自然災害の頻発、皇帝政治の不安定化と政争など、政治社会が揺れ動くなかで、儒教による徳《とく》治《ち》が求められた時代といえよう。そもそも孔子の時代も春秋末期にあって周王の権威も失われた激動の時代であり、そういう時代であったからこそ新たな社会秩序を求めようとしたのである。

自然災害・政治混乱ゆえの儒教的徳治

地方行政のトップに立つ官僚には、行政上の実務能力は下部の官吏に任せ、むしろ儒教的知識、素養が要求された。『春秋左氏伝』の訓解《くんかい》（『春秋左氏伝解』）を著した服虔《ふくけん》は、『左氏伝』を漢時代の政治に役立て、九江太守となっているし、『五経異義《ごきょういぎ》』を著した許慎《きょしん》も沛《はい》国の洨《こう》県の令《れい》になっている。丹陽《たんよう》太守李忠《りちゅう》は、越人《えつじん》に婚姻の習俗を改めさせるために、学校を建てている。また極端な話ではあるが、沘陽《ひよう》県の長となった鮑昱《ほういく》は県人の趙《ちょう》を殺人の罪で収監したが、七〇歳を過ぎた父母が、一人息子が死罪になれば子孫が絶えると泣いて申し出たことを憐れみ、新婚の妻を牢獄に一晩入れて、子を妊らせたという。法治に儒教的な徳治が求められた。

後漢官吏の選挙（登用法）には賢良方正、直言、至孝、有道《ゆうどう》、孝廉《こうれん》、明経《めいけい》、茂才《もさい》などの科目があったが、そのなかの孝廉《こうれん》（親孝行と清廉な政治）、至孝、明経（儒教経典の知識）などは儒教的な人物評価である。これらの人間を郷挙里選《きょうきょりせん》する、すなわち郷里の世論に基づいた選挙が上古の儒教では理想とされていたが、実際には郷里推薦ではなく郡国の地方官が中央の高級官僚とともに一定の人員を選出、推薦した。

史書には多くの儒教的品格の人物が、学ぶべき事例として挙げられている。南陽の富人樊重《はんじゅう》の行為は、失い、三〇〇〇万の財を郷里の貧窮な者に分け与えたという。种暠《ちゅうこう》は父親を同体の利を考えて自己を抑制するものとして称えられた。すなわち外孫の何氏《かし》兄弟と財産を裁判で争うことを恥じて耕地二頃《けい》で和解し、また日頃数百万もの金銭を貸していたが、遺言で契約書を焼き払ったという。このような美談が生まれる背景には、過度の経済的利益を抑制する行為を善しとする儒教思想の影響が認められる。

会稽郡《かいけいぐん》の上虞県《じょうぐ》の一四歳の少女曹娥《そうが》は、川で溺《おぼ》れ行方不明になった父を悲しみ、遺体を埋葬することもできない親不孝に責任を感じて川に身を投げた。この事件はしばらくして度尚《どしょう》が県長に赴任してから孝行として称えられ、曹娥は改葬されて墓には顕彰の碑が建てられた。孝行の行為は単なる家族の心情として求められたばかりではなく、とくに官吏の場合、父母の死にはわざわざ辞職して帰郷し三年の喪に服するなど具体的な行動として評価され、逆に親不孝の行為は犯罪として処罰されることもあった。父親を侮辱した相手を殺しても法で許されたりするのも儒教主義的な法律であるが、民間では復讐行為が公然と容認され、混乱することもあった。

孝行が評価され不孝が罰せられたのは、実際には、郷里や家族内の秩序が戦乱や自然災害がもたらす貧困や流民化によって崩壊したことを意味し、子殺しや売子《ばいし》、また妻子が略奪されて奴婢《ぬひ》として売買され、さらに飢餓時には人が人を食するなどの行為まで行われていたからである。たとえば長沙では衣食に乏しい人々が生まれてくる子を数多く殺していたので、長沙太守宋度《そうたく》は郷《きょう》で教化の任に当たっていた三老を厳しく叱責したという。後漢は自然災害、政治混乱のなかで儒教による統治を目指した時代であった。

道教創成の時代

桓帝は延熹《えんき》年間（一五八―一六六）に黄老道《こうろうどう》を信奉して黄帝《こうてい》（升仙《しょうせん》した帝王）と老子を祭り、その他の諸祭祀を排除した。延熹八年（一六五）の一年間には三度も老子を祭るほどの、熱狂ぶりであった。儒教が個人よりも郷里社会、国家といった集団秩序のあり方を規定するイデオロギーとして、強力な国家保護のもとで発展していったのに対して、道教は個人の延命救済をはかる神仙思想から生まれ、方士（道士）という民間の職業人によって普及していった。したがって皇帝が宮中で黄老君を祭祀したといっても、年若くして世を去っていく後漢皇帝の多いなかで、桓帝もみずからの長生を祈願したまでであった。一方とくに前後漢交替期の混乱や後漢後半期の社会不安のなかで、道教は地方社会の民衆のなかにも急速にひろまっていった。

前漢末の建平四年（前三）、京師《けいし》や地方郡国の民が歌舞して西王母《せいおうぼ》を祭り、また符書《ふしょ》を伝え、これを身につければ不死がかなえられるとして熱狂した。王莽末期には道士の西門君恵《せいもんくんけい》が、劉秀はまさに天子たるべしとの予言をしている。儒教的秩序体制が社会的混乱を救済できないような時代には、道教が民衆の政治的行動を支えるイデオロギーとして表に出てくる。そのなかでもっとも顕著であったのが、道教の教団として後漢後期に起こした宗教反乱、太平道《たいへいどう》と五斗米道《ごとべいどう》であった。

後漢時代の画像磚《せん》には当時の信仰的場面を描いたものが多い。人間が死後昇天する世界が描かれている。西王母《せいおうぼ》という神が龍と虎の形をした座に座り、周囲には玉兎《ぎょくと》や蟾蜍《せんじょ》が不老不死の妙薬を臼と杵でついている。近くには九尾《び》の狐《きつね》、また羽の生えた仙人が酒を飲みながら六博《りくはく》というゲームに興じたり、馬に乗って天をかけめぐったりしている。後漢の人々の想う天の世界である。

また後漢時代の青銅鏡には、前漢時代と異なって、不老不死の思想を銘文に表現したものが多い。方格規矩四神鏡《ほうかくきくししんきょう》の銘文に、

尚方《しょうほう》、鏡を作り大いに巧みなり。上に仙人有りて老ゆるを知らず。渇きては玉泉《ぎょくせん》を飲み、飢えては棗《なつめ》を食す。天下を徘徊《はいかい》して芝草を取る。

とあり、鏡に不老不死の願いが込められている。東晋の葛洪《かっこう》（二八三—三六三）の著した『抱朴子《ほうぼくし》』には、青銅の鏡を用いた仙薬の調合法や、邪気から身を守る鏡の威力について述べられているので、鏡は単に化粧の道具ではなかった。

また後漢時代の墓葬にも、道教に関係のある副葬品が見られる。陝西《せんせい》省戸《こ》県で発見された後漢墓からは、九七字の文章と二つの呪符《じゅふ》を朱書した陶器の明器《めいき》が出土した。これは天帝の

使者が、陽嘉《ようか》二年（一三三）八月に死去した曹伯魯《そうはくろ》の家族のために、厄払いをした内容である。亡き墓主の死の路から万里も離して、残された遺族の生の路（子孫繁栄）を保証しようというものである。呪符も現世の人間に天帝の加護を与えることを象徴している。天帝の使者の証拠は、「黄神地越の印」を身に帯びていることだという。同じ墓から出土した陶瓶《とうへい》にも、同じように太陽の精の徳で百福を得られると朱書してある。いずれの文書も最後は「律令の如くせよ」という、公文書の末尾の体裁をとっている。

このような後漢時代には、中国の道教史の全体の流れからみれば、まだ魏晋南北朝時代のように宗教としての教義が本格的に確立しているわけではない。しかし後漢時代には確かに宗教教団や道教習俗の存在は認められるので、道教創成の時代と見ることができよう。

黄巾の乱と五斗米道

外戚の時代に突入

後漢時代の一四代の皇帝の即位年齢と寿命を見てみると、一つの時代的特徴がうかがえる。光武帝（二五―五七）、明帝（五七―七五）、章帝（七五―八八）、和帝（八八―一〇五）、殤帝（一〇五―一〇六）、安帝（一〇六―一二五）、順帝（一二五―一四四）、沖帝（一四四―一四五）、質帝（一四五―一四六）、桓帝（一四六―一六七）、霊帝（一六八―一八九）、少帝（一八九）、献帝（一八九―二二〇）のうち一〇歳以下で即位したのは和帝の一〇歳、殤帝の一歳未満（百余日）、沖帝の二歳、質帝の八歳であり、一五歳以下でも安帝の一三歳、順帝の一一歳、桓帝の一五歳、霊帝の一二歳、二世紀はまさに幼帝の即位が続いた時代であったといえる。

皇帝の寿命を見ても一世紀の皇帝は、光武帝は六二歳、明帝は四八歳、章帝は三三歳、和帝二七歳であるのに対して、二世紀の皇帝は、安帝三二歳、順帝三〇歳、桓帝三六歳、霊帝三四歳のほか、一〇歳以下の殤帝二歳、沖帝二歳、質帝九歳が目立つ。幼帝が即位し短命である。光武帝の子は一〇人、明帝九人、章帝八人に対して、ほかの皇帝の子は極端に少ない。和帝は二人、安帝は一人、順帝は一人、霊帝は二人、質帝、桓帝には子どもがいなかった。

幼年の皇帝が即位したということは、その背後で母親の皇太后が臨朝する道を開いたことを意味し、その結果外戚《がいせき》の勢力が政治を左右することになった。光武帝の陰《いん》皇后や明帝の馬《ば》皇后が外戚として力をもたなかったのは、両皇帝自身が年齢も高く、さらに前漢時代の外戚の弊害を十分認識して、戒めとしていたからであった。しかし第三代の章帝以降は、外戚勢力が表舞台に出てくることになり、さらに二世紀に幼少の皇帝が即位すると、まさに外戚の時代に突入することになった。

皇帝をとりまく外戚と宦官

臨朝した皇后は、章帝の竇《とう》皇后、和帝の鄧《とう》皇后、安帝の閻《えん》皇后、順帝の梁《りょう》皇后、桓帝の竇《とう》皇后、霊帝の何《か》皇后の六人、いずれも皇帝の死後に幼帝を立てて、一族とともに政治の実権を握った。竇皇后は章帝の死後、皇太后として摂政となり、兄弟の竇憲《とうけん》、竇景《とうけい》が横暴をきわめた。鄧皇后も、和帝の死後に兄の鄧騭《とうしつ》とはかって清河《せいが》王の子を皇帝としたが、鄧皇太后として一七年にわたって摂政政治を続けた。沖帝、質帝、桓帝と三代の幼帝を擁立した梁皇太后の外戚梁冀《りょうき》も政権を掌握した。この時代、群臣は皇帝に上奏する際に、わざわざ二通を作成し、一通は皇太后に、一通は形式的に幼帝に差しだしたという。皇帝の子どもが少なかったために、皇帝の系統がしばしば断絶し、外戚の勢力も交替することになった。後漢皇帝のうち四人の皇帝が、皇帝の直系が断絶後に立てられた。

後漢の皇后には前漢と異なる点がいくつかある。明帝が母の陰后《いんこう》に烈《れつ》という諡《おくりな》をつけてから、後漢の皇后は皇帝と同じように諡号《しごう》をもつようになった。たとえば明帝の馬皇后の場合、徳《とく》という諡号《しごう》をはさんで明徳《めいとく》馬《ば》皇后のように呼ぶ。後漢の皇后は、前漢の皇后が低い家柄から出たのにたいして、名家の女《むすめ》が選ばれた。後宮の掖庭宮には一三歳以上の姿色端麗な良家の子女が選ばれて入り、采女《さいじょ》から、宮人、美人、貴人そして頂点に皇后が位置する数千人の女官組織が形成された。彼女たちの衣食、化粧費も国家にとっては膨大な負担となった。

『後漢書』宦者列伝《かんじゃれつでん》は、宦官《かんがん》の歴史を春秋時代から説き起こし、後漢の時代になって宦官の勢力が政治問題化したことを語ってくれる。ここでは、宦官を重用した後漢王朝は、宦官の養子の子であった曹操によって結局滅ぼされたという歴史を、非難する立場から記述した。列伝の論評によれば、夏殷周三代は女色で災いを招き、秦は暴虐な政治で国を失い、前漢は外戚で断絶し、後漢は宦官で国を傾けた。『史記』では佞幸《ねいこう》列伝のなかに、個人的に皇帝の寵愛を受けた宦官のことが記載されているだけであるので、後漢という時代がいかに宦官の存在が重要であったかということがわかる。

宦官の制度化と政治的な台頭

秦代にも趙高や、前漢時代にも、文帝時の趙談《ちょうだん》、武帝時の李延年《りえんねん》、元帝時の史游《しゆう》など宦官は重用されていた。とくに後漢光武帝のときには後宮の官吏は皆去勢された人間を用いることとし、永平年間（五八―七五）には中常侍四、小黄門《しょうこうもん》一〇というように定員が定められた。後漢時代になって後宮に仕える官吏としての宦官が制度化されたといえる。宦官の役割は、幼年皇帝が即位し、皇太后が実権を握るという皇帝政治の異常な状況のなかで、外戚勢力と競いながら、相乗作用を起こすかのように強まってくる。平時では官僚が皇帝に代わって政治を行った。皇太后が幼年皇帝の背後から一般の官僚を遠ざけて詔勅を下すようになると、後宮に自由に出入りできた宦官が発言権を持ちえた。

和帝の時代には、鄧《とう》太后が実権を握り、太后の兄であった大将軍鄧憲《とうけん》兄弟が外戚として権力を振るった。宦官の中常侍鄭衆《ていしゅう》が反発してこの勢力を倒したときから、宦官が実権を握る事例が始まった。ときには皇帝を擁立するまでの力を持ち、諸侯に封ぜられたり、九卿といった高級官僚に任ぜられることもあった。またわざわざ養子を立てて爵位を受け継がせ、かれらの兄弟、子弟も地方の太守、県令となって全国に勢力を広げた。単超《ぜんちょう》の弟は河東《かとう》太守、弟の子は済陰《せいいん》太守、徐璜《じょこう》の弟は河内《かだい》太守、左悺《さわん》の弟は陳留《ちんりゅう》太守、具暖《ぐだん》の兄は沛相《はいしょう》（丞相）というように、宦官の兄弟というだけで地方官僚の要職に就いた。

霊帝のときの一〇人の中常侍の一族の無道ぶりは、張角《ちょうかく》らの反乱の原因になったといわれた。中常侍侯覧《こうらん》は宅地三八一ヵ所、耕地一一八頃《けい》を奪い、高楼池苑《こうろうちえん》を備えた一六もの邸宅を建て、他人の家屋や墳墓を破壊してまで自身の墓を作ったという。宦官が、清流豪族《せいりゅう》と対比される濁流《だくりゅう》豪族といわれるゆえんである。皇帝を中心に、官僚、外戚、宦官の三者の勢力は、三つ巴の関係にあったので、後漢の宦官は、その力関係のなかで巧みに実権を握っていった。

宦官も政治の実権を握り、暴政を行ったときには非難されるが、宦官の存在自体が否定されたわけではない。たしかに中国古代には刑罰としての宮刑があるが、後漢時代の宦官の場合、自らの意志で去勢して皇帝の内朝への臣従を示したのである。秦のときの趙高は、兄弟ともども父の宮刑に連座した身で生まれながら、秦王政《せい》（始皇帝）に中車府令に抜擢されている。前漢の李延年《りえんねん》も腐刑《ふけい》（宮刑）の身で宮中の猟犬の世話係であったが、妹の李《り》夫人が寵愛されたので取り入ることができた。かれらは刑罰を受けた身で宮中の雑務に仕えたのであり、あきらかに後漢の宦官たちとは異なる。皇帝や皇太后から見れば、刑を受けた罪人のように身体を傷つけた後漢の宦官は、本来はあたかも家内奴隷のように自由にまた信頼して酷使できる官吏であった。

『後漢書』宦者列伝には、紙を発明した蔡倫《さいりん》をはじめ、在野にあって政争に関わらずに「清《せい》忠《ちゅう》」と称えられた趙祐《ちょうゆう》などの人物も見え、身体を傷つける異常性のみを取り出して、宦官すべて悪人というイメージは持つべきではない。宦官が勢力として台頭してくる政治状況に目を向けるべきであろう。後漢時代は後代の唐《とう》、明《みん》と並んで宦官が政治的に台頭した時代であった。

河水清む——後漢帝国崩壊の兆

桓帝延熹《かんていえんき》八年（一六五）四月、済陰《せいいん》・東《とう》・済北《せいほく》郡の河水《かすい》の水が澄み、翌九年（一六六）四月にも河水沿岸の済陰・東・済北・平原の各郡で水が澄んだ。『後漢書』の孝桓帝紀《こうかんていき》には「河水清《かすいす》む」と記録している。河水とはのちの黄河のことであり、黄色く濁る度合いが増していったことで、河水は唐代ころから黄河という名称でも呼ばれるようになった。大河と呼ぶことはあっても黄河とはいわなかった。後漢時代の黄河は現在よりも北を流れていた。その黄河の水が一時的に澄んだという。

別に奇跡が起きたわけではない。黄色く濁った黄河が透き通るような水に澄んだわけではない。中流では黄土を含んだ激流の黄河も、下流では河道の傾斜は緩やかになり、海抜一〇〇メートル以下の大平原を流れる。夏の終わりから秋にかけて増水すると、土砂を大量に含んで赤くなるが、冬から春先の渇水期には河口ではほとんど流れをとめ、土砂は河底に堆積する。その度合いによっては相対的に澄んだ黄河となる。上流の黄土高原で渇水や旱魃が起これば、地表の黄土を押し流して河に直接入り込む黄土の量が減り、濁りの程度は少なくなる。当時の人々は、自然の異変は人事の異変と結びつけて受け止めた。

この年、桓、霊帝期の政界を巻き込んだ大きな事件が起こった。党錮《とうこ》の禁《きん》の事件である。党人とは本来こころざしを同じくする輩《はい》（なかま）の意味である。政争のなかでは徒党を組んだ政敵のグループを批判する呼称になった。もともと党人の争いは、甘陵県《かんりょう》という一地方で起こった。この県出身の二人の人物、河南尹房植《かなんいんぼうしょく》と、桓帝の即位する前の師であり後に尚書に抜擢された周福との双方の賓客が、お互いに徒党を組んで非難応酬したことに由来する。その後中央政界で宦官勢力を批判した官僚たちが、逆に宦官側から党人として一くるみに呼ばれ、この党人と宦官の政争で党人側の多くの人材が犠牲になることになった。二十数年間犠牲者は中央の官界だけでなく、全国の郡県にまで及び、後漢の政治史の一大汚点ともなった。黄巾の乱の勃発によって一応終止符をうったが、後漢政権の崩壊を加速させることになった。

党人と宦官の一大抗争

延熹九年（一六六）、第一次の党錮《とうこ》の禁《きん》が起こり、司隷校尉《しれいこうい》の李膺《りよう》ら二百余人が党人として逮捕された。そもそもの事件のきっかけは、李膺が河南尹《かなんいん》であったときに、宦官と交際のあった張成《ちょうせい》という風角師《ふうかくし》の関わった、あらかじめ恩赦の日を占ってから子どもに殺人をさせた事件を厳しく取り締まり、張成《ちょうせい》を死刑にしたことに始まる。恨みに思った張成の弟子は、李膺《りよう》らが太学の遊学者や地方の郡の生徒たちと徒党をなし朝廷を誹謗していると上書した。桓帝《かんてい》はこのことを聞いて怒り、全国の党人を賞金をかけて逮捕するように命令し、李膺《りよう》、陳《ちん》寔《しょく》ら二百余人を捕らえた。翌年六月には尚書の霍諝《かくしょ》や竇武《とうぶ》らが釈放を願い出、逮捕者は故郷に帰されたが、逮捕者の名が中央の府庫に記録され終身の禁錮《きんこ》（任官できない身）となった。

しかし世論の支持は党人側にあった。宮廷では宦官が勢力を広げる一方、清流派の名士たちは在野で評価を得た。三君《さんくん》、八俊《はっしゅん》、八顧《はっこ》、八及《はっきゅう》、八厨《はっちゅう》という人物のランクが定められ、竇《とう》武《ぶ》、陳蕃《ちんばん》は三君、李膺《りよう》は八俊に位置づけられた。三君、八俊の三五人の伝記が、『後漢書』党錮《とうこ》伝《でん》に収められた。

その後桓帝が死去し、建寧元年（一六八）一一歳の霊帝が即位すると、陳蕃《ちんばん》は太傅《たいふ》、竇武《とうぶ》は大将軍、胡広《ここう》は司徒《しと》として官界に復帰した。しかしすぐに中常侍の曹節《そうせつ》が陳蕃、竇武と尚書令の尹勲《いんくん》、侍中《じちゅう》の劉瑜《りゅうゆ》、屯騎《とんき》校尉《こうい》の馮述《ふうじゅつ》らを殺し、一族を処刑した。建寧二年（一六九）、今度は中常侍の侯覧《こうらん》が役人にほのめかして、前の司空《しくう》虞放《ぐほう》、太僕杜《たいぼくと》密《みつ》、長楽少府李膺《りよう》らを逮捕して獄中で殺し、死者は百余人に及んだ。

全国に党人を逮捕すべき詔書が出されると、多くの人々が党人とされた。恩赦があっても党人だけは除外され、さらに太学の学生千余人も逮捕され、党人と関係の深い門生、故吏《こり》、父兄、子弟たちも官職を追われて禁錮の身となった。しかし黄巾《こうきん》の乱《らん》が勃発すると釈放された。黄巾の乱と党人との結び付きを恐れたからである。これがいわゆる第二次党錮《とうこ》の禁《きん》である。殺された者の遺体や、流刑者は郷里に帰された。

このように後漢末期の、全国を巻き込んだ宦官の濁流勢力と清流勢力の抗争は、一時的な現象にせよ、当時の社会の大きな動向を反映したものと見ることができる。川勝義雄《かわかつよしお》らの一つの見方は、六朝時代《りくちょうじだい》の貴族制の源流を清流派勢力に求め、清流派の地方豪族は本来の領主としての階級の立場を抑制し、当時崩壊しつつあった郷里の共同体を維持、再建しようとしていたというものである。

宗教集団から反政府集団へ

二世紀後半期の桓帝《かんてい》（在位一四六―一六七）、霊帝《れいてい》（在位一六八―一八九）の治世は社会経済や政治的混乱が増大していった時期であった。旱魃、洪水、飢饉、蝗害《こうがい》、地震などの災害が頻発し、京師《けいし》や九江《きゅうこう》、廬江《ろこう》の地方では伝染病が蔓延《まんえん》して社会的不安を招いた。政府は病人には医薬品を配布し、被災者にも食糧の支給や田租《でんそ》、賦、人頭税（算）の減免などの救済策を行った。こうした時期、清河《せいが》郡の劉氏、陳留《ちんりゅう》郡の李堅《りけん》、扶風《ふふう》の裴優《はいゆう》らは天子、皇帝と称し、長平の陳景《ちんけい》も黄帝の子、南頓《なんとん》の管伯《かんぱく》は真人《しんじん》、蜀《しょく》の李伯《りはく》は太初《たいしょ》皇帝、渤海《ぼっかい》の蓋登《がいとう》は太上皇帝などと称して単発的に挙兵したが、いずれも後漢政府側に処刑されてしまった。こうした国内の混乱に乗じて周辺の羌《きょう》、鮮卑《せんぴ》族も辺境の郡を侵しはじめた。

中平元年（一八四）二月、東方の鉅鹿《きょろく》の人張角《ちょうかく》は天師《てんし》（黄天）と称して太平道の集団を組織し、三六万人もの民衆を統率した。起兵《きへい》のときに黄色の頭巾をかぶって味方を識別したので、世に黄巾の賊と呼ばれることとなった。安平《あんぺい》や甘陵《かんりょう》の地の民衆も、諸侯王を捕らえてこの動きに呼応した。反政府勢力の動きが地域的な連帯を得て広がっていったのである。

張角の率いた太平道の集団は、張陵の五斗米道とも対比されるが、従来の反乱集団とは異なり、一つの宗教集団ともいうべきものであった。張陵は大賢良師《たいけんりょうし》として黄老道《こうろうどう》を信仰する集団を組織し、弟子を集めた。民衆にもっとも歓迎されたのは、病人の呪術的な救済であった。師は九節の杖を手にして病人に呪術を行い、罪を懺悔《ざんげ》させて符水《ふすい》を飲ませた。治癒した者は信仰心が篤く、治癒しない者は不信心と見られた。混乱する時代のなかで組織的に布教活動をしたので、数十万の信徒が集まった。こうした宗教集団が、武力をもち反政府的な反乱集団になっていった。

黄巾の乱――後漢王朝打倒をかかげて

張角は一宗教集団の教祖であったが、同時に天公《てんこう》将軍とも称して、弟の地公《ちこう》将軍張宝《ちょうほう》、人《じん》公《こう》将軍張梁《ちょうりょう》とともに軍事的指導者となったのである。下部には方《ほう》という軍団を構成し、大《たい》方《ほう》は約一万、小方《しょうほう》は六、七千の兵士からなり、渠師《きょし》に率いられた。張角は反乱を起こすときに「蒼天已《そうてんすで》に死《し》し、黄天当《こうてんまさ》に立つべし、歳《さい》は甲子《かっし》に在り天下は大いに吉なり」と唱え、都や州郡の役所の門に白土で甲子の字（甲子の年の意味）を書きつけた。蒼天、青い天とは漢王朝を指し、黄天がこれに代わるというのである。正式の五行相生説によれば火徳（赤）の後漢王朝に代わる土《ど》徳《とく》の王朝をめざすことになるが、それをも無視したスローガンである。

ここでは明確に王朝の打倒を目標にしていた。天師《てんし》とは天子という称号をもつ皇帝に比したもので、教祖が天下に君臨し、一つの宗教王国をめざしたのであろう。江蘇《こうそ》省の高郵《こうゆう》県の後漢遺跡で出土した符籙《ふろく》には、天帝神師《しんし》のことばが見えるが、天師の意味は天帝に仕える神師のことであろうか。長安三里村出土の陶瓶《とうへい》にも天帝使者と朱書してあるので、神師は天帝につかえる使者でもあった。

さて都では翌三月に党人たちの釈放が行われたが、これは中常侍であった宦官の呂彊《りょきょう》が党人と黄巾の勢力との連帯を懸念し、霊帝もこれに同意して講じられた措置である。後漢政府側の反乱勢力への対応は慎重であった。何進《かしん》を大将軍に任命して洛陽に待機させる一方、全国には函谷《かんこく》、広城《こうじょう》、伊闕《いけつ》、大谷《たいこく》、轘轅《かんえん》、旋門《せんもん》、小平津《しょうへいしん》、孟津《もうしん》の八つの関所に都尉官を配置し、警備を固めた。

太平道の宗教集団が中心となって反乱集団が形成され、黄巾という旗印のもとに集団の規模が拡大していった。潁川《えいせん》、南陽《なんよう》、汝南《じょなん》、広陽《こうよう》の黄巾、葛陂《かつひ》の黄巾、益《えき》州黄巾馬相《ばしょう》、青《せい》、徐《じょ》州の黄巾という各地の集団がそれである。とくに張角自身が率いた冀《き》州の黄巾軍は董卓《とうたく》や盧《ろ》植《しょく》の軍を破り、後漢政府側に脅威を与えたが、張角が病死した後、これらの集団はかならずしも太平道という宗教で結束したわけではなく、横の連帯の絆《きずな》は緩《ゆる》み、略奪集団化していった。結局、各集団は曹操《そうそう》の軍に鎮圧されていく。後漢王朝の崩壊を促しながら、新たな体制をつくりえずしてつぶれていった。

曹操　（明『歴代古人像賛』〈『中国歴史人物大図典』遊子館〉）

五斗米道という宗教集団

沛《はい》国の豊《ほう》県（江蘇《こうそ》省）の人張陵《ちょうりょう》は二世紀前半順帝の時代（一二六―一四四）に蜀《しょく》に入り、鶴鳴山《かくめいざん》（一説に鵠鳴山《こくめいざん》、四川《しせん》省崇慶《すうけい》県）で道を開いて符書《ふしょ》を作った。その教えを受けた信者は米五斗（日本の約五升）を供出したので当時「米賊《べいぞく》」といい、この集団を一般に五斗米道と呼んでいる。宗教集団であるため、教祖の人物像や集団の描写については多少伝説化されている。

張陵（後世張道陵《ちょうどうりょう》ともいう）の死後、この信仰は霊《れい》帝光和《ていこうわ》年間（一七八―一八四）には子の張衡《ちょうこう》、そして孫の張魯《ちょうろ》に伝えられ、宗教集団として組織化されていった。張魯は最初益州牧《えきしゅうぼく》（長官）の劉焉《りゅうえん》に従ったが、焉の死後、興平元年（一九四）頃には漢中を中心に五斗米集団を率いて「師君」と号していた。

この集団は黄巾の乱を支えた張角の太平道とよく対比され、東方に太平道の張角、漢中に五斗米道の張陵ありといわれたほどである。入信者は鬼卒《きそつ》と呼ばれ、とくに信仰を深めた者には祭酒《さいしゅ》という称号が与えられ、祭酒の下には多くの信徒が集まり、大きな集団となった場合には治頭大祭酒《ちとうだいさいしゅ》と呼ばれた。入信者はまず病人として静室《せいしつ》という道場のなかに座り、自らの過失を反省させられた。姦令《かんれい》、祭酒《さいしゅ》が老子五千文をテキストに指導し、偽りをしないこと、病気のときには自分の罪を告白することなどが教えられた。鬼吏《きり》が病気の厄払いのために行う祈禱の方法は、病人の姓名を書いた札を三通作り、一通は天に近い山頂に置き、一通は地に埋め、最後の一通は水に沈めるというもので、三官手書《さんかんしゅしょ》と呼ばれた。

また亭伝《ていでん》のような交通宿泊施設の義舎《ぎしゃ》が設けられた。ここには米や肉などの食糧が常備され、通行する者は自分に必要な分量だけを自由に受け取ることができた。多く取りすぎた者には、病気のたたりがあったと伝えられ、自己抑制が求められた。法を犯した者には三度までは悔い改める機会が与えられ、そのあとにはじめて罰せられた。春夏には動物の殺傷が禁止され、禁酒も行われた。

三国魏の曹操に屈した宗教王国

この張魯の集団は一九〇年頃から、漢中と巴《は》の地方で三〇年近く勢力をもったが、結局二一五年、曹操《そうそう》の軍に降ることになった。このとき張魯は宝物の入った倉庫を国家のものだとして封印し、曹操に差しだした。曹操は張魯を客人の礼で厚遇し、魯の子どもたちも列侯に封ぜられ、曹操の子を張魯の娘と結婚させた。結局宗教的指導者も政治権力に屈することになる。

五斗《ごと》米道《べいどう》の集団の特徴は、師君《しくん》から治頭大祭酒《ちとうだいさいしゅ》、祭酒《さいしゅ》、姦令《かんれい》、鬼吏《きり》、鬼卒《きそつ》といった独自の階層からなる集団原理をもち、構成員には独自の規律が課せられていたことである。吏や卒ということばは、本来既存の政治社会組織に使われるものであるが、鬼吏、鬼卒といっているのは、まさにこうしたものと区別して宗教的集団の官吏、構成員を示そうというものである。後漢末期の混乱期に郷里社会の秩序が崩壊していくなかで、それに代わるものとして宗教的紐帯《ちゅうたい》が求められたのである。この集団は地縁集団でもなく、血縁集団でもない。既存の社会集団から放逐された人々が信仰によって結びつき、五斗の米を納めることを条件に加入していった。

この集団が一定期間、また特定の地域とはいえ信奉者を多く獲得し勢力をもったのは、後漢後半の混乱期を時代背景に、郷里社会から放出された人々を容易に取り込める緩やかな集団であったからである。厳しい戒律などなく、混乱のなか故郷を離れ移住、放浪を余儀なくされた人々に、食糧を給与し治病につとめた。郷里社会の長老秩序とは異なった、独特の共同体をめざしたといえよう。研究者の間では、この集団は、「宗教王国」とか「五斗米道王国」とかいう呼び方がされている。

豪族と郷里社会

王朝を支える階層としての豪族

地方社会で社会的な勢力をもった大土地所有者を豪族という。「大族《たいぞく》」「大姓《たいせい》」「豪族《ごうぞく》」「著姓《ちょせい》」「豪宗《ごうそう》」「豪右《ごうゆう》」「豪彊《ごうきょう》」「大豪《たいごう》」「姓族《せいぞく》」「右姓《ゆうせい》」「名族《めいぞく》」「顕姓《けんせい》」「豪俠《ごうきょう》」「大俠《たいきょう》」として文献には出て来る。光武帝と同じ南陽郡出身で義弟でもある樊宏《はんこう》の一族は南陽郡の湖陽《こよう》県で「郷里の著姓」あるいは「南陽の旧姓」とも呼ばれていた地方の名族であった。かれらが豪族といわれる理由は、まず樊氏《はんし》が緊密な同族集団を形成していたことであり、経済的には樊宏の父の樊重《はんじゅう》が農業と商業で殖財に努めていた。かれは陂《ひ》（溜池）灌漑《かんがい》をも行いながら耕地三百余畝《ほ》を開墾する一方で、梓《あずさ》や漆《うるし》なども栽培して巨万の財を蓄えた。蓄財は宗族《そうぞく》や郷里の貧しい者にも施したという。樊氏一族が名族といわれたのは、一族のなかで列侯や高級官僚を輩出するなど、たんに地方豪族としてとどまったのではなく、王朝を支える階層に組み込まれたからである。

後漢の刺史は、毎年八月になると所轄の郡国を巡り、地方官の政治が無事に行われているかを視察した。そのときの評価の基準が、六条の問事《もんじ》というものであり、六条に挙げられている事態がなければ無事であると考えた。その第一条には、「強宗豪右《きょうそうごうゆう》、田宅制《でんたくせい》を踰《こ》え、強《きょう》を以て弱《じゃく》を陵《しの》ぎ、衆《しゅう》を以て寡《か》を暴《あば》く」すなわち豪族が限度を超える耕地、宅地を所有して弱者を抑圧していないか、そして第六条には「二〇〇〇石公下《こうか》の比《ひ》に違《たが》い、豪強《ごうきょう》に阿附《あふ》し、通じて貨賂《かろ》を行い、政令を割損《かっそん》す」、すなわち二〇〇〇石の郡太守が在地の豪族と賄賂《わいろ》で通じ、公平な政治を損なっていないかというものである。いずれも地方の豪族との癒着を絶ち、豪族の過度な土地所有を規制することが求められた。

豪族の無法を逆に徹底して糾弾《きゅうだん》した地方官は、酷吏《こくり》として『後漢書』の列伝に収められている。東郡の陽平令李章《ようへいれいりしょう》は、県境に塢壁《うへき》（砦）を築いて武装し不法な行動をしていた清河《せいが》の大姓趙綱《たいせいちょうこう》を、赴任時の挨拶の宴席上でいきなり相手の刀を奪って刺し殺した。北海相董宣《ほっかいしょうとうせん》は、在地の大姓であった部下の五官掾公孫丹《ごかんえんこうそんたん》が、邸宅を新築するときに工事に死者が出るとの占いがあったので、通行人を子どもに殺させてその遺体を建物のなかに置いておいた事件を糾弾し、公孫丹父子を殺してしまった。冤罪《えんざい》を叫んで役所に押し寄せた宗族、新党三十数人も、捕らえられて殺されたという。

また陳相黄昌《ちんしょうこうしょう》も、道路に面して高い楼台をもつような大邸宅を造った彭氏《ほうし》の夫人が楼台に登って自分を見おろすことを快く思わず、牢獄に捕らえて殺してしまった。これらの話は特別な事例であるが、地方官と豪族との拮抗する関係を見ることができる。後漢の仲長統《ちゅうちょうとう》は後漢末期の混乱を目の当たりにして、時事の評論を『昌言《しょうげん》』（理にかなったことばの意）という書に残している。そのなかで盛んに非難しているのは、豪族勢力の豪奢ぶりであり、王侯よりも栄華を誇り、郡県の長官よりも力をふるっていたという。

豪族の地域性と階層性

郡太守の地方政治から見れば、豪族勢力の根強い地域はとくに意識されていた。それは都洛陽を含む河南周辺であり、後漢劉氏政権を出した南陽を含む豫《よ》州であり、そして黄河北部の冀《き》州であった。河南は帝城と呼ばれて近臣が多く、南陽は帝郷として近親が多いために、かれらの土地、宅地は限度を超えていたといわれた。後漢の全領域からすれば、関東と呼ばれる北方の地域に偏っていたが、これらの地域では豪族勢力の圧力に屈しない地方官の政治がとりわけ評価された。河南尹羊渉《かなんいんようしょう》は豪右《ごうゆう》の囑託を頑として拒絶したし、南陽太守趙戒《ちょうかい》は豪傑を糾弾して一般の吏人《りじん》を救済した。中央の帝室、外戚、宦官、高級官僚の一族として在地で勢力を誇示していた有力な豪族は、清廉《せいれん》な地方官にとっては難しい存在であった。

前漢時代の三輔は、畿内として地方から移民諸豪族が数多く居住していた。洛陽遷都後の後漢になると、三輔も西の涼《りょう》州、北の并《へい》州といった辺境に連なる地としての軍事的な重要性が前面に出てきた。巴蜀、江南の地は、北方の黄河流域では災害が多かったのに対して、比較的安定していたので、豪族層も地方政治を支え、抵抗することは少なかった。蜀郡太守第《だい》五倫《ごりん》は、蜀地が肥沃で部下の掾史《えんし》も資産家が多かったので、あえて貧しくても志のある人間を採用したという。巴蜀のなかでも巴郡には、豪族のなかに漢化した異民族が含まれており、内地とは異なる興味深い状況も見ることができる。

こうした豪族の地域性は、後漢の国家と豪族の関係を考えるときに重要な点である。王朝国家の施政の方針からすれば、とくに前漢以来の在地豪族が過度に勢力を増大化した地域では抑えなければならなかったし、一方で現実の中央集権的な地方政治に協力するような在地豪族の地域では、手を結ばなければならなかった。郡の太守《たいしゅ》、丞《じょう》、県の令《れい》、長《ちょう》と丞《じょう》、尉《い》などの中央が任命した地方官は、掾《えん》以下の地方採用の官吏とは異なり、本籍地を任地とすることが回避されていた。一族との癒着を避け、公平な地方政治をさせるためであった。三互《さんご》の法というものも、郡太守と任地における在地豪族との婚姻関係を禁じたものである。山陽太守史弼《しひつ》は、任地山陽郡の鉅野《きょや》県の薛氏《せつし》の女を妻としていたが、自ら申し出て平原相《へいげんしょう》に転任している。

しかし実際には地方長官と任地の豪族との結びつきは、別の形で現れるようになった。地方の郡太守などの長官クラスは、自らの権限で属官を採用できた。中央高官の場合もふくめてこのような属官任用権は辟召《へきしょう》と呼ばれた。辟も召も「まねく」意味である。このときに辟召者と被辟召者との間に生まれた人的な関係は、長官の任期中の一時的なものではなく、「故吏《こり》（もとの官吏）」として私的に続いていく。豪族が国家と対立する存在ではなかったことは、豪族のなかから中央官僚を生みだしていったことからもわかる。

一県は平均三郷、一郷は一〇里から成る地方行政組織

後漢時代のある時期の文武官《ぶんぶかん》すなわち上級官僚は全国で七五六七人、属官である下級官僚は一四万五四一九人、合計すると一五万二九八六人であった。これらの官僚が中央集権的専制政治体制を支えていたといえる。いま中央は別にして地方の郡県政治に目を向けると、長官級の官僚、すなわち郡の長官の太守《たいしゅ》、次官の丞《じょう》、県の長官の令《れい》（大県の長官）や長《ちょう》（小県の長官）、次官の丞《じょう》、尉《い》はみな皇帝自身が任命し、地方社会との結び付きを分断させるために本籍地での任官は回避された。しかし課長級以下の官吏は郡や県でそれぞれ郡内、県内という範囲から地元出身の人間が採用された。

課長級以下というのは郡や県の属吏《ぞくり》（掾史《えんし》）であり、かれらが実際の地方行政の実務を支えていたのである。たとえば会稽郡では、後漢初めに五〇〇人以上もの属吏を擁していたと伝えられるし、中央の河南尹《かなんいん》ではさらに九二七人もの大属吏グループを抱えていた。その属吏グループの頂点に立った属吏が、主簿《しゅぼ》と功曹《こうそう》と督郵《とくゆう》であった。つぎのような歌謡も人々の間に広まっていたという。

范孟博《はんもうはく》が汝南《じょなん》太守であって、南陽出身の太守宗資《そうし》は文書に承諾の意を記入するだけ、岑公《しんこう》孝《こう》が南陽太守であって、弘農《こうのう》出身の太守成瑨《せいしん》はただ坐して嘯《うそぶ》くだけ。

汝南、南陽の二郡では、汝南太守の宗資《そうし》は功曹《こうそう》の范滂《はんぼう》に政務を任せ、南陽太守の成瑨《せいしん》も功曹の岑晊《しんしつ》に頼っていた。無能な太守と有能な功曹とを対比させた皮肉である。

県の下にはさらに郷里《きょうり》という行政組織があり、人民を直接に管轄していた。郷の数は永興元年（一五三）で全国に三六八二あり、一県平均三つの郷からなっていた。民衆の道徳面の教化を指導する三老《さんろう》、課役・課税を担当する有秩《ゆうちつ》、治安担当の游徼《ゆうきょう》などの郷官という役人がいた。郷は制度としては一〇の里からなっており、一〇〇家からなる最末端の里という行政村は里魁《りかい》が管理していた。

郷里社会の実態を物語るのは、後漢時代に盛んに地方で流行した石刻資料である。秦漢時代の二〇〇を越える石刻のうち九割は後漢のものであり、なかでも二世紀中、後半期の桓帝、霊帝期に多く作られた。墓碑には墓主の在地の同族や、墓主が地方の郡太守時の故吏などの姓名が出身地（本貫《ほんがん》）とともに記される。後者はその郡という地方社会の豪族集団の実態を語ってくれる。また地方長官の顕彰碑も、文献資料には見られない貴重な資料を提供してくれる。増淵龍夫《ますぶちたつお》は、後漢末の巴《は》郡太守張納碑の碑陰《ひいん》に記された五九人の巴郡の掾史《えんし》以下の下部官僚の姓の大半が、『華陽国志《かようこくし》』の巴志《はし》に見える大姓《たいせい》と一致することに注目し、地方統治は土着豪族の自律的な秩序によって支えられていたと考えた。

新発見史料が語る後漢郷里社会の農民の様子

さて一九六六年四川省郫《ひ》県犀浦《さいほ》付近で後漢墓の墓門《ぼもん》が発見され、簿書碑《ぼしょひ》という二〇戸ほどの農民の財産目録（土地・奴婢・家屋・牛）を記載したものを墓門に利用していることがわかった。ここには後漢時代の四川地方の郷里社会の様子がうかがえる。「田三十畝《ぼ》、質《しつ》六万」「奴《ど》の立《りつ》（名前）……幷《あわ》せて五人、直《あたい》二十万」「舎《しゃ》（家屋）六区、直《あたい》四十四万三千」「牛

簿書碑（四川省博物館蔵）
農民の財産目録を記載した簿書碑が後漢墓の墓門に利用されていた

一頭、直《あたい》万五千」のように記載されており、土地所有額を見ると、少ない者はわずか八畝《ぽ》（一畝は約四・五アール）、多い者は二六〇畝と開きがあることがわかる。一畝あたりの価格も、所有額の低い家の土地は五〇〇銭、多い家は二〇〇〇銭と開きがあり、土地の肥沃度、生産性の優劣も不均衡であったようだ。土地売買が行われたことは、後漢時代の売買文書にも現れている。

一九七三年に河南省偃師《えんし》県で発見された、後漢時代の父老《ふろう》の職の負担を軽減するために土地を共同で売買する約束を定めた石券《せきけん》（石に刻んだ証書）は、当時の郷里の様子を具体的に語ってくれる貴重な史料である。長さ一メートル五四センチ、幅八〇センチ、厚さ一二センチの表面に一二行二一三字隷書で陰刻《いんこく》されている。内容は、章帝建初二年（七七）正月一五日に、侍廷里《じていり》の父老を選出する僤《たん》という組織の二五人が集まって、石券を里の治所《ちしょ》に作ってつぎの約束をした。

永平一五年（七二）六月に、六万一五〇〇銭を集めて八二畝《ほ》の土地を購入し、父老の職に当たった者には客田《かくでん》という耕地を貸し出し、それによって収穫物を得ることができる。土地購入に供出する金銭のない者は、自分の耕地を直接父老に差し出す。僤《たん》の構成員が死去した場合は、子孫の戸主がその権利を受け継ぐ。僤全員が供出すべき財産がない場合は、耕地を賃貸して費用に当てること。ここに記された二五名の名前は、于《う》氏一〇名、左《さ》氏二名、僤氏三名、尹《いん》氏三名、錡《き》氏三名、周氏三名ほかであり、かれらの間で父老職が回されていたらしい。里の民衆を指導する父老職が、後漢時代には里のある程度の有産階層の間に任されていた実態を見ることができる。国家の法ではなく、郷里社会の民間の約束という形で一定の秩序が維持されていた。

墓室の壁画に描かれた豪族の荘園

後漢の豪族は中央へは一族を高位高官として送りだし、地方では郡県政府の実務官吏のポストを独占して地方政治の実権を掌握した。その経済的な基盤はみずからの大土地経営の場としての荘園であった。荘園ということばは別荘と田園のことであり、唐代以降に盛んに見えるが、官僚、豪族が都市の周辺の農村に土地を拡大した場合に、土地を囲い、奴婢や小作人に労働させる事例は漢代にもすでに見られる。皇帝や諸侯王が全国に禁苑《きんえん》を囲い込んでいったのと同様に、豪族も田野に荘園を所有していた。後漢の梁冀《りょうき》が所有していた園囿《えんゆう》は、中に山を築き、森林渓谷をかたどって自然の地形を再現し、禽獣《きんじゅう》を放し飼いにしたという。これは贅《ぜい》を尽くした特別な事例であるが、一般的にも荘園は、旧来の郡県の城郭近辺から離れ、山川藪沢《さんせんそうたく》の未開墾地を囲い込んでいくものであった。

後漢の仲長統《ちゅうちょうとう》は、秦漢の三たびに及ぶ乱世（秦末、王莽、後漢末）を論じるなかで、編《へん》戸《こ》斉民《せいみん》（戸籍に登録された平民）の世を乱したのは豪族の囲い込みであったという。「豪人の家屋は棟を数百も連ね、耕地は田野に満ちている。奴婢は一〇〇〇を単位に数え、そこに依拠する農民も万単位であった」という記述は、誇張の面もあるが、荘園の拡大状況を見ることができる。

さて後漢墓には墓室の壁面に彩色して絵を描くことがしばしば行われたが、そこには地方の豪族の荘園での生活ぶりがうかがえる。一九七一年に内モンゴル自治区の和林格爾《ホリンゴル》で発掘された桓帝、霊帝時期の後漢墓の後室南壁面には、山と樹木に囲まれた荘園の全貌が具体的に描かれている。中央に家宅と厩《うまや》があり、塢壁《うへき》に囲まれ、南には牛や羊、鶏が飼育されている。右上の山麓の耕地では二頭立ての牛に犂《すき》を引かせて、耕作している。家宅の左には桑の葉を摘む場面が見え、左下には車庫が位置している。塢壁《うへき》とは、郡県城外の田野に進出した豪族の拠点を防衛するために自主的に建てられた防壁である。同じ墓室東壁面に描かれた寧《ねい》城県《じょうけん》城の構造と対照させると、荘園の意味がよくわかる。この墓主は使持節護烏桓校尉《ごうがんこうい》という北方辺境の防衛の任に当たった高級官僚であり、かれが歴任した郡県の治所と、故郷に持っていた荘園を描いたのである。

中世前史と見る見方も

一九五九年山西省平陸《へいりく》県棗園村《そうえんそん》発見の後漢早期墓でも、豪族の荘園が塢壁《うへき》に囲まれていたこと、裸足の農民が鞭を持って二頭立ての牛に犂《すき》を引かせて畑を耕したり、土を掘り起こしながら種蒔きをしている光景が見える。また後漢墓の画像石や画像磚《せん》は石に文様や画を彫ったり煉瓦にレリーフしたものであり、一面一面切り離された場面であるが、全体を総合すればやはり豪族の荘園の様子が再現できる。農耕、製塩、醸造、養魚、狩猟などの経営が、生き生きと描かれている。

後漢墓に副葬した明器《めいき》のなかには、水田や畑作、溜池灌漑の模型がよく見られる。温暖多雨の気候の地方では稲作が行われていた。陝西《せんせい》省勉《べん》県後漢墓に見られるものには、畝《うね》を作った畑に溜池から灌漑水路を引いたり、不整形に区切った水田が収穫後に養魚場となっている様子がうかがえる。

こうした後漢時代の荘園では多角経営が行われ、自給自足的な経済単位であったように見える。このことから魏晋南北朝《ぎしんなんぼくちょう》時代の自然経済につながる中国中世の前史と見る見方があるが、豪族の荘園拡大が全国的に普遍的な社会現象であったかどうかは断言できず、荘園の存在即中世という判断には慎重でなければならない。古代的な荘園もありうるし、史料上に見る豪族跋扈《ばっこ》の表現は、編戸斉民《へんこせいみん》、個別人身支配を支配理念とする体制に反する社会現象を取り上げて述べたものである。

崔寔《さいしょく》は涿《たく》郡安平《あんぺい》県の出身、桓帝のとき郎官に任用され、『政論』という政治評論も著し、当時の人々から賞賛されている。後漢王朝の衰退期の社会不安を的確に指摘したその文章は、後漢社会の変動の様子を知るうえで重要である。その後、史書の編纂にも従事したが、五原《ごげん》（内モンゴル自治区包頭《パオトウ》付近）太守として地方行政にもその才能を発揮した。冬の衣服にも困窮する人々には、剰余物資を売却して紡績道具を造らせ、みずからの衣服を織る技術を習得させたという。

劉氏王朝四〇〇年の終焉

前漢末とよく似た政権交替劇

「四〇〇年たつと、四方の門を閉じて外の難を聴くことになろう。周辺の異民がそろって侵略し、官には邪臣が現れ、州では兵乱が起こる。五七の年から弱まっていくのは、次第に衰退してくることの兆しであろう」。『春秋命歴序《しゅんじゅうめいれきじょ》』という緯書《いしょ》がこう伝えている。

この五七とは五掛ける七で、三五〇年を指し、順帝のころから衰退しはじめると解釈されている。二世紀なかばの順帝のときに、この予言は広まっていた。漢朝が四〇〇年になると弱き君主が門を閉じて外の難を聴くような災禍があるから、いまから制度を改革して奢侈《しゃし》を戒め、四〇〇年の難を乗り越えようという意見も出された。順帝もこれに同意した。天変地異の頻発とともに、劉氏王朝が四〇〇年も続くのだろうかという不安から、このような緯書が書かれた。この劉氏王朝四〇〇年の終焉が現実になったのは後漢最後の献帝《けんてい》のときであった。後漢朝を滅亡に導いたのは「賊臣」とか「国の大賊」とか悪評された董卓《とうたく》であるといわれる。前漢劉氏政権から政権を奪取した王莽《おうもう》にたとえられた。

この董卓に対抗して「義兵」を起こして漢室復興を旗印にしたのが袁紹《えんしょう》、そして最後に後漢最後の皇帝献帝から禅譲された曹操《そうそう》の子曹丕《そうひ》らが王朝交替の舞台に登場する。このドラマはかつての秦末の混乱や前後漢交替期の混乱時の政権交替劇によく似ていた。始皇帝《しこうてい》と項羽《こうう》と劉邦《りゅうほう》、王莽と更始帝劉玄《こうしていりゅうげん》と劉秀《りゅうしゅう》の三者の対立の図式は、董卓と袁紹と曹操にも見られた。

董卓は王莽とは異なり自らの王朝を立てることはしなかった。中平六年（一八九）四月霊帝の死後即位した皇太子の弁《べん》（少帝）をわずか五ヵ月で廃立し、同九月にわずか八歳の陳留《ちんりゅう》王劉協《りゅうきょう》を献帝として擁立し、皇太后の何《か》氏を殺した。翌初平元年（一九〇）二月には都を長安に移し、洛陽の宮殿や廟《びょう》や人家に火を放ち、その後は董卓の部下呂布《りょふ》に洛陽の皇帝陵と高級官僚の墓を暴かせ、財宝を盗ませた。初平三年（一九二）四月に部下の呂布《りょふ》に殺されるまで、短期間ながら後漢王朝の最後の権威のもとで実権を握った。董卓自身の官位は并州牧《へいしゅうぼく》から太尉《たいい》、相国《しょうこく》、太師《たいし》まで上りつめたが、皇帝にはならなかった。董卓は五銖銭を小銭に鋳造し直し、洛陽や長安に置いていた銅人《どうじん》、鐘鐻《しょうきょ》、飛廉《ひれん》、銅馬などの銅製品を潰してまで貨幣鋳造の材料にあてた。しかし輪郭や文字もない粗末なものであったために、混乱をきたして物価騰貴をまねいた。

反董卓の動きは秦始皇や王莽の時と同様、山東（関東）の諸郡から起こった。袁紹は汝南《じょなん》郡汝陽《じょよう》の名族の出身であり、霊帝の外戚何進《かしん》と宦官《かんがん》勢力の一掃を謀《はか》ろうとし、二千余人を殺した人物である。董卓が献帝を立てると、袁紹は従弟の袁術《えんじゅつ》とともに、地方の州刺史《しし》や郡太守の諸勢力を加えた。董卓討伐を目的に盟主として同盟決起し、董卓を攻撃した。これに対して董卓は都にいた袁紹《えんしょう》一族の高官とその家族を殺し、青城《せいじょう》門外と東都《とうと》門内の場所に埋めた。その後、建安五年（二〇〇）、袁紹と曹操は官渡《かんと》の戦《たたか》いで雌雄を決することになり、袁紹は大敗した。

魏王曹丕が受けた皇帝の璽綬

延康元年（二二〇）献帝は帝位を魏王《ぎおう》の曹丕《そうひ》に譲った。自らは山陽公《さんようこう》に甘んじた。公《こう》とは諸侯王よりは上に立つ。曹丕は繁陽故城《はんようこじょう》に築いた壇に登り、皇帝の璽綬《じじゅ》を受けた。王の禅譲劇、劉邦の皇帝即位をまねた。歴史は繰り返す。後漢朝二〇〇年、劉氏政権としては四〇〇年の最後であった。その後山陽公となった献帝は青龍二年（二三四）まで一四年生存し、最後は漢の天子の礼で禅陵《ぜんりょう》に埋葬された。魏《ぎ》からすれば禅譲を下した後漢皇帝であり、わざわざ禅陵という名までつけて丁重に葬った。その場所は洛陽の後漢の皇帝陵とは別にして山陽公の封地《ほうち》（現河南《かなん》省焦作《しょうさく》県）に一つだけひっそりと置かれた。

劉《りゅう》氏を皇帝に立て続けるという伝統は、四〇〇年史を終えても冷めなかった。三世紀初め蜀《しょく》の地に漢の国を建てた劉備《りゅうび》は、前漢景帝の子中山靖王劉勝の子孫であり、その権威を活用した。中山靖王劉勝とは、一九六八年に墓が発掘され、金縷玉衣に包まれていたことがわかったあの人物である。とにかく漢の王室の出自が、蜀漢権力の拠り所になった。

四世紀初頭、さらに漢の系譜を継いでいったのは北方の匈奴であった。匈奴の劉淵《りゅうえん》が漢王と称して自立したのが五胡十六国の時代のはじまりとなったし、五胡十六国のうち最初の成《せい》漢《かん》という国は、巴《は》の李雄《りゆう》によって蜀に建てられた。みずからは漢の劉氏の子孫ではない劉淵《りゅうえん》が、漢を継ぐ拠り所としたのは、前漢文帝《ぶんてい》以降に漢と匈奴とが兄弟関係を結んだことと、元《げん》帝《てい》のときに後宮の王昭君《おうしょうくん》が呼韓邪《こかんや》単于《ぜんう》に嫁いで姻戚関係があったことにあった。

建元《けんげん》二年（四八〇）夏、廬陵《ろりょう》の石陽《せきよう》県を流れる長渓水《ちょうけいすい》が増水し、六〜七丈の長さにわたって山崩れを起こした。するとなかから千数本もの柱が現れた。周囲が一〇囲《い》、長さは一丈（一〇尺）、短いものは八〜九尺、頭題《とうだい》に古文字があったが、だれも読めなかった。江淹《こうえん》という者が王倹《おうけん》に尋ねた。王倹は「おまえは隷書に習熟していないね。これは秦漢の時の柱なのさ」と軽く答えた（『南斉書』巻一九）。五世紀の人々は、すでに秦漢の時代の文字である隷書に触れる機会がなくなっていた。漢の文化は継承してきたが、漢の時代の生の文字に触れることはなくなっていたのだ。

おわりに——秦漢四四〇年のファーストエンペラーたち

四四〇年を一つの時代として見ると

秦《しん》の統一時代（前二二一—前二〇六）はわずか一五年にすぎなかったが、それに前漢《ぜんかん》（前二〇二—後八）と後漢《ごかん》（後二五—二二〇）とをあわせると約四四〇年となる。この四四〇年を一つの時代としてみたら、どのような時代になるのかが本巻のテーマであった。四四〇年はけっして安定していたわけではなかった。その間には項羽《こうう》と劉邦《りゅうほう》の楚漢《そかん》の抗争の時代（前二〇六—前二〇二）の五年、王莽《おうもう》の新《しん》の時代（後八—二三）の一五年とその後の混乱期などがあった。揺れ動きながらの四四〇年といった方がよい。

四四〇年は中途半端な数字であるので、秦漢《しんかん》の時代史は、およそでいえば、四〇〇年史といってよい。隋唐《ずいとう》史でさえ三〇〇年史、明《みん》史や清《しん》史も三〇〇年史に欠けるから、秦の二代の皇帝の時代と、その秦をバネにした劉《りゅう》氏二四代の皇帝の時代が、一時中断しながらも延々と四〇〇年も続いたことは驚くべきことだ。この時代をひとくくりにしてみると、どのような時代であったのだろうか。

最初に秦漢という時代をひとくくりにしたのは、現代の歴史学者ではなかった。すでに漢代の人間は秦漢をひとくくりにして現代史としてとらえていた。現代のわたくしたちは古代史として秦漢史をみているが、当の漢代人にとってみれば、上古《じょうこ》（古代とはいわず）の時代は殷周《いんしゅう》であり、現代史は秦漢の時代であった。前漢の司馬遷《しばせん》は夏殷周三代から秦漢までの本紀を記したが、当然ながら現代史の秦漢部分の記述の比率は高い。『史記《しき》』の夏本紀《かほんぎ》から今上《きんじょう》（武帝《ぶてい》）本紀《ほんぎ》にいたる、一一本紀の文字数を数えてみると、秦本紀以下は七六パーセントも占める。後漢の班固《はんこ》も、「司馬遷の書は秦漢に詳しい」といっているほどだ。時代区分はけっして近代の歴史学にはじまったのではなく、中国古代にもあった。時代区分は現在から過去をみる概念であるから、時間の経過とともに変わり、結局相対的なものにすぎない。

漢という時代を離れれば離れるほど、当然秦漢も過去の時代として記憶は薄らいでいく。しかしわたくしたちの歴史学のように過去の時代をありのままにとらえようという考え方はない。過去からはあくまでも現在に役立つものだけをまずは引き出せばそれでよかった。それが中国人の伝統的な思考である。

ファーストエンペラーを目指して

後漢が滅んでから四〇〇年、唐《とう》二代目の太宗李世民《たいそうりせいみん》（在位六二六―六四九）は、統一国家の基盤を固めた名君として名高い。その治世は貞観《じょうがん》の治《ち》と呼ばれる。その太宗が「朕《ちん》は社稷《しゃしょく》（国家）を長く保ちたいのだが、どうしたらよいのだろう」と蕭瑀《しょうう》に尋ねたことがあった。隋《ずい》が短命で終わったことを念頭にした質問であった。蕭瑀の回答は明確であった。

「夏殷周三代が長く天下を保つことができた理由は、諸侯を封建《ほうけん》して藩屏《はんぺい》としたからです。秦は郡守《ぐんしゅ》と県令《けんれい》を置いて二代で絶えてしまいましたが、漢は王の子弟たちに国を分封《ぶんぽう》しましたので、四〇〇年も国が続きました。しかし、その後の魏《ぎ》や晋《しん》は封建することを止めてしまいました。封建の効果は明らかです」。

太宗《たいそう》はかれの意見を受け入れて、封建を行った。封建とはヨーロッパ中世社会のフューダリズムの訳語ではなく、中国の伝統的な制度である。皇帝が直接統治をする郡県とは別に、諸侯王や列侯に領地を分治させる制度である。政治的な独立性はないが、あくまでも中央集権を支える制度として機能する。

秦の郡県は短命であったが、漢は郡県《ぐんけん》と封建《ほうけん》を両用したので四〇〇年続いたという。たえず、秦のように短命であってはならないというブレーキがかかっていたからこそ、四〇〇年も延続したという理解は間違いではない。本巻のタイトルを『ファーストエンペラーの遺産』とした理由はそこにある。始皇帝の正負の遺産を継承していくことで、つぎの漢の四〇〇年の歴史がありえた。そして始皇帝の正負の遺産を受け継ぎながら、劉邦、武帝、王莽、光武帝らはみずから新たなスタイルの皇帝を目指した。西楚覇王の項羽も皇帝にはならなかったが、その仲間に入れてもよい。

ファーストエンペラーを目指したのは、始皇帝一人ではなかった。

学術文庫版のあとがき

二〇〇四年に本書が刊行されて、一六年が経過した。この間、『始皇帝的遺産　秦漢帝国』の題名でふたつの中国語版、すなわち中国版（馬彪訳、広西師範大学出版社、二〇一四年）と台湾版（李彦樺訳、台湾商務印書館、二〇一八年）が出版され、それぞれ王子今（中国人民大学）と游逸飛（国立中興大学歴史学系）の両氏が序文を書いている。

現在、日本の山口大学で教授を務める馬彪氏も王子今氏も、大変優秀な秦漢史研究者であり、長年交流のある友人でもある。本書が、中国語でも十分内容が伝わっていることに感謝したい。両氏は国を超えて学問を共有してきた仲間であり、学問上に国境はない。

同世代の王子今氏は、秦漢時代を始皇帝の遺産の継承として記述した本書の特色を高く評価してくれた。一方游逸飛氏は、秦漢時代の地方政治制度を研究している新進気鋭の三〇代の学者の立場から、本書の読み方を「歴史の情境」というキーワードをわざわざ掲げて紹介してくれた。序文と同じ文章は大陸と台湾で同時に発表している。大陸の澎湃新聞はかなりの読者があり、すでに大陸でも好評であった本書を、歴史の持論を掲げながら、熱く支持してくれたことになる。昨年、かれは台湾の書店で本書の翻訳本の宣伝のためのイベントに参加したところ、満員ですぐに締め切られたというから、ありがたいことである。

游氏のいう「情境」とは、英語のコンテクストの訳語であり、言語学ではことばの置かれた文脈の前後の状況、背景をいい、これを歴史学に適用すると、過去の人間や事件の置かれた情況や環境を指す。游氏は本書から「情境」の事例を多数紹介してくれた。一つだけ紹介すると、項羽《こうう》の叔父の項梁《こうりょう》が秦の都咸陽《かんよう》に近い櫟陽《やくよう》県の地で逮捕された事件、項梁の故郷に近い県の獄掾《ごくえん》（裁判にかかわる役人）が櫟陽の獄掾の司馬欣《しばきん》に書簡を出して釈放された。ここで終わっていれば、後の項羽もない。秦の司馬欣はその後項羽に降伏し、王として優遇された。司馬遷《しばせん》の記述はその後の項羽の活躍への伏線であったが、私は、なぜ遠く離れた秦の獄掾同士にこのような信頼のネットワークがあったのか不思議に思い、司馬遷の文章の背後の可能性を読み取ろうとした。このような歴史分析の手法を「歴史の情境化」として評価してくれたのである。人間はたえず変化する複雑な状況のなかに置かれており、それは客観的な情況としてまとめることはできない。いままでの理論先行の概説史にはなかった新鮮な内容であるという。

　私自身も、常々歴史とは、過去を振り返ったときには法則的、客観的な歴史の流れとして総括できるが、歴史の流れのまっただ中では複雑多岐な状況が絡み合い、歴史がどの道を選択するかはわからず、結果として社会や国家は一つの選択肢の道を選んできたのではないかと考えている。既存の史書のまま記述する歴史に少々飽きがきていた若い読者が本書を支持してくれた。私自身、法則的、理論的な歴史学のなかで育った人間である。始皇帝の秦がなぜ東方六国に勝利する必然性があったのか、商鞅《しょうおう》の変法以来の政治改革による秦の優位性から説き起こすのが常道であった。しかし現実の歴史は、統一の最後の最後まで、行く先はわからない。その緊迫感こそ歴史記述の面白さではないだろうか。結果として秦が勝利したのであり、そこに至る歴史の必然などはない。

始皇帝が皇帝となって十二年で病死し、二世皇帝の三年のうちに大きな帝国は瓦解《がかい》した。その時代のさなかでは、この歴史の流れを誰が予想できたであろうか。その次の時代を牽引した項羽と劉邦《りゅうほう》、項羽の優勢のなかで劉邦の逆転を誰が予想したであろうか。劉邦は始皇帝の遺産を受け継ぎ、漢王朝を建てた。その予想だにしなかった歴史的な情況をどのように伝えるのかが歴史の記述である。始皇帝、項羽、劉邦を必然の歴史の流れとしてきれいにまとめてしまうと、読者は安心して読まれるかもしれないが、手に汗を握る歴史の展開に緊張感をもつことはない。

まさに予想だにしなかった新型コロナウイルスのパンデミックのさなかでこの文章を執筆している。結束点が見えないなかで、社会や国家は感染防止のいくつかの選択肢のなかから一つの道を歩み続けている。その足跡は、将来どのような歴史として記述されるのか。選択肢の一つの道を歴史としてきれいに語るのか、それともいくつかの選択肢のなかで活きていた人々が共有した時代の記憶を全体として残せるのか、後者の立場がまさに本書のとった歴史の記述というものである。

大学では非日常のオンライン講義を続けている。私の大学院演習では学外者が多数参加し、二〇名を超えた。若い世代の日中両国の秦漢史研究者が、一人の手に負えない新しい膨大な簡牘《かんとく》史料を共同で整理することに賛同してくれた。通常ならば十年かかる作業が、在宅自粛のこの時期に一年で終了できそうな勢いである。簡牘史料は秦漢の時代の歴史の同時代の日常を記録している。簡牘史料に出てくる人名史料をすべて集め、歴史のなかで活きてきた庶民の動向を明らかにする試みである。

著者自身もこの作業の合間に本書を何度も読み直し、一つ一つの歴史の情景に様々な人間のドラマがあったことを改めて感じ取っている。本書が最初に刊行されたのは、恩師・西嶋定生先生の『秦漢帝国』(旧版「中国の歴史」第二巻、講談社)が刊行されてから、ちょうど三〇年の年だった。それから三〇年後は二〇三四年になる。そのころには今の新しい世代が、つぎの秦漢史の通史を執筆することであろう。そのときまで本書は頑張ってくれるだろう。

二〇二〇年　九月

鶴間和幸

主要人物略伝

始皇帝《しこうてい》（前二五九―前二一〇、在位前二四七―前二一〇）　秦王嬴政《えいせい》、趙の都邯鄲《かんたん》で生まれ、父の荘襄王《そうじょうおう》没後、秦王になる。その治世は、五〇歳で亡くなるまで、前半二六年は秦王として、後半一二年は中国史上最初の皇帝として君臨した。戦国時代の混乱を統一した君主として評価される一方、東方六国を滅ぼし、強権を発動して、焚書坑儒、長城建設を行うなど民衆を犠牲にした苛酷な暴君としても位置づけられ、その人物像は揺れ動いてきた。一九七四年の兵馬俑坑、一九七五年の睡虎地秦簡、二〇〇二年の里耶秦簡の発見と、始皇帝の生きた時代の生の史料の発見によって、後世の脚色を排除して実像に迫れるようになった。

項羽《こうう》（前二三二―前二〇二）　戦国時代の楚の将軍の家系に生まれ、叔父の項梁とともに、陳勝・呉広の乱に呼応して秦打倒の軍を挙げる。下相《かしょう》県（江蘇省徐州東方）に生まれ、項梁が仇を避けて長江を渡って会稽の呉（江蘇省蘇州）に移り、ここで兵を挙げた。項梁の死後、項羽が反乱軍を指導した。劉邦軍に比べて、その動きは直進的であり、勢いに乗って八〇〇〇の兵は一〇万、四〇万と膨れあがり、三年後に劉邦軍に遅れて関中に入った。秦の敗残兵二〇万を穴埋めにしたり、始皇帝陵を盗掘するなどの残虐な行為は、劉邦の沈着な行動とよく対比される。秦が滅ぶまでの三年、楚懐王の孫を懐王として立て、その権威のもとに上将軍となっていたが、秦が滅んでからは、懐王を義帝に格上げし、一八王を封ずる形をとり、みずからは西楚覇王としてリーダーシップを取った。しかし項羽は義帝を殺させ、連合体制をすぐに崩していった。漢王劉邦との間で一時停戦協定が成立したが、最後は垓下の戦いで漢軍に敗れ、烏江で漢軍の前で自害した。

劉邦《りゅうほう》（前二四七―前一九五、在位前二〇六―前一九五）　前漢初代の皇帝、廟号で高祖、諡《おくりな》で高皇帝という。現在の江蘇省の沛県の生まれ、陳勝・呉広の乱に呼応して、沛県で兵を挙げた。秦が滅びるまでは沛公（沛県の長）、その後、西楚覇王項羽との楚漢の戦いのときは漢王（蜀漢の地の王）として行動した。項羽に勝利すると、はじめて皇帝に即位し、後に高祖と呼んでいる。その後七年間は、旧咸陽の地を長安の都として定め、それをとりまく関中にも旧戦国六国の貴族や豪族を十数万人も移住させるなど、漢帝国の基盤を作っていった。陳勝・呉広の乱のころに即位した冒頓単于の匈奴の勢力が優勢になると、高祖を白登山で七日間も捕らえる事件が起こった。内外の不安定なまま死を迎えた。蕭何、曹参、周勃、韓信、陳平など、支える人材は豊富であり、何度か危機を救われてきた。

呂不韋《りょふい》（?—前二三五）　戦国後期、東方の都市を巡って活躍していた大商人。たまたま邯鄲《かんたん》に人質として滞在していた不遇の子楚《しそ》をみて画策し、孝文王のあとに子楚を秦王に立てる。これが荘襄王《そうじょうおう》であり、呂不韋は、続く秦王政《せい》の時代にかけて二代の相国（丞相）となり権力を握ったが、嫪毐《ろうあい》の乱にかかわって失脚し、自殺した。呂不韋の死によって、秦王政の親政が始まり、李斯《りし》がブレーンとして登場する。呂不韋は自分の子を身ごもっていた邯鄲の女性を子楚に差し出したので、秦王政は呂不韋の子であるという伝説がある。

白起《はくき》（?—前二五七）　咸陽の西にある郿《び》県の出身。将軍として韓・魏・趙・楚の諸国を攻撃し、楚都郢《えい》を陥落させて南郡とし武安君に封じられた。秦の軍官としての最高位である国尉ともなっている。前二六〇年の長平の戦いでは、四〇万の降兵を穴埋めにして殺した。昭襄王五〇年には出仕しないことを咎められ、自殺をさせられる悲惨な最期となった。

王翦《おうせん》　咸陽の東北にある頻陽《ひんよう》県の出身。子の王賁《おうほん》、孫の王離と三代にわたって秦の将軍として活躍する。秦王政は当初若い将軍李信を信じて二〇万で楚を攻めたが失敗し、老将軍王翦の言の通りに六〇万で破った。六〇万の秦国内の全兵力を率いた王翦は、秦王から疑われるのを避けて、わざと報酬として美田を願うふりをした。陝西省富平県の東北二〇キロの到賢郷永和村に伝王翦墓がある。

商鞅《しょうおう》（?—前三三八）　衛の公子である商鞅が秦孝公に仕えて、前三五九年、前三五〇年の二回にわたる変法を実施した。第一次変法では、五家や一〇家の隣組に連座の責任を負わせたり、二人以上の男子には分家させたり、軍功にしたがって爵位を与えたりした。第二次変法では、父子兄弟の同居を禁じたり、県制を施行したり、土地の境界を定めたり、度量衡を統一したりした。この商鞅変法は戦国国家の中央集権を促進し、秦漢帝国の形成につながる意味で重要視される。

孟姜女《もうきょうじょ》　河北省秦皇島市《しんこうとう》には明代長城の東端の山海関《さんかいかん》があり、この東北に孟姜女の廟と姜女石（孟姜女の墓）という岩礁がある。秦の長城はこの地よりはるかに北方にあり、また秦代に孟姜女という女性の故事はないので、この故事と史跡は後世の創作のように見られていた。しかし近年、この海岸では秦の碣石宮《けっせききゅう》と関係のある大型の離宮の遺跡が発見されており、後世の説話の背景が次第に明らかになってきた。

蒙恬《もうてん》（?―前二一〇）　秦の将軍。祖先は東方斉の出身。祖父蒙驁《もうごう》以来、蒙家は三代にわたって秦に仕えた。蒙恬は統一後、三〇万の兵士を率いて匈奴との戦争を起こし、長城や砦を修築するなど功績があった。しかし二世皇帝のときに趙高らの企みで弟の蒙毅とともに自殺させられた。陝西省綏徳《すいとく》県城西南には蒙恬墓と伝えられるものがある。

扶蘇《ふそ》（?―前二一〇）　始皇帝の長男。始皇帝が儒生を穴埋め（坑儒）にしようとしたときに諫めたが、始皇帝の怒りをかい、上郡（陝西省北部）に移されて蒙恬の監視をさせられた。始皇帝の死後、趙高、李斯の偽造の詔書によって、蒙恬とともに自殺させられた。陝西省綏徳県に伝扶蘇墓がある。

趙佗《ちょうた》　もともと中原の出身、秦の百越遠征軍に参加、新設された南海郡の龍川令に任ぜられる。秦末、中原の混乱に乗じて、番禺《ばんぐう》（広州）に都を置き、越人の地に南越を建国し、初代の王となる。前漢王朝とは臣として冊封関係を保ちながら、国内では武帝と称した。一九八三年、趙佗の孫で二代目の南越王趙胡の墓が発掘されている。趙佗の国も、結局前漢武帝に滅ぼされ、五代九三年で終わってしまう。

二世皇帝胡亥《こがい》（在位前二〇九―前二〇七）　秦の第二代目の皇帝、二世皇帝という。阿房宮や馳道《ちどう》などの工事を継続するが、課役の負担に耐えかねた陳勝・呉広の農民反乱を招き、のちに宦官の趙高に迫られて自殺した。西安の大雁塔東南に伝胡亥墓がある。

文帝《ぶんてい》（在位前一八〇―前一五七）　高祖と薄《はく》皇后との子。呂太后の死後、外戚の呂氏一族が反乱を起こしたので、代王劉恒が皇帝に迎えられた。肉刑や田租の廃止、山沢の資源の解禁、穀倉開放による貧民の救済などの善政を行った。匈奴の侵入も和親策で乗り切り、内外の安定期であった。薄葬の遺言通り、前漢皇帝で唯一自然の山、覇陵に埋葬された。

景帝《けいてい》（在位前一五七—前一四一）　文帝と竇《とう》皇后の子。劉氏諸侯王の領地を削減したために呉楚七国の乱が起きたが、大将軍竇嬰《とうえい》、太尉周亜夫《しゅうあふ》に伐たせて危機を打開。諸侯の分封を許可した推恩の令を下してからは、諸侯王の勢力も弱まり、安泰となった。文帝・景帝父子の治世約四〇年の安定期を文景の世という。

武帝《ぶてい》（在位前一四一—前八七）　景帝と王皇后の子で、前漢王朝樹立後、半世紀を経て即位し、秦の制度を踏襲していた前漢前期の政治を大きく改めた。内政では塩鉄専売制・均輸平準法の実施、五経博士による儒学の官学化、黄河の治水などを行い、対外的には匈奴との戦争でオルドス、河西回廊を制圧、南越・西南夷・朝鮮半島北部を征服するなど、内外に強力な帝国体制を固めた。泰山で始皇帝以来の封禅の儀式を実行したり、一〇月を年初とする秦以来の暦（顓頊暦《せんぎょくれき》）から正月を年初とする太初暦に改めたのは、前漢帝国も新たな時代に入ったことを表明したものである。

張騫《ちょうけん》（?—前一一四）　武帝の対匈奴戦略として、匈奴に恨みを抱く月氏と同盟を結ぶために一〇〇人あまりの大外交使節団の団長として送り出された。途中匈奴に十数年もとどまり妻子をもうけたが、大宛、康居をとおり、大月氏（西遷した月氏をいう）に到達した。しかし、彼らにはすでに匈奴への復讐心は失せていた。目的を達せられないまま一三年後に帰還。西域諸国の情報が数多く漢朝にもたらされることになった。

成帝《せいてい》（在位前三三—前七）　元帝と王皇后（王莽の姑母、元后）の子。黄河の洪水など自然災害が度重なり、被災者や流民の救済に努めた。しかし一方で元帝時に廃止した陵邑徙民《りょうゆうしみん》を復活し、初陵（延陵）のほかに二つ目の陵墓（昌陵）造営を始めて陵邑を起こそうとしたが、内外の情勢不安から中止を迫られる。治世中母方の外戚王氏の台頭を招き、やがて王莽政権の誕生につながっていく。劉向《りゅうきょう》が厚葬を戒めた進言の背景には外戚王氏の勢力への危機感があった。

王昭君《おうしょうくん》　南郡秭帰《しき》の人、名は檣《しょう》、字は昭君。『漢書』や『後漢書』によれば、前漢元帝（在位前四九—前三三）のときに宮中に入り、前三三年、匈奴の呼《こ》韓邪《かんや》単《ぜん》于《う》が「和親」を求めたときに、自ら匈奴単于に嫁いだ。単于の死後、匈奴の習俗に従って、単于の前妻の子の妻となり二人の娘を産んだ。のちの晋代には、漢族から見れば匈奴に妃が嫁ぐことは屈辱的であると考えられたので、王昭君は婚姻のときに薬を飲んで自殺したとの伝説が作られた。その後、元曲の「漢宮秋」でも漢と匈奴との国境で河に投身自殺した話に改められた。墓は内モンゴル呼和浩特《フフホト》市南郊にある。伝説では胡人の墓の草は白いが昭君の墓の草だけはいつも緑色なので、「青塚」と呼ばれている。

王莽《おうもう》（前四五—後二三） 前後漢の劉氏漢王朝のはざまにあって、わずか一五年弱の新王朝を建てた。王莽が劉氏に代わって皇帝になれたのは、元帝の皇后となった姑母の王政君の存在があったからである。幼い平帝のときには実権を握り、王莽に国政を任せていった。王莽は、始皇帝や劉邦とも違う、禅譲形式で皇帝になった。外戚として劉氏王室と結びつきながら、安漢公から仮皇帝（皇帝を補佐する地位）をへて、最後は皇帝となった。一四歳の平帝を毒殺し、二歳の孺子嬰の前で君臣関係を交替させる儀式を行った。『周礼』に基づいた政治改革は、漢の制度を周代の理想的な制度に改めようとするものであった。

光武帝《こうぶてい》（在位二五—五七） 前漢劉氏王朝を復興し、後漢朝を建てた劉秀。赤眉の農民反乱に呼応して南陽で挙兵、劉氏本家の劉玄が更始帝として即位し王莽政権を滅ぼしたが、最終的には赤眉の集団を吸収し、河北の諸勢力を抑えた劉秀が新しい政権を建てる。治世中は前後漢交代期の混乱を収拾する諸政策（田租軽減、黄河堤防の修復、奴婢解放、財政・官僚制度の簡素化）を実行する。

明帝《めいてい》（在位五七—七五） 後漢第二代の皇帝劉荘。その治世が天下四方を照らすほど明らかであったので明帝と諡《おくりな》された。光武帝の第四子、母は陰皇后。儒学を好み、光武帝の制度をよく遵守し、みずから刑獄を処理するほど法令に明るかった。光武帝のときに中断していた西域経営も積極的に行い、竇固《とうこ》や班超に北匈奴を討たせた。金人の夢を見て西域から仏教が伝わった説話も残されている。

和帝《わてい》（在位八八—一〇五） 後漢第四代の皇帝劉肇《りゅうちょう》。その治世が剛でも柔でもないので、和帝と諡《おくりな》された。母の梁貴人の死後、竇太后の子として育てられる。章帝が死去すると、竇太后は一〇歳にすぎない肇を即位させて摂政となる。二七歳で世を去るが、その治世中は竇氏らの外戚や宦官の勢力が活発となり、対外的にも匈奴などの周辺諸民族の侵入をまねく。後漢帝国も光武帝・明帝・章帝と順調に治まっていったが、和帝以後は外戚・宦官勢力によって乱世に移っていく。

王充《おうじゅう》（二七―九〇）　後漢の思想家、諸思想を論評した『論衡』の著者。洛陽の太学で学んで班彪《はんぴょう》に師事し、天は自然そのものであり、自然現象が上帝の意思の反映であるとする天人感応説や讖緯《しんい》思想を批判。

張仲景《ちょうちゅうけい》　南陽郡の人、名は機。後漢時代末の著名な医学者。彼の事績については『後漢書』や『三国志』の正史に伝がなく、『傷寒論』自序などに散見するだけで不明である。長沙太守にもなったと伝えられるが、否定する歴史学者もいる。著書に『傷寒雑病論』があり、漢代以前の医学的知識をまとめている。のちにこの書は『傷寒論』と『金匱《きんき》要略』の二書に分けられた。彼は後世「医聖」と尊ばれ、現在も南陽に墓碑（晋咸和五年〈三三〇〉建）と祠がある。

班固《はんこ》（三二―九二）　後漢、右扶風安陵県（陝西省咸陽県東）の人。『漢書』一〇〇巻を著す。はじめ父の彪は、『史記』が武帝期で絶筆していたので『後伝』数十篇を執筆したが、中途で死去した。幼いときから作文や詩に才能を示していた班固は、父の遺志を成就するために著述に専念した。その行動を誤解した明帝から牢獄につながれて書物を没収されてしまったこともあったが、弟の超の弁明によって許された。以後宮廷の秘書・文書をつかさどる蘭台令史として『漢書』の編纂を続けた。妹の昭も学者として名を知られ、固が完成直前に六一歳で死去したあとを引き継いだ。

班昭《はんしょう》　後漢の学者。班彪の娘、班固の妹、曹世叔の妻。班固が『漢書』の表と天文志の部分を残して未完成のまま死去したので、遺志を継いで完成させた。和帝の命で皇后・貴人の教育のために宮中に招かれ、曹大家と呼ばれた。著作『女誡』七篇には、女性の生きるべき道が七ヵ条にまとめられている。夫にもっぱら仕え、慎み深く、しとやかで口やかましくなく、舅《しゅうと》、姑《しゅうとめ》に従い、夫の妹ともうまくやること、など。

李冰《りひょう》　都《と》江堰《こうえん》の外江から二体の石人が発見された。後漢時代に岷江《びんこう》の洪水の起こりやすいこの地点に立てたが、洪水時に土石の中に埋もれたのであろう。戦国秦の時代に蜀守として治水に成功した李冰にあやかって祈願するとともに、水位の測定器の役割もかねている。李冰石人の刻銘には、後漢建寧元年（一六八）の年号のほかに「三神石人を造る」とあるから、そのうちの二体が発見されたことになる。

歴史キーワード解説

睡虎地秦簡《すいこち》　一九七五年湖北省雲夢《うんぼう》県睡虎地にある秦代の墓から一一五五枚の竹簡が発見された。それまで秦代の法律については、厳格な法治主義国家であるという見方から語られる程度であったが、一挙に大量の秦律の条文が出てきた。田律（農耕生産）・廐苑律・倉律・金布律（財政）などのほか法律答問（問答集）・封診式（裁判文書）も含まれていた。

龍崗秦簡《りゅうこう》　一九八九年湖北省雲夢《うんぼう》県龍崗の秦墓から、秦統一後の禁苑（御苑）・馳道《ちどう》（道路交通）・牛羊馬の牧場などの管理に関する法律を書いた竹簡が一五〇枚程度出土した。睡虎地秦簡に続く、貴重な同時代史料となっている。

邯鄲《かんたん》　前三八六年から前二二二年秦に滅ぼされるまでの戦国趙の国都。河北省邯鄲市の西南四キロに古城がある。宮城（趙王城）と郭城の二つの部分からなり、全体の東西は三・二キロ、南北は四・八キロ。秦王政はここで生まれた。母はここの出身であり、始皇帝とは因縁の深い都市である。

大篆《だいてん》**・小篆**《しょうてん》　後漢時代の字書『説文解字』にいう秦の八書体のなかの一書体。大篆・小篆・刻符（割符などに刻した文字）・虫書（絹の幡に書した文字）・摹印《ぼいん》（印璽に刻した文字）・署書（門に書した文字）・殳書《しゅしょ》（殳などの武器に刻んだ文字）・隷書（官吏が竹・木簡に墨書した篆書を簡略化した文字）のうちの大・小篆の篆書は青銅器や鉄器などの金属に刻んだ文字であり、統一前のものを大篆、始皇帝が統一時に大篆をもとにして新たに作成したものを小篆という。小篆は始皇帝の刻石や度量衡などに見られる。

咸陽《かんよう》　戦国時代の秦の都として前三五〇年に孝公によって渭水の北のほとりに造営され、前二二一年の統一後は地方の豪富一二万戸を移住させ、統一帝国の首都として渭水の南に阿房宮を造るなど拡充していった。現在、渭水の流れが北上しているので、南部分は流されてしまったが、北の丘陵上には宮殿跡の土台が残されている。

度量衡　前二二一年の度量衡の統一は、青銅・鉄・石製の権（おもり）や青銅・陶製の量（ます）に刻まれた始皇二六年の詔書の文章によってもわかる。実際の度量衡器によれば、一斤は二五〇グラム前後、一升（一〇合）は一九八立方センチメートル前後。

阿房宮《あぼうきゅう》　西安西郊約一五キロの阿房村一帯に版築の建築跡が点在する。「始皇上天台」と呼ばれるものは周囲三一メートル、高さ二〇メートルほどの円形をしている。最新の報告では、もっとも広い前殿は面積二六万平方メートル、東西一二七〇メートル、南北四二六メートルの長方形の基壇として残っており、上には村落がある。二〇〇二年から本格的な調査が始まり、前殿の北側には土壁が造られ、南側は緩やかな斜面となっていることがわかった。その南では一部分丸瓦と板瓦を組み合わせた屋根瓦が完全なまま残っていた。阿房宮が項羽によって燃やされたのかどうか真偽の解明がされつつある。

秦の長城　始皇帝が六国を統一したあと紀元前二一四年に、北方の匈奴の南進を防ぐために、将軍蒙恬に命じて三〇万の兵士を率いて、戦国の秦、趙、燕の北方の長城をもとに建造した。西は臨洮から東は遼東まで一万余里（約五〇〇〇キロ）、万里の長城といわれる。現在寧夏、内モンゴル、河北に残存する秦の長城は、明の長城よりも北方に位置し、石積みか版築の簡単な工法で造られたことがわかる。秦の長城はまだ全容が調査されてはいない。とくに黄河上流の賀蘭山脈に沿った箇所に、長城があったのかどうか意見が分かれる。

百越《ひゃくえつ》　中国長江以南の華南に居住する各種の越人を総称して百越という。秦は統一後、百越を攻撃し、前二一四年には桂林・象・南海の三郡を置いた。山岳に居住する越人は、ゲリラ戦をおこない、水軍を派遣した秦軍五〇万を苦しめた。

徐福伝説《じょふくでんせつ》　『史記』秦始皇本紀に始皇帝が巡行で琅邪《ろうや》を訪れたときに斉人の方士徐市《じょふつ》（徐福）に会った記事がみえ、始皇帝は徐市に童男童女数千人を引きつれて東海に不老不死の薬を求めさせたが失敗したという。『史記』淮南・衡山列伝には徐福が三〇〇〇人をつれて平原広沢に到達し、現地で王となった伝説がみえる。徐福の行き先は後世亶《たん》州や倭（日本）となった。これに応じて日本各地に徐福伝説があり、和歌山県新宮市には徐福の墓、三重県熊野市には徐福の祠と墓、九州有明湾に注ぐ筑後川河口（佐賀県）には上陸の地浮盃《ぶばい》、筑後平野には徐福を祭神とする金立《きんりゅう》神社がある。

坑儒《こうじゅ》　儒生を穴埋めにしたという場所が西安市臨潼区西南一〇キロ、韓峪郷洪慶堡《かんよくきょうこうけいほ》にあり、坑儒谷と呼ばれている。驪山《りざん》の麓の温泉の出る温かい土壌で冬に瓜を発芽させ、諸生たちをだまして観察させにやった隙に矢を放ち穴埋めにしたという伝説が後漢時代にあり、唐代にはその場所を愍儒郷《びんじゅきょう》と呼んでいた。

方士《ほうし》　戦国以来、沿海の燕や斉では神仙になる術を説く人々が現れ、方士といった。方とは処方の方で、術のことをいう。『史記』封禅書によれば、燕の宋毋《そうぶ》忌《き》・正伯僑《せいはくきょう》・羨門高《せんもんこう》らは肉体を残して魂を抜いたりするなどの術ができたという。

巡狩《じゅんしゅ》　巡行・巡幸ともいう。始皇帝は天下統一の翌年の前二二〇年から死去した前二一〇年まで全五回、臣下を引きつれて地方をまわった。第一回では西方に向かって秦の故地をまわったが、あとの四回は戦国東方六国の旧地を訪れている。上古の帝王にならって天下の山川の祭祀をおこないながら、皇帝の権威を地方に示す行動であった。途中嶧山《えきざん》・泰山・琅邪《ろうや》・之罘《しふ》・東観・碣石《けっせき》・会稽の七ヵ所に、始皇帝の統一事業を顕彰する刻石が建てられた。

匈奴《きょうど》　北方草原の遊牧民族で、戦国時代は秦・趙・燕の三国と長城をはさんで国境を接していた。秦が全国を統一した後に頭曼単于《とうまんぜんう》は蒙恬の軍と戦い、オルドスの地を奪われたが、父を殺して立った冒頓《ぼくとつ》単于は、秦帝国の崩壊とともに失地を回復し、北方の民族を征服するなど隆盛を極め、前漢朝と対立していった。前漢の高祖劉邦は、一時平城（山西省大同市）で冒頓の精兵四〇万に包囲されることになる。

オルドス　古くは河南（現在の河南省ではない）といい、黄河が最北を流れる河道の南を指す。黄河が大きく湾曲し、西、北、東を囲まれているので河套《かとう》ともいう。明末以来蒙古のオルドス部族が占拠してからオルドス（鄂爾多斯）と呼ばれている。

函谷関《かんこくかん》　河南省霊宝県西南の関所。秦のときに設けられ、前漢武帝のときには東の新安県に移された。秦漢両王朝が拠点とした関中への玄関口として重要。

灞水　西安市の東に流れる川。秦の穆公の覇業にちなんで名付けられた。灞橋が架けられ、咸陽や長安から東方に去る人との惜別の場所となった。漢代には往来する人がここで取り調べられた。劉邦の軍もここから秦都咸陽に入った。

関中《かんちゅう》　陝西省渭水両岸に広がる盆地。東は函谷関、南は武関、西は散関、北は蕭関《しょうかん》の四つの関所にかこまれた要塞の地であるので関中といった。中心に現在の西安があり、この付近には周・秦・前漢・隋・唐など古代王朝の都がおかれた。

版築《はんちく》　土を板のあいだに層状に突き固めていく建築工法で、中国古代においては長城・城壁・墳墓・道路・家屋などに活用された。突き固めて乾燥した黄土の強固さによって、二〇〇〇年を経た現在でも漢代の長城、長安城の城壁、陵墓などが古代の遺跡として残っている。

寿陵《じゅりょう》　生前の埋葬前の陵墓。趙の粛侯は即位一五年（前三三五）に寿陵の工事を起こしたとあるが（『史記』趙世家）、漢代の皇帝の場合、即位の翌年に将作大匠が陵地を確保して工事を始めることになっていた。漢では寿陵のことを初陵ともいう。埋葬後には長陵（前漢高祖）、茂陵（前漢武帝）などの陵名がつけられる。

徙民《しみん》　秦咸陽、漢長安や前漢の陵邑（守陵都市）、北方辺境の都市などに、強制的に移民政策がおこなわれた。この移民のことを徙民という。一般の民衆を移す場合と、地方の豪族を移す場合とがあった。首都圏の整備、開拓や辺境の防衛を目的におこなわれた。

張家山漢簡《ちょうかざんかんかん》　一九八三年湖北省江陵県張家山前漢墓で発見された一〇〇〇枚以上の竹簡。前漢呂太后二年時の法律（漢律）のほかに、「奏讞書《そうげつしょ》」という判例集は秦・楚（項羽）・漢（劉邦）交代の混乱期の各種事件や処理方法がわかる貴重な史料といえる。

帛画《はくが》 帛（絹）に描いた絵で、葬礼のときに幡《ばん》として掲げたり、あるいは棺の上に掛けたりした。湖南省長沙の戦国楚墓からも発見されているが、前漢代のものは同じ長沙の馬王堆一号、三号漢墓の内棺の上から一件ずつ発見されており、山東省臨沂《りんぎ》金雀山前漢墓からも同類のものが出土している。馬王堆一号墓の帛画は、T字形をなして長さは二〇五センチある。上部は月と太陽を左右に、中央には蛇身の女神を配して天上界を示す。帛画中央部には墓主らしき老婦人が杖をついて立ち、両側に男女五人が侍している。下部は地下の世界を表し、力士が大魚の上に立って大地を両手で支えている。全体の構成は墓主の昇天の場面を表しており、漢代の人々の世界観が形象的に理解できる。

太史令《たいしれい》 天文・暦法をつかさどる官職、尊称で太史公ともいい、官位は六〇〇石《せき》で中級官吏といえる。司馬談・遷父子が任官した。司馬遷は太史令の職にあって史官の天文の記録を見るなどして新しい太初暦の作成に尽力したが、匈奴に遠征して捕虜になった李陵を弁護した罪で宮刑となりながらも、黄帝から武帝太初年間に至る歴史をまとめた。

西南夷《せいなんい》 『史記』西南夷列伝には、前漢王朝の時代の西南民族への見方が反映している。『史記』の列伝には他に北方の匈奴列伝、南方の南越列伝、東越列伝、東の朝鮮列伝がある。西南夷列伝の記述は、夜郎などの南夷と滇《てん》国の西夷諸国が武帝の時代に服属していく歴史がまとめられている。巴蜀から身毒（インド）への経路に西南夷があり、交通路開拓のための軍事的対象となった。

夜郎《やろう》 現在の貴州省にあり、漢王朝からみて南夷最大の国。牂牁《そうか》江《こう》に臨み、水運で南越とも結ばれていた。前漢武帝のとき南越を牂牁江から下って攻撃するために、夜郎にも拠点をおき、南越攻撃軍に参加させた。戦争が終わると、漢軍の矛先が向くのを恐れて王として入朝した。夜郎侯が漢の使者に向かって自国と漢の大小をたずねた故事から、自らの力量をわきまえない者を夜郎自大という。

居延漢簡《きょえんかんかん》 漢代の対匈奴戦略の前線基地居延城のある内モンゴルエチナ河流域で、一九三〇―三一年にはスウェーデンと中国の西北科学考査団、一九七三―七四年には甘粛省文物工作隊によって、それぞれ一万一〇〇〇点（旧居延漢簡）、一万九〇〇〇点（新居延漢簡）の漢代の木簡が出土し、辺境の城塞・関所・狼煙台における詔書、官庁間文書・法律・帳簿・勤務記録などの官文書が確認された。

敦煌漢簡《とんこうかんかん》　一九〇七年イギリスのスタインは第二次中央アジア探検のときに敦煌の漢代遺跡で七〇八（あるいは七〇四）点の木簡を発見、日本に亡命していた羅振玉と王国維は『流沙墜簡《りゅうさすいかん》』（一九一四年）で内容の考証を発表、その後も敦煌では現在まで木簡が継続的に発見されている。

黒点観測　『漢書』五行志第七下之下に「成帝河平元年（前二八）三月、日出でて黄にして黒気の大なること銭の如くあり、日の中に居り」とあり、太陽の中央に銅銭大の黒点が観測されたようである。中国では紀元前一世紀に太陽の黒点が度々観測されており、西洋の九世紀初頭よりもずっと早い。コペルニクスも一六〇七年に観測しているが、水星が太陽を過ぎたものと誤解している。

南陽《なんよう》　後漢政権を樹立した劉秀（光武帝）一族と功臣たちの故郷。南陽は、北は伏牛山脈によって洛陽と隔てられ、西は武当山、東は桐柏山、南は湖北の丘陵によって囲まれた盆地。現在の河南省。東西南北の交通の要所でもあり、水利にも恵まれた重要な地。南陽豪族と後漢政権の関係は重要な研究テーマとなっている。後漢画像石の一大宝庫でもある。

金印　江戸時代、北九州の志賀島で発見された二・三五センチ四方の蛇鈕《だちゅう》金印、「漢委奴国王」と陰刻されている。一九八一年江蘇省で出土した後漢広陵王の印は亀鈕金印であったが、作り方や刻字がよく似ていた。広陵王劉荊の死亡年は五八年なので、一年違いのものとなる。『後漢書』東夷伝記載の金印の真偽論争に決着がついたようだ。

エリュトゥラー海案内記　紀元一世紀、エジプト在住のギリシア人の交易者によって書かれた紅海（エリュトゥラー海）、ペルシア湾、アラビア海、インド洋の海上貿易の案内書。エジプトからインド洋沿岸の港に向かった船には、ローマ貨幣、葡萄酒、ガラス、珊瑚などを積み、帰路は、胡椒、象牙や中国産の絹などを持ち帰った。

邙山《ぼうざん》　一九五二年一〇月、毛沢東は鄭州市西北郊外の黄河の岸辺に迫っている邙山の頂上から黄河を視察した。邙山は洛陽から鄭州まで東西約七〇キロ、黄河南岸に沿って走る山並みは最高海抜五〇〇メートルだが、断崖から黄河の壮大な流れを見下ろすとまさに絶景である。洛陽北の邙山には後漢、北魏の皇帝陵をはじめとして二万五〇〇〇人の英雄豪傑が眠るといわれる。鄭州市の西の断崖には項羽、劉邦が黄土の浸食谷をわずか八〇〇メートルはさんで対峙した楚漢二城の遺跡がある。

画像石・画像磚《せん》　前漢中期以降、横穴式の石室墓を造るときに、墓室の壁面の石や磚（煉瓦）に装飾的な図案、動物、人物像、故事神話などを表現した。これを画像石あるいは画像磚という。現在、山東省、江蘇省徐州、河南省南陽、四川省、陝西省北部などに集中して出土している。そこに描かれた題材は多彩で、当時の人々の農業・狩猟・塩業の生産、貴族の宴会、遊戯、舞踊、天体星座、西王母・羽人神話、荆軻《けいか》の秦始皇帝暗殺未遂の歴史的故事などが見られる。

白馬《はくば》　伝説によれば、後漢明帝の永平一〇年（六七）、使節を派遣して西域に仏法を求めさせた。月氏で二人のインドの僧侶に会い、中国に連れて帰った。そのとき白馬に経典と仏像を載せて洛陽に着いた。翌年、寺を建て白馬寺と名付けた。現在、河南省洛陽市東郊外にある。

参考文献

各項目の末尾に（a）（b）（c）…とあるのは、本書原本の刊行された二〇〇四年以降の新出土簡牘史料と日本における秦漢史研究の主な文献である。

秦漢史の概説書

（1）日比野丈夫・米田賢次郎・大庭脩共著『秦漢帝国』、「東洋の歴史」三、人物往来社、一九六六年
（2）植村清二『万里の長城』、「大世界史」三、文藝春秋、一九六七年
（3）『長城とシルクロードと』、「人物中国の歴史」四、集英社、一九八一年
（4）大庭脩『秦漢帝国の威容』、「図説中国の歴史」二、講談社、一九七七年
（5）西嶋定生『秦漢帝国』、「中国の歴史」二、講談社、一九七四年
（6）西嶋定生『秦漢帝国　中国古代帝国の興亡』、講談社学術文庫、一九九七年
（7）西嶋定生『東アジア史論集』第二巻「秦漢帝国の時代」、岩波書店、二〇〇二年
（8）平勢隆郎・尾形勇『中華文明の誕生』、「世界の歴史」二、中央公論社、一九九八年

▼（5）はもっとも充実して読みやすい概説、（6）は（5）の補訂版、（7）は筆者自身の用語人名事典の文章を織り込みながら再録した。（8）は二部構成で後半が秦漢から三国まで。

また中国語の秦漢史には以下のものがある。

（9）呂思勉『秦漢史』、開明書店、一九四七年、上海古籍出版社、一九八三年
（10）労榦『秦漢史』、台北華岡出版有限公司、一九五二年
（11）銭穆『秦漢史』、台北東大図書、一九五七年
（12）翦伯賛『秦漢史』、北京大学出版社、一九八三年
（13）『秦漢史』、中国大百科全書出版社、一九八六年
（14）林剣鳴『秦漢史』上下、上海人民出版社、一九八九年

(15)崔瑞徳・魯惟一編『剣橋中国秦漢史』、中国社会科学出版社、一九九二年（英語版の中国語訳）
(a)渡邉義浩『漢帝国―400年の興亡』、中央公論新社（中公新書）、二〇一九年

秦漢史研究全般

(16)鎌田重雄『漢代史研究』、川田書房、一九四九年
(17)宇都宮清吉『漢代社会経済史研究』、弘文堂、一九五五年
(18)栗原朋信『秦漢史の研究』、吉川弘文館、一九六〇年
(19)増淵龍夫『中国古代の社会と国家―秦漢帝国成立過程の社会史的研究―』、弘文堂、一九六〇年、新版、岩波書店、一九九六年
(20)西嶋定生『中国古代帝国の形成と構造―二十等爵制の研究―』、東京大学出版会、一九六一年
(21)木村正雄『中国古代帝国の形成―特にその成立の基礎条件―』、不昧堂書店、一九六五年、新訂版、比較文化研究所、二〇〇三年
(22)浜口重国『秦漢隋唐史の研究』上下、東京大学出版会、一九六六年
(23)守屋美都雄『中国古代の家族と国家』、東洋史研究会、一九六八年
(24)楠山修作『中国古代史論集』、精興社、一九七六年
(25)好並隆司『秦漢帝国史研究』、未来社、一九七八年
(26)宇都宮清吉『中国古代中世史研究』、創文社、一九七七年
(27)尾形勇『中国古代の「家」と国家』、岩波書店、一九七九年
(28)渡辺信一郎『中国古代社会論』、青木書店、一九八六年
(29)川勝義雄『六朝貴族制社会の研究』、岩波書店、一九八二年
(30)越智重明『戦国秦漢史研究1』、中国書店、一九八八年
(31)浅野裕一『黄老道の成立と展開』、創文社、一九九二年
(32)越智重明『戦国秦漢史研究2』、中国書店、一九九三年
(33)渡辺信一郎『中国古代国家の思想構造―専制国家とイデオロギー―』、校倉書房、一九九四年

(34) 鶴間和幸『秦漢帝国へのアプローチ』(世界史リブレット)、山川出版社、一九九六年
(35) 多田狷介『漢魏晋史の研究』、汲古書院、一九九九年
(36) 李開元『漢帝國の成立と劉邦集團』、汲古書院、二〇〇〇年
(37) 五井直弘『漢代の豪族社会と国家』、名著刊行会、二〇〇一年
(38) 馬彪『秦漢豪族社会研究』、中国書店、二〇〇二年
(39) 好並隆司『前漢政治史研究』、研文出版、二〇〇四年
▼秦漢史研究は中国史上最初の専制的な帝国としてその形成過程や構造が活発に議論されてきた。家族、豪族、郷里の共同体、県、反乱集団などから論じられている。
(a) 藤田勝久『中国古代国家と郡県社会』、汲古書院、二〇〇五年
(b) 高村武幸『漢代の地方官吏と地域社会』、汲古書院、二〇〇八年
(c) 紙屋正和『漢時代における郡県制の展開』、朋友書店、二〇〇九年
(d) 鷲尾祐子『中国古代の専制国家と民間社会―家族・風俗・公私』、立命館東洋史学会叢書九、二〇〇九年
(e) 鈴木直美『中国古代家族史研究―秦律・漢律にみる家族形態と家族観―』、刀水書房、二〇一二年
(f) 藤田勝久『史記秦漢史の研究』、汲古書院、二〇一五年
(g) 楯身智志『前漢国家構造の研究』、早稲田大学出版部、二〇一六年
(h) 福島大我『秦漢時代における皇帝と社会』、専修大学出版局、二〇一六年
(i) 永田英正『漢代史研究』、汲古書院、二〇一八年
(j) 松島隆真『漢帝国の成立』、京都大学学術出版会、二〇一八年
(k) 柴田昇『漢帝国成立前史―秦末反乱と楚漢戦争』、白帝社、二〇一八年
(l) 多田麻希子『秦漢時代の家族と国家』、専修大学出版局、二〇二〇年

政治制度

(40) 宋・王応麟『漢制考』
(41) 徐復『秦会要訂補』、羣聯出版社、一九五五年、中華書局、一九五九年

(42)宋・徐天麟『西漢会要』、中華書局、一九五五年
(43)宋・徐天麟『東漢会要』、中華書局、一九五五年
(44)清・孫星衍『漢官六種』、台北中華書局、一九六六年
(45)鎌田重雄『秦漢政治制度の研究』、日本学術振興会、一九六二年
(46)厳耕望『中国地方行政制度史』上下、中央研究院歴史語言研究所専刊之四十五、一九七四年
(47)厳耕望『両漢太守刺史表』、鳳凰出版社、一九七八年
(48)安作璋・熊鉄基『秦漢官制史稿』上下、斉魯書社、一九八四年
(49)周振鶴『西漢政区地理』、人民出版社、一九八七年
(50)福井重雅『漢代官吏登用制度の研究』、創文社、一九八八年
(51)李暁傑『東漢政区地理』、山東教育出版社、一九九九年
(52)李玉福『秦漢制度史論』、山東大学出版社、二〇〇二年
(53)卜憲群『秦漢官僚制度』、社会科学文献出版社、二〇〇二年
(a)佐竹靖彦『中国古代の田制と邑制』、岩波書店、二〇〇六年

第一章〜第二章

秦史全般

(54)林剣鳴『秦史稿』、上海人民出版社、一九八一年
(55)馬非百『秦集史』、中華書局、一九八二年
(56)林剣鳴『秦史』、台北五南図書出版、一九九二年
(57)王雲度・張文立『秦帝国史』、陝西人民教育出版社、一九九七年
(58)王蘧常撰『秦史』、上海古籍出版社、二〇〇〇年
(a)鶴間和幸『秦帝國の形成と地域』、汲古書院、二〇一三年
(b)馬彪『秦帝国の領土経営—雲夢龍崗秦簡と始皇帝の禁苑』、京都大学学術出版会、二〇一三年

始皇帝

(59) 楊寛『秦始皇』、上海人民出版社、一九五六年
(60) 鎌田重雄『秦の始皇帝』、河出書房新社、一九六二年
(61) A・コットレル著／日比野丈夫監訳、田島淳訳『秦始皇帝』、河出書房新社、一九八五年、新装版、一九九八年
(62) 馬非百『秦始皇帝伝』、江蘇古籍出版社、一九八五年
(63) 吉川忠夫『秦の始皇帝』、集英社、一九八六年、講談社学術文庫、二〇〇二年
(64) 李福泉『千古一帝秦始皇歴史之謎』、湖南出版社、一九九一年
(65) 籾山明『秦の始皇帝』、白帝社、一九九四年
(66) NHK取材班『始皇帝』、日本放送出版協会、一九九四年
(67) 陳舜臣『秦の始皇帝』、尚文社ジャパン、一九九五年、文春文庫、二〇〇三年
(68) 鶴間和幸『秦の始皇帝　伝説と史実のはざま』、吉川弘文館、二〇〇一年
(a) 鶴間和幸『人間・始皇帝』岩波書店、二〇一五年

秦竹簡史料

(69) 睡虎地秦墓竹簡整理小組『睡虎地秦墓竹簡』(線装本)、文物出版社、一九七七年
(70) 睡虎地秦墓竹簡整理小組『睡虎地秦墓竹簡』(平装本)、文物出版社、一九七八年
(71) 雲夢睡虎地秦墓編写組『雲夢睡虎地秦墓』、文物出版社、一九八一年
(72) 睡虎地秦墓竹簡整理小組『睡虎地秦墓竹簡』、文物出版社、一九九〇年
(73) 劉信芳・梁柱『雲夢龍崗秦簡』、科学出版社、一九九七年
(74) 中国文物研究所・湖北省文物考古研究所編『龍崗秦簡』、中華書局、二〇〇一年
▼秦の竹簡史料として睡虎地秦簡、龍崗秦簡を見るには、これらの図版、釈文を参照。

秦竹簡研究

(75) 呉福助『睡虎地秦簡論考』、文津出版社、一九九四年
(76) 劉楽賢『睡虎地秦簡日書研究』、文津出版社、一九九四年
(77) 工藤元男『睡虎地秦簡よりみた秦代の国家と社会』、創文社、一九九八年
(78) 松崎つね子『睡虎地秦簡』、明徳出版社、二〇〇〇年
(79) 魏徳勝『睡虎地秦墓竹簡語法研究』、首都師範大学出版社、二〇〇〇年
(80) 呉子強『秦簡日書集釈』、岳麓書社、二〇〇〇年
(81) 曹旅寧『秦律新探』、中国社会科学出版社、二〇〇二年
(82) 王子今『睡虎地秦簡日書甲種疏証』、湖北教育出版社、二〇〇三年

▼(78)は睡虎地秦簡の法律文書を日本語に訳したもの。睡虎地秦簡には、法律文書のほかに日書という独特の占い文書がある。(76)(77)(80)(82)は日書を扱ったもの、とくに(77)は、そこから中国古代の国家を論じたもの。

始皇帝陵と兵馬俑坑

(83) 陝西始皇陵秦俑坑考古発掘隊・秦始皇兵馬俑博物館共編・田辺昭三日本語版監修『秦始皇陵兵馬俑』、平凡社、一九八三年
(84) 陝西省考古研究所・始皇陵秦俑坑考古発掘隊編『秦始皇陵兵馬俑坑一号坑発掘報告1974～1984』上下、文物出版社、一九八八年
(85) 袁仲一『秦始皇陵兵馬俑研究』、文物出版社、一九九〇年
(86) 袁仲一主編『秦始皇帝陵兵馬俑辞典』、文匯出版社、一九九四年
(87) 王学理『秦俑専題研究』、三秦出版社、一九九四年
(88) 王学理『秦始皇陵研究』、上海人民出版社、一九九四年
(89) 今泉恂之介『兵馬俑と始皇帝』、新潮選書、一九九五年
(90) 樋口隆康『始皇帝を掘る』、学生社、一九九六年

(91) 秦始皇兵馬俑博物館・陝西省考古研究所『秦始皇陵銅車馬発掘報告』、文物出版社、一九九八年
(92) 同右『秦陵銅車馬修復報告』、文物出版社、一九九八年
(93) 秦始皇兵馬俑博物館編『秦始皇兵馬俑博物館』、文物出版社、一九九九年
(94)『秦始皇陵兵馬俑』、文物出版社、一九九九年
(95) 陝西省考古研究所・秦始皇兵馬俑博物館編著『秦始皇帝陵園考古報告（1999）』、科学出版社、二〇〇〇年
(96) 鶴間和幸『始皇帝の地下帝国』、講談社、二〇〇一年
(97) 袁仲一『秦始皇陵的考古発現與研究』、陝西人民出版社、二〇〇二年
(98) 徐衛民『秦公帝王陵』、中国青年出版社、二〇〇二年
(99) 鶴間和幸『始皇帝陵と兵馬俑』、講談社学術文庫、二〇〇四年

▼(84) は一号坑のもっとも詳細な報告書であり、詳細な図版が役に立つ。(85)(97) は兵馬俑の発掘に中心的に関わってきた考古学者の研究書。(86) は秦始皇兵馬俑博物館のスタッフが総力をあげてまとめた辞典で、関連する項目から引けるので大変便利。(91)(92) は銅車馬の発掘報告書、(94) は大型の図録。(95) は石鎧坑、百戯俑坑の詳細な報告書であるが、これまでの陵園の発掘成果全体も概観しており、もっとも新しい内容を含んでいる。

咸陽城

(100) 王学理『秦都咸陽』、陝西人民出版社、一九八五年
(101) 王学理『咸陽帝都記』、三秦出版社、一九九九年
(102) 徐衛民『秦都城研究』、陝西人民教育出版社、二〇〇〇年
(103) 陝西省考古研究所編著『秦都咸陽考古報告』、科学出版社、二〇〇四年

▼(100)(101) は考古学の成果をもとにした研究書、(102) は咸陽以前もふくめた秦の都市研究、(103) は咸陽宮や咸陽城全体の正式な報告書。

秦漢陶文・封泥・印章

(104) 呉式芬・陳介祺『封泥考略』、中国書店、一九九〇年
(105) 東京国立博物館編『中国の封泥』、二玄社、一九九八年
(106) 袁仲一『秦代陶文』、三秦出版社、一九八七年
(107) 周暁陸・路東之編著『秦封泥集』、三秦出版社、二〇〇〇年
(108)『秦官印封泥聚』、文雅堂、二〇〇〇年
(109) 孫慰祖『封泥　発現與研究』、上海書店出版社、二〇〇二年
▼(104) には伝世の封泥八四六枚が収められている。陳介祺収蔵のものは東京国立博物館に入っている。(106) は兵馬俑や瓦などの陶器に押されたスタンプの文字を集めたもの。一九八三年以降西安市西北の秦代章台遺跡で一〇〇〇枚を超える秦の封泥が出土し、骨董品として出回っていた。秦の官僚制の貴重な史料となっている。秦の竹簡の陰に隠れているが、官僚制度を知る大変な発見である。現在西北大学博物館、西安市文物保護考古所、西安書法芸術博物館、北京の古陶文明博物館に収蔵されている。(107)(108) を参照。

第三章

劉邦と項羽、呂后

(110) 河地重造『漢の高祖』、人物往来社、一九六六年
(111) 司馬遼太郎『項羽と劉邦』、新潮社、一九八〇年
(112) 安作璋・孟祥才『劉邦列伝』、斉魯書社、一九八八年
(113) 永田英正『項羽』、新人物往来社、一九八一年、PHP文庫、二〇〇三年
(114) 堀敏一『漢の劉邦　ものがたり漢帝国成立史』、研文出版、二〇〇四年
(a) 佐竹靖彦『劉邦』、中央公論新社、二〇〇五年
(b) 藤田勝久『項羽と劉邦の時代』、講談社、二〇〇六年
(c) 佐竹靖彦『項羽』、中央公論新社、二〇一〇年
(d) 郭茵『呂太后期の権力構造―前漢初期「諸呂の乱」を手がかりに―』、九州大学出版会、二〇一四年

▼(111)は歴史小説、ほかのものは歴史研究者のもの。対比して読むとおもしろい。

第四章

張家山漢簡と漢律研究

(115)大庭脩『秦漢法制史の研究』、創文社、一九八二年
(116)『江陵張家山漢簡―中国古代の裁判記録―』、中国の歴史と地理研究会、一九九六年
(117)冨谷至『秦漢刑罰制度の研究』、同朋舎、一九九八年
(118)『張家山漢墓竹簡〔二四七号墓〕』、文物出版社、二〇〇一年
(119)池田雄一編『奏讞書―中国古代の裁判記録―』、刀水書房、二〇〇二年
(120)程樹徳『九朝律考』、中華書局、二〇〇三年

▼(115)(117)は睡虎地秦簡の法制文書と木簡文書の漢律から論じた法制史、(118)の張家山漢簡の図版が出版されてから、本格的な漢律研究が始まっている。(116)(119)はその前に発表された奏讞書という裁判文書の一部を解読したもの。漢律の逸文収集の成果はいくつかあるが、(120)はもっとも代表的なもので、評点本が出版され便利。

(a)籾山明『中国古代訴訟制度の研究』、京都大学学術出版会、二〇〇六年
(b)水間大輔『秦漢刑法研究』、和泉書館、二〇〇七年
(c)池田雄一『中国古代の律令と社会』、汲古書院、二〇〇八年
(d)陶安あんど『秦漢刑罰体系の研究』、創文社、二〇〇九年
(e)廣瀬薫雄『秦漢律令研究』、汲古書院、二〇一〇年
(f)宮宅潔『中国古代刑制史の研究』、京都大学学術出版会、二〇一一年
(g)若江賢三『秦漢律と文帝の刑法改革の研究』、汲古書院、二〇一五年

長安

(121)足立喜六『長安史蹟の研究』、東洋文庫論叢二〇之一、二、一九三三年

(122) 王双懐・淡懿誠・賈雲訳『長安史跡研究』、三秦出版社、二〇〇三年
(123) 陝西省博物館『西安歴史述略』、陝西人民出版社、一九五九年
(124) 佐藤武敏『長安』、近藤出版社、一九七一年、講談社学術文庫、二〇〇四年
(125) 武伯綸編著『西安歴史述略』、陝西人民出版社、一九七九年
(126) 陝西省考古研究所『西漢京師倉』、文物出版社、一九九〇年
(127) 西安市地方志館・張永禄主編『漢代長安詞典』、陝西人民出版社、一九九三年
(128) 中国社会科学院考古研究所編著『漢長安未央宮―一九八〇～一九八九年考古発掘報告』、中国大百科全書出版社、一九九六年
(129) 史念海『漢唐長安與黄土高原』、中国歴史地理論叢増刊、陝西師範大学、一九九八年
(130) 『黄土高原の自然環境と漢唐長安城』、アジア遊学二〇、勉誠出版、二〇〇〇年
(131) 劉慶柱・李毓芳『漢長安城』、文物出版社、二〇〇三年
(132) 中国社会科学院考古研究所『西漢礼制建築遺址』、文物出版社、二〇〇三年
▼(121) は、長安だけでなく皇帝陵もふくめて西安周辺の遺跡を早期に調査したもので、古典的な著作となっている。足立は一九〇六年から一〇年まで清朝政府の招聘で西安で教鞭をとった。一九三五年に中国語訳が出ているが、(122) は新たに訳されたもの。(124) は古都長安の通史、(128) は未央宮だけの発掘報告書、(129)(130) は長安の自然環境を論じたもの。

秦竹簡史料

(a) 甘粛省文物考古研究所編『天水放馬灘秦簡』、中華書局、二〇〇九年
(b) 湖南省文物考古研究所編著『里耶秦簡』壱（全五巻）、文物出版社、二〇一二年
(c) 陳偉主編『里耶秦簡牘校釋』第一巻、第二巻、武漢大学出版社、二〇一二年、二〇一八年
(d) 朱漢民・陳松長主編『嶽麓書院蔵秦簡』壱～伍、上海辞書出版社、二〇一四年～二〇一七年

秦竹簡研究

(a) 工藤元男編『睡虎地秦簡訳注』、汲古書院、二〇一八年

始皇帝陵と兵馬俑

(a) 秦始皇兵馬俑博物館編著『秦始皇陵二号兵馬俑坑発掘報告』、科学出版社、二〇〇九年
(b) 段清波『秦始皇帝陵園考古研究』、北京大学出版社、二〇一一年
(c) 秦始皇帝陵博物院編・曹瑋主編『秦始皇帝陵出土一号青銅馬車』、文物出版社、二〇一二年
(d) 鶴間和幸・惠多谷雅弘監修・学習院大学東洋文化研究所・東海大学情報技術センター共編『宇宙と地下からのメッセージ~秦始皇帝陵とその自然環境』、D-CODE、二〇一三年
(e) 秦始皇帝陵博物院編『秦始皇帝陵出土二号青銅馬車』、文物出版社、二〇一五年
(f) 秦始皇帝陵博物院編『秦始皇帝陵一号兵馬俑陪葬坑発掘報告（二〇〇九~二〇一一年）』、文物出版社、二〇一八年

都市集落・交通史研究

(133) 古賀登『漢長安城と阡陌・県郷亭里制度』、雄山閣、一九八〇年
(134) 王子今『秦漢交通史稿』、中共中央党校出版社、一九九四年
(135) 堀敏一『中国古代の家と集落』、汲古書院、一九九六年
(136) 周長山『漢代城市研究』、人民出版社、二〇〇一年
(137) 佐原康夫『漢代都市機構の研究』、汲古書院、二〇〇二年
(138) 五井直弘『中国古代の城郭都市と地域支配』、名著刊行会、二〇〇二年
(139) 池田雄一『中国古代の聚落と地方行政』、汲古書院、二〇〇二年
(a) 江村治樹『戦国秦漢時代の都市と国家　考古学と文献史学からのアプローチ』、白帝社、二〇〇五年

皇帝陵

(140) 楊寛著／西嶋定生監訳、尾形勇・太田有子共訳『中国皇帝陵の起源と変遷』、学生社、一九八一年

(141) 楊寛『中国古代陵寝制度史研究』、上海古籍出版社、一九八五年、上海人民出版社、二〇〇三年
(142) 劉慶柱・李毓芳『西漢十一陵』、陝西人民出版社、一九八七年
(143) 劉慶柱・李毓芳著・来村多加史訳『前漢皇帝陵の研究』、学生社、一九九一年
(144) 中国社会科学院考古研究所編著『漢杜陵陵園遺址』、科学出版社、一九九三年
(145) 陝西省考古研究所漢陵考古隊『中国漢陽陵彩俑』、陝西旅遊出版社、一九九二年
(146) 劉慶柱『古代都城與帝陵考古学研究』、科学出版社、二〇〇〇年
(147) 焦南峰主編『漢陽陵』、重慶出版社、二〇〇一年
(148) 馬永嬴・王保平『走近漢陽陵』、文物出版社、二〇〇一年
(149) 王学理『漢景帝與陽陵』、三秦出版社、二〇〇三年
▼(140) 日本語版、(141) 中国語版は漢代皇帝陵を中国史全体のなかで位置づけ、(142) 中国語版、(143) 日本語版は考古学的な調査をふまえたもの、(144) は前漢宣帝の陵園遺跡の発掘報告書、(145)(147)(148)(149) は前漢景帝の陵墓の陪葬坑から出土した彩色俑を中心に紹介、(146) は長安と皇帝陵全体の研究書。
(a) 茂木雅博・張建林編『中国皇帝陵の測量調査：西漢陽陵と唐靖陵』、茨城大学人文学部考古学研究室、二〇〇六年
(b) 咸陽市文物考古研究所編『西漢帝陵鑽探調査報告』、文物出版社、二〇一〇年
(c) 村元健一『漢魏晋南北朝時代の都城と陵墓の研究』、汲古書院、二〇一六年

馬王堆漢墓

(150) 湖南省博物館・中国科学院考古研究所・《文物》編輯委員会『長沙馬王堆一号漢墓発掘簡報』、文物出版社、一九七二年
(151) 文物出版社編輯『西漢帛画』、文物出版社、一九七二年
(152) 湖南省博物館・中国科学院考古研究所『長沙馬王堆漢墓』、文物出版社、一九七三年
(153) 湖南省博物館『長沙馬王堆漢墓』、湖南人民出版社、一九七九年
(154)『長沙馬王堆一号漢墓　出土紡績品的研究』、文物出版社、一九八〇年

(155)『馬王堆一号漢墓 古屍研究』、文物出版社、一九八〇年
(156) 国家文物局古文献研究室『馬王堆漢墓帛書』全三冊、文物出版社、一九八〇年
(157) 湖南省博物館『馬王堆漢墓研究』、湖南人民出版社、一九八一年
(158) 何介鈞・張維明『馬王堆漢墓』、文物出版社、一九八二年
(159) 湖南省博物館『馬王堆漢墓』、湖南美術出版社、一九八三年
(160) 工藤元男・藤田勝久訳注『馬王堆帛書 戦国縦横家書』、朋友書店、一九九三年
(161) 劉暁路『中国帛画與楚漢文化』、吉林教育出版社、一九九四年
(162) 陳松長『馬王堆帛書芸術』、上海書店出版社、一九九六年
(163) 湖南省博物館・湖南省文物考古研究所『長沙馬王堆二・三号漢墓』、文物出版社、二〇〇四年

第五章～第六章

司馬遷と史記

(164) 武田泰淳『司馬遷―史記の世界』、日本評論社、一九四三年、講談社文庫、一九七二年
(165) 岡崎文夫『司馬遷』、弘文堂、一九五八年
(166) 大島利一『司馬遷―「史記」の成立』、清水書院、一九七二年
(167) 宮崎市定『史記を語る』、岩波新書、一九七九年、岩波文庫、一九九六年
(168) Edouard Chavannes Memoires historiqueade Sema Ts'ien, 4 tomes, 1895-1905 岩村忍訳『司馬遷と史記』、新潮選書、一九七四年
(169) 加地伸行『史記 司馬遷の世界』、講談社現代新書、一九七八年
(170) 李長之『司馬遷之人格與風格』、三聯書店、一九八四年
(171) 李長之・和田武司訳『司馬遷』、徳間文庫、一九八八年
(172) 池田英雄『史記学五〇年―日・中「史記」研究の動向（一九四五―九五）』、明徳出版社、一九九五年
(173) 小倉芳彦『入門史記の時代』、ちくま学芸文庫、一九九六年
(174) 佐藤武敏『司馬遷の研究』、汲古書院、一九九七年

(175) 藤田勝久『史記戦国史料の研究』、東京大学出版会、一九九七年
(176) 藤田勝久『司馬遷とその時代』、東京大学出版会、二〇〇一年
(177) 伊藤徳男『史記の構成と太史公の声』、山川出版社、二〇〇一年
(178) 藤田勝久『司馬遷の旅』、中公新書、二〇〇三年
▼日本の司馬遷論は(164)に始まるといってもよい。(170)は多角的にアプローチしている。(174)は司馬遷という人物に焦点をあてた研究書、(175)は司馬遷の依拠したテキストから『史記』の構成を分析した研究書、(178)は司馬遷の旅行にテーマをあて、現地取材を行った近年の成果。司馬遷に関する論文や著作は数多い。(172)の目録を参照するとよい。

史記のテキストと訳注

(179) 滝川亀太郎『史記会注考証』全一〇冊、東方文化学院、一九三二—三四年、再版、一九五六—六〇年
(180) 水沢利忠『史記会注考証校補』全九巻、史記会注考証校補刊行会、一九五七—七〇年
(181) 『史記』全一〇冊、中華書局、一九五九年
(182) 小竹文夫・武夫訳注『史記』全二冊、世界文学大系、筑摩書房、一九六二年、ちくま学芸文庫、一九九五年

経済・財政

(183) 加藤繁訳註『史記平準書・漢書食貨志』、岩波書店、一九四二年
(184) 吉田虎雄『両漢租税の研究』、大阪屋号書店、一九四二年、大安、一九六六年
(185) 陳直『両漢経済史料論叢』、陝西人民出版社、一九五八年
(186) 平中苓次『中国古代の田制と税法』、東洋史研究会、一九六七年
(187) 宋叙五『西漢貨幣史初稿』、香港中文大学、一九七一年
(188) 西嶋定生『中国古代の社会と経済』、東京大学出版会、一九八一年
(189) 影山剛『中国古代の商工業と専売制』、東京大学出版会、一九八四年

(190) 山田勝芳『秦漢財政収入の研究』、汲古書院、一九九三年
(191) 重近啓樹『秦漢税役体系の研究』、汲古書院、一九九九年
(192) 山田勝芳『貨幣の中国古代史』、朝日新聞社、二〇〇〇年
(a) 柿沼陽平『中国古代貨幣経済史研究』、汲古書院、二〇一一年

武帝

(193) 吉川幸次郎『漢の武帝』、岩波新書、一九四九年
(194) 張維華『論漢武帝』、上海人民出版社、一九五七年
(195) 影山剛『漢の武帝』、教育社歴史新書、一九七九年
(196) 福島吉彦『漢の武帝』、集英社、一九八七年
(197) 林剣鳴『漢武帝』、三秦出版社、二〇〇三年
(198) 王志傑『漢武帝與茂陵』、三秦出版社、二〇〇三年

▼(193)(196)は中国文学者、(195)(197)は歴史研究者からの武帝論。始皇帝に比べて武帝に関する著作は少ない。(198)は茂陵博物館の館長を務めた著者によるもので、茂陵付近出土文物も紹介する。

(a) 永田英正『漢の武帝』、清水書院、二〇一五年
(b) 冨田健之『武帝』、山川出版社（世界史リブレット）、二〇一六年

黄河・水利

(199) 鄭肇経『中国水利史』、台湾商務印書館、一九七〇年
(200) 鄭肇経『中国之水利』、人人文庫、台湾商務印書館、一九七〇年
(201) 黄河水利委員会編『黄河　一九四六—一九五五治理黄河図片集』、河南人民出版社、一九五七年
(202) 黄耀能『中国古代農業水利史研究』、六国出版社、一九七八年
(203) 長江流域規劃弁公室『長江水利史略』、水利電力出版社、一九七九年
(204) 中国水利史稿編写組『中国水利史稿』上中下、水利電力出版社、一九七九年、八七年、八九年

(205) 黄河水利史委員会『黄河水利史述要』、水利電力出版社、一九八四年
(206) 張驊『大秦一統　秦鄭国渠』、三秦出版社、二〇〇三年
(a) 濱川栄『中国古代の社会と黄河』、早稲田大学出版部、二〇〇九年
(b) 大川裕子『中国古代の水利と地域開発』、汲古書院、二〇一五年
(c) 長谷川順二『前漢期黄河古河道の復元：リモートセンシングと歴史学』、六一書房、二〇一六年

西域・シルクロード・匈奴

(207) 梅原末治『蒙古ノイン・ウラ発見の遺物』、東洋文庫、一九六〇年
(208)『桑原隲蔵全集』第二巻、岩波書店、一九六八年
(209) 白鳥庫吉『西域史研究』上下（『白鳥庫吉全集』第六・七巻、岩波書店、一九七〇―七一年）
(210) 護雅夫編『東西文明の交流1漢とローマ』、平凡社、一九七〇年
(211) 護雅夫『古代遊牧帝国』、中公新書、一九七六年
(212) 中島敦『李陵』、筑摩書房、一九四八年
(213) 護雅夫『李陵』、中央公論社、一九七四年、中公文庫、一九九二年
(214) 冨谷至『ゴビに生きた男たち―李陵と蘇武』、白帝社、一九九四年
(215) 沢田勲『匈奴』、東方書店、一九九六年
(216) 加藤謙一『匈奴「帝国」』、第一書房、一九九八年
(217) 安作璋『両漢與西域関係史』、斉魯書社、一九七九年
(218) 林梅村『漢唐與西域関係史』、文物出版社、一九九八年
(219) 内蒙古文物考古研究所・魏堅編著『内蒙古中南部漢代墓葬』、中国大百科全書出版社、一九九八年
(220) 小谷仲男『大月氏』、東方書店、一九九九年
(221) 石雲濤『早期中西交通與交流史稿』、学苑出版社、二〇〇三年

(222) 中国社会科学院考古研究所・河北省文物管理処編『満城漢墓発掘報告』上下、文物出版社、一九八一年
(223) 大葆台漢墓発掘組・中国社会科学院考古研究所『北京大葆台漢墓』、文物出版社、一九八九年
(224) 河南省文物考古研究所編『永城西漢梁国王陵與寢園』、中州古籍出版社、一九九六年
(225) 河南省商丘市文物管理委員会・河南省文物考古研究所・河南省永城市文物管理委員会・閻根斉主編『芒碭山西漢梁王墓地』、文物出版社、二〇〇一年
(226) 『徐州北洞山西漢楚王墓』、文物出版社、二〇〇三年
(227) 鄭紹宗『満城漢墓』、二〇世紀中国文物考古発現與研究叢書、文物出版社、二〇〇三年
(228) 徐湖平主編『泗水王陵出土西漢木雕』、天津人民美術出版社、二〇〇三年
▼(222)(223)(224)(225)(226)は漢代諸侯王墓の発掘報告書、皇帝陵が発掘されていないので参考になる。

塩鉄専売

(229) 河南省文化局文物工作隊『鞏県鉄生溝』、文物出版社、一九六二年
(230) 曾我部静雄訳『塩鉄論』、岩波文庫、一九三四年
(231) 山田勝美『塩鉄論』、明徳出版社、一九六七年
(232) 佐藤武敏訳注『塩鉄論　漢代の経済論争』、平凡社、一九七〇年

長城

(233) 青木富太郎『万里の長城』、近藤出版社、一九七二年
(234) 文物編輯委員会『中国長城遺迹調査報告集』、文物出版社、一九八一年
(235) ジャック・ジェルネ　羅哲文ほか著／日比野丈夫監訳、田島淳訳『万里の長城』、河出書房新社、一九八四年
(236) 羅哲文・趙洛『万里の長城』、北京外文出版社、一九八七年
(237) 彭曦『戦国秦長城考察與研究』、西北大学出版社、一九九〇年
(238) 中国長城学会編『長城国際学術研討会論文集』、吉林人民出版社、一九九五年

(239)『長城辞典』、文匯出版社、一九九九年
(240)路宗元主編『斉長城』、山東友誼出版社、一九九九年
(241)来村多加史『万里の長城　攻防三千年史』、講談社現代新書、二〇〇三年
(242)阪倉篤秀『長城の中国史』、講談社選書メチエ、二〇〇四年
(243)馬建華・張力華『長城』、敦煌文芸出版社、二〇〇四年
▼秦漢は長城研究の重要な一時代、(237)は戦国秦の長城の調査記録。

周辺諸民族

雲南

(244)雲南省博物館編『雲南晋寧石寨山古墓群発掘報告』、文物出版社、一九五九年
(245)玉渓地区行政公署編『雲南李家山青銅器』、雲南人民出版社、一九九五年
(246)張増祺『滇国與滇文化』、雲南美術出版社、一九九七年
(247)張増祺『晋寧石寨山』、雲南美術出版社、一九九八年
(248)羅二虎『秦漢時代的中国西南』、天地出版社、二〇〇〇年
(249)張増祺『滇文化』、文物出版社、二〇〇一年
(250)雲南省文化庁・中国国家博物館『雲南文物之光　滇王国文物精品集』、中国社会科学出版社、二〇〇三年
(251)黄懿陸『滇国史』、雲南人民出版社、二〇〇四年
▼(244)(245)の発掘成果を中心に(249)(250)(251)のように『史記』西南夷列伝とは別に滇の文化や歴史が新たにまとめられ始めている。

南越

(252)広州市文物管理委員会等『西漢南越王墓』上下、文物出版社、一九九一年
(253)張栄芳『南越国史』、広東人民出版社、一九九五年
(254)広州市文化局編『広州秦漢考古三大発現』、広州出版社、一九九九年
(255)広州市文物考古研究所『広州文物考古集　広州秦造船遺址論稿専輯』、広州出版社、二〇〇一年

楽浪
(256) 東京帝国大学文学部編『楽浪』、刀江書院、一九三〇年
(257) 駒井和愛『楽浪郡治址』、東京大学文学部考古学研究室、一九六五年
(258) 駒井和愛『楽浪　漢文化の残像』、中公新書、一九七二年
夜郎
(259) 朱俊明『夜郎史稿』、貴州人民出版社、一九九〇年
(260) 夜郎学術研討会論文集編輯委員会『夜郎研究』、貴州人民出版社、一九九九年
(261) 貴州省畢節地区社会科学聯合会『可楽考古與夜郎文化』、貴州民族出版社、二〇〇三年
(262) 唐文元・劉衛国『夜郎文化尋蹤』、台北世潮出版、二〇〇三年

第七章

班固『漢書』

(263)『漢書』全一〇冊、中華書局、一九六二年
(264) 清・王先謙『漢書補注』、中華書局、一九八三年
(265) 陳直『漢書新証』、天津人民出版社、一九五九年
(266) 魏連科編『漢書人名索引』、中華書局、一九七九年
(267) 陳家麟・王仁康編『漢書地名索引』、中華書局、一九九〇年
(268) 小竹武夫訳『漢書』上中下、筑摩書房、一九七七―七九年、ちくま学芸文庫、全八冊、一九九七―九八年
(269) 狩野直禎・西脇常記訳注『漢書郊祀志』、東洋文庫、平凡社、一九八七年
(270) 冨谷至・吉川忠夫訳注『漢書五行志』、東洋文庫、平凡社、一九八六年
(271) 永田英正・梅原郁訳注『漢書食貨・地理・溝洫志』、東洋文庫、平凡社、一九八八年

簡牘資料

(272) 羅振玉・王国維『流沙墜簡』、中華書局、一九九三年
(273) 労榦『居延漢簡 図版之部』、台北国立中央研究院歴史語言研究所専刊二十一、一九五七年
(274) 労榦『居延漢簡 釈文之部』、台北国立中央研究院歴史語言研究所専刊二十一之四十、一九六〇年
(275) 中国科学院考古研究所『居延漢簡甲編』、科学出版社、一九五九年
(276) 甘粛省文物考古研究所等『居延新簡—甲渠候官與第四燧』、文物出版社、一九九〇年
(277) 甘粛省文物考古研究所・甘粛省博物館・中国文物研究所・中国社会科学院歴史研究所『居延新簡 甲渠候官』上下、中華書局、一九九四年
(278) 甘粛省文物考古研究所『敦煌漢簡』上下、中華書局、一九九一年
(279) 甘粛省博物館・中国科学院考古研究所『武威漢簡』、文物出版社、一九六四年
(280)『銀雀山漢墓竹簡』、文物出版社、一九七五年
(281) 連雲港市博物館・東海県博物館・中国社会科学院簡帛研究中心・中国文物研究所『尹湾漢墓簡牘』、中華書局、一九九七年
(282) 中国文物研究所・胡平生・甘粛省文物考古研究所・張徳芳編『敦煌懸泉置漢簡釈粋』、上海古籍出版社、二〇〇一年
(283) 中国文物研究所・甘粛省文物考古研究所編『敦煌懸泉月令詔條』、中華書局、二〇〇一年
(a) 中央研究院歴史語言研究所『居延漢簡（壹~肆）』、二〇一四—一七年
(b) 北京大学出土文献研究所編『北京大学蔵西漢竹書（参）』、上海古籍出版社、二〇一五年
(c)『居延新簡集釋』（一）~（七）、甘粛文化出版社、二〇一六年
(d) 張徳芳・石明秀主編『玉門関漢簡』、中西書局、二〇一九年
(e)『肩水金関漢簡』壹（上中下）貳（上中下）、中西書局、二〇一一—一二年
(f) 甘粛簡牘博物館等編『懸泉漢簡』壹（上下）、中西書局、二〇一九年

(284) 森鹿三『東洋学研究　居延漢簡編』、同朋社、一九七五年
(285) 大庭脩『木簡』、学生社、一九七九年
(286) 大庭脩『木簡学入門』、講談社学術文庫、一九八四年
(287) 陳直『居延漢簡研究』、天津古籍出版社、一九八六年
(288) 永田英正『居延漢簡の研究』同朋舎出版、一九八九年
(289) 大庭脩『漢簡研究』、同朋舎出版、一九九二年
(290) 大庭脩『漢簡研究の現状と展望』、関西大学出版部、一九九三年
(291) 冨谷至『古代中国の刑罰』、中公新書、一九九五年
(292) 大庭脩編『木簡―古代からのメッセージ―』、大修館書店、一九九八年
(293) 籾山明『漢帝国と辺境社会　長城の風景』、中公新書、一九九九年
(294) 大庭脩『漢簡の基礎的研究』、思文閣出版、一九九九年
(295) 李均明・劉軍『簡牘文書学』、広西教育出版社、一九九九年
(296) 汪桂海『漢代官文書制度』、広西教育出版社、一九九九年
(297) 馬今洪『簡帛　発現與研究』、上海書店出版社、二〇〇二年
(298) 冨谷至『木簡・竹簡の語る中国古代』、岩波書店、二〇〇三年
(299) 李均明『古代簡牘』、文物出版社、二〇〇三年
(300) 何双全『簡牘』、敦煌文芸出版社、二〇〇四年
(a) 高村武幸『秦漢簡牘史料研究』、汲古書院、二〇一五年
(b) 冨谷至『文書行政の漢帝国―木簡・竹簡の時代―』、名古屋大学出版会、二〇一〇年
(c) 鷹取祐司『秦漢官文書の基礎的研究』、汲古書院、二〇一五年

王莽

(301) 沈展如『新莽全史』、正中書局、一九七七年
(302) 周桂鈿『王莽評伝―復古改革家』、広西教育出版社、一九九六年

(303)東晋次『王莽』、白帝社、二〇〇三年
(304)影山剛『王莽の酒の専売制と六完制』、(自家出版)一九九〇年
(a)渡邉義浩『王莽　改革者の孤独』、大修館書店、二〇一二年

思想・儒教

(305)金谷治『秦漢思想史研究』、日本学術振興会、一九六〇年
(306)狩野直喜『両漢学術考』、筑摩書房、一九六四年
(307)藤川正数『漢代における礼学の研究』、風間書房、一九六八年
(308)安居香山『緯書』、明徳出版社、一九六九年
(309)安居香山・中村璋八『重修緯書集成』、明徳出版社、一九七一、七三年
(310)板野長八『中国古代における人間観の展開』、岩波書店、一九七二年
(311)安居香山・中村璋八『緯書の基礎的研究』、国書刊行会、一九七六年
(312)顧頡剛・小倉芳彦他訳『中国古代の学術と政治』、大修館書店、一九七八年
(313)町田三郎『秦漢思想史の研究』、創文社、一九八五年
(314)日原利国『漢代思想の研究』、研文出版、一九八六年
(315)安居香山『緯書と中国の神秘思想』、平河出版社、一九八八年
(316)板野長八『儒教成立史の研究』、岩波書店、一九九五年
(317)アンリ・マスペロ著/川勝義雄訳『道教』、平凡社ライブラリー、二〇〇〇年
(318)戸川芳郎『漢代の學術と文化』、研文出版、二〇〇二年
(a)斎木哲郎『秦漢儒教の研究』、汲古書院、二〇〇四年
(b)福井重雅『漢代儒教の史的研究　儒教の官学化をめぐる定説の再検討』、汲古書院、二〇〇五年
(c)渡邉義浩『両漢の儒教と政治権力』、汲古書院、二〇〇五年
(d)井ノ口哲也『後漢経学研究序説』、勉誠出版、二〇一五年

第八章

後漢史全般

(319) 狩野直禎『後漢政治史の研究』、東洋史研究叢刊之四十七、同朋舎出版、一九九三年
(320) 東晋次『後漢時代の政治と社会』、名古屋大学出版会、一九九五年
(321) 渡邉義浩『後漢国家の支配と儒教』、雄山閣出版、一九九五年
▼秦漢時代研究書の多いなかで後漢時代を専門にした研究書は (319) (320) (321) の三冊が挙げられる。
(a) 小嶋茂稔『漢代国家統治の構造と展開　後漢国家論研究序説』、汲古書院、二〇〇九年
(b) 渡邉義浩『後漢における「儒教國家」の成立』、汲古書院、二〇〇九年

後漢書

(322) 范曄撰・李賢注『後漢書』全一二冊、中華書局、一九六五年
(323) 清・王先謙『後漢書集解』、芸文印書館
(324) 張舜徽主編『後漢書事典』、山東教育出版社、一九九四年
(325) 吉川忠夫訓注『後漢書』全一〇冊、別冊一、岩波書店、二〇〇一―〇七年
(326) 渡邉義浩主編『全譯後漢書』全一八冊、別冊一、汲古書院、二〇〇一―一六年
▼ (325) は『後漢書』全文の書き下しと注釈をまとめた内容、(326) は『後漢書』の全文の書き下し、注釈、口語訳。

農民反乱

(327) 谷川道雄・森正夫編『中国民衆叛乱史1秦～唐』、東洋文庫、平凡社、一九七八年
(328) 木村正雄『中国古代農民叛乱の研究』、東京大学出版会、一九七九年
(a) 柴田昇『漢帝国成立前史　秦末反乱と楚漢戦争』、白帝社、二〇一八年

洛陽

(329) 洛陽市文物局『漢魏洛陽故城研究』、科学出版社、二〇〇〇年

東アジア世界

(330) 西嶋定生『中国古代国家と東アジア世界』、東京大学出版会、一九八三年
(331) 西嶋定生『倭国の出現　東アジア世界のなかの日本』、東京大学出版会、一九九九年

石刻金石資料

(332) 宋・洪适『隷釈』、影印本、極東書店、一九六六年
(333) 同右『隷続』影印本、極東書店、一九六九年
(334) 清・翁方綱『両漢金石志』影印本、台北文海出版社、一九六七年
(335) 容庚『秦金文録・漢金文録』、台北国立中央研究院歴史語言研究所専刊五、一九三一年
(336) 永田英正編『漢代石刻集成』全二冊、同朋舎出版、一九九四年

人口

(337) 葛剣雄『西漢人口地理』、人民出版社、一九八六年
(338) 葛剣雄『中国人口発展史』、福建人民出版社、一九九一年

画像石・画像磚

▼漢代は墓室や祠堂・石棺などの石や磚に画像を豊富に描いている。地域性があるので、地域別に文献を列挙する。

四川

(339) 聞宥撰『四川漢代画像選集』、中国古典芸術出版社、一九五六年
(340) 高文編『四川漢代画像磚』、上海人民出版社、一九八七年

(341)『巴蜀漢代画像集』、文物出版社、一九九八年
山東
(342) 南京博物院・山東省文物管理処『沂南古画像石墓発掘報告』、文化部文物管理局出版、一九五九年
(343)『徐州漢画像石』、江蘇美術出版社、一九八五年
(344)『山東沂南漢墓画像石』、斉魯書社、二〇〇一年
(345)『山東長清孝堂山漢祠画像』、斉魯書社、二〇〇一年
(346) 臨沂博物館編『臨沂漢画像石』、山東美術出版、二〇〇二年
(347) 馬漢国主編『微山漢画像石選集』、文物出版社、二〇〇三年
南陽
(348)『南陽漢代画像石』、文物出版社、一九八五年
(349)『南陽両漢画像石』、文物出版社、一九九〇年
(350) 南陽漢画館編著『南陽漢代画像石墓』、河南美術出版社、一九九八年
陝北
(351) 陝西博物館編『陝北東漢画像石』、陝西人民美術出版社、一九八五年
(352) 張鴻修編著『陝西漢画』、三秦出版社、一九九四年
(353) 康蘭英・趙力光編著『陝北漢代画像石』陝西人民出版社、一九九五年
(354) 韓偉主編・王煒林副主編『陝西神木大保当漢彩絵画像石』、重慶出版社、二〇〇〇年
徐州
(355)『徐州漢画像石』、中国世界語出版社、一九九五年
(356) 高書林編著『淮北漢画像石』、天津人民美術出版社、二〇〇二年
▼画像石研究、画像石・画像磚全般に関しては以下のものがある。
(357) 長広敏雄『漢代画象の研究』、中央公論美術出版、一九六五年
(358) 土居淑子『古代中国の画象石』、同朋舎出版、一九八六年
(359) 呉曾徳『漢代画像石』、台北丹青図書有限公司、一九八七年

(360)『中国美術全集　絵画編18　画像石画像磚』、上海人民美術出版社、一九八八年
(361)渡部武『画像が語る中国の古代』、平凡社、一九九一年
(362)林巳奈夫『石に刻まれた世界』、東方書店、一九九二年
(363)中国農業博物館編『漢代農業画像磚石』、中国農業出版社、一九九六年
(364)信立祥『中国漢代画像石の研究』、同成社、一九九六年
(365)高文・高成剛編著『中国画像石棺芸術』、山西人民出版社、一九九六年
(366)王明発『画像磚』、遼寧画報出版社、二〇〇一年
(367)欧陽摩一『画像石』、遼寧画報出版社、二〇〇一年
(368)蔣英炬『漢代画像石與画像磚』、文物出版社、二〇〇一年
(369)羅二虎著・渡部武訳『中国漢代の画像と画像墓』、慶友社、二〇〇二年
(370)羅二虎『漢代画像石棺』、巴蜀書社、二〇〇二年
▼(357)(358)(359)(364)(369)は、漢画像石の研究書、それ以外は概説や各地の画像石・画像磚の図録集。
(a)菅野恵美『中国漢代墓葬装飾の地域的研究』、勉誠出版、二〇一二年

壁画墓

(371)『望都漢墓壁画』、中国古典芸術出版社、一九五五年
(372)内蒙古自治区博物館文物工作隊『和林格爾漢墓壁画』、文物出版社、一九七八年
(373)洛陽博物館供稿『洛陽漢代彩画』、河南美術出版社、一九八六年
(374)河北省文物研究所『安平東漢壁画墓』、文物出版社、一九九〇年
(375)陝西省考古研究所・西安交通大学『西安交通大学西漢壁画墓』、西安交通大学出版社、一九九一年
(376)河南省文物考古研究所『密県打虎亭漢墓』、文物出版社、一九九三年
(377)韋娜・李聚宝主編『洛陽古墓博物館』、中州古籍出版社、一九九五年
(378)賀西林『古墓丹青　漢代墓室壁画的発現與研究』、陝西人民出版社、二〇〇一年
(379)蘇珊娜　格萊夫・尹申平『考古発掘出土的中国東漢墓（邠王墓）壁画』、陝西省考古研究所、二〇〇二年

▼漢代には長安、洛陽を中心に北辺などにも壁画が残されている。画像石・画像磚とあわせて漢代の文化を知ることができる。(377)は壁画墓などを中心に保存している博物館を紹介。(378)は壁画墓の研究書。

第九章

自然災害・環境・歴史地理

(380)『竺可楨科普創作選集』、科学普及出版社、一九八一年
(381)史念海『黄土高原森林與草原的変遷』、陝西人民出版社、一九八五年
(382)佐藤武敏編『中国災害史年表』、国書刊行会、一九九三年
(383)史念海『河山集』、生活・読書・新知三聯書店、一九六三年、二集、同上、一九八一年、三集、人民出版社、一九八八年、四集、陝西師範大学出版社、一九九一年、五集、山西人民出版社、一九九一年、六集、山西人民出版社、一九九七年、七集、陝西師範大学出版社、一九九九年
(384)譚其驤『長水集』上下続、人民出版社、一九八七年、一九九四年
(385)袁清林著・久保卓哉訳『中国の環境保護とその歴史』、研文出版、二〇〇四年

▼(380)は気象学者の論集。(381)は古代黄土高原の豊富な森林資源が開発によって失われていく歴史を概論したもの。(382)は正史を中心に災害の記事を年表にまとめたもの。(383)は古代の関中、長城、道路、黄土高原、森林の変遷、古都学、黄河、人口など幅広い歴史地理学の論集。(384)は秦郡、前漢行政地理、黄河古道の研究論文集。

(a)村松弘一『中国古代環境史の研究』、汲古書院、二〇一六年

宦官

(386)三田村泰助『宦官　側近政治の構造』、中公新書、一九六三年、中公文庫、一九八三年
(387)顧蓉・葛金芳著、尾鷲卓彦訳『宦官　中国四千年を操った異形の集団』、徳間書店、一九九五年

医学

(388) 丸山敏秋『黄帝内経と中国古代医学』、東京美術、一九八八年
(389) 坂出祥伸編『中国古代養生思想の総合的研究』、平河出版社、一九八八年

秦漢考古美術全般

(390) 大阪市立美術館『漢代の美術』、平凡社、一九七五年
(391)『世界美術大全集』第二巻、秦・漢、小学館、一九九八年
(392) 陝西省博物館編『秦漢雄風』、浙江人民美術出版社、一九九九年
(393) 陝西省博物館編『秦漢文化』、学林出版社、二〇〇一年

▼秦漢の豊富な出土文物を図版で紹介した書物のなかで、(390)は日本に所蔵されているものを中心に、(391)は新しく中国で出土したものを中心に紹介、(392)(393)は秦漢の古都西安にある陝西省博物館が編集したもので充実している。

漢代考古学一般

(394) 王仲殊『漢代考古学概説』、新華書店、一九八四年
(395) 宋治民『戦国秦漢考古』、四川大学出版社、一九九三年
(396) 趙化成・高崇文等『秦漢考古』、文物出版社、二〇〇二年

▼(394)は漢代考古学の概説書、(395)は戦国から漢代までの考古学のやや詳しい概説書。

秦漢墓

(397) 中国科学院考古研究所編『長沙発掘報告』、科学出版社、一九五七年
(398) 河北省文化局文物工作隊『望都二号漢墓』、文物出版社、一九五九年
(399) 中国科学院考古研究所編『洛陽焼溝漢墓』、科学出版社、一九五九年
(400) 湖北省西漢古屍研究小組『江陵鳳凰山一六八号墓西漢古屍研究』、文物出版社、一九八二年

(40)中国社会科学院考古研究所・広州市文物管理委員会・広州市博物館『広州漢墓』上下、文物出版社、一九八一年
(402)南京博物館『四川彭山漢代崖墓』、文物出版社、一九九一年
(403)河南省文物研究所『密県打虎亭漢墓』、文物出版社、一九九三年
(404)青海省文物考古研究所『上孫家寨漢晋墓』、文物出版社、一九九三年
(405)咸陽市文物考古研究所『塔爾坡秦墓』、三秦出版社、一九九八年
(406)陝西省考古研究所編著『隴県店子秦墓』、三秦出版社、一九九八年
(407)西安文物保護考古所『西安龍首原漢墓』、西北大学出版社、一九九九年
(408)黄岡市博物館『羅州城与漢墓』、科学出版社、二〇〇〇年
(409)湖北省荊州博物館編著『荊州高台秦漢墓』、科学出版社、二〇〇〇年
(410)黄暁芬『中国古代葬制の伝統と変革』、勉誠出版、二〇〇〇年
(411)『白鹿原漢墓』、三秦出版社、二〇〇三年
▼(397)〜(409)(411)は秦漢の一般の墓葬の報告書、(410)は墓葬の形式の変化を体系的にまとめた研究書。

文物

(412)孫機『漢代物質文化資料図説』、文物出版社、一九九一年
(413)林巳奈夫『漢代の文物』、京都大学人文科学研究所、一九七六年
(414)林剣鳴・呉永琪主編『秦漢文化史大辞典』、漢語大詞典出版社、二〇〇二年

明器

(415)『漢代建築明器』、大象出版社、二〇〇二年

漆器

(416)李正光編絵『漢代漆器芸術』、文物出版社、一九八七年
(417)湖北省博物館・香港中文大学文物館『湖北出土戦国秦漢漆器』、湖北省博物館、一九九四年
(418)『中国漆器全集3漢』、福建美術出版社、一九九八年

(419) 李正光編絵『漢代漆器図案集』、文物出版社、二〇〇二年
瓦当
(420)『秦漢瓦当』、陝西旅游出版社、一九九九年
(421) 陝西省考古研究所秦漢研究室『新編秦漢瓦当図録』、三秦出版社、一九八六年
貨幣
(422) 陝西省銭幣学会『秦漢銭范』、三秦出版社、一九九二年
(423) 上海博物館青銅器研究部編『上海博物館蔵銭幣　秦漢銭幣』、上海書画出版社、一九九四年
(424) 関漢亨『半両貨幣図説』、上海書店出版社、一九九五年
(425) 西安銭幣学会・陝西省銭幣学会編『新莽銭範』、三秦出版社、一九九六年
数学
(426) 彭浩『張家山漢簡算数書註釈』、科学出版社、二〇〇一年
(427) 藪内清『中国の数学』、岩波新書、一九七四年
(428) 川原秀城『九章算術解説』(科学の名著二)、朝日出版社、一九八〇年
(a) 張家山漢簡『算数書』研究会編『漢簡『算数書』中国最古の数学書』、朋友書店、二〇〇六年

年表

西暦	年号	中国	北東アジア・日本・朝鮮・その他
前三〇六	秦昭王　元	編年記はこの年から始皇三〇年まで記載がある	
二八八	一九	秦の昭王が西帝、斉王が東帝と称する	
二六二	四五	睡虎地秦墓の被葬者喜生まれる	
二六〇	四七	秦の白起、趙を長平で大破	
二五九	四八	秦王政、趙の邯鄲で生まれる	
二五七	五〇	趙の邯鄲、秦に囲まれるが、楚魏救援する	
二五五	五二	秦、西周君を滅ぼす	
二五一	五六	昭王死す	
二五〇	秦孝文王　元	孝文王即位してすぐに死す	
二四九	秦荘襄王　元	秦、東周君を滅ぼす。呂不韋、秦の相国となる	
二四七	三	荘襄王死す。子の政（始皇帝）一三歳で即位。劉邦生まれる	
二四六	秦王政　元	酈山陵造営開始。秦、鄭国渠を造り始める	
二四一	六	楚、寿春に遷都	
二三九	八	甘粛天水でこの年の墓主年代記と木板地図発見（一九八六年）	
二三八	九	嫪毐の乱起こる	
二三七	一〇	鄭国がスパイと発覚。呂不韋、失脚する	
二三五	一二	呂不韋自殺	
二三三	一四	韓非子、秦で毒殺される	
二三二	一五	項羽生まれる	

前二三〇	一七	秦、韓を滅ぼす	
二二七	二〇	燕の太子丹、荊軻に秦王を暗殺させようとするも失敗	
二二五	二二	秦、魏を滅ぼす	
二二三	二四	秦、楚を滅ぼす	
二二二	二五	秦、趙・燕を滅ぼす	
二二一	始皇　二六	秦、斉を滅ぼし、天下を統一。秦王政は皇帝となる（始皇帝）。度量衡・車軌・文字を統一。郡県制を施行。人民を黔首と改称	
二二〇	二七	始皇帝第一回巡行	
二一九	二八	始皇帝第二回巡行、泰山で封禅。徐市（徐福）、不老不死の仙薬を求め童男女数千人と東海に派遣される	
二一八	二九	始皇帝第三回巡行	
二一七	三〇	編年記の記述が終わる。喜の死か	
二一五	三二	始皇帝第四回巡行、碣石に行き燕人盧生に仙人を求めさせる	
二一四	三三	秦、百越を攻め、南海等三郡設置	（北）蒙恬、オルドスの匈奴を追い四四県を設置
二一三	三四	秦、丞相李斯の提案で焚書令を出し、民間の詩・書・百家の書物を焼却	
二一二	三五	秦、直道を造る。阿房宮建設開始。儒生ら四百六十余人を咸陽で穴埋めにする、いわゆる坑儒	
二一〇	三七	始皇帝、第五回巡行の途中、7月に沙丘平台で死去、9月太子胡亥即位する（二世皇帝）。9月始皇帝を咸陽で埋葬する	
二〇九	二世　元	7月陳勝・呉広の乱。9月劉邦、項梁・項羽反乱。12月陳勝戦死	（北）冒頓単于、父の頭曼を殺して立ち、匈奴を統一

前二〇八		二	6月項羽、楚の懐王の孫を立てる。李斯処刑される	
二〇七		三	丞相趙高、胡亥を死に至らしめる。子嬰、趙高を殺す	
二〇六	漢王	元	10月秦王子嬰、劉邦に降る。12月鴻門の会。子嬰、項羽に殺され、咸陽の宮殿が焼かれる。秦滅亡。項羽、自立し西楚の覇王を称す。劉邦ら一八人を各地の王として封ずる	
二〇五		二	10月項羽、義帝を殺す。楚漢の抗争が始まる	
二〇三		四	楚漢の休戦の約束	
二〇二	高祖	五	項羽、垓下の戦いで敗死。劉邦、皇帝に即く。漢王朝始まる	
二〇一		六	高祖劉邦と功臣の間で封爵の誓が結ばれる。高祖、匈奴に平城白登山で包囲される	
二〇〇		七	漢、洛陽から長安に遷都	
一九八		九	楚の昭・屈・景・懐氏、斉の田氏、関中に移される	
一九七		一〇	諸侯王、長安に来朝する	
一九六		一一	韓王信、梁王彭越殺される	
一九五		一二	黥布殺される。4月高祖死去。恵帝即位	
一九四	恵帝	元	呂后、趙王如意らを毒殺する。長安城建設に着手	(朝)衛満、衛氏朝鮮を立てる
一九〇		五	長安城完成	
一八八		七	恵帝死去し、太子皇帝に即位する(少帝恭)	
一八七	呂太后	元	呂太后、臨朝称制し政治の実権を握る	
一八六		二	湖南省長沙馬王堆前漢墓の墓主軑侯没。呂后二年律令が発見される(張家山漢簡、一九八三年)	
一八四		四	少帝弘即位	
一八〇		八	呂太后没。周勃ら、呂氏一族を滅ぼす。文帝即位	
一七九	文帝前	元	漢と匈奴の間で簡牘の外交文書が交わされる	

前一七四		六		(北) 冒頓単于死、老上単于即位
一六八		一二	田租を半分に減免。この頃、匈奴しばしば漢に侵寇	
一六七		一三	肉刑（身体刑）を廃止。田租を全免	
一六六		一四	この頃、月氏、匈奴に追われて西遷	
一五七	後	七	呉氏の長沙国廃される。文帝死去、景帝即位	
一五六	景帝前	元	田租を復活。税率は三〇分の一	
一五四		三	呉楚七国の乱	
一四五		五	司馬遷生まれる（一説に前一三五年）	
一四一	後	三	武帝即位	
一四〇	武帝建元	元	年号をこの年にさかのぼって創始（建元元年）。董仲舒、江都相。このころ司馬談、太史令となる	
一三九		二	このころ、張騫、漢の使者として大月氏に派遣される。茂陵邑の設置	
一三六		五	一説に五経博士が置かれる	
一三三	元光	二	漢、馬邑で匈奴を襲おうとしたが失敗する	
一三二		三	黄河、濮陽の瓠子で決壊する	
一二九		六	衛青第一次匈奴遠征	
一二八	元朔	元	衛青第二次匈奴遠征。この年の秋、衛子夫、皇后となる	(朝) 薉君南閭ら漢に降り、漢その地（朝鮮半島東海岸）に蒼海郡を設置
一二七		二	衛青第三次匈奴遠征。オルドスを取り、秦の長城を修築	
一二六		三	張湯廷尉となる。張騫西域より戻る	(北) 軍臣単于死、伊稚斜単于即位
一二四		五	衛青第四次匈奴遠征	
一二三		六	衛青・霍去病第五・六次匈奴遠征。将軍衛青、匈奴を大破	
一二二	元狩	元	淮南王劉安、衡山王劉賜ら謀反を起こす	
一二一		二	将軍霍去病、匈奴を大破、匈奴の渾邪王、漢に降る。河	

			西四郡を設置する	
前一一九		四	張騫、再度西域に出発する。塩鉄専売制始まる	
一一八		五	半両銭をやめ五銖銭を発行	
一一六	元鼎	元	張騫、みたび西域に出発	
一一五		二	桑弘羊が大農中丞となり、均輸法始まる	
一一三		四	武帝、はじめて巡行に出る	
一一一		六	南越が滅び、南海九郡が設置される	
一一〇	元封	元	武帝、泰山で封禅を行う。司馬談死す	
一〇九		二	黄河の瓠子で決壊場所を塞ぐ。西南夷を攻撃して滇国を服属させる	
一〇八		三	司馬遷、太史令となる	（朝）衛氏朝鮮、漢の武帝の攻撃を受け滅ぶ。漢その故地に楽浪・真番・臨屯・玄菟の四郡設置
一〇七		四	五銖銭を発行する	
一〇六		五	全国に一三州を置き刺史に管轄させる	
一〇四	太初	元	太初暦を採用し正月を歳首とする。李広利に大宛を攻撃させる	
一〇〇	天漢	元	桑弘羊大司農となる。蘇武匈奴に入り、捕らわれる	
九九		二	弐師将軍李広利、匈奴の右賢王を祁連山に攻撃。李陵匈奴に降る	
九八		三	司馬遷、李陵の禍に遭い牢獄に捕らえられる	
九五	太始	二	白渠が築かれる	
九一	征和	二	巫蠱の乱起こり、皇太子拠と妻子が殺される	
九〇		三	李広利匈奴に敗れて投降する	
八九		四	このころ『史記』が完成する	
八八	後元	元	敦煌郡が設置される	

前八七		二	武帝死去、末子弗陵が即位（昭帝）、霍光・金日磾・上官桀が補佐。司馬遷、このころ死去	
八六	昭帝始元	元	このころ代田法が行われる。燕王旦の謀反	
八二		五		（朝）漢、真番郡・臨屯郡を廃止
八一		六	賢良・文学を集めて塩鉄会議を開く	
八〇	元鳳	元	燕王旦ふたたび謀反。上官桀・桑弘羊ら殺され、霍光の政権が確立する	
七五		六		（朝）玄菟郡、半島から蘇子河流域に移される
七四	元平	元	昭帝死去。昌邑王劉賀即位するも廃され宣帝即位する	
六八	宣帝地節	二	霍光病死	
六六		四	霍氏の謀反計画発覚、一族殺害される	
六〇	神爵	二	鄭吉、西域都護となり、烏塁城に置かれる	
五九		三	僮約（奴隷売買契約）	
五八		四		（北）呼韓邪単于即位
五六	五鳳	二		（北）匈奴、五単于に分裂、郅支単于自立
五三	甘露	元		（北）匈奴の郅支単于と呼韓邪単于、子を人質として漢に送る ローマのクラッスス軍がパルティアに進攻
五一		三	石渠閣会議開かれる	
四八	元帝初元	元	王氏、漢の元帝の皇后となる	
四四		五		（北）郅支単于、漢の使者を殺し、康居に西遷
四三	永光	元	陵邑の制度が廃止される	
三三	竟寧	元	漢、王昭君を呼韓邪単于のもとへ嫁がせる	
三一	成帝建始	二	匈奴の呼韓邪単于亡くなる	

前三〇	三		ローマ帝国、地中海を統一する
二八	河平　元	黄河が金堤で決壊、王延世が堤防を造る	
二七	二	外戚の王譚ら五人、王侯に封ぜられる	ローマ帝政となる
一七	鴻嘉　四	黄河が金堤で決壊、王延世が堤防を造る。黄河が下流の三郡で決壊する	
一六	永始　元	王莽、新都侯に封ぜられる	
一一	元延　二	東海郡功曹史の師饒の日記（尹湾漢墓簡牘）	
八	綏和　元	王莽、大司馬となる。学者劉向没（前八二〜）	
七	二	成帝急死する。哀帝即位。限田法発布される	
三	哀帝建平　四	京師や地方で西王母熱狂して祀られる	
二	元寿　元	一説に大月氏国王の使節が浮屠経を伝える	
一	二	哀帝死去。王莽大司馬に再任。平帝即位し、元后臨朝称制する	
後一	平帝元始　元	王莽、安漢公となり、平帝を補佐し政治を執る	(日) このころ、倭人は百余国に分かれ、一部は前漢の楽浪郡に朝貢
二	二	この年の戸口調査で人口五九五九万四九七八人（『漢書』地理志）	
五	五	王莽、劉嬰（孺子嬰）に代わって摂皇帝となる。太皇太后王政君、四時月令を全国に発布する	
七	(孺子嬰)居摂　二	王莽、錯刀・契刀・大泉五十の新貨幣を造る。第一次貨幣改革	
八	三	王莽、皇帝と称し国号を新とする	
九	新始建国　元	王莽、天下の田を王田、奴婢を私属とし、売買を禁止。第二次貨幣改革	
一〇	二	第三次貨幣改革	(北) 王莽、匈奴に賜与した印璽を章に格下げ

後一一	三	黄河、魏郡元城で決壊、二回目の大改道	
一二	四		（朝）高句麗侯を下句麗侯と改め、高句麗は離反する
一四	天鳳 元	王莽、貨布・貨泉を造る（第四次貨幣改革）	
一七	四	呂母の乱起こる	
一八	五	樊崇ら反乱	
二〇	地皇 元	緑林の兵起こる	
二二	三	4月樊崇の軍、赤眉と称す（赤眉の乱）。10月劉縯・劉秀ら挙兵する	
二三	更始 元	2月劉玄帝位に即く（更始帝）。9月王莽殺される	
二四	二	2月更始帝、長安に遷都。5月劉秀、河北で自立	
二五	三	3月赤眉軍、更始帝の軍を破る	
	光武建武 元	4月公孫述、天子と称す。6月劉秀、帝位に即く（後漢光武帝）。赤眉、劉盆子を天子とする。9月赤眉、長安入城。10月光武帝、洛陽を都とする。12月赤眉、更始帝殺害。赤眉、長安の宮殿を焼き陵墓を発掘	
二七	三	1月赤眉、光武帝に投降	
二九	五	洛陽城外に太学を建てる	
三〇	六	田租を税率三〇分の一に軽減。奴婢を解放する	
三二	八		（朝）高句麗が朝貢し、王号をもどす
三三	九	隗囂病死	
三四	一〇	隗囂の子純降る。隗囂政権の滅亡	
三五	一一	奴婢を殺しても減刑しない詔。奴婢が一般の人を射傷して棄市となる律を除く	
三六	一二	公孫述、成都で敗れて没。公孫述政権滅亡。光武帝が統一をはたす	

後三七	一三	益州で奴婢になっていた者を解放する	
三九	一五	全国の農地と戸口の調査を実施	
四〇	一六	五銖銭を復活する	（ベ）ベトナムの徴側・徴弐姉妹、漢に反乱
四三	一九		（ベ）後漢の伏波将軍馬援ら徴姉妹を破る
四四	二〇		（朝）韓の廉斯国の蘇馬諟、楽浪に通交する
四八	二四		（北）匈奴南北に分裂する。南匈奴、後漢に朝貢
四九	二五	後漢の伏波将軍馬援ら武陵蛮を破る	
五〇	二六		（北）南匈奴の雲中居住を認める
五一	二七		（北）北匈奴、和親を求めるが拒否される
五六	建武中元 元	泰山で封禅の儀を行う。全国に図讖の書を宣布する	
五七	二	光武帝死去、明帝即位。この年、倭の奴国王が後漢に朝貢し、光武帝から印綬授与	
五八	明帝永平 元	劉荊（光武帝第九子）、広陵王となる	
六〇	三	後漢南宮雲台に功臣二八将を描く	
六七	一〇	このころ、白馬寺を洛陽城西に建立、西域から仏典を将来	
六九	一二	王景、黄河と汴渠の治水を行い翌年完成。この後九〇〇年、大きな改道なし	
七〇	一三	楚王劉英、謀反を起こし連座数千人におよぶ	
七三	一六	班超を西域に派遣	
七四	一七	西域都護・戊己校尉を置き、西域支配を復活する	
七五	一八	西域諸国離反する	
後七九	章帝建初 四	諸王、儒者を洛陽の白虎観に集め五経の異同を議論させる	

八二		七	建初中（七六―八四）のこのころ、『漢書』ほぼ完成	
八五	元和	二	章帝、魯で孔子を祀り孔氏一族に帛を賜う	(北) 南匈奴が北匈奴の軍を破る
八八	章和	二	塩鉄専売制を廃止	
八九	和帝永元	元	竇憲が匈奴を破る	
九一		三	西域都護をふたたび置き班超を任命	
九二		四	北匈奴が漢と南匈奴の連合軍に敗れ逃走する。班固獄死する	
九四		六	西域都護班超、焉耆・尉犂を破り王を殺す。西域諸国五十数ヵ国後漢に内属する	
九七		九	西域都護班超の部下の甘英を大秦に派遣し、安息・条支から大海に行く	
一〇〇		一二	許慎『説文解字』完成	
一〇五		一七	蔡倫、紙を献上。漢の和帝没、殤帝即位し鄧太后臨朝	(朝) この春、高句麗、遼東郡を攻撃
一〇六	殤帝延平	元		(朝) 玄菟郡、渾河流域へ移される
一〇七	安帝永初	元	西域都護を廃止する。西方の羌人の反乱が起こる	(日) 倭国王帥升らが、後漢に生口を献上
一一〇		四	この年から六年続けてイナゴが大発生する	
一一一		五		(朝) 夫余王が楽浪郡を攻める
一一三		七	この年から八年続けて日蝕が観測される	
一一八	元初	五		(朝) 高句麗王の宮、玄菟郡を攻める
一一九		六	会稽郡で疫病が発生する	
一二〇	永寧	元	『説文解字』が献上される	
一二五	延光	四	京師で疫病が大流行する	
一二七	順帝永建	二	班勇、西域一七ヵ国を服属させる	
一三二	陽嘉	元	張衡、渾天儀（天球儀）と地動儀（地震計）を造る	
後一三八	永和	三	金城・隴西郡で地震。張衡震源方向を観測する	
一四〇		五	羌人の反乱が起こり一〇年続く。全国に一〇五の郡国、	

		一一八〇の県（『後漢書』郡国志）	
一四三	漢安　二	涼州で大きな地震が起こる	
一五〇	桓帝和平　元		(日) 桓・霊帝の治世年間、倭に大乱あり
一五一	元嘉　元	正月京師で疫病が大流行する	
一五三	永興　元	黄河で氾濫が起こる。曲阜の孔子廟に孔廟置守廟百石卒史碑を建てる	
一五七	永寿　三	孔子墓を魯の曲阜に再建する	
一五八	延熹　元	桓帝は延熹年間に黄帝と老子を信奉し、ほかの祭祀を排除する	
一五九	二	羌人反乱	(イ) 天竺の使節が日南から入る
一六一	四		(イ) 天竺の使節がふたたび日南から入る
一六四	七	孔子の子孫の孔宙墓に碑を建てる	
一六五	八	桓帝、一年に三回老子を祀る。4月黄河の水が澄む	
一六六	九	李膺ら二百余人の党人下獄（党錮の獄）	大秦国王安敦の使節が後漢に来る
一六七	永康　元	党人が釈放され、終身禁錮となる	(朝) 夫余が玄菟郡を攻める
一六八	霊帝建寧　元	陳蕃・竇武ら殺される	
一六九	二	李膺ら党人百余人殺される	
一七五	熹平　四	蔡邕、五経の文字を正し、石経の碑を洛陽郊外の太学門外に建てる（熹平石経）	
一七八	光和　元	洛陽の鴻都門に学校を置き、孔子と弟子の像を描く	
一八四	中平　元	張角、黄天と称し黄巾の乱起こる。党人の禁錮をやめる	(日) この頃、倭国乱れ、互いに攻伐しあうと伝える。この後、卑弥呼が共立され、王となる
一八九	献帝永漢　元	霊帝死去、少帝即位、何皇太后臨朝す。袁紹が宦官をことごとく殺す。董卓、皇帝を廃し献帝を擁立する	
後一九〇	初平　元	董卓、長安に遷都。この年、後漢、五銖銭を止めて小銭	

		を鋳造	
一九二	三	呂布、董卓を殺す	
一九四	興平 元	張魯、五斗米道を率いて師君と号す	
一九六	建安 元	曹操、献帝を迎えて許を都とする	
二〇〇	五	曹操が官渡で袁紹を破る。鄭玄死去	
二〇四	九	このころ、公孫康、楽浪の南に帯方郡を置く	
二〇八	一三	赤壁の戦い（劉備と孫権の軍、曹操を破る）	
二〇九	一四		（朝）この頃、高句麗、国内城（丸都城）に遷都
二一三	一八	曹操、魏公となる	
二一四	一九	劉備、益州牧となる	
二一五	二〇	張魯、曹操に降る	
二一六	二一	曹操、魏王となる。この年、南匈奴単于、魏に入朝する	
二二〇	延康 元	曹操死去。子の曹丕、魏を建国、後漢滅亡	

改元のため一年のうちに複数の年号がある場合は、原則として新しいものを表示した。

ワ行

マ行

ヤ行

ラ行

ハ行

ナ行

タ行

サ行

索引

「始皇帝」「武帝」など頻出する項目については、主要な記載のあるページを中心に拾った。見出しに＊を付した語は、巻末の「主要人物略伝」か「歴史キーワード解説」に項目がある。

ア行

カ行

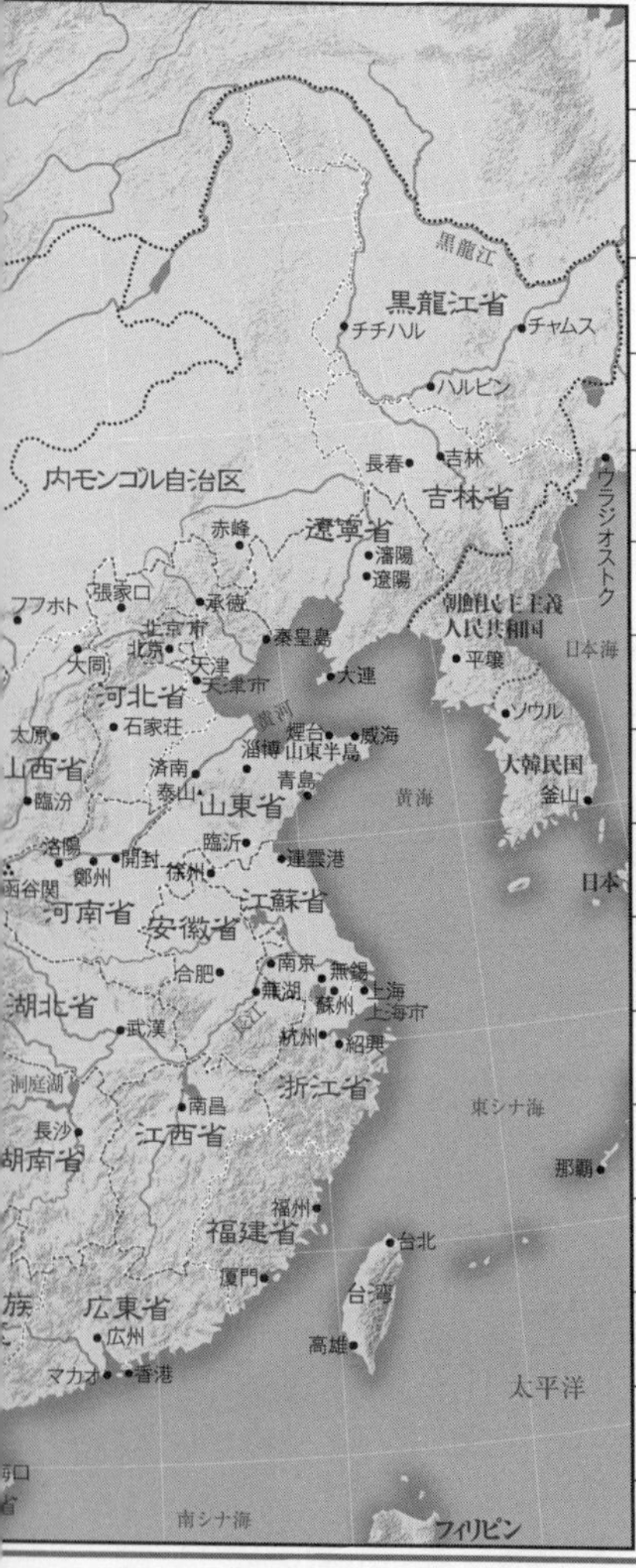
黒龍江
黒龍江省
チチハル
チャムス
ハルビン
長春
吉林
吉林省
内モンゴル自治区
ウラジオストク
赤峰
遼寧省
瀋陽
遼陽
フフホト
張家口
承徳
北京市
北京
秦皇島
朝鮮民主主義人民共和国
日本海
大同
天津
天津市
大連
平壌
河北省
黄河
ソウル
太原
石家荘
煙台
威海
淄博
山東半島
山西省
済南
大韓民国
泰山
青島
黄海
釜山
臨汾
山東省
臨沂
洛陽
開封
連雲港
鄭州
徐州
日本
函谷関
江蘇省
河南省
安徽省
南京
無錫
合肥
蕪湖
蘇州
上海
上海市
湖北省
武漢
長江
杭州
紹興
洞庭湖
浙江省
東シナ海
南昌
長沙
江西省
湖南省
那覇
福州
福建省
台北
厦門
台湾
広東省
広州
高雄
マカオ
香港
太平洋
南シナ海
フィリピン

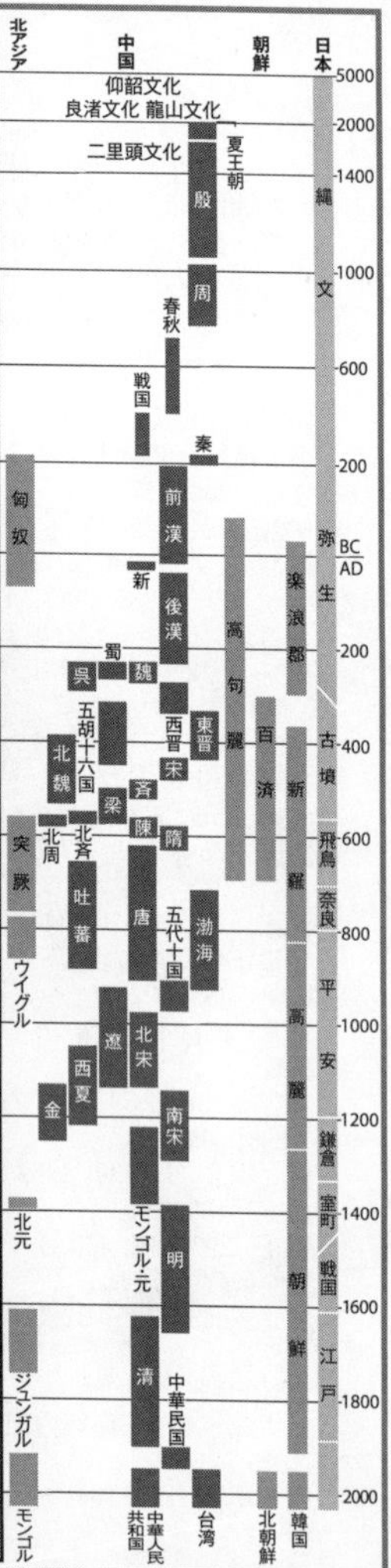
北アジア
中国
朝鮮
日本
5000
仰韶文化
良渚文化 龍山文化
2000
二里頭文化
夏王朝
1400
殷
縄
1000
周
文
春秋
600
戦国
秦
200
匈奴
前漢
弥
BC
AD
新
後漢
楽浪郡
生
高句麗
蜀
200
呉
魏
五胡十六国
西晋
東晋
百済
古墳
北魏
400
宋
斉
新羅
梁
北周
北斉
陳
隋
600
飛鳥
突厥
吐蕃
唐
五代十国
渤海
奈良
800
ウイグル
平
1000
遼
北宋
高麗
安
西夏
金
南宋
1200
鎌倉
モンゴル・元
北元
室町
1400
明
朝鮮
戦国
1600
江戸
清
中華民国
1800
ジュンガル
2000
モンゴル
中華人民共和国
台湾
北朝鮮
韓国

現代の中国

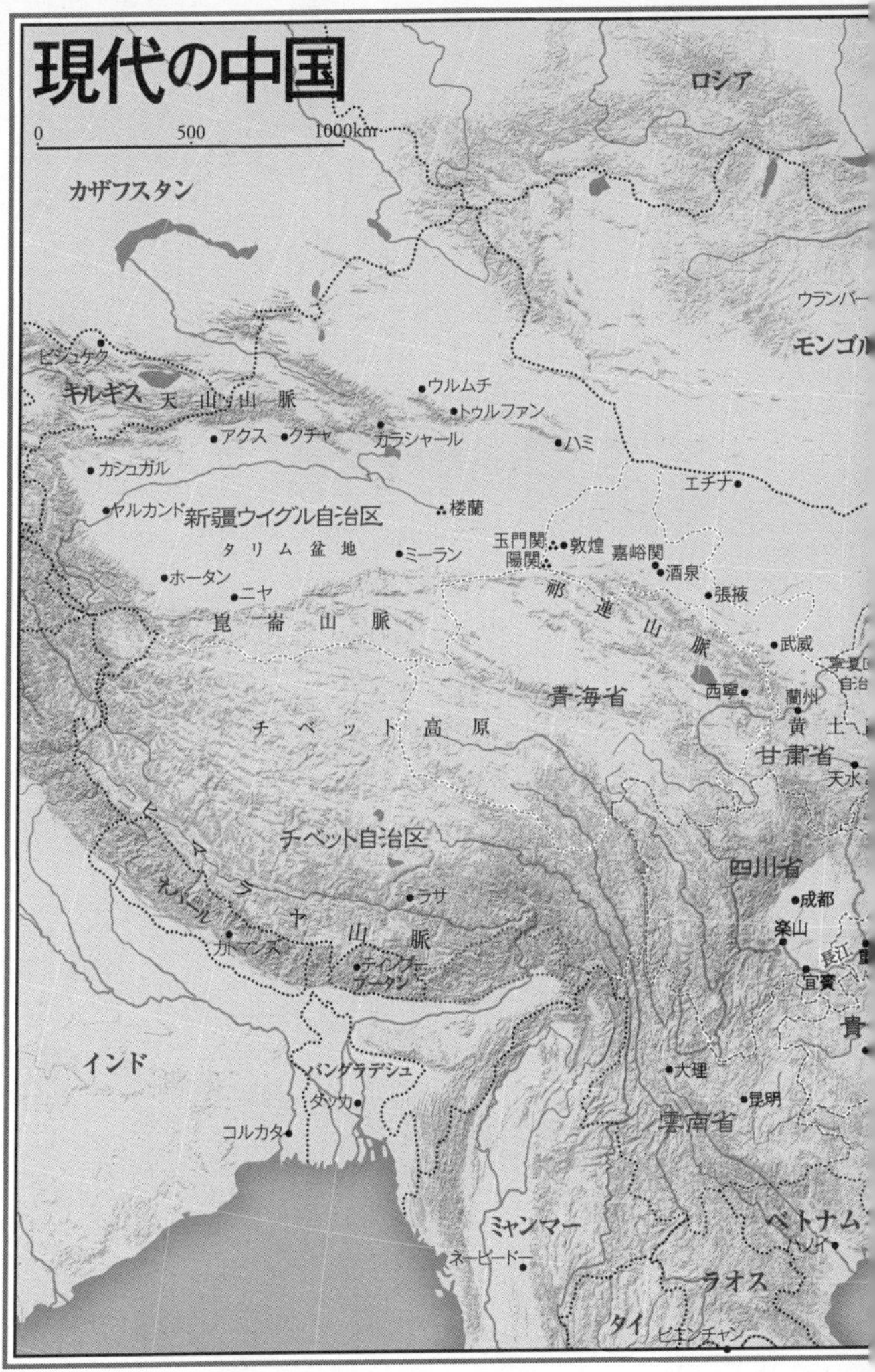
0
500
1000km
ロシア
カザフスタン
ウランバー
モンゴル
ビシュケク
キルギス
天山山脈
ウルムチ
トゥルファン
アクス
クチャ
カラシャール
ハミ
カシュガル
エチナ
ヤルカンド
新疆ウイグル自治区
楼蘭
タリム盆地
ミーラン
玉門関
敦煌
陽関
嘉峪関
酒泉
ホータン
ニヤ
祁連山脈
張掖
崑崙山脈
武威
寧夏
自治
西寧
青海省
蘭州
チベット高原
黄土
甘粛省
天水
チベット自治区
四川省
ヒマラヤ山脈
ネパール
ラサ
成都
楽山
カトマンズ
長江
ティンプー
ブータン
宜賓
インド
バングラデシュ
大理
ダッカ
昆明
コルカタ
雲南省
ミャンマー
ベトナム
ハノイ
ネーピードー
ラオス
タイ
ビエンチャン

本書の原本は、二〇〇四年一一月、小社より刊行されました。

鶴間和幸（つるま　かずゆき）

1950年東京都生まれ。東京大学大学院人文科学研究科博士課程単位取得退学。博士（文学）。茨城大学教授を経て，現在，学習院大学文学部教授。秦漢帝国の歴史や兵馬俑，始皇帝陵について現地調査を進めながら研究する。主な著書に『秦帝國の形成と地域』『秦漢帝国へのアプローチ』『始皇帝の地下帝国』『人間・始皇帝』『秦の始皇帝──伝説と史実のはざま』など。

講談社学術文庫

定価はカバーに表示してあります。

中国の歴史３

ファーストエンペラーの遺産《いさん》

秦漢帝国《しんかんていこく》

鶴《つる》間《ま》和幸《かずゆき》

2020年11月10日　第１刷発行
2020年12月２日　第２刷発行

発行者　渡瀬昌彦
発行所　株式会社講談社
東京都文京区音羽2-12-21 〒112-8001
電話　編集（03）5395-3512
販売（03）5395-4415
業務（03）5395-3615

装　幀　蟹江征治
印　刷　豊国印刷株式会社
製　本　株式会社国宝社
本文データ制作　講談社デジタル製作

ISBN978-4-06-521567-8

「講談社学術文庫」の刊行に当たって

これは、学術をポケットに入れることをモットーとして生まれた文庫である。学術は少年の心を養い、成年の心を満たす。その学術がポケットにはいる形で、万人のものになることは、生涯教育をうたう現代の理想である。

こうした考え方は、学術を巨大な城のように見る世間の常識に反するかもしれない。また、一部の人たちからは、学術の権威をおとすものと非難されるかもしれない。しかし、それはいずれも学術の新しい在り方を解しないものといわざるをえない。

学術は、まず魔術への挑戦から始まった。やがて、いわゆる常識をつぎつぎに改めていった。学術の権威は、幾百年、幾千年にわたる、苦しい戦いの成果である。こうしてきずきあげられた城が、一見して近づきがたいものにうつるのは、そのためである。しかし、学術の権威を、その形の上だけで判断してはならない。その生成のあとをかえりみれば、その根は常に人々の生活の中にあった。学術が大きな力たりうるのはそのためであって、生活をはなれた学術は、どこにもない。

開かれた社会といわれる現代にとって、これはまったく自明である。生活と学術との間に、もし距離があるとすれば、何をおいてもこれを埋めねばならない。もしこの距離が形の上の迷信からきているとすれば、その迷信をうち破らねばならぬ。

学術文庫は、内外の迷信を打破し、学術のために新しい天地をひらく意図をもって生まれた。文庫という小さい形と、学術という壮大な城とが、完全に両立するためには、なおいくらかの時を必要とするであろう。しかし、学術をポケットにした社会が、人間の生活にとってより豊かな社会であることは、たしかである。そうした社会の実現のために、文庫の世界に新しいジャンルを加えることができれば幸いである。

一九七六年六月

野間省一